國家清史編纂委員會·文獻叢刊

王興亞 等 編

清代河南碑刻資料 ③

商務印書館
The Commercial Press
创于1897

二〇一六年·北京

目　錄

洛陽市（河南府、洛陽縣）

七解 1
開浚河南府洛嵩兩邑各渠碑記 1
滿江紅 2
上清宮碑記 2
姚氏女 3
加封關羽仁勇二字碑記 3
老稅數目志碑 4
弔桃女 4
龍門 5
重修關陵碑文 5
重修大殿記 6
重修八卦亭等碑記 7
貞女述 8
封關羽仁勇二字及以加新號相稱碑文 8
龍門賓陽洞交置香火地畝碑記 9
黃鵠歌 9
創建斗母廟金妝碑記 10
藩憲遵批札行條規 10
金妝白馬寺毗盧殿佛像碑記 12

II 清代河南碑刻資料

太學生郭公修路碑 12
重修關林祠宇碑記 12
東都山陝西會館碑記 14
福緣善慶捐銀碑記 15
眾商捐資碑 15
東都馬市街山西陝西眾商積金建社碑記 17
重修二程夫子祠記碑 18
佛說四十二章經 19
豎旗杆碑記 23
存古閣記 23
重修關林祠宇後記 23
馬大老爺重修關林廟碑記 25
建修五聖祠碑記 25
襄陵捐銀碑 26
山陝會館關聖帝君儀仗記 26
關林正殿修葺碑記 28
關聖帝君新降警世文 28
遊香山寺 30
河洛七字文體壽星圖碑 30
魁星圖碑 31
龍門勝境圖碑 31
嘯琴草書詩碑 32
重復白馬寺田碑記 32
重刻陳摶十字卷碑 33
石延年題詩 33
陳肇鏞識語 33
路璜識語 34
李德林題記 34
燕山德林題記 34
溫代岳題記 34
魯元題詩 34
小龍門圖碑 35
重修金粧神像並油飾序 37
重修金粧立佛神像募化碑記 38

長白豐二文十三題記	38
皇清魯邑儒學生員僊舫朱先生（酉山）墓誌銘	38
大靖渠章程十二條	39
貤贈修職郎太學生張君暨德配蔡孺人繼配章孺人孫孺人合葬墓誌銘	40
龍門勝概題辭	41
奉委重修關林記	42
正南路二三鄉出脩関林車輛人夫暨優免車馬差徭碑	42
奉勅賜金修關林頌有序	43
關林住持僧人章程	43
大龍門圖碑題記	44
重修關陵聖廟記	47
胡金淦題詩	49
嵇曾筠跋	49
王箴輿題記	49
重修毗盧閣碑記	50
白亭記	51
香山寺履公壽塔碑	51

偃師市（偃師縣）

重修城隍廟碑記	53
重修魁樓暨濬泮池碑記	53
重修兩程夫子祠記	54
創建文昌閣碑記	55
邑侯崔公創修水渠惠民碑記	55
邑侯朱公革除漕政宿弊碑記	56
重修湯王廟碑記	56
御製至聖先師孔子贊並序	57
創建關帝廟過亭碑記	57
平治粵嶺口路碑記	58
周大夫萇宏墓碑	58
重修老君大殿記	59
創修井碑記	59
呂蒙正公祠碑	60
重修二龍廟記	60

重修堤堰記 ... 61
創建西亳書院 ... 62
重修晉當陽侯杜公唐工部員外郎杜公二墓碑記 ... 63
馬窪西溝修井刻石 ... 64
賈公義井碑 ... 64
登緱山詩碑 ... 64
奉政大夫吏部郎中武君神道碑並銘 ... 64
伊洛大漲碑 ... 66
偃師市縣東關新修觀世音堂碑記 ... 67
姬府君墓誌銘 ... 68
偃師市顧縣鎮民任天篤九世同居記 ... 69
陝西吳堡縣知縣李府君墓碣 ... 70
重修畢氏先塋碑銘 ... 71
國子監生李君合塟墓誌銘並序 ... 72
創建寺溝大王廟前舞樓碑記 ... 73
寺溝大王廟舞樓石柱楹聯 ... 73
杜甫墓碑 ... 74
謁少陵先生墓詩碑 ... 74
修復黃道渠碑文 ... 75
博山縣重修彼岸寺記 ... 76
皇清賜翰林院檢討先四兄養齋先生墓誌銘并序 ... 76
馮厚之壙誌銘 ... 77
博山縣知縣武君億墓誌銘 ... 78
高景龍暨妻徐氏墓誌 ... 79
重修廣胤祠牛王廟妝塑神像記 ... 79
黃大王故里碑 ... 80
偃師市縣山化鄉石家庄村九龍廟對聯 ... 80
鮑府君唉墓誌 ... 81
泰山廟贖地碑 ... 81
許氏祠堂碑記 ... 82
清太學生胡公墓誌銘 ... 82
回心樹記 ... 83
清待贈孺人曲母魏太孺人墓誌 ... 85
皇清應授脩職佐郎歲貢生百憲鄭老先生（玉律）墓誌銘 ... 86
禁賭碑記 ... 87

陂池 87
　　馬窰打井重立碑 87
　　積金社姓名地畝碑記 88
　　安樂寨刻石 88
　　通雲門刻石 88
　　禁止賭博碑記 89
　　欽賜登仕郎曲先生自聰施茶地暨植樹並鑿井錢文碑 89
　　創修西佛正殿卷棚金塑神像並茶庵碑記 89
　　化碧村義路碑 90
　　偃師市縣岳灘王莊防旱垂戒碑 90
　　防旱碑 91
　　光緒丁丑戊寅年捐賑碑記 92
　　重修井碑 92

新安縣

　　坐餐勝亭詩 94
　　重修函谷關記 94
　　太傅兵部尚書呂忠節公神道碑銘 95
　　理學雲浦孟先生祠堂碑 98
　　敕修碑 99
　　雲浦先生祠堂記附刻 99
　　裴先生袤誌銘 100
　　書王逸少吳均朱元思語刻石 101
　　光祿公墨蹟碑 102
　　桂州訾家洲亭記 102
　　邕州馬退山茅亭記 103
　　重修馬王廟舞樓碑誌 104
　　呂少司農履恒公墓誌銘 104
　　新安縣李村龍王廟戲樓石柱楹聯 106
　　創建二郎廟樂樓碑誌 106
　　新安王處士碑記 106
　　皇清誥授中議大夫光祿寺卿呂公（謙恒）誥封宜人待贈淑人王氏合葬墓誌銘 108
　　重修三清殿並金妝碑記 108
　　重修黃大王廟碑記 109

皇清孝廉呂月巘（承曾）先生墓誌銘	110
皇清誥授資政大夫户部總督樸巘呂公墓誌銘	111
祥符教諭呂君瀗曾墓誌銘	112
創建玉皇廟舞樓碑誌	113
重整南河灘獻戲碑記	113
城南學道門碑文	114
泰山廟萬善同歸碑	114
重修老君殿碑記	115
禁賭記	116
鄉規議	117
槐樹嶺茶亭記碑	117
高崖頭間塾碑記	118
明經歷呂孔教墓碑	118
火帝真君廟碑記	118
新安呂忠節公元孫侍御公曾孫司農公孫方伯公子公溥字仁原號寸田之亡次側室韓氏二黃墓誌銘	119
重建荆紫山真武行宮碑記	120
瑞雲厈詞	120
重修玉皇殿及三官殿碑	121
重修荆紫絕頂玉皇閣敘碑	121
王母及八仙柳將軍閻羅諸祠記	122
陳鴻壽題聯刻石	123
夢月巘	123
九龍聖君廟洞酬愿記	123
明廩監生呂維祚墓碑	124
創修關帝廟樂樓碑記	124
遵示禁賭弭盜碑記	124
誥封宜人董氏墓誌銘	125
誥封奉政大夫江蘇通州直隸州知州寸田呂公墓誌銘	126
處士呂公配張氏合葬墓碑文	127
敕□□□佐□新安縣道會司楊道人創修□□□□碑記	128
鄉規民約碑	128
重修王母祠碑文	129
遊石門山	129
題陽岩	130

重修黛嵋聖母殿金妝神像暨創建歌舞樓記 130
修補韓新義公廟序 131
龍澗九龍潭題詠刻石 131
創建廣生聖殿碑記 132
八里胡同洪水碑文 132
鄉規民約碑 132
金渠園碑記 133
石渠村廢置序 134
重修山門暨金粧神像記 135
太學生右銘陳先生惠及梓里碑 135
邑賢侯西崖馮老父師創建義學碑 136
遊爛柯山題詩 136
重建古道觀碑序 137
皇清誥授振威將軍記名提督軍門浙江處金總鎮博啟巴固魯馬公（德順）墓誌銘 138
施裕源渠水口碑 139
處士素翁呂公配王氏之墓碑文 140
龍渠登仕郎墓碑 140
荒年序 141
歲進士漢一鄧老夫子教思碑 142
新安縣石井廟上村碑記 143
平龍澗河爭水碑記 143
重修佟公祠碑記 145
重修老君殿玉皇殿斗母閣山門廟院四圍碑記 145
陳村施錢生息備井繩用刻石 146

嵩縣

重修嵩縣二程祠記碑 147
重修二程夫子祠堂記 148
特恩賜祭碑記 149
博士程公字德徵懿行碑 149
重修財神廟正殿並創建拜殿兩廊廡樓碑記 150
宋程伊川先生故宅 151
板閘渠記 151
龍駒渠記 152

莘渠記	152
莘渠土堤記	152
樊上渠記	153
社學記序	153
城關社學記	156
高都社學記	157
三塗社學記	157
舊縣社學記	157
湯下社學記	158
白河社學記	158
溫泉社學記	159
趙村社學記	159
源頭社學記	160
樊村社學記	160
改建伊川書院記	161
皇清處士劉公暨王孺人合葬墓誌銘	161
重修火神觀音龍王廟並創修舞樓碑記	162
樹仁街戲樓碑記	163
建修火神廟舞樓碑記	163
重修嵩縣二程夫子祠記碑	164
嵩縣二程夫子祠堂增置田畝碑記	165
皇清蒙邑仁侯秦太爺嚴禁盜罰朱氏先塋樹木碑	166
安陵村創建三聖殿並拜殿舞樓記	166
重修玩易所記	167
伊皋雄鎮	167
重修兩程祠各項章程祠碑記	168
儒醫標鑒公袁老先生懿行碑表	168
城隍廟重修舞樓及廟左裙房記	169

伊川縣

伊川書院兩程祠記	170
重修河南程氏三先生墓祠記	170
兩程塋墓	171
程延祀奏文	172

宋儒程伯溫先生墓 172
宋儒程明道先生墓 173
宋儒程伊川先生墓 173
程子碑議 173
祭三程夫子文碑 174
宋參知政事范文正公墓 174
宋范文正公母秦國太夫人墓 174
宋范文正公長子監簿公墓 175
重修大成殿櫺星門兩程祠碑記 175
嵩縣重修康節先生邵子祠墓碑記 175
歷代感德銘石以垂後世為程門設立祀生上皇帝奏文 176
重修兩程家廟碑記 177
重修兩程夫子祠墓記 177
御祭大程子文碑 178
御祭二程子文碑 179
御祭范仲淹墓碑文 179
重修克烈公祠暨圍垣碑記 179
創建趙文敏公碑樓記 180
重修三程夫子祠墓記 180
高家祠堂柱聯 181
重修菩薩堂馬牛王廟舞樓又創建菩薩堂拜殿碑記 181

欒川縣

創建聖公聖母石廟碑記 182
耕莘古地碑 182
至尊三清碑 182
重刊十字街舞樓碑記 182

宜陽縣

邑侯張公創建錦屏山準提菴記 183
創建孔先生祠堂記 183
召伯甘棠記 184
召伯聽政處 185

增修城隍廟寢樓碑記...185
青天汪太老爺斷明本山香火地畝栽界存案碑記..................................186
河南府正堂劉大老爺批准窯戶送煤碑...186
佛窯始祖良恒呂公墓碑文...187
重修錦屏山奎星樓記...187
重修會館碑記...187
重修龍潭寺碑記...188
員庄呂氏五世祖塋墓碑...189
修防洛河記...189
重修文河橋記...190
重修老君洞記...190
邑侯謝公殉難碑銘...191
豐李鎮石匾...191
准刊曉示生員碑...192
邑侯李恒裁免協濟兵差碑記...192
宜陽佛窯呂秉直神道碑文...193
重修城隍廟記...193
重修城隍廟舞樓碑記...194
重修大王廟碑記...194
重建火神廟舞樓碑記...194
王西峯先生教思碑銘...195
創修李恒二公賢大夫祠碑序...196
重修古韓鎮義學記...196
創建高等小學堂碑記...197
梁君紫草墓表...198
張梅溪先生教思碑銘...199
大清誥贈光祿大夫處士趙府君墓表...199
大清誥贈一品太夫人趙母張太夫人墓碣...200

洛寧縣（永寧縣）

○ 琅華館帖刻石

琅華館帖一冊...201
書奉啓葆一張老年太翁...201
蜀撫張葆一年伯平奢安...202

葆一老伯水西戰蹟 202
先君四詠 203
先祖川功 203
張中丞蜀事小傳 204
琅華館草書，王鐸倣古 205
禮九峯山 206
河上寓目 206
至宜溝 206
琅華館帖二册 206
絕糧帖 206
求書帖 206
桃花帖 207
歡呼帖 207
買畫帖 207
豚子帖 207
深知帖 207
春華帖 208
地濕帖 208
賜醒帖 208
談古帖 208
占數帖 209
木蔭帖 209
厄硐帖 209
庚午夜坐玉調親家德里山邨齋 209
謫居德里喜覺斯親家遠訪次韻 210
思金門德里二首 210
前題二首 211
庚午秋玉調舜玄二親家同陽虛登金門山絕頂遇雨即席限韻 ... 211
覺翁親家詠金門山原韻奉和 212
金門山紀略 212
登金山絕頂 213
前題 213
前題 213
前題 213
琅華館帖跋 213

兩程祠記 214
張玉調畫一地糧碑記 215
兵部右侍郎張公神道碑 216
重修兩程夫子祠碑記 219
重修廟學碑記 219
重修廟學碑記 220
佟侯石渠記 221
誥封驍騎將軍程公神道碑記 222
創建含珠庵碑記 223
重修關侯廟碑記 223
重修城隍廟碑記 224
創開天一渠碑記 225
洛寧程村程氏世系碑 226
洛出書處碑 226
文學韋九章墓誌 226
重修福巖寺碑記 227
重修萬箱渠碑記 228
重修洛西書院碑記 229
重修洛西書院碑記 230
重修永寧儒學碑記 230
重修城關關帝廟舞樓碑記 231
創建山神廟碑記 232
重修兩程夫子祠記 232
佟高二公祠記 234
重修永寧縣署記 234
雷含章先生碑銘 235
商山廟修蓋戲房碑記 235
重修寧漕公祠暨樂樓碑記 236
張巽五先生教澤碑 236
創建關帝廟並舞樓旗杆碑記 237
創建王范雲盤圍寨並詳源流碑記 238
保全錦陽祖塋山脈即以延綿國恩碑記 239

孟津縣

鄴陽丁公生祠碑 240
贈太子太傅兵部尚書淇園張公神道碑 240
楊中丞世德祠碑 241
太平府知府匡巒四弟墓誌銘 242
龍馬記 243
○ **擬山園碑帖刻石** 244
 擬山園帖第一 244
 不審夜來胸氣 244
 諸女復無日事懸心 244
 知汝殊愁 244
 又與駿公 245
 五言律詩 245
 與年翁老道盟閣下 246
 忽動小行多 247
 臨晉侍中郗愔體 247
 劉選甚溷雜 247
 啟巘翁道盟詩社 248
 擬山園帖第二 248
 衛稽首和南 248
 五律二首 249
 王鐸爲石帆內弟 249
 又五律二首 249
 歸思 250
 有台州意與弟子言 250
 吾自腳氣數發動 250
 題詠畫幀 251
 昨得熙二十六日書 251
 和此郡之弊 251
 擬山園帖第三 251
 南野夏見獻花巖漫書 251
 愧天臺 251
 乙酉事 252

告惕庵 ... 252
可嗟 ... 252
薦福寺碑 ... 252
復廣言 ... 253
清明日與茂卿行塢 ... 253
鞏南宋陵 ... 253
自夏津之東昌經嶧山 ... 253
登高阜 ... 253
慵起 ... 254
擬吾家逸少帖 ... 254
細觀蘭亭續帖 ... 254
擬唐諫議大夫柳帖 ... 254
擬山園帖第四 ... 255
將四月南發留題蕉葉 ... 255
同陳路若坐飲龔孝升亭子藤華下 ... 255
題家藏李唐畫幀 ... 255
擬魏鍾繇 ... 255
擬晉吾家司徒王珉字 ... 256
擬吾家晉司徒王珣字 ... 256
擬晉王導 ... 256
石叟招集芳洲泛胥門江 ... 256
西溪 ... 256
問石淙盧巖 ... 256
王玄珠司寇招飲園亭 ... 257
滸墅北發袁石寓舟中遠送因以寄懷 ... 257
河陽渡 ... 257
至翼華徵山間松舍 ... 257
太行山望猴臺砦 ... 257
友人過談 ... 257
擬山園帖第五 ... 258
延壽寺碑 ... 258
立馬高原數丈 ... 258
夔府孤城落日斜 ... 259
聲稍病遂和暢耶 ... 259
書蔡君謨帖 ... 259

與弟	260
武昌池州事	260
道路□□	260
賣田	260
土井邨	260
次昌平□□□	260
玉泉山□□□	261
擬山園帖第六	261
歐陽詢	261
虞世南	261
褚遂良	261
薛稷	261
李邕	262
顏真卿	262
柳公權	262
裴休	262
徐浩	262
王衍	263
王慈	263
羊欣	263
郗曇	263
王彬	263
毛喜	263
賀知章	263
擬梁特進沈約帖	264
擬梁交州刺史阮研帖	264
擬梁蕭思話帖	264
擬唐秘書少監虞世南帖	264
擬梁尚書王筠題	264
唐東宮長史陸柬之體	264
擬唐尚書郎薛稷體	265
擬山園帖第七	265
僕風塵中	265
《類苑》急欲一觀	265
畫題奉上	265

玄度時往來	265
臨米芾	266
弟枯澀無餘智	266
與石翁老社翁閣下	267
扇手卷從容報命	267
北國學石鼓歌	267
今日張炬始歸來	268
上下至乖十八年	268
擬山園帖第八	268
臨米芾	268
擬鍾太傅帖	270
擬唐太宗帖	270
擬山園帖第九	271
奉張老年翁閣下	271
日犇馳雖無林澤之遊哉	272
春首餘寒	272
印篆大事	272
吾宗舜之裔	272
與巘翁閣下	273
東昌南路	273
借□□□□	274
□□	274
八年于外	274
寄懶上人	274
傲一首	274
千人石同歌	274
觀音山下江邊獨之作	274
恨病有□	274
戊子上元夜	275
陵山黃□嶺偕友人郭□六作	275
客裏	275
乙酉春葛村入滁洲	275
命坐寫星無可奈何	275
復巘摯戴先生道宗	276

擬山園帖第十	276
趙雪江畫冊序	276
如夫人作者	277
復石翁老道盟閣下	277
為三弟子陶	277
跋一	278
跋二	278
跋三	278
邑處士劉公諱中玉之墓碑	278
重修文廟記	279
至日謁羲皇廟	280
還金山碑	280
御祭漢光武帝陵文碑	280
御祭漢光武帝陵文碑	281
重修伏羲帝廟碑	281
太皥記	282
遊負圖寺有感	283
河圖吟	283
先天八卦圖	283
先天六十四卦圖	283
河圖八卦吟四章	284
建祠堂臨街後序	284
建祠堂後序	285
東漢世祖中興光武皇帝之陵碑	285
扣馬鎮四社分寨碑記	286
皇清太學生周公暨閻孺人墓誌銘	286
獄空碑	286
創建祠堂碑記	286
陸氏創修家廟碑	287
安懷寨	288
清敕授修職郎滑縣教諭謝先生墓誌銘	288
皇清修職郎陸公諱省三字惟吾暨王孺人之墓碑	289

汝陽縣

井水汲水便用疏 290

汲水規則 290

蟒莊村鑿井碑記 290

汝陽丁庄呂氏先塋碑 291

（伊陽縣）

修建伊陽縣治碑記 292

重修北門外照牆碑記 292

縣治廳事壁題名記 293

題彰善坊 293

題申明亭 293

重修石橋村西石橋碑記 294

捐置書院地畝碑記 294

陶天馬老夫子傳 295

雪菴寶公墓銘 295

汪芸亭先生墓表 296

李澧墓表 297

重修儒學碑記 298

觀音寺創脩水陸殿記 298

重建文昌閣記 299

井水汲水便用疏 300

重修呂祖閣記 300

倡勸籌設紫邏書院膏火感德碑記 301

皇清應贈武德郎守御所千總子戀譚君（尚德）墓誌銘 302

重修文廟碑記 303

補脩伊陽縣城碑記 303

新脩伊陽縣試院記 304

義學碑記 304

重脩關帝廟碑記 305

新修張公橋記 306

三門峽市

陝縣（陝州）

清李雙印妻員烈婦碑記 309

清待誥封成宇兀公（美新）墓誌并銘 309

三門刻石 310

井泉碑記 311

重修文廟碑記 311

重修廣濟渠記 312

清新建陝州尊經閣記 313

南城魁樓記 314

瑞蓮池記 314

重修墨池記 315

補畫亭記 316

崔氏（廣滋）墓誌銘 316

重修廣濟渠記 317

重修河陝汝道公署記 317

重修李公烈祠記 318

大清國學生曹府君（汴）暨劉太君合葬墓誌 319

例贈承德郎杜雲程府君德配水安人墓表 319

重修玄帝廟碑記 320

重修菩薩堂碑記 320

重修聖母關帝東嶽廟碑記 321

重修三官廟財神廟碑記 321

重修廟宇及戲樓碑記 322

移修菩薩堂碑記 323

修建老泉山九仙宮暨獻殿歌舞樓清靜亭敘 323

明欽差分守青登萊兼管沿海軍務山東布政使衛公諱三省墓表 324

修築波池是序 325

清劉公（子義）暨元配柴氏墓誌銘 325

牛翁（曰仁）暨元配孺人申氏次配孺人馬氏墓誌 326

東路富村重飾神像是序 327

清馬逢萊並馬中烈施地券 327
敕授文林郎歸德府儒學教授前河陰縣儒學教諭華青張公（際煒）暨繼配成孺人合葬
　　墓誌銘 328
安國寺石柱聯 329
重修廣濟渠約 329
皇清恩賜耆老胞兄桐岡（瑞鳳）暨嫂寧孺人合葬墓誌 330
重修文廟記 331
重修關帝廟碑記 331
大清庠生冠山張公（崇貴）暨德配孫孺人合葬墓誌銘 332
子文侯公墓表 333
潘節婦撫孤碑記 333
欽加遊擊銜陝西鄜州城守營都司程南曹公旌忠祠記 334
潘先生德徵教澤碑 335
壬辰科副貢候選邠州長人王先生懿行碑 335
衛理之先生神道碑 336
大監元錫堂張先生暨德配崔張太孺人懿行序 337
皇清例贈孺人張公（紫衢）繼配李孺人墓誌 338
重修黑山大龍王廟碑 338
誥贈奉直大夫張公（應奎）德配宜人張氏墓誌銘 339
陝州召公甘棠廟碑 340
重修陝州試院記 341
皇清敕授登仕郎小東張公（紫衢）墓誌銘 341
清誥授奉直大夫欽賜藍翎候選知州華堂孟公（克榮）墓誌銘 342
九龍聖母廟碑 343
皇清附生來公（猷宣）暨元配馬孺人合葬墓誌 343
例授文林郎咸豐己未恩科舉人仲美鄭老夫子教澤遺思碑 344
源源亭記 345
重修召公祠記 345
憩園二十三詠集古和黃小宋刺史原韻 346
憩園記 347
清例授昭武都尉樹亭張公（建午）墓誌銘 348
晴波劉翁（萬善）夫婦合窀墓誌銘 349

靈寶市（靈寶縣）

重修儒學記 ... 352
重修函谷關記 ... 353
蠲荒德政碑記 ... 353
創建桃林書院碑記 ... 354
重修晉武悼楊后廟碑 ... 355
邑仁侯胡老爺捐俸施茶萬姓感戴碑 ... 356
江公東關生祠碑記 ... 356
重修靈寶學宮記 ... 358
重修夫家山廟記 ... 359
重修延壽禪寺碑記 ... 359
述事碑 ... 360
重修阪坡路碑 ... 360
鹿臺村輪灌碑記 ... 360
靈寶縣五峰山創修關帝廟碑序 ... 362
周元輔高孺人壙記 ... 362
五峰坡玄帝宮碑 ... 363
皇清貤封承德郎江西南康府通判鄉飲正賓巨源張公（家清）墓誌銘 ... 363
重修玄帝廟碑敘 ... 365
重修九栢臺碑記 ... 365
重修文廟碑記 ... 366
重刻水利碑記 ... 367
真武廟碑 ... 368
土地老爺廟碑記 ... 368
邑侯胡太爺生祠碑記 ... 369
南天輿祥感德碑 ... 369
皇清誥贈宜人例晉恭人可亭（張）府君元配顯妣王宜人墓誌 ... 370
廟磚題記 ... 371
重修山神土地廟並阪坡路碑 ... 371
重修石渠碑記 ... 372
重修關帝廟碑記 ... 372
重修文廟碑記 ... 373

重修婁下村得相庵碑記	374
堯績雷公告風遺澤碑	374
邵公神道碑	375
路井下磴渠水斷結碑	375
嚴太爺生祠碑文	377
重葺三聖母廟碑記	378
夸父峪碑記	379
例授修職郎陰陽學術李公字通今德施碑	379
關帝廟重修碑	380
祖師諸神廟重修碑記	381
孟村中社公議演戲規式	381
重修女郎山三聖母廟碑記	382
新建靈邑考院碑記	382
下磴路井渠道管理斷結碑	383
京控開封府原斷	385
重修九天聖母神廟碑	387
皇清誥授奉政大夫候銓直隸州知州原任山西太原縣知縣九畹員公墓誌銘	388
皇清旌表節孝處士敬亭劉公淑配馬孺人墓誌銘	389
賈村賈峪兩社創修杠樹馱土地尊神廟宇獻殿並戲臺序	390
創修下磴街市房碑記	391
皇清待贈太學生帝澤張公（沛）墓誌銘	391
重修石坡原土地神廟新坡路記	392
復詳看	393
重建山神廟碑記	394
亢氏分門別譜碑序	394
閔山書院碑記	395
皇清邑俏生厚居何公（祖培）墓誌銘	395
欽賜壽官鐘靈郭公墓碑	396
分劈碑	397
重修火星廟獻殿碑	397
重修五峰山碑記	398
修理村寨碑記	398
修葺北馬泉頭村廟宇碑	399
新城寨村奉公刊刻革豆碑記	400
皇清敕封安人張母何安人墓誌銘蓋	401

捐復靈寶書院義學及鄉會試經費記	401
修理靈寶縣署記	402
重建邑厲壇記	403
夫家山景靈臺記	403
重修關帝廟記	404
重修夫家山娘娘廟記	405
合社敘荒年碑	406
創修三侯祠記	406
分水碑	408
河神廟創修碑序	408
增修土地神廟碑序	409
皇清誥封一品夫人薛母雷太夫人墓誌銘	409
皇清例贈登仕郎一習許公懿行碑	410
河陝汝道告示宏陽渠碑記	411
處士貽鱣何公暨德配張氏夫婦懿行碑	412
重修關帝廟碑記	412

(閿鄉縣)

勅贈文林郎繼庭屈公墓誌銘	413
蒙陰縣令屈公墓誌銘	414
海豐縣令杜公墓表	415
新開廉讓渠記	415
重修文廟碑記	416
創建文底鎮城垣門樓碑記	417
改築南門記	417
郭村里王氏義學碑記	418
重搆三鱣堂記	419
建置荊山書院記	419
盤豆渠水規	420
重修三鱣堂記	420
復興荊山書院經蒙義學改建考院記	421
周式古墓誌銘	422
西姚修堡碑記	423
鄉飲正賓斗山姚君墓表	423

靈湖渠水規 424
重修校書堂碑記 424
貢士韓君惺臣墓誌銘 425
新建石堤碑記 426
韓惺臣墓表 427
劉肅之妻馬氏節孝坊銘 428
新修養濟院記 428
清德祠記 429
孫耐松墓誌銘 429
重修鑄鼎原黃帝廟奎星樓記 430
韓母李太孺人墓誌銘 431

盧氏縣

親民堂記 432
重修文廟碑記 432
蓋公去思碑 432
邑侯張公重修奎樓記 433
原授懷慶府武陟縣教諭王公墓誌銘 434
清故通許學博杜公（謙）孺人常氏莫氏李氏合葬墓誌 435
重修白衣大士閣記 436
盧氏縣龍山書院碑記 437
重建盧仙廟記 438
重修萬壽宮記 439
重修西泰山廟記 440
創建盧醫廟戲樓記 440
雲南呈貢縣知縣嗣經陳公暨配王孺人合葬墓誌銘 441
文林郎知湖北鄖陽府房縣事學光常先生墓表 442
考城教諭東渠張公合葬墓誌銘 443
九垓上游詩碑 444
重修縣城記 444
重新龍山書院文昌帝君神像記 445
原任山東館陶知縣濟川王公墓誌 446
重修聖廟碑 448
橫澗川禦難碑 449

房公五聖祠碑記 450
魚臺縣知縣莫績軒暨太夫人王氏墓誌銘 450
重修大王山神土地廟碑 454
盧氏山河口石刻 454
誥授榮祿大夫韻亭莫公墓誌銘 455
誥封奉直大夫曉亭王公暨配趙宜人合葬墓誌銘 456
重修房公祠碑記 457
欽命河南河陝汝道兼管驛傳水利道馮大人賑災碑 458
神禹導洛處 459
觀禹跡題刻 459
觀禹跡題刻 459
創修考院碑 460
重修城隍廟記 460
皇清例授登仕佐郎段公克己墓表 461
皇清例授登仕佐郎段公（克己）墓誌銘 461
重修井龍王廟碑記 462
重修考院碑 463
布政司銜安徽候補道黃公文亭墓誌銘 463
創修盧氏縣甎城記 464
侍講銜翰林院編修李公暨配武恭人合葬墓誌銘 465
新建經正書院碑 466
抱犢宮碑記 467
文林郎子正李先生暨配駱孺人墓表 468
朝議大夫子端李公端墓表 469
修職郎鶴年張公墓誌 471
皇清例授修職郎鶴年張公墓表 471
增修水房碑記 472
接官亭摩崖題記 473
聖諭碑 473

澠池縣

常平預備倉合記 474
修城碑記 474
新遷學宮碑記 475

新建八蜡祠碑記 ... 476
御製至聖先師孔子贊並序 ... 476
玉皇閣碑記 ... 476
張柯初洗心祠記 ... 477
重修學宮碑記 ... 477
中山寺記 ... 478
重修五行殿並創建拜殿記 ... 479
重修三清殿碑記 ... 479
前書室記 ... 480
後書室記 ... 480
重建奎樓記 ... 480
修建文昌祠記 ... 481
重修龍山觀序 ... 482
冰鶴祠碑記 ... 482
繼志橋碑記 ... 484
重修二郎龍王廟碑記 ... 484
户掾趙公墓碑 ... 485
重修古龍王廟記 ... 485
重修河神廟記 ... 486
五鳳山祈雨遊記 ... 486
重修禹王廟碑 ... 487
重修萬壽橋記 ... 488
修仁村五龍廟記 ... 489
柏地廟山水記 ... 489
重修龍門香山寺石佛殿記 ... 490
清玉皇廟藥聖王殿碑 ... 490
創建張公祠記 ... 491
重修獅子山閣道記 ... 491
重建鴻慶寺三聖廟碑記 ... 492
創修龍王廟碑記 ... 492
重修聖廟記 ... 492
創建蛾術堂記 ... 493
洗心亭記 ... 493
澠池縣西二里重修陳村橋序 ... 494
重修書院創建考棚記 ... 495

南村創建義學記	495
聖壽寺演戲碑	496
向公（國柱）墓誌	496
施地築陂池碑記	497
丈八佛寺禁伐樹木碑記	497
創修老君殿碑記	497
災異記碑	498
灘池黃河水位碑	498
獅江從事紀	499
烈婦張氏殉難記	500
敬惜字紙社碑文	500
重修城垣記	501
施宅地建飲水井碑	501
下馬頭舞樓碑	501
重修龍王廟序	502
創修清真寺碑	502
仁泉渠碑記	503
合甲規矩碑	503
包差碑文	504
旱災賑濟碑	504
重修觀音堂碑	505
江浙義賑官紳題名記	505
鄉耆韶麓李老先生懿行碑	506
王公去思碑記	506
重修仙巖靈官殿記	507
孟公景雲德澤碑	507
禁令碑	508
後河村地震題記	508
南莊修舞樓碑	508
重修龍王廟碑記	509
例授登仕郎馨齋崔公懿行碑	509
誥授中憲大夫晉封資政大夫候選道山東德州知州張公懿行碑	510
澗南渠輪灌斷結碑	511
同議渠碑記	512

義馬市

創建二龍廟碑記 ... 513
重修香山拜殿金妝神像序 ... 513
創修祠堂碑記 ... 513

焦作市

焦作市（修武縣）

謁許文正公祠碑 ... 517
鄉賢逯公塋石碣 ... 517
重修三官廟山門拜殿序 ... 517
土門掌山神廟舞樓碑文 ... 518
玉帝廟興工碑文 ... 518
創建拜殿碑記 ... 519
東王封重修三聖神廟碑 ... 519
王褚火神廟感應碑 ... 520
致祭河北溫縣柳灘等處禦賊陣亡殉難諸紳民題名碑 ... 520
承恩鎮二堡殯行會記 ... 521
劉以實墓碑 ... 522
皇清誥授中憲大夫欽加道銜賞戴花翎廣平府同知香圃王君（蘭廣）墓誌銘 ... 523
鐵淚碑 ... 524
鐵淚碑碑記 ... 524
江蘇諸善紳協賑碑記 ... 525
重修玉帝廟諸工跋 ... 526
寺河村聖祖廟碑記 ... 527
憑心窯重修廟宇記碑 ... 527
合路公議永泯養羊事碑 ... 528

沁陽市（懷慶府、河內縣）

禮部郎中楊公荊岫 ... 529
真固峰太平寺金粧正殿法像記 ... 529

重修廣濟利豐河渠碑	530
豐稔河碑記	531
廣濟河道憲除弊碑	532
重修懷慶府文廟學宮記	533
創立關老爺聖會碑記	534
清故少庵宋公（友高）墓誌銘	534
汾州府推官竇公墓誌銘	535
重修開化寺文	536
清故郡庠生子英弟（史燦）並元配張氏側室劉氏合葬墓誌銘	537
重濬濟水千倉渠碑	538
重修府儒學碑記	539
御製至聖先師孔子贊并序	540
御製四子贊	540
改建何文定公祠記	541
皇清待贈太安人劉母丁氏祔葬墓誌銘	542
康熙御書點翰堂法帖碑	543
重修懷仁書院碑記	544
清故文林郎崇仁縣知縣邱公（源崙）暨應贈孺人岳氏傅氏沈氏合葬墓誌銘	544
新修河渠碑記略	546
河北道重勘廣濟豐稔兩河檄文	547
廣濟利豐兩河斷案碑	548
創建關帝廟碑記	550
混元三教九流圖	551
重濬利豐河碑	552
新建崇寧宮碑記	553
濬廣濟洞記	554
重修城垣記	554
重建古陽隄廻龍廟記	555
重修湯帝廟舞樓碑記	556
皇清例贈奮武郎岱友趙公（廷儀）德配段太孺人合葬墓誌銘	556
皇清例贈儒林郎候補州同梁公（王卿）墓誌銘	558
皇清例授奉直大夫候選布政司經歷貤贈昭武都尉郭公（奉欽）逸園墓誌銘	559
清故修職郎河內田君（聯元）墓誌銘	560
重修鄉賢醋儒高祖祠碑記	561
劉氏世系序	561

皇清誥贈昭武都尉候選州吏目榮昌郭君（奉恩）墓誌銘 ... 562

創建三皇閣碑記 ... 563

重修玄谷寺碑記 ... 564

皇清誥授朝議大夫晉授中議大夫賞戴花翎即補海疆知府前淡水同知丁卯科解元懷樸
　曹公（謹）墓誌銘 ... 565

義和寨題刻 ... 566

重修四聖殿碑記 ... 567

增修懷慶試院號舍碑記 ... 567

皇清誥封淑人徐母駱淑人安葬墓誌銘 ... 568

創建三清廟碑記 ... 569

三清廟地基碑 ... 569

皇清誥授奉直大夫臺灣府分府冀南張公配安人楊王邵趙氏合葬墓碑 ... 570

重修懷慶清真寺碑記 ... 571

創修義倉記 ... 572

重修玄谷寺碑 ... 573

重修覃懷書院記 ... 573

重修懷慶府城察院記 ... 574

楊香墓碑 ... 575

博爱縣（河內縣）

河內縣侯除豁明月山里甲記 ... 576

再游明月山有感 ... 577

朝天壇山記 ... 577

大王廟創建戲樓碑記 ... 578

重修三官廟 ... 579

西陽邑復剏塑司神碑記 ... 580

洛陽市（河南府、洛陽縣）

七解[1]

皎皎白蓮，于洛之浦。蓮質何清，蓮心太苦。一解
早逆牽絲，俄成斷梗。昧昧魚書，冥冥鴻影。二解
夫家謂女，禮可以嫁。阿女聞之，心摧血下。三解
夫婿縱不歸，有翁有姑。誓往事之，飴蘖而薺荼。四解
井臼滌灑怡焉，八載又遘閔凶。天乎，余之何罪？五解
魂逐天涯，身從地下。炯炯素心，漫漫長夜。六解
溪風助哀，山月表潔。溪山可改，貞女之名不可滅。七解
辛酉進士署河南府知府陝西張井題。

（碑存洛陽市關林舞樓後牆。王興亞）

開浚河南府洛嵩兩邑各渠碑記

夫生民衣食之本，墩維農出；農田培養之資，厥惟水利。是以夏勤溝洫，周制井田，皆以蓄泄而備旱潦。漢杜詩、召信臣之建坡塘，猶師《周禮》稻人遂人遺意，以利農事。蓋歲收之豐歉關乎天，而水旱之不時，咸資人事，以調劑之。河郡地形高廣，漢唐浚鑿各渠，分引伊、洛兩河之水，灌溉農田，其來已久。然歷年既遠，湮廢遂多，數十年來，即所稱五洛渠者，開自前明宏治中，較在漢、唐者近，已不可復問矣，又安論其他。夫先民之遺澤就湮，即閭閻之生計日隘，恤民隱者，能無思所以董率興復之耶？

歲甲子夏，升任江西中丞、前方伯溫公承惠，因公駐洛，對值亢暘，農民盼澤孔殷，即方察舊渠源流，責成水利通判楊世福督率重修之。於是楊倅稽考故道，相度經營，與居民相胼胝歲餘。其有古渠全湮，沿用舊名而重浚者，則洛之古洛、水靖、新興、通津。伊水之古洪也，有舊址尚存。因其淤淺隘而充暢之者，則洛水之太明，伊水之黃道、永濟、清渠、伊渠也。又有因地制宜，補前人所未備，于舊渠之外創新渠而立新名者，在洛水則太平，在伊水則樂豐、人和、香合、天議、永固、會心、周城、金城，在甘水則甘鶴、順興也。他如甘泉、六合、永利權善四渠，未逮者不計，而浚舊開新之已成者，計二十一處，可灌地二十余萬畝，其開渠所占地，有給價者，有編枕者，計價之多寡，一準以地之所出，編枕亦然。凡渠戶所澆地畝，有出自枕夫而澆者、有保出枕費者，均各隨其所樂從，而不強之以所不便。至各渠之成也，凡壩堰橋閘即因之而建。司其事者，則有渠長、小甲之設。然而善始所

---

[1] 此碑文与下頁《滿江紅》刻於一石。

以要善終，歷久期於不壞，因復令妥立章程條約以示遵循弗替者，又詳且善焉。余因閱兵至洛，溯洄沿覽，見夫清渝如帶，瀠洄於青疇綠壤之間者，皆他日亢陽之備也，慰藉者久之，因為之入告，以副聖天子愛養黎元之至意。庶幾諸渠之利，可與伊、洛兩河流澤靡涯矣。各渠顛末，方伯既分紀之，而楊倅暨兩邑紳士復請，余書其大略，勒諸石以垂不朽云。

賜進士出身、兵部侍郎兼都察院右副都御史、巡撫河南等處地方兼提督銜兼理河務並駐防滿營官兵、世襲騎都尉、前翰林院庶吉士、軍功加三級紀錄三次馬慧裕撰並書。

嘉慶十一年。

（碑存洛陽市民俗博物館院內。王興亞）

滿江紅[1]

鼎族吳興，正繡闥，瓊枝待字。喜同里，鄧郎英發，紅絲堪系。媒約久遲烏鵲駕，客遊竟擬梧桐死。拜翁姑，兒職婦能供，心堅矢。易衰絰，卸簪珥。親井臼，奉滌瀡，胡昊天不弔，高堂又圮。三十年華沉婺女，九重泉路求夫子。只留將，芳烈播詞場，貞魂慰。

辛未進士吏部員外郎陳林題。

（碑存洛陽市關林舞樓後牆。王興亞）

上清宮碑記[2]

【碑額】善歸

洛城北邙上清宮老君堂铁□村，毀壞無存，金像埋於塵埃，幸有張公諱逢庚，素願好善，目覩心傷，舉念告天。因卜辛未六月□六日開工起造，高低廣濶悉遵舊式，不用榱桷，可耐永久，掃盡鐵器，庶免避忌。工開之際，遠近紳士善男信女，凡有夙願皆舒虔誠，有捐木料者，有送銀錢者，有車載送磚瓦者，有親身幫工者，衆善同歸，至十月而工告成焉。公□念之初毫無他望，而神顯靈之兆即應。爾家不日而得後嗣，皆公善與人同樂，取與人為善之善念也。余郡人也，親知事之始終，勒石不朽，故於是以為序。

邑人太學生任文煥頓首拜撰。

洛邑後學李國華沐手敬書。

吏人典吏張逢庚，子繼善捐資重建。

梁□□化錢十千文，吳崧員化錢七千文，杜□氏化錢五千九百文，張□□化錢三千八百文，□王氏化錢二千八百文，□□氏化錢二千文，陳吉氏化錢三千二百文，武□氏化錢二千文，□□□化錢二千三百文，張龍化錢一千五百文。

---

[1] 此碑文與上頁《七解》刻於一石。

[2] 該碑斷裂為兩截。

一、買木料使錢一伯七十六千六伯六十四文，

一、買鐵釘使錢六十二伯二十一文，

一、買石灰等使錢三十三千二伯九十文，

一、油工、□□□買使錢四十五千八伯七十五文，

一、鐵匠作使錢十四千四伯九十二文，

一、泥作工使錢八十二千九伯文，

一、石匠工使錢一千一伯文，

一切□□□□等使錢七十一千二伯二十文，

以上共收佈施：銀九十兩五錢五分，錢二佰二十四千一佰四十五文。

嘉慶十七年一月十五日立。

泥作□□□、□□□、□□□。

木作張□□、□□□。

畫工張恕□。

鐵筆李大有。

有住持道人張成全，徒李永泰，孫余元□。

（碑存洛陽市上清宮。王興亞）

姚氏女[1]

玉有石勢不轉，木有華隕不返。人生榮悴亦何常，女子有志達閨闈。我聞□兒之婦能守貞，已字更堅不字心。未相夫子來奉姑，姑死亦死從其夫。不與林花鬥顏色，豈隨山木感榮枯。伊洛之水無津涯，嵩邙之石高嵳枒。德生坤厚音無瑕，一抔之土著令嘉。道旁觀者莫不知，為洛陽市姚氏女兒家。

癸酉拔貢新安呂式淦題。

（碑存洛陽市關林舞樓後牆。王興亞）

加封關羽仁勇二字碑記

禮部咨祠祭司案呈嘉慶十九年正月初五日內閣抄出

奉上諭：上年逆匪突入禁門時，恍惚之中仰見關帝神像，畏懼奔竄，立就殲擒。本日又據那彥成奏：當滑城克復之時，賊匪於黑夜拼命突圍，官兵施放鎗箭，未能真切。忽城旁廟宇自行起火，照同白晝，官兵兩路夾擊，始將賊匪截回，悉數殄除，事定後，乃知城

---

[1] 此文與本册第9頁《黃鵠歌》刻於一石。

旁廟宇供有關帝神像。廟雖焚毀，神像巋然獨存，毫無損動等語。此次逆匪滋事，屢荷關帝靈爽翊衛，實深寅感，着該衙門於原定封號敬擬加封二字進呈，候朕酌定，通頒直省，用答神庥。其滑縣廟宇候重修落成之日，該撫再行奏請。御書匾額，敬謹懸掛。欽此。當經本部移會內閣，撰擬封號，去後，嗣茲准內閣片稱，所有關帝封號於本月十二日具奏，奉硃筆圈出"仁勇"。欽此。到部恭查原定關帝封號，係"忠義神武靈佑關聖大帝"。今奉旨加封"仁勇"二字，所有關帝神牌，應敬謹書寫"忠義神武靈佑仁勇關聖大帝"字樣，相應移咨河東河道總督轉飭所屬，一體遵照可也。

嘉慶十九年閏二月初三日。

（碑存洛陽市關林塚南牆西側。王興亞）

老稅數目志碑

從來商課兩設，裕國便民。于嘉慶十九年十一月間，因梭布稅務一案具稟。藩憲諸大人案下，蒙批：仰河南府查例核議，速即明切飭遵，務使商課兩裨，毋任日久侵弊。於本年三月間，蒙府憲齊大老爺查訊具詳，諭令照以奏冊完稅。于四月間，蒙署藩憲琦大人批：如詳飭遵。又於七月間，經廳孫稅主察明，署府憲熊大老爺飭提覆訊，仍蒙批飭，准照奏冊完稅。屢蒙上憲徹底根查，逐細訊明，各卷存案。嗣後，各家俱照奏冊老稅，畫一完納，永遠遵行。砌石記之，以垂不朽矣。

梭布鋪一家，每年納老稅銀柒兩陸錢伍分。

綢緞鋪一家，每年納老稅銀柒兩貳錢。

以上稅銀，按春秋兩次繳納。

大清嘉慶二十年歲次乙亥十月謹志。

（碑存洛陽市澤潞會館院內。王興亞）

弔桃女

君不見洛水西來向東流，紆洄橫抱秦山頭，雲氣結，毓閨秀，貞風烈烈千古留。有夫呵氣能成雲，冀北驊騮本超群，海角天涯不能見，桃夭未賦求離分。之子立志矢靡他，婦事翁姑歷年多。婦職艱辛不堪述，艱辛歷盡竟如何。胡天不吊阿姑亡，日夜號泣哀斷腸。未見夫面姑又沒，此生無計慰彷徨。彷徨無計了此生，盡夜窗前孤月明。白璧無瑕頓崩裂，朱絲結環命已傾。人生誰不歸黃泉，輕等鴻毛重擬山，鴻毛隨風知何處。山嶽之重，下盤大地，上接青天，我亦不知其幾萬萬年。年來憑弔桃女魂，白楊蕭條依龍門。龍門城南峰嵯峨，高節雙峙鎮乾坤。

壬戌進士前翰林洛陽市縣知縣直隸劉毅萬題。

（碑存洛陽市關林舞樓後牆。王興亞）

龍門

國朝劉縠萬

蔓渠之水出無門，穿破青山膡此痕。能使嵩鼇分半壁，相將河洛下中原。天開一綫成雙闕，地盡三塗束陸渾。若向伊川探勝蹟，此心活潑是真源。

（文見路朝霖《洛陽龍門志》。王興亞）

重修關陵碑文

關聖帝君之靈，自通都至於下邑皆立廟，而洛陽市陵寢，尤神所憑依，廟貌最古，威靈最赫，往來輻輳者罔不虔心奉祀。顧歷年既久，修葺乏人，而廟□頹圮不治。夫創制宏且敞，而牆壁黝黯，非所以壯觀瞻也。

國家祀典所關，而榱棟倚斜，非所以妥神靈也。修廢舉墜，其當事者責與。勝總制戎師，因公由河朔至洛，瞻拜時，見廟中毀壞，不禁心坪坪焉有修復志。竊慮功大費繁，獨立難成，爰商諸副參軍蘇公雲龍及寅友中之素有誠愿者，曰："帝君秉乾坤正氣，孔子《春秋》，忠義昭垂，炳若日星。自唐、宋以來，屢加徽號，至我朝而封益隆，威益顯，君蒿悽愴之心，其誰不油然而生乎？"勝因詢謀僉同，遂首捐清俸為之倡，而蘇公以是率其屬，寅友以是效其誠。□□□人，樂□不戒，以孚於時，鳩工庀材，率作興事，閱數月，始告厥成功。繼自今入廟思敬，瞻仰勝蹟，廊房則東西輝映，宮殿則朱漆燦然，垣牆門楹率皆熠煥而一新焉。於以見神聖之靈之感人者深，而董事效事者之各能殫心□神庥也。遇此一往，有與勝同志者，從而修增之，雖萬世常新也。

欽命鎮守河南河北總鎮四里德號巴圖魯馬濟勝薰沐拜撰。

欽加副將銜河南河北城守營參將功加一等加三級記錄五次蘇雲龍書丹。

河南河北鎮標左營遊擊兼理營事務加三級記錄五次許紹公篆額。

河南府知府馬維騄捐銀伍拾兩，河南府通判崔元恒捐銀拾兩，河南府洛陽市縣知縣楊□□捐銀□拾兩，洛陽市縣知縣□海觀捐銀肆拾兩，偃師市縣知縣鄭承□捐銀三拾兩，鞏縣知縣劉興□捐銀貳拾兩，孟津縣知縣□□□捐銀拾貳兩，宜陽縣知縣鄭□華捐銀拾貳兩，衛輝參將□□□縶□□□捐銀拾貳兩，彰德營□□張鶴年捐銀拾貳兩，開封營遊擊張□□□捐銀拾貳兩，河北鎮□右營□□□□捐銀捌兩，內黃營□□□□□捐銀拾貳兩，□陝西□湖□□□□捐銀捌兩，登封縣知縣察重光捐銀拾陸兩，永寧縣知縣王相齊捐銀拾兩，新安縣知縣溫汝□捐銀捌兩，澠池縣知縣戴鳳翔捐銀拾兩，嵩縣知縣王渭捐銀拾陸兩，河南府經歷孫銳之捐銀肆兩，洛陽市縣縣丞沈玉□捐銀肆兩，河北鎮標左營守備周蘭昆捐銀肆兩，河北鎮標右營守備張應祥捐銀肆兩，開封營守備周嘉穗捐銀拾兩，署河南守備萬清尚捐銀捌兩，彰德營守備吳光烈捐銀拾兩，河南營守備張登賢捐錢拾千文，河北□□左、右營千總馬士傑、曹無畏共捐銀陸兩、□河營千總李步月、李錦共捐銀捌兩、開封營千總胡占啟、方向榮共捐銀拾陸兩，彰德營千總李金光、丁□清共捐銀捌兩，河南營千總張榮光、呂德麟共捐銀捌兩，陝州營千總董魁元捐銀肆兩，河北鎮左右營把總外委□敬、何□□、馬殿□、外委白朋林共捐銀拾壹兩，衛輝營把總范□□、李國□、陳得□共捐銀拾貳兩，□□營把總李□□、□年元、吳□流共捐銀拾兩，□□營把總□魁元、趙保恭共捐銀拾貳兩，河南營把總王嘗□、李振玉共捐銀拾□兩，□□營把總□□林、魏殿元、拜定邦捐銀貳兩、三兩、壹兩，□□營把總周五福捐銀肆兩，衛輝營把總李占標、王□□、張登科共捐銀陸兩，開封營外委王周禮、丁占元、馮示明共捐銀拾貳兩，□保國、馬占元共捐銀肆兩，彰德營外委賈三元、雷志共捐銀肆兩，河南營外委任貞、□成武、范天保、趙良祿、張廷貴、丁□壽、席□法、王寶慶共捐銀拾陸兩，嵩縣營外委買守軌捐銀貳兩。

嘉慶二十二年肆月□日吉旦。

（碑存洛陽市關林甬道西側。王興亞）

重修大殿記

【額題】 大清

　　洛陽市城南十五里許有古關陵，為聖蹟憑依之所，靈顯甲於天下。自寢堂及大殿，棟宇崔巍，上埒嵩高，又有伊、洛、瀍、澗諸流，環據左右，山川靈秀，蒼萃於茲。洵乎帝者之居，固宜如此其壯麗也。丙子夏，余來宰此邑。恭謁聖像後，周歷殿宇，似有傾頹之勢，非及時而修葺之，其何以肅觀瞻而起敬畏？爰率同僚捐廉以倡，邑之人多樂從者，遂公舉老成紳士董其事，庀材鳩工，始自丁丑夏，迨秋七月告竣，甚盛舉也。余維溥海內外，尊奉聖帝，自漢以來，祀典之隆，惟我朝為特盛。而帝之有廟，創始自妥靈宮，其規制與帝王並，而莫崇於陵寢。神威赫濯，寔式臨焉。今而後輪奐重新，悉如其舊。過其地者，益想忠義之英靈，日陟降於嵩、洛間而隱動夫向慕之誠也。爰為之記，以垂不朽。

　　賜進士出身誥授奉直大夫知河南府洛陽市縣事前南陽鎮平縣加三級充河南癸酉科鄉試同考官暨陽王海觀謹撰。

　　洛陽市縣邑庠生陳成文沐手書丹。

　　洛陽市典史唐玉麟承辦。

　　紳士王玉田等募化督工。

　　所用人夫、車輛，二、三兩鄉保正、地方公出，公撥不計其數。

　　監生王玉田捐火食銀七兩，化銀七十兩，監生李登庸捐銀十兩，化銀七十兩，貢生宋大儒捐銀四十兩，貢生呂又誨捐銀八兩，生員朱士俊捐銀三十兩，監生李之江化銀三十兩，職員方炳捐化銀四十兩，衛千總李德寧捐銀十五兩，舉人韓原道捐化銀四十兩，貢生韓萬邦捐銀四十兩，梭布行捐銀三十兩，監生麻純煥捐銀四兩，貢生麻純倫捐銀四兩，監生王文成捐銀五兩，監生司繡捐銀五兩，李學閔捐銀五兩，武生麻山泉捐銀五兩，監生麻標捐銀五兩，鐵貨行捐銀四兩五錢，鄭文、郭基華、張執中、王成號、泰來號、監生張士信、監生李天壽、監生史逢辰、世茂號、忠恕堂以上各捐銀二兩，元隆號捐銀一兩五錢，監生張玉、武舉白大鶴、武生黃桂□、監生王廷鼇、晉昌號、王德祿、蔡天成、朱煥、李長庚、司學信、郭泰順、范全德、傅德、雷太科、朱祿、王廷鶴、項榮、雷士宗、趙忠保、李榮先、劉君生、張鶴、王太平、雷榮、王尚德、梁涎、麻□、李永□、解通學、王宗韶、趙志、天寶樓、王蘭、張士恭、閻富、福昌號、恒豐號、誠義東號、集祥號、恒泰源號、合成記、逢原永號、協慶號，以上各捐銀一兩，永祥號捐銀八錢，梁淇彥捐銀七錢，監生黃金邦、王清標、來秉成、宋振幹、恒盛坊子、閻學成、劉勇、孫攀龍、張林、李承泰、劉同、王廷秀、張春、楊得安、李至槐、趙福、李天祿、麻柄、黃心廓、葛戍、李朝重、劉興，以上各捐銀五錢，鄭學捐銀二兩伍錢，胡天壽、潘廣業，各捐銀伍錢。

石工李□元。

嘉慶二十二年歲次丁丑孟冬穀旦。

（碑存洛陽市關林甬道東側。王興亞）

重修八卦亭等碑記[1]

計開：嘉慶二十五年五月二十日，河南府太守加道銜張大老爺名立勳，諭生至署，親交廉俸寶銀壹仟兩整，命生等董事重修御碑八卦亭一座，如後有餘銀兩，可尺可寸。生承命隨辦物料，動工修理御碑八卦亭一座、聖殿週圍牆垣、聖母殿一座、二殿一座、三殿一座、張夫子殿一座、五虎殿一座、東西二配殿二座。後節院牆、門、窗一切重新。於十一月仲冬完工。

大殿後枯栢一株，伐作大梁用，補種栢樹四株。

董事貢生宋之儒、監生李天祿、衛千李德寧、貢生韓萬邦、吏員方炳。

監生王玉田書。

二三兩鄉助車夫。

住持 王加科
劉合祥

立石。

（碑存洛陽市關林三殿後牆門東側。王興亞）

---

[1] 標題係補加。

貞女述

　　身已字禡未結，麼鳳分飛無消息。孤鸞不欲改棲枝，皎皎天真心似鐵。驟然斂容話喞噥，左右驚奇慘且傈。爺娘字我有成言，洛水在此吾不食。當時媒合萬口傳，曷謂虛名了無實。日月曾幾何，議論紛黑白。死生易其志，不作一錢值。夫之父母我舅姑，夫出無歸我之責。木蘭十四替爺征，我胡不可替夫職。爺娘有子孫，舅姑無兒媳。淒涼北堂冷，羹湯誰祝噎。不用裁嫁衣，不用贅棗栗，即辭爺娘去，爺娘不可抑。入門支離操井臼，盤匜莫繼催紡織。幾曾巧婦泣炊難，菽水承歡慰寥寂。瓊瑰盈懷徵於夢，天只人只萬相滅。蘭膏煎後噴清香，遐邇風聞爭嗟嘖。他年棹摟輔軒采，何以表揚曰貞烈。

　　孝廉方正陝西兵道湖南嚴如熤題。

（碑存洛陽市關林舞樓後牆。王興亞）

封關羽仁勇二字及以加新號相稱碑文

　　辛巳夏五月，姚大中丞閱伍至郡，因案赴嵩，道過關林，肅申叩謁，恭瞻神位，墓前碑亭書有"勅封忠義神武靈佑關聖大帝"字樣，因思嘉慶十九年正月初五日，內閣抄出，奉仁宗睿皇帝諭旨："上年逆匪突入禁門時，恍惚之中，仰見關帝神像，畏懾奔竄，立就殲擒。本日又據那彥成奏：'當滑城克復之時，賊匪於黑夜拼命突圍，官兵施放鎗箭，未能真切。城旁廟宇自行起火，照同白晝，官兵兩路夾擊，始將賊匪截回，悉數殄除。事定後，乃知城旁廟宇供有關帝神像，廟雖焚毀，神像巋然獨存，毫無損動'等語。

　　此次逆匪滋事，屢荷關帝靈爽翊衛，實深寅感。着該衙門於原定封號敬擬加封二字進呈，候朕酌定，通頒直省，用答神庥。當經禮部移會內閣撰擬封號，於本月十二日具奏，奉硃筆圈出'仁勇'欽此。"今奉旨，加封"仁勇"二字，所有關帝神牌，應敬謹書寫"忠義神武靈佑仁勇關聖大帝"字樣，相應移咨，一體遵照等因。今洛陽市縣關林神蹟昭垂，地方官歲修祀典，何漫不經心，尚未欽遵辦理，疎慢之至。因札司即速專員，會同地方官，敬將廟內神牌、墓碑、各封號，蠲吉祭祀，妥為增添，務須誠敬將事，毋稍率忽。

　　再，恭閱墓碑之旁另有乾隆三十三年碑記一通，因是年加封新號，其官建祠宇，已欽遵諭旨，敬依新號，設立神牌，惟緣墓前更無隙地立碑，爰就舊碑而新之。其碑陰所載悉如故。斯時記載甚明。此次加封新號，除前殿神牌，自應敬依新號另設立外，至於墓前碑記，自應循照乾隆三十三年之式，敬謹辦理等因。當即會同委員，遵照札示，蠲吉祭祀，妥為增添。其前殿神牌，敬依新號設立。墓前碑記，即循照乾隆三十三年之式，敬謹辦理。惟思關帝之靈在天壤，如水之在地中，無不昭著。

　　其護國佑民之實蹟，節荷綸音，疊加封號，三十三年之碑記，已詳及之，無可再贅也。

今因加封新號已越七年，未能遵辦，官斯土者，詎能辭疎慢之咎耶！大憲因公莅止，心誠目擊，亦若靈氣所感乎，俾飭行妥辦，用申國家崇奉令典，神於以安，而大憲敬神之心亦可安矣。謹記。

洛陽市縣知縣前翰林院庶吉士劉穀萬敬立。

道光元年九月吉旦。

（碑存洛陽市關林塚廟南牆東側。王興亞）

龍門賓陽洞交置香火地畝碑記

【額題】流芳百代

洛南龍門有賓陽洞，素號名區。余屢遊其地，傍伊闕而禪釋巍峨，穿層巒而河水清漣，土高雲從，羨古跡之留遺，碑刻森列，仰前人之好施，而壁立千仞，水光接天，境之勝也。方目不給賞，適洞中禪師通汴來告施，余曰：昔下天王院人喬遷，禮子溝王公諱殿臣與其子兆南，克承祖父之志，於乾隆三十三年，在陳家溝置地若干畝，施諸賓陽洞修香火，刻石志美，歷有年所，至嘉慶十年，因其地遠，難以經理，遂與山頭王兆熊、王兆文暨妾鶴等計議變賣，轉買地一段八畝灘分，坐落廟草溝，一地一段坐落魁樓西。田甘土肥，年年不窮，永為千秋香火資，偕山河而並存。乃祈余為文，謹序其事，勒貞珉以垂後。余僅抒俚句，據實添疏，一以彰王氏善繼之德，一以昭禪師善謀之勸後之覽者。

直隸汝洲伊陽縣庚午科舉人候補知縣位西石克岐撰文。

其地一段，東至李，西至路，南至王，北至牛。一段東至楊，南至香火，北至李。

清道光三年七月二十六日立。

（碑存洛陽市龍門。王興亞）

黃鵠歌[1]

悲黃鵠之寡偶兮天各一方，宛頸獨宿兮羞與眾頡頏。夜半悲鳴兮別有衷腸，天教離別兮孤淒何傷。興念及此兮泣下數行，嗚呼哀哉兮結髮不可忘。飛鳥尚然兮況於貞良，雖有賢雄兮終不同行。誓歸鄧門兮拜我姑嫜，親操井臼兮八年費遑。一朝事竟兮泉路相將，嗟彼閨闈兮志維綱常。佇看他年之龍章寵錫兮，將表女宗於氏之鄉。

黃鵠歌

辛巳舉人同邑張之銘題。

（碑存洛陽市關林舞樓後牆。王興亞）

---

[1] 此文與本冊第3頁《姚氏女》刻於一石。

創建斗母廟金妝碑記

嘗謂聖母之靈顯矣，然廟貌弗建，何以顯其靈？聖像之威昭矣，□□神弗望，何以昭其威？幸有張、王二君，咸發善念，既憂奠安之無所，復慮瞻拜之無地。敦請堪輿，相其伊闕東巔，但見龍脈精奇，沙水環抱，此真古跡勝地，足為神聖之寶座也。□□地主始知郃莊韓若，衆議情願施舍一畝三分，此誠侃愷義人而為一鄉之善士也。於是，督工命匠，效力有人，冗不以為勞。募化四方，輸財有人，冗不以為惜。肇始於楊柳伏□，告成於黍稷芃芃。遊其外，則殿宇輝煌也；入其內，則金碧流光也。然非首事之倡率，固無以見其盛；而非管事之贊勤，亦無以見其美。將見神有奠安，施藥救災以著其威靈；人有瞻拜，崇光祀典以盡其誠敬。功竣之後，屬余為文。不敏而率口直陳，爰敘俚言，並勒貞珉，永垂萬世，以志不朽。

後學賈培元撰文並相地。

郭之純書丹。

道光伍年歲□作噩季秋吉日立。

（碑存洛陽市龍門。王興亞）

藩憲遵批札行條規

蓋聞召伯之澤，留及甘棠。郇伯之□，溥同陰雨。便於民者，興之；不便於民間，除之。向來各處催完錢漕設有保總、總催、莊頭、里長、滾頭，名各不同，實則一也。歷年舉報，戶不願充，屢執屢推，變遷無常，其中花費錢文盡多，不便於民，亦兼不濟於公。自府憲存大老爺蒞任以來，軫念民艱，久有興利除害之心。幸于道光四年間，蒙藩憲楊大人詳請，撫部院程大人批，將總催名目通飭所屬，一體革除。又蒙藩憲遵批，劄行各府，經生員司鳳岐、監生賈侖、武生黃枝一、楊長庚等稟請，適符府憲愛民之至意，即如詳文，行知洛陽市縣，鳴主將洛邑滾頭之害，一體革除。遵劄文條規，差役催完公項，保地引照花戶。近年來，民無滾頭賠累之擾，均皆踴躍急公，爭先輸將，國課早完。官司有父母之恩，閭閻勤子弟之職，與古召伯、郇伯之惠，並流百代。合郡紳民無不感德，但恐時久弊生，胥徒加開科條，致負各憲之良法美意。爰將撫部院批，藩憲札行條規，詳開勒石，永垂不朽。

計開札文批示：該本司核看，得陽武縣監生蘇瑥、宋斌控請革除保總一案，緣陽邑三十二地方，每地方設立保總一名，經管錢漕等項，徵冊花戶，置買田產，收除過戶，係保總經管花戶，酌給紙筆之資，向無賠累，亦無花銷使費。嘉慶二十四年八月，武陟馬營壩黃河漫口，陽邑合境被淹。合龍之後，地變瘠薄，值價堪賤。各保總每有告退，飭令另報接充。蘇瑥等所居東黑石地，與祥符、封邱界址相連，多有寄莊、滑户。向於征漕之時，除移會祥符、封邱縣代催外，保總仍引同糧差往催。蘇瑥等恐報充保總受累，遂將保總應需紙張、筆墨、錢文指為書役分規使費，赴前憲衙門控告。蒙批飭府查明擬議等因，經前司飭府行縣查訊，獲悉前情，詰以既控告書役分規，必有交付得受之人，令其逐一指供，不必顧忌。據蘇瑥等僉稱，委因圖准，是以將紙筆之費，控作書役分規，本無憑據，故無被告姓名，可指復提户書班役研訊，但各堅供，向無得受保總分規使費情事。再肆究詰，矢口不移，似無遁情。飭查蘇瑥、宋斌等上控之由委因，惟恐報充保總催完，寄莊漕糧受累起見，今寄莊漕糧，俱照例請代催保總，無須協辦。其所控書役分規使費，訊因圖准混指，實在並無需索得受之人，故未列被告姓名，亦不敢始終坐執。既據具結，請轉銷案等情由，府轉詳到司，當經查府詳所議未協，隨經批飭，另議詳辦。茲據該府詳議，前來本司查保總名目，係與里書無異。在安分者，視為畏途。好事者視為利藪。法立弊生，誠為難免。該縣舊設保總，應即革除，以杜弊端。嗣後該縣民間置買田產，收除過户，以及攢錢漕征冊應改歸户書承辦，無許勒索滋弊。至應徵錢漕，各花户莠良不一，未必盡知急公向上，踴躍輸將。必須按户查催，方免延久。花户眾多，四方散處，平日差役在城承辦，別項公事，不能遍識鄉間糧户，若令經催設，刁滑之徒以欠作完，肆其朦混，差役既不相識，既不能知其真偽，及至往近查明，已遲時日，恐催糧難期妥速。查該縣各鄉，向設保地稽查地方以及協差勾攝公事，與花户近在一方，平日熟悉，應請嗣後該縣催征錢漕，飭差妥役協同保地查催，以免派累，是否允協理合，詳請憲台鑒核批示。道光四年五月二十九日自司發，二月初一日到府。河南府知悉，本年正月三十日蒙撫部院批，本司呈核議陽武縣監生於廷梅等控書役需索分規等情一案詳由。蒙批本部院，風聞所屬錢漕俱設有總催名目，擇民間家道殷實者充之，差役藉以魚肉，往往以總催一役，傾家蕩產，民甚不便，河北三府尤甚。前于該司議詳，陽武縣監生蘇瑥等控案，業經批飭如詳，通飭所屬一體革除。仍令各州縣將向來是否有此名目，現在如何遵辦緣由，據實稟覆。倘將來訪聞，仍有私設累民，或被告發，定行撤參，決不寬貸在案。茲查該司核議，監生于廷梅等控案，情事相因，仰即查照前詳批示，通飭一體遵辦。余照詳行檄等因。蒙此，查此案前奉院批本司議詳，陽武縣蘇瑥等控請革除保總一案，奉批通飭查報等因，當經抄看，飭查在案。茲奉批前因，除行懷慶府遵照外，合再劄行。劄到該府，立即通飭所屬一體遵辦，並查明所屬各州縣錢漕有無設立總催、催收名目，嚴飭一體革除，仍將作何辦理之處，據實稟覆，以憑查核。倘此次通飭之後，仍有私設累民，一經查出，或被告發，除將該牧令參辦外，該府亦大幹未便。毋違。切切此劄。

道光七年孟冬之吉，洛陽市縣紳民仝立。

（碑存洛陽市關林甬道西側。王興亞）

金妝白馬寺毗盧殿佛像碑記

蓋聞琦行積而金莖獨召，瑰意勵而塋粟來福田。根諸心田，厥有自矣。茲偃邑魚骨村有郭長泰者，與其母結念利濟，浚心楞伽。適值母病，德動地藏，無藥有喜。因與母益精善念，嘗於本邑中嶽廟、宜陽靈山寺並白馬寺施茶三載。詎知吉人樂善，益進俞恢。嘗歷覽數處，屋宇神像，金碧闇然。因與善士朱東春、海行法議，敬募本縣、洛邑衆善施主，各矢善念，隨意捐輸，妝飾中嶽、靈山，金碧熒煌，前已告竣。竊念花宇鸚林，遍滿中土，白馬寶號祖庭，不容有遺。茲又於毗盧神像三尊金妝點綴，煥然一新。其餘明柱被油，藻井繪彩，亦多耀目。功成。始終襄事則朱東春、海行法，且更有勞焉。因略敘原因，勒諸貞珉，以志善端，永垂不朽云。

邑庠生謝翰儒李作舟撰文。

僧悟文楷書。[1]

清道光七年立。

（碑存洛陽市白馬寺毗盧閣内西壁南側。王興亞）

太學生郭公修路碑 [2]

公名保衡，字倚平，居伊闕南郭家寨。

太學生郭公修路碑

清道光八年戊子十二月穀旦。

（碑存洛陽市龍門東山擂鼓臺三洞圍牆內。王興亞）

重修關林祠宇碑記

關林之在洛陽市，寢殿、享堂、寮廡、門墉，舊時經始，規模最稱宏整。我國家式隆祀典，用答神庥，凡以昭赫濯而示崇奉者，固已久矣。丁亥歲，懿奉調承乏茲土，歲時祀事，僚友偕來，周覽殿宇，不勝日炙風薰、鼠剝蟲穿之感，亟思修整，以免傾頹。時參戎炳堂徐公亦同有是心，顧念為費不貲，而木石殊難猝購，爰進都人士諳于匠作者相與謀之，

---

[1] 後記募化者姓名及捐資數目。

[2] 清宣統二年重修《十門郭氏家譜》載："世傳山西洪洞縣郭才興，娶祁氏，生九子，明洪武二年從大槐樹村遷懷慶、河南、汝州、南陽等處。次子元瑞，明初遷洛住郭寨，配徐氏，是爲郭寨郭氏之始祖。傳至十二代，名正衡，太學生。其弟保衡，字倚平，太學生，勤儉治家，忠厚處世，且輕財好施，修龍門石路二百餘丈，名聞四方，壽八十二。福德兼隆，人稱羡焉。生子四：玉山、玉堂、玉瑛、玉朱。"

權其工之先後，用之大小，乃與參戎首先捐廉，而郡屬諸公聞而樂助。由是而鄉城之殷實，而過客之好義，而外郡之聞風，咸踴躍輸將，爭先恐後。費既酌可敷用，因諏吉於乙丑秋開工，歲末周而藏事。是役也，懿雖創議於始，而參戎實殫厥心，多方籌畫，樂觀厥成。其勇於為善，實又有不可及者。若夫鳩工庀材，則洛之紳士李鎰、史逢祥、李九標、魏長升、楊模、孔繼文、王德新諸首事，始終不辭勞勤，審度詳善，有以襄懿之不逮也。工既竣，請為文，以志歲月，而別鍰捐户姓氏於碑之陰，以彰其義。懿既幸輪奐之煥然改觀，而與事諸君子，亦有未敢沒其美者，因各列之。至正殿及啟聖祠，宜修宜建，需用甚繁，茲實有所未及，而參戎炳堂徐公籌捐期於來歲，俟有集事，當次第識之，而先為書此，以勒於石。

　　龍飛道光拾年歲次庚寅復月。

　　知洛陽市縣事馬懿德薰沐撰文，捐銀伍拾兩，錢柒佰千。

　　候選訓導魏長升薰沐書丹。

　　河南按察使司麟慶捐銀壹佰壹拾兩，河南河北道劉彰傑捐銀陸拾兩，知開封府事存業捐銀肆拾兩，知河南府事李鈞捐銀伍拾兩，前署河南府事施諒捐銀伍拾兩，前任河南府分府劉倫捐錢叁拾千，知河南府分府事孫喬林捐銀貳拾兩，前署總鎮河南營參府徐廷彪捐銀叁拾兩，候補府正堂劉禮淞捐銀貳拾伍兩，河南城守營中軍守備張登賢、知光州直隸州事劉陰棠、知許州直隸州事蕭元吉各捐銀叁拾兩，知通許縣事李、河南上南廳張鳳級、中河廳沈樹榮、下南廳王掌絲、蘭儀廳于卿保、儀睢廳方傳谷、睢寧廳王葵初、商虞廳羅、歸河廳陸延禧、知固始縣事謝關磣各捐銀叁拾兩，知滎澤縣事陳翔、知滎陽縣事焦變、知泗水縣事婁謙、知密縣事王睿生、知洧川縣事潘□龍、知永城縣事高槐業、知虞城縣事郝文光、知安陽縣事張汝城、知內黃縣事汪瑚、知獲嘉縣事夏琳、知淇縣事胡、知河內縣事劉厚滋各捐銀貳拾兩，知濟源縣事周承錦、知宜陽縣事鮑承壽、知臨漳縣事王各捐銀貳拾兩，毛靜亭（原籍順天人）以上各位共經募川，滕上臻（原籍湖南人）收銀捌佰貳拾兩，知懷慶府事王拭捐銀肆兩，知鞏縣事姚晅隨捐銀貳拾兩，坐補孟津縣凌安闌捐銀拾兩，知登封縣事曾際虞捐銀貳拾兩，署永寧縣事許賡謨捐銀貳拾兩，知澠池縣事王金捐銀拾兩，知河內縣事高捐銀壹兩，知孟津縣事馬增萬捐銀貳拾兩，知嵩縣事秦時中捐銀拾兩，知孟津縣事張師德捐銀貳拾兩，懷慶府經廳錢捐銀壹兩，內黃營千總李振邦捐錢壹佰千，前洛陽市汛司廳范天保捐銀拾壹兩，河內縣左堂谷啟昆捐銀伍錢，北鎮右營守府萬清海、濟源汛司廳閃萬清、邵原鎮司廳孟龍圖各捐銀壹兩，河南府經廳陳星軫、洛陽市縣左堂劉誠、洛陽市縣右堂董不謙各捐銀拾兩，孟縣右堂韓毓材捐銀拾兩，陝西寧陝廳郭維暹捐錢拾千文，溫縣汛司廳陳奉三、清化汛部廳董占元、武陟汛部廳苗鳳彪、修武縣汛廳蕭玉清各捐銀壹兩，滑縣營司廳拜鵬、右營副司廳徐建吉、右營副司廳丁朝棟各捐銀伍錢，右營部廳聶廷□捐銀壹兩，河內司廳王營、右營司廳雷松林各捐銀伍錢，洛內富商張元發、吳永祥、張元泰共捐錢壹佰千，東府布鋪捐錢拾千文，武林昊心泉捐錢叁千文，三晉堂捐錢伍拾叁千，河南鹽商侯恭和捐銀貳兩，河內富商吳同仁、宋天慶各捐銀壹兩。

（碑存洛陽市關林拜殿西牆。王興亞）

東都山陝西會館碑記

【額題】萬善同歸

　　古有郡邸，以居同鄉之人，即今之會館也。《詩》云："維桑與梓，必恭敬止。"古人於鄉國之誼，蓋甚重云。東都四達之府，西接崤函，北望太行，爲秦、晉門户，西省懋遷之疇薈萃於兹，由來舊矣。城南廓外有山西、陝西會館一區，創自康熙、雍正間。計什一之盈餘，積錙累銖，殆經始十有餘載而後成功。閱數十年，有紀之金石者。嘉慶中，風雨剝蝕，頗有傾頹。兩省之人懼其湮廢，重葺而新之。經營又廿餘年，而今始喜蕆事。適予來守是邦，董事者礱石來請爲文以紀之。予秦人也，與晉素聯梓誼，因從其請，爲述其緣起，而書諸麗壯之石。舘中正殿五間，祀關聖帝君，拜殿五間，殿前牌坊一座，對面舞樓五間，照壁一座，東西門樓四間，配殿東西各三楹，官廳各三間，香火僧住屋四間，山門三間，脩廊二十間，俱依舊式。木之朽者，易之以堅材，垣之缺者，完之以緻石。計費凡式萬五千有奇云。

　　賜進士出身誥授朝議大夫前翰林院武英殿總纂國史館提調戊寅恩科浙江副考官現知河南府事加五級鎬京李裕堂撰文，捐銀捌伯兩整。

　　賜進士出身誥授文林郎知洛陽市縣事加十級隨帶軍功一級介休馬懿捐銀伍伯兩整。

　　董事人興盛鄭、元亨利、義興隆、興隆合、仁和德、義新盛、永盛鱃、合興湧、永盛鄭、義成生、協盛玉、李元泰、隆興西、魁盛永、大聚隆、新和榮、張元發、永合源、合盛順、元益當、永興通、泰成豫、敬盛允。

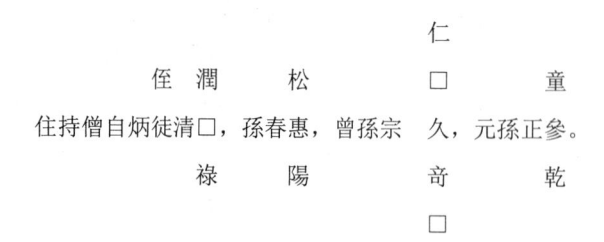

　　　　　　　　　　　　　仁
　　侄　潤　松　　□　　童
　　住持僧自炳徒清□，孫春惠，曾孫宗　久，元孫正參。
　　　　祿　陽　　奇　乾
　　　　　　　　　　□

石匠孫付合、李自顯。

龍飛大清道光拾伍年歲次乙未梅月穀旦。

義新盛陸伯肆拾兩，義成生陸佰壹拾兩，

元泰當肆佰玖拾兩，元發當肆佰柒拾兩，

元亨利肆佰伍拾兩，永盛□三佰壹拾兩，

協盛玉貳佰壹拾玖兩，永盛鄭壹佰捌拾貳兩，

義興隆壹佰肆拾陸兩，合盛順壹佰三拾肆兩，

元益當壹佰貳拾兩，永合源捌拾伍兩，

敬盛允捌拾兩，仁和德柒拾三兩，

興盛鄭陸拾陸兩，大聚隆陸拾伍兩，

合興湧陸拾伍兩，永興通陸拾三兩。

（碑存洛陽市山陝會館院內。王興亞）

福緣善慶捐銀碑記[1]

馬市街衆號從銀三百陸拾兩。

仝立。

（碑存洛陽市山陝會館院內。王興亞）

衆商捐資碑[2]

【額題】福祿善慶

　　□□□捐銀陸百肆十兩，義成生捐銀陸百壹十兩，元泰當捐銀肆百玖十兩，元發當捐銀肆百柒十兩，元亨利捐銀肆百伍十兩，永祥當捐銀肆百壹十兩，濟美鹽店捐銀叁百四十四兩，泳盛卷捐銀叁百壹十兩，合盛興順捐銀貳百六十八兩，長春聚江亨捐銀貳百三十兩，協盛玉捐銀貳百壹十九兩，隆順益捐銀貳百壹十八兩，永盛鄭捐銀壹百捌十二兩，世德鹽店捐銀壹百捌十兩，隆興豐捐銀壹百五十七兩，協慶義捐銀壹百五十兩，恒泰公捐銀壹百五十兩，義興隆捐銀壹百四十六兩，新和榮捐銀壹百三十兩，晉豐鹽店捐銀壹百貳十八兩，元益當捐銀壹百貳十兩，魁盛永捐銀壹百貳十兩，崇盛泰捐銀壹百貳十兩，永成祥捐銀壹百一十九兩，興盛豐捐銀壹百一十五兩，世盛元元盛李捐銀乙百零七兩，雙合和捐銀壹百零伍兩，廣和永捐銀壹百零三兩，光泰永捐銀壹百兩，興順宏捐銀玖十柒兩，恒興昌捐銀玖十兩，協泰裕捐銀捌十柒兩，德順生捐銀捌十陸兩，永合源捐銀捌十伍兩，豐裕奎捐銀捌十三兩，會亨德捐銀捌十三兩，咸亨吉捐銀捌十三兩，敬盛允捐銀捌十兩，義興恒捐銀柒十捌兩，協義福捐銀柒十柒兩，王興大捐銀五十兩，泰和昌捐銀柒十陸兩，源豐大捐銀柒十三兩，仁和德捐銀柒十三兩，複盛玉捐銀柒十三兩，興盛鄭捐銀陸十陸兩，天聚隆捐銀陸十伍兩，合興湧捐銀陸十伍兩，崇義公捐銀陸十三兩，永興通捐銀陸十三兩，正興順捐銀陸十壹兩，李栽深捐銀陸十兩，鴻儒興捐銀陸十兩，世隆文捐銀伍拾柒兩，興

---

[1]　原碑上未書刻立時間。

[2]　原碑上未書刻立時間。

盛明捐銀伍拾伍兩，義和馨捐銀伍拾三兩，仁和豐捐銀伍拾三兩，元隆當捐銀伍拾兩，永興春捐銀肆拾柒兩，永成純捐銀肆拾六兩，日興成捐銀肆拾伍兩，恒豐永捐銀肆十伍兩，誠義東捐銀肆拾伍兩，梁三盛捐銀肆拾貳兩，合盛和捐銀肆拾壹兩，梁成發捐銀肆拾壹兩，永順成捐銀肆拾兩，曾盛福捐銀三十捌兩，義盛和捐銀三十捌兩，全盛玉捐銀三十捌兩，新興昉捐銀三十陸兩，恒慶德捐銀三十伍兩，全盛鳴捐銀三十伍兩，永興隆捐銀三十伍兩，復盛昌捐銀三十伍兩，郝永成捐銀三十伍兩，義昌公捐銀三十肆兩，梁蘭成捐銀三十肆兩，萬順興捐銀三十肆兩，長順公捐銀叁拾肆兩，麟瑞万捐银叁拾肆兩，復泰謙捐銀叁拾叁兩，賀泰成捐銀叁拾叁兩，恒順鎰捐銀叁拾貳兩，興隆良捐銀叁拾貳兩，晉成恒捐銀叁拾貳兩，義合公捐銀叁拾貳兩，正興馬捐銀叁拾壹兩，何新誠捐銀叁拾壹兩，德昌肇捐銀叁拾壹兩，通合成捐銀叁拾壹兩，豐亨大捐銀叁拾兩，慶元大捐銀叁拾兩，萬億森捐銀叁拾兩，天興永捐銀叁拾兩，豐有德捐銀叁拾兩，長盛和捐銀叁拾兩，興隆合捐銀貳拾玖兩，濟興秀捐銀貳拾捌兩，永泰生捐銀貳拾捌兩，永成型捐銀貳拾柒兩，隆興老捐銀貳拾柒兩，宗盛鄭捐銀貳拾柒兩，泰成通捐銀貳拾柒兩，永順榮隆□□捐銀貳拾柒兩，永成昭捐銀貳拾六兩，義興泰捐銀貳拾六兩，大順魁捐銀貳拾六兩，永錫捐銀貳拾六兩，慶恒昇捐銀貳拾五兩，泰天益字捐銀貳拾五兩，長盛贏捐銀貳拾五兩，萬順合捐銀貳拾五兩，永興恒捐銀貳拾五兩，逢源永捐銀貳拾四兩，蔚源長捐銀貳拾四兩，通順興捐銀貳拾四兩，永隆和捐銀貳拾三兩，日升隆捐銀貳拾三兩，義慶長捐銀貳拾三兩，豫泰恒捐銀貳拾三兩，煥興生捐銀貳拾三兩，曾盛川曾盛合曾盛兩曾盛元捐銀貳拾貳兩，永興隆捐銀貳拾貳兩，長髮祥捐銀貳拾乙兩，永盛德捐銀貳拾乙兩，恒順祥捐銀貳拾乙兩，宏興成捐銀貳拾兩，義和永捐銀貳拾兩，恒義元捐銀貳拾兩，廣合昌捐銀貳拾兩，萬億生捐銀貳拾兩，興盛錫捐銀十九兩，淳興泰捐銀十八兩，恒善恭捐銀十八兩，大成泉捐銀十八兩，德成源捐銀十八兩，九□盛捐銀十八兩，隆盛祥捐銀十八兩，晉成和捐銀十八兩，興隆益捐銀十八兩，永田致文捐銀十七兩，永興元捐銀十七兩，寶源張捐銀十七兩，興隆泰捐銀十七兩，日興正捐銀十六兩，合義興捐銀十六兩，升泰和捐銀十六兩，興盛魁捐銀十六兩，長興順捐銀十六兩，悅來金捐銀十六兩，澤順張捐銀十五兩，泰成豫捐銀十五兩，萬億隆捐銀十五兩，曾盛和捐銀十五兩，曾盛興捐銀十五兩，永成恒捐銀十五兩，義□西捐銀十四兩，興盛和捐銀十四兩，永成綱捐銀十四兩，永成實捐銀十四兩，陳後盛捐銀十四兩，隆茂泰捐銀十四兩，新盛合捐銀十四兩，永成合捐銀十四兩，全興合捐銀十四兩，大生張捐銀十四兩，通順張捐銀十四兩，侯公□捐銀十三兩，永順泰捐銀十一兩，煥興元□捐銀十一兩，永盛成捐銀十兩，興盛成捐銀十二兩，天成興捐銀十二兩，信泰升捐銀十二兩，昆順生捐銀十二兩，永成魁捐銀十二兩，義成協捐銀十乙兩，鈺成正捐銀十乙兩，萬盛隆捐銀十乙兩，永豐隆捐銀十乙兩，萬和生捐銀十乙兩，合信升捐銀十乙兩，油興興祀捐銀七兩，公順隆捐銀十兩，長髮興捐銀十兩，隆豐通捐銀十兩，信隆明捐銀十兩，興順雷捐銀十兩，心義成捐銀十兩，九如玉捐銀十兩，永順同捐銀十兩，王盛公捐銀十兩，德盛合捐銀十兩，永成信捐銀十兩，長發生捐銀十兩，永成謙捐銀十兩，同盛德捐銀九兩，仁盛成捐銀九兩，復興永捐銀九兩，大豐春捐銀九兩，新興泰捐銀九兩，成興亨捐銀九兩，信發榮捐銀八兩，一心成捐銀八兩，發興號捐銀八兩，萬福春捐銀八兩，興盛姬捐銀八兩，公盛順捐銀八兩，新興通捐銀八兩，永慶公捐銀八兩，合盛德捐銀八兩，□興春捐銀八兩，乾豫祥捐銀八兩，合盛永捐銀八兩，新興豐捐銀八兩，中和□捐銀七兩，萬慶□捐銀七兩，永興官捐銀七兩，□□□捐銀七兩，興廣聚捐銀七兩，復興成捐銀七兩，順成公捐銀七兩，永興時捐銀七兩，興盛□捐銀七兩，興盛公捐銀七兩，興□□捐銀七兩，□□□捐銀七兩，□□□捐銀七兩，□□□捐銀七兩，萬盛□捐銀七兩，李魁成捐銀六兩，恒泰明捐銀六兩，永興生捐銀六兩，永成義捐銀六兩，復興張捐銀六兩，永成福捐銀六兩，濟興□捐銀六兩，□□慶捐銀六兩，月成德捐銀六兩，月盛德捐銀六兩，□□□捐銀六兩，□□□捐銀六兩，福順公捐銀六兩，□□魁捐銀六兩，□董公捐銀六兩，□□□捐銀六兩，□□□捐銀六兩，世德範捐銀六兩，元成玉捐銀六兩，恒成寧捐銀六兩，隆順恒捐銀五兩，福順□捐銀五兩，□□成捐銀五兩，□□□捐銀五兩，□□□捐銀五兩，□□□捐銀五兩，萬順豐捐銀五兩，德順捐銀五兩，恒慶捐銀五兩，悅來恒捐銀五兩，雙合雲捐銀五兩，永順玉捐銀五兩，復盛興捐銀五兩，新興元捐銀五兩，如意魁捐銀五兩，大順雷捐銀五兩，長興捐銀五兩，世興姚捐銀五兩，□□公捐銀五兩，□□□□捐銀五兩，□□□捐銀五兩，□□□捐銀五兩，□□□捐銀五兩，□□□捐銀五兩，□□□捐銀五兩，□□□捐銀五兩，□□□捐銀五兩，□□□捐銀五兩，順成合捐銀四兩，君興華捐銀四兩，梁萬盛捐銀四兩，合全盛捐銀四兩，廣興華捐銀四兩，公盛德捐銀四兩，振興張捐銀四兩，信成林捐銀四兩，東合盛捐銀四兩，公盛興捐銀四兩，生盛德捐銀四兩，裕豐瑞捐銀四兩，興順張捐銀四兩，仁和恒捐銀四兩，公益茂三成和捐銀四兩。

（碑存洛陽市山陝會館。王興亞）

東都馬市街山西陝西眾商積金建社碑記

【額題】好善

　　《周禮》太宰職九式均節財用，一曰祭祀之式，後人崇祀建社，酌費積金，其遺意也。洛居天中，爲四方輻輳。山陝眾商居奇於斯，舊在會館結關帝聖社，每屆四月初旬間，隆胕鼛之儀，張樂迎醮。樂輸至誠，一切供億，各捐囊貲，適有一二有心頓懷淵謀，以爲凡祭有其舉之，莫敢廢也。籌之不豫，蓄儲無聞，而是社極盛難繼，若廢墜何。因鳩聚社友，同商積貯，酌什一之餘，效三九之蓄，錙銖累土，壤成泰山之高。爰持贏餘，權子母，藉此滋息，以薦馨香，庶幾報賽有資，常新千秋俎豆也。前乙未歲，余守東土，念桑梓誼，曾作記會館矣。既而眾商會建社之事，未及勒之貞珉，迨余膺簡命調任之楚南，適會館僧宗久持筆札，自洛赴楚，詣署請謁，懇余再為之記。余嘉衆商崇祀建社，酌費積金，深得古人祭祀之式之遺也，遂援筆而爲之記。其積金何？蓋始於道光十一年，訖於十八年，約計銀一千兩有奇云爾。

　　賜進士出身翰林院編修武英殿國史館總纂戊寅恩科浙江副考官甲午科河南鄉試提調署湖南按察使司按察使誥授中憲大夫湖南鹽法道加五級紀錄十次長安李裕堂撰文。

　　誥授文林郎知洛陽市縣事加十級隨帶軍功一級介休馬懿書丹。

　　首事人長發合、泳盛鮞、合盛順、永興通、合盛興、濟元秀、新和榮、復盛玉、魁盛永、成衣行、永盛鄭、協盛玉、永成純、敬盛允、大聚隆、泰成豫、全盛玉、興盛明、隆興西、樂成通。

　　　　　　奇
　　　　久　　　乾
住持僧春陽，侄宗曇，孫正　叄全立。
　　　　　　池　　　童

石工孫康、李自顯。
龍飛道光十八年歲次閏四月初八日穀旦。

（碑存洛陽市山陝會館院內。王興亞）

重修二程夫子祠記碑

　　國家尊彝儒術，既於各州縣衛立學宮。名賢名儒，陪列兩廡。所以崇德報功，其典至鉅。而諸名賢所生之里及所著之績，又皆各建專祠，以時致禮，將以興起人心，振勵末俗，非特春秋報賽之文義。洛陽市古名區，圖書肇自上古。至宋而明道、伊川兩夫子出，得不傳之緒於遺經，關、閩繼之。聖學大著。蓋自漢唐以來，名儒雖遞有著述，而或狃於訓詁，或雜以讖緯。孔墨並稱，荀楊交共。而深究天人之際，明晰心性之微，使顏、曾、思、孟之傳，以至今日而不墜者，二夫子之力也。舊有祠在邑西門外，歲久不葺。祀生程興洛等以請，餘以為身主是邑，而令前賢祠廟傾頹不治，守土者之責，其又奚辭？爰良展葺而新之。榱桷垣墉，既整既飭。繼自今，入斯廟者，瞻仰遺像而詢溯前徽，得毋有敬而生慕者乎！孟子曰："雖無文王尤采"。而況大賢鍾毓之地哉！是為記。

　　大清道光十八年。

（碑存洛陽市老城。王興亞）

佛說四十二章經[1]

四十二章經來緣

《周書異記》云：周昭王二十四年甲寅四月八日，有光來照殿前。王問太史蘇由，對曰："西方當有大聖人生，後一千年教流此土。"至後漢孝明帝永平七年正月十五日，帝夜夢金人，身長丈余，赫奕如日，來詣殿前，曰："聲教流傳此土。"帝旦集群臣，令占所夢，時通人傅毅對曰："臣覽《周書異記》，謂西方有大聖人出世，滅後千載，當有聲教流傳此土。陛下所夢，將無是乎？"帝遂遣羽林郎蔡愔、博士秦景、王遵等一十八人西訪佛法。過葱嶺，至月支國，遇迦葉摩騰、竺法蘭二尊者，將白氈畫釋迦像及《四十二章經》，載以白馬，同回洛陽市。時永平十年丁卯十二月三十日也。帝躬親迎奉，宣委鴻臚，以陳國禮，敕令繪釋迦像於清涼臺，建白馬寺，命二尊者居之。後五嶽道士賀正之、褚善信、費叔才、呂惠通等六百九十人，互相語曰："今帝棄我道教，遠求胡教，我等齎持道經上表，願與胡佛教較其真偽。"既奏，帝遂降敕。尚書令宋庠引入長樂宮前，宣曰："道士與僧，就元宵日，駢集白馬寺南門外，立東西兩壇，以火試之。"至期，於西壇置道經六百餘卷，頃之灰燼，惟老子所著《道德經》僅存。東壇置白氈畫像及《四十二章經》，火不能壞，惟見五色祥光燭天。二尊者踴身虛空，現神變相而說偈言："狐非獅子類，燈非日月明。池無巨海納，丘無嵩嶽榮。法雲垂世界，法雨潤群萌。顯通希有事，處處化群生。"帝與群臣，歎未曾有。太傅張衍語諸道士曰："既試無驗，可就佛法。"善信、叔才深懷愧惡死之。惠通等六百二十人，皆棄冠帔，投佛出家，佛法大興。此蓋始於《四十二章經》，後人相繼，取來五千餘軸，目為《大藏》。

佛說四十二章經

後漢沙門迦葉摩騰共竺法蘭奉詔譯。

爾時世尊，既成道已，作是思惟，離欲寂靜。是最為勝。住大禪定，降諸魔道，今轉法輪，度衆生於鹿野苑中，為憍陳如等五人轉四諦法輪，而證道果。時復有比丘，所說諸疑，陳佛進止。世尊教詔，一一開悟，合掌敬諾，而順尊敕。爾時世尊，為說真經四十二章。

佛言：辭親出家為道，識心達本，解無為法，名曰"沙門"。常行二百五十戒，為四真道行，進志清淨，成阿羅漢。

佛言：阿羅漢者，能飛行變化，住壽命，動天地。次為阿那含，阿那含者，壽終魂靈上十九天，于彼得阿羅漢。次為斯陀含，斯陀含者，一上一還，即得阿羅漢。次為須陀洹，

---

[1] 全文分四段刻石。內容包括兩部分，第一部分為《四十二章經來緣》；第二部分為《佛說四十二章經》，其中最後下部字多漫漶。

须陀洹者，七死七生，便得阿罗汉。爱欲断者，譬如四支断，不复用之。

佛言：出家沙门者，断欲去爱，识自心源。达佛深理，悟佛无为。内无所得，外无所求。心不系道，亦不结业。无念无作，无修无证。不历诸位，而自崇最，名之为道。

佛言：除鬓发为沙门。受佛法者，去世资财，乞求取足。日中一食，树下一宿，慎不再矣。使人愚蔽者，爱与欲也。

佛言：众生以十事为善，亦以十事为恶。何者为十？身三，口四，意三。身三者：杀、盗、淫。口四者：两舌、恶骂、妄言、绮语。意三者，嫉、恚、痴。不信三尊，以邪为真。优婆塞行五事，不懈退，至十事，必得道也。

佛言：人有众过而不自悔，顿止其心。罪来归身，犹水归海，自成深广，何能免离。有恶知非，改过得善，罪日消灭，后会得道也。

佛言：人愚，以吾为不善，吾以四等慈护济之。重以恶来者，吾重以善往。福德之气，常在此也。害气重殃，反在于彼。有愚人闻佛道，守大仁慈，以恶来，以善往，故来骂佛，佛默然不答。愍之痴冥狂愚使然。骂止。问曰：子以礼从人，其人不纳，实理如之乎？曰：持归。今子骂我，我亦不纳，子自持归，祸子身矣。犹响应声，影之追形，终无免离，慎为恶也。

佛言：恶人害贤者，犹仰天而唾，唾不污天，还汙己身。逆风坋人，尘不污彼，还坋于身。贤者不可毁，祸必灭己也。

佛言：夫人为道，务博爱博哀，施德莫大。施守志奉道，其福甚大。睹人施道，助之欢喜，亦得福报。质曰：彼福不当灭乎？佛言：犹若炬火，数千百人，各以炬来，取其火去，熟食除冥。彼火如故，福亦如之。

佛言：饭凡人百，不如饭一善人。饭善人千，不如饭持五戒者一人。饭持五戒者万人，不如饭一须陀洹。饭须陀洹百万，不如饭一斯陀含。饭斯陀含千万，不如饭一阿那含。饭阿那含一亿，不如饭一阿罗汉。饭阿罗汉十亿，不如饭辟支佛一人。饭辟支佛百亿，不如以三尊之教，度其一世二亲。教亲千亿，不如饭一佛，学愿求佛，欲济众生也。饭善人，福最深重。凡人事天地鬼神，不如孝其二亲，二亲最神也。

佛言：天下有二十难：贫穷佈施难，豪贵学道难，拌命不死难，得睹佛经难，生值佛世难，忍色离欲难，见好不求难，有势不临难，被辱不嗔难，触事无心难，广学博究难，不轻未学难，除灭我慢难，会善知识难，见性学道难，对境不动难，善解方便难，随化度人难，心行平等难，不说是非难。

有沙门问佛：以何缘得道？奈何知宿命？佛言：道无形相，知之无益，要当守志行。譬如磨镜，垢去明存，即自见形。断欲守空，即见道真，知宿命矣。

佛言：何者为善？惟行道善。何者最大？志与道合大。何者多力？忍辱最健。忍者无恶，必为人尊。何者最明？心垢除，恶行灭，内清净无瑕。未有天地，逮于今日，十方所有，未尝不见。得无不知，无不见，无不闻，得一切智，可谓明乎？

佛言：人懷愛欲，不見道者，譬如濁水，以五彩投其中，致力攪之。眾人共臨，水上無能睹其影。愛欲交錯，心中為濁，故不見道。若人漸解懺悔，來近知識，水澄穢除，清淨無垢，即自見形。猛火著釜下，中水湧躍，以布覆上，眾生照臨，亦無睹其影者。心中本有三毒，湧沸在內，五蓋覆外，終不見道。噁心垢盡，乃知魂靈所從來，生死所趣向。諸佛國土，道德所在耳。

佛言：夫為道者，譬如持炬火，入冥室中，其冥即滅而明猶存。學道見諦，愚痴都滅，無不明矣。

佛言：吾何念，念道；吾何行，行道；吾何言，言道。吾念諦道，不忘須臾也。

佛言：睹天地，念非常。睹山川，念非常。睹萬物形體豐熾，念非常。執心如此，得道疾矣。

佛言：一日行，常念道，行道遂得信根，其福無量。

佛言：熟自念身中四大，各自有名，都為無吾。我者，寄生亦不久，其事如幻耳。

佛言：人隨情欲求華名，譬如燒香，眾人聞其香，然香以熏自燒。愚者貪流俗之名譽，不守道真，華名危己之禍，其悔在後時。

佛言：財色之於人，譬如小兒貪刀刃之蜜，甜不足一食之美，然有截舌之患也。

佛言：人係于妻子寶宅之患，甚於牢獄桎梏。梐檔牢獄有原赦，妻子情欲，雖有虎口之禍，己猶甘心投焉，其罪無赦。

佛言：愛欲莫甚於色，色之為欲，其大無外。賴有一矣，假其二同，普天之民，無能為道者。

佛言：愛欲之於人，猶執炬火，逆風而行，愚者不釋炬，必有燒手之患。貪淫、恚怒、愚痴之毒，處在人身，不早以道除斯禍者，必有危殃。猶愚貪執炬，自燒其手也。時在天神獻玉女於佛，欲以試佛意，觀佛道。佛言：革囊眾穢，爾來何為？以可誑俗，難動六通。去，吾不用爾。天神越敬佛，因問道意。佛為解釋，即得須陀洹。

佛言：夫為道者，猶木在水，循流而行，不左觸岸，亦不右觸岸。不為人所取，不為鬼神所遮，不為洄流所住，亦不腐敗，吾保其入海矣。人為道，不為情欲所惑，不為眾邪所誑，精進無疑，吾保其得道矣。

佛告沙門：慎無信汝意，汝意終不可信。慎無與色會，與色會，即禍生。得阿羅漢道，乃可信汝意耳。

佛告諸沙門：慎無視女人，若見無見。慎無與言，若與言者，敕心正行。曰：吾為沙門，處於濁世，當如蓮花，不為泥所污。老者以為母，長者以為姊，少者如妹，幼者如女。敬之以禮，意殊當諦，惟觀自頭至足，自視內彼身何有。惟盛惡露，諸不淨種，以釋其意。

佛言：人為道，去情欲，當如草見大火來已劫，道人見愛欲，必當遠之。

佛言：人有患淫情不止，踞斧刃上，以自除其陰。佛謂之曰：若斷陰，不如斷心。心為功曹，若止功曹，從者都息。邪心不止，斷陰何益？斯須即死。佛言世俗倒見，如斯痴人。有淫童女，與彼男誓。至期不來，而自悔曰：欲吾知爾，本意以思想生，吾不思想爾，即爾而不生。佛行道聞之，謂沙門曰：記之，此迦葉佛偈，流在俗間。

　　佛言：人從愛欲生憂，從憂生畏。無愛即無憂，不憂即無畏。

　　佛言：人為道，譬如一人與萬人戰。被鉀摻兵，出門欲戰，意怯膽弱，乃自退走。或半道還，或格斗而死，或得大勝，還國高遷。夫人能牢持其心，精銳進行，不惑於流俗狂愚之言者，欲滅惡盡，必得道矣。有沙門夜誦經，其聲甚悲緊，欲悔思返。佛呼沙門問之，汝處於家，將何修為？對曰：恒彈琴。佛言：弦緩何如？曰，不鳴矣。弦急何如？曰，聲絕矣。急緩得中何如？曰，諸音普調。佛告沙門，學道猶然。執心調適，道可得矣。

　　佛言：夫人為道，猶如煆鐵，漸深盡去垢，成器必好。學道，以漸深去心垢，精進就道。暴即身疲，身疲即意惱，意惱即行退，行退即修罪。

　　佛言：人為道，亦苦；不為道，亦苦。惟人自生至老，自老至病，自病至死，其苦無量。心惱積罪，生死不息，其苦難說。

　　佛言：夫人離三惡道，得為人難。既得為人，去女即男難。既得為男，六情完具難。六情已具，生中國難。既處中國，值奉佛道難。既奉佛道，值有道之君難，生菩薩家難。既生菩薩家，以信心三尊，值佛世難。

　　佛問諸沙門，人命在幾間？對曰：在數日間。佛言，子未能為道。復問一沙門：人命在幾間？對曰：在飯食間。去，子未能為道。復問一沙門：人命在幾間？對曰：呼吸之間。佛言：善哉，子可謂為道者矣。

　　佛言：弟子去，離吾數千里，意念吾戒，必得道。若在吾側，意在邪，終不得道。其實在行，近而不行，何益萬分耶？

　　佛言：人為道，猶若食蜜，中邊皆甜。吾經亦爾，其義皆決，行者得道矣。

　　佛言：人為道，能拔愛欲之根。譬如摘懸珠，一一摘之，會有盡時，惡盡得道也。

　　佛言：諸沙門行道，當如牛，負行深泥中，疲極不敢左右顧趣，欲離泥以自蘇息。沙門視情欲甚於彼泥，直心念道，可免眾苦。

　　佛言：吾視王侯之位如塵隙，視金玉之寶如瓦礫，視紈素之服如敝帛，視大千世界如一訶子，視四禱水如塗足油，視方便門如筏寶聚，視無上乘如夢金帛，視求佛道如眼前花，視求禪定如須彌柱，視求涅槃如晝夜寐，視倒正者如六龍舞，視平等者如一真地，視興化者如四時木。諸大比丘聞佛所說，歡喜奉行。佛說四十二章經終。

　　釋源比丘僧悟成發心鐫石並沐手敬書。

　　龍飛道光二十年歲次庚子仲春月上浣之吉。

　　　　　　　　　　（碑存洛陽市白馬寺毗盧殿內後壁西部，拓片藏河南省文物考古研究所。王興亞）

豎旗杆碑記

巍巍乎，関聖大帝之靈昭昭也。人有蕭心，神其佑之；情未由陳，物以達之。振古以來，大都如是矣。洛邑東南鄉毛家村毛存仁始貿易時，默自禱祝，生意茂盛，於関陵豎杆。有志焉，未之逮也。今擇良工，揀選旗杆，豎於廟前。非敢藉此以邀福祉，聊以表寸心云爾。是為記。

洛邑庠生郭懋簡拜撰。

洛邑後學毛恒升拜書。

龍飛道光二十二年二月穀旦。

（碑存洛陽市關林儀門下西側。王興亞）

存古閣記

宛平王楨書

雒陽為金石淵藪，較之他邑，有不倍蓰過之者與。予於道光丁亥之春，承乏是邑，取志讀之，乃龔志既未收列，魏志僅又修入四百八十種，予固疑有脫略也。時因甫蒞茲土，顧不有求為先之者歟。慎職不遑，遂未暇及。甲午歲，猝以憂去。迨免憂重來，而民俗淳良，仍能藏吾之拙。於是，因吏牘之暇，次第搜訪，其於浮屠老子之宮，古洞幽巖之僻，草蘿剔薜，詢里諮鄉，度可登無不搜也，度可致無不索也。自晉至宋，計得壹千三百餘種。較魏志所收，增廣九百餘種。除龍門顯名造像，洎夫散藏於好古之家者，止存拓本。其得於荒塍野寺間，如梵僮墓碣等石，因就東門外千祥寺隙地，建存古閣佇之，閣凡三楹，佇石六十八種。嗟乎！雒陽固金石淵藪也。予為此役，蓋以補魏志之脫略焉耳。所憾漢魏間物，終無一獲。而《熹平石經》尤難獲龍片甲。僅得晉驃騎將軍韓壽墓石，是猶遊岱者引矚培塿，酌海者取飲涓流，不幾轉為魏志所譏邪。然天下之寶，日出不窮，安知後來不有繼出於廢址破塚中。如《集古》、《聞見》諸錄所載，是又在後來同志隨時搜訪之已。

道光癸卯秋介休馬恕記。

（拓片藏河南省文物考古研究所。王興亞）

重修關林祠宇後記

【碑陽】

【額題】關林重修後記

關林在洛陽市城南十五里，殿陛恢敞，為東都一大保障也。歲久將圮，無有謀而新之者。道光丁亥，恕初次承乏來洛時，炳堂徐參戎專閫是郡，每與恕謁林之期，退即周覽，棟宇榱桷剝蝕幾盡，傾堵敗垣不任風雨。恕輒瞿然思曰：凡有簿書之所，不責者，謂之不急。恕豈敢以不責故，遂亦不急置之。且因壞就圮，不極不止將重也。□之費而殆後人以艱鉅，是不可不修矣。乃聚都人士相與計工費，籌緩急，度時日，飭工料。洛無巨材，又遠於關中購之。而參戎慷慨好施，尤諰諰然猶恐不及。遂先籌其急者而修葺之，數月工竣。惟正殿及啟聖諸殿，因費詘乃止。參戎猶銳意籌捐，期於來日，可謂有志者矣。參戎旋以升擢去，恕亦奉□免。戊戌之歲，恕服闋起官，仍得竊祿是邑。每於政事之暇，未嘗不興念參戎之志，思有以踵成之也。會辛丑、癸卯間，河決開封。旁郡有輸茭楗之責，度難力籌，遂又不敢遽急其不急者矣。洎甲辰之春，吏暇民紓，歲亦告稔，惟王之供下不乏，度支之費上有贏，始再進邑紳重謀修整之事。闔邑紳民與夫戀遷於洛者，聞而樂之，咸傾輸將，以佐經費。外邑僚長及樂善之士，不勸而施，亦多欣助。恕更度其不足者，捐廉以足之。輒吉於是年三月經始，閱明年七月，慶落成焉。董事者為賈嵩、張京洛。

是役也，飭材徵工，倍屣曩日。凡改撤而新之者，為正殿，為拜殿，為二殿，為三殿，為啟聖祠，為五虎、張侯、廣生各殿。為鐘鼓樓，為舞樓，崇博翬奐，實完且堅。其門宇垣廊，堦砌礎砥，則又易弊為良，雅與諸殿宇稱也。計所費僅七百萬錢，而使摧焉者翼然矣，僛焉者煥然矣。顧何術以致之，是非諸董事樽節不及此。竊惟一人之事，不患無志，而患無力，故其難在謀始。集衆之事，不患無力而患無志，故其難在克終。恕不德，不敢以有克終之志自詡。凡所以次第經營，積有歲日，而卒遂是志者，蓋都人士之志也，外邑僚長以及樂善之士之志也，諸董事之志也，然而莫非炳堂徐參戎之志也。因復勒石記之，誌不忘有志之士也。至於殿宇之建置，捐數之多寡，同列姓氏具載碑陰，俾後來有志之士知所考云。

又神異之可記者，有二焉。殿宇高宏，桴棟疊架，凡節梲幽寫之處，輒闇於目，當飭匠升柱估工時，苦不得見，予之燭，仍未能了然。欻有光熊熊，炳照殿宇，雖隅角塵網，悉歷歷可睹。迨估畢後，復又黝不可見。時恕與徐參戎暨偕來僚友，下及隨從廝卒輩咸在，莫不悚然肅然，同聲嘆異。迨購木於秦也，洛距秦遠隔千有餘里，陸運則費貲甚鉅，惟紮簰由黃河水運為便。適值冬初，水平溜弱，簰抵三門，竟致膠阻。時估舟同涸者正復不少，恕聞而憂之。爰牒禱於河神之祠。一日報來云，簰已抵孟津岸矣。急詢其故，蓋河水驟長，簰忽自移解，維順流暢行而下，顧他舟隨而行者，得未曾有。計其時，即恕禱神之日，抑又異矣。緣前記未及詳載，茲併連類及之。恕原名懋，後改今名。

大清道光二十五歲在乙巳日躔鶉尾之次，七月朔庚申，越九日戊辰日。

同知銜知洛陽市縣事馬恕薰沐譔文并書丹。

劉天佑鐫字。

【碑陰】

重修工程：大門五間，添裝板補修。二門五間補修。大殿柒間拆卸重修，換大梁壹根，添圍廊簷柱拾陸根。又添錫水槽五間。拜殿兩山重修，添石欄杆五方石，柱子貳根。鐵香爐坐石壹方，花瓶坐石壹方，東西焚香爐貳間。二殿五間補修，改換四挑角，添柱四根，柱礎四座。三殿五間拆卸重修。五虎殿三間拆卸重修，築東西磚牆各壹堵。廣生殿三間椽檁拆卸重修，新添院牆一圍。官廳大門壹間，官廳三間，新添後廈房貳間，四角落地重修。東西四陪殿拾貳間，四角落地重修。東便門一大間係新添修。東西鼓樓補修。舞樓五間椽檁拆卸重修。東西遊廊三十六間補修。廊內甬道修鋪。塚牆四周補修。山門至舞樓甬路新鋪。前後殿宇廊廡具皆彩畫。張侯殿三間補修。築東西磚牆各壹堵。廟牆周圍補修。共計費用銀叁百肆拾兩，錢柒千千壹百千文。

各捐輸姓氏：鞏縣知縣吳茂孫捐錢拾伍千捌百零二文。鞏縣當商謝恒誼、謝恒裕，共捐錢貳拾千文。偃師市縣紳商共捐錢壹百千文。洛陽市闔邑紳民按大糧捐助，共捐錢貳千肆百陸拾伍千四百七十二文。洛陽市當商郭無春、張元發，共捐錢壹百千文。洛陽市布行，共捐銀壹百兩。洛陽市邑民□丙午，捐錢壹千千文。洛陽市邑民馮文秀，捐錢柒百千文。洛陽市京貨行，共捐銀肆拾兩。洛陽市票行，共捐銀貳百兩。洛陽市郭恒興號，捐錢壹百千文。洛陽市邑民馬俞，捐錢叁拾千文。共收捐輸銀三百肆拾兩，錢肆千伍百叁拾壹千貳百柒拾肆文。

司帳及工匠姓氏：司帳鄧金印。木匠蔡芳、朱根、孟太和、向得山、向清雙、楊永懷、楊振。泥匠劉宗堯、劉宗禹、柴忠、白驢、王見。鐵匠劉芒牛、麻交姓、石三所、葉正興。髹漆匠孫自祿、張四發、姜德姓、權貓姓、胡吉文、司庚、王印姓。石匠劉天佑、張全炳。

（碑存洛陽市關林甬道東側。王興亞）

馬大老爺重修關林廟碑記

【額題】皇清

二三兩鄉所出人夫、車輛開列於後：廿四年二月十七日起，廿五年七月止，共出人夫八千五百七十四名，共出車一千二百三十輛。

鄉總傅旺、楊福、王忠。

地方王義、史大富、楊德、王元惠、郭奇、鄧來道、薛芝。

洛邑正南路二三兩鄉紳民仝立。

龍飛道光二十五年秋七月初九日吉旦。

（碑存洛陽市關林甬道東側。王興亞）

建修五聖祠碑記

五聖祠者，在分府衙署東首向。緣分府屢駐嵩邑孫家店彈壓，因於署旁建山神土地祠一楹，歷有年所。嗣以奏明管理渠務存貯案牘，乃復奉大王黃曹合而祀焉。遂額曰五聖祠，生靈呵護，民社依賴，甚盛典也。第舊址狹隘，風雨剝蝕，且就傾圮。使弗宏敞其規模，既非所以昭處敬，亦不足以壯觀瞻。況經升授知府，前任分府羅、前任分王、本任分府李，屢囑建修而未或果。茲者恪遵憲諭，用謀將伯同任，仔肩督鳩工以興事，龍良材而重構，改修正殿三楹，添修舞樓三楹，周圍牆垣朗而大之，悉繼長增高焉。行見輪奐神宮，崇朝畢竣，巍峩棟宇，指日聿新。非敢云善舉也，惟冀山嶽鞏磐石之固，河洛普安瀾之慶，政教修明，田疇豐稔，永為合郡保障則幸甚。工成勒石，所有捐資姓名開列如左。

　　古洛渠渠長、通津渠渠長、太明渠渠長、新興渠渠長、太平渠渠長、清渠渠長、大清渠渠長、伊渠渠長。

　　洛陽市縣己酉拔貢候選儒學教諭楊維屏薰沐敬撰。

　　洛陽市縣丁酉科拔貢癸未副榜候選直隸分州王寅薰沐敬書。[1]

　　道光二十六年仲夏月吉旦。

（碑存洛陽市民俗博物館院內。王興亞）

襄陵捐銀碑

　　道光二十六年菊月立。

　　襄陵幫捐銀三百兩。

　　經手商號元亨利、義成生。

（碑存洛陽市山陝會館院內。王興亞）

山陝會館關聖帝君儀仗記

【碑陽】

【額題】萬善

　　聖王御宇，首重明禋，祀典所載，儀至隆，制至肅也。而我朝尤所重者，宣聖而外，惟關帝君。內自京師，外至大都小邑，莫不勅建廟宇，祀春秋無少缺。豈惟是祈福云爾哉，亦以帝君之忠義神武，實足以震浮起靡，為萬世則。故既載諸祀典，以崇其德而報其功，而又推其磊落光明之概，以風示商賈，使熙熙攘攘，競刀錐子母者，日夕祗承於帝君之旁，庶其觸目警心，不至見利忘義，角譸張而尚岨詐也。然吾嘗北之燕、趙，東遊齊、魯，南之吳、楚之交，凡通都劇邑，商賈輻輳之區，莫有帝君廟，秦、晉所集會館尤多。其祗祀帝君尤勤，以至而究其所以事之之意，不過藉物以為求媚之具。至以義為利之說，恆略而弗講焉！噫，是可歎也！

---

[1] 捐資人姓名和錢數，字多模糊不清。

洛陽市地居土中，爲古都會，城南舊有山陝會館，雕梁畫棟。鳥革翬飛之狀，備極殊麗。而帝君儀仗之用，缺而未備。庚戌秋，陝西西安、同州二府布商數十餘家，捐湊釐金，共勷盛事，製黃緞繡邊傘一柄，扇一柄，牌三對，旗三對，鑾駕十二對，鍍金爐瓶五，鍍金壺二，鍍金爵三，鍍金碟三，鍍金奠池一，鍍金檀香爐一，其餘金珠花燭繡龍桌圍，一切應用之器，莫不悉備，另載簿籍，又大書匾額曰"面與心同"。告成日，求辭於余，以示將來。余深羨君之舉，誠善矣，故述其意而誌之，而臚欵於左，永垂千秋不朽云。

例授文林郎丁酉科舉人分發直隸試用知縣偃邑鄧銘善薰沐撰文。

賜進士出身誥授朝議大夫前翰林院編修湖南長沙府知府朝板雷成樸沐手書丹。

總理首事三原從九品李大鼎、蒲城鄉飲耆賓李芳園、朝邑太學生成問仁。

贊勷督工涇陽三考吏目鄭起元。

　　　　侄　苞
住持僧春陽，侄　宗久，孫正信。
　　　　徒　池

咸豐二年歲次壬子四月初八日穀旦。

石工王法舜、王秉仁。

【碑陰】

【額題】同列

捐資眾商：濟元秀捐銀柒拾四兩，天泰成捐銀六拾式兩，長成和捐銀五拾九兩，永茂興捐銀三拾兩一錢八分，福來永捐銀式拾八兩三錢，正順高捐銀式拾六兩三錢八分，長發合捐銀式拾四兩六錢，長發銳捐銀式拾四兩零九分，公興恒捐銀式拾三兩五錢三分，二德合捐銀式拾兩五錢六分，新盛和捐銀拾九兩九錢八分，永成型捐銀拾九兩八錢四分，大有乾捐銀拾式兩式錢四分，天順東捐銀拾兩九錢四分，世盛秀捐銀九兩一錢八分，通益成捐銀八兩九錢六分，永成純捐銀八兩六錢，復興榮捐銀六兩九錢五分，成興會捐銀五兩八錢八分，永興鳴捐銀四兩四錢四分，永成垣捐銀四兩三錢，義成魁捐銀三兩五錢三分，永成公捐銀式兩八錢三分，熾昌泰捐銀式兩乙錢乙分，雙興福捐銀乙兩八錢八分，萬和福捐銀乙兩八錢式分，永成實捐銀乙兩六錢八分，裕泰敏捐銀乙兩五錢式分，君盛泰捐銀乙兩三錢八分，王盛復捐銀九錢三分，正興馬捐銀九錢三分，泰盛瑞捐銀九錢，乾盛學捐銀七錢六分，長春鎰捐銀七錢，新興東捐銀六錢六分，義盛傑捐銀五錢八分，敬盛玉捐銀五錢七分，興盛玉捐銀五錢六分，李素榮捐銀四錢，世盛玉捐銀三錢八分，復興順捐銀式錢八分，長發公捐銀式錢二分，同盛和捐銀乙錢□分，新昌興捐銀乙錢四分。

仝立。

（碑存洛陽市澤潞會館院內。王興亞）

關林正殿修葺碑記

自古施政化民，未嘗不以神道設教者也。敬維關帝忠貫日月，義懷春秋，護國佑民，伏魔蕩寇，雖草野婦孺，莫不仰赫赫之神靈而肅然起敬。近年以來，烽煙四起，癸丑夏正，授及梁園，幸賴威靈默佑，始得解圍。是以我朝疊加封號，仰答神麻，炳炳烺烺，昭人耳目。去夏，獲送廓爾喀使臣道出東都，叩謁林廟，正殿滲漏不堪，梁木亦多朽壞，神像為雨淋漓，覆以席片，意必修葺有人，以肅廟貌。詎知今年春，權篆陝東，復詣叩謁殿宇，滲漏如故，殊不足以昭誠敬而禮神明。履任後，竭力捐資。屬呂子魁元搆料監修，運料車輛、修作人夫，向出自二、三兩鄉。第時正農忙，恐妨農務，所需一切料物，以及人夫、車輛悉皆自備，以免民累。今該鄉士民情殷樂助，願出運料車輛，踴躍支應。余亦願里民同志急公，共襄此舉，因如其請。茲已落成，爰為之記。

咸豐肆年閏柒月穀旦。

署理河南河陝汝道候補道慈溪馮光奎敬識。

例授承德郎孝廉方正候選直隸州分州邑人李□會薰沐書丹。

例授武略騎尉丙午科武舉候選千總邑人呂魁元督工。

嵩麓□□□薰沐篆額。

主持道人呂祥德、孫教義。

石工張大保、許貞吉。

仝刊。

（碑存洛陽市關林甬道東側。王興亞）

關聖帝君新降警世文[1]

帝君曰："吾大漢良民，恭逢明主，桃園結義，誓除漢氏之奸頑。討魏征吳，思存炎劉於一線。不意三分鼎足，壯志未伸，而五谷遭圍，誤入奸雄之手，荊州失守，咎實難辭。乃蒙兄長宏恩，興問罪之師於白下。君王義重，至失律之敗于猇亭。西蜀偏安，有懷莫遂。言念往事，殊深慚愧。前過江南，見人心風俗日就頹靡，而吾憫世之心，隱然勃發，因奉王旨，將《太微功過格》增而行世，以化愚頑，乃時人見之，有議以為非者。

昨四月十五日赴瑤池晏，遇呂冷諸仙，言及此事，皆為太息。今遇吳生可師、周生大掄，虔誠祈請，因再降筆於此，以昭前意。

嗚呼！人心習尚，尚可言哉。不忠不孝，不仁不義，不畏天命，不畏大人，不畏聖言，出口則以無稽之言為新聞，談天則以閨閫之說為妙語，稱富貴則拋姓而諂媚，提君子

---

[1] 該碑共有八方。

則呼名而誹謗傲慢無知，恃財作孽。叩首之頭若金鎗，越禮踰分；作揖之腰如鐵柱，侮長欺尊。處豐亨則日就華靡，不計家中升斗；論人品則多生嫉妬，每求賢士瑕疵。笑貧趨富，恬不知羞，竟無一人挽其氣習。人面獸心，伊於胡底，並不喜指出迷津。喪事用鼓吹，以人死而為樂；祝壽演雜著，忍害禮而不衷。奢侈成風，何況人貧財乏；天良喪盡，尚求富貴榮華。有過則多方文飾，不喜人規；作惡則自謂得計，良言轉怒。唆鷸蚌之相持，就中取利；囑權要之偏聽，假威害民。口似懸河，滔滔者無非妄誕；筆如屋椽，澁澁者安有佳文。尚曰先民是式，乃敢評古論今。今自誇才學無雙，不過眠花宿柳。遇正事則抽身退避，惟恐鮮血沾衣；交朋友則欺心似箭，反藉交情擾害。蜜口如飴，未見久要之約；小怨不釋，常懷報復之私。囂囂然以古人自待，聽其語，無非攻訐陰私；岸岸然與昔賢為徒，考其行，都是損人利己。棄父母而不顧，利欲薰心；垂手足而相戕，門庭鼎沸。嘴同啄木鳥尖，生來即銳；心似黃蜂針毒，觸物便傷。每年觀吾兒所奏，問田宅，問官事，問功名，問求財富，無一個問及陰陽果報。一月計周倉所稱，許掛袍，許送對，許上油，許修廟宇，無一個許開勸善經文。人心風俗，大概如斯。盡其奸險，萬言莫罄。決洪澤之波，不足以洗盡其澆薄；縱黃河之水，不足以蕩其凶污。我之來意，蓋為此也。我今在壇，宵小尚敢狂言評議。如我去後，頑蒙將何日回頭？然我終不忍以禽獸待人，故不惜苦口，多方誥誡，誨語諄諄，尚冀諸生之誨悟；言辭懇懇，猶望殘燭之復明。上體玉皇之心，下慰聖主之意。殷殷勤勤，一字一淚。悲悲切切，一句一珠。及早回頭，放下屠刀成佛果；速當猛醒，拔開霧雲見青天。言之者慟心，讀之者刻骨。倘見斯言而不悟，真是惡口；如聞此語而不傷，弗若禽獸。頑石有點頭之日，何以人竟無靈？螣蛇有聽經之時，何以人不如畜？良心雖死盡，終有一隙之明；天理總全無，豈無再生之路。改，改，改！當以人形自待；思，思，思！不妨晝夜提撕。三十條之言過言功，乃時人之苦口良藥；數千言之教孝教悌，誠百代之規矩準繩。高明固當奉之為楷模，愚魯尤當遵之為法守。論道理則不言禍福鬼神，正人心則必語災祥報應。凡有遵而行之者，一年不懈，加功一級，五年不懈，延壽一紀。如有瘟疫流行，天災時至，作善者必能逢凶化吉；若求功名子息、福壽康安，遵奉者自能如意遂心。如有口是心非、妄加誹謗者，則天火、地火、人火為殃，鉄鞭、金鞭、虎鞭並至。轉入禽獸，孽無盡期。事到臨頭，悔將何及？尔等當作頂天立地之男兒，勿為自暴自棄之凶子，是吾之所厚望也。戒之，勉之。"

愚睹斯文久矣，服其詞嚴意深，較《陰隲文》、《覺世經》等篇更為警悚。有志重刻，因循未果。昨正月下旬，家慈八十有五，偶染重病，身侍湯藥，默有所祝，立愿刻文於石，以廣諸世。既而病果安，全因不揣愚陋，敬謹刻鑴，并勸世人虔心持誦，悔過遷善，神明未有不佑者。

西亳李顯基齋沐敬題。

咸豐六年歲在丙辰孟夏之月穀旦。

（碑存洛陽市關林鐘樓台基西牆。王興亞）

遊香山寺

蓋余分陝，每年過此，未及登臨，詩以志感。

憩園主人沈守虛書。

咸豐七年。

沈守虛題辭。

（碑存洛陽市龍門。王興亞）

河洛七字文體壽星圖碑

【碑陰】

河洛七字文體壽星圖[1]

壽星圖云：道通天地有形外，借彼無極，俾爾單厚，引此道詩，以介眉壽，子子孫孫，如松柏之茂。董子右醇，自今伊始，歲其有。

---

[1] 此爲橫題。壽星圖刻石，龍門今有兩塊，一塊碑頭作弧形，高一百一十八厘米、寬五十四厘米；一塊爲矩形，高一百一十厘米、寬五十四厘米，背面爲魁星圖。畫面、題字內容相同。壽星圖在正中，全幅畫面爲一長髯、拄杖的頭陀老者。画面由"道通天地有形外"七字組成的組字。作者將字體變形，"通"字作拐杖，其他六字構成壽星身軀。所有用以藝術造型的筆劃，有粗細之分，奔放流暢和誇張變形之分。該圖上標出的紀年，有清"丁巳"，最早爲康熙十六年，次之乾隆二年，再次之嘉慶二年，最晚爲咸豐七年。從壽星圖碑背面有同治三年奎星圖看，有人以爲咸豐七年較爲恰當。有說壽星圖碑原在邙山上清宮，清末移至存古閣，後又移入香山寺。

翰林院檢討席梧貴題。
源容書丹。
董策三圖筆。
劉高桂鐫石。
龍門西山住持僧人普棟，徒侄通汴。
丁巳菊月之吉。
源容書丹，董策三圖筆，劉高桂鐫石，仝建。

（碑原鑲在洛陽市龍門潛溪寺前房牆壁上。王興亞）

魁星圖碑

【碑陽】

魁星圖[1]

一筆高擎，正大光明，無聲無臭，私盡存誠。

永侍文衡，時在同治甲子春，龍泉主人敬題，洛浦漁者沐手敬繪。

住持僧海雨泐石，石工劉天佑刊。[2]

龍門勝境圖碑

【額題】龍門勝境

東昇氏圖[3]

伊闕賓陽洞，當春幾度臨。雲生峰隱約，樹映寺蕭森。

石佛傳千古，浮橋記百尋。圖中真妙境，無句和高吟。

右題句舊作，和潘帶銘先生原韻。

嵩麓智水

洛陽市八景，龍門首焉。龍門十寺，有潛溪焉。潛溪者，即所謂賓陽洞也。洞之對面

---

[1] 《魁星圖》與《壽星圖》兩幅，刻在一方石上。碑陽爲《魁星圖》，碑陰爲《壽星圖》，按：魁星即魁宿，二十八宿之一。《孝經援神契》說"魁主文昌"，故言文運者，多用此字，俗訛作魁。將魁星畫成鬼形，或者點鬥，都基於此俗訛魁字的緣故。

該圖形似"鬼"字，作一臂上舉揮舞筆劍，一腿上翹後踢狀，腿彎處被點了三點。該圖實由四字組成：筆劍爲"一"，頭部爲"正"，上身爲"無"，下身爲"私"。一正無私"四字，取之一首四言詩每句的頭一個字。

[2] 此圖成於清同治三年，題詩的龍泉主人，繪圖的洛浦漁者和刊刻的石工劉天佑均失考。泐石的海雨於同治九年曾隨前河南太守德林在龍門拓碑。

[3] 此碑上部題刻詩文兩則。

者，香山寺也。唐白居易結社九老故地在焉。東西兩山對峙，乃謂之伊闕，伊水中流，總名龍門也。正當南北往來通衢大道，遊人絡繹不絕，山中石佛妙相，不計其數。皆魏唐以來造像，俱有題名。凡四方人士大夫過此者，無不留連，攬茲勝境，不忍遽去。余嘗攜二三同人，時相遊焉，不知凡幾，而於山之真面目，熟悉胸中。因繪斯圖，聊存大意，以為未遊此山者告對之，可作臥遊也。並敘其說，以誌一時之興云爾。

時同治四年歲在嘉平月之中浣，洛川居士余崇德甫識。

龍門勝境圖[1]

僧海雨刊石。

（刻石原鑲在洛陽市龍門潛溪寺前房牆壁上。王興亞）

嘯琴草書詩碑

流戀當年憶舊形，往來登覽幾回經？洞鐫諸佛千崖碧，河界中流一道青。
唐碣凌空摩石壁，香山對面列雲屏。賢儒出處知多少，畫得此間鍾毓靈。
余署篆洛陽市，幾及多載，今將終去，留此俚云，以誌鴻爪。
同治丙寅仲春月。嘯琴鈕濰題。
清同治丙寅仲春月。

（碑存洛陽市龍門潛溪寺木構窟簷內牆壁上。王興亞）

重復白馬寺田碑記

【額題】重復白馬寺田碑記

白馬寺之建，迄今千七百餘年，中間不知幾歷興廢。而法宇琳宮，巍乎煥乎，常如一日者，雖代有修葺，而其寺僧之能守宗風、不墜其業，蓋可想也。

國朝咸豐初年，僧人悟乾等始以匪蕩，聞寺舊有土地數頃，大半質於村姓。監生黃協中等控之官，余為逐其人返其田，選高行僧正覺為其住持。刊刻規條，俾之格守。復命旁近四村公正紳耆，按年經理，庶幾有基勿壞，數千百之古刹，不廢於一旦者乎！事訖，誌紳耆，請紀其顛末，爰不辭而為之敘。

洛陽市縣知縣秦茂林。

經理：龍虎灘監生黃師舒、生員黃銘勳、監生黃丙午、監生黃□□、監生黃協中、黃安中、黃得□、黃廷傑。金村鎮監生袁穆清、監生張文鑒、監生郭長法、生員袁德潤。翟

---

[1] 該碑下部整幅刻《龍門勝境》圖一幅。圖高五十一厘米，長一百一十五厘米。採用傳統線雕藝術手段，寫意構思，將龍門兩山夾峙一水的伊闕秀麗風光凸現在石碑之上。

泉鎮監生王岐周、監生袁天相、監生呂春風、生員丁天元。白馬寺生員劉雲青、□□伏□三、生員李廣業、監生李甲榮。把總劉玉鼎、伏長齡。鐵筆王廷彰。住持僧正覺、正印。徒姪宗奇、宗宣、宗揚。徒孫心瑩、心境、心芳、心貴、心錄、心義。曾孫法來。元孫傳道。

大清同治六年四月穀旦。

（碑存洛陽市白馬寺接引殿前路西側。王興亞）

重刻陳摶十字卷碑 [1]

開張天岸馬，奇逸人中龍。

摶。

石延年題詩

希夷先生人中龍，天岸夢逐東王公。酣睡忽醒骨靈通，挽指拂拂來天風。鸞舞廣莫鳳翔空，俯視羲獻皆庸工。投筆再拜稱技窮，太華少華白雲封。

延年題。時康定歲庚辰十二月二十四日。

陳肇鏞識語

希夷先生十字卷，當時書於碧延觀張之白雲堂壁，宋大中祥符間，遊客竊去，旋求得於太原，歸臨潁張氏，摹刻於少室之惠公岩。起希夷閣於岩上，度童子焦元景為閣主，付墨卷使守嚴焉。明洪武間，歸金華宋氏，遭黨難，遂入內府。後賜盱眙李曹國家。國初，歸陽夏謝氏。道光初，為江右曾賓谷先生所得。今河帥高要蘇賡堂先生前在京都於其詰嗣笙巢侍御處先，手摹一卷。乙丑冬，奉命擢守河南。瀕行，先生出以相授，語曰："少室之希夷閣，先時已無知其故址者。而墨卷完美，歷九百餘年，殆有鬼神呵護，豈可不奉諸貞珉，俾垂久遠。任事後，清釐庶務，昕宵鮮暇，未遑及也。戊辰夏，政事稍閑，爰命僧智水摹勒上石，刻於洛陽市縣南之伊闕山。敬識數語，以見先生懷古之深情，而尤竊幸肇鏞亦得附姓名於後也。

智水，洛陽市人，住持嵩麓會善寺，精通釋典，兼工書畫。

同治七年歲次戊辰夏仲武陳肇鏞謹識。

---

[1] 陳摶，字圖南，號希夷先生，亳州真源人，宋代著名書法家。《十字卷》是其書法代表作。該碑下部正中及右側刻詩文三篇，標題均係補加。

路璜識語

　　同治丁卯冬，璜奉檄之官洛陽市，往謁賡堂河帥，評論名人墨蹟。因言有手摹曾賓穀都轉家藏陳希夷先生十字卷，在子叔觀察處，囑為摹刻。璜初未識其物也。受籙後，日侍觀察公暇，出此卷見示。語既雄奇，筆力尤超縱入古。讀觀察跋語，始知是卷歷宋、元、明數代，收藏家屢易其主，旋得旋失。國朝復歸南城曾氏。風霜兵火，塵劫千年，碎墨零縑，輾轉流傳，迄今完好獨存，謂非神靈呵護，烏能有此！觀察承河帥好古，深傳之久遠，金石光輝，山川增色，即謂希夷閣至今尚存，可也。翰墨因緣，璜亦得附名於後，豈非幸事耶！

　　同治七年戊辰仲夏黔陽路璜敬識。

（碑存洛陽市龍門西山潛溪寺和賓陽北洞之間。王興亞）

李德林題記

　　大清同治九年二月上旬，前河南守李德林偕比丘智水於老君洞架木屋，僧海雨布衣俞鳳鳴拓諸造像銘。時海雨發願供常明燈懸神前，故記之。

（記存洛陽市龍門石窟寺。王興亞）

燕山德林題記

　　大清同治九年二月燕山德林祭告山川洞佛，立大木，起雲架，拓老君洞魏造像，選最上乘者標名曰龍門十八品。

　　同事人釋了亮拓手。

　　釋海雨、布衣俞鳳鳴、孫保、侯太妃、賀蘭汗、慈香、元燮、大覺、牛橛、高樹、元詳、雲陽伯。

（記存洛陽市龍門石窟寺。王興亞）

溫代岳題記

　　同治十一年八月二十二日溫代岳：一吾在此。

（記存洛陽市龍門石窟寺。王興亞）

魯元題詩

　　甲戌春二月，挈內子懿真胞弟蔭椿，內弟偉遊龍門，登香山，走筆題樂天先生墓，曲萬傑兄長從而書之。同遊者張萬傑、趙子立、張昭麟、孟德新、歐陽書。

劍川魯元題

□去洛城二十里，中州景色此幽美。千古香山對伊闕，醉吟先生昔隱幾。
仰慕先生如饑渴，相將共著遊山屨。一路風光好入畫，香山隱現碧雲里。
眼前突兀來中嶽，流盡九朝剩一水。水東水西滿佛陀，山南山北遍桃李。
松竹四時發幽韻，野花無數鮮□旎。我今登臨一眺望，掃盡胸中俗與鄙。
憶昔先生此優游，展眉開懷恬臥起。青山獨往真超絕，明哲保身能有幾。
看雪尋花忘身世，春來先到酒杯底。九老往還歌紫芝，欣然無事日有喜。
好詩好詞遍人間，浮名浮利等敝屣。達哉風韻高千秋，長使古今景行彌。
山中墓碣古苔封，掬泉起滌誦公誄。□罷徒倚還竚立，心隨天際白雲遠。
昌樂張萬傑書。
洛陽市薛肯堂刻石。
同治十三年。

（碑存洛陽市龍門石窟寺。王興亞）

小龍門圖碑[1]

龍門圖

---

[1]《小龍門圖》高五十八厘米、寬一百三十五厘米，是表現晚清龍門山色的山水畫刻石之一。畫面集中在全圖中間偏下，占六分之一強。以畫面所繪景物與今日龍門現狀對照，並參照大龍門圖上的文字標示，可知西山有石樓、大王廟，東山有香山寺、冷雲亭、看經寺、擂鼓台和山頂的斗姆宮廟等。伊水中或揚帆泛舟，或停棹待渡。西岸三兩人群，似觀景似呼船。東山二人，一前導一握杖，穿過牌坊，拾級而上，去拜謁香山寺。這一山水畫面，頗有仙山瓊閣、恬靜幽雅的意境，大可引人入勝。畫面右下款署方外智水寫。鈐時年七十六。小龍門圖的題詩、款識幾占六分之五，楷行草三種書體皆有。自右至左著錄如次。

按：詩七首與後記，刻在龍門圖刻石上，係河南太守陸吾山離任前與賓僚在龍門香山相與詩酒唱和，以追慕香山居士白居易與九老會之觴詠雅興。陸氏七言詩與僧智水所繪小龍門圖詩畫相配，再現"龍門山色"的觀遊之勝。賓僚朱沈李袁蘇唐諸氏詩皆爲助興詩，多有讚美陸氏的奉承詩句。何氏款識所述光緒七年龍門聚會以及翌年勒石以記故事，均爲讚美陸氏之作。《小龍門圖》與陳摶《十字卷》原來一同鑲嵌在潛溪寺、賓陽北洞之間四層塔的空龕內。現移至東山擂鼓台。

七言古詩一首

天風席捲巖穴開，寺門高下多亭臺。亭臺剝落增荒蘚，香山居士安在哉？
香山巍峩猶如昔，太守風流近無匹。大名仿佛古人同，千百年才有此客。
此客此山可一遊，況乃賓從皆琳球。攀藤踏蹬興各適，我亦微步探清幽。
是時陰靄生石隙，天光雲影互明滅。水鳥低隨沙渚飛，流影倒撼山根急。
對面危崖凌巉巖，佛龕大小星低嵌。撞鐘伐鼓競奔走，駢闐仕女香花拈。
若論我輩覽高躅，香山名勝超塵俗。川澤山陵縱變遷，斯文亙古雲霄卓。
擘窠大字工雕鐫，輝暎亦若爭後先。當前歡會不易得，感慈風輕揮銀箋。
銀箋入手覺辭費，太守吟成郁奇氣。明朝市上听轟傳，洛陽市紙價連城貴。
陽湖星府沈炳奎。

七言古詩一首

嵩岳之源何汩汩，勢若波濤綿不減。欲尋黃帝問真詮，蓮花一朵洛中凸。
日照龍門兩扇開，雙峰對峙齊突兀。太守賓朋雜遝來，搜奇抉奧探幽窟。
賓陽古洞極陰深，千尋白石化為佛。六代興亡跡已陳，門前流水聲嗚咽。
憑欄下視驚我心，疑有蛟龍常出沒。老僧更導香山游，想像石樓古風月。
九老遺蹤不可尋，手自捫蘿讀殘碣。可憐台榭剩荒涼，千載風流徒仿佛。
聳身我獨登其顛，蒼茫四顧心懷豁。俯視山南洞已微，龕龕石佛如巢穴。
誰識詩人膽氣豪，昂頭天外風雲別。舉筆欲書心茫然，長嘯一聲山月出。
京江少秋唐沅生。

七言絕句一首

伊水寒聲嗚咽流，石樓風月自千秋。當年興廢空陳跡，祇有苔痕滿佛頭。
咸甯曉帆蘇湘。

五言詩一首

蒼山豁然開，伊水倏奔赴。臨流壁巉巖，古佛森列露。
北魏迄李唐，獻媚求福祚。伏羲頑石靈，脂膏罄不悟。
當年盛邀游，冠蓋化煙霧。蕭散香山翁，獨具高風趣。
把樽倚石樓，俯仰必或遇。今古水聲中，世事紛飛騖。
躡岩興自豪，有愜心無慕。衆賓嗜吟哦，太守先成句。
人生苦別離，擾攘紅塵路。名山今聚歡，行蹤得少住。
悠悠長逝川，渺渺寒雲渡。陳跡空蒼茫，斜陽掛高樓。
甯海雲樵李少白。

五言詩一首

破曉策游驄，登山日己紅。峰巒挑左右，泉水響西東。
把酒危亭上，尋詩古剎中。遺風懷白傅，聚散又匆匆。
南京式如朱鈺。

七言古詩一首

香山俯視龍門低，兩峰開闊群山齊。酒酣憑檻縱遊眺，河流澄澈青玻璃。
邃洞沼厓嵌古佛，危橋跨水橫長霓。石樓風月故無恙，三生應歎精魂迷。
白傅文章重千古，屏風大字留招提。至今遺事佐觴詠，九老姓氏猶堪稽。
同游蘇李美詞翰，朱袁唐沈皆能題。或依磐石觀飛瀑，噴珠瀉玉環清漪。
或矜年少腰腳健，捫蘿絕頂窮攀躋。高吟偃息意各適，狂發得毋驚沙彌。
驪駒在門已催別，人生蹤跡如鴻泥。感喜良會不易得，虛堂戀坐斜陽西。
百年歲月疾飄瞬，何事苦為石韁羈。嗟此山水殊不戀，來者何以安黔黎。
吾山陸襄鉞。

五言詩一首

白傅高風歇，香山樂共躋。但憑遊興健，直覺古今齊。
伊水流如此，龍門月嘆低。微茫疏樹外，別意滿招提。
濟南少蘭彭啟芬。

龍門圖後記

陸吾山先生守河南二年，未一至香山，其將行也，偕賓僚上元朱式如鈺、陽湖沈星府炳奎、甯海李雲樵少白、長山袁少蘭啟芬、咸甯蘇曉帆湘與其表弟丹徒唐少秋沅生遊竟日，相與賦詩以紀。僧知水圖焉。夫香山固前賢遊詠地，而先生獨拳拳于去日則懷之，所託蓋有，非是圖所能盡者矣。

遊為光緒七年十二月，明年三月勒諸石。

封邱何家琪記。

（碑存洛陽市龍門石窟寺東山擂鼓台。王興亞）

重修金粧神像並油飾序

【額題】 皇清

蓋聞漢至明帝，佛法始入中國。稽其言，不外仁義道德之說；繹其術，嚴然修真養性之學。是以遊其門者心悅，聞其風者誠服，一倡百和，若不獨稱羨於晉、魏、梁、隋之間。洛邑東白馬寺，有立佛殿一座，殿宇輝煌，由來舊矣。值同治元年，寇賊入洛，焚燒殿宇，暴露神像，歷經風雨，神像之傾圮已甚。凡駿奔斯寺者，孰不目擊心傷，感慨不已。時有魚骨村善士郭成選等，動念重修，各捐己財，募化四方。轉傾覆以為壯麗，除塵封而煥然一新也！善哉斯舉，既有以光前人之烈，亦足以啟佑我後人。功竣立石，以垂不朽。

老師朱彭氏暨子修。

大承領郭承選、郭永貴、郭天廟、郭天建、郭董氏、郭王氏、郭曲氏、郭王氏、郭王氏。

首事人郭連宗、龐郭氏、黃郭氏、劉郭氏、詹郭氏。

塑匠李清水。

住持宗宣。

仝立。

大清光緒九年柒月二十五日穀旦。

（碑存洛陽市白馬寺接引殿門外東側壁間。王興亞）

重修金粧立佛神像募化碑記[1]

【額題】萬善同歸

共募化錢一百二十千有令，大承領捐錢九十千有令。

金粧油飾使錢一百四十千有令，買碑使錢十千有令，外花費使錢六十千。

清光緒九年立。

（碑存洛陽市白馬寺接引殿門外東側壁間。王興亞）

長白豐二文十三題記

光緒庚寅春，長白豐二文十三住潛溪寺，拓龍門造像銘，共得千五百品。

（記存洛陽市龍門石窟。王興亞）

皇清魯邑儒學生員儤舫朱先生（酉山）墓誌銘

【誌文】

皇清魯邑儒學生員儤舫朱先生墓誌銘

例授貢元加捐翰林院待詔候選修職郎受業王憲章頓首拜撰文。

庚午科歲進士咨吏部儘先補儒學正堂愚姪趙國珍頓首拜書丹。

---

[1] 碑文重修立佛殿募化事及捐助人姓名、捐錢數目。

光緒二十年，忽以先生之訃來。予視之，衷懷悽愴，慟泰山之輒頹，赴玉樓之召何速也。先生諱酉山，字書堂，號僊舫，予之恩師。先世安徽新安縣人。朱文公之裔，後游宦河南懷慶府河內縣，悅其風俗人情，遂家居焉。至國初，先生之曾祖月昌公遷魯，忠厚待人，勤儉治家，出負耒，入橫經，產業增盛，子孫顯榮，邑中之望族也。精醫術，蒙其生活者實繁有徒，明地理，選獲佳城者難以悉數。至今傳頌未替。積德累仁，已有年矣。迨先生之先君明都公，才全德備。應童試，早入邑庠。應鄉試，連薦四科。心平氣和，文通武達，懷經邦輔世之志，抱安上全下之略。命途多舛，屢科不第，未顯達於當世，終善誘於後生。教術極精，生徒得其指示而成就者甚衆。醫道更妙，人世蒙其診砭而生全者尤夥。品誼高超，澤潤遠被，世有明德，克昌厥後，理固然耳。延及先生，聰明才力，迥不猶人。紹述其先業，光顯其門第。孩提就塾，口不絕吟，手不停披，經子貫通，史鑑明悉，品學兼隆，孝友全備。沉靜安詳，不妄出一言；敦厚周慎，不輕忽一事。性敏功純，幼採芹香。鄉里稱贊，咸目爲大成器。不幸患牙癰喉痺廿餘年，因疾輟功，未獲上達，以展干濟，良可惜也。遂舌耕筆耨五十有五年，未嘗始勤終倦。耳提面命，門徒均沐教澤；矜平躁釋，西東絕無嫌隙。仗義疏財，貧苦親鄰多受其恤；清心寡慾，富厚朋友無議其貪。以故捐館之日，聞者莫不流泣，曰："如先生之爲人，宜多歷年所，何彼蒼不假年，以至如此速沒耶？"其弟峻峰公，生有奇資，多才多藝，勤學好問，廿四歲亦游泮水。其元配相孺人，孝慈恭儉，由於性成。德言容功，賦於生初。內助之賢，女中之丈夫也。生子一，廷需，字靖臣，渾厚篤實，素以光前裕後存心。幼業儒，應試而列前茅者屢。長習醫，療疾而慶回生者衆。其再配郭孺人，賢孝儉勤，前後濟美。生子三：廷潤、廷梅、廷賡。女二，俱適名門。孫八：毓清、毓型、毓彬、毓秀、毓俊、毓琭、毓璋、毓琨。曾孫三：萬通、萬育、萬慶。食舊德，服先疇，濟濟一堂，將來之建樹未可量。豈非燕翼貽謀之所培歟！先生嘉慶二十五年十月初三日生，光緒二十年八月初七日卒，享壽七十有八，疾終正寢。卜葬於本村東北偏。予與先生爲師徒，又申之戚誼，知之最悉。雖不工於文，因諸孤之泣請，義不容辭。不揣固陋，據實行爰爲之銘云：

　　崇尚名教，不期帝鄉。安靜緘默，無事誇張。飭綱理紀，敦篤倫常。垂裕後昆，德澤流芳。善始善□。

（碑存洛陽市龍門香山寺。王興亞）

大靖渠章程十二條

【額題】永垂不朽

　　特授河南府正堂加五級、卓異加一級記錄十次張爲示諭事。照得大靖渠渠長監生楊贊卿呈控霍清源等一案，經本府親提訊明斷結，除判存案外，另定章程十二條，爲印，發該渠長，刻石以垂永遠。所有章程列後：

一、九閘共有行枚六百七十餘張，自光緒二十三年為始，由渠長查造的名清冊以後，如有買賣地畝，即於冊內分別注明，積至五年，再造冊一次，一存分府衙門，一存渠長，以杜影射遺漏之弊。

一、九閘分期澆水，按十八晝夜為一輪，周而復始，仍照舊章，按枚張多寡計算時刻，不准強霸截挖。

一、充當渠長以五年為限，充當小甲以三年為限，期滿更換，以均勞逸。所管枚冊歷帳，一併移交。

一、非有枚四張不准保充渠長，非有枚二張不准保充小甲，非有枚一張不准冒稱大二枚戶，列名具呈。

一、每逢更換渠長、小甲之年，由前渠長將四張枚以上、二張枚以上之枚戶按枚開名呈請。分府選諭接充，不准推辭，亦不准爭競。

一、渠長、小甲、花戶，均用本人的名，不准張冠李帶。

一、渠長、小甲等工食兩季，向章按枚一張收糧食七升五合，應仍照□，毋庸增減。

一、每枚一張，常年派錢至多以七百文為限。如有事需用較多，務須稟明，分府批准再派，更不得藉口送官傘匾各項名目，浮收累民，違者重究。

一、每工作錢一百二十文，每興工十日平工一次，欠一百工者，出錢一百二十文。餘一工白得一百二十文，不准含混。

一、每年修渠及各項費用，統限十月內收齊，由渠長開列出入四柱清單張貼，俾眾咸知有不足，次年按算不准，稍有浮冒，呈送分府衙門備查。

一、渠口座落經過小作、圪墰兩村。東北河灘荒地，自光緒二十三年為始，每年出給小作村"公廟壞害錢"肆拾伍千文，出給圪墰村"公廟壞害錢"叁拾千文，限十月底呈繳分府衙門飭領，毋得短欠。至該兩村如有花戶藉口阻攔情事，惟該首事是問。該渠興工人等，亦不准任意作踐，滋事干咎。

一、渠事或經理不善，被本渠枚戶控告，不准攤派訟費。

以上十二條，著永遠遵照。違者，稟究不貸。特示。

右諭通知。

光緒二十三年八月十二日諭。

大靖渠渠長楊贊卿及枚戶原刻立。

（碑存洛陽市關林甬道東側。王興亞）

貤贈修職郎太學生張君暨德配蔡孺人繼配章孺人孫孺人合葬墓誌銘

【誌文】

敕授征仕郎候選直隸州州判癸巳恩科副貢世愚姪韓臚雲頓首拜撰。

敕授文林郎揀選知縣丁酉科舉人姻愚侄陳洛書頓首書丹。

敕授文林郎揀選知縣坐補虞城縣訓導癸酉科舉人姻愚侄陳純熙頓首篆蓋。

君諱殿一，字思贊，其先由澠池遷洛，居邑之南關，遂為洛陽市張焉。曾祖士拔，祖自鎮，考贈昭武都尉清河，皆有隱德。昆弟六，君其三也。遵例授太學生，以子鴻勳貴，贈修職郎，妻皆贈孺人。初葬劉家村祖塋，今改葬于金穀園村北，而以三孺人祔焉，葬有日矣。君子鴻選、鴻勳屬余志其事而銘之，且泣然曰："先君見背時，余兄弟尚幼，事跡已不復記憶，所聞諸伯叔父者，每稱先君少倜儻有干濟，以戀遷走四方，終歲不遑休息，甚至為捻匪所困，幾頻于危，幸致家道捝康，先君之力居多焉。且性慷慨好施，嘗行賈至襄城，途次見有因貧鬻媳者，即傾數十金贈之，而暫負所市以歸。其他戚里之間，米薪之給，且有不求自致者。所聞如是，其遂足為吾父志哉。余曰："夫如是，是亦足矣。夫以丈夫之有見於世，其克勤於家者吾聞之矣。至推其所有，以濟人之厄急，而絕不瞻顧悋惜，於宗族鄉黨猶難之，況行路也哉。"於是，知君之所蘊者深，而其家運鼎盛，子孫熾昌也，固非無自。君生於嘉慶十六年十一月八日，卒於同治三年六月四日。年五十有四。德配蔡孺人，生一女，適馮。繼配章孺人。生一子鴻選，字青甫，娶李氏，太學生。又繼配孫孺人。生子女各一，後君二十一年光緒乙酉而卒，距生於道光庚寅年五十有七。于歸時，鴻選方數歲，恩勤撫育至於成人，於今抱孫焉。子鴻勳，字鼎臣，娶孫氏。孺人教之維嚴，得以附貢生、授柘城縣教諭，孺人之力也。女適同邑武生陳祥書。孫男四：毓秀、毓春、毓桂、毓壽，鴻選出。孫女五：鴻選三，鴻勳二。毓秀娶馬氏，生子二：夢松、夢周；毓春娶林氏，生女一。其餘幼也。銘曰：

天監下民，敦德允元。不於其身，必於其子孫。邙嶺之陽，洛水之濱。作美降祥，庶幾斯人。

男選、鴻勳，孫毓桂、毓秀、毓春、毓壽，曾孫夢松、夢周同和淚上石。

光緒二十五年歲次己亥十月二十六日。

（銘存洛陽市關林。王興亞）

龍門勝概題辭

龍門勝概
辛丑秋，陸宗伯鳳石過此，留題四字牓於門。今斯圖既成，借書於題。
秋圃賈焞

（石存洛陽市龍門石窟寺。王興亞）

奉委重修關林記

　　光緒二十七年秋，皇太后、皇上鑾輿幸洛，詣關帝陵廟拈香，發帑銀千兩，命太守蘇完瓜爾佳氏文公字仲恭重修廟宇。迺於二十八年夏，札委德本任其事。德本自維年少，懼不勝任，顧尊者命弗敢辭，爰請前開封府杞縣訓導陳際熙、監生何其祥、李敷華三人者，往歲監修行宮，辦理妥善，今任是事，鳩工庀材，一一精當。重修正殿暨各陪殿，自舞樓至八角亭，概修葺繪藻，兼之裝塿神像，添置供器，易冕服帳幔，閱半載而蕆事，除用御賜千金外，又有太守所捐廉者也。由是神像廟庭，燦然一新，鳳眼蠶眉，瞻精神之煥發，冕旒袞服，絢采色之彰施。堂廡則畫棟雕梁，並昭壯麗。門垣則髹漆黝堊，丕著輝光。幕幄揚華，輝映袞衣之日月；豆籩成列，肅將祀事於春秋。凡茲工程，出自皇恩，成於憲德。我同人實事求是，用集鉅工，繼自今因時補修俾勿替，為守土者與洛人責焉。是為記。

　　大興沈德本勒石。

　　住持僧教續。

（碑存洛陽市關林三殿後牆門西側。王興亞）

正南路二三鄉出脩関林車輛人夫暨優免車馬差徭碑

　　【額題】永遵不易　日　月

　　関林距河郡十里許，肇於漢建安廿四年，明萬曆年間始建廟，以隆祀典。至我朝，特賜春秋二大祭，增脩陵前八卦亭，三層殿宇屢加脩營，兩廊廂房迭為脩葺。二、三兩鄉環居廟側，凡歷年脩廟興工，車夫為兩鄉所供，即每年祀神演戲花費，亦兩鄉所支；且施地請住持，除廟基以外，香火地三百餘畝，植樹作藩衛，在陵殿之旁，柏楊樹六百餘株。前光緒二年暨十三年、廿二年，不多年而數次重脩，所需車輛、人夫，更僕難數。廿五年，府憲文委糧主石連年督工重脩，總計用車一千八百輛，用夫九千九百名。況兩鄉僅十九村，且有十數家一村者。似此地狹差重，視他鄉實為偏苦，所以載入邑乘，兩鄉專支関林大差。凡車馬草束等項，一概優免。廿七年秋八月，天子率後宮奉慈聖西巡迴鑾。九月十六日，止輦河郡。十九日，幸伊闕，並詣関林廟瞻禮。廿四日，迴蹕旋都，即頒帑金，將関林廟前後棟宇，遍加彩色。經前府憲文委糧主沈閱工，迄今事蕆工竣。兩鄉紳民爰勒貞珉，以志得蒙優免之由來云爾。

　　龍飛光緒二十九年正月穀旦。

　　正南路二三鄉紳民仝立石。

（碑存洛陽市關林甬道東側。王興亞）

奉勅賜金修關林頌有序

　　大清光緒二十有六年庚子秋七月，環瀛列國聯軍集京師蒞盟，天子率后宮奉慈聖西巡太原，遂至長安。明年辛丑秋八月，由秦道豫迴躒旋都。九月十六日，止輦河南府。十九日，幸伊闕，並茌漢前將軍漢壽亭侯關公林廟瞻禮。二十四日，鑾輅東行。頒賜御匾帑金，命知府臣文悌莊嚴象設，隆飭廟室，將以教忠錫福於臣民也。臣文悌祗承督屬府經歷臣沈德，本縣訓導臣陳際熙勾庀將作，又明年癸卯春二月二十五日，刻文勒石，昭示來者。

　　頌詞曰：於戲東漢，黃巾搆亂，黨錮遺患。維此雒陽，玉闕金闉，胡然戰場。賊操挾主，移都潁許，當塗啟宇。二孫二袁，一邱之貉，攘竊其間。漢中稱王，奮迹樓桑，緒纘高光。關前將軍，劻勷大勳，為王虎臣。襄樊戰水，禁降龐死。賊操將徙，華夏震驚。功不必成，雖敗猶榮。亥臘公卒，子春操歿，相距匝月。是歲孟冬，山陽阼終，廢帝為公。運丁陽九，國可篡有，有亦難久。若夫忠義，參天兩地，萬禩無墜。銅臺頹壞，華林荒穢，西陵何在。伊川村堡，巍然鶴表，存公墓道。皇輿巡游，瞻禮松楸，頒帑飭修。臣職典郡，欽承懿訓，敢不敬慎。事蕆工竣，述詞書丹，礱石鐫刊。感今思古，鎔鑄史語，勒陷壁廡。以肸神靈，以寓戒懲，以頌中興。

　　大清光緒二十九年癸卯春三月。

　　誥授資政大夫花翎二品銜欽命分巡貴州貴西兵備道三品銜河南河南府知府禮科給事中湖廣道監察御史戶部郎中滿洲文悌撰文。

　　代理河南府洛陽市縣縣丞試用府經歷大興沈德本察書。

　　選授開封府杞縣訓導孝廉方正廩生洛陽市陳際熙市石。

　　選授歸德府虞城縣訓導癸酉科舉人洛陽市陳純熙書丹。

　　李文貞、李廣業刻字。

（碑存洛陽市關林拜殿西牆。王興亞）

關林住持僧人章程

　　光緒二十九年二月念五日，蒙賞戴花翎三品銜，在任即補道、河南府正堂加十級、隨帶加三級、紀錄二十次文大人手批：

　　楊崇法在鄉村廟宇為住持，不知和協鄉里，屢費口舌，已由府飭洛陽市縣更換僧人住持矣。惟此廟向係道士看守，而原住道士無一妥人，故由光緒二十八年，始更換僧人看守。現林廟經府奉旨發帑，修理一新。且廟有田產、博士承祀，人以可議。誠恐日久又生事變。仰洛陽市縣會同代理縣丞沈經歷，將以後僧人住持林廟及其地租等事，妥議一經久章程，以便遵守。本府行將去郡，免無賴道士串通覬覦，致皇恩神宇終成廢墜也，切切。此交洛陽市縣丞持赴該縣議之，仍繳。

　　光緒二十九年四月初八日，蒙代理洛陽市縣縣丞沈德本、洛陽市縣正堂汪繼祖會稟，遵飭籌議住持林廟僧人永遠遵守定章，是否妥協，仰懇鑒核示遵由。關林廟宇向係道人住持，近因道人屢次爭訟不休，始令招僧接充。該僧人教績，既稱忠實誠愨，恪守清規，接辦一年，人地頗宜。該印委等悉心籌擬，北院作為僧寮，南院仍作行宮，敬謹封鎖。廟所有樹木、鋪墊、器具、房租、地課，統歸僧人照管。半作香火日用，半作歲修之需，不准殘缺，擅行當賣，且此廟現經奉旨頒發內帑修理，更非尋常。鄉間公共祠宇，決不准一切閒雜人任意出入，致或羣飲聚賭作踐。該縣應詳加示諭，責成僧人留意看守，毋須博士過問，為奉准行。仰即查明林廟所有房地坐落畝數、間架及各課租若干，係誰耕種，一併飭僧勒石，以垂久遠而免流弊。仍將查明房地坐落畝數，課租若干，開摺申府，以備查考毋延，並移委員知照。

　　光緒二十九年五月十五日立。

（碑存洛陽市關林鼓樓臺基東牆。王興亞）

大龍門圖碑題記[1]

龍門勝概圖
洛陽市何其禪繪

----

[1]　又稱《龍門勝概圖》，高七十三厘米、寬一百四十厘米。與《小龍門圖》一樣，也是表現晚清龍門山色的山水畫刻石之一。文字與畫面的佈局與上《龍門勝境圖》同。畫面上兩山對峙幾乎占滿全幅。西山占畫面不足三分之一，標示山腰的七星廟、廣生洞和山麓的石樓、禹王池、大王廟、潛溪寺、齋祓堂、觀音閣、賓陽洞等，實乃西山北部景物。東山佔有畫面大半，林木蔥郁，氣勢磅礴，標示山頂的斗母廟，山腰的琵琶峰、白樂天墓、香山寺（大佛殿、九老堂）、冷雲亭、擂鼓台和山麓的三笑橋、看經寺等，幾乎是東山全景盡皆包羅。近處，伊河淺灘，更有牧童橫笛，跨水牛背涉水而過；稍遠，一漁舟飄浮，漁人頭戴斗笠，踞船頭撒網。遠山依稀可辨。好一派清幽靜謐的桃源風光。畫面上方和左側有題詩、款識。原鑲嵌在龍門賓陽洞北廂室內牆壁上，一九七八年北廂拆除，碑移至東山擂鼓台。

題記一

大清光緒二十九年癸卯春，偕何瑞堂其祥、賈秋圖伙於龍門之石樓，仰視高山，古佛羅列，俯臨伊水，飛瀑激湍，縱觀樓閣亭臺，美輪美奐。其在乾隆十五年，高宗巡幸，曾加修飾，歷久風雨剝蝕，棟折榱崩，迨光緒辛丑秋，太守文仲恭籌金重修。予三人襄其事。八月十九日興工，九月十五日告竣。十六日，皇輿止洛。十九日，幸伊闕，拜佛拈香，誠盛會也。當經營伊始，百工趨事，庶民子來，兩山之寺院，改修者半，補葺者半。未匝月而廟貌一新。今覽茲勝概，請瑞堂繪圖刻石，爰敍其事。以為記。

東都陳純熙。

題記二

余與友閒遊伊闕，覽山川之勝景，石佛古洞，斷碣殘碑，皆魏唐舊蹟，傳留至今。惟昔所稱十寺，大半無存。今存者，東有香山，西有潛溪，二寺遙對，伊水中流，廟宇甫經修理，金碧輝煌。吾友囑繪圖以誌勝。因不計工拙，略寫其大概爾。

龍門勝概圖碑詩刻

夙聞伊闕好，到此一登臨。漢魏空陳跡，圖書不可尋。
緬茲流水意，渾忘出山心。秋滿河陽路，歸途月在林。
嘉定徐書祥。

中州清淑氣，伊闕最為多。九老芳名在，三龕色相訛。
危樓瞰飛瀑，絕壑探靈窩。暫駐閒曹馬，休教隙景過。
金陵謝嘉祐題。

石磷磷，水蕭蕭，伊闕兩峰干雲霄。泉流激湍灘聲遙，西山古洞密如櫛。
東山怪石環山腰，琳宮相望隔一水。蹕路境內三十里，經營餘力不敢遺。
太守賢勞承錫祉，陳何二公籌畫密。計日功成剛廿七，山川靈爽寔式憑。
一夕長虹跨山水，慈輿巡幸恩澤長。周於伊洛徧嵩邙，黃童白叟接道旁，
蒼蒼石壁生輝光。瑞堂何君工繪事，陳君粹甫善斯誼，以予濫廁於其次，
奚啻成城由衆志。君不見天子從來家四海，行曰乘輿止行在。
御輦曾經兩度過，山水鍾靈長不改。
東都末吏劉作哲率題。

覽勝來伊闕，新圖畫逼真。泉鳴山獨靜，佛舊廟重新。
李肇唐題。

攜手龍山上，高瞻想禹功。雙峰凡十寺，都入畫圖中。
甲辰重陽陳際熙偕弟登高留題。

流水高山趣，丹青妙手傳。此中清靜理，覺悟莫如禪。
洛釋教續題。
鐵筆王亭。

夏日同洛社諸君子游龍門分韻
秀水陶冶
眉橫雙嶺入三川，斷壑晴妝萬樹煙。遊騎飛塵金作勒，畫舫清吹酒如泉。
輕風谷口看孤鶩，落日嵩南聽杜鵑。最是登臨懷故國，總因詞社漫留連。

大鄣葉源
珠林開絕巘，寶篆散氤氳。載酒探幽境，看山隔亂雲。
金身參漢勒，石鼓辨周文。感慨前朝跡，徘徊日已曛。

周南王正修
連山中劈禹功存，伊水蒼茫闕道奔。□壁萬龕遺舍利，隋唐風物幾朝□。
天中勝蹟見龍門，結駟重來幽□□。□磐佛光淨山水，棹移不礙溶鷗翻。

翟備
長夏苦炎熱，雙林選勝遊。山光來佛□，塔影倒漁洲。
瀝酒尊中滿，潮音空外浮。南風□□至，六月似清秋。

莊世昌
天闕雙峰兩岸懸，泬寥一水寺門前。山樓俯瞰晴川樹，古洞長含小有天。
雪藕佳人爭媚客，窺尊鷗鳥故臨舷。酒闌莫漫歌招隱，叢桂蕭疏秖自憐。

翟微
洞口涼生愜素粧，雨晴關塞景偏舒。山開絕巘分天塹，河抱巉巖散汙渠。
苔護龍文還自麗，雲封佛面未全疏。艱危世路難堪問，好向峰頭且著書。

侯欽爵
朝暾才出郭，雙屐躡苔斑。天劃孤峰斷，河流一迴環。
停雲銜睥睨，把酒聽潺湲。奈何忘機者，還猜鷗鷺閒。

陳思淑
雙峰環翠石門開，□進逶迤鎖碧苔。蒼霧諸天迷古堞，澄潭一鑑倚山隈。
平林雁背微風下，遠水雲拖片月來。航葦中流淹晚渡，紅塵不到掌中杯。

王滋
招攜選勝共聯鑣，十里香塵度穴寥。峽谷濁河搖落日，闕門晴雨漸歸潮。
行歌石燕迴檣纜，倒景星槎傍斗杓。耽賞頓忘前路晚，還憑醉眼向岹嶢。

劉承春
欸段凌晨發，紆迴石磴幽。苔深埋斷碣，雲暗宓滄洲。
宿雨嵐光薄，斜陽練影浮。芙蓉雙壁立，襟帶一灣流。
迴出叢林地，空涵法界樓。亂煙迷去鳥，亭月印眠鷗。
擊節頻呼酒，催花數遞籌。波分玄渚藻，星聚李膺舟。
古道嘶歸馬，柴門度□遊。堪憐同臭味，高誼重千秋。[1]
石工魏守安刻。

（記存洛陽市龍門石窟寺。王興亞）

重修關陵聖廟記

粵稽忠精漢室，心貫日月而常昭；威鎮天中，靈通古今而靡爽。郡城南十里餘，有關陵聖廟，聲靈赫濯，俎豆常新，詢一方之保障也。辛丑歲，皇太后、皇帝聖駕西巡迴輦，駐蹕河洛，登臨伊闕，瞻禮聖廟。見垣宇多半墮落，即發帑金千兩，命太守文升憲督工，將前後殿宇盡行補葺，煥然一新。不意修者未察其毫末，葺者未審其幽渺。僧在廟焚香禮拜，驚見聖帝正殿背後金剛牆西北角，擎天玉柱朽崩摧壞，金梁難支，如不急為修理，恐致殿宇有患。僧詢諸工師，據言工程浩大，非釀金數百不能興工修換。僧坐視傾頹，心何能安！故恭懇貴官、大幕、顯紳、富商，各抒喜舍之心，稍出囊金，遂襄厥事。工竣之後，僧不沒諸君功德，因泐諸石，以垂不朽云。

---

[1] 以上十首，刻在同一方石上。

調署河南府正堂劉捐銀貳拾兩。特授河南府水利分府謝捐銀拾兩。調署洛陽市縣正堂徐捐銀貳拾兩。管帶豫北營即補游□謝捐銀貳拾兩。豫北營中哨哨官韓錫麒捐銀伍兩。豫北營中哨合棚共捐銀捌兩。黃健堂捐銀十兩。常葉全捐銀貳兩五錢。黃萬年捐錢伍千文。陳協瑞捐銀七兩。和興正捐銀貳兩。興盛協、郭敬興捐銀五兩。外委李占魁捐銀貳兩。董元愷、周家村捐銀廿兩。即補守府董治國捐銀貳兩。郭咸熙、府店鎮捐銀十兩。蔡克敬捐銀貳兩。天順公、董家村捐銀五兩。莊耀常捐銀一兩五分。蔡恒錫、羅家村捐銀五兩。協固瑞捐銀一兩五分。劉萬春、省庄村捐銀五兩。申儒林、黃紳法、高賜泮、趙百峰、豫立堂，以上各捐銀一兩。正豐祥捐銀元兩元。森馨棧捐銀元兩元。復和公、傅萬三、怡和祥、豫豐、悅和祥、大豐祥、李森泰、天成永、祥發成、徐崇興、瑞興成、德榮祥、德義長、晉和裕、無名氏、興昌棧、登豐洋行、豐記棧、吳泰興、魏炎峰、晉益昌、忠興德、祥厚宏、德聚西、祥茂永、晉康成，以上各捐銀元一元。韓高遠、廣義享、銀李村、張永貴，以上各捐錢二千文。張理一捐錢一千伍百文。廣義隆、太吉豐、王義成、韓廷遠、同太源、正廉堂、趙正心、德義長、風月廬主、義興永、徐健常、志忍堂何、梅芸書、張鳳年，以上各捐錢一千文。芳蘭軒、陳朝熙、長發祥、順興長、長生堂、王書蘭，以上各捐錢伍錢。義合恒、福瑞昶、林慶永，以上各捐銀元一元。林玉書、瑞芳棧、李竹齋、劉鳳合、義合順、徐錫山、江遜文、升太裕、豐源通、甘興順、裕和厚、全興齋、朱明山、祥慶永、同太興、黃春山、雪苑山房、森茂永、陳秀卿、白芳、永慶隆、祥發永、祥聚隆、任雲昌、泰山通、祥聚恒、韓玉荃、福玉德、劉永興、郝德沖、湧源昶、徐崇興、德茂號、李鳳鳴、祥興隆、王守先、位學和、正金錫、吳廷援、陳萬福、正金鐸、張文、碧桐軒、赫德際、許光通、永順坊、協泰合、同興坊、立成坊、長順坊、蘇和順、楊泰順、於萬順、唐世恭、楊保智、宋文泰、張治瑞、司馬廷府、司馬成禮、韓廷友、韓維周、韓維綱、岳士彥、王清元、李占魁、范堆、玉和隆、唐玉麟、韓鴻猷、同心德、馬德良、泰興魁、天申永，以上各捐錢五百文。相金聲捐銀三錢。永升信捐錢四百文。豫立永、永聚成、敬盛長、同發興、永茂恒、天德昌、正泰魁、元吉泰、祥泰長、協興東、同合興，以上各捐錢三百文。王金鐸、德興元、李同舟、祥順成捐錢六千文。魁義永、李魁元、崇興萬、林興元、林興泰、文茂通、金福盛、隆豐魁，以上各捐錢二分。永興瑞、天泰豐、延壽堂、崇興泰、張玉璽、豐泰昌、聚源樓、心盛館、成興隆、振興泰、榮興和、永泰長、同發昌、永升信、太和號、義和隆、元興公、萬春堂、元太公、從先堂、裕升永、永太號、永興盛、張守理、泰生隆、德淵魁、豐源湧，以上各捐錢二百文。無名氏、無名氏、毅軍副中哨兵丁捐銀貳兩。豫北營馬隊捐銀貳兩。王蘭亭施石一塊。

　　住持僧教續，侄徒常喜、常樂，孫護林、護堂、護身勒石。
　　大清光緒三十三年喜月吉日。
　　鐵筆李森成、王蘭亭。

（碑存洛陽市關林甬道西側。王興亞）

胡金淦題詩[1]

偕沈大令游龍門舊作
落日照山樓，蒼然萬古秋。瀑飛雙闕迥，風捲大河流。
立地成仙佛，危峰接斗牛。攀雲凌絕頂，長嘯振松楸。
天險接三秦，荒蕪雨後新。波明沙見底，泉淨石無塵。
讀碣忘今古，飛觴孰主賓。飄然寰宇外，相對晤前因。
光緒丁未立冬。
寶應胡金淦題。

（碑存洛陽市龍門石窟寺。王興亞）

嵇曾筠跋

是舉洵所稱善承德意者與！夫文以載道，河圖洛書，千古之理學文章，悉源本於此。李君學問博洽，而於易理尤邃，世之覽是帖者，倘由點畫以窺意旨，而恍然有悟於三十一貫之道，是則李君之志也夫。

日講官起居注翰林院編修山西學使嵇曾筠跋。

（拓片藏河南省文物考古研究所。王興亞）

王箴輿題記

己酉閏秋之五日，縣正南白沙鎮民以屍骸報官。即日赴驗，途中大風雨，遂止。肩龍門之賓陽洞，洞無多屋宇，唯近崖三椽，差可容膝。是夜，香山寺僧聞予至相過省。予與之坐談，消此永夕。僧善奕，與對局，局未竟，忽空中作霹靂聲，破石傾洞，勢不可當。而予與雪川及侍立沙彌皆得脫。亟以火照，則山頂石崩，墜落屋上，碎几面，直掘地數尺餘。吁，可怕也。夫古賢傑之士，往往悲憫不辰，身不得正斃者，其志可哀，而其事足述。余自惟學力萬不及古人，且生長治平，累食官家俸，仰視俯育，於世無忤，不應觸茲石也。豈荷佛譴以代椿喝耶否？則天既生我，必不枉我死也。呼酒滿杓，起夜來歌，成三章，一志喜，一自省，一解嘲，曷鐫諸石以紀之。

吾生不枉死，事業浩無邊。自此歡餘日，從來厄閏年。

---

[1] 標題係補加。

洪爐有前定，古洞接群仙。石破天驚處，青山久作緣。

譬之晨鐘下，須識去來因。民社乃相倚，山川豈不神。
今朝飛舃客，百歲幻絕身。勿以榮名實，欽哉葆所直。

寧作奇祥兆，空傳衆口譁。三生龜虎渡，一劫比龍華。
還戀尊中影，重呼灘上查。秋風容我過，有夢落山家。

寶應孟亭王箴輿藁。
宣統元年。

（記存洛陽市龍門石窟寺。王興亞）

重修毗盧閣碑記[1]

【額題】皇清

夫清涼臺之有毗盧閣，由來舊矣。歷唐、宋、元、明所以廢而復興，不墜厥功者，端賴有明敏任事之住持，與四方資助之善士營舊更新，代不乏人。矧至今日，歷有年所。風雨損傷，廟貌頹萎，其剝蝕之狀亦極觸目而傷心者乎！主持法闊、傳聚等思修理之，而苦於資助。適善士張李氏，與同志陶國華、史尚周，施百金以助焉，無如有志未逮。及陶國華之子天倫襄成此歟，功由此亦興，四方募化之士，自此而益衆。不數月而煥然以新。厥功豈淺鮮哉！因書施者姓名與金之數於左，以誌不朽云。

洛陽市縣學增廩生員王仁因書丹。

郝李氏、王安、姚進樂、高太明、姬宗周、張李氏、劉長根、高九棟、周英、謝寶賢、何廣德、張喜來、宋二元、張道媛、劉李氏、徐胡氏、麻芳太、楊新太、劉狗娃、朱元泰、姚全山、郭金光、王根文、楊□龍、郭□江、李劉氏、孫胡氏、韋李氏、寧馮氏、王徐氏、謝劉氏、孔宗福、張舟先、呂招升、謝裴氏、閻王氏、李蔡氏、王呂氏、張呈氏、王照、王長太、龐王氏、李陳氏、李杜氏、曹□氏、楊鄧氏、董秋、王張氏、張王氏、匡張氏、郭曹氏、李□氏、李劉氏、張郭氏、杜李氏、杜任氏、張劉氏、郝戊辰、王周氏、王郭氏、李曾氏、徐李氏、□馬氏、閻喬氏、王劉氏、高吉有、張金玉、郭明發、李閻氏、呂王氏、楊德祿、楊□氏、李正民、李劉氏、□朱氏、王郭氏、□王氏、□□□、楊李氏、張王氏、王李氏、李新法、謝張氏、謝張氏、謝李氏、謝中興、謝範旺。

化主李宗卿、劉萬秀、陶天倫、房德潤、王賓，共施錢壹佰串。

首事人張廣洲、郭廷超、張建淼、王虎臣、伏云清、伏熙禮、李喜才、王善。

---

[1] 該碑撰人不詳。

住持僧法闊，徒傳聚、傳道立。

清宣統二年梅月立。

（碑存洛陽市白馬寺接引殿門外西側壁間。王興亞）

白亭記

我友長汀江公受任開歸陳許鄭道之次年暮春，巡河察石於鞏，以公暇遊洛陽市，登密高，覽伊闕，拜白文公墓於香山寺左。其地前臨伊水，邪對龍門，形勢絕勝，風景尤美。江公謀亭於其前，而屬余志之。

攷白公自譔墓誌云，祔下邽臨津里。時公年六十八。其□遺命葬香山□年已□十六。蓋公致仕後居雒久，命儔嘯侶，□詠流連。又結方外，契有樂乎此，以故無意於歸骨。公有詩云："身心安處為吾土，豈限長安與洛陽市。"殆為茲事左證矣。世稱公之生平，每以蚤退為高。余謂天之生人，以為世也。匪曰自謀其身而已。苟其出無宏濟之念者，其處亦必無淡定之懷。公迭刻方州，皆有成績。杭、越之民，俎豆至今。即其居洛時，已無官守矣，猶且除八灘九石之艱，拯髁跣饑凍之苦，惻隱之誠，蘊於無盡。此豈不欲居得為之位，以行其志者邪！特其初不當功名之路，後又懼懽□党之網，故隱忍就抑，退□□出其餘力，猶能慰羣望而永去思。□□談錄言过，醉吟先生者，必奠卮酒□□方丈地常沾漬，蓋以此也。若謂醉吟早退，即足動後人慨沒之情，非特不知公，抑豈得為知道哉！

江公博學通識，而其景仰表章者如是。其志行必媲美白公可知矣。

權洛陽市縣事湖北□君炯照而實董斯亭之役。

宣統三年辛亥歲夏六月。

長沙王先謙記。

黃岡張翼軫書。

洛陽市楊範鉤筆上石。

（拓片藏河南省文物考古研究所。王興亞）

香山寺履公壽塔碑

大清香山寺開山和尚上履下瑩公禪師衣鉢壽塔

徒在虞山，傳代祥如　澄義　清池
　　　　　　　　　　　　　　清富
　　　　　　祥光　澄潤
　　　　　　　　　　　清□
　　　　　　祥文　澄溶　清河

孫福臻　字雪山
　　　　　海月　了亮　悟敬　真秀
　　覺山　　　　　　悟璽
　　　　　海會　了臣　悟印
　　　　　　　　　　悟成
　　　　　　　　　　悟現
　　覺先　海平　了梁
　　覺林　海瀛　了瑞　　　徒孫真蒙
　　　　　　　　了珠　悟振
　　覺法　海潤　了泉　悟拴
　　　　　海岸　了坤　悟勤
　　覺從
　　　　　海照　了參
　　覺眾　海修　了忠　悟聚
　　覺道

（碑存洛陽市龍門香山寺小亭南側。王興亞）

偃師市（偃師縣）

重修城隍廟碑記

國朝藺挺達

稽古帝王之制祀典也，能禦大災則祀之，能捍大患則祀之。雉堞之城，環以金湯，豈尋常捍禦比哉！則邑之祀城隍，所以崇德而報功也。

偃之城隍廟，在邑治東，由來舊矣。屢修屢圮。邑侯蕭水慈君張公，以館閣才試割下邑視事。尚德而緩刑，正身以率物，廉仁誠敏，如衡平，如水清，遠軼夫三異十奇。而每朔望謁於斯，及禱於斯，禳於斯，祈年祈穀於斯，睹其廢缺而菀蒿悽愴，輒感於中，默祝而言曰："今奉制為神民主，興教化，課農桑，撫字兆姓，恪恭神明，令之職也。若風雨時，五穀稔，災眚不降，則不能不聽之神。神無負祀典之殷勤，以修神職。令亦何愛土木，以妥神靈乎！"無何，比歲祲歉，兼禁旅駐郡，官民倥傯，不遑修舉廟祀。乃於丁巳春，鳴琴植花之餘，又值時和年豐，吏治民安之會，念切神庥，慨出俸金，欲與真武廟一時並新之。第工浩費廣，經營匪易，乃命功德主田野杞等佈告諸善，共襄厥功，遂爾集金錢，鳩工庀材，不幾月而告成。範金焜煌，敷采丹堊，赫赫然罔不聿新，肸蠁弗替矣。

昔張燕公祀荊州城隍曰："致和產物，助天育人。"張文憲祀洪州城隍曰："城社是保，民庶是依。"言稱簡該。余亦無容易詞以為紀矣。惟蘄自今，至於後日，鑒佑恒新，俾庶彙蕃殖，倉庾充盈，邦無鞫凶，民無疫癘。而凡祀釐來歆者，仰瞻榱桷，則寅畏發於心，而仁孝迪然斯興矣。雖然，太公治灌壇，風不鳴條，子產治鄭，蕨藜不生，繄豈獨神之靈哉！夫神亦鑒於有德耳。我公治偃，功著社稷，澤沁人心，將神眷公與公之迓祉，自必身膺康強，百祿是遒，子孫逢吉，簪笏奕世矣。而偃人士亦將藉公庇，以邀神貺者，又寧有已哉！

旹康熙六年歲次丁巳六月吉旦。

（文見乾隆《偃師縣志》卷二十五《藝文志》。王興亞）

重修魁樓暨潘泮池碑記

國朝孫可訓

按《天文志》，魁者，北斗之首星也。次二星為文昌、司命，總六星，為三台。蓋文昌者，應文運之昌明也。三台者，應三公也。故其一曰魁星，又曰正星。主陽德而象天子，言首出也。首出乎三公，而翼輔以文明也。則魁者，實斯文之主倡，科第之標幟。昔彰應於梓童，復徵瑞於五桂，有夙驗焉。此學宮之前，必豎斯樓而象斯象，所以煥文光而振士氣也。

今偃之魁樓而名之以"奎"，閱昔馮公碑文，亦惟"奎"是疑。夫奎者，二十八中之一宿也。星有十六，爲天武庫，主兵禁毒螯，曷爲乎奉之？或曰："欽乎其光輝也。昔乾德有五緯之聚，人材萃焉，故奉之。"然何爲樓？是奎而魁其象乎？且形肖乎星，字象乎貌，咸斗屬，合符一致較著矣。設擧享祀而祈鴻庥，將所對越者在此，而所企慕者在彼，豈不爲神靈所哂乎！而欲藉以鼓暢文風，勵勸筆陣，疇其任之。

余承乏是邑幾六載。其有事於人民社稷者，頗云次第擧矣。乃留神者。偃據嵩洛山川之勝，都會基之紹，儒宗人文之盛，理學明焉。邇來文章科第，稍覺遜於昔，曷以故？每朔望晉謁聖宮，對魁樓而傷其攲斜，恨剥蝕之風雨；臨泮池而憾其乾涸，厭壅塞之泥塗，因捐俸爲領袖，檄期修之，且喜廣文胡先生，素有羲樸之雅，遂恊閤邑紳士懽欣鼓舞，醵金爲助，經之營之，於魁樓則葺之。斥除摧朽，綴以新材，而精靈得棲於丹閣矣。於泮池則濬之，汰去砂礫，引以清流，而魚龍得鼓鬣於碧波矣。由是俯仰高深，倏焉改觀，璀璨日麗，活潑天光。然豈徒爲黌序爭形勝已哉！有志之士，瞻星容莊肅，發文明陸離之思，臨泮水澄泓，作風雲際會之想。月枝高板，慮標競奪，其以嗣前徽而光來業也。寧有既乎！則余之爲是擧而更正其名，寔爲多士之勖。是爲記。

康熙九年歲次庚戌七月吉日。

（文見乾隆《偃師縣志》卷二十五《藝文志》。王興亞）

重修兩程夫子祠記

國朝崔鳴鷟

斯道之統，自堯舜傳之孔子，闡揚發明，賴有子輿氏。子輿沒而微言絶，邪説蓁蕪充塞，仁義世風凌替，有由來矣。兩程夫子應五百年昌運，接踵並起，倡明道學於伊洛嵩邙之間，遠以紹堯舜以來斯道之傳，近以扶姬孔而後人心之正，使千四百年不絶如線之統，如揭日月而重新。先儒謂其表彰羽翼之功，不在子輿氏下，信然哉！

偃邑爲兩夫子坏壠地，華表巍然真派也。明萬曆之乙巳年，偃令呂公卜地文廟之左，刱建殿廡講堂，肖像於中，置腴田奉祀事。丹臒輝煌，望之儼然起敬。迨其後，祀田湮而祀事廢，棟宇牆垣，漸就傾圯。余承乏茲土，仰瞻廟貌之摧穨，惻然動念，奈饑饉洊臻，軍興旁午，未遑也。治偃二年，歲稍稔，乃捐貲庀材，易朽敗而更新之。自殿堂、大門、牌坊以及周圍之牆垣，次第重修，凡三閲月而告竣。功既成，集紳士而告之曰："若知所以敦崇修擧之意乎，風俗之淳漓視乎道，道統之絶續視乎人，兩程夫子之人，即堯舜以來相承之人；兩程夫子之道，即堯舜以來相承之道。載道之人，無時而去於人心。即斯道之統，無時而不在天壤。余之風勵人心，開示來學者，端有賴於此，豈止爲妥神靈，飾觀美哉！"諸士曰："唯唯。"請書斯言於貞珉，以爲高山仰止，寢寐羹牆之藉云。

旹康熙十九年歲次庚申孟夏之吉。

（文見乾隆《偃師縣志》卷二十五《藝文志》。王興亞）

創建文昌閣碑記

國朝崔鳴鷟

按《天文志》北斗二星為文昌、司命，次接三台，後連奎宿，掌握宇內文衡。斯固天文麗於上，而人文成於下。是以天下士君子咸尊崇奉祀焉。歷代都邑建文廟，必立帝像以主之，載在祀典。其所來者遠矣。

聞偃邑舊文昌祠在北城上，不知廢自何時。良因方位舛錯，有礙居民，迄今缺而弗補。邇來文風不振，科目中絕。職此之故，余於政治之暇，曠覽山川形勢，縣治來脈，蓋庚隆而以首陽山為少祖者也。前峰聳峙，則景山為對案，後嶽盤繞，則邙嶺為護屏。伊洛之水，由西東注歸大河，但嫌流水傾瀉，渙而不收。所以民貧而少蓋藏。是文昌一祠，關文運之盛衰，而龍煞一帶，尤生民之休戚所係，則富教之道，所當並舉，而增修之功，不可不亟講也。

時諸紳士亦願從事。遂於庚申冬，捐資鳩工，建崇閣於震方，安文昌於其上。一以補文峰之缺略，一以作水口之捍門。夫以帝之神靈，掌三百羣賢之命，自能廣錫士類，俾爾昌爾熾也。乃其坐鎮水口，萃渙為聚，又兼以潤澤生民，俾千倉萬箱矣。從此民豐物阜，家給人足，多士蔚起，科第蟬聯。豈非此帝資之純嘏，有以致之哉！余故喜其成，而樂爲之記。

康熙二十年歲次辛酉孟夏之吉。

（文見乾隆《偃師縣志》卷二十五《藝文志》。王興亞）

邑侯崔公創修水渠惠民碑記

國朝藺挺達

偃邑北枕邙麓，南瞰緱嶺，中界伊洛河，兩山夾峙，波濤湍急，歷代有水患而無水利。邑東數里外，有鄡溪一道，清流泯泯，逶迤南下，而入於河。歷年來亦罕知有利之者。

公以天下才來治吾邑，於聽政之暇，曠覽山川形勢，喟然歎曰："渺茲細流，可以濬之，使深而引之，使長激而西，可以佐地德而變天功，奈何聽其東歸，委爲無用之逝波乎！"由是集居民而告之，授以修築之方，教以蓄洩之宜，自出俸橐，首倡厥事。乃不憚勞瘁，朝夕督視，不數月而渠成，瘠土變為沃壤，居民咸食水利矣。

嗟乎！言吏治於今日，蓋極難耳。國家經費不給，有司存留養廉之資，一絲一粒，皆裁充正供，庸碌者補過不暇，百廢罔舉，即有留心經濟之士，錢穀刑名，求其事事稱職，斯亦賢矣。孰有如我公恢恢游刃，驅無用爲有用，貽斯民以樂利之休，非其才智有大過人者，能若是歟！夫天下者一邑之積也，使百爾有位，咸知驅無用為有用，舉山谿水泉，胥經畫而經理之，則磽瘠盡變為膏腴，無難措斯世於家給人足之盛，何慮乎旱澇，何憂乎國用哉！

公治偃四年，無利不興，無害不除，其善政難以更僕數，區區濬築之舉，特善政中之一端耳，然亦足以不朽矣。邑人士戴公德而謀所以垂永久者，屬余言，以記其事。余曰："是或不可以無言也。然余尤有望焉。願環境人士，時憚心力，或濬高而疏淤，或補缺而塞罅，勿私啓閉，勿越後先，勿利則趨而勞則避，無勇於始而怠於終。庶不致時遠而湮，負公並自負也。"邑人士曰："唯唯。"請勒此言於貞珉，以示後來。

峕康熙二十年歲次辛酉十月中浣之吉。

（文見乾隆《偃師縣志》卷二十五《藝文志》。王興亞）

邑侯朱公革除漕政宿弊碑記

國朝呂鼎祚

余尹陽信時，聞榆山朱氏望甲山左，而曉村先生經術行誼尤卓越一時。比庚申歲，公奉命來宰余邑。竊幸昔耳其名，今食其澤，顧余方浮沉青齊間，未獲親炙休光。及辛酉抵里，睹公敷施，如減耗羨，革玩役，修堤堰，興書院，累累善政，難更僕數。然尸祝里傳，口碑不朽，即公德澤在人不朽也。惟革除漕弊一事，其法良意美，允足永惠蒸黎。邑父老數請勒石記之，公固弗許。旋又請於郡伯曹公，且曰："恐歷年久而弛也。"曹公韙之。乃相率礱石，俾余為記。

余惟方今聖天子在上，軫恤民隱，諸弊肅清，守土之吏無不勤宣德意，寧復繭絲是務，然或為胥吏所慫慂，斯屯膏可虞。公則更制度，立程式，恪遵憲諭，分寸以之。改斗如斛式，濶底狹口，使不得有盈餘。五斗以上，用斛收，俱令民執槩平量，直布單以盛。餘粒悉聽民攜還。又運米水次，貯以囊橐，例由花户自備，所需以萬計。事畢，則里胥乾沒略盡。公慨然捐備，毫不累民。是誠益下有經，善布天子之恩澤者已。公以此為治，既可謂心乎民者矣。異日，躋臺輔，佐皇猷，宰天下，當如此邑。海宇蒼赤，所以賴公者，又豈其微哉！用是援筆而為之記。其他善政不具書。以非太守命，且違公志也。

公山東聊城籍平陰人，丁未進士，諱續志，字念修，曉村其號云。

康熙二十年。

（文見乾隆《偃師縣志》卷二十五《藝文志》。王興亞）

重修湯王廟碑記

國朝李向芝

縣治之東北三里許有湯王廟，由來舊矣。父老為余言："歲或旱魃為虐，必禱神而祈焉。多有應。"山之麓，清泉潺湲，名為杏花溝。春月時，桃杏爭妍，山呼谷應，林木翳然，望之蔚然而深秀，規制雖小，實勝地也。自流寇亂離而後，廟貌頹圮，神亦棲止無所，基址僅存。而神像竟置之荒烟蔓草中矣。邑人禱雨於此，靡不心焉傷之。

夫自古有功德於生民者，率皆俎豆萬世，永遠不替。今也風雨不蔽，烏鼠不去，如對越何，何祈禱之為也？邑紳藺方苞、王佐帝等，慨然以重修為己任，各捐貲財，且與鄉紳士謀，共襄厥事。由是庀材鳩工，廟貌煥然改觀，正殿兩檻，擴舊址而廣之；前又剙立棬棚三間。丹艧既成，今而後，我將我享我王，其顧予之烝嘗乎！夫吾偃為文獻之邦，若舜帝，若禹王，皆有廟宇，以崇祀典，況湯居亳，偃古西亳也。熙嵩悽愴，能不若或見之哉！

是役也，興工於康熙二十一年之冬，告竣於康熙二十二年之秋。名雖重修，實同剙建，是用勒之貞珉。

（文見乾隆《偃師縣志》卷二十五《藝文志》。王興亞）

御製至聖先師孔子贊並序[1]

清聖祖

康熙二十五年。

（碑存偃師市老城文廟。王興亞）

創建關帝廟過亭碑記

【額題】大清碑記

古軒轅鎮乃亳都地也，東接嵩峰少室，西通秦關百二，緱山屏立於其前，招提橫背於其後，而關帝廟座於鎮東五龍之口，但廟前有溝壑焉。人之拜謁而焚祝者，□甚不便。山西汾州府汾陽縣客人胡仲寶在本鎮貿易，忽發善心，約本鎮善士創建橋梁，名"升仙橋"。既告成，胡君善心不已，率衆士又創建舞樓。舞樓告竣，胡君善心仍未已也，約本鎮李君光堯及馮君登俊、張君所智，廟中再創建過亭五間，何為？僉曰："善事也。努力成之。"李君備盒酌請鎮人。於是，有助艮錢者，有助樹木者，有助土工者，但錢糧不足，功大難成，胡君等鞠躬黎其事，自備艮兩以補之，不憚一身之勞，朝斯夕斯，以鴻其功。厥功光克，渡來客商行人，莫不贊賞曰："是廟也，可以成天下之大觀也哉！"抑知非胡君等而何能若是，摹道勒碑以誌之。

鄉約張所智助艮一兩五錢。謹志。

山西汾陽府汾陽縣功德主胡仲寶及子永秀，三次共助艮五十兩。謹志。

料理善士李光先及子修助艮陸兩貳錢三分。

---

[1] 見本書第一冊第3頁。

邑庠生員楊有璋頓首拜撰。
緱山居士陳士珍薰沐書丹。
邑庠生員陳熠盥手篆額。[1]
康熙歲次甲申六月穀旦。

（碑存偃師市府店後殿東山牆之外壁。王興亞）

平治粵嶺口路碑記

呂履恒

聞之善有一蹴而就者，有歷久而成者，以功有大小，事有難易。維茲粵嶺中有其缺，古潁州之關塞，實往來之通衢。山徑畸嶇，僅容行人之鱗次；石磴峻嶒，莫濟輿馬之馳驅。攷王制，維《月令》有平治之文，經千百餘年，曾無人焉起而修理之者，天意蓋留以俟段子焉。

段子名潤色，山西澤州人也，賈於洛。客歲貿遷，路經其地，輒發善念。慨任厥修，復有異夢驚覺。今年春，謀諸參駕主人，主人糾合衆善，率皆歡欣衆從，各任一職，公同一心，並立善卷。為問古蹟大衝，父老言其地遠而闊，入由其小，不由其大，亦多歷年所矣。遂出囊興工，於小粵嶺口，石工雲集，力役輻輳。效用者，日不下三百餘人。因其地勢，隨其高下，擴狹隘，平險阻，補坎窖，工無停工，日無廢日，以歷久難成之功，甫及五月而一蹴告竣。廻思三月動作之吉期，無多日也。山徑之蹊間，今成履道之坦坦，闊則十有餘尺，長則五百餘丈，外募僅百金有奇，餘盡捐之己貲，至若嶺下店西之艱險，殆與粵嶺後先落成焉。

語曰"從善如登"，吾於段子信之。諺云："修橋補路，眼見功德，陰騭綿遠，奕世其昌。"歸諸段子，段子不有；歸諸衆善，衆善不居。吾將以歸粵嶺之靈，則粵嶺口稱之粵靈口亦可。余於政事暇，閱家報，中有客請余言句。余即以所請者略敘其由，勒諸貞珉，非惟不朽，亦以勸善。是記。

康熙五十四年歲次乙未春月上浣之吉。

（文見乾隆《偃師縣志》卷二十五《藝文志》。王興亞）

周大夫萇宏墓碑

國朝張漢

上世無所謂忠，剏忠自夏龍逄始。自是以還，殷曰比干，周曰萇宏，漢曰關羽，各專一代。唐、宋而後，忠臣益繁，張巡、許遠、顏真卿、岳飛、文天祥諸公，指不勝屈也。

---

[1] 山西省各府縣客人姓名，字多模糊不清。

至有明益盛矣。

嗟乎！忠之盛，國之衰也。忠臣之作，其在亡國之餘乎！而漢又謂臣不幸而忠。忠臣之傳，亦有幸有不幸。以吾所見，比干墓、關帝塚及所聞西湖岳王墳，有土如陵，祠廟巍然。人世剏忠如龍逢墓，寖替俎豆亦維缺，樵夫牧豎躑躅其上耳，久之，墓將不復識也。又況學樂於萇宏如周大夫者，尤孔子所禮事者哉！

考龍逢墓在河南郡西之靈寶，萇宏墓在河南郡東之偃師市。偃舊有碑立於道，墓去道可三里，在北邙之南麓，士人相傳曰萇宏墓。卷然者一抔土耳。余竊又懼及久而迷也，為輦石置墓下，而於道別置一石，為題詩數言，世人欲謁其墓者，循我題詩之處而北，可以得墓。夫世人誦法孔子，過其地，未有不欲謁其墓者也。至真卿、許遠墓亦在偃，余將次第修之。龍逢上古之剏忠祠墓不可廢。靈寶多令已諾吾言，成吾志，代吾修其墓焉。

（文見乾隆《偃師縣志》卷二十五《藝文志》。王興亞）

重修老君大殿記

老君大殿，坐於景山之麓，偃邑之南。二水交瀠，襟帶於伊洛，一巒獨秀，控引緱邙。自善人張門張氏創建以來，今已五十餘載。其牆阿簷垣，大有飄搖於風雨而穿毀鳥鼠者。是宜補葺以煥聖宇，增飾以培地脈矣。道人任來瑞目擊心惻，因請善人張有義、曲允映、曲□繼、高□銳同力募化，衆善成集，為重修之舉，繼極盛之事，由寸絲寸粒積致神倉，片瓦片椽合成大廈。風雨除而鳥鼠去，神靈妥，觀注聖，盛舉也。今當告竣之日，敬勒石以垂不朽云。

雍正六年歲次戊申秋八月中浣吉旦。

偃邑文庠生員曲□來薰沐撰文，盥手書篆。

主持道人任來瑞捐艮二兩五錢。[1]

（碑存偃師市顧縣鄉曲家梁寨村老君洞溝北口。王興亞）

創修井碑記

【額題】創修井碑記

聞之，人非水火不生者。從古以來，耕田而食，未有不鑿井而飲者。吾鄉山高土厚，需水孔艱，雖有他井，而有限之源泉，恐難給無限汲取者。欲另掘一井，苦于無地。田君慨然施地一區，衆君商議，以為田君既施其地，不忍再使其出財。于是，十八家各出其財，共效其力。井已及泉，均得其便。恐世遠年遙，以失鑿井之跡。今刻諸石，以志萬世不朽云。

---

[1] 以下捐艮者姓名，字多模糊不清。

施地田季周。

首領郭茂、侯百萬、田俊高、薛爾名。[1]

雍正八年十月穀旦。

(碑存偃師市邙嶺鄉楊庄村薛家口北。王興亞)

呂蒙正公祠碑

嘗讀《宋史》，每想見文穆公之為人。及署河南府事，謁其祠堂，考其宗譜，觀其碑文，而知文穆公二十代嫡孫呂天貴者，因文穆公未遇時所居之殿臺前，建立祠堂，春秋奉祀禮焉。天貴之子諱良臣，邑庠生，恪守成規，克遵家風。至良臣之子諱子立，于明朝授北京鴻臚寺主簿。崇禎六年，奉命回家修理祠墓，重建瓜亭，栽樹築牆，煥然改觀，非復以前之舊矣。厥後流寇大亂，祠宇毀壞。子立之子諱長春奉祀。順治十三年，洛邑侯葉琪重修。康熙五年，太守朱明魁重修，未有失德。至長春之子甲宋奉祀，于康熙四十二年，因聖駕臨洛，補葺之，黝堊之，栽松柏數十餘株，以壯觀瞻。甲宋之子諱秋，于雍正十二年，因伊水暴發，祠宇傾圮，牆垣沖頹，鳩工庀材，一如舊。其祖孫父子代代修理不絕，真不愧文穆公之家聲也。今年夏，院憲雅大人查無賢祠，余適府事時也，有呂秋之子諱成德，係文穆公二十六代嫡孫，以文穆窨祠破具稟。余捐俸艮，著呂成德董其事。呂成德以成功見報，則窨祠為之一新，余因勒石以志不朽云。

欽賜進士第出身署河南府知府事彰德府河務李光型敬撰。

同知辛酉科舉人劉大佐敬書。

乾隆六年辛酉孟冬。

村長黃騰蛟。

(碑存偃師市岳灘鄉相公庄呂公祠前地下。王興亞)

重修二龍廟記

知河南府事張松孫撰文。

龍之為龍靈矣哉！其乘乎雲氣，養乎溟涬，出沒乎幽明，不可窺其端倪也。其轟馳雷電，變化風雨，水下上，汩陵谷，不可測其神怪也。是以嬉翔九天，膏澤千里，率土賴之，此二龍廟之所由建乎。

偃師市城北三里許有二龍溝，青壁夾立，雲根磊砢。其上淇然一泓，為白龍潭，下為黑龍潭。久著靈異，禱雨輒應，又其右懸岸，建二龍廟。創始何時，邑志未載，制既狹陋，

---

[1] 以下字模糊不清。

棟宇垣墉且陊削頹壞，過者愀然弗寧。夫山川靈氣，磅礡鬱積，噴為璿源，澄為幽府。神實憑依於是，以儲精降澤。廟貌頹剝，弗蠲弗潔，何由迓神庥，酹神德也。先是邑城無龍王廟專祠，明府湯君涖任之初，即取二潭黑白石琢為二龍神像，以旗幟鼓樂詣廟迎之，設於西亳舊書院中，朔望瞻拜，祈雨祈晴，有感斯孚，神靈妥矣。是歲孟夏，復濬龍潭，過廟下，見牆宇傾圮，神像欹仆，思急相度而經營之。於是，庀采材，拓舊基加崇焉。前為捲棚，繚以周堬，自溝甕石磴四十三級，旋轉以上，梁棟楹桷階墀瓴甋之屬，務堅栗，耐久遠。神像袞冕秉珪，風雲、雷、電、土、穀之神，環列左右，翼然以肅，幻然以深。謁斯廟者，儼有英爽颯來。憑軒而望，山谷環抱，烟雲吞吐，與藻井雕甍相耀，庶可壯威靈而重□□禾，而兩閱月而落成，經始之日，即得二雨，功將□□□起視四境，膏□暢發，豐稔可期，僉謂十餘年□已□□之嘉，惠斯民何厚也。嗣因三旬未雨，民方憂□□□□龍神靈驗，自會垣馳檄明府，令設壇虔禱，閱三□□□經邑境，甘霖隨車，經宿乃止。其靈應不爽，昭昭若是，有如滏□之禱者。酬神之日，士民雲集，埰香相慶。此後村簫社鼓，牲醴粢盛，祈賽者，接踵而至，應無虛日。而神之賜福沛膏，正未有艾，至於塗墍補苴，尤所深望予邑之士民也，夫樹石于廟，匪徒記歲月，誌感應也，且以為勸焉。

乾隆八年。

（文見乾隆《偃師縣志》卷二十五《藝文志》。王興亞）

重修堤堰記

國朝朱續志

歲在壬戌，我皇上龍飛之七年，聖神文武，四海乂安，猶然朝乾夕惕，凡所以勸諭臣工措民衽席者，靡不諄且摯。而大中丞雅公開誠布公，凡所以黜陟寮屬，留心民瘼者，靡不嚴且明，以及各憲宣化承流，凡所以捍災禦患，未雨綢繆者，靡不詳且盡。予小子承乏茲土，敢不體此意為競競乎哉！

下車以來，諮詢紳士耆老，偃邑北枕邙山，南瀕洛浦，邙之麓有黑白龍潭各一，水自中潰，引流歸洛。一遇雨暴，散流不及，則直衝城闉，大為民害。明永樂間，司土者築堰障之，嗣賴以安。洛之源，發自陝西雒南縣冢嶺山，洛之南為伊河，伊之源發自盧氏縣悶頓嶺，俱由洛陽市而達於偃，至城南五里棗莊陽邨二渡口，二水會流，又東北流越黑石渡，至鞏邑入於河。每值水怒發時，伊洛之水，與黃河頂拒，則溯流而上，旁延漫溢，傾城壞舍，其為害，較諸邙麓者尤甚。明隆慶間，河曲王公諱環涖茲土，歷經水患，遂慨然以除害為急務，自東郭門，從南而西，築堤一道，接連北堰，儼然屏障，皆用民力也。民咸怨之亦不顧。後遇大水，及堤而止。始知傾城壞舍之患，賴是以息。民咸德之弗衰。迄今歷年久遠，兼或修葺不能如舊，兼之輪蹄襍遝，雨雪浸淋，日有所損，北面一帶，更為殘缺。

康熙四十八年、雍正十二年，兩河水漲與堤相平，為患甚鉅。迨至乾隆七年六月之朔，霪雨竟日，黃河陡漲，洛水莫洩。初四日夜，逆流旁溢，直至城南王公堤下，長至二尺，奔騰洶湧，勢迫機危。維時余偕三二寮采，督民荷持畚鍤，巡防謹守，待至黎明，漸次減落，幸獲無虞。因思水之爲禍，常有不測，設無是堤，憑何固吾城郭廬舍哉？

余自乾隆五年蒞任，蓄是心已久，兼之連歲豐稔，爰進邑之紳士，同謀增修，以固吾邑。喜紳士商民欣然樂從，咸願捐貲。余遂爲之倡，捐艮百兩，擇廩膳茂才王吉士、李麟定、趙笏董其事。是役也，興工於乾隆七年十一月之望，告竣於乾隆八年二月之杪，凡四閱月而工成。余親勘，屹然足恃，更沿堤內外植柳千餘株，其堤計長一千七百三丈五尺，共捐艮六百七十二兩有奇。茲將贊襄諸生及樂捐姓氏，勒之貞珉，以紀其事，垂之永久。敢云倡率紳士爲一方之保障哉！庶無負聖恩憲德，殷勤愛民之至意云爾。

乾隆八年。

（文見乾隆《偃師縣志》卷二十五《藝文志》。王興亞）

創建西亳書院

國朝朱續志

間考古昔有學校之制，而無書院之稱。自五季後迄於趙宋，而鹿洞、嶽麓、應天、石鼓、嵩陽諸院彰彰著聞者，蓋以其時，周程張朱諸先儒，遞闡聖諦，學探本源，遠紹孔孟之傳，上接中天，以下列聖，聞知之統，地以人傳，而書院之稱，乃大著於後世。嗣是以還，或設於官，或設於土著之士若民，一郡一邑學宮而外，率別立精舍，幾欲更僕，未易悉數矣。

豫省大梁書院，自聖祖仁皇帝御賜題額，世祖章皇帝復勅命延師訓迪，月給膏火，河郡周南書院前署府安溪李公，廓而大之。時余代庖洛陽市，實襄事焉。今我郡伯曹憲臺，尤加意培植。委曲懇到，諸德造學有師承，文行交勵，皆恪守朱儒正學，務砥實行，不獨人文蔚起，連掇巍科，僅詡稽古之榮也。

余初蒞偃邑，於在城二程書院敦請名宿，慎簡俊髦，勤加考課，冀有成效，已五載於茲矣。近者上邀天幸，歲事屢豐，子弟多賴雅意，向學者視昔尤夥。爰約邑中歲貢生趙笏、諸生李麟定、王吉士相地西郊，特捐俸置基若干丈，建堂設廡門，塾垣墉，以次就理，几案諸物亦皆備具。延邑諸生李麟定職掌教士，虔諏吉日，率諸生徒三十二人拜師授學，既承禮，迺進諸生而囑之曰："無本不立，無文不行，古之學者，或文抱質，未嘗僅以詞華見也。諸子幸生兩程夫子桑梓近地，文風私淑，尤易為力，不事遠求也。請即以偃之鄉先生，共傳兩程之學。"若朱與劉者為諸子勸。

昔伊川先生之於公掞也，稱其篤學力行，至於沒齒，而志不渝於金石，行可質於鬼神，在家在邦，臨民臨事，動靜一由於至誠。范内翰淳父謂其誠明篤實，行直而方，又謂其從兩程學以格致，為進道之門，以誠正為入德之方。李校書端伯之稱質夫也，以為純德懿行不愧君子。又謂其所授有本末，所知造淵微。其履也安，內日加重，面無交戰之病。其行也果，外雖溫然可觀，遇事剛毅有爲。於戲！作人如二公，其亦可以止矣。今諸子有意來學，尚其循循亹亹，各取法於鄉先生之學之行，以遙尋濂、洛、關、閩之緒，因以印心於鄒、魯，安見危微精一之旨，不即於是乎在耶？聖人可學，古人有言，諒不余欺。如是，則茲院人材之盛，將亦風氣日上，後來出入，直與大梁周南踵跡履發，聯翩而起，而亳西片楄，且不難與豫之應天、嵩陽古昔二院同流傳於無既焉。即余之借榮施於諸子者，實鉅且永矣。時邑紳士其謀伐石，以紀創建巔末，乞余屬詞，因即書此以應之。

乾隆十年二月。

（文見乾隆《偃師縣志》卷二十五《藝文志》。王興亞）

重修晉當陽侯杜公唐工部員外郎杜公二墓碑記

國朝朱續志

偃之西偏土樓邨，有晉當陽侯及其十三世孫唐工部杜甫二墓，在首陽山南，洛陽市故城之東。此城即漢魏、晉魏建都舊址，非今洛陽市也。今地隸偃師市。余承乏茲邑，考之誌乘，跡其塋兆，土樓邨前故有小祠數楹，詢諸父老，曰："此當陽侯杜公祠也。"村人改爲土神廟，祠後有杜侯墓，墓西南有工部墓，微址尚存，遂從祠後搜覓得諸豐草中。侯墓爲土人馬現習耕地，工部墓爲田方禾耕地，封土幾平。

余訝二公皆前代名賢，況當陽以帝室之親，分茅食邑，其冢墓豈無公侯儀制，不應湮沒至此，及按當陽遺令，於洛陽市城東首陽之南為兆域，用洛水圓石開隧道，儀制取法於鄭大夫，欲以儉自完，子孫一以遵之。又按元微之作《工部墓誌銘》，子美於天寶後，寓卒荊楚間，旅殯岳陽，孫嗣業，貧無以給喪，收拾乞丐，焦勞晝夜，去沒後四十年，始克移窆於首陽山前。是兩賢者，一則以儉自完，一則因貧薄葬，既無穹窿壯致，又無華表豐碑，而後人涖茲土者，等於邙山故壘，莫之整葺，毋惑乎！世遠年湮，幾何不夷於錢鏄也。余愀然傷之。爲售其地，皆不受值，將墓表而出之，遂各增培封土立碣，以標其處，各具牲醴，祭畢，召鄉老，屬以不時守護，無縱耕樵，而兩墳抔土，於今復見日星矣。

嗟乎！侯字元凱，當晉武帝時，經邦戡亂，文武兼資，朝野稱謂武庫，鄉遂號爲杜父。其所著述甚多，而《左氏撰註》，尤能羽翼麟經，膾炙人口，為一代名臣。工部字子美，當開元、天寶之際，憂國憂民，見於章句。所著詩篇，直追《雅》、《頌》，當時號爲文先生，後世稱之為詩祖。之兩賢者，立德立功立言，皆足以炳耀千秋，山川生色者也。惟冀同志諸公，表彰前哲，修護以時，使千年冢草常留翠色於人間，此則仁人君子之大德也。抑亦兩賢之厚幸也夫。是為記。

乾隆十一年九月。

（文見乾隆《偃師縣志》卷二十五《藝文志》。王興亞）

馬窰西溝修井刻石

乾隆十三年二月二十八日巳時出水。

（碑存偃師市山化鄉馬窰村西溝井臺上。王興亞）

賈公義井碑

【額題】掘井及泉
賈公義井
乾隆十三年四月。

（碑存偃師市山化鄉牙莊村東窰第七、第八居民組接界處。王興亞）

登緱山詩碑

清高宗
緱嶺龍從嵩嶽連，傳聞子晉此升仙。割來太室三分秀，望去清伊一帶綿。
歡豫民情他閭苑，青關麥色我芝田。孜孜求治猶多愧，無暇重翻學道篇。
乾隆十五年杪秋。

（碑存偃師市府店鄉升仙觀。王興亞）

奉政大夫吏部郎中武君神道碑並銘[1]

國朝朱筠

偃師市武君億以書介宛平王範曾、武進陳宋賦、懷甯余鵬翀三生抵筠，乞為其尊甫先生驗封君撰神道之碑。曰："伏惟夫子，於先人非有一日之雅，而億又不為世所知，獨敢奔命投誠於前者，自惟樸鈍，幸辰辱教，必不敢自誣其先，而俾吾夫子陷於有愧詞之譏，幸哀而賜之銘。"其詞文應昔請銘法，而國制自五品以上，得於神道建碑，刻文如式。筠謹諾。按狀：

君姓武氏，諱紹周，字夢卜，國初，自河南之河內遷偃師市。諱懋德，於君為曾祖。贈奉政大大、吏部驗封司郎中諱維翰，於君為祖。勑贈文林郎、東流縣知縣，晉誥贈奉政大夫，吏部驗封司郎中諱朝龍，於君爲父，以篤義尚行，載在《縣誌》。

---

[1] 錢儀吉《碑傳集》標題作"吏部驗封司郎中武君紹周神道碑"。

君初入塾，不苟與羣兒戲，長益精誦弗輟，通《毛詩》、《左氏春秋》，補縣學生。父喪服除，康熙丁酉舉於鄉。雍正癸卯成進士，出興縣孫文定公門，文定一見，奇之曰："若矯矯可試館職也。"時例進士引見，改庶吉士者，必用大臣面薦，非是不得充館選。禮部侍郎登封景日昣故知君，從客寄語君，請以鄉後進禮往見，而後薦之。君謝，不可。以是歸進士班，隸選司。久之，選爲汾西知縣，縣故荒敝，而典史某輒侵官事，橫縣中。前知縣者不能治，民頗患苦。君聞到官，典史以君書生益易之，迎謁。請曰："堂翁事不決者，幸以屬屬吏。"君曰："幸甚"。即手引重牘積日月糾結者，推試之。兩造爭喧於前，典史戟手不能何問。君徐呼役，曰："設坐廳事西偏。"訟者來，數語立中其肯綮。兩造叩頭，各解去。當是時，一縣讙為神君。而典史旁睨流汗，頓失其橫。乃行歷萬山中，度地高下，宜開石渠，以輸甘河，引水旁溉團柏諸鄉田百餘頃，縣便利焉。又問所疾苦，凡煤稅供給，一切減除之。抑痛爬癢，民乃大蘇。

君初至行祀及廄，廄神猙獰若厲鬼。君仰曰："此《爾雅》云既伯馬祭，鄭君所謂馬祖天駟者也，狀胡惡？"吏侍色變。君怪固問。吏曰："神禍福如響，官勿多言。"君叱之。明日，馬死者再。吏曰："奈何？"君曰："神不禍福以駭人，偶然耳。"明日，馬又再死。吏人固諫。君厲聲曰："神與知縣同司天子驛，而乃賊殺驛馬，求飲食，神貪且憑魅，罪不赦。"吏立笞碎之，命更像祀焉。自是廄無害。

歲間蝗。君按《禮》注有八蠟，有先嗇，司嗇及昆蟲之文，而《詩》有田租，《毛傳》、《鄭箋》並云："田租者，迎祭先嗇也。"乃躬率民築壇周坎，以御田祖。爇燎坎中，令民執蝗來，內坎斃之，君肅立。稱《詩》祝曰："田祖有神，秉畀炎火。"觀者曰："迂哉！"一夕蝗失若蟄然。君治用經術，設誠而行，往往獲效。

他日，比縣賊民挾左道，寢欲為變。山西大吏召君密授指，往擒之。君念擒之而功在我，知彼縣者禍不測矣！則手擘書呼健役，一日夜投其縣，又佯疾作，遲遲行，比及縣，而知縣者已械其魁來，君與俱入，見大吏，謝曰："微某者，紹周以疾，幾敗機事。"大吏怪之。博諏得其狀，則歎曰："長者，長者。"嘗攝大寧。大寧有馮鐵漢者，梗吏法，候縣官至，則狂呼，請先試。官重楚楚之，血被地，徐起，揚揚行，有喜色。縣人顧之搐舌走。君至，又來呼於門如初。君召入，諭曰："若人耶，以若父、若母之膚與楚校，又因以為人暴，若尚人耶。縣官楚以楚，吾人不楚若，非人者，若去母恩此。"鐵漢聞君言則大慚，沮出。後，君再過大寧，鐵漢從父老來迎輿前，君駭，問父老何與若來？鐵漢伏哭，曰："某生幸遇公獲名人矣。"父老皆曰："鐵漢今為善人，縣之福公之恩也。"

久之，以歲計報積，調知臨晉，到官數月餘，丁母憂。大君以君循吏，欲以在任守制聞。君泣，請行服歸，既除。授池之東流。君至東流，故知東流某者，當代去，負官錢無算。時知池州府李崿强君任之，不聽。忤知府意。輒引吏文書書小誤，苛責。君輒逮縣吏去。府役日日來，跳梁誶號於縣庭中。君不勝其憒，坐正衙，杖其役而遣之。役狂訴於府。知府則大恨，欲出死力以擠君，不可得。會吏部行取君爲主事。知府伺君去，摘他過中君，被議降級，補光祿寺署正，遷大理寺右丞。奉差倉場監督，再遷吏部驗封司員外郎，尋爲掌印郎中。君在京師，歷官克舉其職。其入吏部且老矣。然治牘必手削之，務覈事實，雖老吏皆憚君，不敢上下其例。在部號爲能事。然非公事，未嘗一謁要人。積俸久，当擢用爲道及知府矣！或曰："不謁要人，即例有變。"君笑曰："吾老，倦於出，且歸耳。"竟休致歸。時乾隆二十二年也。

既歸，縣官來請君爲兩程書院之長，其教授諸生有法，已而，辭去，閉戶不出。鄉人罕識其面。久之，縣募民夫種官道柳，隸來叩門，君出應之，隸挾君去為夫，君不能與辨，隨行入市。市中識君者曰："公不出久矣，何從來此？"君告以故。於是，市衆羣訴隸曰："若聲耶，不識吾鄉吏部武耶！"隸叩首謝君，乃罷。君在吏部時，適李嶂者來補官。介君鄉人以外，有司儀磬折求見，君則為之執故吏礼甚恭。既罷，未嘗與客言其前怨。縣人至今稱君之德与度也。

君家居五年，年七十有四，卒。君生於康熙戊辰八月初九日[1]，卒於乾隆辛巳年五月十七日。配孟氏，封宜人，側室郭氏。子六，修、俊、伸、倬、億、儒契。女二。億以乾隆庚寅本省鄉試獲舉，從筠遊，以請銘者也。君諸子先以甲申冬十月，葬君北邙之原，不及納石壙中，茲乃重為之銘於其神道。銘曰：

稽《風俗通》，宋姓武功，河南巨宗。遷偃師市去，高曾檠架，罍主橐柜。君竟大夫，成進士初，師文定模。玉堂夢隔，清吾魂魄，非掃門客。仕逢惡尉，辭雪沃沸，神君民謂。甘河距川，溉團柏田，石煤疾蠲。伯祀憑厲，碎像變置，害苗投熾。我馬甿隤，寮擒賊魁，讓謙筴偽。大甯鐵漢，血楚里悍，化君為善。泣行母服，除官池屬，遇守不淑。入大官廚，廷平讜書，吏部老除。故守選謁，醵醽蹶蹶，故吏不伐。亦不謁官，將擢老焉，教授閉關。隸烏識面，充夫推牽，君返自縣。德與度美，天厚君死，六丈夫子。億也桀桀，先大君閱，詞乞銘剟。邙山之邊。古碑矗天，吾文不悠。

乾隆二十九年。

（文見乾隆《偃師縣志》卷二十三《藝文志》。王興亞）

伊洛大漲碑

余前序已畢，置筆欲去，而回思登臨久曠，復偕知己同羽客以憑臨乎高閣。遠接緱邙，近帶伊洛，徘徊其上，以寄勝慨，而又見左右峰壑間，牆垣相接，廬舍隱隱，岩居而穴處者不下數十戶。嘻！十餘年來，何寂寞之境而數數相聚也耶！道士任君曰："此蓋避水難而遷居於斯。"余因之有感矣。洪水橫流，載在《尚書》，迨其後而水溢之患，筆之簡編者，何代蔑有，然指不勝屈矣！姑置弗論。第以近今者言之，以近今水之不測者言之。康

---

[1] 錢儀吉《碑傳集》作"某月日"。

熙四十八年六月間，伊洛泛濫，田禾盡爲淤泥，而室廬僅得幸存，平野之水深有一丈。至雍正十二年秋七月念三日，水復爲災，而村巷流波，深有七尺，其時房屋傾倒者十有五六。籲！水患至此爲已極矣！然而猶其小焉者也。乾隆二十六年秋七月望六日，伊洛橫溢，來無際涯，流入村中即有七尺餘。七日則下流壅塞，而水添少許。迨八日夜半，河水洋洋，兼以霪雨霏霏，頃刻間，水深一丈有四。斯時也，婦女呼諸天，聞之酸鼻；嬰兒擲於水，見者慘目。或乘木爲筏，或架樹爲巢。余家幸登高樓，亦僅以經身免。而瞻望廬舍，湮沒殆盡；牛馬雞犬，咸逐濁浪而東矣。嗚呼，嘻嘻！此誠人間不經見之水也。而任君曰："水出非常，人所罕見，何不刻諸石，俾後之遊子騷客，登臨於斯者，咸知之曰，某年某月伊洛之所大漲也，幾丈幾尺，伊洛所漲之究竟也。"余奉教於任君，遂搦管而書之。

邑庠生員曲奏凱旋歌氏撰文並書。

道人任來瑞立石。

懷慶孟縣馬有成鐫字。

大清乾隆三十年歲次乙酉秋七月下浣吉日。

（碑存偃師市顧縣鄉曲家寨村老君洞廟內。王興亞）

偃師市縣東關新修觀世音堂碑記

武億

乾隆辛丑春，張遵諭、張士禮以其先人與諸同志者，舊所經營東關之觀音堂，而疏其事之本末，來請余為之記。余諾之，以病未果也。適於冬，又以事走京師，乃因循，逾歲而成。初，康熙五十年，上蔡尼明福者至偃師市。李君作楷覘尼頗修謹，延以住持是堂。於時，堂蓋久廢，而其室宇垣基，皆浸以頹剝不治。明福既棲於此，則手持簿，日轉乞民間，凡十餘年，攜撮微細，有得輒記，遂斥所餘，修殿宇及拜殿若干楹。比成，又念是院之設未有山門，慮不足以張大其基，乃益自儲蓄，欲獨有所興造。會雍正十年，明福病不起，竟抱其志以卒。時李君已歿，子希紳者，屬張君瑢同發其藏，得所蓄物若干，悉易為錢，轉以假貸於人。久之，計其息，將獲餘矣。張君瑢者，以己力慮有所不勝，更偕張世臣、劉瑞年、韓宗孔、戚振宗、李懷知五人者，日共為之。以其資置香火地十餘畝，建山門一區，再於院之西偏為僧舍數間。凡諸所為，皆再發再起，而不幸悉圮於水。蓋乾隆二十有六年七月十九日也。此數君者，慨然益不能置，相與勤懇披攘，復搆殿一小楹，周環以牆，暫為棲身之區。又至三十五年，改建殿三楹，拜殿三楹，又附修韋陀殿于其殿之前。然後迄于四十二年，告諸鄉人，出資從事，乃以落成。嗚呼！始與為是堂之基者誰歟？方其委棄頹廢，日即于榛蕪瓦礫荒翳之區，亦已更十年之久，一旦復欲強起而新之，其新之者，又特纍然一老嫗，浮遠而至，既無與居人相習，及其所自為也，亦非有殊絕之能，恢奇詭怪，足以皷動羣愚之術，然持其所與，自設誠以行者，遂由纖悉之所贏，以銖寸劈積，積日而累之，使夫後之踵接領引以起，乃有所藉以奔走偕來，莫不忘其歲月之勤，用迄于就，則凡吾徒之振敗起廢，欲持所用以用于世者，其可以興矣。張遵諭于瑢為從子，張士禮于世臣為所後子，皆知推不沒人善之義，以逮其親，尤宜書者也。故樂為之書。元黓攝提格之歲餘月一日。

乾隆四十六年。

（文見武億《授堂文鈔》卷八。王興亞）

姬府君墓誌銘

武億

甲辰歲冬十月，姬鳳梧卜葬其先考妣合祔祖塋之次。既將事，乃乞于同里武某使敘次世行，用以識墓之藏。某故與鳳梧昆季皆辱游好，且又重以禮請，義不可辭。按狀：

君諱廷實，字惠菴，姬姓。世居偃師市。其上祖譜逸，不見錄。於今猶可識別者，曰周允，為君高祖。周允生三子：長之章，次之奇，之英。之奇出為季父際太後，易名有丁，終縣學廩膳生，是為君曾祖。有丁亦有子三人：長固，次圍，次圖。圍歸後，其世父之章有子安生。而固于君為祖考，實生君父曰宜生。宜生既老，而安生先亦卒，無嗣。凡兩世再絕，而延皆君以一身承祧，其所處，人嘆謂難。方君之少，苦貧也。家日窘促，又出嗣安生，尚逮事叔祖，營費甘旨，冀以博老人歡。或時糊口且不給。終未嘗言其瘁也。久之，生計少裕矣。君猶務為貶損，節衣約食，垂三十年。謀為勤身取給，不以絲粒仰給于人。而又丐所有以待貧者。自其親族諸姑姊妹窮多無依，每為存撫周悉，收其遺孥，凡教蓄婚嫁孤子女累數人，君卒不怠。雍正某年，君友張某以事繫洛陽市，累且不測。君聞，即奔赴之。方夜未半，行惶迫，失足墮路渠中。急不得出，展轉為他器物戕入腰臀寸餘，血流沒踵踝，君起不顧，行益疾。抵明，馳七十里至繫所。當是時，一衣盡重殷，望之羸憊色無人。君獨強力慰藉，銳身居閒，幸為某營脫歸無他。于是傳一縣，聞之皆高君義。

君生康熙二十九年六月十三日，卒乾隆二十年五月二十六日，年六十有六。配劉氏，與君共貧窶，相敬怡然，未有一懟言。歲凶，乞者日踵門，必節所餘分給之。今歲秋七月七日，自鄉居移歸城內，環諸女媳及女孫、孫婦，聚立左右，舉生平勤苦，懇懇為訓。已而，覺體小不適，遽曰願就寢。有頃，化去。孺人生康熙三十年十一月初五日，卒乾隆四十九年七月初七日，年九十有四，實享大耄，為家母儀，迄不少衰，與君可謂合德。子二：鳳梧，國子監生；鳳桐，歲貢生，候選訓導。孫六：模、焜、銑、泉、焞、榮。焜、銑，俱縣學生。曾孫四：肯堂、琴堂、治堂、法堂。女二：長適趙夢鵑，次適寇雲程。銘曰：

允矣府公，蹈義而終。維身不恤，當難之衝。更百千載，其猶可風。

（文見武億《授堂文鈔》卷五。王興亞）

偃師市顧縣鎮民任天篤九世同居記

國朝郡太守劉文徽

偃師市城南顧縣鎮有任氏，子姓同居，迄今九世，咸嘖嘖稱盛事。顧縣鎮者，成周緱氏邑故城。顧，故字謁也。其地土厚水深，良田廣四頃。任氏自山西來居，以耕以食。男婦蕃衍至一百六十餘口仍合爨，歷百餘年如一日。乾隆甲辰歲，何大中丞以其事上諸朝。天子嘉悅，親灑宸翰，賜詩章匾額以旌，復賚鏹幣表宅里。任氏之盛，遂軼唐壽良張氏、宋江州陳氏而上之矣！

余詢其家長，天篤出家訓觀之，嚴肅中禮。則先是天篤祖開昌，生五子，欲試其心，潛以金二百匿麥囷中，為士堯、士舜拾之，以告開昌，曰：“天賜也，曷取之？”二人以予無私蓄堅請。開昌知真能篤天顯者，乃立永不析產議，使士堯更條為《家訓》：一曰婚姻為人倫之始，二曰孝弟為風化之源，三曰杜私為正家之要，四曰勤儉為持家之法。博引經書史傳，事先儒家訓，以己意發明之。其喪葬用朱子禮，毋溷僧道，與余先贈大夫竹園公訓相合。若冬至祭始祖，立春祭先祖，本程子意，兼用邱文莊，累世同居，得行立春一祭之議則夥也。其尤得易家人受以睽深意，言家道之離，恒由婦人，田真泣樹，繆肜自撾，往事具在。於新婦三日廟見後，家長召之中堂，道以嬂惡利害，反覆引申，俟無間言，迺使視饎佐饎。不率者，姑教之，毋棄禮，卒愧悟。朔望日，聚子弟中堂，講《孝經》、小學，次日，以《孝經》、《女訓》訓婦女，紬繹毋憚勞。以故婦女毋私餽，毋私假，毋飾容觀，毋適私室，以交冣禮義。或不終所天，毋再適，人稱完節焉。其閑子弟之法，毋逐末，毋入城市，毋眥穀媱生，耕讀外，惟學醫濟人，毋索謝。不能者，執百工之業，自食其力。毋廢人，毋見尊長僭慢，毋口斥人，非其居室，分昭穆以環中堂，毋紊。廚分內外左右，毋逾閾。男婦以班序食，毋儳越，毋遝咜。過其村者，望雲樹融和，烟藹鬱，書聲軋車聲，相上下也。有司問以不析產故，對曰：“不忍也。”與張公藝對唐高宗書“百忍”字，詞異而旨尤深摯。聞其言，孝弟之心，未有不油然生者。

夫任氏草野細民，鶉居鷇食，優游和之宇，非有語言文字之牖，瑰異奇絕之行，而天性所敦積為大順，此由百餘年來，國朝仁義禮讓之化，潛乎默率，有不知其所以然而然。茲聖天子龍章墨寶，輝映嵩邙河洛之間，發潛德幽光，益彰郅隆之治。守斯土者，忭慶為何如也！爰撮其事為記，微獨勖任氏子孫以守先訓者，報國恩繩繩勿替，而四方觀聽者奉為則，倣閑家富家之法，其在斯乎，其在斯乎！

乾隆四十九年。

（文見乾隆《偃師縣志》卷二十五《藝文志》。王興亞）

陝西吳堡縣知縣李府君墓碣

武億

　　李府君諱遐齡，字堯眉，官陝西吳堡縣，謝病歸。逾年，卒于家。既卒，而季子元滬實能有文，與偃師市武某相摩切為友，乃因以乞銘。歲凡致書三數請，余故為之譜次，掇其治行尤異者，使書而刻諸墓。方君之初視縣事也，縣界邊地瀕荒瘠，民多棄耕作，遺山田數十百頃。君稔聞，欲諷誘之。輒親歷田中，相其陰陽高下，度某區可宜黍，某區宜禾、宜木果。召里中貧無業者，約以期日，首興作事，將獲厚賞。又出官錢，假貸牛種，為經畫其食，累民益趨墾田，因畀為常產。君凡為治，不憚細碎，其于吏治尤勤。日訪民所便安有得皆為計，設遇事輒推行之。初受訟者詞，接語反覆，具知其陰伏，人咸愧沮，匍匐懷狀以去。或以受詞，即簽記道里，所至計日立訊，雖盛寒暑終不易。由是遠近知名。傳他縣，以為美。歲餘，有他事，當詣綏德，道由某縣，為爭者擁持不得前。君徐語諸從吏為善，謝兩造。吾官吳堡，幸無所僨事，不宜闌。旁屬侵賢，令長權爭者嘩。請益力。君駐車數語，具剖析得實，皆爭叩頭謝。其中受訴直者泣，且言曰："公何日得調某縣？"詞曲者遽即地奮起麈曰："公當任吾州，何緣復從汝僻地邪！"訴直者某甲，臨縣人，曲者某乙，鄜州人，爭微細，相持至數日不決，得君判，乃各罷去。久之，巡撫台公歲行邊，駐綏德，君上謁，台公素知君，接待慰薦甚備，出手密疏會君。君收，置衣敗囊中。左右見之失笑，或竊耳語。台公驟欲叱左右，又重傷君。意比退，呼左右曰："奴輩敢嫚廉吏邪！"立命大杖譴之，府中震聾。數日，人傳台公歸，將以君膺首薦，會調撫他省，事竟寢。君在縣凡五年，吏民懷安，常恐君去職，君亦樂其易治，趨事如不及。適奉檄往勘某縣災，晨夜馳驅數百里，中署濕，遂移疾歸。後主檜陽書院，授教諸生以禮，往往至成立者，鄉人慕思之不衰。乾隆某年月日，君遘疾，卒年六十有七。以某年月日，葬于某山之原。君配某孺人，後君某年卒，從君祔焉。君先世籍洪洞，明永樂初，遷河南開封之密縣。曾祖集義，候選布政司經歷。祖棻，縣學生。父級，雍正癸卯年恩貢生，候選儒學教諭。君幼以好學有名，為鄉里所知。雍正癸卯，恩舉于鄉，年三十餘矣。屢上會試不第，垂老，需次始得任為縣。又未幾，謝病卒。宜世人重為君惜也。君生三子：長元炳，縣學生；次抱桂，卒在君歿之後一年；次元滬，乾隆戊子舉人，嵩縣儒學教諭，與余交，以乞銘君墓者。蓋銘之成，又當君歿之二十八年，實乾隆五十年乙巳十月二日也。其銘曰：

　　自君之歿，兩子皆貧不自全，然賴授徒糊口，食君之惠，以存以延，今饗殯不輟餘二十年。噫乎！天道如是，而謂神不福謙，其信然邪，其非然邪。

　　乾隆五十年乙巳十月二日。

（文見武億《授堂文鈔》卷七。王興亞）

重修畢氏先塋碑銘

張九鉞

畢氏自東平遷河南之偃師市，世有達人。景公之治行，忠義公之大節，平章公之相業，歷歷著於史冊。忠義公塋在景山之北原，圖譜燦然，守户猶數十家。其裔孫，在東南者繩繩振振，至國朝簪纓益盛。裔孫，今河南巡撫大中丞公秋帆先生，前開府西安時駐節塋下，瞻拜揭碑以表。顧其地為史姓雜處，不便有所修治。乾隆乙巳，移節中州，綏輯撫循，歲以大稔，乃怵然曰：“某荷天子恩寵，來治於鄉，賴先人庇蔭，幸無隕越。而邱隴近在咫尺，原田湮佚，蒸嘗缺如，迨甄之典未舉，其曷以揚國恩，光泉壤？”於是，出廉俸，授邑令南皮湯君毓倬繚以周墻，樹之松栢，以四千余緡易史姓地，復祀田之舊，建饗祠三楹，俾族姓奉祀，事勤灑埽。是役也，公省衣縮食而為之，纖毫不以擾官民，民大悅服。

丁未仲夏，公閱兵東都，遂以修。謁祀之日，積霖暄霽，景物熙和，籩豆几筵，敬恪將事。公瞻仰松楸，潸然出涕。邑民扶老挈幼，環而觀者數千人，皆感歎泣下。九鉞以是年冬，襄脩邑乘。得拜塋下，周覽形勢，枕嵩室，拱邙垂，伊洛內縈，太行長河襟帶於外，實具雄深勝槩。於時邑士民相率而言曰：“天佑畢氏，使其後賢振起，南邦節鉞，故土崇封展祀，焜耀山川，靈最遠；公嘉謨嘉猷，敷布十州，以先人之福，福我桑梓，德最厚；修墓之舉，不震我師而事葳，典最肅，請為文勒諸碑，以彰吾邑古今盛事。”昔魏鄭公墓至暮而復之。文潞公立先廟於洛陽市，請制度祭器，前史稱之，其事皆近在數世，如公之公忠體國，不私其身，而水源木本，感愓於中，尊本敬始，義隆自遠，尤前史所罕覯。且忠義公效節於唐，身食其報，數十世後，公復出應昌期，推誠宣力，無忝厥祖。茲之修墓，教孝教忠，知捐軀殉難之臣，猶能荷異代光榮，世世子孫，感激奮勉，其義至深且。故不敢以拿陋辭，謹順輿論民情，樂觀厥成之意，紀其實於石，匪獨邑之光，亦使後世史官，有所考係。以銘曰：

嵩高之靈，昔生甫申。絪縕衺延，鍾於洛濱。土婁之南，景山之北。
惟唐畢氏，鬱鬱佳宅。廣平節烈，彪炳日星。常山雁陽，平原是衡。
光遠有耀，更昌南裔。篤生我公，奎文上第。弼亮皇朝，策功懋庸。
必復其始，而亢其宗。移節豫州，晝錦不居。春秋霜露，念先人墟。
樵採雖禁，枌榆未表。按厥圖譜，兆域可考。丸丸嘉樹，峩峩羡門。
有牆持持，為屏為藩。饗堂有規，豐碑有制。秩以置田，祿以備器。
其祠維何，松楹栢版。不丹不堊，儉以垂遠。其田維何，守冢是耕。
黍稷雖薄，維德之馨。蜺旌龍節，旗旐翩翩。自東都來，以至於庇。
公製祝辭，其文赫奕。曰揚君恩，曰紀祖烈。公仰靈邱，悽愴報酺。
清醑在罇，豚肩在豆。河嶽高深，載錫之光。公福鄉人，永承其慶。

世篤忠貞，代生良弼。勒諸貞珉，其言維實。

乾隆五十二年。

（文見乾隆《偃師縣志》卷二十四《藝文志》。王興亞）

國子監生李君合窆墓誌銘並序

武億

乾隆丙午歲夏五月，李君遘疾，終于寢。越明年，配宋孺人亦相繼以卒。其孤子洲徒跣號泣，謀所以歸二親之柩者，乃于今歲卜地合窆新塋之次。先期命其弟渡走清化，往返幾千里，再拜奉狀，泣以請銘。蓋予初哭君喪，即心諾而銘之，至是忍不如請。按狀：

君諱鐄，字異凡，號松亭。其先范氏，自宋世居登封為著姓。迨明中葉有諱尚者，遷魯山，遂別族為李氏，君五世祖也。君曾祖讓，明鴻臚寺序班。祖世柄，歲貢生。父坦，附監生，晚無子，因置側室景孺人，始舉君及弟銳，故君七歲而孤。當君父之存也，家故饒財，性尤倜儻，好推解，無所擇，悉委之于人，此身歿，業遂中落，而君兄弟方弱，益不支。乃朝夕務拮据，勤勞畢力，以持門户。年十七，入貲為國子監生。與幼弟依日相慕愛，事景孺人，曲折得其歡心。後景孺人既卒，君五十餘矣。歲時饋奠必親飾潔，伏地一痛如始喪。所生者閒與兩子言之，亦未嘗不流涕也。其篤于孝如此。君姿貌沈毅，目炯然射，左右望之，屹不可犯。然性獨樂易，好與人酬接，庭前蒔老梅數株，多叢竹菊，雜花卉，身自灌溉，有老松僵偃如龍蒼鬣壓屋脊，君顧之而嘻，輒盤桓其下，號所謂"松亭"，由此也。暇則摹繪事，酒酣引筆，落落自喜。或劇飲歡甚，與好事者校拳勇，大相娛樂，以故人多愛從君遊。有梁鰲者依門下，未幾，以他事被繫，君身在任，而鰲潛逸去，蹤跡莫可得。幾為當事者所中傷。君益不置意，而好客如故。他日君獨遊縣之東山，遭羣惡少脅掖一少年。少年左右顧，顛躓不肯行。詢之，則羣惡少出穢言，欲行強汙者。君大怒，徒手搏數人盡仆，奪少年以歸。遣僕謹送之，固近郊田家子也。君負氣而尚義烈，其遇事奮發類如是者，多傳在人口。嗚呼！君行誠有似于古人邪。君配宋孺人，淑慎持婦儀，勤于生事，相君克復舊業，積瘁至三十餘年，尤應銘法。

君生雍正八年八月二十三日，卒于乾隆五十一年五月初十日，年五十有五。孺人之生，當雍正五年五月二十日，其卒為乾隆五十二年二月十五日。子二：長洲，縣學生；次渡。女五：長適陳履謙；次適林世犖；次適丁文光；次適師公麟；次適王錫嘉。孫一，格。君初為二子擇師，遠至偃師市從予遊。或阻之，君奮不顧，堅命卒業，閒自學所歸，必課問師云何，二子蹲循具以對，則大喜。以故君視予尤莫逆。予游長沙，往還皆主君家。散後將至京師，復迂道與君昆季連日夜樂飲。一夕飲，薄醉，君忽忽不適，指渡泣曰："是兒當遠隨，庶其學之成也。顧某老，旦夕不忍離，奈何？"予為數寬慰之乃已。嗚呼！今二子學幾成矣，其益表君之阡，君何憾也邪？君先塋地迫隘，不可以容窆，故改卜于縣西宗家庄北原。其窆期實乾隆五十四年己酉歲春三月二十日，計予與君甲辰相識，迄今方六年，而始終生死之感如是。是益用自哀也已。銘曰：

巢于顛毀復完，若翼之起天不愆。噫乎君之生可死，君實克為子，君實克為子，是惟有子終君死。

乾隆五十四年。

（碑存偃師市曲家寨村老君洞廟內，文見武億《授堂文鈔》卷八。王興亞）

創建寺溝大王廟前舞樓碑記

從來有廟宇以妥神靈，即有樂樓以壯觀瞻，其天□也。此□□大王行宮一座，廟貌巍峨，金容燦然，背邙嶺而面伊洛，屏二室而望嵩山，抑且間臨大道，西通秦、晉，東連汴京，成鉅觀也。惜廟前少歌舞一□，□□行人過此地者，未免有不□不備之歎焉。里中有善士十數人，慨然以創備樂樓爲念，于是，各捐己貲，□募四方布施，約得百有餘金，□興□□先以石，固其基址，然後層壘而上，漸次備理□。工既竣，□觀其下，竹苞而松茂；觀其上，翬飛而鳥革。優人歌舞其中，管弦絲竹之音可以通□□，□□白雪之□可以遏行雲。不惟廟貌有□，即神之聽之有不終和且平也哉！是役也，經始于乾隆四十一年正月初一日，落成于四十六年九月四日。此□□也，應勒銘石，以垂不朽。因囑余爲文，僅序短引，以爲後諸君子勸。

邑庠生員郭凌□□。

邑庠生員郭杉□□。[1]

仝立石。

乾隆五十五年歲次庚戌梅月吉日。

（碑存偃師市寺山化鄉溝大王廟。王興亞）

寺溝大王廟舞樓石柱楹聯

一柱鎮天中勢凌伊洛交流水；

五音通漢表響遏嵩岷出岫云。

乾隆五十五年梅月。

（碑存偃師市山化鄉寺溝大王廟。王興亞）

---

[1] 以下捐資人姓名及捐資數額，字多磨損不清。

杜甫墓碑

【額題】御題盡臣詩史
唐杜工部拾遺少陵杜文貞公之墓
河南尹張松孫書。
偃師市知縣渤海湯毓倬墓後勒石。
乾隆五十五年歲在上章閹茂之如月。

（碑存偃師市城關鎮前後杜樓村之間。王興亞）

謁少陵先生墓詩碑

至偃師市謁杜少陵先生祠，敬賦五言古詩一章後，復至土婁村敬拜先生遺墓，再賦四律。

誰將詩筆壯乾坤，應信先生萬古存。馬鬣一封高泰華，龍門萬派仰崑崙。土婁荊棘今無宅，武庫功名合有孫。千里艱難歸穸處，後人還復祖能尊。先生歿于耒陽，旅殯岳陽，餘四十年，孫嗣業貧甚，收拾乞丐，焦勞晝夜，始遷先生柩歸葬首陽山前，稍當日刷。見元微之所作墓□。

飯不忘君念特忠，胸藏廣廈氣逾雄哺。掣鯨筆力歸天上，捋虎精神復土中。
身後甄應論士貴，人生幾得為詩窮舊。惟余白也堪壇坫，亦已青山遜洛□。太白墓在江南宣城青山。

圖經廬墓太紛紜，欲訂差訛甄舊聞。窆地請看符史志，先生墓，《明一統志》謂在偃師市首陽山，《偃師市志》同之，大抵皆據墓誌暨《舊唐書》所云，在偃師市西北首陽山之前者而言。與舊跡符合可據。莊居況復合詩文。先生《祭遠祖當陽君文》云："小子築室，首陽之下，不敢忘本，不敢違仁"云。其後遂有《憑孟倉曹將書覓土婁舊莊》詩，及"尸鄉餘土室"之句。則先生舊居偃師市，而歸葬之在偃愈見矣。元公語到溫公誤，又按《鞏志》云，縣境康家店邙山上有杜工部墓，蓋始葬偃師市後遷鞏云云。府志因之，而又云考微之作志時，乃途次荊楚，據譜謂當葬當陽侯墓次，其實歸葬于鞏，不葬於偃云云。又二志俱引《溫公詩話》所云子美終於耒陽槁葬之，至元和，其孫始改葬於鞏縣之說。茲余檢詩話全文觀之，則此數語下即繼以"元微之為志，而鄭刑部文寶謫官衡州，有經耒陽子美墓詩，豈但為志而不克遷，或已還而舊塚尚在耶"數語。蓋溫公述先生墓初仍以墓誌為據，而後始獻疑，不過臨文失檢，誤以墓誌改葬于偃師市者為改葬于鞏耳。誠使非由失檢，則宜先據在鞏之墓，以考墓誌葬偃之非，然後又據文寶之詩再疑在鞏之基，何意先未置辨耶？乃二志遷就其問，其所引稱"但若賦詩"斷章，至"元微之為志"一語，遂諱不復，則亦非公論矣，他何足據耶！偃界山原鞏界分首陽在偃，去鞏特遠。鄰境尚就高鄴塚，又，鞏志謂康店大塚旁有宗文宗武村墓，皆近添設，猥談何怪述靴墳。又按明人作耒陽工部祠記，略云子美抵耒陽，為驚湍所飄，僅得遺靴，因壘土葬之云云，尤為荒誕。果爾，嗣業何必乞丐數千里，舁空棺歸耶？原頭殘碣古苔斑，原上風煙易俛顏。

安得武侯祠肉柏，移栽孤竹廟前山。侯王螻蟻當時盡，雲鶴笙簫昨夜還。金鑄閭仙猶復爾，莫驚千載更相關。時余方與興縣舍人康儀鈞、偃師市進士武億、生員武熙淳修塋築垣種柏，故云。

大清乾隆五十五年十一月戶部主事前史官欽州後學馮敏昌敬撰並書。
方向榮、方金成刻字。

（文見高獻中等《偃師古詩選注》。王興亞）

修復黃道渠碑文

粵稽周禮，遂人掌野，匠人掌溝，凡塗洫畎澮，疏濬以時，□當得宜，旱澇有備，自古□之。誌□黃道渠在香葛水雲之間，溫泉之源遠流長，迤邐數十里，實天畿之水利也。年天旱魃為災，民生□□，因修水道，□致農工。乾隆五十年，蒙昇任李父臺，留心水利，勸諭諄諄。有馬家村國學生馬君席上者，矢志修復，呈請。勘蒙委□縣左堂胡公勘詳蒙批，果無妨廬墓村莊，准其開挖。迨工竣渠成，鄰近村民無不稱善，第此後人□□□□□漸就淤廢。乾隆五十六年，我龔父臺調任茲邑，廢興墮舉，尤以恢復渠利為先務。朔望招集□農不□□，耳提面命，鄉老韓右賢等，因公舉國學生李君恒吉，修復斯渠，並整飭渠規，勒碑遵守，既呈蒙批允，因詳刻渠規于碑陰，而志其修復歲月于左。從茲厥潤澤綠波，與伊水俱長，我田疇利，偕香山並永。是為記。

王亭、馬太□。
田宅永記、孔乾生。
沐恩黃道渠士農同立。
楊□鍬二百九十五張。
地主編鍬二百二十張。
地未編者照宅給租。
乾隆五十六年。

（碑存偃師市諸葛鎮司馬街小學院內。王興亞）

博山縣重修彼岸寺記

武億

乾隆五十七年夏四月，予自縣城抵後峪村，屬民宣講聖諭。既畢，村之耆庶廿餘人，延予於佛寺少憩焉。因相率以請曰："是寺起金大定二年，勅牒彼岸院額，歷明成化、嘉靖間，凡兩修，後亦有所興葺，皆無可推紀。惟前己酉歲二月，正殿傾頹，吾村衆謀其掩的、安上、趙庄、夏加務、子窩、町良庄、東域城、簸箕掌諸社，及寺僧住龍勸募營造，迄今歲，正殿工竣，而公適臨此鄉，是當有數，願為文著之。"方是時，寺尚有他工築，意其需月日，為之未遲也。未幾，予被劾罷去，勢蓋不暇以為，而民請益力。間歲矣，予移館亳州，村民復屬鄉人之行賈者，致書達予，約必獲文以歸。予於是不可以無辭，乃為書。其興役于五十四年十月，建置正殿五間，其基宇壯濶宏麗，歸然甲於諸鄉。中奉佛像三軀，金塗丹飾之工，窮極殊妙。又前為寺門一間，又相基於後院建西聽［廳］三間，闢窗以望，遠山翠岫，而衆泉流迆邐縈紆，折以北注。予故嘗注息於此，目極其勝者也。嗣又為東廳三間，與西廳對向。蓋述之鄉民之口，予不及見矣。計其前後營度，所費積錢至三千餘貫。而為役凡歷五年始成。實於冊籍鉤稽檢互，必委諸典司者，不敢以絲豪［毫］動有靡濫，以卒畢其願，夫其勤亦至矣。雖然，由茲道以日樽節，其所自餘悉力以治其所為，生其於成己之室，無難也。顧不此之為而彼為焉，是惑也。夫故為之記，俾知能返所自為，以慰其祈文之意，使識諸石。

五十九年夏四月二十一日。

（文見武億《授堂文鈔》卷八。王興亞）

皇清賜翰林院檢討先四兄養齋先生墓誌銘并序

武億

兄諱伸，字道長，號養齋。武氏，偃師市人，居城內南街。少為諸生，困舉場五十餘年。乾隆歲次己酉，河南恩科鄉試，兄已八十有二，始以耆年篤學，為署巡撫今任直隸總督錢塘梁公肯堂檢覆入奏，得旨，准與一體會試。明年，既試，復獲推恩，賜翰林院檢討職銜，賞緞二疋。於時兄自都歸里，捧賜物奠告家廟，再拜，伏地號泣。親族觀者咸感嘆以為榮。初兄侍先君子官江南池州東流縣，請業於縣之老儒吳君某，知慕向學，刻意精治，疏通大要，歷寒暑不輟，尤善屬文詞，雄厲奇邁，一決町畦而躪於古。未幾，先君子行取入都，兄在家綜理冗碎，益不廢業。裒所為文，手錄達京師，先君子目之色喜。其後，先君子致仕歸。兄且老矣。仍授徒里閈間。歲時省謁，必執經所疑難，質於先君子，得問退，即舉以課某。蓋其勤如此。然自先君子捐館，連遭大故，家逾窘促，幾不再食，而兄堅厲如初，至是乃邀恩遇。嗚呼！是亦命也。夫兄負至性，終喪哀慕不替，祭輒痛毀隕絕。其居兄弟之喪亦然。與人交，樂易無所忤，雖童孺廝賤接之悉有恩意，顧其中實介然，不一詭隨於世，由是鄉人敬愛。既沒，哭者多過哀不自知其失聲也。兄卒於乾隆五十九年四月二十一日，年八十有七。曾祖諱維翰，貤贈奉政大夫、吏部驗封司員外郎。祖諱朝龍，誥贈奉政大夫、吏部驗封司員外郎。考諱紹周，例授朝議大夫，吏部驗封司掌印中加三級。配張安人，淑慎令終。先卒於乾隆五十一年四月十三日，年七十有一。子三人：熙淳，增生；汝淳，附生；嘉淳，廩膳生。汝淳已出為某八兄後。孫六：檀，縣學生；楠、樞、樽、桓、櫨。女二人：長適國子監生喬允升，次適國子監生任鳳翥，皆早歿。今卜於六十年閏二月初七日，葬於梅家窯新塋邙山之原。以張安人祔。某謹著其略，泣而銘之曰：

性也子子，內植其剛。胡施於外，而夷如行。惟是顯德，邀靈寵光。以享耋壽，以終允藏。昭示來裔，君子之祥。

乾隆六十年閏二月。

（武億《授堂文鈔續集》卷九。王興亞）

馮厚之壙誌銘

武億

余乙卯三月過清化，覿吾友馮君魚山寄少山氏札，述其冢男客死之戚，余感而飲泣久之。抵濟南，乃以疏慰君，凡兩通，皆未報聞。今歲四月，得君書，又丁贈公憂，扶服南返，因欲舉冢男之柩，歸窆某原。先是壬子冬，余罷職來京師，僦舍與君寓廉州館，屬同巷。朝夕相過從，而君尤喜談讌。余每至，必命二子環立奉酒饌，盡夜分，極歡，罷去。雖君他出亦然。于時君冢男年二十矣，與弟士履雜沓，後先要余書。書欹斜，或不終幅，爭弄置不忍棄。其後，余歸里。值僵雪艱濘，視余行立，移時不倦，意獨惘惘。余既行，且數日思之尤憮然。然惟嘿重其天性，喜老成，知吾友之有子，必以世其學，今獨奈何歿矣！君凡致書私慮不能達，竟郵遞數數寄余。余讀之，因以知君遭遇之艱，及冢男之賢益詳。方其幼也，離繈褓學步，即知自持，衣履整潔，未嘗逐隊嬉遨。祖考天巖先生尤見憐愛，出入必偕自隨。乾隆乙巳，天巖先生奉檄委署臨高學事。臨高僻險，由陸道過迂難行，先生故有壯懷，嘗慕古畸人汗漫之游，即治裝緣省會，逕上海舶出厓門，浮大瀛海舟，逆浪上下相衝擊，從人悸無色，時惟君冢男與俱，獨正襟兀坐如常。先生旁睨則大喜，撫其頂曰："孫果不凡！"間數歲，復自里門隨侍抵天津，入居京邸，更思向學，習靜法源寺，通數經，悉舉大義，偶成小詩，亦清婉多致。甲寅某月，將就婚于鄭州。君為行冠禮，禮成，君冢男意頗不自適。及行有期矣，跪啟母曰："兒癖介，不堪羈官署，同入贅婿也。"母強慰籍之。因唏噓再拜。既去，成婚數月患臂瘍，醫者投藥誤，遂漸劇以卒。實生於某年月日，其卒某年月日，年二十有三，窆以某年月日。名士載，字厚之，廣東廉州府欽州人。配仇氏，河南鄭州知州靈山仇君汝瑚次女。曾祖考諱經邦，州增廣生，貤贈儒林郎，翰林院編修加一級。祖考諱達文，例贈奉政大夫、刑部河南司主事加二級，原署開建臨高花縣儒學教諭、候補訓導。父敏昌，刑部河南司主事、前翰林院編修。即余至友之一，向所推為馮君也。君初聞冢男疾，篤命季弟雲谷走視，不及，哭之恒悲，無所訴。至是以余視君冢男有父執之誼，又相知為悉，廼屬先期為銘。余忍不銘，以重君悲。銘曰：

生也材，命也促，嘉婚成，室息燭，天乎天，嗟何酷！

嘉慶元年秋七月十五日。

（文見武億《授堂文鈔》卷八。王興亞）

博山縣知縣武君億墓誌銘

朱珪

偃師市虛谷武君既卒之明年，其孤穆淳走京師來謁曰："先君從游笥河先生久，及官博山也，以所學見諸施行，克廉以惠，乃以懲番役事罷官，民歌思之不忘。今上廉知其枉，特詔檄調來京，而先期厭世，命也。公悉其本末既詳，乞銘之以彰不朽，則死者誠不死也。"予不獲辭。案狀：

君姓武氏，名億，字虛谷。先世由懷慶軍籍遷偃師市。當國初時，維翰為君之曾祖。君祖朝龍。考紹周，雍正癸卯進士，歷官至吏部郎中，事蹟見笥河先兄所作《神道碑》。兄弟六人，君第五，貌魁偉，少喜讀書，年十七喪父，將冠，母孟、生母郭皆逝。時伊洛溢，屋圮，架汙隈以居，誦讀不輟。斧朽木燎寒，傷足，血殷不顧。年二十一，縣試第一。明年入學。乾隆庚寅，舉鄉試。庚子，會試中式，賜同進士出身，以知縣歸班用。辛亥，選山東博山縣。季冬之官，聞土俗利病，鏖比丘尼，勸節儉。剏范泉書院，進其秀者，躬親講授，以敦倫實學。革煤炭供饋，里馬草豆絕不以累民。決辭無留獄，禱雨即沛。有干以賄金二千者，曰："汝不聞雷聲乎？某矢禱久矣。"輿情大洽。

乾隆壬子，和伯相兼步軍統領，風聞妄人言山東反賊王倫未定死，密差番役四出縱跡之。于是，副頭目杜成德、曹君錫等從十一人，橫行州縣，入博山境，信宿飲博，手鐵尺指揮，莫敢誰何。君率役往，悉取執之。杜成德尤倔強，出牌擲之堂，瞋目厲聲曰："吾輩奉提督府牌緝要犯，汝何官也！"不肯屈膝。君立命役撾其脛伏地杖之，曰："牌役二名，此外十一人為誰？且牌文明言所在報有司協緝，汝來三日不吾謁，何也？吾通揭汝等騷擾狀矣。"于是，咸叩頭求解去。其事喧傳省中，曰："武博山鹵莽，禍叵測，且所緝何犯也，將累及上官。"時則委員絡繹于道，有官佐劉大經者不悅君，駕說于大府曰："武令濫責無罪。"乃直書其事劾之，伯相晒曰："是暴吾差役之不謹，而陰為強項令地也。"封還其疏。乃易以任性行杖、空言奏上報罷。其時，闔縣民聞武君去官，攜老弱入省幾千餘人，乞留我好官。大府察其情，悔之曰："必還汝知縣，散歸無譁。"乃挈君隨入覲，將為謀捐復策，而伯相總吏部，駁之，其說遂寢。謝曰：："君優于學，且清貧，為授館于東昌啟文書院。"君雅不欲以己事累博山父老，遂就聘。其後館于亳州、臨清、魯山、安陽、鄧州無虛歲，所至以小學經史古文倫品教生徒，曰："安往非吾學，何必仕。"然知君者咸歎惜之。

嘉慶四年，今天子親政，和既伏辜，詔各舉所知。于是，君之去官。事聞，敕吏部原任山東博山縣知縣武億行文豫省巡撫咨部引見，將革職原案查奏。十一月二十九日旨也。而君先一月病終于里。嗚呼！天既白其令名，而又奪之壽考耶？豈陽德消長復之難，而亨尤不易耶？君勇于著錄，有《經讀考異》、《義證》、《金石跋》、詩文集百餘卷，藏弄于家，可為不愧好古遺直者矣。

生于乾隆十年乙丑十一月二十二日，卒于嘉慶四年己未十月二十九日，年五十有五。配呂孺人。男子三：穆淳，優貢生；景淳，後于叔父；盛淳。女子子二。孫一，宋。某年月日葬于某。銘曰：

嗜古若渴氣食牛，嫗民慈母愛不渝，不畏強禦剛純鉤，先追詔逝陽道州，直幹屈鐵銘松楸。

（文見錢儀吉《碑傳集》卷一百八。王興亞）

高景龍暨妻徐氏墓誌

高景龍暨妻徐氏墓誌
曾孫高登、高林。
清嘉慶五年季冬上浣立。

（碑存偃師市顧縣鄉棗莊村高氏祖塋。王興亞）

重修廣胤祠牛王廟妝塑神像記

嘗思為善故不求知，而善事亦恐或掩。本寨舊有泰山廟，考之碑記，創建于宋，重修于明，有來久矣。其配殿有廣胤祠、牛王廟，創建不知何時，迄今廟已將頹，神像已舊，托庇者靡不生感。且正殿重新，在乾隆三十七年壬辰歲，迄今三十一年，而配殿仍舊，非所以敬恭明神也。今春二月念三日，合寨共議重修。各捐己資，同心協力，鳩工庀材，不逾月即告峻［竣］。又恭請化主廣募資財，金妝神像，煥然一新。神得所亦［依］，而人也為亦［依］。若不列碑垂後，恐賜財善人久而或湮也。故記。

廩生曲萬寧靜遠氏撰文。
業儒曲大木凌霄氏書丹。
皇清嘉慶十五年歲次庚午中秋穀旦立石。

（碑存偃師市顧縣鄉曲家東寨。王興亞）

黃大王故里碑

王府在治西南二十里許王家庄。
王墓在治南五十里萬安山。
黃大王故里。
偃師市縣知縣武肅立石。
七世孫黃天德奉祀。
嘉慶十五年九月穀旦。

（碑存偃師市縣岳灘鄉王庄。王興亞）

偃師市縣山化鄉石家庄村九龍廟對聯

安徽按察使劉毓南編撰。
翰林院庶吉士牛瑄書寫。

天地際成平，伊雒源流神禹跡；
閭閻安耕鑿，井田潤澤帝堯心。

萬歲聽嵩呼，廟貌重新分岳色；
千秋衍雒學，聖人復出俟河清。

東峙青龍山，喜雨應時流王澤；
西鄰白馬寺，慈雲普蔭荷神庥。

伊洛匯交流，帝澤宏沾資利濟；
嵩邙遙對峙，神功默佑仰威靈。[1]
嘉慶十六年。

（聯存偃師市山化鄉石家庄九龍廟。王興亞）

---

[1] 該廟建於嘉慶十六年，原有戲樓、鐘鼓樓、旗杆、偏殿、大殿、後殿等。對聯鐫刻在殿前檐石柱上。

鮑府君嗼墓誌

【誌文】

鮑府君墓誌

□□嗼，字魯瑞，姓鮑氏，係出漢司隸鮑宣。迨明初，自□□遷偃師巿治西二十里山前蔡庄，基居十三代。以雍正□年十二月初二日乙丑生。府君曾祖，邑庠生，諱懷略，字裕二。妣張氏。祖諱相齊，字康侯。妣王氏、李氏。父諱汪，字涯如。妣馬氏。胞弟諱麟英，字聖瑞。府君天性醇篤，義氣剛正。十六歲失怙，與弟敬養壽母。耕耘得手，織紡奪魁，頗起家業。自壯及老，每管村中公事，或為首領，或為功德主，俱載碑記。內外族親，嘗以大事相托，府君無不處之優然。所以里人樂道其美，並數其德行也。以乾隆五十三年三月二十六日卒，享壽六十有四。娶同郡羊二庄劉氏。勤儉出眾，慈惠待人，堪佐府君。年近八旬，尚覺健康。取姪男豫章為嗣。弱冠入泮，屢薦鄉試，學兼堪輿。女二，俱適田氏。孫男六丁，女五，俱幼。初，府君歿時，值歲歉，掩柩在堂，未行大事。越二十六年，忽遭河北賊匪將即，既懼魂體不獲其安之憂，又抱無財不能如儀之恨。乃以嘉慶十八年十二月壬子，葬于新庄東祖塋，龍身川字，穴形天葩。壬山丙向。距蔡庄二里許。豫章扳慕號殞，痛貫心骨。重惟府君既不得榮慶褒贈以歿，而豫章又無修能以顯揚萬分。敢敘姓係梗概，刻而掩諸幽。且將俟作文者，建屏匾以表其隧。昊天罔極，嗚呼痛哉！

男豫章沐手敬述。

大清嘉慶十八年十二月十九日穀旦。

（拓片藏河南省文物考古研究所。李秀萍）

泰山廟贖地碑

五嶽于中州，泰山最尊。巍峨崒崢，盤道屈曲而上，曾徑小天門、大天門，凡五十餘盤而後躋其巔。中有泰山觀、吳觀、周觀諸形勝，能觸石敷雲，澤羣生而利萬物，宜其積精為神昭異靈矣。偃邑曲家寨，地勢雄秀，自少室迤邐以來，俯瞰清洛。舊建泰山廟一座，廟內祭田三畝，向因給公典當。曲母任氏善念勃興，命子千總發育用錢三十六千贖出。更有曲公遇炎等互為贊賞，每年輪流備設祭器，以待後之同志者。此亦有其舉之、莫敢廢之之義也。囑文于余，余謹即其可載祀典者誌之。其他封神之紀、荒誕之語，余不敢信，姑置焉。

庚午科舉人越廷煥沐手撰文。

增廣生曲全書沐手校正。

邑庠生曲光裕沐手書丹。

鐵筆車榮發。

嘉慶二十一年正月十五日穀旦。

（碑存偃師市緱縣鄉曲家東寨。王興亞）

許氏祠堂碑記

窃惟澤被後人者，享後人之祀；遠追先人者，立先人之廟。然立廟豈為易事，而族姓繁衍亦不容不樂成其事。于是，乾隆五十年間，同興孝思，各捐貲財以為修祠之資，第歲歉時荒，錢糧不給，其事遂寢。越數年，重興修祠之念。[1]

嘉慶二十五年十一月穀旦。

（碑存偃師市諸葛鎮司馬村許氏祠堂。王興亞）

清太學生胡公墓誌銘

【誌文】

公諱寅甲，字震東。壯歲入太學，西亳禮里敦善人也。公曾祖定丁，祖可信，父炳，太學生。明初，自山右遷偃，居城西關。繼遷嵩陰胡家寨，至公太高祖擇里苗家灣，聚族居焉。晚与公世姻，里居伊邇，知公之行誼有可略述者。公承父業，家僅小康，自公省用務穡，歷年廣業積日饒矣。然非以封財自厚也。公思貨財之積，貴于善用，故鄉有公舉，慷慨樂輸固已，即或事若可緩而情有難已，亦必欣然為之，如修橋、補路、施茶、舍藥，為食以濟饑，解衣以救寒，貧苦乞丐，罔不周恤。數十年薄于自奉，厚于待人，惟不忍疾痛顛連介于其側，故殷殷匡助發于至性耳。雖實至名歸，歌傳于野，匾旌于門，公始願固不及此也。至于存恤宗族，尤公兢兢加意者。公居祖繁庶，凡有貧乏時深愛護，侄孫輩久荷生全矣。公將終，念同族家計多艱，近者分給田產，遠者賜以金粟。由親及疏，均感厚惠，旌公之祖誼克敦焉。然則利濟遍于鄉里，恩意周乎族類，如公之樂善好施者，樹德厚而流澤遠，將來詵羽濟美，子孫繩繩億萬年，常享積善之報也，誰曰不宜？公元配高氏，繼配任氏，繼娶杜氏，妾王氏。子一，名中典。孫一，名金木。女一，適郭門。公卒于嘉慶二十五年四月十四亥時，享年八十有三。窆于道光元年正月二十六日寅時，祔葬于景山之北。晚聞訃往弔助執紼。思公之盛德，銘曰：

式前型，懷余慕。慎儉德，德遠樹。廣恩誼，樂善護。公之行，純而固。胱綿綿，永垂裕。

嘉慶庚午科舉人候選知縣姻晚生鄧新晴頓首撰文。

府庠生愚表孫任攀雲頓首書丹。

---

[1] 以下字漫漶不清。

孤哀子胡中典泣血勒石。

龍飛道光元年歲次辛巳正月二十六日寅時納窆。

（銘存偃師市苗灣村。王興亞）

回心樹記

【碑陽】

　　嘗思石刻蜆山，千秋仰晉卿之高風；文勒頭陀，萬古留歸直之至訓。是知碑也者，固勸善勉人之一歸也。偃邑景山，有樹一株，濃蔭垂地，清光宜人。不惟夏月炎暑可憩行旅，而且孛鄉居人有口角微爭，詣縣申理，到此樹下，頓生悔心，因有回心樹之名。相傳已久，遠近周知。山麓曲家寨衛千總□書曲君，樂教淳篤，父子繼善。當樹在他土，即思表而記之；及地屬福主，愛惜此樹愈深。值課耕之暇，杖策其旁，遍人而告之，惟恐猶有不知為回心也者。更囑嗣國子生輯五，磨石以誌，表揚嘉名，永垂不朽。鄉中群推義舉索問于余，余故樂得而為之序。夫君子之為善，不待勸勉，而平人之性，必有所感而後發。則此碑記此樹亦今古勖人之賢也。若春雨如膏，黃鳥催耕；平箋之花柳含露，芳林之桃李成蹊，憩此樹者，披溫暖之輕風，養悠揚之和氣。□作人思務本力農，有不知爭心之悉化也。至于雲峰滿天，土灑溽暑，念桁楊之可畏，忘物我之有間，亦惟是蔭屏小立，乘時樂業，奚有蝸利之斗爭，公門之趨□耶。他如月照雲山，煙篆桂叢；金風穿林；蟬噪斜陽之黃；玉露團菊，蛩吟綠莎之野。立此地也，睹此碑也，雖有夙昔之怨，跨下之辱，亦將偕好如初，前嫌胥捐。又如黃梅在嶺，松濤迎風，沐餘閒于三月，樂歲功之告成，宵晝謀居□我婦子，何有舍業而訟，競錐刀之微乎！將見比戶可風，蒲鞭不設，花城盡熙雍之雅化，草野皆太古之遺民，何一非翁碑見婆心迷指教渡之所致哉。余□筆之餘，敬獻俚句，以志盛德。贊曰："一樹濃蔭篩月光，亭亭石碣立路旁。回心向化應多賴，正似花開滿河陽。"又頌曰："羨君蘭桂生階前，奕教溫和福澤綿。碑立風清邊俗美，人話遺範樹籠煙。"

　　安徽當塗縣知縣現任許州學正劉坊撰文。

　　直隸宣化府懷來縣沙城巡檢孫鵬雲書丹。

　　鄉者朱□楨、袁法成、張雲炳、曲□□、張□□、李永泰、張□□、曲孟周、高□□、曲□□。

　　道光八年歲次戊子仲春上浣穀旦。

【碑陰】

回心樹詩詞贊

　　嵩峰滴翠，伊水激波。□□古柏，鷗戲新蘿。一樹綠蔭，景山之阿。憩此樹下，悔悟良多。回心賜名，風淳俗和。翁之善法，可咏可歌。石□亭之，樹影婆婆。□犬□□，不聞催科。寸心千古，壽比山河。

東周□□題

景山南□連嵩岳，居綺景山人其卓。古樹村邊陰□□，坐臥日移心不覺。來此往彼所□夥，訟□與過力為卻。中□□□錫山□，甘言為疾苦言樂。一朝□□忽回心，□□名樹奇而鶴。□昔景山□□陡，松柏□□排岩壑。于今時□千年後，回心樹□□□□。□□□□□□，□□□□□□。□□□□，□□□□□。
□□□□□

釋木為中□度□，□□□有樹回心。名□□列群芳譜，□□□登大雅林。
俗□風清遊化身，安居樂業想□箴。煙雲嶺上人何立，道左猶餘古幹森。
□□題

人生忍為高，獄訟不宜有。回心傳嘉樹，休□播已久。
碑立古道旁，堪稱士民□。芳微□□□，□□□□柳。
王景詳題

聆黃鶴之新聲兮，清和悠揚。愛春風之□蕩兮，輕吹衣裳。濃蔭重重兮，飛禽翱翔。憩此樹下心神□和兮，何用不臧？碑立古道以勸善兮，期斯世樂且無央。獄訟□息兮，非稱觥不登公堂。公之盛德廣被兮，供余心□而心藏。睹遺跡而宛在兮，依然蔽芾之甘棠。
喬篤志題

景山古道旁，亭亭一株樹。□□□□□，石出千重露。
樹名號回心，人心感而悟。□此往來者，誰復□□□。
張居信題

景山道左，有樹孤生。樹以人著，人以樹名。休聲遠播，
古千高擎。聞名忠義，觸目傷情。回心有□，舉世無爭。
甘棠蔽芾，可供□廩。
曲月亭題

山峰□兮樹高□，風拂拂露□□□□。
□回心兮獄訟息，物□□□□。
息獄訟兮回心樹，詩書習兮農桑務。
有樂善者善欲長，豎碑表兮道之旁。

使人□名思義兮，永教風俗□□良。
張嘉□題

□千雀角互相爭，到此回心訟不成。
學禮誦詩由教道，□雲犁□□□耕。
高枝落落千秋畫，雅□殷殷萬古情。
勸善之碑今已□，他年樹木亦有榮。
凌霄題

道旁樹，綠成陰。錫嘉名，號回心。碑□豎，
感愈深。風可移，斧無尋。景山上，常□森。
□光裕題

月照山頭樹影斜，美名肇錫信可誇。
人敦古道義皇似，本長高枝雲霧遮。
不□尋芳爭豔冶，誰回小利任誼□□。
涸心之謂良非偶，幾比河陽滿縣花。
曲□□題

余嘗遊景山，每與友人愛玩此樹，千古□喬儼然畫圖中景。披吟暇，執筆摩之，雖無惜老之致，亦余生平留意事也。今□□豎碑□□□名，遠近文士各有褒善詩詞。余有愧□文，聊仿樹之形象，刻于贊後，永傳不朽。至翁之修德獲福，理有固然，無須余再為贅。
車榮發

樹名回心樹，相傳業已久。來往多少人，忿爭未爭有。
各有安生理，風敦俗亦厚。碑表道之旁，永歷千年壽。
曲蘭亭題

（碑存偃師市市顧縣鄉曲家梁寨村與花寨村接壤處道旁。王興亞）

清待贈孺人曲母魏太孺人墓誌

【蓋文】
曲母墓誌
修職郎西平縣儒學教諭晚姻趙廷煥撰文並書丹。

魏氏子淨塵、重孫文鷟。

道光十一年三月二十五日立。

(碑存偃師市顧縣鄉曲家寨村南寨一街曲全國家中。王興亞)

皇清應授脩職佐郎歲貢生百憲鄭老先生（玉律）墓誌銘

【蓋文】

大清歲進士鄭公墓誌

【誌文】

皇清應授脩職佐郎歲貢生百憲鄭老先生墓誌銘

嗚呼！余之哭百憲先生也，已十有餘年矣。夫世之聰敏者，或失於曠達；樸誠者，或流於迂拙，惟百憲有不然。質性忠定，坦白如渾金璞玉，無少圭角氣，是以接之者，絕不見疾言邊色，稍立崖岸，至於讀書驥異穎悟，文章則雅正也，經術則湛深也。諸子百家無不一寓目即了然，不斤斤為舉子業，肆情於史漢音律，每議論上下千百年，瞭如指掌。教授之暇，輒以古詩歌自娛，若象緯堪輿，命相星蔔，特其餘技耳。雖屢舉於鄉，未博一第。然人品為鄉黨所矜式，學問為當世所取證。凡有疑難，無遠近少長皆往決於先生。嗟乎！使百憲肆其聰明留意於功名富貴，亦何求不得。乃僅以歲進士終，可謂窮矣。然使獲科第之榮而學陋識淺，寂然無聞，有聞亦徒如世之富貴利達者取詈于時，見譏於士君子，以彼易此，吾知其誠有所不願也。嗚呼！百憲諱玉律，號吹萬，百憲其字也。世居窯頭里。父應秋先生，雖終諸生而操履醇篤，為時名儒壹時出其門而成就者甚夥。故百憲不戚戚於窮，不欣欣於得學，品取重於世者。雖自能成立亦其淵源有自也。百憲以道光辛卯卒，已葬首陽南原之兆，德配孺人王溫惠淑慎，無愧賢助，後百憲九年卒，享壽七十有八。百憲生於乾隆三十年，享壽六十有七。丈夫子三：長書帶，先孺人亡。次書蒲三博士弟子。書蟬長孫星井。書帶出。星眾，書蒲出。星夢，書蟬出，以甲辰臘月初五日，將奉孺人合葬。書蟬請志其壙中之石。餘謹即所悉知者慈之，系以銘曰：

嵩邙鍾靈，奇傑挺生。淡視名位，學乃大成。淹貫經史，人文蔚起。珠韞玉埋，情何能已。精氣如虹，蟠結梧松。田杜近附，百憲之宮。

廩膳生通家弟周任純頓首撰文。

邑庠生姻眷弟王德一頓首書丹。

邑庠生族弟德甲頓首篆蓋。

男書蒲、書蟬，孫星眾、星井、星夢，曾孫燾泣血納石。

大清道光二十四年歲次甲辰十二月初五日。

(誌存偃師市商城博物館。王興亞)

禁賭碑記

　　嘗聞吉人為善，惟曰不足；凶人為惡，亦曰不足。憶本村昔年時，大抵農力其田，士習其業，人皆忠厚。俗俱清美。未嘗有賭也。自夫人貪目前之利，忘遠大之圖，遂自彼也，呼雉此也。呵廬漸引漸滿，釀成風俗。夫天下之敗德者莫甚於賭，而天下之敗家者亦莫甚於賭。不先有以禁之，則引誘人心，敗壞風俗，其危害可勝道哉。今合族公議，犯賭者罰錢拾仟，開賭者罰錢貳拾仟。倘恃強梗不服禁例，族長里長等人，送□官究處。然恐議在一時，不能及遠，敬諸石碑，世世相戒，永守無忘焉。是為序。

　　合族人劉宗奇、□□□、□□□、□□□、□□□、□□□、□□□、□□□、□□□、□□□、□□□同立。

　　道光二十九年六月二十三立。

（碑存偃師市記龍廟鎮鋪劉村劉氏祠堂。王興亞）

陂池

　　嘗聞民無水火不生活，以是知火為人所宜急，水為人所更重。益有泉則吃水不難，有井則吃水亦易。今居此地而無泉無井，則壘此水池以供所用。但天降時雨則池水淺，地用排決則池水深。今有潘君名景先動其善意，施其地築流水道，行人往來斷不止有干涸之苦，恐年深日久而名弗彰，所以刻列于石，以垂千秋。

　　後學薛三德撰文並書。

　　同仁鄉地王科。

　　龍飛咸豐元年孟冬中旬立。

（碑存偃師市佛光鄉潘家閡南路陂池旁。王興亞）

馬窪打井重立碑

【額題】重立碑記

　　東溝素無井，汲水北溝，往來數里，當隆冬盛夏之時，冰結地凍，雨淋路滑，道途之苦，不可勝言。方泰父子樂施不吝，其德溥也，井養不窮，功莫大焉。功德若此，人其忘諸？昔碑在井龍王廟東壁，年深日久，屢被風刮雨灑，文字將湮沒，恐後人不知其詳，因此重勒石爲志。

韓合群、戚有正[1]

清咸豐四年歲次甲寅夏。

重立于中華民國二十二年歲次癸酉夏曆十月下浣。

邑庠生員王輔撰文並書丹。

（碑存偃師市山化鄉馬窰村東溝井北一窰洞內西壁上。王興亞）

積金社姓名地畝碑記[2]

【額題】永重不朽

嘉慶十三年購買井地二畝八分二厘四毫九絲，道光十九年購買井地三畝九分七厘七毫，嘉慶九年二月二十四購買坡地二畝三分二厘。

積金社姓名地畝碑記

張錫五、劉太來、高停、高占魁、高會實、張同心、高如玉、高協、牛興家、高學聖、高煥成、高學魁[3]

清咸豐七年二月上旬立石。

（碑存偃師市顧縣鄉曲家寨小學棗莊分校院內。王興亞）

安樂寨刻石

清同治元年十二月穀旦。

安樂寨。

合寨仝修。

（石存偃師市顧縣鄉曲家寨寨門上方。王興亞）

通雲門刻石

大清同治二年仲冬之吉。

通雲門。

（石存偃師市顧縣鄉馬安寨北寨門上方。王興亞）

---

[1] 其他三十八人姓名，字多模糊不清。

[2] 該碑損壞嚴重，不少字跡已無法辨認。原置地址不詳。

[3] 其他十八人姓名，字殘。

禁止賭博碑記

　　從來人生之理，莫外于耕讀工商之道。安居樂業，是稱善俗之基。遊手好閒，實啟惡風之漸。苗灣村位于景麓之北、伊水之南，座落箕舌，人傑地靈，士修其業，農勤于耕，工商紡織，各重其務，從未有以嬉以漸，開場賭博者矣。

　　週來村中賭風盛行，良家子弟被誘入局，有背父母之不知，暗地誘賭；或乘昏夜失防，偷閒釀賭。成性者，廢農棄商，通宵達旦貪賭。人皆譏笑：只見賭博人典莊賣地，不見賭博人蓋房娶妻。敗俗之風，倘稍不思患而預防止，勢必滋生盜賊，招留匪人，無所不為。賭風不止，實為村中之大害。凜尊偃師市縣正堂嚴禁賭博，以靖地方之意，里長會知耆老紳民，公議禁止賭博罰規：一年四季，年節逢會，一概不許賭博。賭無大小，見錢即是。一、開場者，罰錢捌千文；二、慣賭者，罰錢陸千文；三、匿賭者，罰錢肆千文；四、偶賭者，罰錢貳千文。四項罰規，以示嚴禁之意。望良家子弟，恪守本份，鄰里親朋，互相勸勉，父兄嚴禁子弟，妻子勸勉丈夫，均規正業，衆皆欣然。倘有恃強不遵者，一經查出，同首事人，按規罰錢。不受罰者，稟請官府究治，決不寬貸。凜之慎之，毋違此規。

　　大清同治三年十月上浣立。

（碑存偃師市苗灣村五道廟西崖下。王興亞）

欽賜登仕郎曲先生自聰施茶地暨植樹並鑿井錢文碑

　　曲自聰為西佛廟施捨井地一段，東西橫各三步一尺五寸，中長四步一尺；施捨茶地一段，東橫十四步二尺二寸，西橫十四步二尺九寸，南長三十七步，北長二十二步三尺二寸。

　　施茶社趙富貴等。

　　清同治八年四月上旬立石。

（碑存偃師市顧縣曲家寨村西佛廟。王興亞）

創修西佛正殿卷棚金塑神像並茶庵碑記

　　是地當景山之上十字之沖也，周圍寥寥，村井不臨，往來行人，每至盛暑，不無憩息之慮，茶水之憂耶。余村有躬行善事之趙富貴等，欲于此地起修廟宇，以為憩息之所，開鑿井泉，以為茶水之資。奈工竣費廣，力不能給。因與諸同人議結茶社，公積資財。嗣後傳聞漸遠，本邑蔭封善男信女亦多捐施，但此地未獲，工無由興，幸有監生曲文苑慨樂施，不計所值。後有壽官曲自聰捐入茶地，以為永遠之計。于是，擇吉興作廟宇、茶廳，鑿井、植樹，漸即美備。數年來，征人逸客莫不慶憩息之有所，茶水之有資焉。雖則云人力之所謂，而實則神靈之默佑者也！往歲佈施，胥勒姓氏咸載，而創修之由，尚未刻諸貞珉，遂略陳俚語，聊以志不忘云。

邑庠生員旭圃李甲榮撰文並書丹。

功德主趙富貴。

首事人□合、李簡、孫富生、曲鎖、高占、曲福得、董庚壬、蘇改名、張喜來。

大清同治十一年歲次壬申三月中浣穀旦。

木匠周萬太。

石匠車廣錫。

（碑存偃師市顧縣曲家寨村南景山上。王興亞）

化碧村義路碑

【碑陽】

【額題】皇清

　□□□□□□□[1]

乾隆二十年歲賜己亥貳月朔壹日之吉。

【碑陰】

化碧村義路

北至小官道，南至河干，因歲欠，大官道至河干一段被人出售，今經村人集資贖回。

光緒二年闔村仝立。

（碑存偃師市山化鄉化村。王興亞）

偃師市縣岳灘王莊防旱垂戒碑

【碑陽】

自古非常之災，必勒珉以記之者，豈徒述顛連、敘困苦、志一時凶荒之景況哉！蓋欲後之人，睹斯石而驚心動魄，毋習安逸，毋尚奢侈，毋亡羊而補牢，毋臨渴而掘井。《孟子》言："節財之道，曰食之以時，用之以禮。"《戴禮》言："儲糧之方，曰耕三餘一，耕九餘三。"遵斯道也，時總有凶荒之遇，人非無凍餒之慮。人既無凍餒之慮，又何至溝壑轉、四方散，致一家有流離之苦、死亡之悲哉！然則饑饉之厄，雖曰天災，亦抑人事也。我朝自定鼎以後，賢聖之君代作，蒙承平者二十餘省，享安樂者二百餘歲。承平久則民忘憂患，安樂甚則漸流奢靡。雖嘉慶十八年、道光二十七年，天亦屢降凶旱，以示儆覺，奈

---

[1] 碑上該七字漫漶。

人不加察，奢蕩愈甚，致使上干天怒，自光緒二年以至四年，旱魃為虐，野無青草，杼軸告空，室如懸磐。即間有殷實之家可保無虞，而盜賊蜂起，搶奪橫生，無虞者亦有虞矣！不得已，余等聯為保甲，朝朝巡察，夜夜擊柝，守望相助，亂庶遄沮焉。然而六陳轉運千里，數百錢僅給一餐。榆皮剝盡，只免一時之饑；蒺藜掃空，那計後日之病。麥秸豈可食，竟炒焦以為餅；穀莖詎堪嘗，咸磨面以作粥。拾雁糞者三五成群，撈魚草者數十作伴。騾馬牛驢不過十留一二，雞豚狗彘幾乎絕其種類。父鬻其子，哭啼之聲震天地；夫賣其妻，離別之情泣鬼神。有守學士，甘受斃本鄉本土；無知婦人，盡改嫁外省外縣。嬰兒棄路旁，知為誰氏之子；老弱轉溝壑，豈盡無產之人。顧我烝民，個個形容憔悴；形彼周道，處處尸骸暴露。夫饑餓甚且氣血虧，氣血虧則疾病生。至三月十二日，天降膏雨，早秋可種，咸以為人有生機矣。而不意更有甚焉者：枵腹未飽，瘟疫旋生，有朝染而夕死者，有昨染而今亡者；計人丁，則十傷七八；察戶口，則十留二三。煙火之氣，望斷千里；雞犬之聲，不聞四境。嗚呼！天降喪亂，何至此極哉！而要皆人無遠慮，有以階之厲也。後世賢者，尚其法大學，生衆食寡為疾用舒；量入以為出，制節以謹度；庶幾災害可消于未萌，禍患可泯于無形也。夫事不經閱歷之後，則言之也不淳；境非親嘗之苦，則語之也不切。余之絮絮，余之親嘗也。後至人無以余言為贅，而怵目驚心焉，則余所厚望也矣。至糧价之低昂載在碑阴。

大清光緒五年正月吉日。

【碑陰】

觸目驚心

麥每斤價錢一百文，魚草每斤價錢二文，米每斤價錢一百文，白菜每斤價錢二十二文，黃豆每斤價錢八十文，黑豆每斤價錢八十文，蘿卜每斤價錢十六文，黍秫每斤價錢八十文，榆皮斤價錢三十二文，酒每斤價錢二百八十文，蒺藜斤價錢二十文，油每斤價錢二百四十文，坡地每畝價錢二百文，粉條每斤價錢二百四十文，灘地每畝存價錢三千文，豆腐每斤價錢五十文，井地每畝價錢十千文，秕穀糠每斤價錢十二文，房屋每間價錢三百文，蘿卜葉每斤價錢三十文，磚每個價錢八分錢，蔓菁葉每斤價錢五十文，瓦每個三分錢。

（碑存偃師市岳灘王莊。王興亞）

防旱碑

且甚哉！天災流行之可畏也。人苟稍不思患而預防之，一逢其會，鮮有不束手無策，引領待斃者矣。即如光緒二年重九至四年重三節，一十八個月間，豈真不雨？雨只灑塵；亦豈無雪？雪不厚紙。遊郊原而望綠野，野之綠皆轉而成地之紅；過山川而瞻青疇，疇之青更轉而成沙之白。嵩邙無色，草未經霜而不生；伊洛斷流，魚非涸轍而亦斃。既密雲而不雨，旱壞高原五穀良苗；又寒露而飛霜，打干下濕九秋喬麥。斯時也，五穀不登，歲轉成凶，物賤如糞，粟貴似珠。一百多個錢一斤面，銅不要新；三十餘兩艮子一石米，色還得足。由是盜賊蜂起，晝截夜搶。路斷行人，道不通商；日中市壞，不行紡織。凹地每畝僅值錢三百，大房三間只賣艮六錢。一時之人，或適彼樂土，或逃至遠鄉，或拆房屋而賣木石，或嫁妻女而賣衣裳。老少同趨集市，男女亦親授受；紅粉佳人賣靴鞋，鮮廉寡恥；白面書生販人口，棄禮滅義。更有揭榆皮以糊口，食麻餅以充腸，雞犬殺而不留，牛羊食之淨盡。最可慘者，人食人肉，人爨人骨，總計死者十有八數。此誠十五世族長亭公所親見者，因勒石以志，俾後世子孫聞而知惕。庶幾耕三餘一，耕九餘三，量入爲出，思患而預防之。其于後之天災流行者，未必無小補云爾。

庠生馬鳴鸞撰文。

庠生董桂方書丹。

光緒二十八年二月中浣立。

（碑存偃師市馬村。王興亞）

光緒丁丑戊寅年捐賑碑記

孟子云："周于利者，凶年不能殺。"至哉言乎！蓋天災流行，何代蔑有，惟有備無患焉。憶自光緒初年，雨暘不調，災害頻仍，至三年四年而已極，赤地千里，野無青草，蝗螟交集，流亡載道，老者轉溝壑，壯者散四方，八口之家去五六，十室之中存一二。天地爲之無色，鬼神爲之夜啼，是誠千古奇慘也。幸賴天恩沛賜，發帑金以賑濟。兩河南北，浙蘇兩省，念同壤之誼，亦慨助以金錢，而吾鄉殷戶巨賈，捐米粟以惠鄰里者復至再至三。今日熙熙攘攘得以安耕鑿之夫者，一皆爲當年賑恤之所遺。而爾時之死者死，亡者亡，已不下數千百人焉！向使平日各有石斗之蓄，諒不至若此之甚。今已三十餘年矣，不敢謂大劫之臨即在目前，然安保其終無虞乎？鄉里士衆各自警備，能儉一日之奉，即可延一日之命；蓄三年之艾，即不患七年之病。不資賑于人，而資賑于己，偶遇災荒，不至坐以待斃，是則我鄉之厚幸也夫！

邑庠生王慶棠撰文並書。

古路溝、申陽、吉家溝、牛家庄、周家山仝立。

大清光緒三十二年四月初二穀旦。

（碑原存偃師市邙嶺牛庄村，現存商城博物館。王興亞）

重修井碑

【額題】重修井碑

本村舊有廢井一所，經村豪吉東甲等苦爲經營，未獲成效。然陳跡遍施，新路漸開，後人雖愚，正可承其志，意以續其貂裘者也。迄今三十餘年，而吉太栓、吉十一、吉太師、吉大坤、吉孟邑、吉太光、吉元文、吉元謙、吉維孝、吉不量，論出新法，首倡義舉，合村公議共襄大事，遂定。于三月初七日，大運樹柴，初十日開工，挖土下框，框爲六方，行三丈，流沙出焉。而太栓等大餉村衆，振力赴艱，刻意厥成。沙行約三丈，而出水焉，洶洶井中，水湧流莫當，合村鴻喜，孺婦喧天。不意太栓以父憂去，而井中之工，無所措手。一石誤動，大沙湧出，聲勢瀑烈，通井皆動，無人敢下。况兼水中亂石，艱巨難爲，紛紛橫議，無法可施。乃有吉全喜者，素克井工，最饒膽略，一與細商，毅然承領，兼有神佑，沙退水清，乃率宗心公、吉元聚等，戰戰兢兢，日在井中，托梁換柱，水工乃成。于是，去框券石約三丈。時三十二年十月二十日也。至二十七日，演戲三臺，費艮八十餘兩，而井工告竣。父老告余曰："大功成矣，汝知前之所以敝乎？抽石之故也。井中之石，只可塞，不可去。可序諸石，以告後生者。"故誌諸石以傳不朽云。

　　鄉地吉聚。

　　儒士吉太光撰文並書丹。

　　合村同立。

　　光緒三十三年仲秋月中旬之吉。

（碑存偃師市邙嶺鄉吉家溝村。王興亞）

新安縣

坐餐勝亭詩

王鐸

柳條園沚畔，一廟類村居。喜得山晴後，初當兵退餘。
冬催松鬚健，風冷藥壇疏。丘壑無遺恨，非唯數著書。
坐餐勝亭之作。辛卯菊秋書。
順治八年。

（碑存新安縣鐵門鎮。王興亞）

重修函谷關記

【額題】重修碑記

函谷關□考在弘農西南隅。漢武帝時，將軍楊諱僕者，新安人，恥家居關外，帝爲徙新關于邑治東里許，踐容［谷］阻澗，□山前蟠，谷唯一線而騎難成列，形勢險塞，洵不異二陵間也。前代修廢莫秙［稽］。明萬曆乙卯□，有滇南□公純謙蒞斯邑，因其基而興建之。中更闖變，臺榭傾頹，唯四柱支撐于風雨飄搖中，關之存者無幾矣。

國朝丙申歲，余承乏于茲，每過關門，便生營度想，顧力未能也。既而深念曰："此關不修，必夷若平地，倘聽千秋勝概消沉于榛莽之場，不惟有負此官，且有負于邵也。"因措捐薄俸，庀材鳩工，凡所售與，一如民間搆室例，不欲以乃公役若［苦］民。始于戊戌孟夏之三日，成于六月之朔日。于是，登斯樓也，縱目水清山峻，鬱鬱蒼蒼。相繆兩載，素心于焉少愜。望斯樓也，巍巍壯峙，覺殘疆氣象一新，寧特雄視周、秦，堪以振古。而砥柱縣治東流，實于二垣之氣，有少補云。

順治十五年歲次戊戌陸月吉旦。
賜進士出身文林郎知新安縣事福莆俞遜記。
典史劉一賢，教諭王元會，儒學訓導楊椎。
監工□澗所大使辛介、新安所大使傅永齡。
工房李之珍。

（碑存新安縣函谷關。王興亞）

太傅兵部尚書呂忠節公神道碑銘[1]

吳偉業撰

偉業待罪史館，獲交於宿儒大僚，仰見我神宗皇帝制科取士，貽之子孫，以保乂王家，迨寇禍殷流，淪胥莫救，後生執筆，輒敢擬議老成；以吾所見聞，學術醇正，忠孝完人，若江夏賀公、雒陽呂公者，斯可謂無愧也已。當思陵之季，此二公者，兩河去就，三楚安危。名藩乃磐石之宗，元老實腹心之舊，身捍狂寇，家捍嚴疆，其效節同濂雒橫經，湖湘講學，心惟致命，道在成仁，既入水而不濡，雖結纓而何懼，其畢志同。余欲訪求軼事，而世人罕有言之者，悲周《哀郢》之作，不可得而聞矣。今年呂公之子兆琳，繇淮右致書，以公隧道之碑為請。

嗚呼，呂公之歿也，太常大書其官，博士詳誄其行，雖陳、鄭皆災，穀雒交鬭，而丹青彝鼎，猶側出於橫流劫火之中。今已二十餘年，吾黨徵柱下以遺編，訪萇弘之舊血，欲以弔北邙而備南史，不亦傷乎？此吾所以撫公家乘，歎窮而繼之以泣也。呂氏，宋文穆公之後。河南之新安人。祖諱鄉，父諱孔學，皆以公貴贈如其官。祖妣牛氏守節，而孔學稱仁孝，詔書兩旌其門。妣孟夫人夢月入懷生公。

公諱維祺，字介孺，別號豫石，萬曆癸丑進士，位至南京兵部尚書，居雒陽，抗節死寇難。事聞，賜祭葬，贈太子少保，再贈太傅，諡忠節。其所歷官，初除山東兗州推官，舉最，入吏部更主事者四司為員外，於考功，於文選，而驗封，遷郎中。熹宗朝，以前乞省換補考功郎，逆璫矯旨弗用。思陵更化，起家尚寶司卿，改太常寺，以少卿管四譯館，尋陞為正，陞南京戶部侍郎領糧儲。超拜兵部尚書，中糾拾以免。公死難在國史，其餘服官立政，講學著書，他事多可紀，而最著者有三，曰持大議，裕大命，立大經。光廟上賓，請見嗣君於慈慶宮門，中貴導駕幸小南城，抗言梓宮在殯，大寶未登，不宜動屬車，輕萬乘，正色當階，仗出中止。再疏調護起居，戒近習不宜干政，請選侍移宮，按問諸醫，侍疾無狀。持大議也。南司農既多逋賦，兼北部之所咨借不貲，以出入本折多寡，鉤考不及額者百二十萬有奇，即舉郡邑負課算之以當經費，尚虧十有九萬。京軍匈匈索餉，憂在根本。公廼疏十事二十四弊，以聞於朝，其不得已者，請以上命填補，次與其屬講求區畫，定期會之，命以趣辦。除導行之費以勸徵，有司累息，奸吏斂手。又以圜府乃國息之本，為之禁放鑄淆雜而專行法錢，權其子母以瞻用，行之三年，粟積如坻，貨流如泉，裕大命也。馮恭定之於關西，鄒忠介之於江右，曹自梁之於晉中，同時講學，公則以門推篤行，居近先儒，即鄭氏之禮堂，寫曾子之家策，著《孝經本義大全》、《或問》三十餘卷。表獻

---

[1] 呂維祺，《明史》有傳。此碑文撰在康熙三年，於《欽定明史》成書之前，所述呂維祺之事略，取材於故老遺聞，較之史傳為詳，足資考證。

諸朝，請以之進經筵，端豫教，頒諸學宮為永法。芝生於庭，十有八莖，如顏本篇目之數，建芝泉書院，用彰厥瑞，立大經也。斯三者，皆公經世猷略，為學本源，視夷險為同歸，通死生於一致，故能處患難蹈白刃而無所悔也！

嗚呼，若我公者，豈偶然哉！公之為南司馬辦賊也，上完江淮，中顧宛雒，家國綽有成算。既免歸，寇禍大作，新安城庫土惡，災蝗洊臻，窮民襁負無歸，公乃調穀以賑凶饑，捐金而就版築。父仁孝公實贊成之，曰：天下方亂，吾父子幸有餘祿可賙鄉里，庸足多吝。當事者主撫議，見河、汝蕭條，請斥空城，以綏倈新附。公則謂腹心要害，勢難養虎，移書力爭，事乃中寢。土寇王之典，桀黠反覆，公不動聲色，懲而戮之，餘黨莫敢動者。

戊寅秋，李自成敗於潼關，已而復振，蹂宜陽，躪永寧，熊耳以西，屠屯壁以十數，雒陽震恐。福邸在城中，積金錢財物累鉅萬，謹錄會牡不問賊。援兵之過者，睥睨投之地，詢曰："王家擁金貲，厭梁肉，而令吾輩枵腹死寇乎？"公聞而憂之，具以大計動[勸]王，王弗省。

明年正月，賊侵逼河南，總兵王紹禹堅以其兵入城。公門於北，紹禹門於西，副將羅岱之兵背西而舍，詭云逐賊，實迎之，返而合圍，勢張甚。守陴者無人色，公疾呼家將縋下，鬥殺十數人，賊再用羅軍礮具來攻，公鬚眉戟張，坐城頭叱左右，弓戟亂發，賊多死。紹禹之兵視而嘻，道上竊竊耳語，旦暮以城下，賊爇王府而分之，羅軍招與同叛，或得其語告公且勸之去，公歎曰："我向固憂之，今事已去矣！計安出？雖然，雒陽重地，王，神祖愛子，猶有神靈，此城必全，萬一蹉跌，吾奉身以死之，臨難苟免，豈儒者事耶！"越日，王紹禹之兵乘夜揮刀殺守者，懸布於堞，賊乘之上，城陷。公北向慟哭，子弟牽衣請避賊，公曰："我一死以上答所受，內副所學，於義得矣，去將何之？"天明，賊大至，有起於賊中者曰："公非賑饑呂尚書耶，我能活公，可乘間去！"公弗動，其眾擁以下，遇福王於道，已反接，公奮起首顧曰："王，綱常至重，等死耳，毋詘於賊辱國體。"賊渠見公於周公廟，曰："呂尚書日請兵餉殺吾曹，今定何如耶！"公瞋目罵曰："吾天子大臣，恨無兵以磔汝狗鼠，今日之事，惟有死耳！死不愧天地，不愧聖賢，復何憾！"賤摔之地欲屈之，公叱曰："吾君在此。"北向再拜，又西向拜父母，申脰就刃，容色自若。是日也，福王亦遇害。

嗚呼！吾觀雒陽之亡，公之死於王室菀枯之際，恫乎有餘痛焉。神祖在宥日久，天府之藏，不可殫校，宮省舊吏皆云鄭貴妃緣愛子之故，斥大半辦治國裝，再撥莊田二萬頃，鹽引數千綱，收其贏以滋封殖，他王莫埒。自中原用兵，思陵封椿匱詘，推光廟天顯之愛，不忍以憂叔父，掌計老臣如呂公者，身在雒陽，熟知王宮緡錢藏鏹，小發取其中，可充軍興之半，號咷叫呼，懼傷親親之恩；乃屏人極論，開曉禍福，王亦但頷之而已。捐私橐，出家糧，譬之捧土堙河，萬分何濟？老臣不惜以身率眾，冀幸王聞之寤，自輸以佐縣官，而緘滕扃鐍，卒棄之兇徒悍卒之手！此公聞國言籍籍，撫膺齚指，而嘆王之失其會也。《孝經》之三章不云乎高爾不危，所以常守貴也；滿而不溢，所以去守富也。保社稷，和人民,是為諸侯之孝。漢文帝四子梁最親,王,竇太后少子,居天下膏腴地,珠玉寶器,多於京師,以史考之,亦可謂之驕且溢矣。七國作難,王恐,上憂,太后日夜泣。梁將士力戰,吳、楚不敢過而西。王之歿也,得諡曰孝。今夫神祖之所以愛王且厚王者,樹億萬年,維城之助也。天下有急,王屬尊地,近能為宗室倡首,蓋當有聞而應者。社稷安則王安,兩宮在天之靈,罔不安矣。斯非諸侯之孝乎?當日自成之敗潼關,所餘不過數十騎,雒陽之變,臠於內潰,彼非能肉搏而攻也。克東都,據形勝,發王中府金,以號召饑民,一朝響應,百萬華夏,因之土崩。若使早從公言,天下事必不至此,喪亂方多,吾謀不用,痛宗周之板蕩,感大道之銷沉,公於是灑熱血以濺孤城,抱殘經而覿三后。講舍則芝焚可歎,故宮則麥秀堪哀,天實為之,公其如天何哉!

公考正六書,多所論著,他文及奏議,無慮數百卷,晚年所著《存古》十二篇,《士戒》七則,其說歸乎敦本訓俗,下至肴孩衣履之微,事為之制。人或疑公,宜闊達濟變,而規規小節,得無非其急者。余則謂:數十年來,士大夫極滋味、盛倡樂以自奉,子弟儕從,通倪放橫,侵枉小民,故螟螣蟊賊,攘敚姦軌,相因而起,公此書所以塞亂源而消害氣,謂之救世可也,而豈區區者乎?

公司李兗州,曉文法、識利病,折獄多所平反。定保甲法,蓮妖之變,賴以無恐。殷歷銓曹,公廉不受私謁。釐正選簿,年稽月考,周忠介聯事郎署,嘗亟稱之。觸堂官,忤政府,據故事以面折。臺諫侃侃,克舉其職,修南郡二十六倉五場,清屯糧八十八萬。汰冗軍,補脫卒,募趫敢之士。簡其樓船甲仗,自采石至瓜步為江防。蓋公之為人,內服儒宗,外精吏職,其言行本自鄒魯,而間出於范蠡之治越,管子之治齊,精強廉辦,自許為有用之學,不獨一經專門已也。南侍郎陛辭,上目而偉之,既受事所得上章,皆精切於職掌,一無觖觬。上以此切責前計臣,而見公分憂辦職,公亦謂得行其志,盡力以自效於上。言者乃摭他事中公,既畏惡其能。人皆數廢數起,公獨一跌不復。退居嵩山之陽者七年,以遯世無悶為學,不欲與世之君子競其長短。然自以遭不世之知,顧用毀去。每生徒擁卷,父老登陴之日,其中有不舍然者,故沒身卒以忠顯。嗟乎,千載而下,可以知公心矣。

余以詞林後進識賀公,公粥粥謹厚,未為通人所許,然不失為醇儒,以理學多所講貫,今散佚弗傳。武昌之變,楚王委國儲百萬以資賊,與雒陽事相類,故牽連書之。呂公仕宦參錯,余未及見,然在南中時,游公豐芑書院,諸生多稱之。流寇從澠池初度,淮、泗晏然。呂大司馬首以鳳陵單外為憂,勸上宿重兵為衛,人皆服其先見。又雒陽未破,苦言以借箸,福邸而終不顯其謀。賊去之後,雒士避亂渡江,頗有言其者。余籍而記之,二十年矣。今呂公之子兆璜知解州,而兆琳成進士,於故家遺老訪購公子遺文。淮南守吾友張公蘭孺,實公之壻,手自讎校,刻之於淮上。余既受而卒讀江村寒夜,從廢籠敗紙中,追理舊聞,補公家傳所不載,庶於國家存亡大故,後人知所考信,非為公一人已也。公諭塋在新安之某原,以郭夫人祔,其月日,譜系不載,載其大者。余以公在祀典,配醫宗,作家廟,諸生雅吹擊磬,登歌進酒,是不可以無辭,乃系之以詩曰:

嚴嚴兮孔宮，漆經將出兮壞壁笙鏞，我公其來兮章甫以從。奕奕兮周廟，鴟鴞毀室兮斧斨載道，我公其死兮四國是悼！溘埃風兮上征，御緱嶺兮王孫，謁我后兮天門，執羈靮兮微臣，瞻虙妃兮在旁，撫愛子兮沾巾！辭九閽兮心惻，降周覽兮下國，骨藉藉兮無人，擗宮牆兮叢棘。噫嘻！曾與閔其不見兮蹇吾法夫仲蘇，苟髮膚之罔愧兮知父母終不我尤，位鷹揚之苗裔兮功不遂乎營丘，庶斯文之不墜兮吾奚負於宗周，甘芝菌之萎絕兮忍化此蕭艾也。眷靈泉之涓潔兮雖抱石其何悔也！重曰鼓填填兮血輪囷，巫陽下招兮陰房青，北邙巉岌兮碑出雲。紲余馬兮河之濆，酹椒漿兮進蘭脯，刻貞珉兮誓終古。

康熙三年。

（碑原在新安縣城東關，文見民國《新安縣志》卷十四《金石》。王興亞）

理學雲浦孟先生祠堂碑

明符裴

萬曆二十六年戊戌正月二十日，巡撫河南等處地方、兼理糧儲、都察院右副都御史鍾化民，為表揚理學名儒，以崇正學，以歷後人事。據河洛等處生員張孔誨、郭有聲等，選貢王以悟、張孔訓等呈稱，前事者，看得原任吏部文選司郎中孟化鯉，德性既粹，涵養復純，廓尤西川之緒，直與二程同符；大王陽明之宗，宛然四科並軌。始任計部丞，拯濟之命，而多方以活孑遺。繼晉銓曹，秉衡鑒之公，而委曲以登俊彥。掛冠而纂輯諸子，發往聖之真傳。下帷而羽翼六經，開將來之要旨。論其心術人品，當從祀于孔廟之庭。據其朝議鄉評，先俎豆于伊洛之境。為此牌仰本府官吏再察明確，即以該府建立一祠。仍查無礙地土，作為焚修之資。肖像祀之，俾四方瞻仰者，登其堂如見其人，其所俾于風教，非淺鮮矣。須至牌者，祠基四至，附鐫于後：東北至官城，東南至山根，正西至山根，正南至官街。萬曆四十四年丙辰冬十一月立石。

崇禎三年庚午六月十三日，巡按河南監察御史李日宣，具疏請從祀孔廟。十月奉旨：照周、程、張、朱專祠特祀，仍敕賜建"伊雒淵源"坊于祠前，以續道脈云。祠地坐東門裏北高埠。其地界，北門起，至東城門樓官路止。四至：正西至山根，東北至官城，東南至山根，正南至官街。學道門外川上書院，東西南三至車路，北至城壕。內有兩賢祠，西川尤夫子、月川曹夫子，為先生師事。宗賢樓為先生講學會所。三友軒，遠近來學從遊者居此。俱係李按君建祠疏內事務，歲荒未經修理。附志。

明文林郎知新安縣事行取光祿寺署正翼城符裴謹記勒石。

辛巳，寇亂無存，大清康熙二十三年甲子八月重立石。

（碑存新安縣博物館。王興亞）

敕修碑

　　公諱化鯉，字叔龍，別號雲浦先生。癸酉登鄉薦，庚辰成進士。初授南京戶部廣西清吏司主事，管㢒庫，痛革宿弊。出榷河西務鈔關，廉平峻潔，一塵不染，惟與子衿耆老講聖諭六條，發明正學，去後士民肖像之。丙戌，直隸、江南、山東大饑，公奉命往賑，哀益稽核，兆民實受其□，全活者以百萬計。公自是譽望日隆，廟堂推重。尋轉吏部稽勳主事。本年調考功司郎中，歷官文選司郎中，薦賢爲國□□□□時，忤上意被譴。公神色自若，一仆徒步，公飄然跨蹇歸里山居。葛巾野服，日與同志及群弟子講學川上書院。遠□洙泗，近闡濂洛。郡邑長吏卒求一見不可得。沒之日，凡弔先生者，不曰梟菱稷契，而曰濂洛關閩；不曰精心卓詣，千古有賴，則曰嗟吾道之墜地，慨斯文之喪天。萬曆二十六年正月二十日，巡撫河南等處地方兼理糧儲都察院右副都御史鍾化民，以輿論請建祠春秋享祀。天啓二年四月初二日，以理學奉詔贈中大夫、光祿寺卿。崇禎三年六月十三日，巡按河南監察御史李日宣，請從祀孔廟，十月奉旨：照周、程、張、朱專祠特祀，仍敕賜建"伊洛淵源"坊于祠前，以續道脈云。祠地坐東門里北高阜。其地界，自北門起，至東城樓官路止。四至：正西至山根，東北至官城，東南至山根，正南至官街。外有兩賢祠、宗賢樓、三友軒。俱係李按君建祠疏內事務。歲荒未經修理。附志。

　　明文林郎知新安縣事行取光祿寺署正翼城符裴謹記勒石。辛巳，寇亂無存。

　　大清康熙二十三年九月中秋之吉。

　　孫珺、璘、璲。

　　曾孫文恒、文泰、文咸、文鼎、文觀、文乾。

　　元孫銑、鈞、錦、□、錕、□、□、□、鈿、□、錀、鏒、鏐、□、錂、□、鈺、鍾□、鉞，重立石垂照。

（碑存新安縣文物保護管理所。王興亞）

雲浦先生祠堂記附刻

清呂履恒

　　先生諱化鯉，字叔龍，雲浦，其號也。生于嘉靖二十四年乙巳閏正月二十四日，卒于萬曆二十五年丁酉正月二十六日。卒之明年戊戌，崇祀鄉賢。三十二年甲辰，專祠特祀。已經三院特請，奉旨：下部。天啓二年壬戌，奉詔贈中憲大夫、光祿寺卿。及我朝定鼎，康熙四年乙巳，大中丞文陸鍾公撫豫，以輿論請重建祠，肖像以祀。置田貳拾餘畝，以備薦饎，以待修葺。康熙二十四年乙丑，先生家孫束鹿公，字尹玉，諱珺，又獨出己囊，廣其前制。維時，拔貢公，字如玉，諱磷；歲貢公，字佩玉，諱遂，俱竭力任勞，共襄厥事。

由是規模弘廓，視昔有加。四方瞻仰者，登其堂，如見其人，其所裨于風教，豈淺鮮哉！先生德業文章，省所王先生述之備矣。予小子何能簣其萬一。而先生建祠本末，予嘗聞其詳于先大人。蓋先父明德公，實出先生門下。故予不揣愚陋，特爲記之，且以俟議者知所考云。

康熙己巳之春。

後學呂履恒盥手敬題。

焚修祠堂地，四至、畝數、量艮，開列于後：

其地坐落學道門外，川上書院前，大路南，約地貳拾畝餘，量艮陸錢肆分玖厘肆毫。在族長如玉胞兄名下經管。東至奎樓山根，西至路，南至河心，北至川上書院。此地係大中丞文陸鍾公，康熙四年乙巳請重建祠時，查無礙地土作爲焚修之資。吾族子孫宜擇賢能有德者，世世經理勿替。

孫瑁頓首謹誌。

康熙二十八年。

（碑存新安縣文物保護管理所。王興亞）

裴先生袤誌銘

呂履恒

吾邑自孟雲浦先明德後，蓋多君子云。其窮而在下者，得二人焉：曰邱方山、裴華池。方山以文，無害爲掾吏，清節聞於後世。而華池亦終於文學，其爲人，多忠孝大節，嘗率衆保聚拒賊，仁而有勇者也。又得哲嗣蘆院先生顯揚其遺緒，學者得以稱述之不倦。予少時嘗誌華池之墓，於今二十有五年，而蘆院卒於里門。易簀時，謂其子虹曰："吾生平學不求名，汝曹若不沒吾行事，則莫若同邑呂子之知我深也，其訃而屬銘焉。"嗚呼！先生往矣。其嘉言嬺行，蓋不勝書。書其大者，以嘉惠來學，俟諸史氏，是後死者之責也，敢不承命。

先生諱袤，字九章，居蘆院里，因以爲號。系出唐晉國公度後。明初，諱成者，爲先生始祖，自聞喜遷河南之新安，世有淳德。六傳至高祖洲，以德行賜儒官。曾祖光前，諸生。祖椿，以孝友稱。父翰芳，字華池，以諸生贈奉直大夫、兵部員外郎，祀於鄉。娶高氏，生袤；繼黃氏，生褒。先生自爲兒時，動中儀則，事父母，定省不踰時，出入跬步必告。侍大母疾，無間晝夜。及長，與弟褒友愛彌篤。先生既遊庠序，隨父館澠池，得悉讀《曹月川集》，乃嘆曰："一代真儒也。弗是之學，亦虛生耳。"明末，避難山中，躬汲爨以奉親，愉婉承順，猶日三復月川諸書，心私淑之。

國朝丁酉舉於鄉，己亥成進士。自是學日進，然簡穆寡營，人或易之，初不謂先生能官也。初授粵西貴縣知縣，時逆藩倡亂道塞，或沮其行，先生曰："甫爲人臣，而即以趨避爲自全計，謂所學何！"卒往。抵粵東肇慶，從統制議軍儲，以圖恢復。會粵西盡陷，乃之吉安。道中數遇賊，秘其符，以智得脫。開府佟公雅重其節概，代咨部，得改授江南溧陽。

溧陽稱劇邑難治，豪黨繁有徒。令至，即啗以利，因挾其短長，不則市逋逃奸盜以中之，鮮有解免者。或為先生難之，先生曰："昔人以盤錯別利器，事無難，顧力行何如耳。"既至，吏果以千金進。先生誓而卻之，將置諸法，吏泥首膽落乃已。因摘發邑中豪猾及漕弁之尤為奸利者，翦其魁，百姓安堵。歲旱，勸富室出粟，或躬諧其家為陳說利害，人無不立應者。復泣請於兩臺奏免額稅，前後三萬餘金。設糜，全活者以億計。其他善政率類此。

政成，被召命，以丁太宜人艱歸。讀禮時，益潛心《孝經》，日取先明德所著義疏尋繹之，欲集為成書，未就。服闋，授兵部督捕主事，在官逋逃無株連者。督儲通州，卻餽遺，漕運如期。庚午，貳江南典試，得人為盛。晉武選司員外郎，尋以足疾假歸。在籍十餘年乃終，時康熙四十三年九月十七日也。距生年天啟壬戌，得壽八十有三。

配韓宜人，邑善人韓惟新女。子男四：虹、岠、嶸、峻。女一。娶嫁俱詳狀中。孫七：紹祖、(尋)祖、緒祖、繹祖、繩祖、纘祖、統祖。曾孫七人。凡三世彬彬文學，稱其家兒也。

先生之學，內慎獨而力行，仁孝根心，順達而不窮。既私淑曹正夫月川，尋其墜緒，復矩步於孟雲浦、先明德之芳躅，以儉居德，以禮善俗，喪致哀，祭致誠，履信撝謙，恂恂若不能言。然賦性剛介，有一介不取之操。以故有志必為，為必成，雖位不酬德，其設施亦嘗見於世矣。其在兵曹也，有故人以五百金越例求官，先生曰："予不忍自汙，而忍汙故人乎！"求者慚而退。同邑陳心齋先生以書勸講學，先生辭曰："某自度生平為所不為，欲所不欲者多矣，復何敢然。"嗚呼！自聖言微而講義繁，好名者咸奔走如鶩。甚者，恃其資力自託於坐忘頓悟，騰口說而遠事情，宜乎儒效日疏，而謠諑者眾也。若先生，所謂不言而躬行者乎！韓孝廉君翼次其年譜，謂先生為真學術，信夫！予侍教先生久，亦竊有志於學矣，而志不強立，遂穫落無成。先生之屬予銘也，繄豈重吾言，俾知所謂學者在此不在彼耳。卜於明年月日，葬先生於方山祖阡，而以韓宜人祔。銘曰：

先生之德，柔惠且直。教起於家，政施於國。人擷其華，我落其實。羣飲爾和，罔不充溢。惟恭則壽，乃甯爾室。山蘊百靈，永鍾百脈，以利其孫子，世象厥德。後有願學者，視此銘石。

（文見錢儀吉《碑傳集》卷五十九。王興亞）

書王逸少吳均朱元思語刻石[1]

戊子八月八日，書邕州亭記三篇于青要山房，命子承曾藏玩。
澗樵偶筆
王逸少曰：坐而逸獲，遂其宿心，此常與安石東游山海，頤養閒曠之餘，欲與親故時

---

[1] 此刻石二。標題係補加。

共歡宴，金杯飲滿，語田里所行，故以爲撫掌之資，其爲得意，可勝言耶！常依依陸賈班嗣之處世，老夫志願盡于此也。

吳均與朱元思書：自桐廬至富陽，一百許里，水皆縹碧，千丈見底，游魚細石，直視無碍，急湍似箭，猛浪若奔，夾岸高山，皆生寒樹，負勢竟上，互相軒邈，爭高直指，千百成峰，泉水激石，泠泠作響，好鳥相鳴，嚶嚶成韻，經綸昔［世］務，咸窺谷忘返矣。

呂謙恒書丹。

康熙四十七年。

（石存新安縣橫山村夢月巖祠堂。王興亞）

光祿公墨蹟碑[1]

漢靈帝光和六年，刻石鏤碑，載五經，立于太學講堂前，悉在東側。蔡邕以嘉平四年，與五官中郎將堂谿典、光祿大夫彈議郎張訓、韓說、太史令單颺等，奏求正定五經文字，靈帝許之。邕乃自書丹于碑，使工鐫刻，立于大學門外，于是，後儒晚學咸取正焉。及碑始立，其觀視及筆寫者，車乘日千輛，填塞街陌矣。今碑上悉銘刻蔡邕等名。魏正始中，又立古、篆、隸三字石經。古文出于黄帝之世，倉頡本鳥蹟爲字，取其孳乳相生，故文字有六義焉。自秦用篆書，焚燒先典，古文絕矣。魯恭王得孔子宅書，不知有古文，謂之科斗書，蓋因科斗之名遂效其形耳。言大篆出于周宣之世，史籀創著，平王東遷，文字乖錯。秦之李斯及胡母敬，有改籀書謂之小篆，故有大篆小篆焉。

癸巳菊月書爲鶴書年兄。

雒卣呂謙恒。

康熙五十二年。

（碑存孟州市化工鎮橫山新村呂百功與呂歪子家。王興亞）

桂州訾家洲亭記[2]

呂謙恒書

光祿墨蹟

大凡以觀游名於代者，不過視於一方，其或旁達左右，則以爲特異。至若不騖遠，不陵危，環山洄江，四出如一，夸奇競秀，咸不相讓，徧行天下者，惟是得之。桂州多靈山，

---

[1] 此碑共六方，原存於新安縣北橫山頭村，夢月巖祠堂內牆上。一九九九年六月隨屋主呂百功與呂歪子家遷孟州市化工鎮橫山新村。

[2] 此與《邕州馬退山茅亭記》合刻。共五方，其中第二方字多漫漶不清。

發地峭竪，林立四野。署之左曰"灘水"，水之中曰"訾氏之洲"。凡嶠南之山川，達於海上，於是，畢出而古今莫能知。

元和十二年，御史中丞裴公來涖茲邦，督都二十七州諸軍州事，盜遁姦革，德惠敷施。期年政成。而當天子平淮夷、定河朔，告於諸矣。公既施慶於下，乃合僚屬登臨以嬉，觀望攸長，悼前之遺，於是，厚貨居民，移於閒壤。伐惡木，刜刊奧草，前指後畫，心舒目行。忽然與如飄浮上騰，以臨雲氣，山谷傳響，泠泠不絕。所謂三峽，此其一也。

嵩言：常聞峽中水疾，書記及口傳，悉以臨懼相戒。曾無稱有山水之美也。及余來踐蹟此境，既意至，欣然始信耳聞之不如目見矣。其疊岢秀峰，奇搆異形，固難以辭敘。林木蕭森，離離蔚蔚，乃在霞氣之表，仰矚俯映，彌習彌佳，流連信宿，不覺忘返，目所履歷，未嘗有也。既自欣得此境觀，山水有靈，亦當驚知知己于千古矣。□□□陸抗城，江水逕其北，城即山爲堞，四面天險。南岸有山，孤秀臨江，中似萬山面內，重江束隘，聯嵐含輝，旋視其宜。常所未覩，倏然互見。以為飛舞奔走，與遊者偕來。乃經工庀材，考極相方而爲燕亭。延宇垂阿，步簷更衣，周老一舍。北有崇軒，以臨千里。左浮飛閣，右列開館。比舟為梁，與波升降。苞灘山，含龍宮，昔之所大，蓄在亭內。日出扶桑，雲飛蒼梧，海霞島霧，來助游物。其隙則抗月檻於迴溪，出風榭於篁中。畫極其美，又益以夜。列星下布，穎氣迴合，邃然萬變，若與安期、羨門接於物外。則凡名觀游於天下者，有不屈伏退讓，以推高是亭者乎！

既成以燕，歡極而賀，咸曰：昔之遺勝概者，必於深山窮谷，人罕能至；而好事者後得以爲己功，未有直治城，挾圜闠，車輿步騎，朝過夕視，訖千百年，莫或異顧，一旦得之，遂出於他邦，須博物辯口，莫能舉其上者。然則人之心目，其果有遼絕特殊而不可至者耶？蓋非桂山之靈，不足以環觀，非是洲之曠，不足以極視；非公之鑒，不能以獨得。噫！造物者之設是久矣而盡之於今。余其可以無藉乎？

康熙五十二年。

（碑原嵌于新安縣呂氏祠堂，後隨主人遷至孟州化工鎭橫山新村。王興亞）

邕州馬退山茅亭記 [1]

呂謙恒書

冬十月，作新亭於馬退山之陽，因高丘之阻以面勢，無樽櫨節梲之華，不斲椽，不剪茨，不列墻，以白雲爲藩籬，碧山爲屏風，昭其儉也。是山崒然，起於蒼莽之中，馳奔雲矗，亙數十百里。尾蟠荒陬，首注大溪，諸山來朝，勢若星拱，蒼翠詭狀，綺綰繡錯，蓋天鍾秀於是，不限於遐裔也。然以壤接荒服，俗參夷徼，周王之馬跡不至，謝公之屐齒不

---

[1] 此與《桂州訾家洲亭記》合刻。共五方，其中第二方字多漫漶不清。

及，巇徑蕭條，登探者以爲嘆。歲在辛卯，我仲兄以方牧之命，試於是邦，夫其德及故信乎，信乎故人和，人和故政多暇，由是嘗徘徊此山，以寄勝概，廼墾廼塗，作我攸宇，於是，不崇朝而木工告成，每風止雨收，煙霞澄鮮，輒角巾鹿裘，率昆弟友生冠者五六人，步山椒而登焉，於是，手暉絲桐，目送還雲，西山爽氣，在我襟袖，以極萬類，攬不盈掌。夫美不自美，因人而彰。蘭亭也，不遭右軍，則清湍脩竹蕪没於空山矣。

是亭也，僻介閩嶺，佳境罕到，不書所作，使盛跡鬱湮，是貽林潤之媿，故志也者。夫其地之奇，必以遺乎後，不可曠也。余時摘讁爲州司馬，官外常員，而心得無事，乃取官之祿秩以爲其亭。其高且廣蓋方丈者二焉。或異照之居於是而不早爲是也。余曰：「昔之上人者不起宴坐，足於觀於空色之實，而遊乎物之終始，其照也逾寂，其覺也逾有。」然則向之礙之者爲果礙耶！今之闢之者，爲果闢耶！彼所謂覺而照者，吾詎知其不由是道也。豈若吾族之挈挈於通塞有無之方，以自伐耶！或曰然。則宜書之，乃書於石。

康熙五十二年。

（碑原嵌于新安縣呂氏祠堂，後隨主人遷至孟州化工鎮橫山新村。王興亞）

重修馬王廟舞樓碑誌

嘗稽漢烈之敕後主曰，勿以善小而不爲。余三復斯言，而知善也者，人之所當爲之者也。新邑北四十里許，層巒疊翠，林壑尤美，而潛處于兩山之間者，則名灘子溝焉。人物輻輳，貿易頗多，誠勝地也，亦財藪也。村左有馬王、牛王、青苗、土地、山神祠，祠前舊有舞樓一座，乃規摸狹小，風雨難蔽，每歲享賽演戲多嫌其隘，因而擴之。謂非善事。于是，本村後介君諱治表等慨然動念。欲尚其牆垣，廣其椽趣，變前日之舊制，新後來之觀瞻。遂募化合村善人，隨心捐助，共襄善事。茲功竣刊石，群然問我。余因寓館斯鄉，不避鄙陋，妄爲俚言，後之君子亦知所諒也夫！

康熙五十七年十月十日立石。

（碑存新安縣北冶鎮灘子溝村馬王廟。王興亞）

呂少司農履恒公墓誌銘

田從典撰

余自粵東歸里，居候選間，訪梓鄉吏治，士民嘖嘖稱寧鄉呂公譽之不容口云，康熙四十二年之冬，科道員闕，□□□□御試部屬及行取縣令，以奏疏二篇，余忝在試列，見有舉止端凝，從容於奏對者則公也。及退，閱其草，剴切而爾雅，命下，旋拜監察御史。

自與公同時入臺，周旋朝省，至於卿貳，相知尤深云。公起家知寧鄉縣，當荒歉之後，署中儲偫悉闕，或謂其不便，公曰：「事事求便於己、則不便於民者多矣。」請於郡，免差提下縣，緩徵減耗，招徠流亡，鬻子女者，為設法捐俸贖之，盡革陋例。假日，則與士子講學論文，科名以興。卒以報最，行取入御史臺，巡視中城，釐奸剔弊，不遺餘力。典試雲南、江南，及為留都丞，皆掌文柄。公素工制科業而矢之，至公所得，皆知名士，今濟濟詞館之英，指不勝屈也。為僉都御史時，男子宗四，因姦殺許氏母子五命，賄囑屍親，將息訟矣。公駁之曰："許氏即自殺，不必殺其子女，且右肘已斷，右肘斷，不能自殺。先自殺，誰斷其肘乎。"卒實之法。總督倉坊，咨訪利病，不縱不遏，監督運弁，無不感且畏。改佐司農，與尚書武進趙公同心協力，終始無間言，兩任皆錢穀煩劇，第以夙夜在，公孜孜無斁，出內會計吏不得為奸。公為人寬厚，長者忠朴無他腸而感慨意氣。其於得失毀譽，毅然而不顧，擴然而不留。（初入臺時，相國李文貞公巡撫畿輔，文貞為一時欽望。）簡任方隆，公以秋審事，意見未合，即具疏激切入告厥後，文貞當國益重公，人兩賢之，為副都御史。時侍御徐君諱樹庸建言曾指及公，公不以為嫌；及佐司農，乃於廷推薦之。久之，侍御內陞。尤佩服公之德量。苟非天資素厚聞道之君子，孰能與比哉。比余之與公，一見如平生，而久之尤為心醉也。公詩文甚富，皆有集行世。詩宗盛唐，尤稱作者。嘗曰詩關氣運，不可不知。夫發而不收，雖造化為易，盡極而不返，即人事為無功。是故由盛唐趨而為中晚宋元甚易，由中晚宋元復為盛唐甚難。然而難易者，其勢而勢，無往而不復之理，苟不惟其理，惟其勢，微特中晚宋元，即盛唐之詩，已先不能復，而為漢魏為三百篇矣，謂刪後無詩，可乎。吾於中晚宋元非不賞其奇，樂觀其變然，由奇以思其未始有奇，由變以思其未始有變，則采絢猶自貴也，舍盛唐將安歸乎！其論詩如此，故自漁洋王大司寇，相國陳文貞公皆當代宗，工於詩，皆推公焉。自公之去，感念良友，嘗為長歌寄之。不圖歲在龍蛇，大星忽隕，寢門之痛，其能已乎，命嗣憲曾等以墓門之言為請。噫！舍余誰當銘公者。

公姓呂氏，諱履恒，字元素，號垣庵。宋宰相文穆公第六子、兵部侍郎諱居簡之後，明初，諱俊者，由山西洪洞遷河南新安。俊生獻，獻生監，監生思聰，思聰生元，元生景陽，景陽生鄉，贈戶部侍郎，鄉生孔學，封戶部侍郎，又以賑饑，特贈右都御史，公之曾祖考也。南京兵部尚書、贈太傅諡忠節公，諱維祺，殉難，鄉郡學者稱明德先生，公之祖考也。

皇清福建道監察御史、贈中憲大夫、都察院左僉都御史諱兆琳，公之考也。妣王氏，封孺人，贈恭人，孟津王文安公鐸女。公以康熙甲戌科進士，初授山西寧鄉縣知縣，行取考選廣西道監察御史，內陞，歷奉天府府丞、通政司右通政、都察院左僉都御史，陞宗人府府丞、都察院左副都御史、總督倉場戶部侍郎，轉戶部右侍郎。

生於順治七年九月十一日，卒於康熙五十八年五月十九日，年七十。明年冬，葬新安城西北之原。元配王氏，山東濟東道無黨女，文安孫也，贈恭人。繼徐氏、王氏祔葬。今大人王氏封恭人。子男三：憲曾、宣曾並舉人；守曾，附學生。孫男四人：公遷、公澤、公詒、公望。公家世經術，科名特盛。自忠節以下，四世第進士。厥弟今編修諱謙恒。謙恒之子，今中翰諱耀曾，皆科甲，宜牽連書之。銘曰：

有所見於心，必失於口，是為言官之守。有所觸於外，不係關於中，是為大臣之公。遠繼文穆之德量，近繩司馬之樸忠。讀書有得，操行克終。不朽有三，曰德言功。崤函之原，連華挹嵩，鬱鬱萬年，奠此幽宮。

（文見乾隆《河南府志》卷九十二《藝文志》。王興亞）

新安縣李村龍王廟戲樓石柱楹聯

假相傳真演古今之奇事
虛跡成實談歷代之餘文
康熙五十九年四月。

（存新安縣李村鄉李村龍王廟。王興亞）

創建二郎廟樂樓碑誌

鳳山之左，有清源妙道真君廟，其來遠矣。鼎建者不知所昉，重修者不知凡幾，更始亦弗深矣。週人好樂施，眾善奉行，乃得殿宇崇隆，群廟環列，蓋煌煌乎盛蹟也。□至于廟之前，舊有歌舞臺，遭荒之後，只聞其説，未睹其址。鎮之人士每歲賽神獻戲者，率以架木為之。其糜費不可胜算。自常嘆肇造之難，而□□□□□楊君諱懷沂、裴君諱興仁、諱隱漳等相與語曰：真君樓[1]非建樂樓以崇妥侑，何以壯声靈而大觀瞻乎？然巨功浩大，數人之力慶不能□□，□□□□，鎮之人士商賈，或輸貨相，或□□，歲之季□起工，至孟冬告竣焉。□群廟非餂君之首□，眾善寸之樂施，亦烏能□功之過有如是哉！今有事石畫聊□□。

雍正三年秋吉旦。

（碑存新安縣西鐵門鎮小學對面電管所。王興亞）

新安王處士碑記

王處士之賢，余徵諸張子永康而益信，永康好讀書，不評騭時人，其于賢豪長者，多敬禮焉。每有聞見輒流連慨慕，樂稱述其行事，暇則筆之于書，以示子弟法守。至于酒後耳熱，歌哭繼之，是亦三代直道之所行矣。後之君子誦其言，讀其書，知人論世，無不于是折衷之。況吾生同世，居同里，性情同好惡者哉！余為童子時，即聞處士名，稍長耳益熟。以余南北奔馳，未克謀一面。歲甲辰，王晴江先生來宰吾邑，甫下車，即表其行為一

---

[1] 以下字殘。

鄉之望，蓋高士遭逢良宰，如言遊澹臺之相得，古今正無幾人耳。明年，處士卒于家。先生聞而哀之，手題數言爲贈，以寵亡也。邑人士素重先生，自是益多處士之行云。又明年丙午，李子季明、王子聿修等，高其誼，思其風，愛慕之深而弗能已也。將立石于道周，以彰懿好，且使處士之行，不與草木同朽，而因以示勸來者，意良厚哉。事既定，群以余性直樸無諛筆，故徵言于余，而以永康爲分。余言固不文不足爲處士重，而如永康所稱述，則皆信而有徵者矣。昔者中郎議公叔之謚，光祿誄靖節之行。前事之不忘，後死者攸責也。況余與永康皆處士同邑井者，知之也真，則言之也非浮。遠方之士，必將徵信于余兩人，而凡天下後世之知處士者，亦將取衷于余兩人之言。余即不敢方永康，亦何敢韜此幽光？按處士王姓諱弘儒，字貫三，邑之石井人。爲人孝，多沉厚寬宏，有大度，性恬退，能領略山居之趣。永康既條疏其行，大節昭昭，可謂善言德行矣。余所聞于父老者，若合符節，又何必贅一辭！其間如睦族周急，還金獵虎諸厚德，人多以爲難能。不知處士固豪者，尚思于物有濟，雖蹈湯火不辭難，而况區區身外物乎？嘗聞其先世，多慷慨尚義疏財，處士非善承先志，不能從容磊落如此。至若滅燭縱盜，尤其德之厚者。處士學問涵養，是亦可徵其概矣。□□人聞惡則信，聞善則疑，及蓋棺論定，又不能侃侃建議，大表白其生平，徒以爲衆好衆惡云爾。是亦古君子之所羞也。今以匹夫化鄉人，勢已難已，而至于事過時遷，猶有追述往行，滲滲下淚不止者，夫豈易得斯于人耶。嗚呼！斯亦傑丈夫也哉。余既誦永康之錄，折衷于素所聞見之實，而戔戔不自已也。因酹酒作歌以當誄焉。

其辭曰：稽古有訓，仁義殊軌。曾是孤特，而克備美。異以協同，行斯不詭。佩韋佩弦，道氣克體。我之懷矣，淑人君子。

其二曰：冥心任運，天爵爲質。□璞自完，焉用雕飾。仁耕義耨，天苞乃植。忠信弗虧，永言矜式。

其三曰：民有秉彝，大倫其首。國有令人，範茲群丑。永世克孝，因心則友。百世而遙，萬彙咸朽。維斯懿德，旨嘉予口。

其四曰：先民有言，四海弟兄。矧茲同姓，一本所生。葱葱鬱鬱，交枝敷榮。誼先任睦，粟賤財輕。史敘遊俠，千□□□。耨鋤德色，允哉誰□。

其五曰：嗚呼曷歸！僉有巨□。□歲之後，踣者孰立。形返山川，神融金石。光靈熠煜，長夜如日。和氣淳源，永正曰植。

雍正五年歲次丁未清明之吉。

同邑眷弟呂宣曾拜撰。

眷弟韓崇孟書。

合邑公立。

洛陽市姚進孝、濟源李□刊石。

（碑存新安縣石井小學院内。王興亞）

皇清誥授中議大夫光祿寺卿呂公（謙恒）誥封宜人待贈淑人王氏合葬墓誌銘[1]

【誌文】

武英殿脩書正總裁通家子桐城方苞撰。

賜進士及第巡撫江南安徽等處地方兼督軍務都察院右副都御史上蔡程元章書。

賜同進士出身充大清會典館纂脩官翰林院檢討門生陸宗楷篆額。

宜人姓王氏，孟津王文安公諱鐸之孫，太常寺少卿諱無咎之女，明大司馬忠節公之孫婦，監察御史贈僉都御史諱兆琳之子婦，光祿卿諱謙恒之妻，承曾、光曾、耀曾之母也。光祿之母王太淑人，即文安公女，夙愛宜人。光祿少隨母至外家，太常公及于太宜人異之，遂字焉。年十五，歸于呂。宜人稟母教，通詩禮。其為婦，宗婦之長者皆羡焉；其為母，宗婦之少者皆師焉。與光祿相愛敬，以成厥家，族姻鄉黨有述焉。余為耀曾同年友，而光祿待余最篤，以文學禮義相正。嘗語余曰：吾生平無媵侍，或疑吾妻不能容，非也。家事治，子孫成行，吾自謂可無此物耳。宜人與光祿生同年，卒後一歲，為夫婦者六十有一年。逮事舅姑，並越二紀。子三人：伯、仲，舉乙科。耀曾歷官四川按察使，所至獲民譽。孫、曾繩繩。耳目髮齒，至耄不衰，卒之日，言動如平時。以余所聞見，婦人之德與福兼，蔑與宜人匹者。耀曾以銘請，余何敢辭！宜人生于順治十年六月十四日，卒于雍正六年十月初七日。余既誌光祿矣，故子姓戚屬不具。銘曰：

曰豫曰豐，民生所善。布列六位，憂虞過半。有碩宜人，得天獨贏。美合令終，為咸為恒。族姓素貴，夫家世隆。所媲則賢，盡室融融。上學舅姑，下儀子婦。有孫有曾，康強壽考。在生疇榮，考終相次。憯此幽宮，永蔭世嗣。

男呂承曾、光曾、耀曾泣血勒石。

（拓片藏河南省文物考古研究所。李秀萍）

重修三清殿並金妝碑記

□□□□南爛柯山王喬洞，乃吾邑名區勝蹟，八景中之一大觀也。三清殿建于其中，由來已久。廟貌輝煌，神像巍然，左有林木蔭蔚，右有清流激湍，其足以慰靈爽而聳觀瞻者，□□□□斯夫！三清之名，傳聞老子一氣而化，史冊未之載焉。予嘗讀《感應篇》，深服其勸善無窮而垂訓之永久也。其言曰"善則天降之福"，即《易》所謂"積善必有餘慶也"。"不□則天□□□□"，即《易》所謂"積不善必有餘殃也"。其起人以忠孝節義之

---

[1] 此文與誌載差異較大。

志，而去其放僻邪侈之心，實與吾道相表里焉。是以生于周末，至今幾越世矣，崇而祀之尚，在在皆然也。不知是殿□□□代，屢經重修，皆有碑記可考，歷年久遠，殿宇復爲穨蔽[敝]，風雨飄搖，見者皆有傾覆之憂，然規模宏大，土木之費奢矣。故心雖有餘，力患不足，比比皆是。適于雍正十三年□□□馬來忠住持于此，睹之心惻，發願重修，因約善士張君諱鞠等咸作功德，同心募化四方，聞者量力而增，皆欣然樂成其事。迨廟宇完固，而丹堊金妝尚無所出，諸人又復□□□相約云，募化不足，各輸己囊。幸而好善，人心所同，不逾月皆已完備，神像煥然一新，較古制更爲改觀矣。是役也，雖集衆錦而成，良由馬氏道人見善勇爲，衆功德誠□□□。道觀厥成，亦似若有神助焉。然則登斯地，遊仙洞而心曠神怡，人欲爲之潛消；睹廊廟而起愛起敬，惰慢于焉悉去。誠洋洋乎大觀也哉！予樂其事而爲之序。所以永垂□□□不朽云。

邑廩膳生裴常福沐手撰。

裴承祖沐手書丹。

□□府正堂劉幾施艮乙兩。

縣正堂康之麟施艮貳兩。

縣正堂記功一次劉夢柱。

訓導郭大升施艮二錢。

巡捕廳呂緒祖施艮乙兩。

典史夏□施艮三兩。

雍正十三年七月吉日立。

（碑存新安縣爛柯山洞真觀內三清殿前。王興亞）

重修黃大王廟碑記

余館馬行溝南觀音堂家塾，地有黃大王廟，赫赫置河中，挺然特秀，一水環拱，蓋勝地也。不知來自何年。而究其創建者，則李君復性可松爲之謀始也。嗣而□□□亦李君可周、耀龍、進槐、士奇、士廉爲之善繼也。迄今閱世久遠，殿宇將圮，神像□初□，人睹淒然。適有善士李士純等善念勃發，各捐己資，募化衆材，以共成厥功，由是廟貌巍煥。妝塑告成，始之創建者不至于淹沒，繼之重修者再爲之維新，豈非有爲之前而美無弗彰，有爲之後而盛無弗傳乎。善哉此舉也！向非李君忠厚，傳□□□□□而何由得此哉！余是以讀其詞，積善之家，必有餘慶，以爲李君□也。

新邑後[1]

乾隆元年八月中秋日立。

（碑存新安縣文物保護管理所。王興亞）

---

[1] 以下字多漫漶。

皇清孝廉呂月巘（承曾）先生墓誌銘

【蓋文】

皇清孝廉呂月巘先生墓誌銘

【誌文】

皇清孝廉呂月巘先生墓誌銘

呂氏始祖自明初遷新安，至先曾祖忠節公起家南大司馬。先祖侍禦公繼之，吾父與兩伯父司農公、光祿公，又繼之光祿公生三子：長為吾第六堂兄諱承曾，字宗亢，號月巘，清水令。七兄總督舍場。十兄之胞兄也。年十五，補弟子員。性朴誠，無文華。年三十一喪，八歲痛傷，氣結患瘻症，遂遵例就太學，幾成痼疾，十年乃痊，仍理舉子業。庚子鄉試領副薦，至雍正甲辰恩科，始獲正薦，以遲遇未得一登仕籍，究心醫學。先是吾伯母王太夫人中年多疾，每劇，多終夜不寐，延諸醫罔效。吾兄因禱於北冶鎮西朝陽寺之伽藍神前，留宿僧舍，夢神語曰："汝母來日當愈。"連聲呼曰點爾何如，莫解所謂，還自北冶。遇父執曾仲昭先生手持一冊題曰《廣筆記》，乃醫書也。因借觀，歸途且行且閱，中有治不寐方。急舍劑進飲。是夜伯母即成寐，乃悟點爾者，指仲昭先生也。從此，益留意醫書。嘗合藥遇有疾病者，隨症施與，活人甚夥。

康熙丁酉，光祿公主試山東。吾兄聞信，就趨東郡。於逆旅中見一人病垂死，叩其由，具以告，且云囊橐盡，兄為製一方，出艮三兩，曰辦藥餌。倘不幸不能愈，可作棺木費。其人大感泣，尋愈。又嘗於直隸道中救一雪中凍夫。康熙六十年，吾邑旱荒，買盧姓一子一女，及歲稔，其父母與子女交相思念，吾兄即遣還，不令償值。此三事尤其額著者也。

吾兄自奉從儉。光祿公於己丑科方舉進士，入史館。十兄亦補內閣中書。次年，七兄選陳留教諭，吾伯母及十兄眷屬俱赴京師，七兄亦攜眷任所，具未析產約十頃，人謂當可由此致富。兄獨持家二十年，毫無私畜［蓄］，每年終悉以簿籍及費餘寄京師奉二親，以故無長貲。雍正己酉，光祿公乞休歸里，甫三日即沒。又年餘，伯母王太夫人繼沒。三兄居喪悉如禮。

乾隆八年七月，十兄卒於倉場官署。八月六（日），姪翼高訃至家。先是七兄以己未冬卒於清水任，七兄少兄一歲，小時共衣寢，長同學，痛思不已，漸致羸備。至是又痛思十兄，神益疲，吾嫂董氏憂之。勸來汲署，依弟為兄勸加餐也。值余亦甫聞倉場兄訃，為泣如禮。兄見之愈觸其痛，病甚。余急投醫藥，稍稍愈，半月後忽思歸。於九月十五日起身，十一月杪忽訃至，嗚呼！兄沒矣。訊來人云：二十日到家，入門見昌棺，一痛氣絕，久久乃蘇。臥床月餘，遂終。嗚呼！是歲四月，吾大宗姪孫鼎官死。九月十三日，昌高姪又死，司農公長子十一兄亦於冬月卒於漵浦任。司農公第三子十七弟前年卒於官。嗚呼！何家運之厄一至此乎？兄沒以乾隆癸亥十一月十六日酉時，距生于康熙辛亥正月十二日子時，春秋七十有三。元配王氏，丹陽令孟津王公諱用六女，賢明多智，娣姒妯娌咸師事之。先亡。繼配董氏，洛陽市董公諱永謙女，賢明如王氏，子七人：王出者一，董出者二，側室王氏出者四。或長殤，或中殤，今僅存側室所出一子遵高，甫十二歲，聘本邑王公諱致榮女。七姪昌高已娶偃師市太學張公諱受基女，無出，取七姪昌高之子□□為嗣，女五：一適王封旦，一適郭汝杞，一適王砥，一適郭汝模，一適王家翰。余於今歲四月奉差過家，哭吾兄，唁遵高。董氏嫂泣曰："遵父歿矣，遵幼不能狀父行，懼湮沒。叔知兄者，曷志之？"余銜淚答曰："唯唯，候葬。"時冬十二月，嫂命六姪書促余志卜，以來歲四月十八日與王氏嫂合葬。嗚呼，葬有日矣。惟堂弟法曾亦恐沒兄行，謹志其實者。銘曰：

率性以孝親，抱樸以接人。和藥以濟世，盛德無位，而勤苦其身。子眾多而少者存。嗚呼，其命耶！嗚呼，其命耶！當候幼子之克家。

時乾隆十年歲次乙丑三月初六日，姪翼高收淚書丹，男遵高注血立石。

（碑存新安縣文物保護管理所。王興亞）

皇清誥授資政大夫戶部總督樸巖呂公墓誌銘[1]

【誌文】

賜進士出身資政大夫禮部右侍郎年家弟沈德潛頓首拜撰。

賜進士出身朝議大夫國子監祭酒年通家世弟陸宗楷頓首拜額。

賜進士出身文林郎翰林院編修年家侍生沈志祖頓首拜書丹。

乾隆八年，倉場侍郎呂公奉天子命運米四十餘萬石賑饑，公以既老之年，早夜勤勤不勝勞；至于形神將離而猶惓惓于將恩命救災民，則平日之焦勞政事可知也。公秉性樸誠，胸無町畦，所至不務赫赫名，而事關民社及軍國利弊之重者，條目巨細，井井于中，務期得當而後已。乃欷焉徂謝，□□□□□□逐一檢勘奏請，不拘成例，惟易朽腐撓折者，一時歡呼載道。餘如添倉廒、閱運丁、恤車戶、免浮稅、給餘米、懲蠹吏，共條十餘疏。天子鑒其誠，俱報可。先是通州東北隅為白河瀉流處，或建議築葦堤以護其外，旨命公詳勘。公驗土性堅，城垣固，水勢瀉而不沖，無傾圮患。且商賈鱗次，居民稠密，毋庸築堤，以妨其業，但諭商民自行培護，不糜幣，不擾業，其持重靜鎮類如此。此皆生平居官行政之大者，餘纖小不備書。公天性孝友，數歲時肩隨弟妹皆不育，俗言咎公命相妨礙，宜拔睫毛以禳解，公竊聞，除睫毛幾盡，不令父母知，既貴，隨光祿公官京師十餘載，依依如童稚，幾微事必稟命，每得歲俸，必捧送堂上。及遭兩喪，齋居茹素，哀毀幾滅性。敬事兄長如嚴親，遞衣公食無閒。厚宗黨故人，有緩急曲從所請，篤桑梓誼。倡修中州會館，

---

[1] 誌石六方，存第一、四、五、六方，丟失第二、三方。此據刻石錄出，其文與《新安縣志》及《洛陽市呂氏金石列傳》載文差異較大，內容偏少。

棲止計偕。謁選者延譽後進，一言一行必揚于人。新安漕米，不近水次，挽運惟艱，爲當事指陳，改征折色。又言于當事，除去浮糧若干，闔邑感頌不衰。教子義方，務其實。沉潛贄友至，嘗侍左右，繼奉盤妖進，詢之，知已列賢書。友歎曰：古道猶存也。子之官，以實心報效，有"切記傳家惟節義，可知馭下在慈仁"之句，時時檢勘闕失，無忝門風。此世祿之家所罕見者。

任倉場，與宗室塞公誕降同旦，適獲雙鹿，撰《雙鹿記》。官少司農時，邱第巢燕，連產白雛，作《白燕詩》，一時賡和甚夥。生平尚樸學，制藝、古文，典重醇正，詩戒綺靡習。兩充順天鄉試，同考及閱會試回避卷，矢公矢慎，所得士多有用材。公任內外官，前後三十餘年，又皆要職，而律己儉約，衣必浣濯，食不兼味，無媵侍、音樂、古玩諸好，而一并其力于治官制行。此所以澤被中州，名著祈常。紹理學之正傳而延忠孝之世澤者也。公卒于乾隆癸亥七月十八日，距生康熙己未九月十七日，享壽六十有五。

誥授資政大夫，贈祖父考妣如其官。配孟氏，誥封夫人，連山知縣諱文乾公女。子丈夫二：長肅高，康熙庚子科舉人，任江西吉安知府，娶董氏，繼娶胡氏；次翼高，二品蔭生，候選主事，娶程氏，繼聘顧氏。女子二：長字壬子科舉人王貽穀，殤；次繼適王貽穀，亦早歿。孫男五：燕征、燕應、燕昭、燕標、燕謀。女孫三，俱配名族。

乾隆拾年肆月初玖日，將葬公于新安縣北祖塋之次。余先得交于公從弟松坪方伯，以詩文作合，後得交于公，屬選定光祿公詩文集時，以公事自通回京，輒會合。晤語如止水靜，如春風和，令人矜平躁釋。忽忽十餘年，重歎逝者。而今乃爲公草志石也，可悲也夫。銘曰：

明德之後有達人，忠孝世澤遠紹聞。蘊積而顯光煙熅，歷官中外廉且勤。震聾刮昧苗頑訓，挽漕百萬通天囷。創懲貪吏安軍民，鳩宅鴻雁輸津門。民則活矣公殞身，一棺歸里蕭然貧。幽幽者邱返其真，博哉清德遺子孫。百世以後公長存，欲考令聞徵茲文。

乾隆拾年四月初九日。

（碑存新安縣文物保護管理所。王興亞）

祥符教諭呂君瀿曾墓誌銘

陳浩

君姓呂氏，諱瀿曾，字宗則，號力園，余同年友松坪方伯之從兄也。戊寅，余遊大梁，松坪歿已十有八年，其子公溥偕其世父靖州刺史伊蔚之子公滋從余學，因持刺史所述力園行狀而乞銘於余。

呂氏自北宋時即為中州文獻，至明太傅忠節公實為新安呂氏大宗，忠節公生侍御公，侍御公生四子，仲為司農公，諱履恆。伊蔚、松坪，皆司農公子，而君則拔貢生儀封教諭諱復恒之長子也。前母傅孺人無出，母為蕭孺人，生君及兩弟循曾、仰曾。

君性質鈍而勤於學，其於力行必蹈其實，而未嘗麗於私。某年，司農公以分補户部公項萬五千兩，計罄其產不能支，君即先鬻己之田以助之，并為其弟經理生計。舅氏蕭叔佩有詩名，以窮寓江左，君使人迎以養之。舅歿，又字其子焉。

　　君以康熙癸巳科舉於鄉，將選縣令，以母老不欲遠仕，請改選，得祥符教諭，遂迎太夫人於開封。居數年，太孺人歸，君以長官委辦捕蝗，不得隨侍。旋以母憂去，哀毀成疾而卒。

　　方君之未仕也，家居治小圃，植蔬果花木以娛其親，因教子弟及其鄉人數十餘年，伊蔚與松坪皆從君學者。余既與松坪為同年友，聞君之學行於三十年之前，而今公溥、公滋復朝夕為余述之。刺史伊蔚，篤行君子也，今據其文著君之生平，獨存其大略如此。

　　君生於康熙某年月日，卒於乾隆十五年月日，年六十有七。娶郭氏，無子，以從兄章範之子公詒為之後。公詒中乾隆辛酉科舉人，後公三年歿，有子中君。所著有《韻可》百六卷，詩、賦若干卷，制藝若干卷篇，以乾隆某年月日葬於某原。銘曰：

　　有以待物，外無所施。名不耀世，而家是宜。邙山之側，澗水之涯。既固且安，君其妥而。

（文見錢儀吉《碑傳集》卷一百十一。王興亞）

創建玉皇廟舞樓碑誌

　　從來享賽神聖，必須歌舞敬獻。歌舞必須樓臺。荆紫山，新邑名山也。地最傑，神最靈，四方人士結社享賽歌舞于神廟前者，靡歲不舉。而樓臺獨缺，故當聖令獻戲之期，四方山主負板擡木不下數十人，且距村甚遠，張惶辛苦之狀，不可勝言。及歌舞方畢，而樓榭為之一空，不惟無以狀廟觀，亦甚非一勞永逸之善術也。主持道人李陽全者，業已堅志修造神廟，復欲苦力創建舞樓。然巨功非一人之所能成，猶之大廈非一木之能支，因募緣四村山主，雅意好修善士，捐金輸財，公成善舉。自雍正七年三月謀始，至雍正十年二月落成。此後歲逢聖會，四方人士結社享賽歌舞于神廟前者，不煩力而樓臺儼然在望，眾人咸欣幸曰："此真一勞永逸之善術也。"而所以壯廟貌者，不更足多乎。事經數載，未及列貞珉，道人恐世運遠，而善士之名不署也。責余為文，以垂永久云。

　　乾隆二十一年歲次甲子孟秋刊石。

（碑存新安縣下石井鄉荆紫山南玉皇廟。王興亞）

重整南河灘獻戲碑記

　　關門舊有樂王聖會，起自康熙五十八年，由廟前而南□□□□□戲均以五計。但廟前與東西兩處，各有首事經管之人，獨南河灘獻戲□□□□□□起驟馬大會，每臨會期，閣鎮公議十數人，赴會作合，所抽稅用以□□□□□行，已十有餘年。繼而牙行集首茹起信，約閣鎮士庶言曰：騾馬會期□□□□獻戲，牙行獨寫。鎮人許之。自此，牙行年年獻戲趕會起，至今二十餘年。□□□□□王耀宗等推諉軍需，抗阻不戲。閣鎮士庶□□□兴：行射刊公八稟，□□□□□批，仍按舊規行事。閣鎮公議□□趕會。牙行又央首事曰：已屆會期，□□□□後，年年獻戲，倘不獻戲，便不許趕會。今先出錢一千，立石傳後為允諾，遂從厥由來，以誌不朽。

鄉約、保正、保長等。

清乾隆廿一年十月。

（碑存新安縣西鐵門鎮小學。王興亞）

城南學道門碑文

清邱峨

先生諱公禮，榜諱化鯉，字叔龍，雲浦其號也。明萬歷庚辰進士，歷官吏部郎中，贈中大夫、光祿寺正卿。以建儲事，致仕旋里，講學川上書院。茲其地也，內有講堂三楹、兩賢祀、宗賢樓、三友軒，又有齋房數十間。一時名流雲集，如陝州理學王惺所先生、澠池理學張抱初先生、本邑忠節呂明德先生，皆從此發軔焉。惜明末兵燹之後，不免黍離茂草之歎。然炳載邑乘文集，固不可及也。甲申冬，有私典鬻者，族眾呈請本縣，為念先賢遺址，仍歸其業，立案存房，正所謂存羊以存禮也。後為立石，以垂永久，示其子孫世世保守，而邑人士亦不藐先賢而垂涎遺也。並將四至列後：東西南三至路，北至城根。立石為記。

邑侯粵東後學邱峨謹志。

乾隆三十一年十一月吉日。

五世孫錟、錕、鐸同立石。

（碑存新安縣文物保護管理所。王興亞）

泰山廟萬善同歸碑

【額題】萬善同歸

青要帝之密都，亦邑之靈鎮也。霞蔚雲蒸，亶降厥神，若錢宣靖、孟雲圃、呂明德、邱方山及茲土之貫三先生，代不乏人，光燭日星。其最高一峰，號曰荊紫。嵐焰卷舒，漫道赤城霞起；山光吞吐，恍疑巫峽雲開。峰之南，古柏森森，村煙靄靄，地名石井，余之遊也，爰至于斯。俄焉見有檐牙壯麗，棟宇參差，廟貌偉甚，諦其所祀，固泰山神也。臆者其武羅之延祠耶，抑林泉高士，善山斗之懷耶？嵩峰君子，圖書瑞獻河洛；岱峰丈人，道統心傳尼峰。抱山嶽拱向之心，妙江漢朝宗之意，覺所謂想像景仰間，令人鼓氣肅象、惕心厲志者。厥巘巘惟之泰山，則茲祠之由來，可想見矣。茲者王公如桂、如陵、如玉、如岳、者教登科，以前人之心，業前人之業，重修之功初竣，列名之碑未開，首事者固以弁語問故，敢謹效搦管。夫瘞望之舉，自古謹之，固也。竊聞人之道為仁不卜，照義不問；神之靈其幾不測，其道無方。騁神變而揮霍，降精靈而伺察，風雨和會，人文蔚起，天寶偕物華而共革，地靈與人傑而並昭，爰為頌神功于名區，記厥事于貞石。

邑後學李梓薰沐謹撰並書。

龍飛乾隆四十八年重修。

化首兼督工李文進錢三千，王如崇錢三千，王崇童錢一千，杜進錢一千，王者口錢一千，王如雲錢七百。

功德主王如陵錢二十千六百，王者教錢十八千二百，王如岳錢十七千二百，王如玉錢十六千二百，王如桂錢十六千二百，王如桂錢十五千四百。[1]

大殿獻殿十有一月初三日興作，四十九年五月初十日告竣，十有一月十一日同立石。

乾隆四十九年十一月。

（碑存新安縣石井村泰山廟石井小學。王興亞）

重修老君殿碑記

【額題】大清　日月

且凡事之作，固不可半途而廢，亦何可躐等而進，況修理廟宇，金粧神像，表誌善信，其次第固昭昭也。胡得以藻采未施而遽立石以畢厥事乎？然而有不可概論也。蓋以人事之成敗，半由天運之泰否。有如老子大殿之修理。老子者，道教之鼻祖也，其功其德難以枚舉，即此《道德》一經，其可以儀型乎玄門，直如晉身于奕葉。今廟已落成，而復更新其像，以享以祀焉，誰云不宜。無如廟宇甫竣，即覓畫工，而畫工不就。越癸卯歲，旱魃肆虐，而工莫興，且歷數載，而五穀咸不登，延及丙午，旱災仍未免，而蝗蟲又復作，嗚乎，已矣，金粧已無復望矣！天實爲之，謂之何哉！又兼與事之人，居多年邁，總理已云亡矣，倘不急爲立石，竊恐緣簿有失，使好善樂施之姓名，淹沒弗彰，反不如躐等之爲少愈也。雖然，猶有冀天假衆以年，徐待夫歲之豐，則仍加丹臛，以補神其闕，庶前愆可蓋而不終于躐等焉，此又年耄者之所厚望也。是爲記。

耆老梁永康薰沐拜撰。

梁珺浴手敬書。

石工趙苞敬刊。

乾隆五十一年歲次丙午仲冬吉旦。

---

[1] 以下有八十一位捐款者姓名，字模糊不清。

住持劉來樣，徒伊□全，徒孫袁本香，徒曾孫王合龍仝立石。

（碑存新安縣五頭鎮金溪村小學院內。王興亞）

禁賭記

【額題】皇清　日月

　　廟頭鎮舊有約，禁婦女白晝觀戲及弟子登□者，以端風教，以收放心，雖千里遠近，莫不歎其法良而意美也。丁未春正月，衆鄉親又有禁賭之約，屬余爲文以敘之。余竊思無益有害，莫如賭博一事。奚以明其然耶！人生各有常業，一貪賭而無不廢焉。士以賭而讀書荒，農以賭而治地誤，工人賭而疏其手藝，商人賭而敗其生涯。以心分而時過故也。夫人莫不愛其家，至于賭而產業蕩焉，父母不能養，妻子不能顧，祖宗之祭祀將斷，親戚之禮節難周，人莫不愛其身，至于賭而性命輕焉，晝當食而不暇食，夜當息而不暇息，坐久者以耗神而致死，債重者以逼勒而舍生□不寧。唯是宵出賭，夜開場，門戶不謹，歹人伺隙而乘便，況無錢可償，必至于攘竊爲匪，賭實盜之根也。更可慮者，賭博人雜，或且男女無別，始而目營手畫，繼而邀好偷情，賭之媒非淫之媒乎！賭博之害如此，其當禁可知已。蓋論天理則爲賭錢而使奸巧，壞心術。輸窮者多，贏發者幾？俗云：賭博錢，當下還也。論王法，則賭博之禁，杖一百，枷兩月，重則徒三年，流三千里，紳士照例斥革，衙役加倍發落，以賭博爲奸民，非良民也。論人情則正路費錢，反或慳吝，至于賭博贏者，討錢而不承情，輸者償債而無推託，爲善何其難，爲惡何其易耶？嗚呼！錢之來，豈盡容易？以勤而得者，一賭博而心力枉矣；以儉而得者，一賭博而畜積潰矣。品行自賭而喪，子弟自賭而壞，風俗自賭而薄，生計自賭而窮，如此而能禁之，其端風教而收放心，較之觀戲登□之禁，法不更良而意不更美耶！

　　禁賭條約：嗣後凡我親友充膺鄉保甲長，十家鄰右，照禁賭之條辦理，永垂不朽。

　　一曰絕賭具，有賭具與賭同罰。

　　二曰淨賭場，隙地、寫人、開場與自開賭場者同罰。

　　三曰禁有輸贏類，賭者與賭同罰。

　　四曰十家互相稽查，犯者連坐。

　　自禁賭之後，父兄當戒其子弟，鄰家勿得隱匿犯者。開場，罰戲三天。賭棍各罰磚五百。隱匿者同罰。

　　丙午冬，鄉保奉縣主楊諭，因旋里具知單，偕諸君有同志者，爰興此舉，恐有初鮮終，故刊石以垂不替。

　　後學鄧行簡撰。

　　恭簡書丹。

首事人同鄉保甲長韓清、鄧炎升[1]

乾隆五十二年正月中旬立。

（碑存新安縣廟頭村學校院內。王興亞）

鄉規議

【額題】皇清

嘗思教不先則率不謹，不教而罰則謂之虐，教之不改而後可罰也，國固有之，鄉亦宜然。試言之，農穀者民之本也，材木者農之用也。本不可傷，則苗稼宜珍焉，用不可缺，則樹植宜愛焉。不草而牧苗，不種而侵稼，不植而伐木，甚非所以崇本利用也。故秉穗可拾，但取滯遺，芻蕘非禁，難縱尋斧，古人所爲，示民以礼也。考之于經，有牽牛蹊田之罪；証之于律，有擅食瓜果之刑。而其他可類推已，先戒後罰，口舉碑書，共遵教約，免犯官刑，謹列其條如左：

一、十一月初一日後，馬牛羊入麥地者有罰。驢騾馬牛，每一隻罰錢一百文，犢駒半之。羊一隻罰錢三十文，夜放者加倍。趕牲口者，以罰錢之半與之，一半入廟上官用。

一、田中有芟麥者方許拾麥。有割谷者，方許拾谷。過十月初一日，方許拾花。不遵者協同鄉保議罰。

一、田中一切樹木□□毀傷過多者，隨時酌量議罰，凡不受罰者，稟□□□□。

上庵廟頭村公議。

乾隆五十四年正月□旬立。

（碑存新安縣廟頭村學校院內。王興亞）

槐樹嶺茶亭記碑

呂公滋

嶺去城十里，爲西北通衢，有古槐一株，因以得名。其地廣闊，無村舍，每當暑雨風寒，行人苦之。初，余先人始遷新，即于此建立茶亭，今廢五六十年矣！余謀修復之，稽其舊跡，則已歸郭氏。郭長者，予之值不受，增其基而施之，亦義舉也。遂于孟春之月，鳩工庀材，有鄭君子志、王君揆一、孟君達士十餘人，不憚勤勞，共勷其事。里人村上牽車執畚，欣然來助，辭之不可。足見吾邑風俗之厚，民情之淳，衆力畢集，亭不月而成。亭之旁多樹以槐，使青蔭婆娑，蔭我行旅。幕舉一人，置田數畝以贍之，顧吾後人以時修葺，俾毋廢墜。庶不忘先人之澤，而負衆鄉黨之美意焉。

---

[1] 餘三十六人姓名，字模糊不清。

乾隆五十六年歲次辛亥清明前五日。

橫山亭氏呂公滋記。

己酉科副榜候選儒學教諭河南王堯阜書丹。

（碑存新安縣文物保護管理所。王興亞）

高崖頭閭塾碑記

新安呂田

高崖頭者，青要之支也，在邑北五十餘里，居民三四十户，皆因山開田，營窟聚族而處，無遊手遊食之人。雖連逢歉歲，除一二小康之家外，大率尚可自顧。因共捐錢若干緡，于村西偏鑿陶窟三間，爲閭塾以教子弟，所謂"倉廩實而知禮節也"。歲壬申，余館于茲，曾賦其事以美之。越癸酉，村中好善者復捐貲，修其垣宇。工既竣，乃礱石求文于余。夫以區區蕞爾之地，樗蒲成俗之時，乃能超然獨異。凡所爲廢業敗類之習，莫不嚴以絕之。而力田服賈，輸財立學，亦可謂錚錚佼佼者矣！孔子云："十室之邑，必有忠信。"不誠然乎哉！昔諸葛武言："才須學也，學需靜也。"仁義禮智，性所同具，親我序別，道有因然。是才未有不善者，而必擇地爲學以致之，則斯塾固其所也。惟望厥父兄加意實行，禮延明師，申之以孝弟之義，博學詳說，講明而習熟之，以期有成。庶于斯舉爲不負焉。況小子有造，俊秀間出，則此閭之應文運而小興起者，又詎可量也哉！不佞行將拭目以俟，故于共襄義舉者，詳列於左，亦不沒有善云。

受業第十一侄孫田頓首撰。

（文見《新安教育志》。王興亞）

明經歷呂孔教墓碑

公諱孔教，字紹文。始祖諱俊公八世孫，明贈資政大夫、户部右侍郎、諡敦懿公鄉公次子也。配毛氏。子二。堂卒，不及悉載。墳地二畝五分。

乾隆五十七年歲次壬子二月穀旦。

受業第十一侄孫田頓首撰。

誥封奉政大夫山西直隸解州知州推陞雲南楚雄府知府姻眷弟胡龍光頓首拜填諱。

（碑存新安縣呂氏塋區。王興亞）

火帝真君廟碑記

竊聞之祀典曰："有廢莫敢舉，有舉莫敢廢。"誠以廢其所舉與舉其所廢，其罪均也。

火帝真君，南方大帝也。而觀內闕其廟，是豈典之所可廢乎！典不可廢，而人廢之，不惟蔑典，且以慢神，□神職司火政，其德之及于人大矣。吾儕躬居道觀，而蔑典以慢神，罪奚逭哉！壬子春，予師王公□□建斯廟，乃有志未逮，而遽捐館，其事遂寢。歷春及夏，予欲成師志，苦力不給，請衆山主議諸□□□主僉曰："善，是鉅典也。爾其勉之，倘力不逮，願捐資以助。"予曰："唯唯，請受命。"維時衆山主共捐□□□，予出觀內資若干，又出己身艮五兩，遂卜龜擇吉敬修神廟□楹于三清殿之東偏，明□□□□聖像而付于其內，朝夕焚香，勿敢或替，繼至今，勒諸石，豈敢自以爲功，抑以明予之得成師志，不至蔑典以慢神者，皆衆山主之力也。是爲記。

龍飛乾隆五十九年歲次甲寅春二月十一日。

住持張一旺暨徒孫趙來淳同立石。[1]

（碑存新安縣五頭鎮金溪小學內。王興亞）

新安呂忠節公元孫侍御公曾孫司農公孫方伯公子公溥字仁原號寸田之亡次側室韓氏二黃墓誌銘

【誌文】

余妾韓氏，洛陽市人。歲癸酉，余遭家難，無以爲家，母夫人歸養于舅氏。余妻董，攜長妾黃，寄養洛陽市外家。韓之父桂，負女來賣，年才十二，余妻以釵環易之。丙子，遂歸余家，兢兢執業不敢懈。當在外家某夫人者，通相術，謂此女宜男，黃心志之。辛巳，余年三十有五，尚無子，因勸納焉，名之曰二黃。明年，生兒書根。丙戌，生女葉。戊子五月八日，葉女暴殤，哭泣得瘦症。余時奔走四方，弗遑恤也。根兒天性醇謹，沉靜而心慧。四歲時，口授《孝經》、《杜詩》，背誦如水流。八歲，入塾讀經書，求索其解。年十三，旁通騷史、古文、詞賦，學爲時文，斐然有章。丁酉，娶婦胡，頗賢達，事三姑如一，母夫人顧而樂之。而韓嘗戚戚曰："病久不瘳，弗克享兒若婦孝也。"甲辰，根兒猝夭，乃大慟，仰天呼曰："身所出一男一女，皆死，何以生爲？"母夫人年正八十，根兒故，臥床不起，十八日而逝。余方在苫塊中，有齊醫來自武昌，叩門，赴吾根兒之約，蓋以治症瘕世其家者。延入，使治之，以尺許長針刺其腹，火攻，出瘀血升餘，腹中塊然者頓消，索重酬，留藥及膏而去。訂以明春復來，當使不復發。乙巳五月，根兒死日，號哭竟夕，乃復病，日益篤，遂至于死。武昌之醫終不來也。嗚呼，傷哉！心慈而性儉且慳，事余三十年，無大過，眇于目而耳倍聰，善烹飪，凡祭祀賓客，雖蔬饌必致精潔。母夫人嚴于飲食，每喜爲加一餐。生于乾隆七年壬戌九月十五日亥時，卒于乾隆五十一年丙午閏七月二十八日丑時，享年四十五歲。今于六十年二月十日祔葬于縣城西原夫人墓次余所應入之

---

[1] 衆山主佈施者姓名，字多模糊。

莹也。銘曰：

婦人所喜，惟在生子。病以女殤，死以兒死。謂爾宜男，而止于此。葬爾銘爾，辭達而已。

寸田老人淚筆。

嗣孫呂琦泣血稽顙上石。

趙苞鐫。

乾隆六十年二月。

（碑存新安縣文物保護管理所。王興亞）

重建荊紫山真武行宮碑記

聞之武當山有二十七峰，三十六岩，二十四澗，溪谷回環，崖壁相望，誠洞天福地真人修煉所也。昔真武爲太子時，奉元君之言，居之修道精煉四十二年，白日沖舉，其聲靈之赫濯，震當時而聞後世，宜乎香火之盛，千百年于今不絕。而奔走，而奉之者，幾遍天下也。吾邑荊紫山孤峰峭拔，高插雲表，每當煙消雨霽，翠屏千仞，出沒隱見，令遊者心神飛越，山坳有真武行宮，創建於前明成化年間，繼修者屢矣，歷年既久，傾仆特甚，井溝、窨頭、塌底、石門溝諸善士劇〔醵〕金募匠，鳩工庀材，金碧輝煌，廟貌聿新，巋然于重崗復嶺之上，不知視武當之二十七峰，三十六岩，二十四澗爲何如。然林木郁茂，洞壑幽深，層巒疊嶂，竟秀逞奇，亦棲鶴之仙境，駐錫之勝地也。它年香火之盛，安知不如武當，則即謂荊紫之峭崿一武當之峻嶒可耳。余于遊覽登眺之下，輒低徊不能去，茲因廟工告竣，住持道人請爲文以志之，並記董事者姓名于後，永垂不朽云。

河南府學增廣生孟子容沐手敬撰。

新安縣學附學生趙登科沐手敬書。[1]

石工暢三光鐫。

時大清嘉慶元年季秋之月吉日。

（碑存新安縣荊紫山通仙觀前。王興亞）

瑞雲厈詞

厈厈奇哉幽然，吐石峰，賽雲煙，群山朝拱，之玄纏綿。青泉懷中抱，紅石砌欄杆。頂若金枝玉葉，又似干呂紀官。時時玩易在裏眠，有誰知，風韻天半。

又歌：

---

[1] 功德主首事捐艮人姓名，字多模糊。

瑞雲厈，可清閑，能避是非萬萬千。只見那猿猴摘菓，只見那麋鹿尋餐。
只見那千花鋪地，只見那百鳥吟天。君豈知遊玩靜境，不稱神仙也瀟然。
本山主人安陽子徐步雲著。
神恬氣靜，有超然塵外之致，實獲我心。我思古人，不圖于今人見之。
庚子舉人鄧行簡評。
嘉慶二年孟春穀旦。

（碑存新安縣青要山瑞雲厈下裴姓宅內。王興亞）

重修玉皇殿及三官殿碑

　　觀創之至元癸丑歲也。由元、明及我清，蓋□百年于茲矣。其間殘缺者補，廢壞者修，未嘗不歎斯地之多仁人，而持觀之多善士也。有道人李一東者，年近九旬，而興善之念不衰，茲觀諸神祠，經其重修者二次。聖殿未及告竣而逝，幸其徒及其徒孫多孝思，能善成其志。時則有若李君忠謀、忠臣、忠澤、忠言、仰孔及鄭君明九等盡心竭力，共勷其事，□□三官聖殿其師徒亦重修之，功竣于嘉慶元年之春。其徒丐志于余，余嘉其善念，勿忘諸君之力，孝思克全乃師之衷。是爲記。
　　邑增廣生員呂□泮林撰書。
　　山西稷山縣甯萬周，子學□刊字。[1]
　　本觀住持陳陽松、高陽秀。
　　道會司王來寧。
　　龍飛嘉慶二年歲次丁巳荷月吉旦立石。

（碑存新安縣清和觀內。王興亞）

重修荊紫絕頂玉皇閣敘碑

　　丁巳夏四月清和節，玉皇閣落成，越六月既望，本觀道人敦請爲敘，余因不揣徑述以誌之。蓋聞昆侖之山有三重，相距各數萬里，其北爲閬風，倍而上之，是爲懸圃；再倍而上之，有大帝居焉，曰紫宮，固太一之精也。天極星環之，匡衛十二藩區。閶闔嶕嶢，列宿繁麗，闕曰黃金，京曰白玉，飾以火齊翡翠，映以珊瑚玉樹，真九天神境。而爲騎白雀者，統攝三界，屬萬靈之極所也。吾鄉荊紫山一柱孤擎，四嶽拱照，其萬仞懸崖之巔，有玉皇閣，上薄青冥，高接紫極，飛閣連雲，下臨無際，嵐光靄靄，桂殿齊榮，翠黛飄飄，鴛瓦俱麗。歷倒影而絕俗，宛然天衢；起青松而摩雲，交輝玉樹。是誠閬風懸圃而外，又

---

[1]　以下爲功德主姓名，字模糊不清。

一神臯奧區也，所謂天上之黃金闕、白玉京，其靈異想不過如是。惜乎殿宇傾圮，令人太息，余窃有志恢復之，尚未暇舉，適有善女符、李、楊三氏，願同爲募修。會道人俾余作功德，余豈敢以功德自任哉！不過聊附其後，以鳩工庀材，冀殿閣聖像，煥然一如當日，四方之仰生成答蒼穹者得所瞻拜，亦不負名山之勝蹟云耳。功竣，勒石以彰衆善，後有同志者，庶此廟可以不朽矣。詩曰：

一柱凌霄削玉蓉，翠鬟更有紫霞封。光騰艮漢三千界，勢薄昆侖第一峰。地闢雲窩隱虎豹，天開蜃窟走蛟龍。居然宇宙高絕處，靈雨仙風在個中。

邑庠趙登科瀛洲敬撰。

子蘭亭玉章沐手書丹。

大清嘉慶二年歲次丁巳又六月林鍾新秋後五日既望穀旦。

蒲州萬全縣鐵筆暢三光。

（碑存新安縣荊紫山通仙觀後。王興亞）

王母及八仙柳將軍閻羅諸祠記

昔聖王制祭祀以敬鬼神，皆民義中所不容已者也。蓋鬼神有益于民，故祭祀有祈焉，有報焉，有由彌焉。祈者如祈穀禱雨之類是也，報者如秋冬報賽之類是也，由彌者如祭厲逐疫之類是也。鬼神爲民而立，敬鬼神即所以務民義。蓋民不可使知而可使由也。即如王喬洞以子晉作仙傳而王母八仙並祀，且類及于柳將軍、閻羅王焉。諸神之由來，姑第弗深考，即其合聚索饗，亦不煩强爲之聯也。但以鬼神之有益于民，不過損災患、增福祥而已。王母之殿人比高禖之乞焉，八仙之宇人同不死之藥焉。爲人除疾曰柳將軍力，爲人祛鬼曰閻羅王功，神以神道庇人，人以人道事神。人有衣冠猶神之有金粧也。人有宮室猶神之有堂廟也。人之衣冠欲其新，宮室欲其固，而謂神之金粧堂廟，可聽其剝落廢壞而不之理乎？此王母及諸神之續畫建修，民義所不可闕也。是爲記。

廩膳生員鄧陳策沐手書丹。

例授文林郎候銓縣正堂庚子科舉人鄧行簡沐手敬撰。

大理寺卿蔣曰綸率子內閣侍讀學士予蒲施艮二十四兩。

劉登才、趙榛、楊梅鐫字。

馬松施艮三兩。

王金亮捐磚六百一十個，席三葉，石灰二百斤。

孫門劉氏施仐二千五百文。余大觀捐仐三百五十文。王元善捐仐一百文。

住持楊本學、孫本立，徒兒王和祥、趙合成、李合詔同立。

嘉慶三年七月下浣立石。

（碑存新安縣爛柯山洞真觀院內八仙祠前。王興亞）

陳鴻壽題聯刻石

黃山白簾懷人賦
冬佳秋蘭公宴語[1]。

（石存新安縣德堂志齋博物館。王興亞）

夢月巖

嘉慶五年春
夢月巖
公滋題[2]

（石存新安縣橫山村呂氏夢月祠內。王興亞）

九龍聖君廟洞酬愿記

【額題】皇清

《易》云："觀天之神道而四時不忒。"《楚詞》云："東風飄飄兮神靈雨。"神莫大于風雨和會，是即天之官也，故洋洋如在。事神者如肅官焉。蓋肅官者，出則有興衛，入則有宮寢。事神者行則有鸞儀，居則有洞廟，神與官其揆一也。故祈神者往往以修儀、修廟爲報答。新邑四牌，九龍聖君宮，遠近之福星也。故旱而禱雨，不但新人爲汲汲，即鄰邑亦奔走偕來。而宜邑鐵索溝龍母洞，尤龍神本源之所在也。四牌人旱而禱雨，雨不濃則往取水於洞，登山涉水，遠不憚勞，以聖君孝而聖母仁，仁孝天之誠一，故能生水焉。禱則歷歷有驗，故許爲聖君作鸞儀者，前愿也；爲聖母修洞廟者後愿也。惟神聰明正直，豈爲許愿而始靈！惟人因□旁[傍]皇不當許愿，而相□久，要不忘平生之言，此有愿所以次等補遺也。予與舍五弟與於四牌禱雨取水者，誠不一而足，故特記其梗概如此。

庚子科舉人鄧行簡敬撰。
胞弟庠生恭簡書丹。[3]
嘉慶六年八月終旬立。

（碑存新安縣樹龍澗。王興亞）

---

[1] 未署年月。

[2] 呂公滋，新安人，乾隆三十七年進士，任山西介休縣知縣。此爲紀念祖上先德而題，刻石于橫山村呂氏夢月祠內。

[3] 以下爲辛省牌捐資姓氏，字多模糊不清。

明廩監生呂維祚墓碑

公諱維祚，明經歷孔教長子也。以賑饑，同蒙族人，祠左配李氏、楊氏，庶張氏，生長子。又繼張氏，生子三。長子兆瑞附葬于左，次子兆錫葬于三里河溝，三子兆琫附葬于右，四子兆珪葬庵上西陌。

長子兆瑞、次生員兆錫、三生員兆琫、四吏員兆珪。

孫乾恒、隨恒、兌恒、震恒、泰恒、咸恒、吏員純恒、德恒、人恒、庠生麗恒、監生儀恒。

嘉慶九年歲次甲子冬穀旦。

（碑存新安縣李村鄉花溝村呂氏塋區內。王興亞）

創修關帝廟樂樓碑記

昔先王之作樂也，行聲有害，聲歌也，容舞也。古之歌舞曰樂，今之歌舞曰戲，雖雅俗不同，所以羽平神聽其致一也。第歌必有歌之地，非其地則聲不□；舞必有舞之場，非其場則容不著。況作樂于神聖之前，而野臺之，尤非所以示體統，明尊敬也。樂之建樓顧不要歟！

新邑江屯村，舊有關帝廟，春秋享祀有自來矣！而樂樓未修，村民欲獻歌舞者，心皆缺然。辛酉春，有張君諱輅者，以眾議所舉不獲辭，慨然以建樓爲任，募金卜吉，鳩工庀材，不數日而樓遂告竣。樓成而樂作。于斯歌，歌聲起焉。于斯舞，舞□燦焉。《詩》曰"補主聽之，中川且平"，其斯之謂乎。或曰："斯樓也，所以演戲，非所以作樂，以戲名之可，以樂名之不可。"不知樂主于和，柑瞑于敬，不和不敬雖樂亦戲，能敬且和雖戲衆亦樂。今之戲由古之樂也，又何分焉？然則建斯樓而名曰樂，固曰和平聽神衆亦未忘先王制作之遺意也夫。

嘉慶十年二月十五日立石。

（碑存新安縣南李村鄉江屯村。王興亞）

遵示禁賭弭盜碑記

蓋聞敗家之舉，莫甚于賭博；農民之患，莫切于搶拾，此風俗之蠹而國典所不恕者也。新邑北境，有石井村，前輩鄉先生嘉言懿行，譜之家乘，勒諸碑記，自當永遠遵循，第積弊日久，習染已深，往往故態復萌，非面命耳提，恐未易改弦而易轍也。夫聚賭之可慘，破家蕩產，既墜先世之箕裘，暗算陰謀，復誘良民之子弟。賭風不戢，流爲竊賊。而搶拾之爲害，假遺秉滯穗之例，爲利已肥家之計，每遇收穫，輒肆搶拾，竟至游惰之夫，反勝作苦之家，豈非有玷于盛世，大傷于風俗者哉！用是合牌紳民扼腕痛悼，公請明示立碑垂後。仰賴我仁主徐太老爺，愛民如子，疾惡如仇，一聞此舉，嘉其妥善，諭令議覆，誠慎重其事也。紳民遂秉公酌議，嗣後務宜各守恒業，毋許開場誘賭，抽頭分肥。至收割之時，止許俟地主收割完畢，聽貧乏老幼婦女拾取遺麥餘花，以敦鄰里相周之誼。如未經收畢，不得窃取搶奪，倘再有怙終不悛，公出稟官，庶已往者知所鑒，將來者有所懲，是亦吏治之一助云。

邑後學庠生高蓮峰拜撰並書。

首事王宗堯、監生王登堂、王如宝、王宗孟、劉法、王体益、生員王貢楠、王永文、王永茂、王者財、李青山、王秀元、監生李合中、王騰麟、王者印、喬國榮、王如武、王永昇。

山西稷山縣石匠甯萬州。

大清嘉慶拾壹年歲次丙寅穐柒月穀旦，塋園、石井同立。

（碑存新安縣石井村小學。王興亞）

誥封宜人董氏墓誌銘[1]

【誌文】

賜進士出身誥封奉政大夫山西直隸解州知州推陞雲南楚雄府知府姻眷弟胡龍光頓首拜填諱。

田既承叔祖寸田先生遺命作誌銘矣，未及葬期而叔祖母董宜人又歿，則宜人之誌銘，固非田所得辭其責也。昔方望溪先生誌先司農□室王夫人之墓曰：呂氏奕世多賢夫人。又述先倉場之言曰：是吾先人家法。世母敬師而行之者也。然則呂氏門中，所謂女德之良，婦行之美，非超出于尋常萬萬，即在閨閣中亦且習聞熟見，視爲固然，而無足驚異矣。宜人自于歸而後，迄今數十年間，凡嬪姒娣姪之言孝養者，莫不推服焉。言慈惠者，莫不推服焉。言相夫誼家者，亦莫不推服焉。則宜人之女德婦行，從可思矣！殆所謂幽嫻貞靜，得之天性，嫺于胎教，而動中自然者乎！嗚呼！是真吾呂閨門中之典型也。今合葬有日矣，田敢不敬志而質銘之歟！宜人卒于嘉慶十四年己巳九月二十五日亥時，距生于雍正五年丁未七月一十一日巳時，享壽八十有三。銘曰：

極□難繼，宜人克嗣。於維宜人，婦德之純。

嘉慶十四年十一月二十日孫琦泣血上石。

（銘存新安縣橫山村呂氏宅中。王興亞）

---

[1] 此銘刻於《誥封奉政大夫江蘇通州直隸州知州寸田呂公墓誌銘》（見後頁）文後。

誥封奉政大夫江蘇通州直隸州知州寸田呂公墓誌銘[1]

【誌文】

　　叔祖寸田先生諱公溥，字仁原，寸田其號也，又號髯癡，係出宋文穆公第二十五代裔。高祖忠敬公以忠孝起家，爲有明理學名臣。國朝以來，歷侍御、司農、方伯，皆以政事文章名于世。世居新安城北橫山。先生生而穎異，卓犖不羈，流觀泛覽，博通載籍，好爲詩，古文尤工。風騷揮毫，數千言立就。高談雄辯，率常屈其座人。方其少也，桐城方望溪先生一見遂以五世進士相期。即先生自視，亦未始不以科甲可立致，功名可立就也。乃由太學試棘闈十餘次，而屢薦不售，豈其術與時違歟！抑天之玉成先生，將以成家學于未墜，延世澤于來茲，而故窮于所遇，使之專肆力于一途，以造其極也。故先生之遇，彌窮而志彌堅，學日富，業日精，詩文著作等身，皆足以闡發古人精蘊，而爲後學津梁。爲荊山院長，知名之士多歸之。海岳遊人張白先生，當代名宿也，與先生交最深，嘗語人曰："海內閥閱以顯官世其家者有矣，至世以文章著述相傳，若新安呂氏者，則所見亦罕。"由是先生之名馳宇內，宇內士亦往往聞先生之名而願見顏色。識者謂克世其家事云。

　　嘉慶元年，恭逢覃恩，以從遊從子燕昭貴，誥封奉政大夫、江蘇通州直隸州知州。原配董氏，誥封宜人。皓首齊眉，花誥寵褒，時冢宰朱石君先生贈以額曰："恩溢學海。"並爲跋以敘其忠孝世澤，家學淵源。蓋先生以文章名世，荷天之休，爲海內名公巨卿所欽佩有如此者。向使先生所遇不窮，方馳驟于聲華鞅掌之途，汲汲焉日不暇給，又烏能優遊饜飫造古人之堂，入作者之室，俾遠近心悅誠服，以遞傳于不朽哉。昌黎韓子曰："以彼易此，孰得孰失，必有能辯之者。其所見亦遠矣。"先生少失怙，事王夫人，務聚百順以悅志。年逾艾而有西河之傷，方多方慰藉，惟恐有慟，以滋親悲。乃未匝月，而王夫人又歿。

　　先生此時以就衰之年，即一身支持其間，喪葬悉如禮儀，歲時祭掃，內外整飭，終始如一。此非性分堅定，洞澈天人而濟之以學問未易言也。先是方伯公曾以兄子公望爲己子，先生終身友愛如一日。英年爲族正，理族事四十餘年，允服衆心，子姓無賢愚，罔不仰望矜式，循循規矩，無有越思，家法賴以不墜。鄉里事有不決者，恒借一言以爲定。生平慷慨好施與，睦姻敦友，有仲氏裘馬與共之願。夫政事文章之在天下，事雖殊，而理則一。孔子云："惟孝友兄弟施于有政。"朱子所謂威儀文辭皆是也。然則先生一身，承先啓後，不出家而教成，又不獨爲呂氏文章命脈之所關而已也。晚年，酷愛右軍蘭亭帖暨外氏王文安公書法，終日揮毫不爲疲也。文字外惟事偃息，自稱愛眠道人。一日，病中召田曰："吾近得養心訣，每夜覺，憶昔年所誦覽書籍，皆了了於心目間，覺古昔聖賢及有宋以來諸儒，其分詣品地，各有其面目在吾胸中。自維老矣，視汝尚可與言，雖踐履未逮，宜勉也。"遂

---

[1] 此銘與《誥封宜人董氏墓誌銘》（見前頁）同刻一石。

舉蔡中郎書籍文章，當盡與王公孫故事，顧盼示意。田心藏而竊自愧焉。越數月，遂以脾病歿。時嘉慶十年乙丑八月初八日巳時，距生于雍正五年丁未十一月二十六日丑時，享壽七十有九。

考方伯公諱守曾，雍正甲辰進士，歷任山西布政使。妣王夫人，儀封教諭諱鵬公女。祖考司農公諱履恒，康熙甲戌進士，歷任户部右侍郎、總督倉場。前祖妣孟津王夫人，濟東道參議諱無黨公女。徐夫人，江西德興知縣諱叔雅公女。宜陽王夫人，貢生諱用儉公女。祖妣王夫人，孫都處士諱養林公女。祖庶妣王宜人。曾祖考侍御公諱兆琳，順治乙亥進士，歷任福建道監察御史。曾祖妣王夫人，大宗伯文安公諱鐸女。高祖考忠敬公諱維祺，明萬歷癸丑進士，歷任南京兵部尚書，殉難。贈太傅，諡忠節。國朝乾隆四十年特諡忠敬，世稱明德先生。嫡配董宜人，洛陽市辛酉拔貢諱萬育公女。側室黃氏、韓氏。韓氏生子嗣溱，娶中牟胡氏，山西解州知州、推陞雲南楚雄府知府名龍光公女，甫八歲，嗣溱以疾亡，無子。胡氏守節，事舅姑以賢孝聞。公舉蒙旌取從兄之子琦爲嗣，琦娶孟津王氏太學生名起發公女，生女一，字前獲嘉縣尉候選劉公名開銓子。繼汜水禹氏，太學生名全公女。生女一，子一，七十六尚未字聘。又繼邑城郭氏，太學生名東木公女。琦將卜宅兆，擇於嘉慶十四年十一月二十八日，安厝縣西方伯公舊塋之次，述遺言礱石命田爲誌。田不文，不足以誌先生。特以親炙日久，所知爲切，因不辭固陋，謹即記聞所及，承命勒石而爲之銘。銘曰：

仰視白雲，聲欬弗聞。頌其詩，讀其文，無有遠近親疏，莫不慨想其爲人。嗚呼！先生之名，雖沒世而猶存。

受業第十一姪孫田頓首謹撰。

嘉慶十四年十一月二十八日孫錡泣血上石。

（銘存新安縣橫山村呂氏宅中。王興亞）

處士呂公配張氏合葬墓碑文

公諱務恒，生于康熙四十六年吉月吉日吉時，卒于吉月吉日吉時。母張氏生于康熙四十五年十一月十四日子時，卒于乾隆四十九年十一月十五日。

子長尚曾、次習曾、三順曾、四舞曾。

孫全高、忠高、公湖、公翔、公圭、公王、公炳、公簡、公拔、公招、公舉、公賢。

曾孫嗣信、嗣祿、嗣恒、嗣魁、嗣寅、嗣繁、嗣變、嗣顔、嗣孔、嗣程、嗣蘇、嗣歸、嗣胡、嗣唐、嗣歐、嗣遷、嗣邵、嗣光、嗣舜、嗣禹、嗣堯、嗣湯、嗣武。

嘉慶十五年歲次庚午仲春穀旦立石。

（碑存新安縣南李村鄉花溝村後窟塋區。王興亞）

敕□□□佐□新安縣道會司楊道人創修□□□□碑記

　　□□□□勝地，古道觀一也，東有重巒峻嶺，南有清流激湍，爛柯山峙其北，仙蹟之所留傳，子貢谷環其西，□□□□□□□來名宦佳士，往來遊觀不絕，蓋數百年于茲矣。然而盛衰靡常，今昔多變，余嘗過其地，登其□□，見其丹青剝落，草木□□，師徒負累逋竄，不禁遺廟空山之感，此特人事之過也。洛陽市楊道人道號本中，□重斗□一，名寫青簡，□性命之旨，披《道德》之經，數十載服氣煉形，殆安期、羨門之流亞歟。他若工書畫、通音律，□文□武，猶其□□□□山主，于嘉慶十五年景仰道行，再三奉迓，紫氣東來，函關生色，烏鳶下降，殿宇增□□，□□□□荊榛□草萊，定疆界，任課租，經略粗就，先延師教授生徒，旦晚誦經肄業，循循然莫不有規距，而且□□□□□□□□數□計價，前欠千有餘金，不由募化，鳩工庀材，創修廣生殿、會客廳，不逾年而工告竣。□□□□□□五瘟殿以及山門、道房或苴罅漏或塗丹艧，煥然一新。細而几案器皿，漸次增補，罔弗粗潔，入斯觀者如遊金□玉樓，絳都紫府，飄飄乎絕塵緣而登仙。夫越十餘年間，經余目之所覩，其衰如彼，其盛若此，□□□□□□□□良非偶也。先是徐公雅重其人，題請授道會司。承乏以來，奉職唯謹，後欲致仕，退與赤松子遊，□□□此其淡懷寵榮，好道勤修，又爲何如哉！今道人壽七旬有二，于本歲孟春，乘白雲入帝□□，有黃君書田，慕其道貌仙風，勤劬營造，將勒石以垂不朽，而向余索記。余思道人遊乎方外，習于清淨，教□□耳，乃考其素行，恭慎勤儉，忘私當公，前振墜緒，後裕貽謀，是道也，何道也？是即儒者修身治家之道。昔昌黎韓公贈浮屠文暢師曰：人有墨名而儒行者，今余于楊道人亦云。後之覽者，其將有感于斯乎。

　　宜邑辛酉科舉人候銓知縣侍教弟田秉圭頓首拜撰。
　　邑庠生員侍教弟黃景清沐手敬書。

（碑存新安縣陳村古道觀內。王興亞）

鄉規民約碑[1]

【額題】大清

　　指名扭稟，以憑按法究處。
　　一有事之家，前後六日不給乞討，恐滋事端，事主私市小惠者，罰戲一臺。一有事之家，有討食滋事者即覆鄉保，鄉保執會各村人等，如託故不出者亦罰之。並禁盜竊穀麥、砍伐樹木及竊人田中果子，前已有碑禁，過後再有縱子縱妻偷人穀麥，以扳乾柴爲名損人果木樹枝，或借摘烘柿偷人柿子及人棉花，地主覆知鄉保，鄉保執各村人等送官究處。

---

[1] 該碑另一半壓埋在臺階下，故未能錄入。

以上諸條，或有惡徒挾釁生出事端，事主共鄉保及各村人等公同舉官，如托故不出者，共出攻之。

後學增生鄧玉堂書丹。

廟頭北牌蘆院頭、廟頭村、韓都村、蔡庄、方山、上庵、前坡、後坡首事鄉保仝立石。

石工李克復鐫。

嘉慶十七年八月穀旦。

（碑存新安縣廟頭村學校。王興亞）

重修王母祠碑文

粵稽西王母者，九靈太妙龜山金母也。生而飛翔，育養群品，陶鈞萬類。所居宮闕，在昆侖之圃，閬風之苑，玉樓十二，□室九層，左帶瑤池，右環翠水，非飈車羽輪，不能到也。師元始天王，授以方天元統龜山九光之籙，使召制萬靈，統括真聖。適軒轅黃帝之伐蚩尤也，軍士迷于妖霧，帝深憂之。王母乃遣使者，授帝以寶符，遂擒蚩尤，戮之于□冀，而天下始安。嗣此而後，由帝舜之時，歷成周以迄于漢，靈迹昭著，載在《穆天子傳》暨《漢武帝內傳》者，更僕難數。然則其神異不可沒，宜其祠宇遍名山也。吾邑西北八十里，有荊紫山，奇木挺出，高插雲表，黛色濃麗，宛若芙蓉，山之巔有王母洞，山之麓有王母祠，洞已重修，而祠猶夫初也。四村善士，嫌其淺狹，旋擴大之而力苦不逮，因市廟柏得百金，又兼募化，乃鳩工庀材，廣為□楹。畫棟雕梁，干霄礙日，復為月臺數層，爽塏宏敞，繚以周垣，規模廣大，氣象雄偉，突過舊殿遠甚。每當煙銷雨霽，雲霞掩映，嵐翠交飛，金碧輝煌，燦然奪目。其視昆侖圃、閬風苑、十二玉樓、九層玄室、左瑤池而右翠水，又未知其孰勝。嗚呼！此真上仙棲神之寓也哉。即謂為王母行宮也，亦奚不可。

河南府學廩膳生孟子容敬撰。

新安縣學附生趙慶南書丹。[1]

大清道光元年季夏穀旦。

本觀住持楊生欽，徒崔體瑞同立。

（碑存新安縣荊紫山通仙觀前。王興亞）

遊石門山

位南許丙龍

攀藤高望，看陽岩峭壁盡懸綠樹。旭日自東，更助起霞彩嵐光無數，疊嶂鱗差，石門

---

[1] 首事、化主等人姓名，字多模糊。

雲掛，樵子先引路，風來何地，淒清疑領仙賦。

還訝谷應山鳴，花間飛過，鳥啼渾如訴。歷歷高吟覽不盡，並擬賓王韻趣。少室壁痕，華陽仙洞，仿佛逢斯處，攜朋來去，飄然共樂朝暮。

（碑存新安縣文物保護管理所。王興亞）

題陽岩

許綺

碧崖峭削隔雙岑，橫谷乍疑無徑尋。地闢石門通日照，天開古洞護雲深。
磵花點綴連岩柏，岩水飛傾和磵禽。欲訪賓王遺勝蹟，武陵若接快登臨。
大清道光五年。
首事張大成等刻石。

（碑存新安縣文物保護管理所。王興亞）

重修黛嵋聖母殿金妝神像暨創建歌舞樓記

黛嵋聖母殿創建，始于山主陳君孫明州暨臧君文魁、喬君治民三人，乃康熙二十五年也。越乾隆三十三年，陳君子希孟，臧君子乙鳳與李君遇逢重修，迄今圮傾。居茲土者，豈忍安乎？于是，陳君五世孫廣福、臧君孫世法，及于君文忠等身任其事。不辭勞瘁，又念每值恭祝聖誕獻戲酬德，時或不免。有天時之變，人事之苦，爰約衆信士，公議殿前創建歌舞樓一座。第斯功浩大，非一人所能成，因同住持僧道修各募化四方，衆善士無不樂輸資財，所謂三二人爲善不足，與千百人爲善則有餘也。乙酉冬動工，越明年丙戌而工告竣。由是廟貌巍峨，神像輝煌，煥然一新矣。落成後，欲以衆善士姓字勒諸貞珉，永垂不朽，丐余爲文。余才庸學疏，烏能文，謹依諸公之言，率筆直陳，以志盛事于□□也。是爲記。

邑庠生王際午竹溪氏撰文並書丹。
雲浦王碩德畫一氏書額。[1]
道光六年歲次丙戌冬十月穀旦。
住持僧道修字恒長，徒悟徹係敬愛寺僧。

（碑存新安縣石井鄉龍潭溝紅崖寺。王興亞）

---

[1] 功德主、化主、石匠、畫匠、捐資者等人姓名，字多模糊。

修補韓新義公廟序

　　天下之事興廢焉已矣，天下之風盛衰焉已矣，當其盛也，雖廢者無有不興，及其衰也，即興者亦漸至于廢，盛衰興廢之間，不能不予人穆然情深也。吾鄉韓新義公，柱國隋朝，豐功峻列，載在史册，可無贅詞。至其沒後，餘烈捍患禦災，凡水旱疾疫有禱必應。國家雖有崇祀之典，而鄉之人春祈秋報並無廢時。廟在村之北偏，由唐、宋以迄于今，千有餘年，廢而復興者不知凡幾矣。憶余少時，廟上寶瓶被暴風摧墮，余與堂兄玉汝並姪價等登而扶之。爾時余叔父時若公董諸廟課租，造鐵線以牽之，後三年，急爲修葺，于今五十餘年，椽檩朽腐，瓴甓墜落，風雨莫蔽，不爲修補，則所與者不能保其不廢矣。郭子星五經營課租，念功大不敢輕舉，集合同志，沿村募化，佐以課租，朽者易之，傾者植之，于暖閣左右，□添二楹，以求永固，重爲修葺，遂不數月而功告成。由是而墜者舉，廢者興，覘風者庶也不鄙此鄉之風衰而不振矣。斯役也，雖有課租，非助緣者衆，亦無以襄厥成功也，故列載姓氏于石，以志不朽云。
　　邑庠生韓世華敬撰。
　　邑庠生韓俐書丹。
　　龍飛道光七年九月上浣之吉。

（碑存新安縣廟頭村學校。王興亞）

龍澗九龍潭題詠刻石

（一）
山川鍾秀起清泉，水映樓臺別有天。
憶古仙源無覓處，誰知解頤在當前。
邑庠生黃嵩題。

（二）
地靜龍潛湧碧泉，山光映水水連天。
蓬萊古蹟今仍在，何需踏尋別洞仙。
太學生崔平題。

（三）[1]
道光七年仲冬月重鐫。

---

[1] 刻石七言詩四首，其三、其四兩首字漫漶難認。

（四）

衝塵觸熱愁難弭，踏陌登車倦亦均。

水際山中富風月，此間無處不宜人。

程奇潁士

（碑存新安縣龍澗九龍廟前。王興亞）

創建廣生聖殿碑記

新邑荊子山名地也，其風光物色，前人業已道過，即廟貌巍峨，神像輝煌，有目者共賞，亦不待余言之瑣瑣矣。但此地霞蔚雲蒸，每多清淑之氣，山明水秀，大有鍾毓之靈，人咸感其廣大非常，生育繁盛，因于道光壬辰年間，建廣生聖殿于山側，以爲妥侑之所，以表崇報之懷。功竣，請余爲文，余想神聖之功□，人豈能名乎？嘗聞天曰大生，地曰廣生，因名核實，不過體一元蘊結之精，□兩間氤氳之氣，廣育英才，爲上帝□勸之助，突生豪傑，故國家黼黻之能。自此以後，凡此方之文人崛起，俊士挺生，螽斯衍慶，麟趾呈祥者，胥賴廣生神聖之宣昭也。于是，約略言之，以予爲崇德報功云耳。謹志。

乙酉舉人壬辰進士翰林院編修國史館協修現任山東道監察御史李方撰文。

乙酉科歲進士候選教諭李玉堂書丹。

道光十七年歲次丁酉孟夏月既望小滿前一日穀旦立。

（碑存新安縣荊紫山通仙觀右側。王興亞）

八里胡同洪水碑文

道光二十三年七月十四日，黃河暴漲，水麓，凡吾居鄉者，牆屋頹圮，秸糧器械盡付東流。

道光二十八年七月三十日立。

（碑存新安縣八里胡同上關陽村。王興亞）

鄉規民約碑[1]

自來王道之行，先見于鄉，鄉規不立，則父兄之教不先，何怪子弟之率弗謹。余村前輩父老，素有鄉規，如賭博訛詐等項，俱嚴戒飭，刊刻在碑，但今人往風微，碑記漫滅，加以年荒歲歉，遺規盡壞，非聚黨肆橫，即平空訛詐，甚至引誘無知子弟，哄騙財物，且

---

[1] 碑題係補加。

多方謀人產業，于是，棍徒愈熾，攘竊遂起。有穿窬入室者，有盜伐樹木及田園菽麥者，種種惡俗，難以枚舉。余等恐轉相效尤，因於本年三月間，以復整鄉規等詞呈請仁天劉主案下，蒙批存卷，照議遵行。猶恐其久而或忘也，因勒諸貞珉，敬錄金批如左：

批查賭博之例禁甚嚴，賭博之爲害最烈，蓋賭則窮，窮則爲盜，理勢相因，事所必至，乃遊惰之民，不務生業，設局聚黨，盤賭窩娼，引誘良家子弟，一經墮其術中，日就吞剝，初則破產傾家，旋至寡廉鮮恥，或藉端訛詐，欺壓善良，甚而鼠竊狗偷，長盜滋奸，莫此爲甚。節經出示曉諭在案，茲據該紳耆等具呈，洵爲敦厚風俗之要務，惟在紳耆等爲之矜式勸導，維持風化，是所厚望焉。除密訪查拿究辦外，飭即照議遵行可也。

一、凡犯賭者，罰磚五百。窩賭、首賭者，罰磚一千。捉賭者，得所罰一半。輸贏俱消滅。如有盤賭等項，情節較重者，隨時議處。

一、凡偷竊五谷及南瓜、豆角、柿子、緜花、樹木之類，無論男婦，每人罰錢五百，夜間加倍。拿獲者得所罰之錢一半。

一、凡聚黨肆橫，平空訛詐及引誘無知子弟，哄騙財物，謀人產業者，公同議處。

一、凡演戲酧神，婦女非五十以上者、十二以下，白晝不許觀戲，違者議處。

首事人佾生裴運升、監生裴鳳臺、監生裴中强、柴鳳閣、生員呂慶云、呂東漢、監生裴口科、貢生裴玉年、監生裴方升、耆老裴鴻升。

大清道光二十八年中秋上浣之吉。蘆院村仝立。

（碑存新安縣蘆院村文化活動中心院内墻壁上。王興亞）

金渠園碑記

【額題】皇清

嘗思濟人濟世，功乃可大，善始善終，業乃可久，況開渠灌田功業尤非尋常。道光丙午秋，歲遭大旱，廟頭諸親友具帖備酒，驅車邀請，爲其下灣田地，欲引澗水澆灌，因余村勢居上游，實開渠咽喉，婉轉相商，余村感其盛德，慨然應允。而諸親友以爲余村走水之地，洞渠皆深，不能自然澆灌，得魚忘筌之事弗忍爲也。因許余村用稱杆、轆轤、水車澆地，不出渠課，且恐事久生變，渠道或有塞阻，遂備地價，著地主各立文約，詳載條規，並書合同二紙，兩村各執一張。但年深日久，文契難保無失，余村若有不肖子孫乘間生支，反妨前輩盛舉。今將原書合同，鑄之于碑，庶後人無忘前人之美意云。

合同：同中言明，金渠園所走水渠界限雖清，但其中詳細尚未盡明，因將永遠規矩並書二紙，兩村各執一張，以爲憑信。

一、議洞内走水，凡洞上之地仍地主耕種，如有塌陷坑坎，金渠園棚補。

一、議凡渠中洞中有不測事端。金渠園承認與地主無干。

一、議凡渠堰所栽樹木，俱歸地主。

一、議凡渠有妨路徑，金渠園搭橋。
一、議凡用稱杆、水車、轆轤取水澆地，永不出渠課。
一、議此渠不走水之日，其地仍歸本主，價亦不還。
同人鄧錦袍、樊萬安、關貴興。
道光二十六年十月十七日蘆院村、廟頭村仝立。
道光二十八年歲次戊申仲秋上浣之吉刻石。

（碑存新安縣蘆院村。王興亞）

石渠村廢置序

清陳清吉

論世為儒者之事，考古乃學問之功。況地不出鄉曲之間，而事又在數十年之近者，安得不稽其年所，詳其廢置，一一征實也哉？近聞石渠村，原不知創自何年，始之何時，但陳梁二姓百有餘家。雖不比勝地名區，亦可為耕讀之樂境也云爾。不意與[于]道光十六年間，七月十六日午時以後，蝗螭自東北而來，上可遮天，飛舞滿空，下可映地，舉足無方。凡五穀田苗，木葉草子，盡被其食。斯人之無望于秋者，而轉期于夏矣。奈何數月未去，種麥而麥被食，種豆而苗被食，忍哉！蝗螭害人至于斯極也。冬不去，春又復生，較來時而更甚焉。向之食其苗者，今並食其實，盡食無實，然後去矣。夫蝗螭一去，□將復至，凡村□□□□□□□□□□□□□不若前日之飽食援衣□□□□饑寒矣。孰意二十三年，七月十四日未時後，聽水潑發，黃流滿川，易田地盡為沙灘，十有餘頃。沖宅舍而為荒煙，數十餘畝。幸有月色溶溶，人畜僅得逃生。被水所傷者六人，良可慨也。更可痛者，粒食無資，何以養生；單衣無具，何以遺體？然猶幸四鄰村中，大發慈念，贈衣者贈衣，贈食者贈食。雖非故友，因其友以及其友；索非至親，因其親以及其親。攜老負幼，行至村中，雖非飽食，聊可糊口；雖無煜衣，衣可遮體。雖然，故土難易，何忍久連于異鄉？數日後，縕負而歸者有之，啼泣而歸者有之。行至村邊，舉目四覽，宅舍無幾，絕無村煙。塵風四起，黃沙滿灘，但聞聽水之滔滔。嗟乎！如此何如葬與[于]河魚之腹，而為此偷生惜死之人也耶！雖然，好生者人之常情，數月後，為巢者為巢，為窟者為窟。雖未得平土而居，亦聊可暫為安身矣。適至二十四年六月二十九日，天油然作雲，沛然下雨，盡晝未息，三日將見地滿溝平。山中傷人無數，五穀何能成矣。至二十五年，夏天薄收，秋禾未登。至二十六七年間，室如懸磬，野無青草，揭榆皮以度性命，榆皮能有幾何？殺六畜以養民生，六畜安得多有？扶杖之老憂童稚之不見，提攜之幼痛祖父之莫聞。則此時之困苦艱難，何可勝哉？然天實為之，其有何尤？忽至二十八年，春月大鼠又來。禽獸繁殖，食五穀者惟大鼠，傷人物者有虎狼。獸蹄鳥跡，交于中國。行者不獨行，耕者焉敢獨耕。期年後，方散而去。是人之無憂也，至二十九年三十年間，五穀漸漸收成。雖不同當年之景況，亦可為暫得生機矣。前後十餘年間，所遭太□而□莫如□□□□□□□□□□□□□□□□□□□□□□□□□□□。

　　五十年間在學堂，一陣閑來一陣忙。想起當年苦愁事，一筆記住萬難忘。

　　道光三十年。

（碑存新安縣峪里鄉石渠村。王興亞）

重修山門暨金粧神像記

　　【額題】大清

　　寶真觀山明水秀，帘挂屏圍，洵爲新邑之勝地，北方之大觀矣。文人學士多有觸景物以爲詩歌者，前輩□流又有假碑文以見學識者，辭色鮮潤，議論正大，所謂斐然成章者不知凡幾也。迄今山水不改，情形如□，即再爲鋪張，不過人云亦云耳。本不能文，亦不必文。但因多歷年所，風雨漂零，山門破壞，無以壯觀瞻，即無以妥神靈。本觀住持不忍坐視，牌中集議，願出貲財，爰舉王君仲標與余堂姪守令同爲事首，協力辦理。功既竣矣，應勒石以不□衆人之美，遂囑余而聊爲之記。

　　邑歲進士梁翹秀撰。

　　邑太學生梁守典書。

　　鐵筆趙之秀。[1]

　　龍飛咸豐貳年仲春之月吉旦。

　　住持李教正，徒 于永福 夏永壽

　　立石。

（碑存新安縣五頭鎮金溪養馬觀。王興亞）

太學生右銘陳先生惠及梓里碑

　　先生名祖渠，號石溪，右銘其字也。世居甘卿鄉，代有令德。先生性倜儻，喜助善。事家稱小康，遇親友婚葬不能□者，輒慷慨屢次拯援之。道光二十七、八年間，歲俱奇荒，先生惻然，即出新積粟分給村人，復爲粥以食不能舉火者，全活甚衆。咸高其義，不忍就湮，爰勒貞珉，以俟後之采風云。

　　例授文林郎揀選知縣己亥科舉人澹嚴正□冕撰文。

　　例授修職郎歲進士候補儒學訓導彥若遊士俊書丹。

---

[1] 捐錢人姓名百餘人，字多不清。

村衆仝立。

咸豐二年歲次壬午三月穀旦。

（碑存新安縣文物保護管理所。王興亞）

邑賢侯西崖馮老父師創建義學碑

嘗思梗楠杞梓，不擇地而生；械樸菁莪，必因材而篤。特民成俗，其必由學，由來尚矣，況我朝稽古右文，各處郡縣莫不立學，有志之士，皆得爭自濯磨，仰答國家作育人才之心。第念郡縣有學而里塾無學，鄉間盡有聰明子弟，可以上進，因無力延師，遂至終身廢棄，殊甚歎息。今幸有邑賢侯馮老父師，以名進士來宰東垣，下車伊始，首以人才為重。當年文翁化蜀，不是過焉。因廟頭牌距城窵遠，請令設立義學，且著生等再三勸導，有樂捐地畝核價與例相符者，即為詳請獎敍，旋有邑人楊金式等慷慨樂施，各捐地畝招佃耕種，每年所獲課租，備館師束脩、學生膏火之費，並擇其地之爽塏者于蘆院村西偏創建義學一區，著村中公正紳耆輪流經理，以為附近村莊子弟讀書之所，人才蔚興，將由此基，其所以造就我鄉民者正無窮也。生等既身被其教，又親見其事，故敢略陳巔末，壽諸貞珉，至老父師學問之深醇，人品之端方，政事之廉明，人民之愛戴，則有道路之口碑在，茲不具述，特敍其倡建之由，以昭來學云爾。是為序。

勸捐人生員裴中強、生員呂慶雲、生員裴上林、增生楊師程。

捐輸人議敍縣丞裴潤濱、裴鳳儀、裴德升、楊金式、裴清池、裴士成、裴鳳洲。

仝立。

咸豐二年歲次壬子仲夏上浣穀旦。

（碑存新安縣蘆院學校。王興亞）

遊爛柯山題詩[1]

兩山疊翠繞清流，曲徑行來步步幽。老柏何時隨羽化，仙巖此日有柯留。三生石證千年果，一局碁銷萬古愁。愧我塵緣猶未了，還從宦海共沈浮。

遍觀往事判輸贏，歷代興亡寄一枰。幽洞有人甘寂寞，塵寰何日罷戈兵。棋排石磴形皆古，子落松林響亦清。太息斯民逢打劫，解圍直欲喚先生。

東垣城雖山僻，地多古蹟，予于公餘之暇，嘗偕友游爛柯山，見王喬洞仙蹟，歷歷在

---

[1] 原無標題。

目。爰得七律二首，題諸石上，以誌一時，雪泥鴻爪，工拙固不暇計云。

知新安縣事山右董藍田題。

大清咸豐十年歲次庚申初夏日立。

（碑存新安縣洞真觀內。王興亞）

重建古道觀碑序

【額題】皇清

　　經傳而外，世稱五子尚矣。然韓文謂荀楊擇焉不精，語焉不詳。文中子《中說》類多格言，後之病《中說》者，猶以擬《論語》而僭莊子《南華》，託言寓意，而文飾過當。賜叔議之洪，惟太上久居柱下，掌史明先王之典，問禮來至聖之車，宜乎爲百世師而享千秋之俎豆也。夫挹朝夕之池者，莫測其淺深，仰蒼蒼之色者，不知其遠近。況衆妙之門玄之又玄，惟惚惟恍，不皦不昧。後之欲尋其緒，其何從而求之？乃自函谷關上，紫氣東來；宏農道中，青牛西去。于是，道傳五千，團沙爭捏。叔夜歲稱八百，素絲竟繡平原。上清宮結搆于洛北，古道觀肩隨乎澗南矣。

　　古道觀去治邑三十里，創造不知何時，及遍閱殘碑，法師超然劉志彥所重建也。劉法師行潔珪璧，來自終南，班荊蔭松者久之，乃始因舊基，立方丈茅茨以庇經象，繼又薙草闢林，置經行之室，弦頌之堂焉。法師景行《道德》，故以古道爲稱首。自是厥後，繼修者不一其人，又有道孟元祥，貞節苦心，求仁養志，欲纂修堂宇，未就而沒。高軌難追，藏舟易遠，道徒闃其無人，榱桷毀而莫搆，可爲長太息矣。惟大法師韓合振，職庸紫綬，教掌元門，跡續爛柯仙身，棲洞真地，嘗謂宅生者緣業，空則緣廢，存軀者惑，理勝則惑亡，遂欲捨百齡于終身，殉肌膚于猛鷲，音徽與春雲等潤，風儀共秋月齊明，故能使一十二代有樽俎之師，五千餘言，得藩籬之固。今屈知現任，永奉神居，傷廟貌之傾圮，悲神象之闇淡，乃集衆檀越，謀欲更新，于是，白君三益、張君瑞和、王君仁、劉君寶鼎與法義號張君登朝、金奇、金閣等，皆願傾囊出金，身昌其事，其餘衆檀越慷慨捐資，募化助理，而王君仁、劉君寶鼎，又願保全古栢，以壯神威，復揮金數十，此豈尋常所謂仗義疏財者哉！特以治繁理劇需諳練才，而不謀而同，皆曰非白君位東，張君金奇不克勝任。而二君乃心維手畫，而佐之庇徒，撰日各有司存，人以閱來，工以心競，立崇殿之巍巍，建高台之堂堂，于東則有廣生、雷神、六聖之宇，其西則有祝融、靈官、五瘟之祠，二六對峙，殿翼相當。夕露爲珠網，朝霞爲丹臒，九衢之草千計，四照之花萬品，金資寶相，永藉閑安矣。夫民勞事功，既鏤文于鍾鼎，言時稱代，亦樹碑于宗廟，世彌積而功宣，身逾遠而名劭，敢寓言于雕篆，庶彷彿乎衆妙。

　　邑廩庠生　張玉相拜撰。白尚德敬書。　　各捐艮五兩。

　　功德主監生白三益、劉寶泉、監生王仁、法義號。

监生白三益三十三两、刘宝泉六十二两、监生王仁捐九十□两、法义□三十七两、从九张瑞□三十两。

首事人从九张金奇捐艮十两、张玉和捐艮二两、监生白□东捐艮九两、张文田捐艮□两、白玉华捐艮三两。

张得寿七两,监生张金□五两,王忠信堂十两,张登朝捐艮十两,白渊泉八两,张中仁六两。

监生白际庚五两,郭科印五两,张锡林七两,白修德捐艮五两,高五奎五两,张金枝五两,郭秋云五两,王治五两,郭安邦五两,姬金印五两,马天选捐艮五两,苗发育五两,张师孟五两。

刘秉书、张凤鸣、刘永德、白景学、张守体、苗寿禄,各捐银三两。

高清山、高永太、孟清□、乡耆苗有年、焦文明、白连城,各捐艮二两。

张鸿宾、马福元、白步云、邵广文、张心亮、刘富聚,各捐艮二两。

张转印、张清、白恒立,各捐印一两。

住持道会司韩合振,徒 李 君
韩闻　　郭善
郭教福,孙　永　捐艮三十两。[1]
邵林　　邵祥

（碑存新安县陈村古道观内。王兴亚）

皇清诰授振威将军记名提督军门浙江处金总镇博启巴固鲁马公（德顺）墓志铭

【盖文】

皇清诰授振威将军记名提督军门浙江处金门总镇博启巴图鲁佑菴马公墓志之铭

【志文】

皇清诰授振威将军记名提督军门浙江处金总镇博启巴固鲁马公墓志铭

佑菴马公者,余亲家也。相知最悉。己巳冬,骤闻星陨,为痛惜者久之,继想委身致命忠烈者,应如是耳。今卜葬有日,令枯嗣仲勉持状泣嘱余志且铭。按状：

公讳德顺,字子辅,佑菴其号也。世居邑东南之西鹿村。曾祖伟士,祖长治,父或彪,俱诰赠振威将军。公之幼也,嬉陈行列,指挥如意。识者奇之。十岁就傅,即明忠孝大义,成童后,以家世精武教,遂学万人敌,与豪杰交游,饶有国士风。及擢用军务,稍暇即阅兵书,博古今典籍。咸丰九年,髪逆肆横,奉爵帅曾剳调赴大营委带顺字营马队,

---

[1] 此碑立石年月不详。

克復太湖城，擊退小池驛援賊，嗣又調隨爵帥左赴江西援剿於建德、德興、樂平、景德鎮等處，大著功勳。繼此後，收衢郡，靖浙東，肅清全浙，遂迭蒙保奏恩賞藍翎花翎，由千總累遷都遊參副，留浙補用。並加總兵銜，署理紹興協鎮。又以迭剿竄賊，蒙恩簡放處金總鎮，旋以公明幹勤慎，即著護理浙江提督軍務。同治四年，肅清浙省。五年以處州鎮奏請回豫剿撚，赴爵帥曾營候差。當即委統、順字兩營赴陝追剿。六年，又奉調回豫，赴爵帥李營聽調，嗣充總理營務處事務七年，殲滅撚逆，肅清直、東。蒙特旨以提督交軍機處記名簡放，賞給輔勇巴圖魯名號。又以陝回猖獗，調隨爵帥左赴陝、甘征剿，委統恪、靖、奇營全旗馬隊。八年二月，攻克董志原賊巢，肅清慶、涇。蒙恩賞換博啟巴圖魯勇號。九月，在西安堡故馬溝剿逆幾盡，以逆首未擒，深追遇伏，血戰捐軀。奉旨：陣處暨原籍各建專祠，國史館立傳加恩予諡，並照提督陣亡例從優議卹。公生於道光二年四月初五日卯時，卒於同治八年九月十六日午時。娶閻氏，嫻壺範善內助。誥封一品夫人。生子三：長思永以軍歿世襲雲騎尉，次思懋即仲勉秀拔成均，孫祖蔭思懋出焉，思永嗣。三思莊即余定聘之婿也。女三，俱適名門。余以至親不容以無文辭。因誌之後銘之。曰：

奇傑挺生，忠孝性成。嵩洛毓秀，地柱天擎。軍事曉暢，紀律嚴明。資爾柱石，捍我生靈。伏波繼緒，汾陽齊名。光昭史冊，輝增宗訪。行見松楸鬱鬱兮，難忘我公之果毅與精誠。

勅授修職郎現任陳州府沈邱縣教諭壬子科舉人姻愚弟麻思仁拜撰。
河南府府學增廣生員眷弟王修禮拜書。
登封縣嵩山積翠峰主宗晚釋了亮拜篆。
男思、懋、莊孫祖蔭泣血納石。
同治九年歲次庚午十二月中浣之吉。
卓春明刻。

（碑存新安縣文物保護管理所。王興亞）

施裕源渠水口碑

【額題】大清

從來樂善者秉懿之性，好施者君子之德。省莊村舊有龍澗河一道，引水灌田由來已久。但入水之始，必經郭公、鄧公地中瞄，雖係二公情願，安可以一人有主之物，徒供眾人無名之用乎！時久年湮，恐啟爭端，于是，裕源渠公同酌議，托人款導。先懇郭公，而郭公慨然施地，許永遠走水，地界詳列于左。繼懇鄧公，而鄧公亦願施以水道。二公之舉，皆善舉也。施雖少而有益者廣，地雖小而濟者大。人人被澤，家家感德，爰志珉石，俱以永垂不朽，亦曰不沒人善也云爾。

邑庠生 載厚郭　公施裕源渠水口碑
　　　國善鄧

監生關維棋撰文。

邑庠生孫朝宗書丹。

同中人：軍功把總楊玉書、邑庠生鄧探驪、鄧萬庠、韓樂、鄧雲英。

所施地址：东至河心，西至西渠邊，南至鄧姓，北至姬姓。

光緒三年七月初一日裕源渠灌田户立。

（碑原在新安縣鐵門鎮省庄村北華嚴寺西廂房内牆壁上，現移新安縣鐵門千唐志齋。王興亞）

處士素翁呂公配王氏之墓碑文

新邑呂氏者，自始祖諱俊公，由洪洞來居新安縣城。遷轉至八世公諱國安始遷花溝，即曾祖也。九世庠生公維熊公祖也。公父諱兆璘，配郭氏，繼李氏，生公兄弟四人，長律恒、次互恒、季務恒，公其三子也。現恒字素翁，其生平儉約，不幹外務，惟教子孫耕讀爲事。子三，孫四，其生卒年月今不考矣。

子長福曾、次恭曾、三墳曾。

孫升高、功高、襄高、公濯。

曾孫嗣望、嗣傑、嗣向、嗣孟、嗣蓬、嗣珍、嗣尚。

光緒九年二月二十六日立石。

（碑存新安縣南李村鄉花溝村東地呂氏塋區。王興亞）

龍渠登仕郎墓碑

公諱法，字樹範，呂其姓也。欽賜登仕郎，居新安縣龍渠村。二世祖起元，高祖諱斗，祖諱光第，父諱曰信，墓在青石山頭。公生乾隆三十九年十月二十九日，卒咸豐二年十一月二十二日，壽七十八歲。元配裴氏、繼配梁氏、楊氏，壽六十四歲。子三，長諱秉誠、次諱秉純、三諱秉秀，俱登仕郎，孫十人，長孫玉山，列黌宫。曾孫七人。元孫一人。公疾，公次子媳陳氏割臂以療公疾。嗚呼！皆公之積德所致也。公事親孝，教子嚴，主身勤儉，待人忠厚，宜其子孫繁昌焉。余雖未識公面，竊聞諷焉。因歌曰：

忠孝傳家兮，箕裘不墜。子孫顯達兮，瓜瓞永垂。

耆老碩德兮，福祉增盛。百代流芳兮，光輝長慶。

邑庠生王昊著拜撰並書。

光緒十年十二月初八日。

（碑存新安縣文物保護管理所。王興亞）

荒年序[1]

《荒年序》者，敘大清光緒三年荒劫之情形也。其序曰：維三年，天大旱，周圍數千里，年半不雨，風先示變，蝗復爲災，乃秋夏不稔，而歲大饑。其饑也，實鬼神、人物、草木、鳥獸之劫也。試歷言之：斯年也，春多大風，焚輪馳驟，奔騰疾烈。其風之暴也，傾牌坊、折城垛、落簷瓦、拔大木，種種變態，蓋有不可勝述者，此風災之情形也。

由是終春不雨，夏遂無麥，而歲已饑。至五月間，而天雨半犁，民咸布秋，不謂苗尺許，而又蝗焉。蟻行于野，鳴也喓喓，蠶食萬畝，飛也蜇蜇，而已槁之苗，且入六足四羽之腹矣，此蝗害之情形也。自此，天更無雨，時當六月，暑氣熏灼，赫炎逼人，日色流火，如惔如焚。地赤千餘里，天無半點雲。吾見泉涸矣，川竭矣，樹枯矣，林焚矣。民哉民哉！所謂室如懸磬，而野無青草矣！斯時也，婦子疾首，老幼痛心。晚景絕食，哀哉！高堂七旬，終日啼饑，痛矣！孩提三春，人非莨楚，何以爲心？所以七月間，饑民蜂起，百千爲群，若夫若妻，抱子持孫，行彼周道，紜紜紛紛。男也乃饑乃渴，擔碗釜而行道遲遲；女也載行載止，提子女而神思昏昏。此吾民初爲饑民之情形也。

無何，與者倦矣，而乞者無盡，後雖欲爲饑民而不能也。妥乃謀及牛馬六畜，幼而健者百置［值］而一與，求而沽之猶可；老而弱者徒與而莫取，殺而食之者而已。至于良田華屋，初猶爲賤而不忍棄，繼則徒與而莫之取。乃民無生路，而天之亢旱自若也。于是，既無恒產，焉有恒心。

八九月間，打劫蜂起，賊寇連群。火炮三更而如雷，戈戟終夜而成林。望富家而毀室，窺高宅而破門。叫呼連天，刀加男兒之項；哭聲震地，驚斷婦子之魂。已而，互相殺戮，或主人迎炮而屍橫，或賊人被刀而分身。戟起劍落，但見血染四壁；斷頭折背，竟而屍累當門。惟是逃寨逃洞，富家竟而無家；如虎如貔，饑人盡成賊人。此吾民繼相戕賊之情形也。然此仍屬甫饑時也。

至九十月間，富人聚處以固守，饑人無力以相角，而搶奪之風息矣。然民不能束手待斃也。蓋不能以人制人，遂轉而爲鬼爲蜮。當斯時也，三五與謀，窺富室之墳墓，計貴族之陵寢。一二人黑夜入地，餓鬼徑奔故鬼，數百年白骨見天，今人大會古人。陰陽相害，或被指引于親鄰；祖宗暴露，或竟受害于子孫。嗚呼，痛哉！人道乃盡。此吾民掘墓開棺之情形也。

乃至于十一二月時，斗粟艮三兩，斤面百余文，而無計不窮，民其奈何哉！但見雕梁畫棟俱折作薪，且而沽薪，而桌凳箱櫃又何存；彩緞綾羅俱沽，一衣不過一飯，而素布粗棉亦何論。且也良田一畝，僅一食而無餘；高堂三間，數百錢而與人。甚至二八閨俊升餘

---

[1] 該碑下半部爲世係圖。

粟，誰憫良家子；三七佳冶兩許艮，棄諸外鄉村。親割連心肉，傷心哉白髮垂淚而棄子，夫舍偕老人。痛情者稚子失乳而呼親，抱頭悲痛，兄弟之哀號，聲聞天外；分袂情惻，夫婦之叫呼，淚垂江濱。馳驅周道數百里，俱是薄命紅顏；泳浮江河億萬輩，盡成泣別佳人。此吾民骨肉分離之情形也。乃未已也。

自此以後，粟價愈高，每斗六千餘錢，而吾民愈無生路矣。但見民皆骨立，人盡鬼形，顏色枯搞，皮外骨影。足欲前而仍卻，而搖曳不自禁，幾一風而欲傾；神欲行而官止，而佇立不自持，將四壁之是憑。屍橫野外，餓殍塗中。由是昏日月，滅人倫，愁慘天地，泣號鬼神。既無食相食，且看人食人。其始也，強食弱人，主食客人，食及親戚，食及鄉鄰。其終也，食及父祖，食及子孫。不惟食其死而亡，亦且食其生而存。

嗚呼，痛哉！人道乃盡。至此天心厭亂，否極生新。三月中旬六日，一犁雨垂，萬物回春；加以皇恩下逮，賑濟餘民，所以人未絕類，孑遺猶存。然而村莊去六七，人口死九分也。操觚時不堪回首，泣下沾襟，作鄙俚言，以戒後人。爾後人尚鑒于此，勤儉為本，積粟積金，勿臨渴掘井，使室家生死離分可也。

十一世迪吉氏惠元沐手書。

十二世宛如氏清揚沐手撰。

大清光緒十一年歲次乙酉菊月下浣穀旦。

（碑存新安縣鐵門鎮水源村樊氏祠堂。王興亞）

歲進士漢一鄧老夫子教思碑

候選訓導歲貢生漢一鄧先生路碑文並序

□強圉大淵獻春宿月，余自懷郡學署歸籍展墓，族孫配義攜友數人，欲為其師漢一先生樹碣表道，以志不朽。懇余為文。余曰："嘻！漢一吾中表，心交也。知之稔，樂道生平，恨龍鍾坐荒，管城子松□侯無緣久矣！不能屬稿。"諸生懇之不已，乃搜索枯腸，抒俚言以應之。

公鄧□國士，字漢一，世居新安城西廿里許，望族也。曾祖如意公。祖君善公，太學生。父卓之公，邑庠生，贈封修職郎，豐規整肅，學品兼優，為儒林表率。家學淵源有自來矣。公性純樸，寡言笑，重倫常，敦學友，幼遵庭訓，即以尊崇實行，砥礪廉隅為先務。父捐館後，母耿氏，贈封孺人。公奉事尤曲盡色養。胞弟三人，待如手足，太和之象，聚于一堂，遠邇皆稱美，無閒言。初習舉子業，即清真雅正，無浮光掠影之談。弱冠遊泮，旋即食餼，文萱醇茂，歲科兩試，屢拔前矛，詞壇中推健將焉。棘闈數戰未捷，亦厄于命耳，非戰之罪也。晚年得手疾，書寫維艱，不復圖上進，惟以教授生徒為事。誨人品行□□□□為輕，出其門者，皆恂恂然有端嚴度，不問而知為漢一先生弟子焉，以歲貢生候選訓導終。令器鱗亭，大有父風，早列黌序，將來青雲直上，而公之家聲必日振也。臨楮懷舊，不勝人琴之□，但恐言之不盡，闡發潛德，有負諸生表彰之意云爾。

賜□進士出身□□縣正堂現任懷慶府儒學□堂弟韓瞻斗頓首拜撰。

邑庠生員門生韓配義頓首敬書。

同人韓昆玉、劉國池[1]

仝立。

光緒十三年十一月中浣吉日。

（碑存新安縣廟頭村。王興亞）

新安縣石井廟上村碑記

本村世居山崗，引水遙遠，每遇霖斷旱至，民有饑色，野有餓殍。清光緒三年，大旱三載，餓死逃水者十有八九。室中有米粟石餘，香油數斤而死者，乃缺水也。此村改為添水村，如不添水，生者切不可落此。遇山道雲遊知其水者，不怕傾家蕩產，應以重金相聘，掘井求水，拯救旱民諸斯爾。

廟上村同立。

大清光緒十五年三月穀旦。

（碑存新安縣石井廟上村。王興亞）

平龍澗河爭水碑記

環新皆山也。土蠅麗阜，歲稍早，力田者憂之，率鑿泉濬渠資灌溉，渠成，專其利而私焉。城西北二十里龍澗村，以龍澗河得名。河源出九龍潭，潭圍三丈，深同之，清冽澈底，俗所謂老龍潭也。羊義、辛省兩牌引河為渠，長可五里，以灌以汲，咸取給焉。非其牌不得挹注，如農之有畔然。潭東南泉一，曰小龍潭。其流亦匯于河，西南數武，曰觀音堂。涓涓焉一泉湧出，廟頭牌所資也。庚子夏，予捧檄權邑篆。旱甚，方惻惻以稽事憂。無何，廟頭北牌附生鄧震等以擾渠丐驗請羊、辛兩牌。廩生孟曰義等以開渠溝釁訟，蓋訟興已經年矣。前令尹曾君慶蘭授讞折之，鄧不說訟。孟于郡太守文公□下其事，命勘報且申諭曰：毋爭利，毋釀禍，相度形勢，兩利焉俱存可也。若損彼益此，慎勿亂舊章滋後患。嗟夫！太守之愛民何其摯，太守之慮患又何周耶！先是光緒七年，廟頭北牌廩生鄧相如糾眾與羊、辛紳民郭世恩輩爭渠釀命。滕尹希甫實斷斯獄，謂專而私之爭將靡已也。以觀音堂泉畀廟頭，九龍廟泉畀羊、辛。九龍廟者，潭之右，建以祀九龍神者也。酌中定議，爭乃息。詎事隔二十載，鄧震敗前盟欲僥倖，一試籲譎矣。予躬詣河干，周歷審視，見新渠

---

[1] 以下三十四人姓名，字多模糊不清。

蜿蜒數千丈，鑿井十有八。召鄧震詰之曰："未勘而開，如三尺何？"鄧語塞，復指諭之曰："若取小龍潭水導之東，若架槽越龍潤，若以為無與于老龍潭也，抑知源分流合，奪人之利以為利，可乎？且若據上游，少壅塞水準榴過，羊、辛失所利。甘乎哉！吾恐分利不可必，而禍且作焉。擴利以啟爭，損人以賈禍，君子弗為也。前車覆轍，生其鑒旃。"于是，廟頭民服，減其渠、塞其井，羊、辛民悅。謂曰："自今至于後日，不敢有違言矣。"爰上其事于郡守。命刊牌禁之，用書顛末，勒貞珉並鐫刻以垂久遠。嗚呼！天下之是非，公私而已矣。明乎公私而後可以持利害之平，公而非，雖害也，人或原之；私而是，雖利也，人亦爭之，爭之不已，利十一而害且十九焉。權其公私是非定，判其是非利害平。孔子曰："放于利而行多怨。"又曰："因民之所利而利之。"有以夫，有以夫！

　　歲在光緒庚子孟冬權新安縣事吳縣王拱裳記。

　　本年府批及光緒七年縣卷甘結刊後。

　　賞戴花翎三品銜在任候升道河南府正堂加十級隨帶加三級紀錄二十次文批：

　　據稟已悉，查鄧震等身列衿紳，光緒七年，韓、黃兩姓爭水，曾釀人命有案之事，輒圖利己，不顧損人，其居心已不公恕。仍因本府擴充水利，匿隱舊情，來府投呈，請在該處廟頭北牌附近小龍潭引水開挖新渠，甫予批縣查辦，竟爾不候詣勘，不請縣示，擅自興工，足見強橫藐法。既經該縣逐段履勘察，酌情形訪詢，輿論窒礙多端，應速出示，嚴行禁止。一面由縣查案撰文立碑永禁，以杜後患。並將鄧震等傳詢，申飭票差押，令將私挖未成渠道，立即照舊填塞。倘敢謬執己見，延抗不遵，速各傳案，分別查取入學年分名次，追出捐照，詳革究辦，勿稍寬貸，仰即遵照辦理勿延，此繳勘圖抄詞，甘結並存。

　　具甘結廩生鄧相如、從九韓懷斗今于與甘結事，依奉結得羊、辛等牌業戶，因引水灌與生牌釀成訟端。生等具呈，均各在案。今經親誼貢生關維麒等從中處說，查此水源本係二處，一源出觀音堂前，一源出九龍廟前。生牌地少，宜用觀音堂泉；羊、辛兩牌地多，宜用九龍廟泉，同眾議定，彼此各用一泉，嗣後不許紊亂爭執。生等與牌業戶具屬情願，甘結是實。

　　具甘結羊義、辛省兩牌監生郭世恩、從九孟多三今于與甘結事，依奉結得生等牌農戶，因廟頭牌堵水，致成訟端。今經親誼貢生關維麒從中和說，但此水源本係二處，一源出觀音堂前，一源出九龍廟前，同眾議定，廟頭牌地少，宜用觀音堂泉水。羊義、辛省兩牌地多，宜用九龍廟前泉水，水路俱甚得便，廟頭牌與生等牌均情願各用一泉，各修各渠，嗣後不許紊亂爭執。生等與兩牌農戶無異說，所具甘結是實。光緒七年九月初六日結。

　　光緒二十七年三月穀旦飭羊辛牌紳孟曰義等泐碑。

（碑存新安縣鐵門鎮南窯村學校內。王興亞）

重修佟公祠碑記

　　自來俎豆千秋，馨香萬世，□□□□□□□□□□□□□□□□□□□于後，吾新邑佟公祠列饗宮之次，自創建以□□□□□□□□□□□□□□□陳君際午、巡檢呂君新陽憫其顛覆，爰以重修之議□□□□□□□□□□□□□□□□□□飭材，不數月規模煥然，工既竣，餘錢壹萬捌拾千文，又□□□□□□□□□□□□□□□□□路，西至溝心，南至澗河，北至大路，與前義地接壤，惟佟公後裔之承祀者，自耕自食。夫佟公往矣，新之人所以感慕不忘者，良由當日全瘠弱，減差徭，其所以爲新慮者，淪肌浹髓，不啻起白骨而肉之；以新之人愛其德政，並其祠宇而愛之矣，並其苗裔而愛之矣。不然先佟公而莅此土者凡幾，後佟公而莅此土者凡幾，孰有如我佟公之遺澤不替，卓然與懷山並峙，淵然偕澗水長流也哉！于是爲誌。

　　關維祺撰。
　　龍飛光緒[1]

　　　　　　　　　　　　　　　　　　（碑存新安縣第二高中院內。王興亞）

重修老君殿玉皇殿斗母閣山門廟院四圍碑記

　　【額題】大清

　　老子世出世法，《古鏡錄》云：在上皇時爲玄中法師，下皇時爲金闕帝君，黃帝時爲廣成子，文王時爲支邑先生，武王時爲叔子，漢初時爲黃石公，文帝時爲河上公，其說姑勿深考。惟孔子歎其猶龍，變化莫測，騎牛過關，闡教著書，殆亦聖而不可知者之流亞歟！廟而祀之，亦固其所。寶真觀以祀老子爲主而間及他神，不詳所昉，故不敢妄引爲注釋。重修者屢矣，今復風搖雨漂，廟貌之零落，牆垣之傾頹，過其側者莫不觸目傷心。以爲斯觀建立千有餘載，左青龍，右白虎，古柏羅列，金水環抱，風氣攸萃之地，較他處之洞府仙境更爲清幽，此蓋唐太宗之遺跡，何可廢也？梁君甫恕軒、衡君甫健齋，倡義葺修，先老君殿，而玉皇殿及斗母閣，山門、廟院四周以次工竣，爲述而志之。

　　此款除捐項外，盡出廟產內。
　　優廩生王文□撰並書。
　　首事監生梁□□捐錢三千文、衡□□捐錢二千文。
　　泥木匠王建□捐艮八錢正、毛宣德捐錢五百文。
　　鐵筆孫友、張秀。

---

[1] 該碑部分字殘。

宣統三年二月穀旦立。

（碑存新安縣五頭鎮金溪小學院內。王興亞）

陳村施錢生息備井繩用刻石

　　從來善補助以廣陰騭，修德行以延後世，此有非常之人，乃有非常之事也。予閭里有汲水之井，固日用飲食之所需，實百人口□所賴也，故當備繩。時往往屢次約束，□貧富不均，縱約束亦有難言。有壽官張君信道者，樂善好施，仗義疏財，一聞其言，慨然捐輸，毫無吝色［嗇］。於是，與井人商議，施錢拾申，生子利以作備繩之用，衆皆欣然曰："此君之言，猶似管甯、淳于公設汲之意也。"豈不深可述哉！特以事不屬己，恐經理無人，于是，衆同公議，共勷勝事，從此備繩之費得□所資，故勒石以誌不朽云。

　　佾生張信道撰文並書。

　　董事人耆民張友仁、張學道、張春和、□□張太盛、張中道、張玉純、佾生張□□、張士道、張得珠，合井人同立石。

　　聶申猷刻石。

　　大清宣統三年三月下浣。

（碑存新安縣鐵門鎮陳村井道旁牆上。王興亞）

嵩縣

重修嵩縣二程祠記碑

君天下者傳以世，師天下者傳以道。傳以世，于是，有禘嘗之禮，傳以道，于是，有崇祀之文。乃有以道統之傳，而兼世澤之盛，歷數百代食□于無窮者，自曲阜孔廟而下，則推河南兩程夫子祠焉。

故程氏之先，安徽人。自忠壯之後，自徽遷中山，自中山遷河南。今嵩邑陸渾嶺，即其故宅也。其族人就地建廟，爲兩程闕里。越明〖季〗景泰間，頒詔祭典，且求兩夫子之後，得十六世孫克仁者，授翰林五經博士，世其官，以奉祀事。及攙槍告變，宮牆焚燎，求歐陽公所撰《程文簡公先德之銘》及伊川所爲《明道之狀》，無有存者。自我清鼎興，詔復典禮，咸□無文。兩程之後，今博士佳璠延祀者克修舊業，以崇先祀，所以安兄儒之靈者，靡不周至。但其廟貌頹廢，曩者□祖父母晉拜其間，雖惻然興懷，乃從□□戴星之餘，其爲修舉廢墜也，幾何矣？惟大郡守王老公祖，周行都邑，與嵩邑令尚父母相謁于祠，徘徊不忍去。欲以啓闢宮牆，優至□牖與闕里齊輝。遂屬尚父母□□□□歲告成。而尚父母爲勒珉，命予以記。

予觀公治甲吾郡，下車之日，司徒責供需，司馬計軍實。且早靈閿□□□□□者，日異而月新，□□皆不動聲色，徐取亂絲清理之。尤以其餘與□□，修復程祠，崇重儒教，而二程祠之興焉。計修祠之□爲門，爲□□□□爲□恒所費不資，乃捐自俸，□俄然底于巍煥，使郡邑守皆如公也，天下無頹廢之廟貌矣，又安有頹廢之學校哉？

蓋我公□□□□□□□天子育才之懷，下興郡國理學之績，將見彝倫敘而德教溢。學士大夫興，衣被仁義，沐浴詩書。而窮鄉僻壤，知敬□□群，經歌誦習。夫非以禮隆則道著，道著則學興，學興則人才蒸懋歟！所稱大臣爲國樹人，必尊儒重道者，其在斯乎！其在斯乎！

癸丑仲秋吉旦。

賜進士第、欽授內翰林國史院庶吉士、歷升吏科給事中、戶科左右給事中、奉命典試浙江、禮科都給事中、陪侍經延、太常寺正卿、太僕寺少卿兼禮部□督補堂上事務、通政司左右通政、宗人府府丞、都察院協理院事、□□□□□□□□年家治弟□篤□□頓首拜撰。

旹康熙歲次甲寅仲夏穀旦立石。

（碑存嵩縣田湖鎮程村二程祠。王興亞）

重修二程夫子祠堂記

　　邑治東北隅三十里許，望之蔚然而獨秀者，鳴皐山也。山至西爲陸渾嶺。山下爲明道、伊川兩先生故里。有兩先生祠，春秋祭祀，昭崇德也。惟是歷年既久，棟宇摧殘，垣墉傾圮，常有孝子賢孫仁人君子起而新之。康熙十有一年壬子夏五月，郡太守王公以刑部員外郎出守三川。下車之始，即知嵩邑爲程氏闕里。方思所以以式廬表里，以光前烈者。會方伯徐公，以博士程君宗昌者之請，遂以修葺兩夫子祠事，言之王公。公慨然以爲己任，自捐俸金若干。屬邑侯尚君董正工作以觀其厥成。于是，慮材鳩傭，量物估價，不惜價，不病工，不役民，敝者起之，缺者補之。凡爲正殿三楹，爲寢如之，東廡三楹，西廡如之，二門三間，重門如之。此撤舊而新之者，凡爲捲棚三楹，春風亭一，立雪亭一，櫺星三間，繼往聖坊一間，來學坊一間，此舊未有而新建之者，至于爲庖、爲廚、省牲、宰牲，靡不各得其所。是役也，迺于癸丑之三月，越明年，甲寅五月告竣。實實枚枚，稱巨觀矣。于其邑之人士咸大悅，乃屬世舟載筆泐石以爲記。世舟昔在言路時，曾以兩賢恩蔭請，于蒙報可。會世襲博士宗昌、延祀者是也。爰及斯役之有賢裔請之，是一時孝子慈孫，賢人君子，群起而有功于吾道之門者也。即不文，寧能于言哉！天道自一中肇統，而後至孔孟觀止已，兩賢之學，實接孔孟之傳，其道教之所昭垂，如日月之經天，江河之行地，夫人而盡知之矣，有人記之而詳矣，夫復何立？惟是肇修殷禮之地，重加敷賁，若郡守王公，其功蓋有不可沒者。蓋公天惟仁慈，才力敏練，宰治成周，爲十四諸侯表帥。于其敷養民之政，嚴餌盜之法，黜邪說之教，清冤滯之獄，鋤奸豪之民，革舞文之史。其剔弊也，則糧清二陝。其平政也，則賦輕三川。其正己率屬也，則操之以淡白，鎮之以寧靜，本之以精明，出之以渾厚，賢者進，不肖者退，公道服人，至誠感物，不期年而大法小廉，化弛若神。是役也，特見其一斑耳。至于承流定化，一德同心。若邑侯尚君者，量足以負重而心若弗勝，才足以致遠而力若弗及，剛足以決事而威爲不猛；智足以辨奸而明不苛。勤勤懇懇于地方利弊，民生休戚之故，則有若之立社倉以備荒歉，勸開墾以闢土地、招流亡以廣生聚，講鄉約以隆教化，實心實政，舉不勝舉者，上焉者精知人之鑒。每以其政行諸郡邑，以誇四方則。斯役也，常常騎親詣其地，以省厥工。凡事以身先勞類如此。其視郡守公，又不上行下效相得益彰也哉！夫天下者，郡邑之推，宰相者守令之推。郡國治，是邑守，此今日事也。舉政措之，所俾利民利社稷者，此又他日之事。故于是役也，法宜具書，非以獻佞也。王公諱豐慶，北直河間人。尚君諱遷，山西蒲州人。後之君子尚有考于斯。

　　進士第、廣西道監察御史傅士舟撰。

　　康熙十三年歲次甲寅五月立石。

（碑存嵩縣田湖鎮程村二程祠大殿西後牆。王興亞）

特恩賜祭碑記

　　康熙四十一歲壬午春三月。上念宋儒程子顥、頤有功道統，御書"學達性天"四字賜額于祠。詔曰："其每年致祭着該撫會同布政使，酌給應用戶兩，以副朕隆禮先儒之意"。從世襲翰林院五經博士程延祀之請也。河南巡撫、督察院户部尚書臣徐潮咨商儀部，歲給戶四十兩。于丁地折戶項下，每年照數先給，以爲祭品之用。大哉！聖恩重道崇儒，隆百代澤流萬世矣。臣延祀礱石屬河南府知府臣趙于京恭記盛事。臣京乃□稽首而揚言曰：自堯、舜、禹、湯、文、武、周公、孔子之後，聖學蓁蕪，仁義湮塞。大道之不絕如線。孟子歿，其學不傳。歷漢、晉、隋、唐至有宋諸儒，始有二程子倡明絕學于洛。而斯道至今未墜，故頤白序其兄，以爲孟子後之一人而已。臣京家向膺關吏，慕橫渠張載《西銘》之教，爲建祠立碑于湯泉之下。癸未冬，上西巡狩。臣京得以邊隨鑾輅出關，命守河南。夫宣上德意興行表□，臣之職也。當詔對時，曰："臣京治《易》。"上曰："朕習《書經》，兼通《易》學。"即命講乾五之利，見七之來復。又戒諭臣京曰："凡事要存良心與開歸道。"使臣□□□言及《西銘》。上背誦之甚悉。是典漢訓詁之傳，中民胞物與之時係。臣京今日真見堯舜在上，黎民百姓真被堯舜之澤矣。夫黎稷必祭先者，重天賜也。食腥必薦廟祭，重君賜也。況賜以春秋之祭，歲次致給正供。此世代子孫永保勿替哉！此廟庭大事，道統所關，不可以不記也。贊曰：

　　唐虞精一，洙泗時中。唯此道心，與天地同。孟軻既歿，不行不明。

　　賴有真儒，是曰二程。力學好古，動遵六經。嵩祠洛墓，世代攸崇。

　　大清皇帝，列聖統宗。蕩平朔漠，治定海鯨。誕□文表，俎豆光榮。

　　恩流萬載，有如斯銘。

　　中憲大夫、河南府知府臣趙于京撰文。

　　文林郎、河南嵩縣知縣許霖吉書丹。

　　登仕郎、工部總理司務臣傅元牲篆額。

　　龍飛康熙四十三年歲次甲申仲秋吉日立。

（碑存嵩縣田湖鎮程村二程祠內。王興亞）

博士程公字德徵懿行碑

　　余於丁亥歲遊天中，歷洛陽郡廓，西謁兩夫子祠，見御額懸祠，因知兩夫子塋墓在洛，而專祠在嵩縣古陸渾之陽，耙嶁山其故里也。遂不憚修阻，渡洛中流，過龍門谷口，抵嵩邑，潔誠虔祭，登堂瞻拜二夫子像。會兩博士公及程氏之裔。

　　時有生員程殿贄、程懌率衆族裔揖余，屬文曰："吾族故博士諱宗昌，字德征公者，生爲故明秀才，博學善文，當懷宗末，流寇猖厥，蹂躪嵩邑，族衆逃散，公煢煢隻身避難河朔，義不失身於賊，行何潔也。及至我朝定鼎，公以孤身來歸故里，志何壯也。此其時，吾族中户無安居之所，人鮮糊口之資。棄墳墓而轉徙他鄉者十有八九。誰復念棲神無地，致祭無所乎？公目睹兩祖遺像暴露風雨，急爲修葺之籌。族衆星居，遂爲招徠安集之計。與族衆拮据，圖維以勤，厥事三年，始成正殿五楹，又三年而啓賢堂告竣，又三年東西兩廊廡、誠敬、欞星二門以及禮門牆垣，次第增修，雖未能盡復古制，頗有輝煌之象。於康熙八年，邑人侍御傅公題請公繼明道後與伊川後裔延祀，俱加恩蔭，世襲翰林院五經博士職，以主廟祀。迨受職之後，仍不遑寧處，日以兩祖祠墓爲心，興復洛學爲念。不意旻天不弔，於康熙十六年初冬，公以疾亡。嘻！如公之功，宜記之以垂永久；若公之德，當志之以爲儀型。余不禁爰筆而歎曰：“若先生者，可謂賢矣。”先生與先君大人有舊，余因頗悉先生素履。知其視聽言動無一或苟，誠正修齊，實踐躬行，詢有坐風立雪之遺徽。今先生歿後已三十餘年矣，而族衆後裔猶追憶不止，求爲文以記其事。非先生功德有以入人之深，何令人思慕之不忘也？跡其事，考其人，上承族祧，可謂孝焉；恩洽宗族，可謂仁焉；修廢舉墜，以光祀典，可謂敬焉。嗚呼！若先生者，得謂非賢歟！蓋以門祚衰替，得一賢子孫出而尊祖協宗，則庇其宗者不淺。况戰亂之餘，承家光國，其爲事更不易哉！若夫奕事而降，塗茨時墍，享祀不忒，固後人之仰籍於先生，而亦先生之所望於後人者也。爰伐貞珉，以記其事，修身齊家，不與草木同朽者，又豈晚筆文之所能悉化也已矣！

賜進士第、提督湖廣通省學政、按察使司僉事、前吏部文選司掌印、年家世眷晚生黃思凝頓首拜撰。

內閣中書舍人戊子科舉姻眷晚生屈□頓首書丹。

大清康熙四十八年歲次己丑孟冬吉旦。

（碑存嵩縣田湖鎮程村二程祠内。王興亞）

重修財神廟正殿並創建拜殿兩廊廡樓碑記

【額題】財神廟碑記

洛居天下之中，爲衣冠之所萃處，商賈之所環，向固四方和會之區也。嵩與洛輄相接，其繁庶與洛差相等，兵燹後百不存一矣。寇氛蹂躪，饑饉頻仍，煙火之家，幾落落如辰星，而貿易者多裹足而不前。幸數十年來，邑侯拊循，愛養斯樂，土人之操奇贏，權子母捆載而求售者，趾相錯轂相繫也。乃今者壬辰初夏，予方閉門兀坐，忽有口扉而來者，則皆嵩之商賈，殷殷來告予曰：“吾輩居于斯，食于斯，贄遷有無自于斯。其間之財貨豐盈，衣食饒裕，雖曰商賈之經營，各適其宜也，安必非有神焉以爲默佑者乎？向者已擇高嶝兀爽之地，構公貲，置隙地，建財神廟三楹。其中之神像、侍衛、焕然必備。至于拜殿兩廊舞樓、道房益缺如也，而與商賈目之，此心又玄覺蒸蒸然動矣，乃各捐己貲，合之嵩土善信，共襄盛事，復重修之，再建拜殿三楹，舞樓一所，東西兩廊各七間，不期年而厥工告竣，乃延羽流其中以司香火，仍以餘貲買地畝，以供焚修之費。恐久而湮沒也，將刊石以志不朽焉。請予言以爲記。余因思曰："山川社稷各有專主，況財也者！爲軍國之所必需，民命之所攸關，其源則敦厚也，其流則浩浩也，而獨無神焉以司之者乎？則是財神者，固福國佑民之正神，非他淫祠可比也，此廟之建不亦宜哉！行見向之渙散者，今且有所憑依矣，向之闇淡者，今且煌然生彩矣，向之傾圮者，今且榱桷崢嶸矣。下及三門、牆垣、影壁、廚房，靡不畢舉。予不禁慨然曰："福善禍淫，天道之常有，斯者自宜獲福于無疆也云爾。"是爲記。至于捐貲之姓氏，地畝之多寡，則載之碑陰。

　　時大清康熙五十一年歲次壬辰五月上浣之吉，邑紳張星煜沐手拜撰。

　　　　　　　呂儀鳳、潘清儒、樊孟、
督理公直：張文英、張玉珍、蘇計顏、
　　　　　　　田唐卿、　　　立石。

　　　　　　　成弘毅、呂瑞鳳、呂周鼎、
　　　　　　　常枯、

（碑存嵩縣文物保護管理所。王興亞）

宋程伊川先生故宅

清乾隆二十九年三月
邑令陽泉康基淵

（碑存嵩縣田湖鎮程村。王興亞）

板閘渠記

康基淵

　　閘之用於嵩渠尤宜，以制逈暴闌入之患，以均卑仰引灌之程時啟閉，謹蓄泄至便也。嵩民渠引伊水率用堰，至山澗泉流半歸廢棄。吳村河距龍駒渠七里，其下可灌田百頃，因循及今，無議興渠利者。既開龍駒，鄉民稱便。因民情之可用也，鼓勵興事，旬日而工竣，渠口當土阜凹曲之處，退水即納入龍駒，計長八里，又為相視高卑，於渠首中尾建三閘，水發關首，閘以拒之，旱封尾閘以蓄之，中閘節宣高下使得均濟。茲渠之利，雖百年百世可也。渠成，命名曰板閘，所以別於吾嵩有堰之渠，且以防將來漸至築堰之害，俾吾民曉然於堰之鈍置，不靈不必聚土壘石，而未嘗無法積水使高也。至於開引山水而入水之口，不據險無制御，譬則開門揖盜，欲享利而避永害，尤無具之甚矣。

　　乾隆二十九年。

（文見乾隆《嵩縣志》卷十四《河渠志》。王興亞）

龍駒渠記

康基淵

龍駒，小澗水耳。其下橋北村列田八十頃畝，居民五百餘家。余蒞事之五月，往來茲地，見其水可引灌也。召父老謀之，不以為謬。遂闢盈尺之渠千餘丈，夏適乾熯，競引灌田。是秋大熟，迺於農隙更廣其規，為渠寬深各四尺，上自橋北，下抵南屯，計長七里許。禁築埧堰，高下均利，不日而工竣。余於嵩邑水利，伊汝而外，若馬回、順陽及新古各渠，莫不相度經營，發議籌辦矣。惟斯民也，深信不疑。首先趨事而當年即享其利。余即樂觀茲事之成，而又以為繼此者勸也。是為記。

乾隆二十九年。

（文見乾隆《嵩縣志》卷十四《河渠志》。王興亞）

莘渠記

康基淵

土堤成因為相視原隰，於堤鑿開穿岡身為渠，引水使北，乃折而東，穿渠之土，盡置東岸聯大堤若城堡然。又東過官路，納入永通支渠故道，北流十餘丈分為二，東灌村南地八十頃畝，北過村至閏營，轉東入永通大渠，又北而歸伊。計長十二里，渠廣六尺，支渠半之。凡莘店平原地二百餘頃無不沾溉。予向所云渠而引之，因以為利者，言始可驗。然天下事，經始不善，利之所在，害亦隨之。何也？渠口引水亦易衝囓，若永豐、永定。古渠今淪砂石者。是桃壓民田渠稼紛擾不已，若永昌之訟，端是藝稻禾則土疏易滲，多留退渠則水無停蓄，不開支渠溉灌不廣，界阡隔陌不能通融，地遠難及也。攔渠築堰，居上截吞，遇旱加堰撥堰，往往起爭也。今開渠即用廢棄古路堤闕建閘，閘外加築小護堤，東流之水，□引而西而北，名曰莘渠。以見吾嵩伊河兩岸為渠者有矣。而渠口設閘，以戢暴流。不築堰，不種稻，聽開支渠，以廣灌溉，則今之莘渠也。至於均利通力，高用水車，遠資游渠，公而不私，讓而不爭，尤予開莘渠之意也夫。

乾隆二十九年。

（文見乾隆《嵩縣志》卷十四《河渠志》。王興亞）

莘渠土堤記

康基淵

凡利之興在於除害，除害而利在害除而利可舉也。邑東莘店，夙稱沃野。自永通渠廢而利失，馬回河潰決趨北，橫流入村而害烈。夏秋淫潦，民居積水，田經冲蕩，畝不斗收，至無人售。詢諸父老，村南故有土堤百餘丈，廢壞垂五十年矣。甲申秋，從莘店來者備言患水狀，因議興復。復約農隙舉事，紳士杜希聖、李竣業、董翰糾眾興築。平均無偏，民趨事者恒，兼二日工，方堤之垂成也，余駐工督視，偕鄉父老縱觀堤上，有指堤內田告予曰："害去矣，畝值十六七金矣。"□曰："未也渠而引之因以為利，當更倍值。"父老曰：諸莘渠之開，所由昉也，別有記。堤廣五丈，高二丈，延袤五里許。

時甲申十月也。

（文見乾隆《嵩縣志》卷十四《河渠志》。王興亞）

樊上渠記

康基淵

樊為川，西會源頭活水，經流陸渾下，其陽伊川先生故宅也。又北里許，村名田湖，原田亙十餘里。意唐、宋盛時，縣治陸渾，郊關之外，緣野平疇，畎畝縱錯，系盡沃壤也。自伊河歲移，永清古渠淪廢，所以渠引樊水者，亦失故道。樊上之田，至不足二百頃，遇旱且束手，予屢勘歷為鄉民言，樊水之可引也，且圖其管道以示，而工久不興。及今春，雪雨少愆，予所濬開龍駒、板閘、馬回諸渠者，俱坐享其灌溉之利，始蹶起鳩工，上自程村，下極田湖，不期約而渠成。予以是知民力之可用，而用其力必輸其心，非全以責民也。興不利而務弗眾志，至謂大功不謀於眾，又或斯事體大逸民憚勞，偶不喻曉，輒置不復省，以為民愚難圖始者，深惟所以過有攸歸矣。今樊上渠後諸渠而成，由此少食其利，更圍築石埭溝引濁水，俾砂明石燦之區，浸淤膏田，以復唐、宋盛時之規，尤大利也。至說設閘引灌之利若害，板閘莘渠各記盡之。

乾隆三十年。

（文見乾隆《嵩縣志》卷十四《河渠志》。王興亞）

社學記序

知縣康基淵

古者教民之道詳矣。《周禮》黨正州長以下及比長閭胥，各掌其鄉之正教，治令以屬其民。自二十五家以上，莫不有學焉。在是時，無一民無養者，即無一民無教者。所以化民成俗，率由於此。其養也，作之勤，除其擾。其教也，俾民俗安禮誼胥率親睦。夫作之勤，除其擾，而耕鑿之餘，相友助，則養之亦有教矣。胥禮以胥親睦，而族黨有賙恤衰幼得遂常，則教即為養矣。養以給其欲，教以固其氣，道本無二，施為亦非有後先。是故無不足之民，而後可以為良民。無不良之民而後可以為善國。富厚之家，克興禮義，養之隆也。日誦聖賢言而袛服習文藝為希榮，干祿之階，教之敝也。是故教以名，不若教以實，教以文不若教以禮。孝之禮順而其文溫凊，晨昏無方之節詳焉。弟之禮敬，而其文序立隨行饋餌之節詳焉。循乎溫凊晨昏之節，和順而知其為孝，循乎序立隨行之節，知敬而知其為弟，則教之道得矣。是故教之得民，入於肌膚，學之染人，甚於丹青。其上蔚為人才，儲為國器。其下亦不失於鄉黨，願謹自愛之士。

　　嵩邑疊嶂重山，疆員廣濶，經我朝休養涵濡百餘年來，橫經負耒，科第翩聯，應童子試者亦六七百人。惟是土田磽瘠，西南山境，村莊零錯，聯社尤難。其或少知向慕就學，而師生之修脯，飲食之供用，歲費不貲，因而廢棄者比比也。夫民不贍於日用，而以興仁讓也固難。民不興於仁讓而強凌衆暴，冀以保其日用，為長久安樂之計，亦事勢所不能者。

　　予任事之期年，爰為籌建社學三十四所，城關學建城內，近城則高都、元里、莘樂、三塗、西山之蠻峪、德亭、大章、舊縣、湯下、潭頭、樓關、小河，南山尤遠之柳林、日河、孫店、東村、汝河、呂屯，距縣或一二百里，學舍相距或二三十里。北鄉則趙村、源頭、樊川、石碣、伊河，東西則溫泉、皋南、花廟、燕王、常峪堡、南田湖、樊村、鳴皋、新營、莘渠，相距各十餘里，因其地也。每社修脯，以二十餘金為率。其修脯所出，輳集公私絶產廢業，共計水旱坡三則地三十八頃五十七畝零，額徵糧艮四十四兩零，夏秋租共艮四十三兩零，粿五百九十九千零，取足敷用，擇延本庠通亮之士崗心講授，貧不能學並因貧廢學者，盡萃其中。更為酌定學規，俾從事於踐履實學。夫日循子弟之禮，而詩書之文可通矣。日由順敬之實，而孝弟之名斯在也。由是涵育薰陶，人知親親長長，安常而得所欲，服教而利於行，老幼親戚相保，愛任恤而無德之者。所以為教即所以為養也。若夫侈興學立教之名，徇之而無其實，使士獵虛響，民增浮偽，並所為養而失之者，尤予滋之懼矣。其社學棋布四鄉，一切學舍地畝修膏所出，及經理善後事，已就地方情形，分載各社碑記。茲揭予所謂興學之意，勒石城社，後之作者，庶有覽焉。[1]

---

[1] 此爲康基淵在嵩縣創建社學意序。時康氏所建社學共三十四所，各有碑記，碑陽爲記文碑陰爲社學頃畝。乾隆《嵩縣志》卷十六《學校》載："按：各社碑陰詳載學地頃畝，記文節錄數首，餘省。"據此，志中所載記文乃康基淵所撰建社學碑記，刊於碑陽，樹之於所在地；而志中所載各社學地畝、租錢與糧錢則爲當年碑陰所載之學地頃畝。今原碑無存，茲將縣志所載之碑文錄之於下：

高都社學碑記
建盧家堂。學舍二十間，地一頃五四十六畝，租錢十八千七百，糧艮一兩四錢五分三厘。

樊村社學碑記
建柿園。學舍十四間，地五十七畝，租錢二十千二百零，糧艮一兩一錢七分二厘。

樊川社學碑記
建法華東。學舍九間，地一頃二十六畝，租錢十八千三百零，糧艮一兩五錢七分二厘。

石塢社學碑記
建石塢。學舍十一間，地一頃二十五畝，租錢十六千七百零，糧艮一兩二錢九分五厘。

（接上頁）

田湖社學碑記
建田湖。學舍十四間，地一頃五十六畝四分，地租並水磨租錢二十二千三百零，租艮一兩三錢四分九厘。

鳴皋社學碑記
建鳴皋。學舍十一間，地六十畝二分，租錢十九千二百零，糧艮一兩二錢四分。

新營社學碑記
建四合。學舍十間，地六十畝零，租錢十六千二百零，糧艮一兩一錢七分八厘。

莘渠社學碑記
建莘渠。學舍九間，地六十七畝五分，地租並水磨租錢二十二千二百零，糧艮八兩三錢五分。

元里社學碑記
建橋北。學舍十八間，地四十三畝六分，租錢二十二千三百零，糧艮一兩三錢六釐。

莘樂社學碑記
建孫莊。學舍八間，地一頃四十五畝二分。租錢十九千九百零，糧一兩四錢五分二釐。

三塗社學碑記
建南店。學舍十間，地八十畝六分，租錢十九千四百零，糧艮一兩五錢二分七釐。

蠻峪社學碑記
建蠻峪。學舍八間，地四十七畝，租錢十八千六百零。糧艮一兩六錢七分二釐。有碑記。在學內。

德亭社學碑記
建德亭。學舍十間。地八十二畝八分。租錢十八千四百零。糧艮一兩四錢七分七釐。有碑記。在學內。

大章社學碑記
建大章。學舍十一間，地六十五畝五分。租錢二十千六百零。糧艮一兩三錢四分九釐。

舊縣社學碑記
建街東。學舍十三間。地八十畝三分。租錢十六千七百零，糧艮一兩二錢六釐。

湯下社學碑記
建中營。學舍九間，地一頃四畝七分，租錢十六千一百零，租艮二兩。糧艮一兩四錢四分一釐。

潭頭社學碑記
建潭頭。學舍十二間，地九十一畝五分，租錢十七千九百，糧艮八錢一分二釐。

樓關社學碑記
建樓關街。學舍九間。地一頃五十四放。租錢二十千。糧艮八錢七分。

小河社學碑記
建羅村。學舍十八間。地一頃八十一畝。租錢十四千七百零。租艮六兩。糧艮一兩五分。

柳林社學碑記
建柳林村西。學舍十七間，地一頃八十畝，租艮四兩，租錢一十五千七百零，糧艮一兩七分五釐。

白河社學碑記
建汝源鎮。學舍十間。地一頃十五畝。租錢二十一千零，糧艮一兩一錢八分四釐。

孫店社學碑記
建孫店。學舍八間，地一頃八十四畝零，夏秋並房租錢二十二千七百零，糧艮二兩七錢六分。

東村社學碑記
建東村。學舍六間。地一頃五十畝，租錢二十千二百零，糧艮一兩五錢三分。

汝河社學碑記
建兩河口。學舍九間，地三頃七十七畝二分，租艮十兩六錢，租錢八千二百零，糧艮一兩五錢二分三釐。

乾隆三十年。

（文見乾隆《河南通志》卷三十九《學校志》。王興亞）

城關社學記

【碑陽】

康基淵

縣城故有社學，立雞澤祠內，學地若干畝。父老猶能言之。後創樂道書院，入其地，而學遂廢。維嵩民土風淳厚，士多勤愨簡質，猶古周南之遺。其間，單寒子弟，無力延師。方其童時，不勝衣冠也。則相率嬉戲里閈，習為鄙俚不經之談。及稍能力作，又祇入山樵薪，逐食市井，有終其身，不知禮讓為美、詩書可貴者。予心惻焉。得絕業地若干畝，因三元閣廢基，建社學為四鄉倡，以處城關子弟之貧不能學者。夫書院教秀士，社學養童蒙。秀士之教，兼治經術。童蒙之養，先崇禮讓。由社學而入書院，其道順，有書院而廢社學，其術乖，本末源流之際，蓋不可誣矣。

乾隆三十年。

【碑陰】

建北門內。學舍十四間，地一頃四十四畝一分，租錢二十三千九百，糧艮一兩八錢三分。

（文見乾隆《嵩縣志》卷十六《學校》。王興亞）

（接上頁）

李莊社學碑記

建呂屯。學舍九間。地一頃五十六畝，租錢十九千零，糧艮一兩三錢六分九釐，。

溫泉社學碑記

建南莊。學舍十三間。地八十六畝，租錢五千八百零，租艮十四兩一錢糧艮一兩四分三釐。

皋南社學碑記

建九店。學舍六間。地一頃五十七畝五分，租錢十千四百，糧艮四錢二分四釐。

花廟社學碑記

建高屯。學舍十一間，地六十一畝，租錢十六千三百零。糧艮八錢二分四釐。

燕王社學碑記

建海角和樂書院。學舍十一間，地七十四畝零。租錢十六千九百零。糧艮一兩五錢五分。

堡南社學碑記

建葛口。學舍十二間，地六十一畝六分，租錢十八千五百零。糧艮一兩三錢三分二釐。

趙村社學碑記

建慶安寺。學舍七間。地一頃五畝，租錢十九千一百零，糧艮一兩五錢四分三釐。

源頭社學碑記

建石村。學會七間，地一頃二十二畝，級錢十一千五百，租艮七兩一錢零，糧艮一兩四錢一分七釐。

高都社學記

康基淵

甲申嘉平，予有事於社學，圖度初定，顧念斯事，計必經久。若其始官為責辦，必滋擾而事中潰。其後，官為經理，必名存實亡，而不垂遠重難，其議遲久而未發。乙酉正月，高都人來言於予曰：古者術、序、黨、庠、家塾，遍列鄉國之學，不可已而不厭其多。如是也，社學即鄉校，於嵩之遼闊。尤宜請以盧家堂改學舍，以王、韓二姓絕產供脩膏。當是時，予方經營城關學，得是而幸其人之不難，乃銳意立章程，參酌朱子童蒙須知，程董學則及方正學王文成，呂新吾各條，而慎擇其可行者，以為學規，榜列學內，顏其額曰：某保社學，以齊一耳目。中奉先師及元聖二程夫子木主，蓋多大夫沒而祀於社，猶古遺意也。商都然，城關各社無不然者。記列於茲，以見予不度德，不量力，思建社學為百年計。幸得因人有成者。蓋不自城關、高都也。

乾隆三十年。

（文見乾隆《嵩縣志》卷十六《學校》。王興亞）

三塗社學記

康基淵

伊水從崖口湍湧而下，瀠洄北折。其陽古三塗也，明洪武間，李御史致政歸，居於此，立義學，召鄉子弟，躬自教授，李鼐、高化後先登科，今義學既無可尋，御史亦失其名。第有墓在玉泉山下。夫洪武至今，代幾更矣。御史以朝廷喉舌，臣歸田後不忘後學若此，視夫係心爵祿流放山水者，相去何如也。今並其名逸之意，其間詩書之澤，必有斬絕於中葉者矣。蓋嘗論天地，壽以聖。聖人壽以書，書之壽在於學，人知敬學，風教以成。古賢聖之遺跡，鄉先達之流風，乃不在語言文字之末，而深沁入於愚夫婦饑食甘飲之心骨也。惡在越數百年，而遂漸沒也耶。然則人之不可不學，而三塗之不可以無社學，茲非其不遠而可鑒者與。

乾隆三十年。

（文見乾隆《嵩縣志》卷十六《學校》。王興亞）

舊縣社學記

康基淵

舊縣古伊陽治，縣廢，設巡檢。明季與沒大嶺分防，今專司，西抵小河柳林，南極白河東村，連七縣界。周方六百里，盤山疊嶺，中以緝奸匪職在是矣。而制治清濁之源，不在於是。今使愚民不興禮義，而惟事糾察，雖十巡檢治之，奸亦不戢，非勢不可，其理失也。舊縣北如龍膊竹園，伊水之南，平亮、柳溝等村，險遠繚曲，五方錯雜，民性多悍，建社學於巡檢駐所，俾秀民入學講習者，油然知禮義之為美，即生長邃谷迷昧罔知，亦得因事期集，循學禮之舍，與觀乎揖讓周旋進退雍容之節，潛消其暴戾而戒勉於為善，所以為愚民保安身之至計，以助防奸詰暴之所不能及，並以見朝廷設官衛民，非徒特法制禁令之末，而有其本也。

乾隆三十年。

（文見乾隆《嵩縣志》卷十六《學校》。王興亞）

湯下社學記

康基淵

予讀嵩人物志齊都御魯者，當洪武朝，以敢言血諫名天下。竊奇其為人。訪其里居，在湯營，今稱齊家灣，九龍山之側有墓焉。嘗適湯下，見所謂九龍山者，由平亮磅礴數十里，俯視群山，至湯下峰，忽中開，危崖壁立，崒嵂如浮屠，巍臨伊水上，俗稱湯下砦，有湯泉焉，熱可熟雞。小魚寸許，時來游泳，岸旁草盡紅色，引灌稻田，粒色正赤。乃近在九龍山西南麓。嘗觀嵩境多山，龍池（山曼）極峻，七峰極秀。而九龍山乃極奇特，精英之氣鍾於人，而瑰材異士出焉。殊可信也。然又疑洪武至今四百年來，何寂寂無繼起者也。既乃課其生徒，器宇之偉異，姿秉之清穎，又未嘗無其人焉。蓋造物者之有時而或閟耶，養之無其道，教之不以方，雖才智亦同歸廢棄。況下此者乎。然則建立社學，聚而教之，培其本根，澤以詩書，當積之久，將有為齊都御其人者，而又信山川之靈異於今不殊也。

乾隆三十年。

（文見乾隆《嵩縣志》卷十六《學校》。王興亞）

白河社學記

康基淵

白河即淯水，發源攻離山，經流百二十里至喬灘，出境，南合湍、淯諸河，又南至襄陽入漢江。嵩人知為白河，不知為淯水也。兩岸巉巖峭壁，蜿蜒盤錯，距縣三百餘里，接盧、內、南、魯界中，有七十二（山曼），最著者龍池，（曼）嶙峋插，漢勢遠極天循，西南麓緣石磴渝二十里，始臨絕巔上峰，削若列屏，白雲往還，乃在其下，故稱大（曼）也。其曰：雲山立，石崖麗，青黃連等垛吉祥紅椿，雞腳等（曼）崒拔，各數千仞，而皆拱於龍池。大（曼）之上有龍湫，烏石罅中有物時出，類蜥蜴。遇旱禱雨，輒應。白河之岸多石淙，又有石洞在黑龍磾下，其深叵測。恒涸無水。每歲清明寒露三日，則水移洞旁，魚自洞擁出，躍入河。多乃不勝計，土人呼為魚洞。山川靈異，孕變鍾奇，亦固有非人思議者。獨惜自古迄今，尚多未傳也。其間居民五百餘戶，率散處墾食，無十家聚居成村落者，鹽米交易在汝源鎮，予建社學非汝源無他所矣。鎮故王氏業。王生廷珪憫山民椎魯，期建義學，而未果。議興子元龍捐市房十間為學舍，以處師生。籲！亦是以見此事之善，人有同心。而白河居民之不可以無教，其不教而辜此山川，俾其人如野禽麋鹿角逐，虛生於天地，抑亦有土者之愧也。

乾隆三十年。

（文見乾隆《嵩縣志》卷十六《學校》。王興亞）

溫泉社學記

康基淵

予蒞嵩年餘，往來溫泉間。知南庄有學而不知為義學也。此議建社學，耿生始為予言之，且曰：民人牛法者始其事，捐所居房為學舍，割業地四十畝，歲入供脩膏。其人生不知書，今且物故，而妻及子元爵猶遵行之勿敢替。予聞之，色然喜，而又嘆不識字不足為牛法惜也。匹夫慕義，何處不勉，如牛法者，彼豈急急於名也哉。天性之厚，其有發於誠然者耶。不然家非素封，而歲棄數十畝之入，亦及其身止矣。而乃保其信於妻若子，急急於名，又豈有是哉！予心嘉之。爰更易王姓房十三間，令實捐地二十畝，益以白熊洞廢業為經久計，成其義也。

乾隆三十年。

（文見乾隆《嵩縣志》卷十六《學校》。王興亞）

趙村社學記

康基淵

城北十里許即趙村，其川之委，予所開板閘渠在焉。又上閆屯九峪，距城稍遠，北近穆冊關，鄉民從師甚艱。方予營社學，自冬迄春，大略已就。而趙村猶未之及，四月五日始事，越數日，規模具，不閱月，師生咸入學矣。其經始也，後諸學而觀成也獨速，天下事固有急之反以緩，緩之斯盡善名者。興事之節，不容獵也。夫將碁置三十學於千里，境內民所不習而恒，情之所驚畏也。耳目不親，心計不密，則滋擾有之，更或所與非人，權乃旁落，因以為利者有之，即不然張皇束縛，要於速就，乃民忘其其利於已，或且以為上之急其名而便於私圖也。俄頃而成之，亦俄頃而毀之，不知其已。今趙村之學，緩於謀，始之過慎,速於衆之志樂從,然則其後也,乃其所以為可久與。

乾隆三十年。

(文見乾隆《嵩縣志》卷十六《學校》。王興亞)

源頭社學記

康基淵

源頭東西村名,義本諸程子,其先統名焦澗。今春予始析源頭、樊川為二保,議建社學。魏生欲割業地二十餘畝,勸事介呂生為言予曰:不然。好義樂善之力,向予所護,惜不忍竭也。且予所以為此,固將使吾民樂其生,以復性為久遠計,必圖慮深遠,多所不為,又恒緩之而不敢急,俾民力不勞而趨善也,如飴斯於事理為得耳。若輕於聽捐,是誘民以貧富相耀,無以處,夫好善而力詘者也。又況通縣三十餘學,非可盡以捐成矣。成而取於捐,猶苟且之政,未有苟且於始而能垂久不敝者。且吾民中,其為養老恤幼,朝夕不瞻不獲,遂所欲者多矣。魏生移此意,以之於戚里,使人慕而為之,是即予建學立教之本意,而不必於社學也。呂生然之。而退。今社學建石村絕業地,足敷脩膏,其事未始不難而又未始不成也。

乾隆三十年。

(文見乾隆《嵩縣志》卷十六《學校》。王興亞)

樊村社學記

康基淵

樊村蓋嘗有絕業地數十畝,藉其所入,延師為義學矣。緣其地毗連民業,又公產,強有力者侵佔易種,僅存二十餘畝,束脯不敷,歸村社,積租十餘年,乃修學宮三間,繚垣以磚,即今村南建社學者也。嗣又互爭其利,訟於官。已而歸公,其述遂廢。夫興廢之故,至靡常矣。其興也以人,其廢也亦以人。予建通邑社學,率絕無基址而創之者。樊村尚有學舍可因,不當棄置。爰益以學東廢院,別求絕業地若干畝,延師其中,而樊村社學遂復。或曰:昔之興者可廢,安保今之方興者歟?予曰:不然。是未可以前事律也。夫予所建社學,通縣計三十餘所矣。通縣盡廢而樊村廢,此存乎運數,無如何者也。假通縣無一廢,則樊村必不廢,樊村而獨廢,必其村虛無一人焉,且必盡沙窩、邢庄、桑坡、乾河、楸樹等村統保無一人焉,而後可也。如其不然,則塗堲而丹艧之者,方未已也,而何有於廢也。

乾隆三十年。

(文見乾隆《嵩縣志》卷十六《學校》。王興亞)

改建伊川書院記

　　嵩城之建書院自己未岁始，賜名樂道，又名伊川，以先名伊川於鳴皋也。夫學者遠師孔孟，近宗程、朱，而樂道其宗邇矣。[1]伊川先生遷龍門之南，定居陸渾，於嵩當地也。[2]我世宗憲皇帝命省會設書院，頒賜帑金，永資膏火。我皇上御極，先命慎延講席，選擇生徒，於時有司設書院與治城，以勤於考課。尊時制爲然也。克烈世希鎮鳴皋，建書院於其時則宜，另專嵩城則又以爲非制也。伊川者，嵩人士所行重學孔孟者，伊川以爲階梯，非徒美書院以名也。胡康侯之言曰："先生之為於《易》，則曰理以明象，而體用之一原。於《春秋》則見諸事，而聖人之大用於諸經，於孔孟則發其微旨。而求仁之方，入德之序，先生之行則忠誠動於川里，孝悌顯於家庭。辭受取舍，非道義一芥不取，祿之千鍾不顧也。"朱文公曰："先生之條定太學，以爲學校之禮義，相先之地而同使之爭，非教養之道也。講考試爲課，鐫解額以去利誘，严行檢以厚風教，如是者數十條，今學者幸。"近先生之居守禮，旋讀《遺書》宜何如之肅法。丙寅夏，乃即縣城書院增學舍十六間，招致生徒五十餘人。[3]詳並鳴皋書院地畝，又查出絕業若干頃，月給膏火。捐資經史數十種，並建藏書樓於東側，俾諸生從師講習，改"樂道"曰"伊川"，亦大冀遊其中者，尊聞行知而得於伊川先生之文與行焉。若惟是工文詞綺藻期捷獲而已，則又貪利祿而不貪道義，要作貴人而不要作好人者，豈惟負朝廷造士之盛心，抑亦伊川所棄。而書院之在縣城如在鳴皋也。或曰鳴皋書院將若何？予應之曰："有社學名可矣！"

　　賜進士出身、文林郎、知嵩縣事、乙酉科河南鄉試同考官加五級紀錄康基淵撰文。

　　敕授修職郎、原任彰德府臨漳縣候補呂嗣文書丹。

　　乾隆三十一年歲次丙戌穀旦。

（碑存嵩縣老城西北隅伊川書院內。王興亞）

皇清處士劉公暨王孺人合葬墓誌銘

　　公劉姓，諱孝，字承志，原籍孟津人也。曾祖諱德馨，邑歲貢生。祖弟兄三人。公祖諱瑜，伯祖諱琮，叔祖諱珍，父弟兄二人。伯父諱來聘，伯母閆氏，無子。父諱來璧，自康熙六十年始遷嵩焉。為人忠厚，勤儉治家，元配王氏，繼配盧氏，亦無子，取堂姪承繼，

---

[1] "而樂道其宗邇矣"，乾隆《河南通志》作"耕梓樂道其足跡邇矣"。

[2] "於嵩當地也"，乾隆《河南通志》作"於嵩義爲切也"。

[3] "詳並鳴皋書院地畝"至"俾諸生從師講习"句，乾隆《河南通志》卷三十九《學校志》作"籌給膏火，購經史並建藏書樓"。

即公也。公生父諱來貢。係長門琮公之子，遷居南召。生母田氏，兄二。長諱臣，次諱忠，公其季也。天性篤實，口無虛言，身無飾行，凡事徑行自遂，有古人風。配王孺人，子鐸。公長女庚子科進士雄飛公嫡姪女也。賦性貞靜，克職婦道，善事舅姑，內外無間言。公姊一適太學生王文成，子二，長思謙，娶白氏；次鳴謙，娶韓氏，女一，適楊淑成。孫女五，長適貢生王嘉賓長子；其次俱幼。公享壽七十一歲。生於雍正七年十一月二十四日吉時，卒於嘉慶四年六月十一日亥時。王孺人享壽六十有三。生於雍正十三年十二月初八日吉時，卒于嘉慶二年正月十二日子時，合葬先塋敘次墓側。爰誌貞珉，用垂不朽。銘曰：

  星宿布列，位次分明。妣祖似績，惟公忠誠。今即幽宅，允獲康寧。詒厥孫子，世世昌榮。

  內弟增廣生員王師旦沐手撰文並書丹。

  男思鳴謙謹誌。

  嘉慶四年十月二十四日穀旦。

（誌存嵩縣文化館。王興亞）

重修火神觀音龍王廟並創修舞樓碑記

【額題】皇清　　日月

  嘗思莫爲之前，雖美弗彰；莫爲之後，雖勝弗傳。凡事類然，而廟貌尤其顯焉者也。今萬家村舊有火神、觀音、龍王叁廟，創修予葛姓，蓋以［已］五十六載矣。但相沿既久，物換星移，廟貌豈能歷久而長新乎？村東□□雖□□心感歟，重修而無爲焉。幸有善士劉天德施地一區，功德主李士倫、張萬福因□善念動其善心，又歎舞樓未立，無以爲演戲之地，慨然以重修廟宇爲己任，創修舞樓爲自責，出己財，募衆貲，約費已足，方始工于嘉慶八年孟冬，經月餘而落成焉，以視向之黯然于風滿雨晦中者，迥不侔矣。此固神之精靈有以使之，而實李士倫、張萬福之力爲之也。功成告竣勒石，懇予作序以志。

  九里山後學溫克讓沐手撰序。

  洛邑奉祀主溫光德沐手書丹。

  地主人劉天德施舞樓、火房地基一區。

  功德主：李士倫施錢伍千，張萬福施錢伍千。

  首事人：齊萬福施錢二千，溫景春施錢一千。

  化主（姓名字多模糊不清）。

  龍飛嘉慶八年十月吉日□□穀旦。

（碑存嵩縣大章鄉萬村。王興亞）

樹仁街戲樓碑記

【額題】永垂不朽

竊聞舜去四凶，天下有咸服之休。武驅飛廉，四海慶永清之雅。孔子誅少正卯而宗邦大治。自古聖人欲移風俗，先除奸惡，誠以奸惡弗除，固風之俗難移也。天下如是，邦國亦然。降而末之，雖窮鄉僻壤，莫不賴其道之行而有驗升平之美矣。如吾車村地方，東四甲長，地處山野，人多愚昧，然出作入息之餘，誰知機械變詐之巧；耕雲鋤雨之外，不聞敗常亂俗之行。不意東臨魯山，西界盧氏，南連南召，北通伊陽，□陽等郡，五方雜處，九流叢集，即茂林深谷之間，以必有匪僻之輩伏而藏焉。晝則欺善害良，夜則穿壁逾牆，偷樹盜木，包娼窩賭，種種□□，不一而足。無以治之，則小人益長，君子頓消，滅理亂倫，寧知其所底止乎！茲有本地方保正憫其不可旁觀坐視也，而防微杜漸之設□急急欤。因而通知地方，約束甲長，上請□□邑侯之命，下會閭里之眾，演戲立石，嚴爲禁止。而今而後，如有不法之徒仍蹈前轍，或遠逐出境，或送官究處。四甲長、四農同德，工商一心，莫不共勤力其事。除此，不許假公濟私，苟順人情，以爲利藪，倘敢故違，與犯法之人同一辦理。□鐫諸君，決不從寬。噫！自此以往，果克奸惡晦蹤，風俗日新。不與舜、武、孔子流放除驅，焉有萬一之合乎？故以志于不朽也夫。

甲辰科舉人、候選知縣任緒光，受業門人孫丕變撰文並書。

時受嵩縣正堂加五級紀錄六次又記大功二次王公示。

嘉慶二十四年孟夏月穀旦。

（碑存嵩縣樹仁街。王興亞）

建修火神廟舞樓碑記

【額題】流芳百代

蓋聞十八子弟演仙曲于梨園之中，二四美人舞唐樂于南門之外，是以天下奇觀，莫大于蜃樓海市，宇宙興境，莫高于齊雲落星，皆足以供神聖、娛人民者也。嵩邑西南百里許，地名三人場，數十年來，雨暘時若，民安物阜，固有人事之勤，實賴諸神之佑，因建馬王、牛王、山神等尊神，並有火神之廟者，以妥以佑神其來格矣，以享以禮以介景福矣。第歲時伏臘，春祈秋報，賽神獻戲，每遇風朝雨夕，不勝漂搖之虞，土于斯者歎惜久之。有功德主王與岐等，慨出己貲，募化四方，卜日擇時，創建舞樓三楹，鳩工庀材，不日而功告竣焉。雖非蜃樓海市、齊雲落星之華，然梨園之子弟演霓裳而得安，獻技美人服文衣而適意，娛山靈而悅人目者，將于此在也，豈非千時之巨觀也！事成，問序于予，故爲筆以志之云。

嵩邑後學王錫命三氏撰並書。

施地山主人張門馬氏。

共收化錢六十五千九百七十文。

功德主王興岐待管經理

共花費錢七十七千五百四十文。

上村獻戲另搭戲樓錢兩出官。

大清嘉慶二五年歲次丁巳春庚申冬月告竣暨碑

木石匠秦忠董法

（碑存嵩縣大章鄉三人塲村。王興亞）

重修嵩縣二程夫子祠記碑

【額題】重修碑記

懿古聖賢，肴核仁義，貫徹天人。其行粹其道長，推之東西南北海而准。推之千百世之上，千百世之下而準。過化存神，昭然日月之經天矣。豈籍里居近之跡，俎豆之馨，以重其人哉？然其人往矣，其居近焉，意必有登其堂，觀其車服禮器，而澤然以望，奮然以興者，高山景行，廟貌斯崇而碩矚。其隆者夷，堅者敝，茂者宿葬呼！嵩嶽爲天地之中，扶輿清淑，賢哲挺生，伊洛淵源，遐通洙泗。我明道、伊川二夫子，同業舂陵，倡明絕學，功固不在孟氏下也。殆所謂行粹道長，如日月之經天者歟！

歲壬午，余奉命撫豫。其年冬，以事至河南郡。先世高風懿躅，瞻言維嶽，輒穆然敬生。會嵩縣賢裔博士應斗等，以修復故里祠宇爲請。攷邑乘，崇寧三年，伊川先生遷于龍門之南耙耬山下，元初，即其地立祠，春秋祭祀。祠廓于成化、宏治，毀于明季兵燹。國朝順治、康熙間，兩經修葺。百餘年來，陊剝殆盡，遺址僅存。因檄郡縣吏，克日僦工。經始于道光四年二月，閱八月而告竣，爲堂八楹，爲廡十二楹，前後爲門，三門各三楹。爲角門四，爲坊二，齋室、牲所、甬道、周垣、胥就完整。其舊建，今廢之。立雪亭、春風亭、樂遊亭、玩易所等處，則以工用未充，姑俟諸異日，區緩急，均勞費也。計已糜白艮三千七百有奇，以其餘七百，置田奉祀。是役也，伐木陶瓦，給值于官，凡百所需，毋侵毋擾。余首節俸金並以其事白諸督學侍講吳公，公欣然分俸，藩臬使者暨河南郡守令咸捐資以助。其董率規畫，始終弗諭，以底于成，實河南守存業，嵩縣令劉君禮淞之力也。

余惟二夫子懋躬修于同氣，爲曠代之醇儒。宋、元以後，上公晉秩，從祀廟廷，其尊崇已極，于無可加。獨此故里之孝祠，遲至數十年後，而始得勤勤葺治焉，豈廢興成敗，具有數存一？若假手于余以蕆其事，謂非余之幸歟！誠使後之蒞斯土者，因時興修，毋令頹缺，如前此之夷且敝淪于宿莽也庶幾哉！岩方秀來遊觀回，企前賢敦詩說禮。于以崇其志，堅其操，醇茂其文與行，而益信伊洛儒宗爲能默化其鄉之人于千百世之下，斯非獨余之幸，抑亦嵩之幸，中土之幸也乎哉！是爲記。

兵部侍郎兼都察院右副都御史巡撫河南等處地方兼提督銜程祖洛，欽命翰林院侍講提督河南省學政吳慈鶴，布政使司布政使楊國楨，糧儲鹽法道祁（土貢），彰懷衛道鄒錫涼，署河陝汝道李凌雲，陝州知州楊兆李，按察使司按察使鄂山，開歸陳許道周以輝，河陝汝道積爾杭阿，河南府知府存業，嵩縣知縣劉禮淞。

大清道光四年歲次甲申立石。

（碑存嵩縣田湖鎮程村。王興亞）

嵩縣二程夫子祠堂增置田畝碑記

余既修葺二程夫子祠，成而記之矣。太守存君、明府劉君，樂善之心尤未已也，念歲修不可無備，經理不可無人，義學不可無舉，復以其事白于余，余爰而讀之。祠有祭田十五畝，學田一百六畝，歷有博士經營，爲祭品暨義學修補之用。春秋二祀，歲給艮四十兩。祠設廟户二人，歲給艮十二兩。均頒之官庫，載在志書，奉祀無闕，教學有資，而經費惟恐不繼，義學之地亦尚缺如，太守存君予修祠餘金七百有奇外，重捐廉三百兩，以一千九百兩購地四段，得田一百三十七畝九分，招户佃種，歲可得息錢九十七千有奇，仍視年之豐歉爲增減。其田官爲經理，租息隨時入庫。每屆歲修由縣勘佑，申府復勘，動項鳩工。祠之內外議會博士程應斗經理，歲給錢三十六千有故，由縣遴選接管以專責成。族中子弟之入學者．給艮八兩，鄉舉給十六兩，進士給艮三十兩，鄉試路費給艮四兩，會試路費給艮十兩，均申報動支。年終將所入租息若干，輸糧若干，動用若干，並置地餘艮十兩六錢五分，造冊申報。年月既久，積有成數，前佑緩修之工，次第興舉。祠旁舊有玩易所四間，門樓一座，牆周二十四丈，久成廢址。明府劉君重捐廉二百六十餘金，修葺如舊。即爲賢裔延師肄業其中，彬彬蔫稱盛。斯舉也，存、劉二君盡心區劃，圖始慎終，余亦樂觀厥成，何其幸也！道光五年夏，余以守土望祭嵩嶽，請于朝，詣嵩縣禮謁焉。棟宇牆垣，輪奐一新。乃進賢裔之父老子弟而勉之。以尊祖敬宗之道，立身講學之方，登其堂，瞻其儀容，束身規物接其前徽。于以儲材養器，備國家之禎幹，他日爲名賢，爲藎臣，胥于斯乎！基于是，則余與諸君興廢舉墜之意也。爰從二君之請，備著于篇。附載田畝段落，俾後之司牧者稽考焉。

河南巡撫程祖洛謹記。

增置田畝坐落四至：

一段，計田六十畝，坐落方村金家坪，東至溝心，西半至分。

水，半至溝，半至圪磷，南北均至圪磷。

一段，計四十二畝，坐落方村南凹，東西南北俱至圪磷。

一段計七畝九分，坐落方村東坪南，東至河，西南俱至圪磷，北至石姓界石。

一段，計田五十畝，坐落馬澗河西溝，東上半至石姓磷，中下半至水溝，西上半至王姓界石，下半至溝心南，西半至王姓，東半至呂姓，分水北；東北半至磷根，又半至小路，半至呂姓磷根，半至水溝。

以上共四段，一百三十七畝九分。

大清道光五年五月。

（碑存嵩縣田湖鎮程村二程祠內。王興亞）

皇清蒙邑仁侯秦太爺嚴禁盜罰朱氏先塋樹木碑

朱氏先塋後應西巖前臨樊水，周圍二千餘畝，塋中柏□自□□□□□於今千有餘株。一一皆前手澤所存，非細故也。去朱家村三里許，不時被竊，難以照管。因蒙請仁侯秦公准以樹石嚴禁，如□有不軌之徒，膽敢盜伐，損壞樹木者，執住無分同異姓，送官究治，決不寬恕。墳地外祭田約有一頃餘，東至張德魁，西至西溝崖，南至朱姓，北至趙姓，四至俱有角石可憑。

七世孫文運、逢吉等□□。

大清道光十一年歲次辛卯□月□日。

（碑存嵩縣田湖鎮小安頭村朱家老墳。王興亞）

安陵村創建三聖殿並拜殿舞樓記

建廟立祀所以醻神意，答福庇也。故有功德于民者，恆建廟以祀之。如火神、瘟神、關帝，一則真火化而民獲烹飪，一則除厲疫而民鮮疾災，一則秉大義扶綱常而民知忠孝。茲三聖者，以有功德于民而祀之，所不容已者也。安陵社祀之由來久矣！惟火神有廟一楹，關帝、瘟神有社無廟。每當致祭之時，妥神靈則架棚欄以設俎，虹彩舞則搆木臺以演樂。此乃一時權宜之術，更非久遠之計。且時避風雨，演停柵摧，竟難成禮，衆皆苦之。前者壽官翟公諱星斗，首舉建修之議。安公諱鵬翼，勸積麥豆四十餘石，以蓄建修之貲。奈二公有志未逮相繼捐館。翟公之子士掄，安公之子鳴盛，各承廟考，邀請同村諸首事公共計議，俱以工程浩大，蓄積未充，又募同村，各捐己貲，以補不足。火神雖有廟一楹，乃雍正五年生員翟公諱錦首議，翟公鐸施地基二分，安公諱爾公、安公諱從明、魏公諱可忠、艾公景祥、鄭公起順募化創建。迄今百有餘歲，金像剝落且廟貌湫隘，難以竝容。因公換魏君延瑞地六分三厘，以爲廟址。買任君永光地六分三厘，以建舞樓。易火神廟一楹，增建大殿三間，妥三聖于其中。拜殿三間以爲拜跪之地。前建舞樓三間，以爲演樂之所。公議既定，太學生翟君士掄、安君鳴盛、生員翟君鍔、太學生魏君瑤圃、府知事魏君延瑞、太學生翟君東白、魏君維徵、安君國興、安君國均、安君如玉，或總庶務，或辦物料，或督工作，或理錢糧，各任一事，罔弗妥善。而任君建真、陳君萬福、任君之楨、任君振萬、崔君德明、翟君欽、安君正心，又皆力爲贊助。由是捐貲者踴躍，赴功者鼓舞。無幾，殿宇巍峨，舞樓壯麗，極目大觀，屹然入望。行見鸞革翬飛從山峙，鐵馬笞鐸響雲中。前者風雨之患，至此胥無慮矣。是役也，眾惟期酹神意、答福庇，牲醴告虔得以成禮而已。至于補下沙，聚龍脈，無稽之論，繆妄之見，既非諸君之言，亦非同村之意也，余故不贅及，惟序創建之始末，據其實而爲之記，以垂不朽云。

邑儒學生員余崖李嵩芝頓首拜撰並書。

時咸豐五年歲次乙卯仲春月上浣。

(碑存嵩縣安陵村小學。王興亞)

重修玩易所記

程桂林撰

今學校之設，原以養育人材，異日備國家之用，其不可廢也久矣。吾族有玩易所一區，乃程氏子弟講讀之所。一日廢缺，即一日不能講讀，即一日不能成人才而光國家也，所關豈淺鮮哉？道光五年，撫憲大人程公祖洛重修兩祖祠宇，以餘金置田奉祀，餘貯縣庫，以備重修。邑侯劉公禮淞承大人意，念程氏子弟讀書不可無所，復捐俸修正房三間，門樓一座，牆垣四周。迄今二十餘年來，風雨剝擊，復就于廢，屢請復修，未克舉行。咸豐三年至七年，始得領收西岩租錢六百餘千，除欠月祭錢七十餘千，復修正房以及周垣，悉就完整。程氏子弟入其中者，誠純心于學，繩勉于道，確然于禮儀之爲守，惕然于廉恥之當存，唯恐立身一敗，致玷宮牆，名譽雖成，負慚衾影。出則爲端人，處則爲正士。廣可仰答我皇上崇重之志，先大人及諸公祖、父母、院禮之意耳。

咸豐六年十月立石。

(碑存嵩縣田湖鎮程村小學。王興亞)

伊皋雄鎮

【右】田湖鎮

伊皋雄鎮

【左】同治四年穀旦

【石聯】山環水抱鎮論錦廣

　　　　天保人和展藩翬固

(石存嵩縣田湖鎮田湖村北。王興亞)

重修兩程祠各項章程祠碑記

　　兩祖上承孔、孟，下開朱子，其道如日月經天，江河行地，亙古常昭矣。故歷代褒崇，有隆無替。我朝追崇益隆，授世官，頒祭艮、准優免，祠中名物器數，俾臻美備，各項條款，厘然有章，歷世無紊也。猶恐後人徇私自利，顛亂典型，使崇重之盛意，泯然弗存。因勒諸貞珉，以垂永久云。

　　敕賜春祭艮二十兩，在留資項下由縣頒給。東院辦。
　　敕賜秋祭艮二十兩，在留資項下由縣頒給。西院辦。
　　敕賜門子四名，公食艮十二兩。由縣頒給。門子領。
　　敕賜程林瞻塋地十頃。今存四頃六十畝，在府店墳周圍。清明，十月初一，合族兩院辦。
　　河南巡撫程祖洛，置歲修地一百三十七畝。在西岩。奉祀生辦。
　　每月朔祭肉三斤，望祭肉三斤。由田湖屠行支給，每斤發給二十文。光緒十九年春，州同陳天臨，縣丞武世昌，監生程□□等，于徐主案下具稟存卷，永爲令典。奉祀生辦。
　　正月朔望祭菜三桌，祭羊一隻。奉祀生辦。
　　每年冬至祭菜三桌，祭羊一隻。奉祀生辦。
　　玩易所田湖學田五十畝，滕王溝學田一百畝。延師辦。
　　村東祭田十五畝。東院辦。
　　族中每年拜掃，奉祀生湊祭費大錢三千文。奉祀生出係舊章。
　　牌路、卸甲溝與本村異姓春秋祭在廟支差。
　　春秋祭，宰夫田湖屠行支差，免屠行紅差。
　　支辦春秋祭樂工各六名。縣給執照。
　　貢生部寺司務即選教諭明道二十九代孫元璋拜撰。
　　儒學生員明二十八代孫敬道拜書。
　　前明宏治十三年改民籍爲賢籍，豁除丁徭，載在縣志，著爲令典。
　　國朝康熙八年有詔豁除丁徭，二十六年御書"學達性天"匾額，懸挂伊洛淵源祠。
　　合族同立。
　　大清光緒二十四年三月季春中浣穀旦。

　　　　　　　　　　　　　　　　　（碑存嵩縣田湖鎮程村二程祠。王興亞）

儒醫標鑒公袁老先生懿行碑表

　　世積德而克昌，身爲學儒有後，理有必至也。乃庸俗慕聲華，徒竟標榜，不慎厥修，轉瞬而名滅者不可勝數。若欽賜壽宮袁公則異是。公諱致明，字標鑑，號雲溪，汝州故族也。遷嵩以來，耕讀肇基。公父秀三公，忠厚樂施，長開倉放谷焚券，人蒙實惠。卒年八十三。鄉親以素行淳樸頌。公天性孝友，狀貌偉然，好讀書，不喜浮詞，獨慕古人嘉言善行，有濟于世。視彼詡詡無足動其意者，乃寄志于醫。與居，賴以無恙，庚至德其回生。至今過舊嘖嘖焉，猶聞"公留活我"云。公又善與人交，恤寒微喜，推獎後生。學徒師值醫，亦多知名。故當時游宦宿儒幸得其御，而沈氏諸先公，尤加親厚。意微公之行誼，事無閒言，何令人之欽重以至于此！公元配趙，繼配席。子三：錫、欽、鐸。女一，適李。孫十三，以松字排行。嗚呼！桂馥蘭馥，芳流無既，不可謂積善成德，克昌厥後者歟。故樂述之，以志景慕之思云。

  邑儒學增廣生姻眷弟李逢源頓首拜撰。

  國子監太學生姻眷晚任魁然頓首拜書。

  光緒二十九年律夾鐘上浣穀旦。

（碑存嵩縣潭頭。王興亞）

城隍廟重修舞樓及廟左裙房記

  乙巳重九，予偕友人登太山。步其絕頂，酒半醺，悟空道人黃本治迓人天齊宮。至則，碧藕香溢，紫荀氣沖，嘉賓滿座，肅肅雍雍。詢其故，道人曰：治素鮮修築。及黃冠于茲，諸廟之牆損瓦脫者，業已頗事補葺。獨隍廟舞樓簷折桷摧，經費浩繁，且六臘月吉，舊有香火會，雲集拜禱者，苦暑畏寒，無樓止之所，竊心悼而無可如何，爰邀紳商舊族其議所以，修理之議已協，將起工，僉推予爲領袖。予愧莫荷，再四辭。有姚君美德者，予之表兄也，慨然曰："自來興作出吾二姓者居多，況茲舞樓將興于權貴族冉廷柱，前人創之，而後人不克，因之乎弟主之，吾爲弟分其勞焉。"于是，募化本街，得百餘緡，越丙午孟夏朔造。工自舞樓，彌月告成。後募四鄉，于廟左建房六間，以供進香者之憩息。四方聞之，樂輸恐後。有供錢谷，有贈木料，有助夫役，一轉瞬而輪奐備矣。事竣勒石，咸以功德歸予，予則不敢沒衆化主之好善，諸首事之宣力，姚君美德之□費經營獨襄厥成也。故臚舉而筆之。

  邑廩膳生員功德主鴻若冉祥鈞撰文並書。

  首事人[1]

  木工：閻文才、胡拴。

  住持：姚本緒、李本一、黃本治。

  大清光緒三十二年季冬月朔。

（碑存嵩縣舊縣街城隍廟臨街牆壁。王興亞）

---

[1] 十二人姓名，字多模糊不清。

伊川縣

伊川書院兩程祠記

賜進士第出身、知嵩縣事、任山東濟寧州知州、淳安後學徐士訥拜撰。

儒學教諭蘇門後學李滋書丹。

儒學訓導舞陽後學王念來篆額。

興學育材之地，榱壞垣崩，草萊榛莽，至久廢不舉者，雖曰物力，而人心居半焉。蓋司土者視爲所指，設鐸者視爲郵設，學士大夫視爲公所，故任其傾圮敝壞而已矣。嵩邑爲兩程夫子故里。伊川書院則元炮手軍總管克烈士希，讀先生《易傳》《遺書》，有得而興起者也。自元迄明，以至于今，其地之或興或廢，豈盡運會使然？亦視乎其人以爲興廢耳！

丙寅夏，余承乏茲土，訪前賢之遺迹，溯伊洛之淵源，甫至今日，即思爲修復之舉。而瘡痍滿目，哀鴻遍郊，迫于時勢，弗遑終止。今雖稍獲蘇息，而地荒俸微，又不敢以片瓦一椽之費，重屬吾民。乃與司鐸奕倩李先生、心一王先生集士紳而告之曰："二氏之徒，崇尚其師說。凡有所建置，赴之不遺餘力。而育材之宮，講學之地，反任其摧頹傾廢，其真二氏之禍福，是以動之耶？抑聖人之道不明，而吾人之信道有未篤耶？兩程夫子當聖學湮之日，屹然身任斯道之重，明絕學以紹來茲，使聖人之道，燦然復明于世。則洛學之傳，其有關世道人心大矣！考邑乘所載伊川書院中，九賢並列，而無專祠，非後起之責而誰責哉？吾人誠思平時之所誦法者，不專于舉業詞章，而實責之以聖賢之學，必出其中，誠且篤者，以羽翼斯道之存，區區美牆之地，其頹然而缺然者，何難一旦而輪奐之乎？諸紳士乃慨然思源，奮然而起，重其事，鳩工庀材，興工于戊辰之四月，落成于己巳之三月，新建祠三楹，專祀明道、伊川兩先生，以重洛學。（以下字模糊不清）

大清康熙二十八年歲次己巳閏三月立石。

（碑存伊川縣鳴皋鎮鳴皋中學。王興亞）

重修河南程氏三先生墓祠記

距洛五十里之遙，龍門之南，伊闕之北，曰府店保，宋河南程氏三先生之墓在焉。蓋哲宗所賜葬地也。厥後蒸嘗失守，至明之宣德，方伯周公鑒始封築其兆域，而建祠于東南數武。大學士楊公榮爲文以記之。迄今又二百餘年，未聞重修之者。

予于戊辰季夏，膺簡命撫豫，念三程先生生于洛，葬于洛。爰體聖天子崇儒重道之意，亟思表章，而河南方闕守，莫克付其任。明年三月，新安汪君楫以太史氏出牧茲土，謁予而前。予以三先生墓祠屬之，且捐俸以授，居唯唯惟謹。既視事，即同洛令佟學翰，躬往省覽，辯方向，審垣牆，慎松楸，舉廢墜，圮者以立，毀者以完。爲享堂三間，東西廂房六間，大門一座。閱數月來告功成，而索予文以勒之石。予曰："是役也，藉子之力，畢子之志，子當直書以示後人，而何俟于予言。"顧予思之，墓者慕也。功在一家，則一家之人慕之，而子孫世其宗；功在天下，則天下之人慕之，而有司主其事。矧先生者皆紹孔、孟之遺緒，父詔其子，兄勉其弟，近繼濂溪，遠宗洙泗，歷五百年其道彌光，而可使丘壟荒穢，廟貌頹唐也哉？夫豐碑馬鬣，動弔古之思，劍佩衣冠，深向往之志。予幸而邇先生之梓里，讀先生之《遺書》，今雖不獲展拜于墓下，而平者私心得因是以少慰，或亦起化之一端云爾。至于重道崇儒，聖天子方用以磨勵斯世，屬在臣子，安敢不體此意以自勉旃，用書之石，俾忍吾志焉。

巡撫河南等處地方提督軍務兼理河道督察院右副都御使宜鎮閻興邦拜撰。

康熙二十九年歲次庚午孟秋穀旦。

（碑存伊川縣府店程墓。王興亞）

兩程塋墓

洛南去八十里，伊闕廢縣之北，古曰"神廕鄉"，今名府店，隸洛陽官道西側，有石刻曰"二程先生墓道"。西南二里許，白虎山之陽，兩祖先塋在焉。宋帝敕賜塋地一頃二十畝。負乾向巽。東為太師開國公文簡程公墓。嘉祐二年，仁宗敕史臣歐陽修撰神道碑。遣中貴人賜御書四字"旌勞之碑"。西為宋永年開國伯太中公墓。宋帝敕賜贍塋地十頃，以供塋事。墓道之南，昭為明道純公墓。有宋太師文彥博題曰"大宋明道先生程君伯淳之墓"。穆為名曰"伊川正公墓"。敕賜贍塋地十頃，仍敕有司建祠三間，于塋內以祀之。墓前為堂三間，享殿。殿前為門三間，額曰"二程先塋"。繚以崇垣，植柏三百餘株。門之南數步，敕建石坊一座，曰"旌孝坊"。荊山拱右，伊水繞左，林木蒼秀，形勢雄偉。塋之東，嘉祐二年，建寺一所。以文簡公之請，賜額曰"旌孝處"，僧以守先塋。自宋下江南，子孫亦隨南渡。雖銘表尚存，而祠墓傾頹，几不可問矣。迨元至元六年，洛令俞煒祇謁墓下，惻然為文，刻于墓道碑陰。至明宣德六年，河南布政司參政錢塘周公諱鑒奉詔："程明道、程伊川躬承絕學，表彰六經，凡有祠墓所在，著有司加意修葺，毋就于廢。"因率僚屬建三先生祠五楹，中立太中公神主，明道、伊川二先生配享。東西廂房各三間，以貯祭器。為儀門、大門各三間，仍于墓前為翁仲二，左執笏，右執劍，石羊、石虎、石獅，皆隆然對立，中為神格，東西望柱二株，巍峨相對。垣墉棟宇，煥然聿新，陳設祭器，莫不畢具。復訪二程嫡裔十三代孫子中，俾守祠墓。弘治十三年，博士程繼祖奏准奉詔，查復贍塋地十頃，歲不起科，著為令典。明景泰六年，詔兩程祠設門子四名，常川洒掃。該嵩縣簽撥每年條編內准工食艮七兩二錢。見《嵩縣誌》。自明末寇變，流土盤孽，焚毀祠宇，掘伐樹木，以致翁仲斷仆，石坊崩裂，碑銘傾壞，垣墉圮缺。歷朝之旌典，盡屬烏有矣。今塋內太中公祖祠，已蒙河撫閻公、太守汪公、洛令佟公捐俸重修，舊制尚存，典型如焉。

祀生程文山謹誌。即程名洛。

康熙二十九年。

（碑存伊川縣江左鄉程村小學，拓片藏河南省文物考古研究所。王興亞）

程延祀奏文

博士程延祀奏為懇賜祭田以榮世祀事。臣謬叨祖廕，深荷國恩，得奉先人之祀。兢兢業業，誠恐有玷賢臣上負朝廷優恤之意。仰見皇上崇儒重道之心，較前代獨盛。而特恩曠典，于我朝尤隆。伏查先聖先賢遺蹟，僉蒙興朝宸翰，頒賜匾額，並欽賜顏、曾、孟、仲諸子祭田，有若追崇之典，遠邁前古。獨念先臣祖顥、頤，躬承絕學，修明六經，素悉睿鑒，賜以世官，俾咸祭祀，種種恩榮。但臣家寔寒微，朝〔廟〕宇之修葺，黍稷之供存，每遇春秋，拮据莫辦。誠恐日漸褻越，有辜聖旨。由不勝日夜悚惶。今值聖壽無疆之辰，正帝德廣被之日也。臣不揣愚蒙，冒昧上請，乞賜祭田一區，以延祀世。顏、曾、孟、仲之例，非臣之所敢擬也。倘邀特恩曠典，量給祭田俎豆，生輝流澤萬世。先臣生生世世永沾異數于無極矣。伏乞皇上睿鑒，敕部施行。臣不勝悚惶上陳，為此，具本奏聞。

康熙四十一年三月二十八日奉旨：該禮部奏宗伯以無庸議。議復。奉旨：依外垂蒙乾剛獨斷，聖恩特出上諭云：其每年致祭，著該部會同布政司酌給應用艮兩，以副朕隆禮先賢之至意。撫台徐諱潮，酌議每年祭艮四十兩，咨覆。戶、禮二部檄行本縣丁地項下艮兩，每年照數支給，永為令典。

康熙二十五年七月內，台臣許諱三里，題請兩程夫子進儒為賢，位列及門之中漢唐諸儒之上，聖恩欽賜扁額"學達性天"，懸掛洛陽伊洛淵源祠。係康熙二十六年三月二十日。

加增祭品：活鹿一，活兔二，豬二，羊三，魚二，大燭四，綾帛二，香、酒、米、麵、芹、菹。

啟賢堂太中公祭品：豬一，羊二，帛一，香燭、果品。

二十二代嫡孫承襲祭祀生程文山謹誌。

（碑存伊川縣文物保護管理所，拓片藏河南省文物考古研究所。王興亞）

宋儒程伯溫先生墓

翰林院檢討知河南府事石屏後學張漢敬書。

文林郎知洛陽縣事紀錄一次郭朝鼎

二十四代世襲五經博士周錫、二十六代俠合立。

大清雍正四年孟夏月吉日。

（碑存伊川縣程園文物保護管理所。王興亞）

宋儒程明道先生墓[1]

後學張漢敬書。
二十五代孫佽立。

（碑存伊川縣程園文物保護管理所。王興亞）

宋儒程伊川先生墓[2]

後學張漢敬書。
嵩縣知縣吳世祿
二十三代孫周錫立。

（碑存伊川縣程園文物保護管理所。王興亞）

程子碑議

張漢石屏人官至翰林院檢討知河南府事

宋儒程子墓在洛陽之府店。漢在車不數日，即展拜業壟墓下，無有不知。累累誰為三程之墓也，瞻顧愕然。退而謀記其墓，復營置三碑石。昨賢裔兩博士來錄其封爵。有洛國公、豫國公之號，與予意不符。予謂三程夫子有宋之名儒也，聖門之傳人也。後世人主，追爵以顯其魂，身後之寵榮也，非大儒之意也。儒者不爵而訕賢，故孔子亦曰"至聖先師"。天下郡縣學官無異曰至聖群聖之萃也。先師則萬世而後，自天子下逮匹夫，皆屈弟子之列者也。大聖夫子亦屈為弟子而師之，不愈尊為王公。而天子猶得而臣之者乎！令程子不書賢而書爵，將勿孔子必書魯司寇，或隆其追爵，必書大成至聖文宣王，而後有極耶。孔子書至聖，程子當書宋儒，不再議矣。或曰："孔子書子，程子必書其號，何說歟？"曰："孔子古今一至聖也。三程子則不得不別其號。"程子歿時，文潞公彥博常題其墓曰"明道先生"，則書其號為宜。然則孔子不書周，三程子何以書宋？曰"孔子萬世之師，由周以來之所同也。非周所得私也。程子則漢、唐、宋、元、明為儒孔，多是不得不書宋。"然則何以不見書先賢？曰："儒與賢小異名而同實者也！未有儒而不賢者，特親炙聖門書賢，私淑書儒，以小別及門之意。"又何議乎？議定，漢乃乎書碑曰"宋儒程某某先生之墓"。纘附漢名其旁。漢何人斯，敢附程子以傳，蓋仰止之意也。書

---

[1] 此碑與"宋儒程伯溫先生墓"同時刻立。
[2] 此碑與"宋儒程伯溫先生墓"同時刻立。

寄兩博士存其說焉。

雍正四年。

（碑存嵩縣文物保護管理所，拓片藏河南省文物考古研究所。王興亞）

祭三程夫子文碑

維大清雍正四年十一月初十日，翰林院檢討、知河南府事張漢謹以豕一羊一帛庶品清酷之儀，敢昭告于宋儒三程夫子之墓前。曰：自生民以來，天生大聖人有數，生大賢人亦有數，生大聖人于一家父子兄弟亦有數，生大賢于一家父子兄弟亦有數。大聖人在一家，有周文王，武王、周公旦已。生大賢在一家，河南三程夫子亦曠世一遇。嗚呼！何其盛也。余惟三夫子上接文、武、周公、孔子千百載欲絕之傳，下啓朱子，而道明于世。其學醇德粹，功在六經，予不再述。嗚呼！三程夫子，洵百世之師也。漢來守是邦，躬親謁墓，碑石蕩然，于是，退而感愧，議立三石，用志不忘。漢則尤不揣妄陋，于書款識，且係姓名于石側。繚垣修祐，次第舉行。瞻拜之餘，壘壘三墳，伯溫夫子峙其北，二子秩然平列左右。儼然相見生前過庭趨奉，執經受教之時。刑牲告禀，不禁蹶然興起也。尚饗。

雍正四年。

（碑存伊川縣二程祠內。王興亞）

宋參知政事范文正公墓

【額題】先憂後樂

虞城後裔洛陽教諭范百順書。

翰林院檢討知河南府事石屏後學張漢志。

雍正五年菊月之吉。

（碑存伊川縣彭婆鎮許營村。王興亞）

宋范文正公母秦國太夫人墓

【額題】母德源遠

虞城後裔洛陽教諭范百順書。

雍正五年菊月之吉。

（碑存伊川縣彭婆鎮許營村。王興亞）

宋范文正公長子監簿公墓

【額題】忠孝節義

虞城後裔洛陽教諭范百順書。

雍正五年菊月之吉。

（碑存伊川縣彭婆鎮許營村。王興亞）

重修大成殿欞星門兩程祠碑記

伊川書院，創于元克烈公。舊制廊廡鱗次，歲久遺址盡泯，惟大成殿，兩程祠常存。迄今四五百年，不知幾爲修繕，要皆五里紳士之責，前朝故第弗課考。國朝康熙十五年生員朱郎偕本鎮諸生，重修大成殿。又數年，生員蔣柱國偕本鎮諸生重修兩程祠。嗣是三十餘年，風雨飄灑，雀鼠剝蝕。大成殿棟宇又漸損廢。生員朱師程，白其事于邑侯，兩學師偕本鎮諸生合力而易之。越二年，並欞星門亦重新之。此康熙四十六年至四十八年事也。

其後，夏多雨，兩程祠被水浸灌。不數年，四壁頹陷欲墜。生員康班光同諸生議修。顧捐助雖煩衆力，而經理尤貴得人。生員朱學成、楊帝楫、程溥、宮樸雲、康廷光五人身任之。鳩工庀材，卜吉興築，盡撤其舊，務令完固。役起于雍正五年，告竣于次年之夏。與大成殿、欞星門、俱煥然改觀，無憂茂草之鞠矣！

蓋學宮興廢，關士風隆替，未鐫片石，垂示來茲，則後起者何所考據？謹盥手恭勒，略志其顚末云。

雍正六年八月二十八日。

（碑存伊川縣鳴皋鎮鳴皋中學。王興亞）

嵩縣重修康節先生邵子祠墓碑記

持身如伯夷，其可乎？曰可矣，清也。然而或病其隘。處世如柳下惠，其可乎？曰可矣，和也。然而未免不恭。學者將奚學而可哉？其孔子乎？然遊孔子之門者衆矣，升堂者有之，入室者僅矣，得聖人之一體者有之，具體而微者未能數數也。甚矣，學聖人之難也。而孔子之言曰："聖人，吾不得而見之矣。"又曰："不得中行而與之，必也狂狷乎？"夫曰不得中行，則時無中行，可知也。曰必也狂狷，非狂狷必不與，又可知也。一聖人未易學而可與，學聖人者亦難其人又若是哉？

康節邵先生聖人者也，稱康節者，或言其高明英邁，具有雄才，或言其探賾索隱，知慮絕人，或言其洞徹天地萬物，陰陽休咎，盈虛消息之理，遂于易數，故事能前知，而明道先生則歎其為內聖外王之學。昔人之論備矣，今請置勿論。惟撮其持身處世者言之，其蓬蓽環堵，怡然有樂，焚香燕坐，不屑不潔也，可不謂清乎？其隨意所適，信宿可留，童孺廝隸，爭相迎候也，可不謂和乎？其堅苦刻勵，寒不爐、暑不扇，而德器粹然，接人以誠，謂之不恭不可也。其語程叔子曰；面前路徑須令寬，路窄則自無着身處。"謂之為隘又不可也。嚴而不激，寬而有制，是固然矣。嘗又即其心之聲，窺其神明所存，其曰："若有意時非語話，都無情處是肝脾。"蓋洋洋乎孕春氣于一腔，而所云當中和天，同樂易友，吟自在詩，飲歡喜酒者，怡于沂水春風，同一指趣。孔子之所謂然嘉與者魯氏而後，不当在斯人也歟？先生之墓在嵩縣。辛酉夏，人以祠圮垣頹告余者，因出俸寄守令俾葺之，惟使署河南守彰德司馬李君光型、嵩令徐君璣，亦各捐金贊其後，又以舊坊泐于嚴寒，採石新建，並添建住房以棲守祠墓之人。鳩工于辛酉孟秋，落成于壬戌仲夏，復請余記之。余謹按傳云康節之將歿也，欲為墓誌曰"以屬吾伯淳。"時大中猶未之許，後因步月伯淳曰：堯夫之學，可謂安且成矣。大中乃許之，生同時，德相若者，知之猶難盡也。余之淺陋，惡能知之而名之哉！管窺蠡測，姑就臆見而為臆人，用識□行之私。並□李君、徐君，咸知嚮往先賢為極不可沒也，爰書以俾勒諸石。

大清乾隆七年歲次壬戌六月既望。

賜進士出身、河南等處承宣布政使司布政使加二級、滇人趙誠撰文。

賜進士出身、前署河南府知府事、彰德府水利同知紀錄二次安溪李光型篆額。

賜進士出身、河南府嵩縣知縣加一級紀錄三次軍功記錄二次、鄱陽徐璣書丹。

（碑存伊川縣平等鄉西村。王興亞）

歷代感德銘石以垂後世為程門設立祀生上皇帝奏文

河南布政司使趙城奏為設立祀生以光大典以隆先賢事。

竊惟道統之傳，創自唐、虞而明于周、孔。秦、漢而下，異端雜出，惑世誣民。聖人之道，晦盲否塞，未甚于此時者也。宋世隆盛，兩程夫子出，躬承絕學，表彰六經。闢異端以正人心，崇聖教以端風化。使聖人之道，復明于世。故昔人有言曰："孟子之功，不在禹下。程子之功不在孟子下。"又曰："非孟子無由識孔子之面，非程子無由登孟子之堂。"朱文公亦曰："河南程氏兩夫子出，而有接乎孟氏之傳"。所以，宋封伯爵，元加公秩，明追賢位，列漢唐諸儒之上。歷代以來，或賜祭田，或給廟戶，或敕建廟，恩賜博士二員，世世相承，代代無異。此我皇上崇儒重道之至意也。予省中牟、洛陽、登封、嵩縣等處，久有兩程夫子祠，聖祖仁皇帝恩賜春秋祭祀。而程子之裔，止以布衣以供趨蹌，則我朝之體統不尊，恐負賜祭祀之雅意。事在臣境，見聞最切，敢不入告，以負我皇上崇儒重道之心。伏乞敕部下格外賜仁，將程子之裔恩賜祀生，子子相蔭在祠奔走，則大典復興于天朝，先賢感荷于地下矣。為此，具題親賫以聞。

乾隆七年具題。

中牟縣承襲程士贏哲二名
十一月
登封縣承襲程佳□一名

（拓片藏河南省文物考古研究所。王興亞）

重修兩程家廟碑記

　　余程氏兩夫子祠，由來久矣。乃國家崇儒重道，隆祀先賢之盛舉也。日遷月移，不復如故，釘頭脫落，瓦縫參差，重整之功，先博士曾祖德徵公已有行之者。至大清我憲朝雍正年間，正殿兩廡，不無傾圮之患，朝朔瞻拜，不忍目睹。因偕二程先夫子大宗諱俠者，重加葺理，廟貌一新，固有以妥靈矣，亦聊以繼先志也。但恐後人之執事者，坐視頹敗，不加修理，所關不淺。故余以後人而師先人，尤願後人而更師後人也，因勒石以誌之。銘曰：

　　廟貌輝煌，厥德維彰。道接孔孟，後學津梁。文人儒士，群仰耿光。億萬斯年，長發其祥。

兩程嫡裔世襲翰林院五經博士　程周錫首事撰。
　　　　　　　　　　　　　　程俠同修並校。
邑庠生後學任總光書丹。
大清乾隆十二年歲次丁卯季春穀旦立石。

（碑存伊川縣二程祠內。王興亞）

重修兩程夫子祠墓記

　　從來治本于道，道明于學。故凡先儒究心理學，闡述聖道者，祀典特重之。而凡守是邦、宰是邑者，遇有先儒祠宇、墳墓在其治中，務時加修葺，非徒以肅觀瞻，誠以廣教化、美風俗，端必由此也。

　　河洛為天下中勝地，代產名儒，于宋稱為極盛。都城伊闕之南，有明道、伊川兩程夫子墓在焉。其建祠致祭，為人所仰止景行者，歷有年所矣。但越時綿邈，局面幾更，殿宇門牆，制或不備，其稍備者，又聞多損壞。錫輅來守是邦，春秋禮拜之餘，四顧躊躇，欲拓其故以新之。商于洛令方有光曰："宋儒道學，承先啟後，應推兩程夫子。今幸蒞文獻之邦，密而邇遺範，顧不加意尊崇，無論非聖天子重道崇儒之意，即四方往來者，見其制度卑隘，瓦垣碎頹，不甚鄭重。將河洛多士，其何以振？"

　　洛令方有光是予言，爰查動公項四百七十餘兩，重為修葺。相其舊制，補其缺略，有重修，有增修。其重修者，墓堂兩檻，東西廡各兩檻，大門一座。其增修者，拜殿兩檻一門，一東西角門及碑樓各二，八字牆二堵，暖閣供案，悉樸以麗。其祠堂增修者正殿兩楹，兩廡大門各兩楹，院牆四圍，蓋二百一十餘丈焉。是役也，方令董其事。吏勤工善，並手協作，展力晨夜。殿堂門廡，丹漆黝堊皆如法。起工于十四年六月二十日，工迄于十五年六月十八日。規模氣象，蓋視昔爲大備。自視神既攸寧，人多感發，縉紳先生以及成人小子，歲時瞻拜，隱隱若有憑依，非邑宰之賢，能留心名教若是乎？而兩程夫子道德之悠久，亦大可見矣。

方有光敬記其始末于石，遠問于余。予以致治莫要于感人心，感人心莫切于明性道。道學之在中原，邵主數象，而兩程夫子則精于理者也。夫濂溪關閩諸子，誰非精于理者？然繼往開來，必歸于洛學，則天下後世之公論。昔李泉序《兩程夫子全書》云："周子雖默契道體，而二程受學後，擴充廣大，發明親切又有過于周子者。張子雖云默契，疾書及經。二程講論盡棄其學。而學焉，實有述于二程者。至朱子集群賢大成，又有神會心得于二程之言而興起者也。然則兩程夫子，泂道學之源，致治之本，其有關人心風化者，至與窮極也。身宰是邑者，不甚經意，是以日就荒蕪。試令今者，從輝煌巨麗中瞻榱角，撫階除，憑墓而弔焉，誰不有主敬體仁之說，視聽言動之箴在其心中乎？誰不有瑞日祥雲，規圓矩方之度在其目中乎？又豈獨"視民如傷"四字書于晉陽者焉，爲大德致治之體要也哉？

抑嘗考伊川夫子在崇寧時，以著書故遷居龍門南，常止四方學者。但遵聞行知不必及吾門。又誰知數百載後，及其門者，坐風立雪，其士氣無不畢萃于龍門也哉。又讀伊川所撰《明道墓表》，有云："周公沒，聖人之道不行；孟子死，聖人之學不傳。道不行，百世無善治；學不傳，千載無真儒"。然則，兩程夫子以真儒而存善治。兄弟濟美，誠令人臨其墓，想其人，低回留之不能去云。嗚呼！希聖希賢，二公同志，此心此理，四海皆准。茲因重修祠墓，工程告竣，敬述所見，俾後有宰是邑者，續而葺之，將兩程夫子德化賴以常新。而人心風俗之丕振者，庶永有憑借也。夫刻之貞石，傳諸其人。

特授中憲大夫、知河南府事加五級紀錄十一次陳錫輅撰文。
特授文林郎、知河南府洛陽縣事加五級紀錄九次記功四次方有光篆額。
敕授修職郎、洛陽縣縣丞加一級章本仁書丹。
大清乾隆十五年歲次庚午桂月上浣穀旦。

（碑存伊川縣府店程墓。王興亞）

御祭大程子文碑

惟爾質抱中和，學通道器，德輝交暢，表和風甘雨之襟；寧宇不櫻，昭峙嶽澄淵之度。貫精誠于金石，君臣爲之動容；闢正路之蓁蕪，豪彥于焉歸往。竟其設施，居然三代之英；考厥生平，豈在大賢之下？道光豐石，功著遺經。朕時中州觀風洛邑，眷言遺愛，如聞眾母之呼；慨念斯文，想見真儒之槪。遣專官而展祀，冀歆格于神靈。

乾隆十六年三月十八日。

(碑存伊川縣府店二程墓。王興亞)

御祭二程子文碑

清高宗

惟爾學本誠明，性成方大。繼大中之清節，既肯搆而肯堂。比伯氏之純修，亦難兄而難弟。事君以道，大臣諤諤之風。與聖爲徒，儒者巖巖之象。求孔顏之純學，樂有在于曲肱；闡爻象之微言，消匪遙于下帶。允作《六經》之羽翼，宜隆千秋之馨香。朕以時巡，蒞茲伊洛，念哲人于仿佛，依然立雪之門，覽祠宇以輝光，應比春風之座。用將祀事，式遣專官，惟冀神靈，尚其歆格。

乾隆十六年三月十八日。

(碑存伊川縣府店二程墓。王興亞)

御祭范仲淹墓碑文

清高宗

維乾隆拾伍年岁次庚午九月朔越祭二十九日，皇上遣內閣學士兼禮部侍郎兼左領鶴年，致祭于宋臣范仲淹之墓。曰：

惟爾淵通經述，茂樹風猷，功若辛勤，守畫粥斷齏之素；仔肩艱巨，表先憂後樂之心。名動諸羌，奠危疆于磐石；識高同列，垂讜論于簡編。誠悃素孚，屬國知圖之號；褒賢擅美，桓碑留馬鬣之封。朕巡幸中州，道經嵩洛，雅懷芳躅，有粹然儒者之風，緬想遺規，流傳溥矣。仁人之澤，爰修祀典，用薦苾芬，神如有知，尚其歆格。

乾隆二十二年三月吉旦。

(碑存伊川縣彭婆鎮許營村。王興亞)

重修克烈公祠暨圍垣碑記

事有開而必有先，亦相沿以不替。伊川書院，自吾師祥生王老夫子倡修圍垣、大門及創建克烈公祠，而後大成殿、兩夫子祠，業經首事都伊澳等補茸，而猶有闕焉。圍垣久廢，先賢牌位損壞，東廡格門無有，並克烈公祠漸次傾圮，風雨不蔽，是誠前人未及舉，而以待後人者四十四年。吾世兄諱輝祖，主祭其中。見之惻然。爰糾合本鎮紳士楊子日寬、王子奠烈等。凡牌位格闕，圍垣倒塌，俱經修理。而于克烈祠，尤加經營，煥然維新。告竣之日，囑余曰："是役也，楊子、王子咸有成勞，而繼志述事，吾世兄蓋首謀焉，豈希徒碑銘已哉！而崇德報功,世濟厥美,其足爲吾鄉鼓舞作興者不少矣!勒諸貞珉,俾後之覽者,將有感于斯文。

署蘇州府同知、灤州知州、順天府平谷縣知縣、邵庵宋克閱頓首拜撰並書。

首事:王輝祖、庠生楊日寬、舉人朱有臨。

大清乾隆五十一年歲次丙午□月□日。

(碑存伊川縣鳴皋鎮。王興亞)

創建趙文敏公碑樓記

趙魏公書法,紹二王之真傳,集諸家之大成。跡留後世,士人多寶之。生平所書碑版文章,多用李北海,倉勁沉實,顧盼自雄。至今觀《蘭亭十三跋》、《大令洛神賦》,宛如晉人之寶,而筆之出入于各家者,詢乎不虛矣。

鳴皋之有書院也,創自元宣武將軍克烈公,初名"伊皋"。延祐三年,其子武節將軍慕顏公請于朝,賜名"伊川書院"。敕命薛公友諒學士做碑文,郭公貫篆碑額,集賢學士趙孟頫書丹。迄今風雨剝蝕,碑下部多漫漶不可考。鄉人士以所積餘蓄謀建碑樓,募資鳩工,兼貨院内楊樹數株。及補修垣牆工竣,立石以垂永遠。庶公雪手筆永傳不朽,爲鳴皋之名器,鳴鎮之巨寶也。豈不盛哉!薛公,永寧人,工藝文,郭公篆法,史稱精妙,亦名筆也,故記之。

布政司經廳煥如蔣輝祖拜撰。

嘉慶十一年歲次丙寅春月穀旦立。

(碑存伊川縣鳴皋鎮。王興亞)

重修三程夫子祠墓記

聖天子尊師重道,崇尚儒術。巡狩所在,古先聖賢祠墓,莫不遣官致祭,賞賚優渥,恩至隆,典至重也。無論一時名公巨卿,賢士大夫,咸知尊奉,即士農工女,亦無不恭敬嚴恪,奔走不遑。蓋其涵育化理之入人者深且久也。

歲丁丑,使者躬承簡命,視學中州。轍跡所至,每考先聖先賢遺跡,雖不能至,肰心向往之。冬仲,案臨河郡,知兩程夫子與其父太中夫子祠墓,在洛邑西南十四鄉之府店保,亟欲瞻拜林下,以公務不暇,未獲如願。而洛邑廣文張紉芳、劉盛元適以《重修三程夫子祠墓記》請,且呈碑摹二紙。余思所學何類,所司何事,寧敢以不文辭?

查程林自前明嘉靖間,方伯周鑒重修,閣臣楊士榮爲文記之。國朝康熙二十九年,太守汪君楫重修,大中丞閻興邦爲文記之。迄今百有餘年,祠宇傾頹,牆垣廢壞。後裔程擬璋于嘉慶十八年,以轉祥請脩,呈稟縣案。洛令魏襄急于尊崇,查本鄉問以脩理程林,供具車輛人工,獲蒙優免雜派,即令本鄉自備料物興脩,亦屬允便。乃檄飭十四鄉,指日興工,勒限落成。而本鄉紳士牌民,亦即鳩工庀材,踴躍爭先。原期不日竣工,中以歲歉,遷延至廿三年，始行告成。一時祠墓圍牆，莫不革故鼎新，煥然改觀。

昔昌黎之作《滕王閣記》也，以不至其地爲憾，綿渺致意，遙憶成文。使者雖未得躬拜墓下，而揮毫之餘，嚴若登其廟堂，觀其車服禮器，如坐春風，如立冬雪。三程夫子之道貌師範，怳留心目。蓋得借此以綴名林下，亦使者之厚幸也。至程夫子得不傳之學于遺經，繼先聖，啓後學，實有不勝稱揚者，是以一語不贅，惟以其事之始末緣由，載于碑犖述于光文者，書于茲焉。是爲記。

欽命提督河南全省學政、翰林院侍講學士史致儼撰文。

誥授文林郎、乙丑進士、知洛陽縣事魏襄書丹。

誥授文林郎、乙巳進士、知洛陽縣事王海觀篆額。

誥贈修職佐郎、洛陽縣儒學教諭張紉芳。

儒學訓導劉盛元監工。

南府店北牆、北府店東牆，回家屯南牆，如有損壞各自修補。

嘉慶二十三年歲次戊寅三月穀旦立。

（碑存伊川縣府店程墓。王興亞）

高家祠堂柱聯

［拜殿前柱聯］青齊分派謨猷□□□二守
　　　　　　東曹呼名姓氏輝煌配三餐
［正殿前柱聯］木本水源禮樂詩書荔德遠
　　　　　　氣聞傁風頻繁俎豆孝思長

（聯存伊川縣彭婆鎮東高屯村。王興亞）

重修菩薩堂馬牛王廟舞樓又創建菩薩堂拜殿碑記

從來翚飛革鳥之勢，概壯觀瞻之態，亦屬傷心。本村菩薩堂與馬、牛王廟舞樓興築年遠，不知創於何時，亦不知重修幾次，所要及見者，惟雍正七年、拾年之碑耳，皆重修，迄今又百餘歲，被風搖雨漂，棟宇腐朽，已岌岌乎泯其跡而不體先人之苦心矣。本有毅軍營務處總理謝老人有感于斯，因倡率余、王君新年約同鄉紳民，公議各出其囊，同心協力以興此／[1]

宣統元年。

（碑存伊川縣鳴皋鎮大元村。王興亞）

---

[1] ／以下字漫漶。

欒川縣

創建聖公聖母石廟碑記

嘗讀《書》有云："吉人為善念，惟日不足。"今有秦門付氏孤兒寡居。遇一女流，真女中魁也。豈善念之動前功未已而後功復興也。年方修石路，以濟往來之行人，今春又修石廟以為聖公聖母之憑依，獨立而成，即洛津之善名傳世，也不過如是爾。

功德主秦門付氏男兆祥。

嘉慶拾貳年歲次丁卯仲春穀旦。

（碑存欒川縣陶灣鎮肖圪塔村祖師廟。王興亞）

耕莘古地碑

耕莘古地

知盧氏縣事劉應元書丹。

朱陽巡檢張懋忠立石。

道光己酉十一月。

（碑存欒川縣欒川鄉廟漫子頭村。王興亞）

至尊三清碑

山高水長

至尊三清

道光己酉年冬盧氏知縣劉道原題。

（石存欒川縣欒川鄉養子溝村。王興亞）

重刊十字街舞樓碑記

三川居民李君諱可法，以此地商民萃處，實屬盧邑巨鎮，奈歲時伏臘，報賽酬神，歌舞無所，遂慷慨出己囊，後約二三同志募化若干，建舞樓於十字街口山神廟前，時乾隆三十四年也。王君致遠為文以紀之。茲年深日久，舊碑損壞，而字形約略尚屬可據。李君之子桐恐其久而湮滅也，因約住持張教興補抄原文而重刊諸石，以志功德，永存於向善之不泯云爾。

（碑存欒川縣三川鄉鄉政府院內。王興亞）

宜陽縣

邑侯張公創建錦屏山準提菴記

金式

宜邑縣城在山之麓，山翠然於南，東西計有十二峰，狀若列屏開幛，古號錦屏。縣署與玉柱峰相對，峰西一峰上有廟曰香山，舊所有也。公涖此土五載，每於退食從容時仰視之，空谷煙嵐，幽谿瑞靄，古柏蒼松，怪石異羅，皆山靈也。吾愛莫能助，即助其將何以助？是公之樂有此山而山亦未嘗不樂有公也。余曰：公樂山，樂山之靜也。山樂公，樂公之仁也。公撫宜士若民，惻怛愛護心常行乎其間，不啻慈悲無窮矣。夫民祝有臺宜矣。不圖山亦樂公之仁，若有知乎哉。公能不以助於山者謝山之知乎哉。又若將以謝山之知者，寫己助於山之意何寓乎哉。爰卜其址於香山廟近東南山半，得一窩平座於後者，巉岩如壁，環前皆佳木繁蔭，左顧聳然秀麗，文筆峰也。右盼挺然特峙，玉柱峰也。公詣而悅悅而命築，委邑尉王名者公督率其事，選鄉民中白長春等義而有為者，捐俸委任而經理之，營不彌月，工即竣。舉在康熙秋七月也。菴既成，眾請菴以何名？公曰："盍準提"。隨粧準提菩薩像。公贊云："纖指高攀，披形裂腹，兀坐巍然，印心跌足，同赫奕之斗母，視八臂而有餘，疑化身之大士，較千手而不足，於是，新有準提之建。"噫！公之建此菴也，以為信佛法乎？余謂公殆非張侈其事以惑宜民也。以爲備遊觀乎？余謂公殆不為覽勝具也。眾乃訝然，即詢公建斯菴之意於余曰："君於公為契下，其知公之意也何若。"余曰："眾胡弗思，山靈尚知公之仁而眾可不知耶。"眾悟且感服曰："非不知，蓋被公之仁深而渾忘之也。況公第以仁之政被於吾儕，初不自以仁之心名於吾儕。今而後，庶知準提菴之建也，非直助於山也，非直助於山以謝山之知也，特以謝山之知以寫己助於山之意，意在慈悲無窮，遺我黎庶也。君當為之記也可。"余曰："記準提菴之建，正記我賢侯之仁也夫。"

康熙二十年。

（文見民國《宜陽縣志》卷七《藝文志》。王興亞）

創建孔先生祠堂記

張永芳

今夫推賢揚善者，良司牧之事也。表彰幽隱，使前人雖死而猶生者，則又仁人君子之用心也。吾邑自明季滄桑，而後閭里邱墟。迨聖朝定鼎，滿目荊榛，田地荒蕪，百不存一。順治年間，奉文清丈，其時，守令以報墾希遷擢，吏胥以承順免敲扑，足未履畝而數千頃之懸捏已報部矣。數千金之賦稅，已入榷冊矣。及至清丈，而實在之田迥不副額。時，親臨宜邑踏勘者，則有察荒御史公李、前分守道公翁，後分守道公劉，巡道公張。奉委協踏者、則藩司理問所劉、河南府司理張、登封令阮、孟津令孔、嵩縣令楊、永甯縣令程，冠蓋相望，接踵而至。三四年間，百姓皮骨俱盡，殘喘將絕。最後截弓細勘者，洛陽市之楊令也。由是，宜之河地浮糧作實地充數矣，房基作金地升科矣，墳塋夾荒，柿園等項，俱作熟地編入魚鱗矣。千搜百湊，尚餘懸地八百餘頃，無所歸着。又，攤撒闔縣按戶增加，是懸坐之中又懸坐，賠累之中又賠累。誠從古以來所未聞之異事也。邑令淄川王父母則以註誤降級矣，署篆偃師市少尹霸州王父母則以註誤削職矣。二三子遺則星散逃亡，流離載道矣。是時也，誰肯忘懷功名，捐棄身家，懸懸然為合邑遺黎請命者乎？先生諱聞澄，字夢姬，以至聖之裔，明經候選別駕，目擊時艱，義激於胸，先糾合邑庠生劉煌、趙琳、何瑜，百姓胡三元、馬良等數十餘人，歷府道司院各衙門號呼哀鳴，奈事屬已成，不可復挽。不得已，復仰邢生敬、水生完璧直赴神京，將圖叩閽呼籲，旋又知其無濟也，乃抱呈於吏部署外慷慨以死殉焉。哄傳長安，事聞當寧，始下減賦之令，除懸地之累。宜邑萬年永害乃得一日消釋矣。雖當日同心共濟，拮据襄事者指不勝屈，然挽回天心，起膏肓而復生者，先生一死之力也。今日之農安耕鑿，士樂絃誦者，先生之所賜也。老者樂天年，稚子安嬉戲者，先生之所造也。獨是先生之死，今四十年矣。向來令此土者未嘗不聞風稱道，嘖嘖不置。至於建祠豎碑，表揚恐後，則猶有待也。我輩父母，簪纓世家，丁丑夏來蒞宜邑，茹蘖飲冰，恪遵先世司空、司馬遺訓，甫下車，即以旌表節烈為先務，聞先生高義，景企維殷，捐資首倡，建祠屏山之麓，而邑之紳士亦無不感口舉而捐輸矣。方先生困郁京邸，致命遂志時，豈期有今日之祀哉。惟是公而忘私，捐軀以鳴邑之弊斯已耳，至於天聽，皇仁立沛，先生亦有所不及料。然而沐休和者，當念利澤之源；蒙恩膏者，當隆報德之義。則今日之祀，宜也，非過也。嗚呼！先生真不愧聖人之裔。而微我畢父母亦烏能發前代之幽光，使先生聲施後世哉。

康熙三十六年。

（文見民國《宜陽縣志》卷七《藝文志》。王興亞）

召伯甘棠記

河南府知府張漢

世稱甘棠者徧天下，所在皆借其名耳。其實，甘棠在呈治河南府之宜陽，相傳召伯巡南國，布文王之政，或舍甘棠之下，人思其德，愛其樹而不忍傷。故其詩曰："蔽芾甘棠，勿剪勿伐，召伯所茇。"至於今，棠之樹已不存矣。宜令郭君朝鼎跡其故處，將立石以志不忘，問記於余。余喟然興歎，遺書郭令而謂之曰："孔子有言，於甘棠見宗廟之敬也甚矣。"

予往讀詩，而嘗甚敬甘棠也。古有召伯，後人思其德，愛其樹而不忍傷。吾與若同官斯土也，顧不可思其樹，效其人以德其民，而不忍傷乎。君子之行仁也，觸物而動，不必執物而存，我苟行仁也，即其地無甘棠，仁固存也。不然，甘棠亦人世間所在多有之物，召伯世不可概見。雖有甘棠，能保民之果勿剪乎哉！

（文見乾隆《宜陽縣志》卷四《藝文志》。王興亞）

召伯聽政處

召伯聽政處

河南尹張漢書。

大清雍正二年臘月宜陽縣令郭朝鼎立。

（碑存宜陽縣城西北甘棠村。王興亞）

增修城隍廟寢樓碑記

楚元士

乾隆十二年歲次丁卯孟夏之月，隍廟寢樓觀厥成焉。顧壇宇之設，先創而後因，亦有以因而為創。創者其工較難，因者其工較易。至於以因為創，其事更有難者，不曰踵事增華狹小前人，則曰勞民傷財，得已不已。若夫審向背之宜，相高下之勢，增其舊制而存狹小，前人之見，換其規模而不同，得已不已。之役恢宏式廓，致有深意。隍廟之寢樓是也。竊思隍廟之設，與邑並建寢殿之由來舊矣。其創建者何年？重修者何日？載之豐碑，歷歷可考。越茲增修，自乾隆九年九月，迄今丁卯四月，其幾逾歲月。經始於錦江王公諱道成，功成於昌平周公諱洵，以及前任縣尉陳諱世瑞，現任胡諱章渭，為之董率，並貢生楚諱荃、庠生李帝典為督理焉。易寢樓兩楹，成寢樓五楹。樓下正中以妥行神，樓上位統一尊，配享者亦分正副，坐像外，又添睡像。大殿以前重修兩廊，並增福延壽祠，金粧者色像端嚴，敷施者丹堊煥彩，自寢樓一為增修。而宜邑之氣象，俱為改觀。是職何故歟！蓋宜城背水面山，前實而後虛。實者既高，則虛者不宜於過卑。虛者既空，則向實者不妨于漸高。向背協其宜，高下因其勢。此隍霸之寢樓聳峙于後，乃可以翼蔽于前。是亦幽雅相其陰陽，觀其流泉之大義也，所以，司牧諸公捐俸若干，紳士庶民輸資財若干，增舊制而不嫌于侈，換新模而不涉于誇。是即有關于地方，有益于民生者也。謂非必不容己之役與！行見陰陽順序，而年穀豐登，神人協和，而休嘉駢至，一邑之福澤不與國家之景運而俱長也哉！爰書貞珉，以垂不朽云。

乾隆十二年。

（文見乾隆《宜陽縣志》卷四《藝文志》。王興亞）

青天汪太老爺斷明本山香火地畝栽界存案碑記

靈山者，乃周靈王故冢。其地四至載諸碑記。但歷年久，四至內西北隅，被庶民刨取山石以至斷界，因而地亦侵去。後于乾隆戊寅夏，旱魃爲虐，邑侯汪太宗師率紳士等禱雨風泉，公務畢，閱碑記，問香火地畝，方丈僧澄鑒面稟侵地由來。公率衆往觀，遂令僧澄鑒具控公案，蒙斷明，栽立界石，又捐俸買地入寺，永供佛齋田。嗚呼！是亦善舉也。僧人感戴，揖余爲文以記。不揣固陋，爰爲之記云。

公諱沂，字芝崖，江南吳縣籍，庚午科舉人。丁丑冬，任宜陽縣事。己卯春，護理河南正堂印務。

本山界至開列于左：東至白草嶺脊，東南至連神山峪，南至棗樹溝心，西南至柳群，西至賈院溝心，西北至三宮洞西崖根，北至前石崖，東北至詭溝。

鄉耆霍天才。

原差楊奎。

保正吳世龍。

石匠鄧林。

邑後學生員張武林沐手拜撰書丹。

乾隆二十四年蒲月吉日立。

（碑存宜陽縣靈山寺林區。王興亞）

河南府正堂劉大老爺批准窯戶送煤碑[1]

從□種地納糧，賈□當行，理固然也。坊一里土產煤斤，署□所□送，況本里糧少人衆，應當之差尚難辦，□□□□□送官煤尚難，□□□□戶，衆窯戶概然應允，不忍□及下，然□□□□私議不能□□□□□府憲蒙批准，行縣存案。公批煌□□□□，為後之開煤窯應□□□□煤，無復累及里民也。故勒石以志不朽云。

時在嘉慶拾叁年拾貳月內呈批。嘉慶十四年三月上浣之吉。

坊一里。

（文見吳曉煜《中國煤炭碑刻》。王興亞）

---

[1] 標題係補加。

佛窰始祖良恒呂公墓碑文

　　文穆公第六子兵部侍郎居簡公之後，俊公遷新後，裔孫分三宗，公屬季宗，由四世祖諱思達公十一世而至公，國朝初由新安盧院村遷居宜陽佛窰村，迄今數十年矣。當公在生時，每歲仲春歸祀至今始祖塋次，詣新安盧院先考先妣之墓致祭。爲成公卒，本欲歸窆新邑，從妥先靈，無如塋域□，相距遙遠，其不能。竊憶公生于斯，卒于斯，即葬于斯，並恐世遠年湮不知塋域界限，因志定爲一畝二分地，係長門、二門、三門撥出。四門住宜陽洪澗河，應從塋域典世系，可以永垂不朽云。

　　嘉慶貳拾壹年歲次丙子四月穀旦。

　　男師曾、綿曾、懷曾、慰曾。

　　孫年高、德高、陵高、惠高、陸高、寶高、對高、明高、進高、玖高、遷高、瞬高、西高、瞬高、睥高、群高、峻高。

　　曾孫黑子、嗣艮、嗣金、嗣有、嗣貴、二保、嗣保、嗣方、嗣良、嗣太、嗣重、嗣德。玄孫秉才、秉春、秉正、秉興、秉忠、秉德、二德、秉竹。

（碑存宜陽縣佛窰祖塋。王興亞）

重修錦屏山奎星樓記

清趙銘彝

　　考之西方有十六星，曰奎星文昌，又主武庫。古今來文經武緯得以雄岸傑出者，莫不上仰星神之主宰而默佑者也。宜邑錦屏第一峯之東偏，舊有奎星樓，歷年久遠，經始莫攷，而風摧雨蝕，神失憑依，毋乃守斯土者之責歟！歲戊寅，權攝茲篆，見斯樓之傾圮，欲仍其舊而鼎新之。謀諸縣尉婁君，亦欣然有同志。於是，捐俸鳩材，不數日而落成。斯樓也，亭亭若倚，高入雲霄，每當月朗風清之夕，星輝高耀，璧合珠連，而斯邑斯民由是仰戴神庥，聯翩雲路，定當相繼而踵事增華矣。是斯樓之大有庇于宜也，其或然歟！故于工之竣也，而謹志之。

　　嘉慶二十三年四月日。

（文見光緒《宜陽縣志》卷十五《藝文志》。王興亞）

重修會館碑記

【額題】皇清

　　物無久而不敝，事以□□常新。是以諸般要務貴在創，尤貴能繼也。知茲會館所修關聖帝廟暨諸神之廟，由來舊矣。據茲地基形勢，步置規模，無不稱善。但世遠年湮，難□進香者，莫不曰是為山陝會館，即吾等之責也。祇緣累歲歉收，功程浩大，事而莫逮。由是日積月累，破損滋甚，而傾圯之患將及神像。時，合祖□□衆善人□□□議，各捐貲財，踵事而脩焉。鳩工二載，始底於成。第見其嚴正也，如□斯□者□□□□者。猶苦其棟宇峻起，簷□軒耕，如鳥革翬飛者猶著，且于□聖像，則各金□□□□增修之餘，復于照壁兩旁培補一房，以壯觀瞻。更□力外整飭，煥燃一新。是□經理之功，而後善士同心襄事之一新，何可沒耶。因于告竣之後，爰勒諸石以誌不朽云。

宜邑候補訓導何瑩沐手撰書並篆額。[1]

龍飛道光拾肆年歲次閼逢敦牂終元月紀祝□溯叁吉日穀旦。

（碑存宜陽縣白楊鎮山陝會館。王興亞）

重修龍潭寺碑記

此寺不知何昉。按舊碑記有明弘治年曾經重修，至我朝乾隆年間，已漸就剝落矣。寺中香火地雖多，僧人率皆怠惰自安，不能經理，是以日以頹廢耳。嘉慶七年，里人同請禪師祖雲自陝州崇福寺飛錫到此，謹身節用，凡寺內一切事務，從新整理，不數年，積債悉償，漸有贏餘，且師善楷書，精音律，多材多藝，禪林弟子，每從學焉。所得束脩亦甚多。于是，先修理山門及所居齋室，餘將依次興工，乃未幾西歸。其徒清海能續修其緒，又積儲數年，遂將大雄寶殿、西陪殿、韋陀殿，及寺外山神廟，概爲修葺，至丹漆舉以法，金粧藻繪莫不良。既竣，延予遊覽，且囑余作記。余觀兩峰對峙，古柏蒼翠，澗水中流，魚鳥浮沉，昔人建此刹于前，以助佳山秀水之勝，誠不爲無取，乃世遠年湮，當風雨摧殘之餘，功程浩大，前人苦不能修，而祖雲師若弟奮然起而新之，而又于牆下引流，栽竹種樹，以博幽雅之趣。故見起鳥革翬飛，金碧熒煌，莫不曰：此前日之蕭條慘澹而無色也。見其修篁弄影，美木交蔭，莫不曰：此前日之頹垣斷塹而荒墟也。吾于是信有利焉。昔歐陽永叔有云："盛衰之理，雖曰天命，豈非人事！"今以茲寺觀之尤信，故樂之以爲後鑒，至若佛法之元妙，佛教之光大，非余之所能知，非余之所能言也。余可無錄焉。

歲進士候選儒學訓導宋象賢撰文並書丹。

石匠李長庭。

道光二十二年七月初二月穀旦。

（碑存宜陽縣龍潭寺院內。王興亞）

---

[1] 捐資者姓名，字模糊不清。

員庄呂氏五世祖塋墓碑

呂世祖塋者横山□，□□□初遷員庄建立塋墓，序葬四世。□□□□□，于弟魁遷居伊邑，歿後回員庄。二祖諱魁葬于丁庄。自後□□□□□，二門祖諱盡公俱葬□□，祖諱盡舉，葬于黑溝，又有堂侄諱□□□易塲伊陽。惟□清初祖塋肇基洛邑，塋城尚昭昭可考。世之祖□□□一百餘年，恃恐世遠年久，泯沒弗傳，因沒□其事，以圖永垂云。

　　　　　　　□、　　池
　　　中元　　安、監生巢
孫耆英、景山，生員繡，　鳳來、雲
　　　加平　潘、　　永祥、鳳
　　　　　　光照、　永興、處
　　　　　　　　　　吉

大清咸豐四年歲次甲寅春月。

（碑存宜陽縣豐李鄉員莊金家園。王興亞）

修防洛河記

國朝施熙

宜陽背洛而城，舊河距城北三里許。自乾隆二十六年南徙，至嘉慶二十二年又徙，李寨、武寨二村，先後被冲，近于城。迫夏秋，積漲驟下，盈隄拍崖，而四門正當其衝，負郭而居者已無十之一二矣！余自去年三月，承乏是邑，審察河形，心竊以為憂。及六月初旬，淫雨不止，狂流奔注，一炊之頃，輒高六七尺。横溢震盪，由社稷壇北侵及火神廟西北，牆垣甃石皆走，幾與鐵藻溝通。余冒雨往勘，亟命下碎石柳枕抵護之。幸水勢漸弛，不至直逼城下。然居民惶恐者已數日夜。余惟興利除害，必計其久遠，而策以萬全。洛水源發冢嶺，納衆流而東，其來遠矣。源遠則勢不可禦，而其患也尤不可測。是非築壩改流，俾循故道，則無他善策。因詣郡謁太守言狀。太守河間李公方加意民事，知無不爲，即繪全圖，具牒申請。各上官咸以為事不可緩。太守乃親臨履勘，詳示機宜，由是勸捐興工。余捐廉首倡，闔邑紳民皆踴躍樂輸。自十一月丁巳經始，至今年三月庚申蕆事。凡疏濬引河二百六十丈，築柴土碎石攔壩八十丈于鐘山之麓，河歸東北，環城而東，壇基幫築完整，一仍其舊。西北兩面包砌石工十九丈，改大路于壇下，拋碎石垣坡二十丈。並購地復建火神廟，計工料艮兩一萬三百四十兩有奇。工既竣，復請太守驗視。太守至，邑人歡呼道迎，稱頌不輟。羣謂非太守之經畫備至，非邑令之督率有方，工不能如此其速且善。余聞之而有愧色焉。夫相度地勢，設法修防，謀出太守者居多。余不過奉令行事已耳。苟非合邑紳民急公向義，捐資慨助，將無以報太守之命，余何力之有哉？因列敘各紳民捐艮三百兩至一十兩以上者，詳請分別獎勵，而並為之記。

（文見光緒《宜陽縣志》卷十五《藝文志》。王興亞）

重修文河橋記

鮑承燾

竊思蜀道之難，特架雲棧。天津之險，可建長虹。塗次雖多山川之間，人巧能維天地之闕，是以積善莫若補路，作德無如叠橋。趙保鎮東南一路直達嵩陽，雖非通衢，實屬捷徑。商賈往來，絡繹不絕，所患者文河之口，兩谷並至，二水爭流，大雨時行，波濤橫發，既非百舟可通，誰云一葦能渡。昔景斗張公創立磚橋後，李公傑宇重立木橋，惜皆暴水傾毀。數年來，溝愈深而水愈湧。往來行人視為畏塗。今有某等各捐貲財兼以募化，創修石橋，堅厚寬闊，遂使艱難險阻之區，永為蕩平坦易之路。行人稱便，萬姓共歡。茲當厥功告成，敘其始末，勒諸石以誌不朽。

（文見光緒《宜陽縣志》卷十五《藝文志》。王興亞）

重修老君洞記

王贄

老子之有洞也，或以為煉養之所，而其實非也。蓋後人鑿是洞以棲老子，非老子擇是洞而居之也。又謂老子以煉養為事，非地宇清靜，不足以妥之，故於洞宜。則又穿鑿附會，不足與論《道德經》者矣。閱前史之紀黃帝也，創制顯庸，似非一昧清靜無為者。煉養更不屑道，而世動連而稱之曰黃老，特羽人方士借其名以自重。如馬端臨所云列禦寇、莊周之清靜，赤松子、魏伯陽之煉養，李少君、欒大之服食，張道陵、寇謙之之符籙，至林光庭而下，以及近世黃冠師之徒，又專言經典科教，而俱欲冒老氏以為之宗，行其術，獨思清靜無為之言。曹相國李文靖師其意而不擾，猶足以致治。何晏、王衍則樂其誕而自肆矣。煉養之說，歐陽文忠公刪正《黃庭》，朱子嘗稱《參同契》，不以其說為非，未必有取爾也。至于經典科教，盡淺鄙之言，庸黃冠以此逐食服食，符籙二家說本邪僻，欒大、李少君以此殺其身，柳泌、趙歸真之徒以此禍人。張角、孫恩、呂用之之徒併以此敗人天下國家，究之柱史五千言，曷嘗有是乎！然則老子何為有是洞耶？是即有洞，又曷為以奉老子耶？攷老子為周柱下史，孔子所以嘗問禮者也，古太史有採風之役。宜邑去東周僅百里，屬近畿內，或輶軒所至，間有車轍馬跡焉。後人之志不能忘，如甘棠喬木之遺意，而此洞遂與錦屏之堂，柳營之觀，先後並垂不朽歟。是亦事之所有，而理之不必無者。至謂老子為道教之祖，與佛釋並尊。洞之修，所以不容已也。茲蓋存而不論云。

（文見光緒《宜陽縣志》卷十五《藝文志》。王興亞）

邑侯謝公殉難碑銘

周雲

公諱仁溥，字芝齡，浙江嘉興人。始佐團練大臣文達毛公幕府，以積勞得知縣，加知府銜、同知直隸州用。咸豐十一年，署宜陽縣事。當是時，天下洶洶。自武漢而下達八閩、兩粵，右轉以迄滇、黔，逾隴、氐，包秦、雍，而外被新疆，三陲苦兵，大盜鱻午，睒閃跳踉，牙牙血人，而粵逆窟金陵且十載，根底牢固，驟不可芟薙。捻匪繼起。捻匪者二三亡命，糾合鄉里無賴之眾，名與粵匪異軍，實則相蚤駈，而張落刑為之魁，始於皖之北，漸乃出沒於豫邊。豫故不被兵，自是而騷然動矣。明年，為同治元年，其三月，張落刑掃眾而西，棄洛不攻而直指宜。公故習兵事，摩挱朽鈍，冀與賊遘，以得一當，而眾有違心，斷斷齮齕。每出一言，則羣聚而鬨之。一晝百咻，靡所與問，嚙指出血，曾不少悟。其最愚者，乃爭出金帛以輸賊。賊亦以甘言餂之曰，往來議和事，誓不發一矢。城守營靳某開砲一舉，幾為眾所縛。公乃知事之不可為，而終不忍去。宜故居山水陰，出南門不數武，即為錦屏籠。當賊至時，公屬耆老而告之曰："留南門勿塞，為父老子弟逃死所。"眾又疑公之賣己也，土其門而石其郭。至十九日，賊騎大集，乃倉皇議守備。而賊已登陴矣。城陷，門閫不得啟，聚而殲焉。而公衣冠殉於署。賊怒，甚殘公屍，並署火之。

賊既去，事少定，眾乃於煨爐中得遺骸一脛足有靴，始無識者。又得印，知公定死，乃大慟。不聽公言以遘此也。事聞於朝，天子憫焉，贈卹有加，禮既以階例，祀於京師之昭忠祠，又得特祀於死事之所。公之官日，孤子一身，既死矣，縣移諸浙，久無赴者，宜之民羣有感於公之忠也，釀資而葬於香山寺之側，建祠其間，春秋祭焉。時同殉者典史齊金誥，山東臨淄人。齊有子，歸骨其家。銘曰：生土苴，其令死顧彝鼎其肢。胡初終之相盭，一至於斯。將非民之所致，而天實使之。嗚呼！公乎其又奚悲。

同治元年。

（文見民國《宜陽縣志》卷十《藝文志》。王興亞）

豐李鎮石匜

豐李鎮
同治二年二月十六日。

（碑存宜陽縣豐李鎮豐李村。王興亞）

准刊曉示生員碑

禮部題奉欽依刊，立臥碑曉示生員。

朝廷建立學校，選取生員，免其丁糧，厚以廩膳，設學院、學道、學官以教之。各衙門官以禮相待，全要養成賢才，以供朝廷之用。諸生當上報國恩，下立人品，所有教條開於後。

一、生員之家，父母賢智，子當受教；父母愚魯，或有非爲者，子既讀書明理，當再三懇告，使父母不陷於危亡。

一、生員立志，當學爲忠臣清官。書史所載忠清事蹟，務須互相講究，凡利國愛民之事，更宜留心。

一、生員居心，忠厚正直，讀書方有實用，出仕必作良吏。若心術邪刻，讀書必無成就，爲官必取禍患。行害民之事者，往往自殺其身，常宜思省。

一、生員不可干求官長，交結勢要，希圖進身。若果心善德全，上天知之，必加以福。

一、生員當愛身忍性，凡有司官衙門，不可輕入，即有切己之事，祗許家人代告。不許干與他人詞訟。他人亦不許牽連生員作證。

一、爲學當尊敬先生，若講說皆須誠心聽受。如有未明，從容再問，勿妄行辯難；爲師亦當盡心教訓，勿致怠惰。

一、軍民一切利病，不許生員上書陳言，如有一言建白，以違制論，黜革治罪。

一、生員不許糾黨多人，立盟結社，把持官府，武斷鄉曲。所作文字，不許妄行刊刻。違者，聽提調官治罪。

順治九年二月初九日頒刻。

同治四年。

（碑存宜陽縣城南香山廟内。王興亞）

邑侯李恒裁免恊濟兵差碑記

楊价屏

竊以興利除害，誠吏治之良圖，感德銘恩，乃輿情之隱願，上下交而其志同有如是者。我宜邑僻處山峪，隴畝俱屬山陵。凡花户耕種所需牛、驢居多，絕少騾馬。奈恊濟新安兵差車馬一項，拖累已久。每羽檄到時，均係招募行路車馬，供給一時，委實不便。嗣因兵差絡繹，驛站尠有成規，屢次失車失馬，並有連人及馬全失者。再行招募，無論出錢多寡，車户馬夫俱歛足屏氣，罔敢應招，竟至塌站。因而獄訟攀緣，連年不息，實爲閭閻大害。咸豐七年，二十八里紳民，始公同瀝稟廷揚李老父台，據情轉稟，仰蒙府憲樊大老爺恩准。

自此以後，宜陽不協濟新安兵差車馬。倘宜陽遇有兵差，亦不准稟請新安協濟，各支各差，永遠遵行在案。嗣後，同治元年七月間，勝帥過宜。二年三月，多帥續至。三年三月，僧邸勦賊，駐劄宜陽七日。本年十二月間，僧邸又來駐劄五日。先後軍需各項動輒鉅萬。所支牛車馬車殆幾千萬輛，俱繫我宜陽獨支辦，不敢攀新安協濟。五年，大兵赴陝，路出新安。新安主攀請宜陽協濟。我敍庭恆老父台又瀝稟府憲萬大老爺恩准，仍飭舊各支各差，新不幫宜，宜不幫新，永遠遵行，勿得擅變。而裁免新安車馬一項，始鐵案如山矣。我紳民恐事後有變，更暨後人罔知大德也，遂伐石而為之記。

同治五年。

(文見光緒《宜陽縣志》卷十四《藝文志》。王興亞)

宜陽佛窑呂秉直神道碑文

公諱秉直，字理生，號古愚。嗣銘公次子也。賦性孝友，處父兄際邂週無間言。□□□□□，後家漸裕，嗣銘公夫婦相繼捐館。公與伯兄殯葬，稱家如儀。後緣食□□□□□□□建修廟宇，好善樂施，凡閭里貧乏，暨婚葬無力者，罔不欣然樂助。道光丁未、戊申，公時身任其高，復於額外獨力輸糧若干石，遠近賴以相活，指不勝屈。公大德，□□□□。皇恩欽賜登仕郎，子三、孫十。人皆恪守遺教，循謹耕讀，不愧積善餘慶之言。公今沒已三載，謹□余生平，而尤望公之後替公之善行也。

大清同治八年月穀旦立石。

(文見呂明月《呂氏新安文化》。王興亞)

重修城隍廟記

楊大崐

　　幽明無二理，明以治民，幽以衛民，故一都一邑必設城隍以祀之者，誠以有神焉。於無言無形之表，默操捍禦之權，而萬家烟火，賴以保障，故為是崇德報功之所，而千秋萬世奉若弗違也。吾宜建置之始，邈不可考。然雲殿風臺，烟廊月榭，與屏山對峙，而蒼松古柏，黛色參天，龍吟虎嘯之聲，長與洛水答響，其規模固宏且遠矣。修於有明嘉靖戊午，迄今幾二百年。棟宇傾圮，駸駸乎有不避風雨之患。辛未六月，前邑令重邱張公諱詮者，捐俸創修，事未竟，而調任焉。余復勸令合邑紳士耆庶，協力鳩工，成於丙子三月。嗟乎！觀廟貌之維新，仰神靈之默佑，歲書大有，戶慶康寧，斯固幽明相感之微意也夫。

光緒二年。

(文見民國《宜陽縣志》卷十《藝文志》。王興亞)

重修城隍廟舞樓碑記

楚北龔文明

宜城中街有城隍廟，威靈顯赫，為一邑保障。內有舞樓一座，重修於道光十二年前典史張君仲烈，今已四十餘年失修矣！光緒三年春三月，明來攝捕篆，時和獄簡，人民熙熙，常於廟樓演劇以答神庥。維時明父迎養在署，間或往觀，因見棟宇無色，牆壁將傾，恐致坍塌，曾諭明設法倡修，以壯觀瞻。明謹志之而力有未逮焉。厥後，歲遭旱荒，莠民滋事，疊蒙上憲籌撥艮穀，曉諭勸捐，按戶派濟。明襄理賑捐，緝拿匪類，日在四鄉梭巡，朝夕不遑，又未暇。及四年五月，陡被烈風摧折，修更難緩。適年歲轉稔，遂於五年二月間，面稟酒紫雲堂台，邀集紳董孝廉陳一經，封職張東銘，監生于鳳儀、胡光祖、胡金鼎諸君，勘估集捐，庀材鳩工，擇吉重建。閱兩月而工竣。輝煌丹艧，輪奐一新。固不敢邀福於神明，而事既告成，竊幸體親心於萬一耳。爰將捐戶姓名及需用木料各數目，刊刻碑陰，以垂永久云。

光緒五年。

（文見光緒《宜陽縣志》卷十四《藝文志》。王興亞）

重修大王廟碑記

陳一經

自來禦災捍患，利濟人民者則祀之。邑城北舊有大王廟，香火甚盛，咸賴以障洛水之流焉。夫以洛之臨吾宜也，每當秋夏之時，濁浪拍天，軒波動地，浩浩湯湯，稱巨津矣。然而人各安堵所恃以無恐者，大抵神之力居多。乃歷久遠，廟屋傾穿，上雨旁風，無所庇障，而有梁桷赤白，刓剝不治，圖像之威，黯昧就滅，過者莫不觸目動心。謂此而不修，奚足以揭誠而妥靈也！然歲屢不登，未獲重新。今五穀頗熟，虞臣謝父母瞻拜其下，怦然心動，乃以修葺為己任。用是捐廉鳩工，並屬煥章龔少尉、邑紳張東銘、于鳳儀儘先募化。因其故廟易而新之，由是，丹青絢采，金碧騰輝，不旬月而厥功告成焉。吾知自今以往，水勢砥平，咸相順軌，而神功蔭庇于以永慶安瀾矣。茲當有事于廟，因序其事以誌之。

光緒五年。

（文見光緒《宜陽縣志》卷十四《藝文志》。王興亞）

重建火神廟舞樓碑記

陳一經

邑西關外火德真君廟，舊有舞樓一座，自咸豐十一年被鐵藻溝水暴漲數丈，將舞樓漂沒。水深數尺，牆壁胥黯淡而無色。迄今垂二十年。報賽神功者，莫不為之咨嗟焉！虞臣謝父母目擊心傷，慨焉捐資修工，更屬于公鳳儀、張公東銘廣為募化，以董其事。遂擇於鐘山下，創建舞樓三間，而牆宇之丹青，剝落者復因而新之。用是廟貌輝煌，而神功之憑依有在矣。工既竣，爰靳石以誌之。

　　光緒七年。

（文見光緒《宜陽縣志》卷十四《藝文志》。王興亞）

王酉峯先生教思碑銘

張熙嶧

　　先大人鄉謚文敬先生，設教家塾，從游多知名士。而姻親之列門牆者，則以王酉峯先生為最。先生諱冠山，酉峯其字。性敏好學，中同治癸酉科舉人。著有《讀易隨筆》、《五經精義補》，藏家待梓。諸生以安車敦請，賴成就者甚衆。光緒十九年正月十八日卒，年五十有二。門人思其教澤，將泐石以誌不諼，囑予為銘。僉曰：「先生博覽羣書，而尤邃於經。解經令人解頤經，尤邃於《易》，依程、朱言理，不雜言數家說。教人嚴而有法，小過不少寬。為文必以經義，不得獵取制藝浮詞。」予曰：「諸君之言是矣。」然舉先生言教而未及其身教也。先生家學相承。父諱文館，縣學生，博學能文，以目疾絕意功名。母胡太孺人，生先生。弱冠失怙，家計日窘，兄弟遂析爨。先生獨以硯田奉太孺人，務盡飽煖，得其歡心。太孺人卒，獨營喪葬，備禮如素封家。先生兄二，仲兄早逝。與伯兄士一先生篤友。于光緒三年大飢，先生就館於外。一日歸，見其兄有菜色，固請至其家，與母同饋。先生家人亦餒，妻楚孺人無幾微見於言色。王氏自前明以來，未有宗祠。先生倡族人捐資，無者服役，既成，書先正家訓懸之壁間，為子弟誦說，使知有孝悌睦姻之事。平生重大節，不為時倫遷就。居太孺人憂，數月不離苦塊。日再歠粥，鄉里化之，親喪無食肉者。先大人之葬也，門人議執紼禮，時郡城以齎齓為榮，皆衣彩服。時論欲從之，謂與心喪無服之禮，不相刺謬。先生毅然曰：「心喪雖云無服，然既若喪父，斷無食稻衣錦之理。且羔裘玄冠，不以弔，況事師乎？」眾韙其言，乃以素服，冠去頂纓，圍尺布。吾鄉遂沿為例。其維持風教類如此。子廉，廩膳生；靜，邑庠生；岱，生幼讀，皆循循儒雅，先生教也。豈可勿銘。銘曰：

　　萊衣姜被，倫樂其天。董帷戴席，學繼先賢。落落入世，觚不能圜。
　　楷模多士，是謂薪傳。文章科目，猶其後焉。善箕裘者，德宜光前。

　　光緒十九年。

（文見民國《宜陽縣志》卷十《藝文志》。王興亞）

創修李恒二公賢大夫祠碑序

馬毓駿

蓋聞圖治之方，興一利不如除一弊。而遠害之舉，革於始猶恐復於繼。惟在官紳同心及時維持而已。我宜協濟新安車馬不知起於何時，在創此例者，原取彼此相助之義。詎知日久弊生，害有不可勝言者。新安本膏腴之地，當站之所，兵至則送差，兵去則耕田。雖曰疲勞，實無大損。我宜以山谷僻壤，馬車素稀，而羽檄一到，晝夜招募。役吏逼迫，急於星火。印烙之後，催促上站。乃或車已至而兵未到，或兵已無而車不得歸，甚且一經過站，人馬俱失，名曰"協濟"，宜有幫新之日，新無幫宜之時。先民苦此害者，於咸豐七年，瀝陳先邑侯廷揚李父台案下。我李公據情轉稟，蒙樊府憲批準，各支各差，永不協濟。同治元年，勤辦淮匪，勝師過宜。二年，勤辦回匪，多軍續至，我宜獨行支應，未敢扳新。惟三年，僧邸大隊兩次駐札宜境。我敘庭恒老父台以軍需過大，痛切民艱，當迫不得已之時，呼新而新不應。所謂協濟者，安在哉？五年大軍赴陝。新主又請協濟，我恆公憤新人之不恕，交章稟府。蒙屬公祖大人批准，仍飭各支各差，永不協濟，載在石刻，豎之城隍廟，鐵案已如山矣。孰意去年大軍西征，新人利偏得之，輓［輒］慫惡道憲，又命協濟。我宜民痛已往之難，追思將來之可畏。公推韓關張茂才，務學領袖，其責佐以各理首事鳩金擇使，瀝稟撫轅。蒙劉軍門大人批准，仍飭各支各差，概不協濟。而此害永除矣。雖曰諸君子之力，而飲水思源，非兩前憲革之於前，今焉得持之於繼耶。因即所鳩餘資，創建李、恒兩公賢大夫祠，以報先德，勒之貞珉，以杜後患。駿現司鐸莘原，諸君不恤遠道，委文於予。駿辭不獲命，因思我李公善政不一，先民有能言之者，駿爾時尚幼，不復記憶。至我恆公，親見其清廉勤慎，百廢俱舉，若遇科年，文給元卷，武送川資。張匪之亂，全活脅從無算。其他遺愛及民輝映李公者，難以枚舉。嗟呼！我兩公昔年除差徭之累，允矣恩膏四野，今日享馨香之報，宜乎俎豆千秋。駿不能文，謹即事之巔末，援筆而為之誌。

光緒二十年月日立石。

（文見民國《宜陽縣志》卷十《藝文志》。王興亞）

重修古韓鎮義學記

武林鮑承燾

夫黨庠家塾，古制聿昭，春誦夏絃，分陰宜惜。總使年當舞象饋乏修羊者，咸入春風之坐，得陳槐市之經，而後人蒸髦秀，戶肄詩書，信乎士林之津，逮在乎鄉校之煥新也已。宜陽古韓鎮，舊有學舍，楹足納書，室堪容膝。所惜星霜久閱，漸至棟梁半敧，聽夜雨之打窗，起愁卷濕，捲秋風而破屋。補作蘿牽，固已入室憐人，升堂愧我，而況孝廉周慎齋師主講是學。紹秘緒於濂溪，知盛名於河洛。一時之雪立程門，經傳伏氏者，莫不高山景仰，流水思歸。而乃衣冠遽集，几席何支，則車停問字，既恐莫慰劉棻；榻下留賢，亦且難安徐孺。不幾官守增慙，譽髦失望乎！爰于丙申仲春，興工修築，仍其舊址，則葺腠維新，拓以半弓，則規模加廣。敢云結文字之因緣，聊以正蒙養於基始，而古韓乃二尹魏君正青分守處也。與生員閆鵬飛、劉大同等愼選鴻材，親操量鼓，峻垣牆，而首先卜吉，課土木而次第程功，從此拜經有地，安硯無虞，雍雍乎，濟濟乎，過學者不至興嗟，就教者洵堪居業矣！若夫鳩車嬉戲，盡嫻俎豆之儀。蕊榜聯翩，齊得科名之兆。又在諸弟子之自勉前程，用觀後效云爾。是為記。

光緒二十二年。

（文見光緒《宜陽縣志》卷十四《藝文志》。王興亞）

創建高等小學堂碑記

王鐈

歲乙巳季春，余奉檄權宜陽縣事。甫下車，問政於舊令尹費君笙譜，以治術所宜，先前事所未竟，則曰："方今時事孔棘，百廢待舉，而詔旨敦促急不容緩者，厥惟學堂。為炊無米，遜謝弗遑。"余應之曰："君往矣，不才如余視事，方始民信未孚，安望欵之易集而事之速成乎？然朝廷以責諸疆吏，疆吏以責諸有司，有司亦惟責諸紳董，行吾心之所安已耳！"笙譜曰："然。"余於是延二十八里兩衛紳董集議於庭衆，請按糧一兩捐錢一百文，以次遞加，充作常年經費。丐余詳大府，報可，著為令。嗣余同幕友捐艮五百兩，富紳張恆太捐艮一千三百兩，又另籌艮二百二十餘兩，共二千零二十餘兩。因即當買地畝以期久遠。所有文約粘連存卷，並照書清冊兩份，一存縣暑［署］，一存學堂，以便隨時稽攷。噫！宜陽巖邑也，民貧地瘠，户鮮蓋藏，得是亦足矣。夫吾民知學堂命意之所在，憬然樂從，輸將恐後，蓋衆紳其首倡也。《傳》曰："人之好善，誰不如我。"吾惟以是歸之。玫高等官小學堂，為蒙養畢業生升轉之途，登堂入室，必得乎身之所安，而遂乎情之所順，然後申之以功令，束之以關防，則其心與地相習而不以為苦。若以舊時書院稍稍修飾，苟焉就之，則既無以安其身，而欲盡其五年畢業之功，俾無紛擾，無曠廢，烏可得哉！余用慨然集衆紳亟謀，所以興築。而胡紳鼎三肯舍鉅欵，獨立建制，是非急公好義，熱心學務者乎！聞胡子營礦業慷慨好施，為權委范二尹振鵬所推許，必有以勸勉而鼓舞之耳。

計自仲夏經始，季秋落成，歷四閱月。少尉王馨山、邑紳李政、黃振川、陳廣鑄、張克□、張三光、黃建選諸君子監工，暑月中，不辭勞怨，始終其事，與有功也。計凡所舍二十七間，鱗次屏列，靡不秩然井然。繼自今而後，濟濟諸生皆置身錦屏玉柱之間，得安其身而習其性，守其關防而遵功令。將見真材輩出，則是余與舊令尹經營擘畫，以仰副聖天子興學育材之意也夫。是為記。

光緒三十二年歲次丙午清和月。

(文見民國《宜陽縣志》卷十《藝文志》。王興亞)

梁君紫草墓表

楊大崐

疇人之學，為術密微，少有差焉毫釐也，邈然秦越矣。古先著書自抒其蘊，文隱而旨奧，苟非承學之士有受於前，濟之以好學深思，則白首而未由通曉者比比也。又，其術不為世所重。自有明以來五百年間，士大夫束縛於令甲，日以空疏無具之文詞相矜尚，以自奮於功名之路，故天算遂為絕學。惟同治、光緒之間，金匱華蘅芳若汙崛起於鄉間，得元人李治之書，蠶叢治之，無本師之指授誘掖，卒蔚然起其家，成大師，與海甯李氏相先後，學者稱焉。顧江以南，富碩學鉅子，金匱於常郡為枝。縣去百里而近。吾意華氏之時，陽胡董氏之學未能盡沒也。雖不得師其取塗也易，若地既僻左，益之以山林之紆互室閭，為通逵所不被，四方聞人遊士足未嘗經歷焉。其終老牖下，則溺苦章句而已，於此而能拔出眾人之中，為舉世所唾棄，不屑為之學，日手一編，冥心孤往，豁然闢榛莽而得徑庭。其為業也，顧不偉與！蓋余於光緒戊戌之秋，作宰河南之宜陽縣，而得梁君紫章。云君世居宜陽之馬朝溝村，縣之為名蓋古，顧地則僻，所居村又縣之僻者。幼嗜算，苦無師可質，與其兄鳳城自市肆購粗淺之算書歸，閉戶自相切劘，久而有所得，則更求之。每得益精，最後得近人代數書，講之數年。適督學使者海鹽朱公福詵試士蒞郡，以算命題，得君卷，亟拔之。於是，郡之人士乃知算之為學重。因益重君。顧君欿然不自足，遂求其深者。余為之介而得交於常熟言微笠圃。言君者，華氏之私淑弟子也。於儔輩中稱最精。君乃益得剖晰腠理，窮幽通變，以底於成。著有天文、曆法、元代各算稿若干卷。生平教人惟以算。會庚辛之間，先帝慨然念舊制之不足，而導天下以務實之學。命郡邑各立學校，以教子弟。為教之類以十許，而算為之本。於是，豫人士爭欲得君以自重。乃教於新野、西華為之師。性質直，寡言語，不能取悅於世。故學雖茂而仍以諸生終也。

君諱鳳誥，字紫章，號希愚，廩生。生於同治五年二月十三日，卒於光緒三十三年九月二日。即以其年十二月四日葬於村之北皋。曾祖朝卿，祖國翰，父心鏡。君昆仲五人，於兄弟行居四，妻馮氏，子文衡、文璿、迎祿、增祿。女一，字王君。與兄鳳城既各以算稱當世，其子姓輩亦皆傳其家法。宜陽梁氏至今聲聞藉藉焉。君嘗執贄於余，聞其卒，慨然以悲。既葬，其家人以書來請。乃為之表其墓云。

光緒三十三年十二月。

(文見民國《宜陽縣志》卷八《藝文志》。王興亞)

張梅溪先生教思碑銘

王鳳翔

　　梅溪先生，澹園張老夫子之冢嗣也。夫子德行道藝，學者無能髣髴。惟因私淑為親炙，率皆得之於梅溪先生。先生夙承庭訓，唯嚴唯謹，自童穉執經侍講席，至強仕之年，猶恂恂如也。博極羣書，經傳則尤精《左史》，性命惟謹守程、朱。每與諸生講誦，聲琅琅然，聽者不覺精神勃發，亦訢訢若有得焉。文章博雅，宏深不懈，而幾於古。然不自矜許，嘗語同學生，以為詞章浮華騁才者易靡。師不云乎，欲代聖賢立言，反求諸身心而已。於是，學者知所領受。洎吾夫子捐館舍，遂師事先生。先生與弟虞琴早歲並負時譽，聰穎少遜於弟，而凝重過之，於後弟以甲子副貢終。而先生以同治丁卯領鄉薦，庚辰，大挑一等，以親老就教職，授中牟縣訓導，年餘告歸，侍母崔太孺人疾，躬奉湯藥，未嘗廢離。居喪哀毀，一準於禮。生平喜吟咏，或集杜句為古作，渾灝流轉，韻若已出，口占悉溫厚典重。識者謂吾澹園詩鈔，此其嗣音矣。方司鐸中牟時，主講景恭書院。既歸，閉門授徒。士之操持不謹，喜奔競，工貪緣者，恆被擯斥。若研經義，或肄制藝則為暢發厥旨，俾學者欣然以去。門下掇巍科，躋顯秩，有實以經濟著績邊徼者，蓋皆澹園夫子之教，而先生成之如此。先生諱熙皞，字春如，梅溪其號也。河洛間婦孺競稱之曰"延秋張先生"。銘曰：

　　昔賢思叔，著明德錄。講學克家，乃世其族。懿哉梅溪，濟美於後。遺型匪遙，人已云舊。嗚呼！今即瞻依故廬，拜豐碑於道左。然而先生逝矣，雖其復，周行示我。

（文見民國《宜陽縣志》卷十《藝文志》。王興亞）

大清誥贈光祿大夫處士趙府君墓表

　　處士趙君諱星吉，字樸齋。河南宜陽人也。卒之三十有二年，其孤金鑑以雲南候補道試署騰越鎮篆，手為狀，詒余書曰：金鑑不天，雖涉纓絨而雞豚之哀，固不可為人子，念墓無外碑，微子孰諤於幽者。先君子清耿孤上，義有未愜，纖芥無所取，慕爰炷目焦，先之為人譞穎異常童。先曾大父授之讀，語人曰："此子克荷素業。自坎壈外，非吾憂矣。"年十九，館閭左，弟子來益夥日，以聖賢所以成已者相榮拂，為文劌不苟，丈席間翼如也。光緒丁丑，大饑，人相食。先君子撙縮為菽水，刲榆皮，掘草根自給。既則取柿柳木棉葉暴之，糅糠麩中，無戚容。里有販婦者，持錢乞書券，揮之去。曰："毋污我。"已，入內嘆曰："餓死命耳，吾其有遺行耶。彼胡為來者。"因泣下。先大父、先大母相繼棄世，躬負土葬。既攜金鑑走汝甯，反，病。就吾姑食城西，病革。金鑑馳省至，則屬纊已二日矣。嗚呼！此可為人子耶。余惟窮通直寒暑風雨之序耳，而冥冥者輒陰以是人人禽獸，人豈非愁毒暗欝之境，物爭伺焉，少窬而甖則洧蘭涅沙，斯須之慚。億古而無振，即皭然而其褻我者爲己多矣。嗚乎，此古不怨貧之難，蓋皆深有恨於其神明，豈復絲髮為七尺之軀計哉！若處士者，其可謂守死而善其道也已。處士父諱清標，娶張氏，贈太夫人。子二：金鑑，磊砢負奇氣，河口之役，以勇聞，特旨賞靖勇巴圖魯三代正二品，封典花翎二品銜，直隸州擢雲南候補道、權昭通鎮，特旨試署騰越鎮篆；次文鑑，五品職銜。處士以光緒四年夏五月二十八日卒，年三十有六。十一年冬十二月乙酉，遷葬閑和里黃瑤村東原祖塋之次。

宣統元年冬十月固始秦樹聲表。

（文見民國《宜陽縣志》卷十《藝文志》。王興亞）

大清誥贈一品太夫人趙母張太夫人墓碣

固始秦樹聲

宣統元年，天子既建極，錫類中外大小臣工，泛堦以覃於其親，湛恩汪濊，爍幽蔚明，於是，吾友雲南候補道試署騰越鎮趙君勁脩，得循例贈封其皇考光祿大夫，而皇妣一品太夫人。太夫人姓張氏，宜陽人，年十七，歸贈公。贈公，故食貧，授徒猶不給，則以篋縷飲之。舅姑春秋高，子無娣姒，井臼湯藥秩如。勁脩生二歲，縅而磨野菜食之。日搏數溢米粥以救。光緒丁丑，洊饑，一女三歲怒而死，次子文鑑幾死。舅氏挈之去，贈公外食。獨勁脩婉戀膝下，形影相弔，又病相續也。勁脩間則入澗谷，尋野藿，啖其苗，襭其角歸糝之。太夫人日一食，歷三月，亦閒，無何，贈公凶問至，勁脩復病，瀕死，太夫人亦矢死。已而瞀曰："兒，趙氏孤，我不忍先孤死，危孤以及趙氏也。"顧室無緣則傭績，歲豐無尺土之耕。攜勁脩拾滯穗壟上，歸程其業版，益懂績，侵夜不能具膏油，則燃蒿炻。勁脩讀，火明滅間，勁脩涕，浪浪墮蒿溚。讀中歇，畏責益泣，機杼亦烏咽助之，不復成聲也。勁脩稍長，執友趙餘庭憐而誨之無所取，更為貸購所饗者三歊。由是學益篤，充博士弟子員。獨萃科，起其家。太夫人益勖以遠到，而況瘁如其素。太夫人以光緒十六年夏六月二十四日卒。年五十。秋八月癸亥，合葬贈公於家東原。又二十年，固始秦樹聲碣於其阡曰：烏乎，志士仁人，讀歐陽公瀧岡阡表，未有不為之酸惻者也，顧歐母雖苦辛饗飡，要為粗贍，如太夫人，九死流離，內乏儋石儲，三鄰亦窳約，微絲豪氣力援助，韓則騫仁，脆則詎義。矻矻抽胃剝肝，宵欠昕荼糜金石之軀，再造人門，祐百其唏而一不愉。豈惟歐母雖聖賢嚭貞蒙難豈有加哉！勁脩已有立，異時砥勛節以酬於閔鬻者，必不出歐公下。而太夫人之受祉今其朕也，姑列石竢焉。

宣統二年。

（文見民國《宜陽縣志》卷八《藝文志》。王興亞）

洛寧縣（永寧縣）

○ 琅華館帖刻石 [1]

琅華館帖一册

書奉啓葆一張老年太翁

　　十餘年西南患黔蜀首尾也。蜀寇朋勢藺與水西氣吸，黔未有熄，咽喉批決，手爪足骭，皆不能從。藺州之破不破，數千里永禍保嘗勘乎。故安邦彥、奢寅八番之雄黠，擒而禽之，則半壁乾坤，牢牧廣矣。往日，寅猾慧安，寇號四十八萬，伺寅之動止爲潮汐，及成都堅壘不破，寇志滅銳，遵義弗歸，黔兵盈四萬，石鋼阮衆部約三四萬，奢社輝母子鬼魑跳踔，不于是目輕祺瀘長三道師乎。所以，虔我民人薨草耨鎛之刈，良當世之殊愧，昔敗之左謀也。臺下忠謨，夙謨夙礪，嫺書玉女，掌算深叡，莫夜出師，布伏罟設穿，鄂作氣畢，智燧象聯，狼箭麋鋒虎，遂令寇無措手，剗擊於魁陵窅壑之間，傾巢毀窟，崩角走魂。十餘年難克之敵，損餉數百萬，損人億姟，台下赫赫一愴光復，埽犁餘者，鹹維辮髮，嘗復如鬼章，橫山之獷，斯囉西夏，罷宋而奢費哉！七八年，太白出高日南，主兵者利。台下今始殪此兕鍾鼓有靈，鴟口息響，土無陁解，人無陣哭，耕桑藝畇，演熙爲喜。台下不知勞，幾許籌度，幾度區處，乃奏碩功，不然岌岌殆勢，宇內之毒青，尚忍多談乎！角犀豐相歡懵永矣。容有所摘，再遣獻以當樂府之鐃。

　　晚生王鐸頓首奉書。

　　疏草矢謨，倚毗方切。聞高蠹指蠶叢邛僰，千載一遇也。今川南戢爪遵義，可戡厲士卒，恤甘苦，肅作之懸賞格，以審固據，以必勝，碩功可集。況芒部九部之人，勢方散心未轇，納溪、長寧一帶，處處足揞搗虛批吭，和則克，懼則成，斯古來成算，謀蓄恢大，大用大效，匕鬯之福，疇咨得人之慶也。從此西抗烏家，南控安氏，可絃可詠，俱在援手無貳焉耳。啓葆一張老伯閣下。

　　晚王鐸頓首。

---

[1]　琅華館帖刻石爲王鐸和張鼎延、張璿等人的書法手跡，清順治八年，由張鼎延雇請石工張翱鐫刻。帖石係用漢白玉雕琢而成，共十二方。其中八方正反兩面均刻，草、行、楷書兼而有之。帖分一、二兩册。每方石面右有册面和編號。帖尾有王鐸跋語。係王鐸書法之珍品。

蜀撫張葆一年伯平奢安

酋長違常貢，十年頻苦兵。天王勞遠慮，都閫振邊聲。瀘水諸軍銳，雪山候火明。肅心觀大略，戎有庥師貞。

鐵騎水西頭，長驅丈二矛。營連山月黑，士入棧風遒。萬馬嘶征斾，孤魂泣戍樓。不傭除大戾，非是為封侯。

貫魚昏夜上，絙引衆山開。地水兵聲合，巖陵殺氣來。蠻皆飛斷魂，陣已挾崩雷。旦夕陰巢盡，闐闐畫角催。

胸肊三川騎，樊邛七投軍。土人思御寇，夫子奏殊勳。忽搗鯨鯢窟，旋收狩獼群。愈風誰屬草，父老痛高文。

大獻媿吉甫，汗馬定遐荒。部落方戎索，山精始遯藏。除危柔並賦，宣績重巖廊。不墮昔年志，嘽嘽闢漢疆。

燧烽俄已息，建武樹雄旂。知者師探簡，將軍賦采薇。天狼無復盛，風鶴有餘威。自此戎車續，鋪敦扶九圍。

甘泉新獻凱，蜀地見深耕。氣罩峨眉色，人懷灩澦聲。雲章玉篆重，秘府寶刀盟。更覺受降築，龍荒多此城。

跋扈西南患，謀成果萬全。機搗餘鼠穴，卉服變人煙。百里金傳柝，千年火種田。更看碑版紀，洽此樹岷巔。

鎖鑰川南日，防苗更枕戈。休兵修地險，銷瘴洗天河。廟告馨香遠，時艱水旱多。膚功須永戢，徧笮盡鐃歌。

黃氣曾占吉，朱宮喜祲銷。王師原禁暴，天府重來朝。烝鼎文光羃，彤弓寶色昭。兢兢臻凱樂，干羽序韺韶。

晚鐸頓首具草。

葆一老伯水西戰蹟

昔日蠶叢路，蚩尤見毒云。何人坼虎窟，百日淨狐群。邛笮兵聲合，牂牁地勢分。應知隔世後，芳鼓臥江濆。

亂後思前蹟，仍聞征馬嘶。引藤天社上，卷甲雪山西。古磴新樵入，春疇旭日低。遺碑經燹火，尚自繞青霓。

劍門稱絕險，兩度射天狼。漢幟搖晴樹，蠻歌冷夜霜。五丁砂岸斷，八陣石圖涼。拂袖功成日，雲深綠野堂。

功多翻用晦，殘戎幾消沉。六衛金鉦氣，七年疆理心。鞔輸殊域急，襟帶大江深。莫羨伏波事，黔天銅柱陰。

宗侄縉彥述。

先君四詠

按蜀功
三案堪娩八陣圖，千軍雷震五溪蘇。至今錦水寒霜外，曾見當年蒼咒無。

撫蜀功
五峰山下落旄頭，萬里煙清夔府秋。若使當關無虎旅，焉能江水盡安流。

兩永寧
底定三川下二陵，滿床書畫一枯藤。自從血染滄桑後，徒說夔門幾萬曾。

二十年
瀘水冷冷劍閣寒，藺西一夜戰風乾。蜀人二十餘年後，指點峨嵋帶淚看。

男鼎延識。

先祖川功

宗伯王老師舊賦十律，家君詠有四絕。跽而讀之，不禁葛藟條枚之感焉。亦成五言律四首，以識永慕。

按蜀功
三十年前事，七盤毒霧橫。繡衣方淬斧，白羽已銷兵。風雨思瀘水，旄旗記錦城。澄清疇所賜，綸羽久知名。

撫蜀功
秉鉞轅門日，軍聲鼓角闐。大猷曾靖亂，方略舊籌邊。玉壘三靈協，鐃歌萬里傳。誰能忘祖烈，金石不同鐫。

兩永寧
豫土神臯舊，永寧西蜀同。萬金酬死士，一劍破長虹。石室昇平頌，龍華戰首功。蠻煙纏畏壘，髣髴漢新豐。

二十年

昔年方五歲，猶及見先猷。鎡鼎馨聞遠，彤弓大業道。蠶叢開險路，磨室紀深謀。故老悲歌在，爭傳張益州。

孫璿識。

張中丞蜀事小傳

張鼎延

先大夫諱論，字建白，號葆一，庚戌進士。撫蜀時，越今二十年，去按蜀又越十年。其復重慶，破水西，功名赫奕，勒在故府，經濟展錯，蜀鄉人咸能道之。

鼎延撫事悽愴，詳稽故寔，先人冒險勳勞，有善弗稱，是不以先人昭也。遂約署其事，附家乘焉。奢崇明者，世爲土官，恃其衆，倚險堌，驍黠難下，跳跟于胸腽，其黨皆摘鬚束髮于頂，覆以布，出入佩刀，挾弩掠取人財物。有司駕馭失宜，遂挾奢寅稱變，蒙巌猺猺，瞳瞳張甚。殺撫軍道將，據重慶，圍省會，三閱月不解，朝廷憂之。乃命先大夫以巡方御史，監督各督撫征進。

時承平久，兵不習戰，人鴥且玩，先大夫檄調土漢馬步約六十萬，請內帑餉軍蓐食，夷其竃，陳兵新都。賊膽懾，乃窺進突瀘、潋之間，用計破之，挫其鑾氣。賊撤成都圍，宵遁。先大夫曰："賊巢險遠屹崒，水勢洊潚，颶去後必爲患。"乃乘勝率醱邁逐北，覆其穴，擒黔首樊龍、張彤、石永、高黑、蓬頭等三十餘人棄市，獲牛馬器械累巨萬，無有姦旗鼓者；開疆二千里，奢氏竄水西得免。嚴斥侯，按兵三扈表禽，蜀境悉平。捷聞，時魏璫專擅，豐蒜虎嚬嚬無賂鼎，其忌功叵測，先大夫亟敘川功，三案又不列璫名，坐是心恚之，川功遂七年不敘。先大夫未出都時，即具疏劾客氏女謁爲孽，璫深啣之，故抑阻不遺力如此。崇禎時，璫敗。兵部上其功于朝，謂拮据二年，始終三案。冒險于峭崿箐惏舌獻牙，實死生于膜外，勞不亞督撫，蹶蹶蔽翳，寺人血之濡而殿最不明也。蓋寔錄云。上嘉嘆，陞二級，蔭一子錦衣衛指揮同知，世世不絕，賞白金四十，紵絲三襲，予誥命。先大夫按蜀固圉，以不啓戎心，挺鈹力戰，以消蜀氛，功蹟有如此。嗣後，奢酋潛結水西，安邦彥復圖報怨，合番蠻洞獠號十萬，帶甲毒逐，校聯梟吻，進攻永寧州。我師戰騎磕不利，人心洶洶。下卿大夫公議，咸推轂，以先大夫曾大挫其鑾氣，覆其巢穴，詔起先大夫都御史，督撫其地。時我兵脆弱，授甲不敢前。先大夫按劍起抱桴，誓曰："謝玄淝水以八千破秦兵十萬，吾昔日寶刃笎西搗之，我兵不毳，士殊死戰，席勝竭猛力，賊可破也。何懼爲？"于是簡兵，得六千，急趨五峯山，地險岨岈，壘門持戈矜，去賊營僅舍許。賊易之，備不堅，有懈色。我兵突至，錯愕鳥獸駭，顧乘之奮勇爭劉，遂大潰，殲渠率奢、安二酋，函其首，俘男女輜重無算。警戒稍戢，烝徒捷上，天子大悅。曰："壯哉中丞！"張某受脈有截，此西南第一奇捷也。出御府金三萬犒師，乃遣兵巡山谷，鼙鉦之聲，震動林壑，陰厓硿礱，竄伏摻獮，捕酋黨陳文魁、胡宗祿，及崇明妻馬氏與子皆獲焉。獻俘作樂，考縣告廟，因撫戢其地，留戍控守巴蜀一帶，迨于渝峴宴然矣。先大夫撫蜀功蹟，展措于緄滕，羽騎振威，鞠鞠彰著，在宗祐朝寧，豈無徵于刷馬，而蜀人猶記憶其戎行不辱，軍書一一可考也哉！

崇禎七年，錄蜀功加級賜金，陞襲錦衣衛指揮使一階。而先大夫已辭蜀父老，下蜀棧，歸老里中矣。時流氛渡河攻縣，蠲金八百，募敢死士，親勒兵，魚貫鳥膌，教以川師鳥鎗，賊薄城輒擊，殺馘首八十八，俘獲半。是立虎門城堞，露宿者七閱月。先大夫既久在行間，飭組練搴旌揮稍，受勞劇，又城守積苦，遂病不起，鄉人驚震，如失元戎。易簣夕，天大雷電，煒煒虹光燭地，先大夫猶厲聲大言呼"赤幢殺賊"而逝。撫按具事以聞，遠近嗟悼異之。蜀人多流涕者。以前後功有竭師貞，非小敵賈勇比也。

嗚呼！先大夫金門山下一儒耳，觸大瑢，撓虎吻，類禍以張濯靈，敦琢矯持，不顧利害，身冒矢石，親履行陣，卒安巴蜀，以殿疆場大事，全鄉邑，以保閭黨，拯生靈，以庶幾經濟竭蹶，矢心匪懈。與既不謂之鞠瘁，王臣蹇蹇，乃以蔽翳其伐，可乎？不可乎？鄉先生有功德則祀鄉社，先大夫在國在野，際岡上餘虛，苟邀戰功為何如耶！

弟讚，己酉舉人，順天府治中。子鼎延，壬戌進士，大理寺卿。孫琯，拔貢，推官；璿，己丑進士，庶吉士。

歲庚寅，男鼎延謹識。

琅華館草書，王鐸倣古

今欲歸，復何適報之遣，不知總散往並侍郎耶。言別事有及，過謝憂勤。

二月八日，復得鄱陽等，多時不耳，為慰如何。平安等人當與行，不足不過，疲與消息。

八月九日，芝白府君足下。深為秋涼平善，廣閑彌邁，想思無違。前比得書，不遂西行，望遠懸想，何日不慭，捐棄漂沒，不當行李。又，去春送舉喪到美陽，須待伴。比故遂。簡絕有緣。復相聞，餐食自愛。張芝幸甚，幸甚。

後漢崔子玉書

賢女委頓積日，治此為憂懸燋心，今已極佳，足下勿復憂念。有信來，數附書知聞，以解其憂。

九月七日，憒報以得章知弟漸佳，至慶。想今漸勝，食進不新。差難，將適猶懸憂遣，不一一憒報。

辛卯二月十八日，玉調親家攜卷求書，予書何足重？但從事此道數十年，皆本古人，不敢妄為。故書古帖，瞻彼在前，瞠乎自惕。譬如登霍華，自覺力有不逮，假年苦學，或有進步耳，佗日當爲親家再書，以驗所造如何。弟王鐸六旬書。

禮九峯山

昔年曾讀九峯記，今見九峯秀且文。錯落青霞輕重現，親疏紅鳥短長聞。戰場遺矢樵人拾，藥圃餘香山鬼耘。寂默休糧應識取，徘徊奚以謝高雲。

河上寓目

西風衰颯落霜根，獨眺青嵐誰與言。昔路龜魚沉豆水。隔邨煙火閉柴門。石樓渺渺聞長笛，山樹微微送斷猿。自笑桑弧年少意，虛空萬里一朝暾。

至宜溝

蕭蕭行色晚駸駸，磁水州中作苦吟。也憶嘉魚消宦況，獨憐老鶴識秋心。峰懸月路樵人絕，水津城根驛樹深。漸近故鄉憂更切，梅花石室鼓鼙音。
辛卯二月廿七日爲玉調老年翁親家博正。弟王鐸具草。
長安飛卿張翱鐫。

琅華館帖二册

絕糧帖

弟每逢絕糧，室人四訑抌翅者，墨墨失執，珪时一老腐儒耳，有不奴隸視之者乎！親家猶不土視貧時交，令蒼頭操豚蹄、床頭醞，爲弟空盤中增此薌胹，爲空腹兼味也。況前之佐以俸錢耶。陶彭澤謂一飽已有餘，是之飽迨然對孚潤朶頤大嚼而流啜，不幾燭滅髡醉，更過二參哉！弟即窘困，尚未饑死，不謂當陁之日，炎涼世態法，此一時也。乃有推食分饗殣之資，補竈煙，燃死灰，如親家高義者乎。噫，罕矣！弟方寸之内，泣數行下，敬復。
弟王鐸伏枕中疾拜玉老張親家年翁閣下。

求書帖

弟於筆墨敝帚也，無益國家，暇中偶一戲爲之。全力惟求經史，批觀詩文，操觚求知己。不易易耳。至今畫書作文，積之如山陵，反生諸苦，矧勞心疲力，耗日持去，皆爲幻夢。親家覩之可噱。此公促之急，如此舉動，猶然索我邯鄲夢中矣。盧生有脣，何以置對？

弟王鐸拜奉玉調翁張親家閣下。

桃花帖

閑人不暇忙，此自性然。弟愧然閉門十寸小几，暖室中蠢管自娛。近日向大官求米，又索數千俸錢，買藥兼酒，以送衰齒餘曦而已。三月綠水時，桃花柳色，稚稚媚人，金魚池共訪孫北海，我輩歡暢。尋子昂伯機舊址，當日歌舞何在？憑弔風流，三兩口便足滿鼫鼠腹耳。倘臨時得無事而快，此豫定言也。親家勿嫌其太草。弟王鐸頓首。

歡呼帖

今無事，車未發耶。思月下把酒歡呼，耳熱意動，曾幾何時，感懷良深，令人不禁。吾洛亦不少沙洲烟棹，漁歌鷗響，此當與我親家平分之矣。逍遙閑遠，得遂此願，萬戶侯所云不願封者此耳。數詩見區區，不盡覼縷。親家得無一吟寄我。玉調老親家閣下。

買畫帖

弟王鐸頓首。

有事報國寺買畫乎？如其朏，啓親家幸過茅舍，弟儲淶水百末，洗長安緇塵數寸，談杜詩亦足散懷。且親家胸中磊塊，正須此物澆之。

啓玉調老親家閣下。

弟王鐸頓首奉冲。

豚子帖

玉老親家年翁同社，

舍弟豚子俱在帡幪，沾愛沐德意弟子輩囗之矣。骨肉相鑄相成，古之道也。略此佈，弟又言。

深知帖

數年擾擾兵事，砰訇各無甯宇，弟自分灰燼復然，嘗作一焰熾之想。親家必深知之，聞吾里稍臻小康，有日約親家農家秌酒村，歌聽黃鸝，與親家同寢臥亦足樂也。

金門山水得早從

　　杖屨，仙菽風魚，丘壑巉嵥，別具閒適，鞁駕有日。

　　親家其俟我乎四谿金門之間。

　　三月十九日。弟王鐸拜。

春華帖

　　一別又歷春華，誰鞭日馭，安得不令人速老耶。前紫陵山松陰泉響，惡可已於懷。

　　親家言路琤聲煜色，與古比肩，囁嚅苟祿者安可絜親家歟！昊天不憖當大用，親家擘畫風雲，爲龍爲光耳。因鴻略展，不畢蘊言。

地濕帖

　　右啓。弟鐸拜奉書。

　　玉調老親家道社閣下：

　　江南地濕，弟體生癬，藥寡效，近况無可述，惟將經史又閱一周，略有長進也。餘碌碌如石。冲。

賜醳帖

　　賜醳與異味，豈非心乎？弟歟不心乎。弟不然矣。酒後學鄒談天，傖面目可哂也。報玉翁老親家。弟鐸拜冲。

談古帖

　　雨夜雪窗，我兩人捫虱談古一快也。古則古，何世以時之今爲古耶？惟誦古自夏、商、周、秦、漢，以韓昌黎止，六朝靡矣。總之，詩文必古弗今方可傳，不爲天眼所笑。折楊黃華和自鮮也，知希我貴，何足向夏蟲語冰哉？不深學，不久從事，多嗜今，今易古難，今淺古深，今平古奇，今易曉，古難喻，皆不學之故也。不然，當從通俗演義出題，不當用《五經》、《四書》矣。痴人前說夢不得。孔子曰："不可與言而與之言，失言。"嗚呼！難言之矣。韓昌黎止可觀其文。姑多掇。弟鐸頓首。

　　關中張翱刻。

占數帖

占數謂南北驚潰，在甲申前，即見永甯諸城駭浪愕濤，果爲生前事，天之制人。彼朝中任事者，其何力焉？弟孑然一身，手提三尺劍，竟亦無用，不如躬操銚耨。

玉調老年親家。弟王鐸頓首。

木蔭帖

勉焉文之，是以余醜昭也。

木枝蔭人，弟之不能蔭也。滋懼粗葉枯條，何以見親家？

弟王鐸拜玉調親家閣下。

卮硯帖

每晤對輒爲歡，然忘其逆旅也。近得一卮，倂昨硯一方，奉之博笑。硯以磨注古今書，卮當倦時一引，而暢飲有助文事耳。王鐸拜。

養元天政張賢婿門下。冲後。

琅華館帖

庚午夜坐玉調親家德里山邨齋

相逢才隔歲，一笑冷嵯峨。宦歷物情惑，談深別事多。
人心工議論，戎馬伏關河。胸次盤渦擬，潆洄欲若何。
其二
竹巖堪避地，欲醉且盤桓。北里空山暮，西風秋水寒。
人情徒齟齬，吾道本艱難。苞杞心千緒，清砧擣翠巒。
其三
李膺辭洛後，爾汝共心知。仍把當時淚，同題數首詩。
石門留客信，玉笋轉星遲。心弱如今日，能禁秋氣吹。
其四
漏殘歎矜群，商歌亦可焚。情深非菊酒，坐久喑松雲。
惟爾難爲別，不然何所分。福昌明日道，蟬嘒兩方聞。

其五

寒鵑嶺頭疾，英英夜色留。難言介石者，不及賜環樓。
峻壑扶長策，子詩唱勝遊。從來白司馬，曾否滯江州。
弟王鐸具草。

謫居德里喜覺斯親家遠訪次韻

升沉意若何，感慨向修阿。德里雲峰莫，竹溪酒伴多。
悠然窺鳥翼，從此理魚簑。不負金川竈，空天老薜蘿。

其二

我亦無餘事，君來水石觀。數年客夢遠，一夕酒杯寬。
苦苣當畦綠，秋風着葉寒。何知蟋蟀羽，作意向琅玕。

其三

論文三十載，交情重所期。每彈流水曲，此意月明知。
兵革紛猶近，金蘭老不移。關心誰與訴，醉後忌題詩。

其四

吾愛子期至，釁餘發遠音。百年今夜醉，千里故人心。
月白砧聲急，山空木葉深。願投陳氏轄，長此厭人尋。

其五

陵谷經遷徙，卷舒付去留。況逢飛羽倦，忍不愜心遊。
暮色黏荒徑，高風觸石樓。夜分忘繾綣，怳若御虛舟。
張鼎延具草。

思金門德里二首

張瑨具草

嚴陵亦可愛，不若老金門。古柏延山徑，修篁覆澗根。
一川青翠色，萬畝高低原。歸去知何日，埋名幾旦昏。

世事逢今日，孤村已久墟。鹿原留姓字，鳳管伴籩簋。
蒼白浮雲變，干戈故國餘。何時幽竹下，負耜種山蔬。

前題二首

張璸具草
山勢如金門，吾家舊有村。入秋紅葉滿，落日淡煙屯。
鸞鳳吟清晝，蛟龍伏老根。他年蒸鼎後，高臥看朝暾。

金竹吾高祖，結廬金竹宮。暑涼山旦暮，作息澗西東。
何地尋閑鶴，幾年嘯大風。蕭蕭巇谷里，世外有洪濛。
順治辛卯二月花朝書。

庚午秋玉調舜玄二親家同陽虛登金門山絕頂遇雨即席限韻

琅華館帖小楷。
峭壁殘陽小，空濛世外遊。石華纏一氣，山力割雙流。
天日私吾黨，淵泉富此丘。不期暮雨至，仿佛撫滄洲。

耐可巖間泊，竹音心所期。不來尋淡景，何處落秋思。
浩蕩厓儀引，淺深靉靆為。大都着勝地，幽致會如斯。

危峰皆妙有，心息至天關。呼吸身千丈，蒼茫水一灣。
暮雲囚老樹，秋日淪寒山。如意提攜舞，仙風孰可攀。

寺種伶倫管，層巔感廢興。黃帝采竹山頂作管即此。安知千載後，復得幾回登。
有鬼藏幽竹，無人續舊燈。移家山妬否，寧願舍崚嶒。

沓拖看絕壑，冲寂御風冷。路疊高低氣，雨虢遠近青。
逃名伴鹿夢，愛靜假山靈。悔到金門晚，結廬玩夜星。

高處醉新雲，邛須可告君。泉音入夜矯，螢影逐光分。
風雨交中土，乾坤卸戰氛。飛岑惟我輩，麋鹿与同羣。
王鐸具草。玉調張老親家教正。

覺翁親家詠金門山原韻奉和

修篁有老土，結伴金門遊。爲覓伶倫管，因探汗漫流。
幽根穿石竇，細路抱荒邱。一嘯秋雲碧，蒼茫太古洲。
其二
何巖不古峻，金竹有心期。絕巘存孤寺，高天發浩思。
所親欣共賞，不醉欲何爲。沙石皆丹訣，澄襟或在斯。
其三
危梯高萬丈，玄屑度三關。偶趁藤蘿月，如遊滄海灣。
雨痕滋蠟屐，燭影媚空山。登陟洪濛外，翛翛未易攀。
其四
世路千山險，幽棲感慨興。雌雄聲葉應，爾我步同登。
既改新螢火，仍然古佛燈。蒼桑經屢變，萬仞見崚嶒。
其五
天空木葉脫，寒露下泠泠。嵐影平鋪白，石華細結青。
往來憑鶴馭，笑傲狎山靈。還向崑崙老，服麟手摘星。
其六
萬有灰飛盡，蕭蕭對此君。高秋一氣合，短鬢二毛分。
天地猶兵甲，鬼神厭祲氛。何如山麓下，采藥入鸞群。
鼎延具草。

金門山紀略

張鼎延撰

余家世古金門川懷里村，今名北里，即王趙峪，乃唐之署涼谷也。世此者樂此者也。修竹茂林，薈鬱環堵，陰森蒼翠，炎夏生寒，西維聚落，東列筠篁，中纏一水，自金門之麓瀉入洛澗，計逾十餘里，而川流竹韻，涓涓瀰瀰，有淇源渭川之致。昔吾祖樂此幽清翛然塵外，瞻松柏之在巔，侶漁樵以卒老。三百年來，世世醇悶不易，此羲皇風也。丙寅歲，始生璿兒，秋暮余以使里抵家，隨先大夫偕叔父讚男琯同遊金山絕頂，登高賦詩，融融然樂也。明年丁卯，余櫂梧掖松菊就荒者。四年庚午，而余謫里，枌榆十載，竹水怡如。辛巳，寇陷城，流寓河北，紫檀蘇門之勝，百泉五龍之奇，時往來焉，亦不知更有何樂可以易此！然而洛雲滬水，邈然天上尋，且鼎湖改革茫無畔岸。今復入長安，又七年所矣。回視昔之作賦聯葉有如夢寐。嗚呼！曾幾何時，一俛仰間，人事升沉，世代滄桑，戚友聚散，煙霞旺歇。積此矣樂極悲來，昔之不可易者，今不容以不易矣。豈不魂俱栗而涕迸流哉！

爰筆舊題，用識新感。

登金山絕頂

張論進士督撫

秋風吹我上青霄，金界橫連景物饒。西望隴秦識地軸，東懷遼沈指天驕。
林深澗古啼猿切，日暮雲平班馬蕭。觴詠何須安石妓，和鳴自有鳳凰簫。

前題

張讚舉人治中

百丈金山摩碧霄，清秋濟勝興偏饒。巉巘眼過翻屏錦，路細足趵見馬驕。
一派懸腰青浩浩，千竿當頂亂蕭蕭。石人剩有伶倫趣，待我來時醉聽簫。

前題

張鼎延進士

壁立金峰插漢霄，登臨到此興何饒。頂懸梵跡傳僧古，腰瀉泉聲憶馬驕。山腰有古馬跑泉。
萬里碧雲來片片，千林丹葉下蕭蕭。醉時暫臥山巖里，悅聽當年嶰谷簫。

前題

張琯拔貢主事

陟巘攀林出碧霄，自然幽意向人饒。即看山色晨昏變，何處秋風日夜驕。
兩澗晴嵐和沆瀣，千年老鶴下蕭蕭。伶倫一去無消息，誰上層巒吹玉簫。

順治八年暮春，金門張鼎延識並書。

琅華館帖跋

是帖皆予與中丞葆一年伯玉調親家往還牘也。中間天政婿僅一二小札，及遊金門山有韻之語。玉調公念顛狽多有失墜，遂鈌之。夫昔年得以遨溪山吟詠，沿潭石題壁上，是為何時耶？笫樊奢酋，葆一公為御史，不敝法受命撫蜀。擐甲爭利，人馬不罷，以全制敵，而承其敝，排山壓卵，獻馘如縛豬羊，一何雄哉！顧公沈毅大略，雖為妬者屈，嘗邀功馬上，不足憺胸臆而羞天下歟！玉調爲名給事，力除六邪五蠹，皆與乃翁功在社稷。詎第較功尺寸者乎！故知橋梓之所支展偉矣。天政今爲常吉，復纘前烈，尺牘之存，誠不以辭焉已也。使中丞公不即死，後來更有建樹，大業赫奕[1]必多。雖然，子若孫[2]繩繩奮起，除民瘼，興禮樂，磊珂八九[3]，古人何忍自墮壞，不光大纘緒哉！是刻成，止謂無失於文墨字畫則輕，謂張氏之屈前伸後[4]，天道之昌鯉亮者，社稷所需。若期會然則又不輕，如以尺牘言，非其細者歟！

　　辛卯三月十四夜王鐸書。
　　張翱刻石。

（石存洛寧縣文物保護管理所。王興亞）

兩程祠記

　　賜進士出身文林郎知永寧縣事程萬善撰
　　余善爲伊川夫子第二十二代孫也。家城武。庚寅來任永，知邑北鄭家莊本名程家莊，有兩夫子祠焉。薰沐走謁，見祖像宛然，而廟貌破殘，門梁木紀云嘉靖年重修。余曰："嘉靖迄今，蓋有年矣。況遭兵燹，廡毀石崩如此，何不爲之一新哉！"於是，語宗人拔貢程湛宜重修，湛即糾族協力葺完，遂求余文。余曰："余不敏，奚敢弄文墨於祖宗前。"然家世歷履，敢謝弗知。伏念我祖兩夫子闡明道統，興起斯文，宗濂溪之脈，於千有四百年後，毅然孔、孟自任，不但並舉嘉祐進士第，大振太中公門□已也，同以正心誠意，端其規，居敬窮理，致其功，學包天地，識洞古今，矯新法而不憚介甫，謹禮度而不薰子瞻。性格寬嚴雖殊，而羽翼聖傳堯舜，君民之志，則昆弟若一轍矣。其立朝讜言偉論，建於名臣奏疏，至著書立說，垂天下後世，皎若日星，不必多贅，如呂申公、王巖叟諸賢固所心服而屢薦之朝廷者，但道大莫容，未殫厥蘊，故橫渠撤皋拚比而不敢談經，康節弗能以數業加長，即希夷、種放，寧能媲其蘊藉哉！至育養後學，或通其情，或足其情，或戒其偏，或坐春風，或立寒雪，洵哉孔、孟之□世也哉！
　　二祖繼係傳尔歷。案家世五世而上，居中山博野。高祖羽于太宗朝以輔翼功顯，賜第京師，遂籍河南。崇寧二年，伊川祖遷於嵩邑，二祖升遐，各□賜諡封河南伯、伊川伯，敕建祠宇，世襲博士二員。嵩有奉祀八名。永有奉祀四名。嗣是子孫漸衍，列居數省。宗譜最繁，不可勝臚。在永言永，永有洛書院爲我祖講書處，則程家莊乃第二代諱士謙字偉

---

[1]《擬山園選集》卷三十九錄文無"赫奕"二字。
[2]《擬山園選集》卷三十九錄文作"然子洎孫"。
[3]《擬山園選集》卷三十九錄文作"英英八九"。
[4]《擬山園選集》卷三十九錄文後有"時變世殊"四字。

顯之後裔也。居武言武，余乃第十八代諱紹之曾孫也。子孫所在，即有祖祠。祖祠所在，即有祀典。龍飛七年奉旨："念周、程、張、邵四子有功聖門，著禮臣會議，更定崇祀位號。"噫！我祖宗之食報于國恩者，寧有窮哉！子孫之食福於祖宗念又豈有窮哉！然余嘗有言□□乃能以居福，余既編廣德集梓世，又每依舊例春秋丁祭，我祖畢必以約書數言，諄戒宗人。念宗人雜差，世蒙優免。誠恐有□心也。故戒曰：業耕業□爭勿訟，犯約者罰，違罰者呈。凡我宗盟，各宜無忝厥生，以祈無負我先人之靈。聊敘顛末，以告來者禩云。

　　知永寧縣事二十二代孫萬善，儒學教諭師好問，訓導禹都，典史竇啟曜。

　　順治十年辛巳仲春上丁吉旦。乾隆六年辛酉孟秋，因石中間有缺，□□□重鐫。

　　二十二代孫兵部武庫司郎中湛敘程家庄程氏□履。

　　二十四代孫歲貢生邦俊書丹。

　　祖伊川後裔諱士謙，字偉□，自嵩來居此。漸衍成村，名其落曰程家庄，俗呼為鄭家庄，中建兩夫子祠，塑像，奉縣申定每年春秋丁祭，世有奉祀四名，一族雜差俱免，嗣是五六代間，枝葉二百餘丁。但明季兵荒，祖廟大遭破殘，宗人半入□□，而縣父母景公諱承芳與宗人翰林公諱敏，以所建碑記盡被火裂，家譜手□祖公図、《兩程全書》亦付回祿，為子孫者胡不痛悼。噫，此我祖宗之一厄也。欣逢順治龍飛，崇儒重道，奉旨："念程子有功聖門，着禮臣更定祀號。"而祖靈賴以捐糧，又于庚寅年，值宗人諱萬善，以進士任茲土，或以先靈作之合乎，是未可知。然祭典優免不過循行舊例，而約書遺其貽益乎子孫也大矣。湛於茲敘近代系傳文承約意而稍□□綿刻碑左，以傳奕世，庶毋使為之子孫知有父而不知有祖哉。庶毋使為之子孫者，蹈不肖而有愧厥祖哉。計奉祀四名，選舉輪補，不得爭占。約書一行，法莫先於誅心，背居訕謗皆其心也。首罰一生，理莫過於耕讀，或遊睹者罰一，息□□在於興讓，如水利等情，公之即讓也。犯者罰一名，分莫大於坐席告坐，不□醉後發狂者，罰一□□，莫急於訓婦，聽婦人之言，致傷骨肉之詣備罰。一人有犯，眾人公罰。一人不服，眾人公呈。

　　二十四代孫生員元淳書。

　　楊峻斗、楊全斗鐫。

（碑存洛寧縣東宋鄉丈莊村。王興亞）

張玉調畫一地糧碑記

鎖青縉

　　余嘗自省，生平以無一善及物爲恨，獨不能不羨張公一門加惠吾永無窮也。公尊人大中丞張伯翁與先君子爲執友，同負時名。中丞公在邦柱礎，在家斗山，聲施於今爲烈，而余先子以名下賫志終。且公與余同案友，亦先是兒女姻，公負名世才，承家學淵源，弱冠捷足去。余困諸生十二年而博一第，又十三年而結兩榜，中間蹭蹬時，無非仰公。建樹時，方且未免爲鄉人，敢言爲鄉人覆庇乎？猶記戊辰、己巳間，公補兵垣，譏彈不避權貴，直聲亮節，榮施鄉邦。至乙酉，蒙今上內召，繇由天部歷陟右司馬，所在樹駿流鴻，必有銘鍾虡垂史冊之日，無庸余贅。癸巳秋，欽賜頤養歸里，循邑中先輩故事，聯知交爲五老會，盃酒間，惓惓惟國計民生之念。乃繫吾永荒殘，地糧失平，慨然曰："讀聖賢書，立朝固當爲社稷畢忠智，居鄉不能爲梓戚恢興除，奚以我輩爲？"旋授意仲氏越青公，以存恤減征奏。未幾，伯氏藍孺公補戶曹，各體公志，竭盡心力，以求有濟，卒未如願。公憂甚，復請當事者，得刪永糧，竹水川原七等舊名色，以川地畫一，折畝征艮，如洛、偃等縣例。余於是服公思深慮遠也。若照舊色區別，不惟里書高下手，凡上檄執明額以取盈者，似苦斡旋可若何，從此諸弊一清。更漸而開擴荒土浮數，自省舊規，可復吾永其有瘳乎！適庠生李子國楨等，鄉民夏宗舜等走余，津津德公不置，乞爲言，謂區區一片石，知不足爲公重，亦不足以罄感激，然不如是將何以爲情耶！余益重永人士能慕義也，喜相謂曰："政愧無寸勞以敦鄉情，何忍辭不文以昧彝好？況爾我皆生斯長斯、聚族於斯，而子若孫，統在利賴中者耶。"勉掇數言，俾付貞珉，不但揄揚功德於萬一，亦可爲士大夫篤里者勸。

（文見民國《洛寧縣志》卷八《藝文志續》。王興亞）

兵部右侍郎張公神道碑 [1]

吳偉業

世祖皇帝御極之十年，兵部右侍郎張公鼎延夙夜左右，執事有恪，上憫其勤勞，加恩賜金幣，馳傳歸里，公卿祖道於長安門外，都人以爲榮。又六年，公以病卒於永寧之故第。其子兗州太守琯、吏科都給事中璿，泣而言曰："惟我國家天造之初，卿貳大僚不敢遽以骸骨爲請，有年至致仕者，輒留宿衛、奉朝請於京師，其蒙恩予告，有之，自先臣始。是不可以莫之紀也。"又三年，兗州服闋，補淮安守，而命偉業書公墓隧之碑。謹按：

張氏，陝西同州人，始祖仲文，避兵徙洛之永寧。仲文以下六世，諱士益，緣其子中丞公貴，得封。中丞公諱論，仕至四川巡撫、都御史，以元配段夫人生公。公舉萬曆壬戌進士，起家行人，考選兵科，劾兵部尚書霍維華以罪，廷諍惠安伯張慶臻賄改敕書，及宣大總督張曉、巡撫張三杰失事狀，所言皆施行，當時推其讜直。陞兵科都給事中。在明季啓、禎之世，藺州土司奢崇明反，連結水西，中丞初按蜀，繼受任滇撫，克遂前功，先後收復四十七城，拓地二千里。五峰山桃紅壩之捷，馘其渠魁，邛笮蕩定，論功爲西南第一。方中丞歸自按蜀，以清卿居里，負知兵名。而公被擢在省垣，將吏勇怯，軍機進止，皆其職所當執奏。每在直，中夜治文書，參密畫，旬日不敢洗沐。其劾張慶臻也，上怒慶臻勳舊掌京營，行金主書竄易詔草。文華召對，事連長山相劉公鴻訓。劉，賢相，其曲意慶臻

---

[1] 錢儀吉《碑傳集》卷十標題作"通議大夫兵部右侍郎永寧張公鼎延神道碑"。

有端，受取事未得考實。公雖糾摘慶臻無所避，終不欲傳。上怒，致大臣辟，故與御史吳玉持論並剴正，而公微爲持平。在廷服其知國體，後於平臺數被引見，敷奏詳敏，上以爲能，眷遇寖隆。以中丞撫蜀，子例不得居諫職，請避歸。忌者摭其里居事蜚語聞，左官薄謫，而中丞以功成納節矣。

　　流寇之渡河而南也，首陷澠池、盧氏，次及永寧。永，山城不修，礦盜亦動，邑無真令，民皆搖心。中丞即巴、渝之舊部，遏宛、雒之嚴衝，誓衆登陴，捐金犒士，天寒露止，罹風雪皸瘃之患，城全身瘁，屬疾不起。公時已從行人司副再遷爲南京吏部驗封司郎中，職事修舉，駸駸且復嚮用。既奔喪，成服，伏闕上書曰："臣父出定蠻方，還扞鄉里，戮力兵間，致於僵仆。惟主上念葛亮之渡瀘，以勞定國；憐子囊之城郢，沒不忘君。庶俾先臣死骨不朽。"上省章，嫌其稱譽過實，下所司按覈，竟坐免官。或以爲用事者因徵文修舊郄，非盡出於上意也。監軍道湯開遠好直諫，嘗追訟公曰："永寧鄉紳張論以死勤事，不蒙優錄，并其子錮之，熊耳以西塢壁以百數，有不聞之解體乎？"閱七年，李自成再起中州，先破宜陽、永寧，而雒陽遂之不守。公流離中，條上形勢，請於宜、永之交如韓城、三鄉者，宿重兵，守要害，山道阨狹，可以扼其吭而弗出。且曰"臣爲親受譴，不獲復奉闕廷，敢因耳目所及，一陳滅賊之策，永塡溝壑，終無所恨。"上亦韙之，然竟弗召也。嘗憤中樞失策，流涕告所知曰："嵩山綿亘三百里，宜、永當適中之地，永有東西二崤之固，尤足設險。賊之出入秦、豫，磐牙穿穴於其中。始先人守永，即所以守雒，守雒即所以守中原。當時不圖其功，覆用爲罪，山民憤欷，人無鬪志，賊勢披猖，未必不繇於此？嗟乎，吾父子功罪已矣，如國事何哉！"

　　當自成破永，公守南城，事急，主僕匿於堦井。賊燭以炬，弗見，投之以石，弗傷。越兩日，有一嫗來汲，僕謀於公，緣綆先上。方及幕，賊攜刃者至，將加害，嫗紿言："吾子也。"遂脫。脫已，嫗忽不見。僕傳語，其儕篝火井旁，號公出之，歸於溪源寨五日，中夜心動，跨驢急行，天明，而跡者至，報曰已去，乃免。公有《異井記》著其事，文多不載。公之免也，宗人多死，兩子幸無恙，避地河北懷縣。間行歸，營中丞窀穸於故山中。賊騎充斥，公晝伏林莽，夜穿窆穴，葬畢，仰天慟曰："孤子自此可無憾矣！"汴梁之急也，公建議，秦兵雖奉詔來救，賊銳甚，未可爭鋒，可駐師鞏縣，扼虎牢之險爲持久。及孫傳庭敗於柿園，歸秦，掃衆復出關，自謂必勝。公獨貽書，戒勿輕敵，宜修復雒陽，進戰退守，出萬全之計，迺吾謀適弗用，而明亦已亡矣。兩河並覆，郡邑受僞署，誅鋤大姓，搜牢金帛。公子弟被執彭考，惴惴宗族之弗全。

　　會本朝受命，大庇生民，百度維新，九品式敘。公用薦徵拜吏部驗封司郎中，由驗封改考功，管大計。是時，天下新定，長吏、丞尉，軍中以便宜除拜，皆白版攝守，年勞治行，掾史輒去其籍，莫得勾稽。公據典章，覈流品，浮偽必黜，貪殘必懲，奏免千有餘人，銓格以正。甲戌，分校禮闈，所得士有至公輔者，累資晉太僕少卿，換大理，尋爲正陟侍郎，於工部爲左，於刑部、兵部爲右，階通奉大夫，再進秩一等，禮遇視六卿，蓋異數也。

其在大禮刑部也，屢決大獄，亭疑奏讞，依於仁恕，仍抗章舉正職業，申嚴律令，不為煩苛大者，定僕區之法，寬株連之條，盛夏請解出繫囚，桀黠民妄指莊田詭勢自匿者，必正其欺謾，至今奉為絜令焉。公為人曉習文法，在事勤力，鮮所回隱。同列或語以受任日淺，宜引嫌避可否，公攬挽出涕曰："某遭本鄉傾覆，生類殄盡，提攜細弱，歸命聖朝，出虎口，攀龍鱗，際風雲，脫湯火，若不能出身自效，裨益萬分，何以見陳、許、汝、潁之士乎？"其居心盡節如此。

中丞有別墅在金門山，所産籫筥葆蕩，埒於江陵之橘，成都之桑。公之謝政歸，田疇廬舍，次第整比，於其間立家廟，設義莊，以尊祖收族。暇則偕鎖少參諸公為阡陌之游，作《五老圖》，自為文記之。有勸之復出者，笑弗應。二子中外並歷顯仕，垂組揭節，歸拜公於德里。公與廉夫人慨然太息曰："吾出眢井之中，上見烽火接天，下見積屍撐距，當此時，未識軀命所在，詎意今日骨肉復完，鳴騶夾道，上先人之邱隴哉！語曰：'知足不辱。'聖王之優老臣，恩不可以忘也。"公兄弟三人，季曰世延。夫婦死於兵，公撫其二孤珹、珲有恩紀。廉夫人視遇如所生，人以為難。夫人事公母段太君以孝，內治肅飭，先於公二年以沒。

公字慎之，別字玉調，有文集二十餘卷。墓在豐原之墟，以廉夫人祔。子三人：長琯，次璿也，季琡，殤。女三人。孫男一，挺之。孫女一。餘詳載墓誌。

偉業聞活千人者必有封。中丞之討藺州與水西也，不多殺戮以侈首功，不附宦寺以趣賞率，髽人獽部可撫者撫之，巴童賨女無歸者歸之，其仁恩洽於蜀人，猶宋之張益州焉。黃巾禍亂，食祿之家多見屠滅，張氏子孫獨完受其福。嗚呼！上下三十餘年，觀公父子之際，亦可以知天道矣。初，偉業之識淮安君於浙也，因吾友張黃門秌庵以定交，繼在京師得交吏垣君，距今十有餘年矣。淮安友道敦篤，契分特深，熟聞公家世、行歷，言之庶足敀信。茲以揭德樹阡為屬，容敢用不文辭，謹掇拾大者著之如右，而系之以詩曰：

金門之竹，有琅有玕。上捎白雲，下拂青鸞。于焉宴衎，于焉考槃。
河水漣漪，二崤巘岏。篤生中丞，功著西土。紹啟我公，主闕是補。
謇謇在廷，不茹不吐。亂之始生，載禦其侮。皤皤黃髮，有勞實多。
覆曰潛慝，讒口則那。心之憂矣，涕泣滂沱。人亦有言，我罪伊何。
洛之竭矣，乃穿我壙。井之冽矣，乃完我躬。誰其擠之，我是用急。
誰其拯之，使我心惻。亂其有定，天降厥祐。王師徂征，生民乃救。
帝思耆德，召置左右。豈不懷歸，竭蹶恐後。乃亞司空，乃貳司馬。
帝曰汝勞，錫之休假。錦綺千純，黃金百冶。公拜稽首，歸永之野。
飲此旨酒，瞻望北邙。哀我人斯，何辜流亡。慭余一老，歸焉永臧。
蒼蒼者天，矢諸弗忘。伐彼籫筥，爰作笙籥。嘒嘒管聲，薦我蘋藻。
凡爾子孫，不遏有詔。神之聽之，工祝致告。維厥祖是承，維先公是行。
鼐鼎及鼏，刻茲令名。如嵩與少，不騫不崩。後千百年，家以永存。

順治十六年。

（文見乾隆《永寧縣志》卷三《邱墓志》。王興亞）

重修兩程夫子祠碑記

【額題】聖旨重修

嘗閱兩程世譜系出徽人也，繼遷於孝感，遷於黃陂。宋興，五世仕洛，膺顯秩，皆有功於民社。及大中公歷官十二，上賜第於京，遂家焉。迨歿，葬洛南，再傳及明道、伊川兩夫子，誠意正心，居敬窮理，爲宋時名賢。厥後子孫蕃衍，寄寓嵩邑。洛國公十五代孫諱仕謙，復僑居永之錦陽川，雖歷世久遠，而俎豆常新。方今聖天子崇儒重道，殷殷表章往聖前賢，是歲特命禮部博採天下藏書。兵部武庫司郎中諱湛興漢、掛印總兵官諱福亮，係洛國公二十四代賢裔也。刊集《二程全書》五十卷，進呈聖覽，叩蒙御製"學達性天"匾額於洛陽市祠堂，復勅重修嵩、永祠宇。偉承乏茲土，竊慕羹墻者久之，欽遵綸音，庀材鳩工，丹艧黝堊。閱月，金壁輝煌，廟貌重新，不有數言以記之，何以垂於不朽哉。爰列貞珉，以告來茲。

文林郎知永寧縣事奉天佟賦偉撰。

廩生田士敏書丹。

儒學教諭趙瑾，訓導張潔，典史葉培。

兵部武庫司郎中治吏部候選知縣□。

真漢掛印總兵官□□兵部觀政進士□。

邑庠生[1]

庠生□□□。

工房吉江。

旹康熙龍飛二十五年十一月吉旦。

（碑存洛寧縣東宋鄉丈莊村。王興亞）

重修廟學碑記

趙御衆撰

永寧邑佟侯少年作宰，慕古循吏之風，以愛民革弊為本，毋干譽則志乎介，毋梯榮則訓乎禮，勉勉焉惟懼治之不立，學之不實也。既三年，諸務漸以次舉，爰惕學宮之頹圮，憫俎豆之無光，乃與鄉先生及博士諸弟子議，力主重建而任其成，煥然從新，金碧照耀。

---

[1] 此行／以下字模糊。

閭邑為之色起。而御棻適以旅次得與拜瞻，不覺喟然敬服。蓋尊聖之道，興學之功，於斯篤矣。越日，侯及博士諸弟子咸來，具幣以請。俾御棻一言以記，意欲以明學也。顧鄙陋何足與此？雖然，嘗聞之矣昔河汾謁夫子之廟而嘆曰："大哉乎君君臣臣，父父子子，兄兄弟弟，夫夫婦婦，夫子之力也。斯言也，後之尊夫子者，無以加矣。後之學夫子者，亦無以加矣。二千年來，堯、舜相傳之道，至今坦如大路，則知愛敬序別之發於人倫者，抑亦夫人生而性具之善耳。"是以孟子願學孔子，道性善，言必稱堯、舜。而錫山高中憲曰："稱堯、舜者性善之象也。"是可取而訓也。但人有之而不自知，必視乎教，教之聚其業，則才斯興，惟視乎學。學之非有加於愛敬序別之外，篤於高遠奇絕之行也，亦惟復其所性，生而善者云爾。而子貢昔謂："夫子之牆數仞，不得其門而入，不見宗廟之美，百官之富。"又曰："得其門者，或寡矣。此又何以說也？慨自司徒樂正之官，廢小學，蒙養之教衰浸淫，至於詞章，功令之習，流離難返，父以是望之子矣，師以是傳之弟矣。靜言以思，又如之何？其為入門而見宗廟百官之美富也。是故誦聖人之言，而不見諸行，是徒誦也。行聖人之行而不體諸心，猶冥行也。況孔門論學，首重為仁，先儒窮理，亦曰居敬，雖言各人殊，要皆從事身心歸宿聖域，所以古之六藝，蘊發德行，大而實達而有徵，斯三物所以重賓興之典也與。嗚呼！明乎上者成教，明乎下者成風。又聞之曰："古之學也存乎人，今之學也存乎天。"則今日侯之殫心建學，俾諸生修業相將日新，其於風也可與幾矣。豈非天之所與一其志而相其成耶！則存乎人者，固知必有所在，而不可以外求也。謹浣筆而為之記。

康熙二十八年歲次己巳上浣之吉。

（文見乾隆《永寧縣志》卷七《學校志》。王興亞）

重修廟學碑記

知縣佟賦偉撰

永寧自前庚辰，遭糴寇賊燬燒廬舍，颱及學宮，灰燼之餘，棟摧檻折，五十年來，尺葺丈補，備官者，無敢闕春秋祀事云爾。

歲乙丑，予膺命來宰茲邑，拜瞻之下，見其土剝木蠹，惕然而切宮牆之慮，然而固陋既不可以支久，更新又恐難以圖終，往來於心者三年。次丁卯，乃謀於邑之鄉先生及博士諸弟子，力圖重建，咸曰："宮牆之光也，風教之本。我邑人獲率趨焉，即夙夜其何敢後？"僉謀既協，爰卜吉日，興厥功而助金者魚魚也，助財者魚魚也。若梓人陶人圬人，是鳩是庀，平值匠作，咸罔弗動，於役載木，輦石奔轊壹壹，乃視其飲食，獎以犒賚，俾無饑渴，在官經始於丁卯十月，迄己巳二月遂落成焉。其為工也，聖殿之楹五，東廡楹二十一，西如之。若戟門，若櫺星門，楹各三，前綽楔而高樹者為大成坊，外其壁若罘罳直南門，而表秩者為教化無窮坊。若洞扉遙睇甬如砥赤堵，左右如矢，拾級而進，穆然以深；上棟下宇，為甓瓦，為榱角，為爐為榮，為疏及礎，金碧而錯彩之。為槃為塗為塓，斧鑿灰泥繩墨，秩秩俱稱新構。其次，則有檢擇遺材而增新之者，殿之東曰啟聖祠也，楹三，闢門。西曰明倫敦堂也，楹三，闢重門，皆繚垣以甓。有統購新材而重建之者，戟門之西，曰鄉賢祠也。啟聖祠之後，曰名宦祠也，明倫堂之前，曰進德齋、修業齋也。鄉賢祠之前，則宰殺堂也，各三楹焉。於是，合築羣墻而周繚之。學宮之規制，庶幾備矣。嗚乎，艱哉！余於是重有感也，前乎此者特重於始基，後乎此者視成於勿壞，則今日之幸底厥功在，予雖總其事，而鄉先生暨博士諸弟子咸相與信心協力，一似乎聲相應，氣相求者。即興廢有時，豈不曰苟或為之，必見其成哉！《易》曰："知至至之，可與幾也。知終終之，可與存義也。"諸士勉乎哉！向其進德修業以為朝廷養士之報，則今巍然煥然之象，乃人文勃然蔚起之機也。況諸士手覓松栽，爭相灌植，其所以沐聖化於時雨，拔壯志於青雲者，予不能不有厚望焉。謹記其始末歲月，以俟後之來者得以考云。其總費若干，工若干，督工而始終者某某，輸助者宜書爵書名，別壟石以傳之。

康熙二十八年歲次己巳二月日。

（文見乾隆《永寧縣志》卷七《學校志》。王興亞）

佟侯石渠記

韋袞

邑侯佟公大興水利，同時告成者，新舊計十一渠，萬箱渠其舊之一也。廢且六七十年矣，復於康熙之庚午。斯渠也，灌畝多而沿流遠，視他渠為工較勞，中有深溝之阻，前人為石橋鑄鐵槽，以通水。歲久槽壞，水走隙中，橋亦漸以泐。時方酷旱急，目前未暇繕也。迨甲戌歲稍熟，侯循視而長慮曰："槽壞且及橋，橋壞則渠因以廢矣。渠惟萬世之利，而可不為之計久遠乎？"於是，伐石南山，剞以為槽，既完且固。視曩之鐵槽寬廣再倍，工致過之，兼以餘力，葺夫橋之泐者。蓋石渠成而橋亦因以壯焉。邑人記其事以垂久，或曰："侯之造永也，其大於石渠者，奚啻百倍，而獨石渠是記乎？"嗚呼！執一花一卉，而曰造物之功，專在於是，固不可。然謂於一花一卉，而或遺餘力焉，則又非也。石渠固侯之一花一卉也，而全力未嘗不在焉。噫！吾民食渠之利者，惟世世寶之。而後之宰是邑者，其或心侯之心，則大繕；即不然，而苟不至疾視吾民而欲其死者。覩其制之完以繢，而思其心之勤以懇，必將修之而不使壞，壞矣而必復修，甯忍舉成勞而棄之耶。則渠之久而不壞，又未始不賴於橋也，石渠修而萬世之利成，其能忘侯之德哉？

侯諱賦偉，字青士，襄平人。為政廉平，急大體，多幹局，修廢興利以百數。斯役也，七閱月而成，間日一臨視，率以為常。計費百廿餘金，侯所輸者三之一，酒饌犒勞之費不與焉。又渠之廢也，慮在加賦，侯請於上憲而著為令，畝仍其舊賦，從其額，享渠之利而無其害，又何至於廢焉！此皆侯之深慮卻顧，與石渠相表裏者然，是十一渠之所同也，另有誌。

康熙二十九年。

（文見民國《洛寧縣志》卷六《藝文志》。王興亞）

誥封驍騎將軍程公神道碑記

張玉書

蓋人臣立極，允資勘定，宏猷王佐，垂勳克協，褒嘉鉅典。稽彼雲台之繪，名兔丹青，觀夫銅柱之標，聲施竹帛。壯士維邦之彥，良臣翊世之楨。乃若力拯橫流，懋績藏於不伐；身扶景運，神休賁乎無窮。幽宅既封，穹碑宜植。

公諱福亮。字大功，河南永寧人也。爲洛國伊川公二十二代孫。星分柳宿，洛陽市聿啟名宗；地控龍門，嵩少實鍾人傑。祖宗澤贈驍騎將軍，考養味以寇亂死難，亦贈驍騎將軍。境多烽火，寧仗義以全仁；國有災氛，遂移忠而作孝。公賦質偉岸，負奇氣，善射能文，嘗隨母避亂，賊陷東宋寨，喪母，因殺賊人以祭。才由天授，群欽奪鵠之奇；學自家傳，早擅獲蛟之譽。倥偬而奉聖善，竭力承歡；慷慨而獲元兇，斷頭雪忿。秦省制府多其智勇，於順治辛卯委防盩厔，時賀才山作亂，公以方署平之。康熙丙午，以功守西安守備。十年學劍，固有志於折衝；一命分符，遂矢心於保義。用是旁巡曲沃，諗士旗門；因而移鎮潼關，參戎幕府。迨滇黔告警，專閫間者零雨而念征人；邛筰稱兵，當寧者歌風而思猛士。乃於癸丑歲升遊擊。值京兵入川，徵馬與綠旗成釁，公剴切調護，潛消反側，長安賴以全。爰率精兵，俘強賊，開餉道，扈王師，與士卒分甘苦，克臻底定。同仇志切，禮義息行伍之譁；共濟情殷，捍衛解閻閭之困。程不識旌旗再出，封豕潛形；霍嫖姚刁斗重來，長鯨喪魄。飛芻挽粟，不聞庚癸之呼；執馘獻囚，寧私甲乙之賞。甲寅，遷波羅副將，平朱龍亂，恢地數百里，制府以聞於朝，晉懷慶總兵官圖將軍，復以疏進，特簡興安掛印總兵。統貔貅之衆而推心置腹，寸膚未許敵傷；開鵝鸛之營而掃穴犁庭，尺地皆爲我有。於是疏奏楓陛，宴賜瀛臺。天語殷勤，案上撒金盤之果；主恩優渥，殿中分玉勒之駒。精鏐燁爍，獨咨冀北干城；文綺繽紛，重眷關南鎖鑰。隨奉命留守魏興，招流亡，撫凋療，救旱、設糜、賑饑，澤被雍豫間。憫哀鴻之飛集而繪圖乞命，以求起此瘡痍；感雲漢之昭回而解橐推恩，必欲登諸衽席。辛酉十二月，會覃恩封驍騎將軍，榮及三代。然以前母楊太君未邀贈，特爲請疏，得與康太君同贈夫人。天經地義，心兼切於顯揚；春露秋霜，情更深於明發。而且分祿以彰君惠，品立名修，刊書而表先型，薪傳燈續。公駐興日久，以年老乞休，不許，前後上五疏，始得致仕歸里。東山臥穩，方吟招隱之詩；西鄙勳高，忽作騎箕之客。壬申十二月二十九日卒，春秋六十有九，詔遣官祭葬如制。匪躬遏亂，四十年戮力皇家；錫命酬庸，千百觔襮遺榮天壤。雖匣中龍劍已挂松楸，而堂上衆賢克傳弓冶。子四人，長者已成進士，次主政，又次縣尹，均需次天官，季方在幼學。武緯文經，本淵源於家學；珠聯璧合，作楨幹於王朝。由今挹哲嗣之清標，能無溯虎臣之駿烈。長公屬余誌公墓，烏可以不文辭。夫名在旂常，奚煩載筆；功垂帶礪，不藉颺言。臚其行實，庶韓昌黎無諛墓之譏；削彼煩稱，使郭有道識題碑之旨云。

康熙三十一年十二月。

(文見乾隆《永寧縣志》卷三《邱墓志》。王興亞)

創建含珠庵碑記

韋袞

永之西鄙四十里許，曰螺髻山，四望荒涼，人跡罕到，惟斷烟斜照，燐走螢飛而已。有僧某者，披荊棘而居之，手墾以自食，有餘則有以修營焉。歲久，乃成佛殿三楹，及伽藍、護法之屬，一如他梵宇制。竹樹蔭翳，泉聲潺湲，幽折深邃，命之曰"含珠庵"，求某記之。某性不喜浮屠，不知所云。獨念此地舊為張氏、楊氏兩家別墅，而某張出也，流氛之慘，外王父張於茲遇害焉。嗣是而兩家之業落，其子若孫之一二子遺者，星散於四方，不復一至。其處向之田廬，化為狐兔豺狼之窟，遂慨然棄之，以資浮屠。嗚呼！此足以觀世變矣。夫前代之離宮別館及侯王第宅，廢而為浮屠老子之宮，不可勝數，何有於茲藐然芥蒂之殘山剩水哉！顧此地未經兵燹，兩家田相錯，廬相接，桑麻映而雞犬羣，其竹樹之茂，果蔬之美，方以為子孫世業，豈意其為含珠庵哉。今既捨之為庵矣，後之人或猶思庵之有為己有。嗚呼！其亦可以思矣。

康熙丁丑袞記。

(文見民國《洛寧縣志》卷六《藝文志》。王興亞)

重修關侯廟碑記

仝軌

今之廟祀遍天下，王公士庶莫不奔走而虔奉，未有如關壯繆侯之盛者也。侯勇敵萬人，而篤於忠義，委身昭烈，討賊復漢之志，終始不渝，而卒死於王事。論者徒稱其襄樊之役，威振華夏，為一世之雄，而不知其操禮之厚而不留，權為其子求婚而不許，大節之明於皎日，足以愧天下之懷二心以事君者。蓋侯之所以響應一時，而百世尊事之根本也。祭法以死勤事者祀之，則侯之歿，而廟祭固禮所不禁然，至於徧郡國而立之，與社稷孔子同黌亦甚矣。昔者諸葛忠武侯之亡，所在各求為立廟，朝議不聽，百姓遂私祭之道陌上。乃詔即近墓地立廟於沔陽，奉祠者皆限至廟，斷其私祀，以崇正禮。夫以功德如忠武、伊尹、周公之亞，猶不得於所在立無典之廟，況侯之奉其指揮而奔走禦侮者與。且漢自韓、彭而後，異姓無王者，侯官前將軍，爵亭侯，壯繆其諡也。而近代於侯至加之以帝王之稱，使侯上擬於昭烈父子，與曹操、孫權並僭尊號，侯之心宜有惕然而不安者矣。矧誣以佛老不經之談，鹽池玉泉之類，紛然說鬼而語怪，於是，天尊佛子之號，學士大夫亦從而和之。嗚呼！何其鄙倍而無稽，上於明神一至此極也。

河南府西南之縣曰永甯，右盧左宜後鳳翼，而前女几，蓋嵩、洛之門户，汝、郟之襟喉也。故有關侯廟在縣治之西，巖巖潭潭，極規模之宏麗，殆漢人所謂瀆而無典者耶。

余考侯斬龐德，圍曹仁，威鎮華夏，時陸渾、梁郟之間，忠義之遺民，多受侯印號，遙為羽翼者。陸渾，今嵩縣與永甯夾山而錯壤，則永甯固侯所經營措置，出山必由之要地，而其人亦侯嘗聯屬激勵，恢復兩京，中原豪傑之裔孫也；思侯之功德而立廟以祀，雖違沔陽之正禮，而較諸他府縣之渺不相及，獨為事之有因，而過而存之無大害於義者。

令襄平佟公賦偉，字青士。好古而博雅，於侯之本末，廟之因革，致詳致審矣。久乃徇衆議，撤腐壞而新之，重駭俗也。乃俾余略述得失，以告其邑之士民如此云。

康熙。

（文見民國《洛甯縣志》卷六《藝文志》。王興亞）

重修城隍廟碑記

仝軌

永甯佟侯治其邑十四年矣。省刑薄賦，開渠興學，富教之政，犁然具舉。最後以城隍廟腐壞將傾，非守土者所以躬率士民，嚴奉祭祀之意，乃謀於邑之士民，將新而大之，以垂永久。議既同，侯首出俸金以倡，士民商賈勇躍樂輸者輻輳，遂諏日興役於孟秋之吉。其金錢之出納，木石瓦甓丹堊之直，工匠饔飧粟麥薪炭之費，教諭宋君、典史趙君與士民之有幹才而重廉恥者李紹周、王承基、劉汝爲、孟英、韋士敏等，分而主之。侯相度指示，日必三四往，數日而一勞，米肉酒果，復別出已囊以辦，民大悅。越六月而廟功以成，土木之侈，殫極巧力。余適客侯所，往觀而壯之，乃問於侯曰："城隍之神，何爲而立廟以祀也？"侯曰："神名號祭祀雖不見禮經，而築城鑿池，以衛民而禦暴，功莫大焉。"蓋社稷之類，此神所以名而廟祀之所由起也。然則神之非人鬼昭昭矣，而廟之像之，加以冕服，設之筆硯，夫人之並坐，女樂之環侍，儼然事之如人鬼禮與。且神之所司者，衛民以禦暴而已，至於降祥殃，斯民之壽考夭絕，上帝實主之，城隍之神何與焉？即謂神聰明正直，受命於天，足以禍福乎，斯民亦積善積惡，理不可違，而氣始相感云爾。非果有人其形貌者，臨之於上，而承以庶司，列曹分職，勾攝魂魄，兢兢然日規取生人而春到之也。而二十四司，鬼卒之森列，刀鋸鼎鑊之雜陳，無乃厚誣與。又况神受命上帝，以主城隍，緣實立名，蓋天之所爲，非朝廷封爵可得而加也。而今稱之曰公、曰侯、曰伯，非瀆禮而不經者與！

余聞明太祖即位之三年，革去神三等之封，稱如其本號，毀塑像易以木主，他雜亂鬼神，皆屏黜之。有司懼得罪於神而奉行不力，故至今尚踵其謬。公宏覽博物君子也。考禮有素。是舉也，何不一正數百年相沿之非，以曉愚蒙，使知所以務民之義，而不惑於羣萬妖誕之邪說。顧乃仍其舊貫，而華麗宏壯，視昔有加者何哉？侯唯唯，逡巡爲余曰："洪武之詔，余不敏，固嘗竊聞之。然禮之不明，而俗各是其所習見久矣。今余不顧衆心之所安，而一旦孤立行己意，士大夫可耳，蚩蚩之氓將嚚然，其有後言，明道牖民之教，未信於平日，雖知而爲之，卒亦不能絶民神之雜揉而正人心，徒爲此紛紛而已。"《傳》曰："如其禮樂以俟君子。"古人之審於自量，蓋如此，此余之所以因循其舊，而不敢遽爲釐革者也。子盍爲我書之，而并述吾兩人之言，以告後之君子。祀典之正，庶幾其有待矣乎！余乃退而爲之記。

侯名賦偉，字青士，奉天瀋陽人，今遷湖廣衡州府知府。

康熙三十八年。

（文見乾隆《永寧縣志》卷八《壇廟志》。王興亞）

創開天一渠碑記

韋袞

我永，萬山斗邑中夾一帶洛水。洛之南北涯，鑿渠引流一灌，而旱魃不能爲災，創始于有明之于公，復興於前任之佟公。嗣是來牧者，踵而修之，或稍稍增加，邑人賴之，所謂渠成萬世之利也。獨長水而東，馬店而西二十里許，不能沾涓滴。我則翁高老父母來蒞，目睹心惻，喟然曰："均吾民也，均吾土也，胡菀枯異乎"。

適庚子、辛丑間，連歲亢旱，召父老而謀之，僉曰："聞之前明，竭民力以開鑿，未睹成效。迨我佟父母三載勤劬，心力云悴，而復壞于垂成，此吾儕小人所親見，蓋必不可成之功也。"公曰："天下事特患不得其人，不得其法耳，寧有不可成之功哉。"命駕而往，周爰巡視，嘻曰："源不高而欲流之遠，無怪前功之不成也。"於是，溯洛流而上，入山五里許，測其高下曰："此建瓴之勢也"。擇士民之才幹者，授以經畫，俾董其役，八閱月而績用成。浩乎沛然，日灌數百畝，延袤二十里，竹樹之茂，禾黍之美，陡而改觀。向之畏難者，莫不躍喜以手加額曰："此神君之賜也。"公亦樂之，仍以公之舊名曰"天一"，蓋取其天一生水之義。且斯渠獨居上流，爲諸渠首，若干之有甲，支之有子，而永之水利無遺憾矣。嗚呼！凡民可與樂成，難與慮始，公獨出己見，成前人難成之功，雖其才有過人乎？抑亦精誠之所致也，宜勒石以垂永久。

公諱式青，字則原，浙江錢塘人，丙子科舉人，名儒經濟，茲役特其一斑云。若夫灌地之數目，番次之先後，及勷事者之姓名皆書，悉以載諸碑陰。

康熙六十年。

（文見乾隆《永寧縣志》卷二《溝洫志》。王興亞）

洛寧程村程氏世系碑

承祭孫開列於後：

二十三代代州守府憶、固始訓導恪、淮安知府懋、內閣中書恬、候選知縣性。

二十四代監生邦馮、貢生邦彥、貢生邦俊、監生邦碩、生員有龍、生員思洛、生員元淳、生員有譽、監生有聲、生員建邦、生員立成、內閣中書邦英、貢生邦傑、監生大美、貢生邦儒、候選經歷瑞、監生邦秀、天文生邦偉。

二十五代候選□□□、天文生□□、生員□□、生員□□、拔貢之麟、□生□聖、生員□南、監生之□、□□重西、□□□□、州判□□、□生之□。

二十六代生員彙吉、增生□、生員書。

（碑存洛寧縣東宋鄉丈莊村。王興亞）

洛出書處碑

【額題】大清

河南尹張漢書

洛出書處

雍正二年臘月，永寧令沈育立。

（碑存洛寧縣西長水。王興亞）

文學韋九章墓誌

張燫

吾友韋九章先生，於余十年以長。余入學時，九章即為諸生，余年十九，免喪，應童子試，九章已食餼多年。余時視同學有名之士，無出九章右者，而心奇之。九章亦不余鄙，相與為友四十一年矣。九章好古道，不為俗學，與人言論，多所開豁，而未嘗有驕吝之氣，故人咸愛而重之。為人孝於親友，於兄弟宗族尤篤。摯於朋友，義之所激，不憚以身赴朋友之急，而卒緣此，致蹈覆轍，遂不試於場屋者二十餘年，交遊無不惜之，九章竟不以此為意，惟以著書力學為事。壬辰之歲，復以邑中公事連逮大獄，遭有司鍛煉，眾咸為九章危，而九章自如也。事後過余，余觀其形色，光霽如故，未見有所摧折也。因笑今世之士，平居厲其色，悻悻其容，不知自視何等。稍著利害，即搖尾乞憐，而不能自振，而欲以望九章遠矣。九章今年來，忽若有知其將辭逆旅之意，春間遺余書，有"旦暮就木之"云。九月中，搜其囊，得十餘金，攜其所著《留影集》於大梁書坊刻之。書既成而疾作，歸至偃師市旅邸，有友徐君字篤生者，迎至其家養疾，以十一月十六日丑時卒。徐君為治棺木衣衾以斂，其從子全孝扶柩來歸。余聞之，方將往哭，而全孝衰服奉其所刻書來遺余，且致九章臨終囑爲作墓誌之命，余聽之惻然。余惟九章平生之學俱見所著《留影集》之書，如論學，論科舉時文之弊，與夫論佛，論老，論治諸作，關於事道人心，讀其書，自可見。獨其生平爲人節概，有可表著。使夫後之人讀其書，而欲知其人者，得有以論其世焉，惜余學識淺陋，恐不能有所發明，以慰吾友於地下耳。嗚呼！九章雖不幸遭顛躓，不克有所施爲於世以終。要其不鏟之氣，無入自得入懷，真古人所謂豪傑之士也。五六十年來，論吾邑人物，必以九章爲稱首，雖科甲臚仕者無與焉。昔陳龍川與朱子書，有自許以推倒一世之智勇，開拓萬古之心胸之長之語，余與九章亦云。因述其爲人大概以誌於幽，且使全孝附刻於《留影集》家乘之後以傳，庶異日修縣志人物者得以采焉。

九章名袞，生於順治丁酉，至今雍正乙巳，得年六十有九，以今臘二十一日，葬於其尊人景先生墓次。先娶賀氏，生一女；繼室杜氏，生一男名惟孝，女四人。惟孝少聰敏，能讀書，亦不幸先九章五年卒。九章取全孝長子嗣之以繼，夫後名兆延。杜氏亦先九章沒，今並合葬。其九章先世及弟襄有，郟縣仝車同先生所作《景先生墓誌》，已刻於《留影集》家乘內，今不復敘。

雍正三年十二月。

(文見民國《洛寧縣志》卷八《藝文志續》。王興亞)

重修福巖寺碑記

雷炯

名者物之所必爭，而記者名之所以永也。自明帝肇端，瞿曇庵幸，上自君公，下迄齊民，莫不尊信崇奉，以故庵寺之立遍天下。永治之西十餘里有福巖寺，其脈自嶕嶢蜿蜒而來，昔人以其地之雄勝，坐釋於茲，歷代相繼修理。迨我國朝定鼎八十餘年，經風雨飄搖，不無瓦解土崩之患。有本寺住持僧會司僧會諱照義，號衷旭者，約近村士民爲功德主，募化資財，寺宇因煥然一新。事竣，求記於余，辭不獲免。同列有誚余曰：「子儒者也，焉知釋，謬爲文，恐不當僧意，無以爲眾善勸，且子何所取於斯寺之修，能違心而譽之乎？」余曰：「唯唯否否。道在天地間，無之非是，顧人所取何如耳。」當夫風日清美，或郡邑賢宰臨其地，見其壯麗恢廓，當悠然而動遐思，曰：「此某僧某功德之所營建也。聖廟賢祠，必思所以補張之。」或文人儒士入其中，見幽閑清靜，當悠然而動遐思曰：「此某僧、某功德之所修飾也。學舍書院，必思所以整齊之。」或農夫野老遊其下，見其奕業相承，廢墜興舉，當悠然而動遐思曰：「此某僧、某功德之所繼葺也。祖屋先澤，必思所以保守而繼續之。」觸類而思，不一而足。則斯寺之修，不無可記，而僧人與眾功德之名，亦可以永垂不朽矣。若乃六道與三塗諸說，余未讀釋書，誠有如同列所云者。

雍正六年。

(文見民國《洛寧縣志》卷八《藝文志續》。王興亞)

重修萬箱渠碑記

知縣單履咸[1]

養民莫先於興利，化俗莫善乎持平，爲吏之道如是，而教民亦不越此也。我皇上代天理物，教養兼隆，特蠲千萬之正供，復興畿甸之水利，舉凡所以懷保小民者，無一不至焉。故一時大憲靡不以興利化民爲首務，膺民社者詎敢忽諸？

吾永當金門鳳翼之麓，地勢平衍，幾二十里，洛水貫焉。古人引洛爲渠，故永之稱膏腴享地利者，必數洛渠南北爲首。渠之在南岸者，曰雲插、盡力、復興，民樂、安業共五；北岸則永利、萬箱、小石、永昌、宣利亦五。每渠溉田自數頃、十餘頃、至三數十頃不等。永利一渠最居上游。惟萬箱渠緊接其下，環縣治而東，綿亙三十餘里，溉田七十三頃有奇，享其利者凡一十八村。故十渠之中，萬箱之利爲尤夥焉。自乾隆八年以來，洛徙而北，斷渠之腰，父老買沿渠地以續之九年，復毀者再，渠民費白金千金，卒不能治，因而相顧束手，遂任其廢焉。余以九年冬承乏茲土。勸民興者屢次，父老堅以無益爲請。蓋以河水數刷，渠身已爲巨浸冲斷一百餘丈，而且斷渠之首，擁土丈餘，高於故渠且三數丈，誠爲力無可施者。余心憫焉，未嘗一日忘也。今年春，始得度地過水諸法，余甫自會城歸，遂不遑寧處，即日親至渠所，度量高下，因改萬箱渠身，斜繞北原，迤邐而南，復接斷渠之首，水得通行無碍。且去洛遠，亦再無冲刷患矣。萬箱父老咸色喜曰："此向所至，願而不可得者"。以北原有永利支渠二股，自北而南，渠民資以爲利，今改渠道，即須橫截支渠，則利於我者，恐害且移於人也。於是，永利衆庶果呶呶而前。余笑而婉諭之曰："若曹均赤子耳，余豈爲是不平之舉哉？曩余不能決者，正爲是而止，懼導爭也。今詳度地勢高下，渠必深八九尺始能行水，吾今爲若架飛槽過支渠水，則渠流於下，水行於上，若地溉自若也。幷當爲若疊石橋，便耕作，立碑垂久遠。俾余去之後，設有廢壞，令萬箱渠長爲若修之，不以累永利也。不特是也，今河日北徙，則爾地且不保，余當爲女作月隄，障水南注，以保此畝，又安肯但爲萬箱疇樂利，而不爲永利計久遠乎！"語甫畢，二渠之民觀者數千人，咸額首曰："若然吾儕且禱祀不能得，敢不如使君命耶。"爰命擇日興工，計用北原地七畝有奇，萬箱渠民計畝出資力，每畝照時值償十五金，計開新渠二百二十餘丈，用工千，開去地糧撥入渠身完納。余另爲之作飛槽二、石橋二，又臨河築挑水月隄一。以三月上旬謀始作，半月次第告成，二渠之民咸喜，請余立石記之。余嘉二渠之能讓也，且甚願吾永之民，同敦姻睦，比户可封，以享聖天子浩蕩之恩，沐賢大憲噢咻之澤也。故詳述其興復之由於石，而樹之橋滸，以垂永久焉。

---

[1] 此載作者爲知縣佟賦偉。文中有謂："余以九年冬承乏茲土。"考《職官志》載知縣單履咸乾隆九年任。而佟賦偉爲康熙二十四年任。是知其碑文撰者爲單履咸，非佟賦偉。故正之。

乾隆九年。

(文見乾隆《永寧縣志》卷二《溝洫志》。王興亞)

重修洛西書院碑記

知縣單履咸

秉彝之良，人所同具。而正學之源流，所謂修道之教以範道而復初也。永邑爲伊洛故地，孔孟之學至宋儒周子、程子而得其千古不絕之傳。而茲邑則又周、程二夫子所遨遊而戾止焉者也。以故前元薛直齋先生，蓋能得伊洛之傳者，既貴體父之志，以其所居故宅創置書院。中爲夫子燕居堂，并祀四配，而更於東廡祀廉溪周夫子并二程夫子暨潞公、溫公、邵子，皆昔時遨遊於永之諸先哲人也。祠既成，事關奉勅賜名"洛西書院"。其時永文獻甲於中州，則書院之所培植也。及後始修於前元之完顏先生，既修於前明之于先生，迄乎明末，遭流寇之變，祠毀於兵，迄今百餘年矣。雖值本朝隆興之後，禮陶樂淑，今又百年，而人文中落，遠不逮昔者，則正學未明，書院未復之故也。乾隆九年甲子歲，余承乏茲土，究其顛末，即思有以興復之者，顧工費浩繁，未敢輕舉。閱四年丁卯，人樂年豐，而余之素行亦久爲士民所信，始進紳之有德者謀之，紳士聞聲翕然。余因首捐百金爲士民倡，而白於衆曰："凡吾永之紳民士庶，有願襄義舉者，不限成數，不强人情，各隨所願，彙之公所，即煩首事諸君掌之，設有未足，余當竭力補苴，以成盛事。"維時邑人若士、若農、若商、若賈，無不欣然好施，樂輸恐後。自四月杪起，洎七月而登名入冊者已至二千餘金。嗟乎！何人心之慕義若斯也？詎非秉彝之良，觸而斯動乎？由斯堂構既營，膏火足恃，則所以昌明正學者，幸有其地，而栽培扶植，以蹚事而臻華者，正自無窮期也。爰請示于道憲，既報可卜。始余謀於衆，爲延博士范君、鄧君，並總理之人趙顯、徐明、金鏞、徐繼、郭現、王士吉、賈淵、朱守仁、宋顯用，亦視同家事，朝夕勤勤。起工於乾隆十二年七月內，遂於本年十月落成。中爲夫子燕居堂三楹，仍祀夫子，兩傍祀四配十哲。左廡三楹爲五賢祠，仍祀周子、二程子並潞公、溫公、邵子。右廡爲二妙祠，祀直齋先生父子，並完、于二先生之有功於書院者。二廡之前，爲客堂三楹，配以廂屋，爲師生肄業處。再前爲講堂三楹。重門之外，爲外門五楹。更於西偏爲山長住宅三楹，諸生居室各三楹，一切廚竈器用畢具。夫以爲工如是之鉅，而成工如是之速者，皆由于聖天子恩德廣被，各上憲教誨周詳，益見秉彝之良人所固有，有感斯應，故吾永之人，無不好學慕義，爭先恐後如此也。若夫落成之後，傳之永久，俾後之學者得親名師，上追伊洛之源流，漸至人文之炳蔚，以揚休學校並美當年，則正余之所厚望，而更在繼余者之克成斯盛也。是爲記。

乾隆十二年十月。

(文見乾隆《永寧縣志》卷七《書院志》。王興亞)

重修洛西書院碑記

知縣余廷璋

莫爲之前，無以基厥美；莫爲之後，靡以勸其成。永邑洛西書院，始修於元之完顏先生，繼修於明之于先生，一時人文炳炳烺烺，如宋張子英輩，其功業忠烈，洵有卓越千古者。明季，遭流寇之變，燬於兵燹，鞠爲茂草，未免中落。噫！誰宰斯土者，而顧若是乎。前令單慨然奮興，爰是進紳士之有德者而謀之，且捐百金以爲之倡。維時邑人士好施樂輸，至於二千有零，隨捐隨收，彙諸公所，生員趙顯、善人徐明掌之。不經胥役之手，復謀於衆，爲延博士九池范君、翰卿鄧君，採選木料，不虧所值，購者十之七，捐者十之三，不避暑雨，共司其事。而生員田無矜、趙顯、韋恩亦與有力焉。又擇居民之老成勤慎練達者，董理其間。於乾隆十二年七月二十四日起工。在工者，亦各踴躍向前，遂於本年十月落成。方欲告竣，前令奉簡命調任淮寧，未終其事。余承乏茲土，本年十二月十七日到任，越三日，謁廟下學畢，即至書院，規模粗就，巍乎幾成。仰觀棟榱，未經丹堊，俯視地址，未鋪磚石。詢其院長俸金，從遊膏火，皆未之就理也。先積者若干，拖欠者若干，亦未爲之熟記而審處也。物每壞於垂成，業易敗於末路。余於是將收者付諸鹽當，歲討其息，其拖欠者陸續糾來，亦取息於鹽當，爲書院師弟之費。一切器具胥備，罔有缺失，擇選名師，揀試俊才，教育久則英奇出，陶淑深則賢良多，蔚起光發，炳炳烺烺，安知前之宋張子英輩，不再見於今日也哉。於戲！是皆永之士君子之幸乎！余與前令亦得借此以無愧爲永之邑宰云。

乾隆十二年十二月。

（文見乾隆《永寧縣志》卷七《書院志》。王興亞）

重修永寧儒學碑記

張秉鈞

永寧儒學之修也，自康熙三十四年一見之。越茲六十餘稔，司鐸屢更，棟宇蕭然，其間傾者廢者，攘攘而缺者，折毀而爲爨桐者不知凡幾。嗟乎！翰署之設，鞠爲茂草，其何以典厥職，率多士乎？方今天子右文，崇儒重道，慎選經明行修之員，俾董學校，所以正學術，端風化，責綦重也。今年春，太邱任君果以明通來秉永鐸，方將整飭士習，振興文教，進諸生而啟迪之，而明倫堂及衙齋三十餘間，俱已摧敗零落，幾無一椽可避風雨，雖欲講道論德無由也。乃聞於上官，募衿士之有力者共勤義舉，銖積寸累，僅得白金四十餘金，而所費已五倍之。任君乃毅然捐資轉貸，自爲補苴。匠作之屬，必躬督之，無苟無怠。於是，堂構聿新，軒廡畫一，門楹榱桷，繚垣甬道，靡不周固。向之傾者起，廢者舉，缺者補，毀者完，將垂永久，而未易頹敗也。而或且議之，世之視官衙如傳舍者，率多苟且塗飾，聊以容膝，若不能一朝夕居，比比皆是，任君爲此，爲子孫計乎？抑爲後人計乎？余應之曰："否否，不然也。"我國家飭勵官箴，首以實心實力爲競競，服官之始而苟焉從事，一事苟則其餘皆苟。官有尊卑，理無二致，向使籌及後謀及孫子，固知其有不爲也，知其不爲而爲之者，有以知任君之大有爲也。豈僅一儒學謂足盡其才哉！余前謁選京師，即聞任君名，仰企久之，後乃倦遊嵩華，主講洛西，而任君適來，目擊而心壯之。因志其梗槩，用以覘任君之所學，並以勖後來之職斯鐸者。是爲記。

乾隆二十年。

（文見乾隆《永寧縣志》卷七《學校志》。王興亞）

重修城關關帝廟舞樓碑記

夫子者，乃山右解梁人也。生當桓、靈之世，羣凶角逐。固已遭時之不□，□□□各投其主。夫子獨識先帝于莫□□中共知，人亦云常矣。及□應詔□□□□□□，蓋淖□□顛沛流離之際，莫不功先帝為依據，信友臣忠，大丈夫之所為，良如是也。□山□當□知降漢，單騎訪□□，非思劉備自傳一之志，不甚昭昭，書哉論□俊□矣。□□覆成震夏，稱為一世雄，而不知客居□刑曹瞞軍□而不留，固守麥城，子瑜婉說而不從，火□□明於皎日，是以愧天下之懷二心以事君者。□□□□□以功彪漢史，而百世□德之□本也。關夫子之廟，有舞樓僅一楹，創修于雍正五年，風雨飄搖，牆壁傾頹。時有信士郭□□重修，易一殿而為三楹焉。功成告竣，予□□□數□於□場□□□□。若夫子□□功□□□□□□□□，不必悉□，亦不□悉言。

　　後學□□□撰文。
　　□□□□□□。
　　功德主／[1]
　　管糧辦／
　　木工／
　　山西□□任彥道刊石。
　　乾隆二十三年歲次戊寅六月一日。

（碑存洛寧縣城關鎮余莊村。王興亞）

---

[1] 該碑碑陽／後，字多漫漶。碑陰刊刻捐資人姓名，亦模糊不清。

創建山神廟碑記[1]

□為祀典自天神地示，若日月星辰，飄師興雨與社稷，四望山川羣祀之祭，凡/
為淫祀。然類上帝禋□六宗望山川徧羣神，惟天子得以行之，諸侯□惟祭其社。□□有罡□之祭/
山川皆非所宜祀也，第古今之祭，惟兆其壇遺，無所謂祠宇/
□為宮應團□為像上，至於昊天上帝，至尊無上，聖人天子，莫敢祀者/
皇金□誕妄之稱，祠宇之設，且率土焉其非典甚矣。至於山川神祠，又何論/
木器之用，求薪蒸茅茨之取，藥物山崤野蔌之需，咸於是出。且有山農耕嫁/
生雲雨，為恩多也。故山無神祠之二年，忽羣虎來，穴食山農畜牧，且傷及人，居民莫敢樵采。有東山底村雷/
羣祈禱于山之神，而虎患去，遂議建山神之廟于山之大溝口，以為神報而/
功德主募化期年而廟成，中塑山神之像，配以土地之神與所謂巡山大王/
每歲三月，鄉民報祀，大會五日。年來，祠宇之門無、演劇之臺榭，畧已完備/
且列十餘村居民布施者姓名，與其村張君法者來請記。余嘉雷君輩/
福之意，非世俗淫祠之比，雖庶民祭享山川有近于僭，然較之/
為之記。且策蹇來遊，一瞻禮山靈之像，並為書石焉。龍山僑/
功德主雷化、楊俊美、雷德□。
化主任延順。
成功人吳道成、楊□、吳道鳳。
少林寺住持僧福常，徒祥灵玉，徒孫才。
一段南地，東俱直堰西本主慧何
二月初五日。

（碑存洛寧縣趙村鄉大溝口村山神廟。王興亞）

重修兩程夫子祠記

【額題】皇清

萬物本天，人本祖。稽古廟制，爵隆殺殊，罔有勿隆。上治儀者三不朽首德，德民者載祀典。《詩》曰："克念厥紹章矣。"余讀兩程夫子定性書好學論格致，補傳逮游、謝、

---

[1] 該碑殘，/以下文缺。刻立時間亦因缺文難以確定，姑置於此。

李、呂語錄，雖不克驟窺堂奧，然于靜觀，自得吟風弄月旨趣，想見其孔顏樂處有所似，未嘗不低回歡喜久之。洎建節畿輔，伊川夫子二十五祀裔孫雨村倅涿，接其言論豐裁，卓卓有士風，攝劇最，屢治有聲。越四年，長靜海邑，渠仲叔梁封君，重葺兩夫子祠成，乞余爲誌顛末。余惟燕函趙鎛器也，良其地，鳧鍾桃劍藝也，名其家。且又聞之，有五世十世德者，五世十世子孫保之，百千萬世德者，百千萬世子孫保之。兩夫子以崧高降神，萃爲德星，元愷姿金，和玉粹識，靈珠慧刃，力登峰造巔，丁堯、舜、禹、湯、文、武、周、孔、顏、孟，一綫千載，下挽楊、墨、老、釋，徐庾詞章，支離穢雜卮說，一以意誠心正物格知至爲司南津。逮若王巖叟、呂申公、文潞公、司馬涑水諸名鉅卿，僉請質典，故甚祗謹爭先，薦揚恐後，一時奇傑秀穎士夫，懷鉛握槧，游門牆，受下帷，業衆無慮數十百千。而南渡，而元，而明，而今，茲天下人，賢無少長賤貴，尊信敬畏，靡不尸以祝，俎而豆，勿敢軒輊未艾，是明德馨香，樹聲人寰，流風奕葉，永永無終窮者。且將日月刊之，天地壽之，區區丹楹，刻桷潤色，涂墍坊堲粉浠，曷足爲几筵寵堂搆光。然余聞諸雨村，兩夫子始卜嵩，由嵩而永，惟伊川夫子小宗永鄉洛書院。在距書院一舍爲錦陽川，巋然存兩夫子祠，經始明世廟中，我世祖十年、聖祖二十六年，一再治之，閱今八十餘稔，故殿楹三就欹矣，行灌莽焉，不爲新奐以慰水木？梁封君爰董創厥事，子姓咸踴躍以勸，且囑雨村捐其清俸，歷三月落成。舊者以煥，增拜殿三、兩序楹爲盥沐酒尊者各二，壁一，蓮沼一。梁封君之妥先靈而追來孝，繩祖武以詔後嗣，固不可爲不勤且至也。且夫服先疇者力厥穡，食舊德者報迺庸，理固然也。自今伊始，鞏革有嚴，楹礎孔碩，春秋匪懈，昭穆具來，潔汝豕羊，僾爾籩豆，吾知梁封君當必偕雨村以降，告虔於兩夫子尊俎左右而醻曰："匪余小子，傑克用新，廟貌聿興，嗣歲也。"庶幾寢成，孔安享祀靡忒，神其罔有怨恫於余藐躬，復進族子弟而酌，曰："匪第聚小宗大宗式叙迺齒也。"庶幾長幼尊卑，各敦倫紀，肅雝乎門內，俾順先人家訓，復徜徉沼側，酬而相勖。曰："是吾祖西河遺緒，垂五百紀年，于茲未墜也，吾儕後人，庶幾撫遺書，手澤懋娉修而夙夜以弗忝，貽謀乎奕禩？"嗚呼！豈不盛哉，豈不盛哉！[1] 余故樂得而爲之記。

　　太子太保兵部尚書都察院左都御史總督直隸等處地方軍務紫荊密雲等關隘兼理糧餉河道桐城後學方觀承撰。

　　辛酉科拔貢候選直隸州州判二十五代孫之麟書丹。

　　督工二十四代孫思書，二十五代孫則武，二十六代孫珠。

　　楊峻斗鎸。

　　乾隆二十八年歲次癸未孟夏上浣穀旦。

（碑存洛寧縣東宋鄉丈莊村。王興亞）

---

[1] 民國《洛寧縣志》卷八《藝文志續》載文，無後"豈不盛哉"四字。

佟高二公祠記

邑人程轍

今夫邑侯遍天下矣，在任則有感德碑，調任則有去思碑，而一時士民亦不據以爲重。若曰彼以意示之，我如其意以報之云爾，甚或假手于屬吏，受意於役胥，委曲輾轉而後得之。求其心悅誠服，垂示不朽，如佟、高二公之合祠者，不誠戛戛乎其難哉！

考佟公諱賦偉，字青士，襄平人也，以康熙二十四年治永，三十八年陞任去。高公諱式青，字則原，浙之錢塘人也，以康熙五十四年治永，雍正元年致官去。兩公之去永，或六十餘年，或垂四十年，即有深仁厚澤，士民愛戴，宜乎久而漸湮，相與忘之，而乃捐資輸材，惟恐或後，合祀兩公于祠，其故何歟？抑曰：兩公之治永，以實心行實政，而永之人士以實心報之而已。先是佟公生祠，成于康熙之庚辰歲，歲久漸頹，士民思以新之。而高公抗賊不屈，亦深入於人心，于乾隆九年，即公請于邑侯單公有合祠之議。單公從其請，復爲兩公立傳，旋調任淮寧，工未及竣。今吾邑士民等仰念前徽，公請合祠，並請以祠前市房取租之值，按期交官，爲春秋二祀之費。儒學任君果、孟君奕深，據情以達之縣，邑侯王君國模亟報曰可，並飭令邑尉郭君文翰經理之。爰是庀工鳩材，易碑立主。工既竣，問記于余。余以兩公之去任垂數十年，而口碑無窮，其關一邑之輕重爲何如也。以視他人之感德碑，去思碑，其榮辱又何如也，謹浣筆而爲之記。若夫二公之德政，載在邑乘，指不勝屈，即二三父老皆能詳言之，故不備書。

乾隆二十八年。

（文見乾隆《永寧縣志》卷七《書院志》。王興亞）

重修永寧縣署記

魯成龍

官廨之敝也，官斯土者曰：吾於時旅旅也，宜十不二三完也。《左氏傳》："叔孫穆子所館，雖一日，必厚葺其牆屋，去之如始至。"況守土吏，擁數十百里之地，視民如子，治官事如家事，而出治之所，退思之室，乃至以傳舍視之不問，而其官可知也。昔召伯巡行南國，聽訟於甘棠之下，後人思其人，因愛其樹，共矢無剪無伐。是非有棟宇垣墉也，猶且如此。洛寧固召南地，自作邑以來，循吏間出，民有德之而新其廨舍者與。或曰：是所居不一人，賢者以不賢病也。孔子於旅三之象曰："以旅於下，其義喪也。"上以旅之道視其下，下不以旅之道報與？於下而旅之，有不以旅自爲者與？甚矣，其苟也。洛寧縣治，創建時代無考。其載於志乘者，一修於元，重建於明洪武，三修於正統、弘治、萬曆，至本朝康熙八年知縣李伸葺之。

乾隆九年，單履咸復加整理。然吏宇尚沿茅舍，內外堂室，日益傾頹，將欲修之，而公私費無所出，通河南官廨皆然，不獨洛寧也。今方伯佛公，敬爾有官，維新庶政，請於朝，出公項若干，爲修理各屬廨宇之資，而以養廉分年扣抵。予適蒞洛寧，奉檄經理，不三月而蕆事，撤而新之者十之六，因而葺之者十之四，視舊堅且壯焉。費白金六百一十八兩有奇，而爲文以記之，因以自箴，抑重有望於後之人也。君子視民如子，治官事如家事。故坐堂皇，則用顧於民嚴，高軒宜夏，燠室宜冬，則念寒暑之怨咨。婦子相依，筦簟安寢，則思綢繆，束楚室家之未完；賓朋宴會，持梁齒肥，則思土銼寒烟，儉樸之景況。吾不自旅其敢以旅民與！民又其忍以旅我與！君子是以知自寧其身心之足以寧人也。且願吾民之寧，永永無極，其有以庇我也。是爲記。

乾隆三十二年丁亥歲仲春月。

（文見乾隆《永寧縣志》卷一《藝文志》。王興亞）

雷含章先生碑銘

韋潮

先生諱炯，字含章，號晚山，壬辰歲貢。賦性沉潛，謹身力學，終始惟一，不染俗曲惡道，言動舉止必循禮法，詩文字畫俱臻佳境。督學使者至，輒以先輩呼之。後進之士，咸以及門爲幸。既沒思之，有至流涕者。老有童顏，飲雖多不亂。嘗館其所，新釀成，諸束以革音勸樂閱。先生云："中當然，奈何不然。"坐者竟莫能明其所以然。乾隆癸巳秋，以歲貢終於新居盧底村，距康熙乙亥始生之歲，得壽七十有七。子三人：自增、自坊、自堃，斂以儒服。歸葬于故里坡頭村南原，北去祖塋數十武，孺人賈氏祔焉。今十有九年矣，門生物故者衆，其存者勒石刻銘。銘曰：

有行以爲文，有質以爲華。學宗乎伊川，教被乎洛涯。

古之所謂鄉先生沒而可祭於社者，其先生之謂耶。松柏青冢，帶烟飛霞。

乾隆五十七年。

（文見民國《洛寧縣志》卷八《藝文志續》。王興亞）

商山廟修蓋戲房碑記

環水皆山也，而龍山北有商山廟焉，廟貌巍峨，面壁□戲樓，□□□圓滿□。□者戲房一座，每遇賽場，無處安寓，以致優人夜間雜處廟中，白晝□看者□□往來，非惟褻神且有傷乎風化，此亦衆社人之所大憾也。時有住持王復祿不安於心，延請功德主某某，化主某某，相與共議，慨然以修置戲房為己任。於是，各捐己貲，募化四方，不一年間而此功已告成矣。□嫌獻殿□□，於是，具磚修補，可謂兩功並成焉！功成而父老不鄙我陋，

囑余作文以誌之。余亦難辭其責,因襲舊句以頌之:

　　雲山蒼蒼,洛水洋洋,住持與諸勸德主之善念,山高水長。是為記。

　　功德主王□□施錢三千。□彥□施錢三千文,錢四千。/[1]

　　化主范元□□仝立。

　　□□□□,玄孫王復祿,徒/

　　嘉慶二年十一月刻立。

(碑存洛寧縣羅嶺鄉商山廟。王興亞)

重修寧漕公祠暨樂樓碑記

　　從來建非常之業者,必有非常之報,如寧漕公之采木修河,利賴萬世,其功業赫赫,真所謂以勞定國者矣。故我朝定鼎以來,恩德廣被,除追封外,復命公之子姓既辦香火於南旺,仍使血食於故土,春秋享祀,以隆盛典。至祠前有樂樓三楹,以為歌舞侑神之所。歷年久遠,房垣頹墮,乃於道光三年春,宋氏合族人等督工師,興土木,重為修建。又命埏塑設色之工,金裝神像,以及四壁牆垣,重簷榱角,規模宏廠,堊白丹碧,煒煒煌煌,遠近瞻仰,煥然一新。通計前後費艮乙百五十餘兩。是舉也,上以繼美乎前人,下以開示於後世。因於落成之後,共議伐石以垂永久,蓋將使後之子孫繩繩皆知公祠之為重,而常為修葺之,庶以彰聖天子崇報之至意,而非徒誇一時之盛事也已。

　　稟生崔利選沐手撰書。

　　首事人十三代孫宗和、宗漕、宗順;十四代孫景祿。

　　經理人十三代孫宗道、宗合、宗德、宗明既合族人等仝立。

　　旹道光陸年歲次丙戌仲春丁丑之吉。

(碑存洛寧縣東宋鄉馬村祠堂。王景荃)

張巽五先生教澤碑

郭文錦

　　先生諱際庚,字巽五,號三槐。夫子昆仲三人,行三,早列黌宮,食廩餼,庚午鄉薦,壬午成進士。讀書不徒呫嗶,沉思靜悟,一得其精義,更不遺忘。尤邃於《易》,遠近知名,嘗席里塾授生徒,又施絳洛西書院九年,錦等侍夫子最久,因悉焉。性純孝,人言無間,友愛兩兄如事親。仲兄染癘疫邊危,醫幾莫挽,夫子籲禱於神,請減己算一紀以益兄

---

[1] 以下字殘。

年。祝訖，病欲失，尋以痊可，果又歷歲十二。則誠之所動，理有必應者矣。善家政，約以規條，朔望集細小，講示大要，總一忍字，而使人各盡其分云。雅量容物，橫逆不校，慎語言，未嘗月旦時類，平易謙沖，油油近人，而非可干以私人，以是益心折之。望既重，雅好排解，署縣許臺稱之曰："敦睦亦知者哉。"蓋夫子之學，深於明理養氣，故德誼如此。而其文章之淵涵，教澤之深切，未始不本於此也。授弟子業，講貫勤懇，隆冬盛暑不少倦，然總以變化氣質爲先。有盛氣自負者，夫子恒戒之，誨之，抑之，勉之，雖甚器許，終嚴飭不少貸。皋比問難，觸類風示，使若人心會，自懲其所易犯。亦或良辰令節，樽酒細論，渠宜剛克，渠宜柔克，耳提而面命之，務使氣質之偏，漸以思變，平矜釋躁，用歸循謹耳。著有《課舉課幼文稿》。各種題文法，錦等敬受讀之，大要貴神氣流通，理法清穩而險奇怪變，各隨其人，亦不甚拘，稍得其義者，率博一矜。其姪若男，更善讀父書，四小阮琚，早揚蜚聲，傳鉢其有人乎！嗚呼！若夫子者，令獲假數年展施於世，其治教又當何如？乃壽惟五十有五而騎箕去矣。錦等抱痛，安仰爲刻石以傳，則憶夫子之懷明發也，聯華萼也，啓堂搆也，汪洋萬頃波也，光風霽月，化雨及時也。縷縷盈腔，未易言狀。夫飲河曾未滿腹，阿於所好捧土而附山乎？謹記所親承者云爾。

清道光十一年復月。

（文見民國《洛寧縣志》卷八《藝文志續》。王興亞）

創建關帝廟並舞樓旗杆碑記

【碑陽】

【額題】皇清

【碑陰】

凡不孝不悌者，村衆公處。

凡酗酒肆橫者，村衆公處。

凡恃强凌弱無端興訟者，村衆公處。

凡窩賭引誘子弟者，罰錢兩千入公。

凡竊取竹木五谷菜果者，不論長幼，盡罰錢五百，夜加倍；半給拿獲之人，半入公；私縱隱匿者加倍罰之。

婦女行竊者，女責其父，婦責其夫，母責其子，加倍罰之。村中被竊挨户搜緝。

誣捏賭博竊盜者村衆公處。

以上柒條，各宜謹守，如不遵規，肆行索命者，稟官究處。

道光十六年歲次丙申八月十一日。

（碑存洛寧縣城郊鄉寨溝村。王興亞）

創建王范雲盤圍寨並詳源流碑記

宋清光

　　我朝定鼎以來，修文偃武，重熙累洽，越二百餘春秋，里鄉不知有兵火之厄，猗歟盛哉。道光、咸豐之交，粵匪皖捻，後先相繼而起，始擾東南，漸犯中土，烏合蟻聚，兇焰日張。而賴有南鎮之忠勤威制於先，陝、登之義勇力折於後，洛郡諸屬邑，數年前差得少安。向使洛、偃諸團長擊皖捻於黑石，禦長槍會於虎牢。嗣是知自貶損，不露風行雷厲之痕，將洛郡之終受捻毒與否尚未可知，而惜乎其不能也。豈果數為之定，人莫得而逃歟。

　　壬戌春三月，皖捻從龍門口衝出，寇掠洛陽市，南北兩鄙，逆行西上，陷宜陽，破韓關，而我永並罹其殃矣。嗚呼！寇賊何恩而何信，邑城之陷，事有不忍言者，陷城之前二日，時在三月二十四，乃皖捻寇鎮之日也。初鎮團赴約東嚮，會守韓城，中道聞警，撤勇而回，邀同東仇馮西諸團扼險塞隘，樹營立壘，拒守東澗之上，凡八晝夜而至此失利。嗚呼！講武之法久弛，鄉愚原不知兵，然以數百之衆，當無算之賊，隔岸相拒，力持兩朝，咆哮奮呼，人無懼心，不得謂義勇之氣為未足也。鎮扼治西咽喉，去邑城甚為比近，不守鎮，何以守邑？籌策者議，惟圍寨之建為最，而鎮衆難之。自是以往，四月逆髮股匪從陝經盧南竄，五月又匪股經澠東竄，仲秋前後二月，皖捻犯永，再而至三，奔走幾無寧日。先民有言，我能往彼亦能往，倀倀乎其將何之？衆議於是乎齊，勢有必至，事無可辭，庸待強乎？為之審形勢，定尺丈，計戶口，均錢財。東西商賈往來，兩閣因舊，南北耕耨出入，二門創新。池寨之土地，俱更以田，執事之分任，各因其材。值愆陽氣溫，人易為力，自九月庚午役作，越嘉平之杪，而規模粗就。嗚呼，捷矣。癸亥八月乙丑春秋，南北局始能建立房屋，與東西兩局並峙，而猶有未盡善者，則姑俟諸異日。鎮兩端舊有石橋，西曰登雲，東曰漸盤，合而取之，以名此寨，為題一聯云："雲聳極天，梯登共顛步，漫來窺伺；盤安穩地，鴻漸於亂鼷，那許動搖。"

　　自是以來，居得安業，眠得貼席。官師兩至，無騷擾之憂；驚信遞傳，免奔逃之苦。而其尤者，客歲九月，商賈雲集，逆捻星夜馳至，倉猝之際，應以整暇，四局守禦，各能如法，懦夫喜執兵戈，稚子敢擊火炮，踴躍乎壯氣百倍矣。夜來刁斗不絕，巡寨炬焰徹天，居兩晝夜，無隙可犯，竟望陝而西竄，僕因此有感焉。叔段營京，祭仲斥其非制；蒲屈築城，士蔿譏以誰從。昔人避災防患，計惟因坡立壁，陶穴為屋而止，自頃圍寨之建，牆高池深，雉堞嚴密，巍樓雄峙，四望巋然，永較宜洛頗尠，繼築者將十處。竊謂乾坤之局，至此一變，然亦足見我朝寬洪之德，體恤之仁，聽閭閻力自為保而莫之禁，吾儕為民知感當何如也？

　　嗚呼，噫嘻！自邸帥多帥相繼而去，朝野幾為失望，去冬張逆勢蹙而竄西，陳逆勢蹙而竄南，或奮身殉國，又有步武於後者出乎。近日南竄諸逆由豫趨齊，遠近震駭，誠使剿除得人，何難以次削平耶。繼自今化劍爲農，賣刀買犢，强悍之風後轉爲禮讓之俗，此則有心者之所默祝而虔禱也夫。

　　同治二年。

（文見民國《洛寧縣志》卷六《藝文志續》。王興亞）

保全錦陽祖塋山脈即以延綿國恩碑記

　　呈爲急飭差禁以全山脈以延國恩事：

　　緣裔等四世祖大司空宋禮，前明初建燕都，采木潛河，功垂史册，明季追諡康惠，國初贈爵寧漕，又世蔭錦衣山東南旺守祠，故土錦陽守墳，邑乘曾錄恩蔭，原案可作考據。迄今四百餘年，深恩未艾，原其由來。錦陽土脈深厚，塋腦山峰重疊，即拙目不稔堪輿，亦望而知爲佳城吉地。同治元年五月，西塢鎮人等忽於塋後貼近山峰創築坡寨，裔等禮說禁止。今歲八月，鎮某等又於差遠山峰，率衆强築，刻即動工。不思貼近之峰爲裔塋山脈，差遠之峰獨非裔塋山脈乎？竊念裔祖之德，國恩追錄，裔祖之神，國恩如祀。裔祖之墳，國恩敕守。豈塋後山脈所係，可任鄉民抉傷，且明季之流寇蹂躪永土，比今尤毒，塋後寨如可修，爾時西塢遠近豈無居人？呈上，不逾時，飭差來禁固。李邑侯能體朝廷尊尚功德之意，而謀築寨者被飭即止，亦可謂審事知幾者矣。嗣是警信再至，其或避難來村，須情意較前加厚，方是睦鄰之道，我族衆其共鑒之。

　　峕大清同治五年歲次丙寅十月朔日，闔族同立。

（碑存洛寧縣東宋鄉馬村宋家祠堂。王景荃）

孟津縣

鄴陽丁公生祠碑

王鐸

鄴陽父老子弟遮道言中流丁公事，大約不戕衆而能庇鄴，以免於禍。鄴人悅之，為今有公之祠在。予過于巷北，披重閬覺，楹三間，廡接後，周房養髦士，割田百畝，楹後樓三丈，無薛暴棲神。又言其收族讓產，施衣粥，恤死瘞骴。甲申年，大寇數百萬壓永，而公獨以兵保鄴，無殺傷之凶，人咸樂生。予歎曰："爾父老子弟董董，以一鄉概我中流公歟！"噫！收族讓產，養士施濟，善矣。而練兵入保，使人不剝其姓名，此乃有地方任者封殖保圉之事。其經緯區畫，惜乎公小試於一鄴也。夫流寇雖蝟集至數百萬，始皆吾民，一旦重加賦，而鹿駭亢孽，強獷殺戮，焚毀城犁，大將與中丞監司，虛耗國家財利，法好貨胸，椵相為肘腋，偽報貪賞，遂爾喜禍。佳兵地方官，無有出一旅，以撻其內。累令一方保項領者，公獨繕砦分備，椎牛擊豕，勁器設伏，惠以孚之，訓練以約鈐之。故寇數夜圍晝攻，竟大挫。是以大寇薦來，他邑甘心受其屠割，殺人如草，而鄴則屹如金湯，且官兵至，臧饋牢輸軍需五千餘石，封殖保圉，此捷數十年所未有，竟以堅盾高壘，終無不利，爾父老子弟，室家骨肉，賴脫于虎狼之口，無危殆號崩，可不為難哉。夫司馬翳于上，荷戈食祿者，消遙于河，望寇即鳥獸散，徒為寇笑。如得公數人當大任，提數萬兵，材官騎士，于以虓怒鯨擊，重英之矛，七注之鎧，火攻飆衝，下甲毒，逐中原，寇也民耳，亦未嘗不可挫；塗其肝腦，亦未嘗不哭；夷傷相戒，裹足解去，未可知也。保至虛耗朝廷，大農錢刓法好貨，令海內塗炭如是乎？是故文武之罪孰甚焉。惜夫董小試于一鄉，鄉食其庇，沾沾肸祠之，俎豆尸祝，徒以鄉鳴。他如收族讓產，養士施濟，不足以究公大區畫也。信乎！士君子之訐謨，古今往往拚抑于下不能用，用不能盡，若中流公豈少歟！公姓丁，諱清，號中流，鄉領都兵保鄴事在某年某月。年七十有五。是為記。

（文見《擬山園選集》卷六十一《碑二》。王興亞）

贈太子太傅兵部尚書淇園張公神道碑

王鐸

弘光元年，太傅大司馬玉笥張公過而以墓碑請曰：先君子歿二十有八年矣。張氏，其先汴人。始祖潮碓朕有志節，令東陽。寇來，伐木益兵，身韔韋捍城。我師敗績死。子八人。匿屍于池蓮葉翳之。寇索弗得，因家焉。後人為廟，尸祭六朝暨宋，多貴顯。處士沖素，勑示八行隱居。明興益盛。高祖錡，博物不懈。錡生泚，泚生梅。二子：長希文，次希武。字惟烈，即贈太傅，號淇園先生，剌經砥名，行寔有駿聲。學使者謂且大用。妻䩄先生曰：我輩讀書非伉倨□不可自貶，砥礪鋒鍔，必為天下第一等人。所經約在咫尺，其威稜在昌里也。浮名腐鼠嚇耳！遂于先人舊園傍蒔萬竹，客至，置醳設果蔬，談理極歡。道故舊，客有言，人愿持其陰事及謀構興大獄者。先生不悅，無答也。性孝䑏，酏芼戴羹，洗腆手進，居喪誠敬。直指旌其閭，好施予。投里人衣藟。里人䰍媾，里人室居，躬俾有神，檢取與即一錢不苟，愛先生德，或以乘筐謝問字，執乘酒修脡亦不納。其廓達，少耆欲，大略如斯已。年四十，鬢垂，無意仕進，不跡公府，為詩喜高岑，所作能磊砢。又喜莊子齊君與牧，蓋蕭然自遠矣。年五十有五終，墓在某原。先生累贈太子太傅、兵部尚書。配虞氏，累封一品太夫人。子二：長國緇，諸生，卒；次國維，即協理戎政，太子太傅。公孫輩俱載誌中。嗚呼！世之降也，行已不尊，行將胡底，淇園先生不可不謂志節之士也。無以持于中，斤斤物灼，而能取樹乎。予觀玉笥為給諫，兩為大司馬，克自砥厲，鋒鍔合乎繩，約在咫尺，其威稜在萬里，猶有伐木益兵之氣，光舉令義，前唱之，後蹈之，聲實副而于先生之教克若也。先生大用，豈必其身為之耶。二十八年之思，今始有休。世謂天道遠，名行不必砥，吾未見有興者矣。後之觀斯碑者，其有砥心也夫。

順治元年。

（文見《擬山園選集》卷六十二《神道碑》。王興亞）

楊中丞世德祠碑

王鐸

柏地建中丞楊公祠。公諱嗣修，邑之望也。其邨民皇甫奮、張汝悳等，來丐王子文斯碑。王子問何以祠？奮曰："楊公世德，生成茲土，為其益于鄉也。"王子曰："我髣見楊公稔任所，歷晉、齊、秦、楚，多政敦棐，彝于梟詰，戎以息獷，鎮人和焉。"乃述公所益者狀。王子于是歎息曰：今天下之佞祠者夥矣。祠于洺民干譽于下，以斂榮耳，不可以祠。祠于井間，若禽鳥般于咞，岫非跙跙，肰違其靈而出于不能已，古之式閭戒拜棠，以其濟物祉人，誠神明之禽貺，斷斷弗遏，而人自嚮答也。無幾日，往觀其祠，門庭翼翼，楹覺有四，廡左廡右，以榮以庸，樹之茂柏，附以畎田，祠乃成于崇禎某年月日。悳復請曰："一里之中，一區俎豆。君言兮天下毋乃疏耶！"王子曰：子邨墟之氓，惡知其大，天下蚩蚩不過此父老子弟耳。聖天子在上，方欲興隆，萬治三十年，不克郅阜，其有異術，亦不過此。父老子弟不得偷生，兵農兩病焉耳。兵寇日富強，中原尫瘠，沃田不墾，咸棄為萊，一望若甌脫，軍士斷芻粟，旦夕仰度支。輒攻砦殺鹵，奪人衣甲善馬，疑官兵，疑大寇。嗚呼！天下狃于因循，釀禍無輟。寓內有陰慘無陽舒，昭昭肰矣。子邨墟氓，亦知其大，為國家根本之慮乎。奮、悳色愉曰："子之言，勸與懲，其義廣矣。允足以風，何秦與晉齊楚之足云哉。"乃相與鐫諸石。王子銘曰：

行山東峙，河水縈路。中丞世居，宮室斯作。土厚物演，鷥翱虎躍。
公念其鄉，大岯小磶。有痾用解，峡悲啜藥。凡厥稼牆，田祖謁咢。
亂者知羞，惇懿椒學。人將見心，感其不雪。城崇池塹，翔簷式廓。
抱鳴苦張，免于毒蠱。生飽子孫，無傷如昨。感深髓筋，棟肇丹膔。
遽基檐罩，璇梁不薄。日抱雲流，麗組磼幕。艮牓以橫，鐵鍵為鑰。
道擁蒼龍，門呵朱雀。堦飄善草，户垂華灼。伏臘邳翁，拜獻醑蘂。
曰惠多端，肆好翁約。馴隙天行，衣裳霞落。香襲紅榮，兖轉紫鍔。
俗用麈爭，嬉遊永託。祝史載奭，行人歌罿。鐘鼓考揚，堯堯令卓。
嚘鳴即消，水流土惡。後人勿剪，則焉玄寞。黑首諣言，熙甯丕樂。
蓋穀鳥獸，盤蓋磅礴。爰勒貞珉，傳之領暴。為善詒鄉，罠肰其覺。
不利于人，人亦焦躩。凡我君子，勿聃内酌。
順治二年。

（文見《擬山園選集》卷六十一《碑二》。王興亞）

太平府知府匡巒四弟墓誌銘

王鐸

匡巒，予胞四弟，名鎮，號匡巒，奇人也。嗜義不爽行。予在北都，聞其沒，不勝慟，五內崩毀。數耶，天之酷耶！予在南京，馬士英兵孽鹵殺作俑，予嬰其虎口，晝夜墊危，莫必旦莫。人曰："汝四弟在兵營，今至矣。"予喜弟天降敻生也，若遲二三日至，則覆亡不暇矣。及相見，抱頸哭涕洽裾，而弟且死，不日引之，予乃獨生，慟何底乎！先高祖鼎，曾祖幾乾，贈戶部郎中。祖作，父本仁，皆太子太傅，母贈一品太夫人。陳氏生五子：長鐸，即予；次鏞，山西寧壽副使；次鑪，昆山知縣；次鎮，即弟也；次五鐔，廩生，早亡。鎮，廩生，應保舉當選縣，為讎螫喉。喻上獻枉劾，坐尼家居，他不紀，紀其大者。至丁亥徵辟，恩授蘇州知府。岢流寇蹣數省，跬步鋒刃，難于趨走。弟銜命至蘇州，詔父老慰勞之。凡強梁嚘民者鋤，利于民者，不寬貸，吏獪者鉗。會民唱亂，齧臂盟，鉤引氓中為爪翼，縕負入者充塞，忽聞戈聲相撥，火起于堂，踩市巷。弟堅閉大府，李土恨其亂，傳令盡屠蘇州。城中人大駭。弟泣跪請大府曰："鎮知蘇人非反者。二三恫喝枳焉故至此。此不難，鎮邁巡行，大書曉諭，令人人貼服，何必喋血于一城哉。"大府從之。弟白木朱書，得保首領，甚以為不可測。見弟白木書得保首領，喜極，皆號哭，就大府謝。十萬浴鍁之騎，霆摧雷掣之下，蘇無戩，數百萬生靈誰之賜也歟！蘇人苦平日賦役，又感弟之不貪利聚錢，芟荊棘立祠，報弟蒸蒸，肰歸心刻骨髓矣。而攫者睥睨，攜金錢，走穴隙，快意于一勝。弟居蘇僅四月，繇是調太平府矣。先是在蘇拮据兵事，積勞吐血數升。至太平，尚銳意為民剔夙弊不遺力。太平民好爭，訐訟蝟起。往日敲箠鞭瘃，愈不理弟。第為寬喻。

不能窺上官意，曲三尺也。尋病革，猶批答不已，血愈潰。未幾，遂終。嗚呼！慟乎，天之不善死人，何不憖有用之材，而好摧此奇人哉！弟身七尺，闊胸，大目方頰，善山水畫，讀書作詩二卷，力挽強洞中。前數年，洛下土寇扇亂，弟率家丁鄉兵殲其魁。欲斫秦楚諸大寇，跆之而終用之，雖得身當一面，未畢見其長。董莘于薄賦潔已，救大兵，不屠蘇州及佗定禍難，吾弟不及訣而逝。嗚呼！回思予南都墊危峕，欲匿廣椗車中不可得，非吾弟來鹿牴魚爛，何至有今日耶？抱頭哭泣，無復有峕。墓草芊薿。予滯北未口，予負弟矣。弟年止四十，終于丙戌年二月日。一子，無荒，今八歲。三女。窆于先太傅墓傍。至今鄉人曰："不虐吾里，能埽獮氛。"太平人曰："不為脅肩剝民媚上，能除瘍。"蘇人泣曰："生我者，王太守也，世世拜于祠。"此紀弟之大者也。兄鐸載泣為之銘。銘曰：

人之為器也，筐筥弟之為器也。敦鏞磊落，自命震耀有功。衆方望之為喬嶽巨川，大作雲雨，而以勞兵事，芝駭罷不有康躬，為鼠為豬，何如弟之奮也能為蛟龍。嗚呼！得事父母，聚宅而心。亨年令之結也者，有盡令譽之亨也者。麇窮崝峰邙谿，解裝嶷魂寧。

順治三年。

（文見《擬山園選集》卷六十四《墓誌銘》。王興亞）

龍馬記

余兒童時，戲于河墟，父老曰："此河中，下多石子，有聲，曾出龍，相傳以為怪。"余亦訝以為奇。後數十年，閱石碣所記載，知為宓羲畫卦，八卦肇端龍馬所負之圖。龍馬所出之河，今孟津西北，河中旋渦倒流者，即其處也。其地由底柱東下，衆山鉗制石骨，水無所發其憤恨，燥急泋濊，頹潰盤曲，放于平原宿莽，得以暢其所，性如怒如悅，斯河之舉贏用奢而不受絀抑之端也。按圖，馬微類騂，蹊水有火光，身龍鱗，首、口、鼻類龍，喘成雲，無角，毛文八卦，乾、坎、艮、震、巽、離、坤、兌，冒乎天地鬼神之道，為千古文章鼻祖。嘻，良亦奇矣！夫天地間最靈最秘之竅，鴻蒙若有以司之，不輸啟而示其象于宓羲，以手闢玄沌，剖露文明，蓋天之所以資神靈而自釋其苞結鬱蓄之意者乎？由是知父老之以為怪者，千古以之為大經而非怪也。規矩三才，權輿萬類，賢不契非賢，智不契非智，聖不契非聖，喬喬皇皇，範圍曲成，綱紀人鬼者，得宓羲而始靈睿也歟？不然，西狩獲麟則從而斃之矣，世之晦塞，天之意不轉而鬱結也歟。余謂父老之言是也，謂天地尚神，使之費而不竭，不獨圖怪也，馬亦怪也，文王、周公、孔子亦怪也，宓羲尤怪之怪也。不怪不奇，天地不亦昧昧腐弊之器乎？如是，即題為開闢一大怪，而孟津一怪地也，不亦宜乎。

禮部尚書王鐸題。

（碑存孟津縣龍馬負圖寺。王興亞）

○ 擬山園碑帖刻石 [1]

擬山園帖第一

不審夜來胸氣 [2]

不審夜來胸氣何似，想當漸散，痢復斷未？江叔所患，竟聞問悲痛，哽咽何言，想叔同氣，故當難處，今故遣使往參，一一無委諮，風發便即報耶耶！若少有疾患，即一一具報。今得遼東消息，錄狀送憶，奴欲不知何計，使還具耶耶！勒。

乙丑六月大熱。王鐸帖。

諸女復無日事懸心 [3]

諸女復無日事懸心，阮新婦何日至慰姊？目下獻之，罪授衣，諸感悲情，伏惟難居，見徐俊並使君書，承比極勝，但承此問，當復大頓耳！比日憂馳無復意，不審尊體云何。腳及耳痛，氣得此，號何如灸，創特不甚，此不爲患，眠食幾許，使君今地實難爲識。然所以識政在此耳。

庚寅六月。王鐸。

知汝殊愁 [4]

知汝殊愁，且得還爲佳也。冠軍暫暢釋當，不得極蹤，可恨吾病來，不辨行動，潛不可耳，終年經此，當復何理耶！且方有諸分張，不知比去復得一會，不講竟不可恨，汝還，當思更就理。一昨遊，悉誰同，故數往虎丘，不此，甚蕭索，祖希時面，因行藥，欲數處看過，還其集耳。

---

[1] 擬山園帖爲王鐸所書。鐫刻於清順治八年至十六年。由王鐸之子無咎撰集，古燕呂昌摹，張翱鐫。共一百零三種，九十方，每塊長十厘米，寬五厘米，帖石係漢白玉。按十天干分爲十冊，字體隸、楷、行、草兼備，其中大多爲臨古之書，收入信札、詩稿、碑文、序跋、臨帖。帖後有張縉彥、龔鼎孳及王無咎題跋。此帖所選，係王鐸書法精品，刻者亦一時名手，無論是所選之帖，還是摹刻方面，都極爲精妙，堪稱王鐸書法之代表作。現存孟津縣王鐸紀念館。原刻卷下有的設目，有的無目，此次統一編目，補加了一些標題。

[2] 標題係補加。

[3] 標題係補加。

[4] 標題係補加。

又與駿公[1]

　　評帖匪易，勿貴乎太眤也。又不可輕睋睨趮，如醫家診脈，按其刻法紙形，字有不[2]淺，骨貌陰陽，真神無羸，元氣不傷，斯固宋搨之卓異者，益古人奧旨，其精光隱現，楮墨外疑有聲響，斷斷不能埋沒。所以為今帖易，為古帖難。千年來，綿綿不死者，實有物焉。以厚其魂魄，不徒強猛，但恃蜂氣翔踴間議也。于是，沈玩數四，不敢飭所不及，援其外勝薄其內存者區區不眤，為此故耳信乎！凡帖不可木彊，未圓疵其色於鮮好。大氐笨多涵露，隱厚少也。是故神不充實，僕胸中所以不能久有此帖，匪診之諦，敢薄睋以埋沒其精光而重冤之乎！僕輒用輕為趣發，披露無徇，足下或不啞胠笑，以為迂且無當也，如庸醫之誤診也者。僕始不枉一片巾幩幭矣。有客遠來，對坐，裁報十冊，檢收之。復巘挲老先生閣下。

　　弟王鐸頓拜。冲後。

五言律詩[3]

不近拈蒼道，含情秪暗嗟。酒蒭雖有處，龍杓興無涯。
蟲響旄丘葛，香傳梔子花，縈心將欲解，何以御輕艖。
其一

尺牘迢迢至，冬深雨雪過。絺袍今若此，井臼意如何。
詩滿金華洞，樽空鸚鵡螺。殷勤千緒外，計日向青蘿。
其二

聞君為善久，水木起清音。或士回郏徑，行師化衆心。
山幽情淡古，鶴老氣深沉。黃帽青鞋客，誰來雪里尋。
其三

柏崖西路繞，老鈍可歸田。自懺塵緣重，偏為世事纏。
饑貆鳴杖外，嘬鼠躍床前。一櫂如能往，煙波孰忍還。
其四

---

[1] 原刻無題，此據《擬山園選集》卷五十七錄文標題補加。
[2] 《擬山園選集》卷五十七錄文無"不"字。
[3] 標題係補加。

燕樹多枯槁，欣當遲日初。柴門方悵望，老僕亦歆歔。
語默三生石，愚蒙萬卷書。驢鳴天氣轉，廟市買枅櫚。
其五

垂老甘貧病，心心夢石稜。鼉江難獨嘯，雁宕想同登。
儻遇雲中客，先邀海外僧。磨崖仍作賦，萬古護崚嶒。
其六

回念平津口，如今有廢畦。柏崖雲隱隱，雉路草淒淒。
金革存亡慟，湖山去就迷。此身疑泛梗，祇恐負蒿谿。
其七

領略炎方趣，燕中另作寒。書溪多膏澤，瀔水少波瀾。
天賜讀書窟，獼飛煉藥壇。懷思明月近，夜夜向南看。
其八

庚寅作此事勞，病劇未遑書。辛卯人日，夜過三弟齋，杜門謝客，始了一卷寄懷。庚生李老親家求正。

王鐸具草。

與年翁老道盟閣下 [1]

先生經濟矣。而嗜文能解，剝雅與俗別，先生果尋常持斧者哉！弟急欲促膝快談，受暑侵雨，髀怒生熱痏數十，如栗形枳體。傅藥，欲竭一日之力，仗劍走華原。語昨寇勢蜂湊，重甲循兵，親擊雷石於華之腹幸免。天下事在封疆，往往如斯，不可發一哂乎。聞先生有客善叩瓴歌吳歈，但如漸離，審音不必嗚嗚作奏聲耳，先生心乎！世變紀寇，宣言於眾，以華孤峻，視之為口中虱，必欲竊據焉。商洛蟠數萬，既偪而翻華山上有糧，可以噉十餘載，以窺西周。各分一支，吞食諸郡縣，羽毛惻敝，他日重煩當寧憂，如不即熾，則雄其一角，如大熾，秦晉動搖，蜀笮交熻，宅華者上睨仰，天將奈之何？今日不過遣一小將，可將三十卒。一泥丸，可扼千尺，峽二尺之喉，非勞眾耗財也，可充耳歟！否則，此禍一長，蛇大成虺，五涼元昊，韓種蹶趨，終宋之世，不見束手來朝，大紛已有成形。先

---

[1] 標題係補加。

生經濟人，素不厭弟詞說，雖然，狂夫之言，敢爲他告哉！行且我賊毒蝕內，非先生可以快談善灼中文於外也！弟苦藥裏委頓數日，先生張幰至西安，且也叩瓴聽吳歈，其樂孔皆此，況何如報年翁老道盟閣下賜腆，謝謝。不再。

　　社弟王鐸頓首。

　　六月廿一日書，冲。

忽動小行多[1]

　　忽動小行多，晝夜十三四起，所去多又風不差更腫，轉欲書疏自不何已，唯絕歎人理耳。平平昨來山下，差靜岐當還委曲，前書具想勝常也。諸人悉何如，承冠軍定入計，今向達都汝奉見欣慶。但恐停日不多耳。

　　乙酉夏日王鐸。

臨晉侍中郗愔體

　　九月七日，愔報比得章，知弟漸佳。至慶想今漸勝食進不新差，難將適，猶懸憂遣，不一一愔報。廿四日書。

　　想悉達日涼弟佳不及數字，愔報遠近，何王右軍便竟去，不付石首耳一節，想親親悉如常敬，豫何當來耶，道祖故未善差。

　　書未宗晉，終入野道。懷素高閑遊酢。高宗派必又參之篆籀隸法，正其偏畫，乃可議也。慎之、慎之。丙戌五月，觀宋榻淳花。

　　王鐸又學半日，書共策。

　　玉書過箕山齋，同魯壘彥，甫鳴諧和歌，吹簫調弦，天氣不嚴冱，解衣磐礴日薄莫，嫺趣勃然，書數綾幅，頗不惡何也？有微姬粲集，鮮麗之致，捧硯左右，有煙雲之趣，繞其筆端，雖欲不書不佳，不可得也。

　　丙戌三月王鐸書。

劉選甚澗雜[2]

　　劉選甚澗雜，滄洲有刻板，弟存之。再刪再增，命繕寫可成一書也。服藥體枳，略布不罄。弟王鐸拜。

---

[1]　標題係補加。

[2]　標題係補加。

啟巘翁道盟詩社[1]

汪公園虛席候先生，翳然青蒼，聚談揮塵，何可無戴，安道高論也。弟作數行，鵠立俟履聲珊珊其樂。孔皆主人有古畫，同一披觀，何啻遊五城十二樓。弟鐸拜。啓
巘翁道盟詩社。冲。

適太常司州領軍諸人，廿五六書皆佳，司州比爲平復，此慶慶可餘，親親皆佳。大奴以還吳也。冀或見之司州，供給廖落，去無期也。不果者，公私之望，或復是福，得大書慰心。今因書也野，數言疏平安定，太宰中郎疾患差也。念憂勞。王羲之頓首。
己丑六月十二日。王鐸。
春黃廿二百不能佳想，故何至耳，和信不可得，不知前告至不。王鐸。

擬山園帖第二

衛稽首和南[2]

衛稽首和南。近奉敕寫急就章，遂不得與師書耳。但衛隨世所學，規摹鍾繇，遂歷多載，年廿著《詩論草隸通解》不敢上呈，衛有弟子王逸，少甚能學衛真書，咄咄逼人，筆勢洞精，字體遒媚，師可詣晉尚書處書耳，仰憑至鑒，大不可言。弟學李氏、衛和南擬衛夫人帖意一則，簡牘非易，皇象書如韻音繞梁，孤飛獨舞。孔琳之書，如散花空中，流徽自得。李巖之書，如鏤金素月，屈玉自照。薄紹之書，如龍遊在霄，繾綣可愛。秦吏程邈善大篆，增減篆體忠其名，名其書目隸也。擬隋智果一則投老殘年恒慮，以此在懷，惟有憑心，他餘不能有益，年將八十，可以意求，道大難。俗情見善從善如登，見惡行惡如崩，必策怠惰，以勤精進，愛日惜力，乃所獲耳。何氏帖意一則。丙戌正月牡門一日觀古帖。王鐸。

匆匆酬答略無論，眷用筆墨不易得。良巖摯公不以之覆瓿，是重吾態也，肫志交情則酬答，皆繾意雖無倫眷，亦是見不遺營敬之義。
丙戌四月廿九日，王鐸識。
舍親竟攜僕選杜洎宋、元詞南轅矣。細絲楊猶龍處，尚有此部亦僕手批者，先生可借一寓目否？數日臂痛作楚，勞頓如何？弟王鐸拜。

---

[1] 標題係補加。
[2] 標題係補加。

熱極，病纏爲苦，跣足。又無清涼之室，久缺候，乃先生繾綣有加，無已何以當之？彥甫七月朔，即作遠行客，俟秋僕候過先生再議也，謹報。弟王鐸。

五律二首[1]

路自中峰上，盤回出薜蘿。到江吳地盡，隔岸越山多。
古木叢青靄，遙天浸白波。下方初浮雲，連海岱平野。

入青徐孤嶂，秦碑在荒城。郭近鍾磬雜，笙歌東郡趨。
廳日南樓縱，目城魯殿餘。從來多古意，臨眺獨躊躇。

王鐸爲石帆內弟

無黨爲兵巡道，賊平，四數萬攻平陽，危甚。予憂之，經十三晝夜，無黨誓死力守，城無壞，且擐環甲救各邑，數與賊戰，斬捨多焉，喜乃作歌。
黑霧黯沉平水北，鉦鳴矢聲集羣賊。雲梯火礮城缺傷，城上戰士無人色。
不意汝爲好男兒，捐貲數千振鐵鈇。堯廟戮賊埽其餘，吳村追逐揚勝旗。
劉賊自汾虛格面，河西潛伏生機變。乘夜滅之獟獝消，浮山城下息夣亂。
絳州解圍破重關，雕戈晝戟指顧間。纛搖大棘霜侵月，夜夜橫看腰下鐔。
是時曲沃無安土，蟲沙飛食雜風雨。貙劉慷慨不顧力，一朝老稚皆歌舞。
五月烽連草不腓，鬼火十月行人希。各村傳箭軍無捜，大澤招魂血染衣。
汝於書劍習學久，被鷹射獵恥居後。讀史頗嗤棘門卒，請纓願擊越王首。
爲臣效力職當然，微倖不死荷皇天。國家萬年安元鼎，賴此弓刀得瓦全。
數聲吹角北風鳴，欲退不居平水名。家人把酒今歡聚，讓勞讓善莫言功。
豈不聞古人戰伐妄殺徒紛紛，不易丹書鐵卷文，致身報國圖不朽，千秋猶說衛將軍。

又五律二首

晉地飛金虎，孤危獨抗難。不期十夜守，竟保一方安。
人傍輶軿舞，星臨劍戟寒。皇威歌采芑，江海盡安瀾。
其二
不是戡戎略，虛稱一丈夫。據鞍衝槖壘，仗劍奮雄圖。

---

[1] 標題係補加。

疆場期能濟，身軀敢愛無。恐貽輕敵笑，倖免累桑弧。
附書近作，思有事湖海。
江海東南闊，龍渦積氣沉。譯通諸國路，職受萬靈心。
收拾烟霞富，包羅天地深。殊方吁可託，蜃户莫重尋。

歸思

廣武車塵下，春山氣色高。人家留舊跡，戰鬭見前朝。
香醑從村叟，鮮花解佩刀。盧敖修煉處，牧子導煙皋。

有台州意與弟子言

道塗三月好，嫩草雜新苔。弧矢邦邊少，江湖眼底開。
舟人歸土鮓，盤豆食楊梅。玩弄赤城色，騎雲日幾回。
其二
每想龍公黿，今思茹李花。老身隨健杖，艮漢犯孤槎。
洞曲僧容瘠，水飛樹影斜。但能長若是，日日睦山家。
辛卯二月十六日，書于琅華齋中。與長男無党。
時進表入都。是日，男出都之，任平水。
父癡庵道人年六旬書。

吾自腳氣數發動[1]

吾自腳氣數發動，竟未聽許，此情何堪。寄藥猶自得也。靜思之，勝事莫復過此，氣力弱猶未愈，吾君何當至速附書，必向饒定須寄信。足下何當定返還人望不，心曲永嘉書處定難以為其心也。偶諸蘭花，猥辱見示諸家書，徧得看，尋頓醒滯思。箕山老盟丈。庚寅王鐸。

僕老惛體，淋前血後，疲於應酬。尊翁委文寬政，莫相急也。即蒼然敬謝金錯之力，如覯古鍾鼎，崔季珪捉刀，遠不能及耳。服藥苦楚，略布愨意經碧詞丈。王鐸拜。

---

[1]　標題係補加。

題詠畫幀[1]

題詠畫幀，須數殘之後，興到即寫，便覺灑然，遊刃有餘地。若興不至，有事催促，趣不來彊爲之，安能發其曠遠之致。凡作文亦然，議論而商之。吾家似鶴錄，日有畏榮意。詎能離塢宮，鍊身憐傅翼。送友歎歸風，雪刷龍潭白。泉通虎谷紅，殷勤報舊墅。芳靄候衰翁，還是之二首。戊子二月廿日書，爲靜觀老禪友同鄉一笑。太原王鐸。

昨得熙二十六日書[2]

昨得熙廿六日書云，患氣懸，情知足下連不快，何爾耿耿省飛白，乃致佳造次，尋之窮本，無論小進也，稱此將青于蘭。熱日更甚，得書知足下不堪之同此無賴，且乘涼行欲往遲散也。知賢室委頓，何以便爾甚助，耿耿念勞心。廿四問。己丑六月大熱，王鐸。

和此郡之弊[3]

和此郡之弊，不謂頓至。此諸逋滯非復一條獨坐，不知何以爲治？自非常方所濟，吾無故設逸而就勞。歎恨無所復及耳，夏人事情託，亦所未忽，小都冀得小差，日當何理。庚寅六月。王鐸。

擬山園帖第三

南野夏見獻花巖漫書

季夏慊高梧，從爲歲事組。水寬平野沒，天斷遠峰孤。
憶弟迍柔櫓，安心羨小鸘。吾儕深老病，何力效馳驅。

愧天臺

實欲臺州裏，一身兼竹行。果如剡水興，不負石梁情。
仙草留靈境，桃花起怨聲。中藏萬古憤，列子有吹笙。

---

[1] 標題係補加。
[2] 標題係補加。
[3] 標題係補加。

乙酉事

艱阨非碌碌，忉忉未息肩。藕語千村外，閴聲一院前。
乾坤忽晚毀，夢寐死生懸。蒿幹為梁柱，云胡懟是天。

告惕庵

方知君子意，亦自尚幽尋。白豹門門閉，青櫨日日深。
經綸真有鑰，身世淡無心。總帶飛仙骨，瑤華另一林。

可嗟

嗟彼柏崗景，如今滿徑塵。戈矛西土榭，風雨異鄉身。
人道情難遂，雞音夢不真。弟兄輕白璧，欲買古谿春。
丙戌二月王鐸。

薦福寺碑

涪常住人雅集。

晉右軍將軍王羲之行書勒上。

肇自石樓東，鎮守封司地之班金冊西符，啓命將軍之秩，雖師中尉總南宮之禁，其或瞻剛如鐵，摻緊明霜，酌龍豹之神韜，榮名溢寰海，功埤動植，其誰由然哉！惟大將軍矣。公諱文，字才夫，行內給事。父節，皇朝金紫光祿大夫，行內常侍。七貂之德，是使金鋪接慶玉璽，承官長戟榮於司，宮高門聯於寺。伯公局就於孩年，量轉奇規英斷，裁於稚齒源之乎！鵬之為鳥不飛勵己，荷公不私補過，愕愕於宮闈匪懈，兢兢於夙夜勞撫。公以秩授公文林郎，適舉從班也。公謹密居體謙光，潛旨門賞，非公而何。冬十二月，又制轉公右監門衛大將軍，建宸神龍三年，又制舉公鎮軍大將軍，行右監門衛社，固以鋒交衛霍，權衝田竇橫虎，步於朱軒，跪龍顏於青之祿，敢對敫天子之休命也。唐元年之制，進封之冊三階，應曆八命騰遷，持大義而不可奪，保元勳而若無有則，皇上欽腹心之寄也。公平均七政，恭踐五朝，樹德務滋循躬修，乃奏乞骸骨，身歸常樂。昭許公焉。尚書謝病，非無給彩，窺四序之留難，秋蓬颯飛，收百年之卷促。

庚寅九月初一日寫於西齋，同彥甫文子為箕山老盟契。王鐸。

復廙言[1]

廙言以復五日，窮思永遠，甘雪應時，嚴寒奉被手詔，伏承聖體御膳勝嘗以慰下情，故患胸氣。上頓勿勿慈恩垂愍，每見慰問，感戴屏營，不勝銜遇，謹奉陳聞，廙惶頓首，頓首。

癸未春王鐸。

清明日與茂卿行塢[2]

清明日與茂卿行塢同遊城南祖園。水波澹宕，桃萼霏徽，行歌音響，林木劃然。仆催騎馬入闈，不知僕夫爭諍，遂爾格鬭，賴茂卿解紛，事旋平和。足見游觀細事亦不可忽。樂極必致悽愴，此理之必然也。記此以爲佗日盤游者，勿忘戒慎乎！

茂卿老道丈。王鐸。

鞏南宋陵

野樹陰深古路高，宋陵一望暗蕭騷。龍收夜雨沉沉水，虎過寒沙泯泯壕。
地下衣裳空玉匣，人間宮殿失金簪。徘徊時有嵩雲入，飛去飛來落九皋。

自夏津之東昌經嶧山

間關迢遞逐殘曛，南北搶攘又點軍。朝過金鳴頻戰地，夜看火滅古人墳。
瓦華閑冷俱增感，雲實孤寒若有聞。此去儻逢剡蘖客，鳳驚龍懼任紛紛。

登高阜

立馬高原數去鴻，遠心何暇賦幽通。江湖半議兵農事，日月都歸鬢髮中。
獨旅姑餘飛老燕，幾家翁仲泣秋風。英雄伊鬱懷千載，無盡寒花寂寞紅。

---

[1] 標題係補加。
[2] 標題係補加。

慵起

懶梳慵起安山志，客到敲門那肯開。字爲耄年時近燭，酒因心事久停杯。田歸貓豕全無望，書過銅鞮竟不回。宋子遊巖還問答，石溪煙雨爲誰來。

箕山詞翁齋中，書俚作博正，時同姑蘇錢彥甫菊放黃花小酌。

庚寅九月二十日申時。王鐸

擬吾家逸少帖[1]

諸從並數有問粗平安，唯修載遠音，問不數懸情，司州篤不果，西公私可恨。足下所皆盡事勢，吾無間然諸問，想足下別具不復，此諸賢粗可時見省，甚爲簡闊。遠須異多小患，而吾疾篤，不得數爲歎耳。擬吾家逸少帖。王鐸。

細觀蘭亭續帖[2]

細觀《蘭亭續帖》，皆本汝帖刻，較汝精細。其中增入乃絳帖澄心堂之精者。昨日雨中，僕臨一冊，用宣德紙，雖不及古人，亦有一種風致，尚未裱也。米襄陽帖，茲爲四十六冊，英光堂本必甚多，平生覿其半刻手嘉，恨未能全見。爲嘯嗷奇山異溪，正不必數年盡遊徧也。留以爲佗年快觀，再覿始爲叫絕。米帖亦臨半，幸攔一二日完。此當歸之巘老道盟。弟王鐸頓首。

擬唐諫議大夫柳帖

聖慈允許守官稍減罪責，猶深憂懼，續冀面言，不一一誠懸，呈卅弟處。十四日，敬空伏審姊八月定發，廿八弟從行。遠聞不勝抃躍。今日元七來望，弟速到極也。願在路諮聞不停滯，幸甚！未即展豁尚增恨，恨不一一公權呈。洪洞王鐸。

遠婦疾猶爾，其于可耳？今取書，付想一一。阮生何如此粗？平安數絕，問慰足下尚停數日，半百餘里展望，不得一見。卿此何可言？足下苦晴便大熱，恒中至不易，可得過夏，不甚憂。卿還具示，問得告承長平未佳，善得適，適君如常也。羲之年翁道社扶風夜書。王鐸。

---

[1] 標題係補加。

[2] 標題係補加。

擬山園帖第四

將四月南發留題蕉葉

筋力嗟衰彫，北都又七秋。禓夫辭寂寞，夆革解淹留。
地闊軍聲盡，山低日氣流。鴟夷魚可撞，長得臥新篛。
其二
自鄙謀偏拙，不能仕不迂。簪纓人自熱，樵爨酒堪沽。
煮蕨山坳飯，狎猿画像圖。祈天黃耉健，閉口絕潛夫。

同陳路若坐飲龔孝升亭子藤華下

忽爾披松逕，香來遠味深。不因靈蕊氣，那觸故山心。
家國身如寄，石花淚暗侵。緤陽猶念汝，何處覓知音。
其二
喜到文人宅，青籬與有知。酒增詩益話，天談月來窺。
藤架聞全響，官身避盛時。羈棲同是客，勿邅歎衣緇。

題家藏李唐畫幀

幽峭奪仙家，入雲谿刻斜。危時緣獨木，斷處補明霞。
無寺悠然磬，深崖略辨花。子真谷口是，勵歊避長蛇。
靜觀老和尚遇吾來崇效便前一二月磨墨，書近作留之，上石未審，愘佈施否。
洛人王鐸

擬魏鍾繇

繇白，昨疏還，示知憂虞復深，遂積疾苦，何迺爾耶。蓋張樂於洞庭之野，鳥值而高翔，魚聞而深潛，豈絲磬之響，雲英之奏非耶。此所愛有殊，所樂迺異，君能審己，而物則常無所結滯矣。鍾繇白。

白騎遂內書，不俟車駕計，吳人權道情懷急切，當以時月，待取伏罪之言。蓋不以疑相府小緣，心吞若八九。鍾繇弟常患常羸，頓遇寒，進口物多少，新婦動止仰人十二，繇白雪寒想勝，常得張侯書賢從帷帳之悼，甚哀傷不可言。疾患，自宜量力，不復一一。鍾繇白。

擬晉吾家司徒王珉字

珉頓首，頓首。此年垂懷兼割不自勝，奈何奈何，寒切體中，比何似甚耿耿，僕疾遂不差，眠少食憂深，遣書不次。王珉頓首頓首。十八日珉白。

比二書，未更近問懸情不適，比可不，吾羸疾故爾憂深。力書不一一。王珉敬問。

擬吾家晉司徒王珣字

三月四日，珣頓首。未冬棠感得七月書，知問即何如就弊憂乏劣，不一一。王珣頓首白。

擬晉王導

省示具卿辛酸之至，憂吾守憂勞卿此事亦不暫忘。然書足下所欲致身處，尚在殿中，王制正欲不得許，卿當如何，導亦天明往。導白改朔情增傷感，濕蒸自何如，頗小覺損不怗，有應不懸耿連哀勞滿悶，不一一。王導白。

庚寅十月燈下。父鐸學古帖，與無咎家藏。

石叟招集芳洲泛胥門江

輕舠容裔泛，流火心涼灘。勝友清言洽，深潭白晝寒。
鞠觴飛茂苑，龍鮓動雕盤。餘興風猶習，聽潮尚未闌。

西溪

蓬戶充村，莫鄰居是水濱。喜茲衛北岫，時有嵩陽雲叩寂，逢棋友探幽，晤鶴羣，不嫌歸路晚，蘅杜苾氤氳。

問石淙盧巖

三十六峯雪，何峯雪早銷。流聲陪逋客，引路與春樵。
老栗青冥古，香茅黑夜凋。破邪歸笨伯，幽間百寥寥。

王玄珠司寇招飲園亭

景色自無端，閑雲醒亦安。怡情超碧落，徇祿肯紅蘭。
磬響藏經塢，軀飛洗硯壇。公侯如喻此，不許與盤桓。

滸墅北發袁石寓舟中遠送因以寄懷

離家動隔年，遠近各悽肰。秉炬犀觥酒，分風蓼岸船。
干戈隨眼窄，瘴癘幾人全。戬穀圖何峪，佗時共橘煙。

河陽渡

河邊樹已綠，楚楚見沙洲。人散空陂寂，花開野水流。
情深疑是醉，事去轉生憂。戰地春如昨，鶯音喜煦丘。

至翼華徵山間松舍

突肰有靜堂，松蕊水凝香。粟死全人少，戎成舊樹亡。
巀雲噓肺肺，海雨潤陽陽。幸此託根好，偕居備鶴糧。

太行山望猴臺砦

曲磵有餘安，歇心亦不難。憂虞消佩籙，寂寞愛燒丹。
幽策扶身正，高泉漱齒寒。路迷何以問，莫色起穮蠻。

友人過談

閑閑知所養，半日語音希。惟審從吾肰，多應與世違。
花間漁艇近，水外寺鍾微。此際悠肰會，無醪何忍歸。

崇禎十七年春書于豐沛舟中。五溪朱詞丈。
嵩山道人王鐸

擬山園帖第五

延壽寺碑

　　涿鹿之延壽寺，初名一覺庵，庵隣區馬河。剏自明萬曆甲辰年間，開山師爲閩僧道安布金長者，爲新都吳康虞偕子士諤，因緣初就，規模未具。歲丁未夏六月，雨霽水漫，波浪兼天，一中使來自恒山，日暮迷津，道安度之至。隨發心捐貲營葺，且爲上請，易以今名。居無何，巨馬溢，庵址蕩然。復藉中使力，奉勅重建，卜地胡良河，去巨馬三里許，中建佛殿，旁翼法堂，築垣以備不虞，購地以充香積，視未經河徙前，崇飾有加焉。道安顓力所致也。天啓丁卯歲，吾師涿鹿太保馮公忭時還里，嘉道安之精勤，振檀越之領袖，益以文殊普賢十八應真諸聖像，而因緣始大就，規模至此始弘遠矣。崇禎乙亥年，道安又率其高足寂常、寂住，增脩而恢廣之，迄於今滄桑雖變，登獨庶之高層，臨范水之清流，目圍周巡，有刹巍然者延壽寺也。《金剛經》云："一切賢聖皆以無爲法而有差別。"又云："一切有爲法如夢幻泡影，如露亦如電。"凡夫崇尚竺教讀歎法乘，皆有爲法也，亦皆夢幻泡影露電也。而此寺經河浸而益新，遭寇焰而不燼，則離一切有爲法，亦別無一切賢聖無爲法也。如夢如幻，如泡如影，如露如電，亦即匪夢匪幻，匪泡匪露，匪電非影之真如體也。吾師曰："汝能作如是觀，可以爲茲寺勒石矣。"余因稽首而爲之銘曰：

　　大地山河，無壽者相。草露蓬霜，古今同悵。福業慧業，均慈流浪。惟有一真，壽劫無量。共此脩持，昆盧頂上。

　　嘉禾金之俊撰。

　　西雒王鐸書。

立馬高原數丈[1]

　　立馬高原數丈鴻遠，心何暇賦幽通江湖。半議三農事，日月都□□。髳十獨旅姑餘飛老燕。誰家翁仲泣秋風，□□□爾懷千載言，盡寒花寂寞。

　　紅登高阜作。

　　丙戌夏五月王鐸仿漢寫。

　　茂卿詞丈。

---

[1] 標題係補加。

夔府孤城落日斜[1]

夔府孤城落日斜，每依北斗望京華。聽猿實二三聲淚，奉使□隨八月□。畫省香爐建伏枕，此樓□堞□悲□。請看居上藤蘿月，已映洲□蘆荻花。

乙酉六月遵漢隸敬一。

黃老詞丈印可。王鐸。

聲稍病遂和暢耶[2]

聲稍病遂和暢耶。敬問梨園四冊借一觀七律五律，虎別年丈所集，併得刮目乎？虎別有新作。望望。

弟王鐸。

知賢弟至舍晚寒想顧之歟壽春富陽，范道長體氣似小勝前日，得此暑大都尋常，新婦書寄物示諸人，散騎二君何時還？兄子皆佳，能數為也。足下晚復不知疾痛如何？深極憂難比也。上下安之必得發耶！

丁亥十月王鐸。

書蔡君謨帖[3]

不審復何以永日多少看未？九日當採菊不？至日欲共行也。但不知當晴不耳？倫等還殊慰意增，慨知足下疾佳，當惠緣想示能果遲此節散非直一思想而已也。尋復有問，足下以數示由為諸力，不一一。

廿九日得來書，知不安，極是憂，憶寒過十日，只是調理，適會李端到，安排藥送去，兩日嘔苦，不勝疲頓，今已定，不要憂也。行期須且緩起，須十日將息虔化，今日進發家眷並安。邊海一帶盡旱乏水，中畜失所不一，襄書送謝郎。

丙戌夏五月雨後，苦無筆書蔡君謨帖。

---

[1] 標題係補加。
[2] 標題係補加。
[3] 標題係補加。

與弟[1]

與弟歔欷三載別，知爾得安居。老近疑雙鬢，冬深曠敝廬。
□林吟棣萼，兵甲摯鴻書。見日應憐我，南山蕪未鋤。

武昌池州事

即次還聞警，蕪湖已被圍。江山殘壘少，饑饉幾人歸。
□□傳銅斗，春花照箭衣。艱危功敘在，未見戰書稀。

道路□□

室破□何倚，攜妻作遠行。孤獨傷昔夢，（橤）是前程。
大海尋書窖，空山聽雨聲。西塋時耿耿，安可合春畊。

賣田

（亳）田終欲賣，爲買一溪雲。有羽不時過，攜簫須□閑。
芝榮光爛熳，鼎爇氣繽紛。頭可白於此，無心□夕時。

土井邨

荏苒流□□，孤村意若何。六身彬彬在，使□漢夫昌。
□嶺看人□，溫風掠鬢多。霽華來井井，誰唱鷓鴣歌。

次昌平□□□

忽到幽棲處，小城對木門。舊徑備蘚色，壞壁近燒痕。
古寨旌旄少，道人一二存。何年無事事，岩竇篆清言。

---

[1] 此方刻石上刻詩八首，有些字模糊不清。

玉泉山□□□

長安車馬倦，安得□幽林。此境若虛度，相思應要深。
水煙向淡漠，石影負嶔崟。所以沙房公，尋龕休此心。
王鐸

擬山園帖第六[1]

歐陽詢

車駕取四日廻京，東宮以吾從，秋來重困，氣體疲頓，甚垂惻隱，蒙遣勞問，別餐酒，奉牋通謝，手令優答，惶恐欣榮，豈任誠素。弟恨此身已老，盡忠所事，特有平生之心耳，惠子知我。茲故云云。賢叔並安佳。詢再拜。

虞世南

元子少改相次發，二五歸大云何頓，多日不醒，憂煎無復聊賴。未知今復云愁心悶氣，早遣元子遠報，前恐須餞，因便省上二千，若未得取祿，貸充赴急用也。指此不二。晴嚅于行塗爲要，定在何日，世南此腳異惡，不獲到門敘離，今以悽恨。

褚遂良

遂良頓首。得六月八日報，書聞塗中侍奉安佳爲慰。道州近還至東畿。氣體小不寧，承與醫療，已即平復，彌深感慰。遂良自南遷已來，每思白首之年，孤奉國恩，觸事成悲，何言可喻？因高、崔二姪歸白。此褚遂良再拜。

薛稷

夏熱體中復何如？廿八日晝至魏十三兒處，今早信還。聞奉九姑已過揚州，追問不及，極馳情也。六月中旬，當使伯陽往省，不審路遠得息肩未。稷再拜。

---

[1] 原刻注：遺帖。琅華館臨本。

李邕

久別懷仰增深，即日奉惟動靜安勝，邕此不足言，二兒玉多日何時可令還家。謹北。五月四日李邕。

顔真卿

真卿一行，昨自江淮，日趨百里，本期奉見，以慰遠別，疲於道路，且止數昔但深攀仰耳。

柳公權

公權年衰才劣，昨蒙恩放出翰林守以閑冷，親情屬託，誰肯爲響應，惟深察。公權敬白。

遠寄紫絲靸鞋一量，不但慚悚敬空。張蘭亭詩兼公權續，得者亦附上。伏惟撿領入篋，餘冀面話不次。公權狀上給事閣老閣下。十二日，青褾輒換卻舊者謹空。

裴休

本寺欲休造屋修爲經閣，極穩便也。今有狀判。休。

徐浩

寶林寺作
茲山昔飛來，遠自琅玡臺。孤岫龜形在，深泉鱘井開。
越王屢登陟，何相傳詞來。增廟崇其巔，規模稱壯哉。
禪堂清溽潤，高閣無恢炱。照耀珠吐月，鏗轟鐘隱雷。
揆余久縷弁，末路遭邅一棄。滄洲曲六年，稽嶺限迍川。
惜束馳馳，景憐鹵頹。腰帶愁疾減，容顏衰悴催。
賴居茲寺中，法士多環能。洗心聽經論，禮足蠲凶災。
永願依勝侶，清江渡乘抔。

王衍

大將軍十六日復至項，麥秋得小遲之。遠近以爲佳。知足下來度，不能一一，吾亦無如之何，時事故悠悠耶！

王慈

秋冬比病去比可也。得足下七月廿七日還。王慈答。

羊欣

八月六日欣頓首，得去三日，告深自慰，足下令後何如？吾自春中，腳不能勝，日增歎惋，顧憂轉切，難復當也。奈何紙筆精要，深兒至一拜，無所書，後須酬采，永不可用。都下三餞上選信致一者法再三兄道此也。衛軍不日寒涼得告，承諸惡復灸，極當懆病悲灼。僕病正自不差，疾久自日，深悲企甚，積既懆塞居疾係以罪黜二三，不出門，粗取敘欣不益念恨□□借佳有人當復□耳。

郗曇

南先生，吾病久，停數日便復，可耳。

王彬

得仁祖廿一日示，知侍中已還廣陵。四月必來居此，足下爲至視耳。

毛喜

事務殷繁，理足疲集，吾諸忽劣少理，弟還非久，賴接多日，其間敬德，時時不具，毛喜。

賀知章

近日東陽絕無書問，憂心何可言。想足下當還，能致敬利在彼，尚未議還增耿耿，隔日不面懸遲何極計，足下諸人兼具，此等事勢，速令垂報也。

丙戌三月廿七日雨，歇磁州。張二親丈貺予以大硯，堅瑩如碧玉，試方于魯墨，因臨古帖二十版。時在燕地。孟津王鐸。

擬梁特進沈約帖

今年殆無能始，始何此？此甚。沈約白。十一月十六日。

擬梁交州刺史阮研帖

道增至得書深慰已頓。卿何如吾甚匆匆。始過嶠，今便下水，未因見卿爲歉。善自愛。異日，當至上京，有因道增行，所具少字，不一一。阮研頓首。

擬梁蕭思話帖

一月三日，思話白節，近說寒切，足下復何如？比何一涉道，久當諸惡邪示告望。已吾所患猶爾。思話白。

擬唐秘書少監虞世南帖

賢兄處見臨樂毅論，便是青過於藍，欣抃無已，數記存耳。世南近臂痛，廢書不堪覼縷也。虞世南呈十三日遣書，謹空得書爲慰可言也。疲朽未有東顧之期，唯增慨然，欲今使人指申代面必卿力也。潘六云司未得近問莫耶，數小奴等計不當狀來。

己丑十一月廿七日，父覺斯書。與次子無咎收藏。

擬梁尚書王筠題

筠和南至節過念，哀慕深至，情不可任。寒凝道體何如？想比清豫弟子贏勞，每惡愴弊，何理眷清勤，知比日來敘。遣白。王筠和南。

唐東宮長史陸柬之體

近得告爲慰，上下無恙，羔不得吳興近問懸心，得藥書，散勢耿耿嘗也。

擬唐尚書郎薛稷體

孫權與介象論膾象以魚爲上。權曰："此出海中，安可得象。"乃庭中作坫，置水投以鈎餌，不經食得鱘魚付廚。

丙戌夏孟雨霽時和作詩二首。頌《左傳》。廿七業同九舅碧雲披觀書史，時巖犖戴先生過我茅舍，以良紙求書，爲之摹古，以見字學，匪師心強回筆端也。孟津王鐸。

擬山園帖第七

僕風塵中[1]

僕風塵中朝莫乘一老馬不能少滌，俗態批書願爲古人執鞭，不知合足下意旨，不然日弄硯墨文章，憎命亦自嶔崎可歎耳。大小五石欲勞刀筆，以當吟嘯，今僕旦晚披觀時，見周秦典刑，斯又造物者，以足下嘉章貺僕，俾僕自濾洗其俗也。久客踽涼，動多跋疐，賴此文事，以破岑寂。足下銷夏一揮，僕又爲足下執鞭矣。啓經碧鼎元世講。弟鐸頓首。

《類苑》急欲一觀[2]

《類苑》急欲一觀，命謙檢發，昨畫古者亦蒼老，尚讓左公荊浩筆力也。佳作《雪山》竟奄，有荊關而空素深博，奔詣至此哉！弟王鐸拜啓。

畫題奉上[3]

畫題奉上，覯云耶瀉作苦膝困軟，服于石劑，稍稍欲楂也。韓文已塵，尊目《左傳》一大本，皆蠢測耳，擲下略披一二篇，破岑寂，類苑且留鄴架。弟鐸拜。巘翁閣下臺覽。後素。

玄度時往來[4]

玄度時往來比此，爲慰興公，使適邊數日，具都下問，人情所憂，良可歎息。諸吳數

---

[1] 標題係補加。
[2] 標題係補加。
[3] 標題係補加。
[4] 標題係補加。

問令前來，經日極爲差云所祖，欲清爲軍司，不知行不，慕容有曷賴意耶。政當隨事豁之耳。嫂先積有此痛心，不審甚以憂，馳吾十一日發吳興喻慶等，不可言。庚寅王鐸。

臨米芾[1]

神先告夢曰：法王來也。翌旦師至，衆咸異之。嘗在雙林聞講經云，應無所住而生其心。師乃問曰：既無所住，何處生心？講師歎曰：此非吾義，學能解汝，必大禪宗。速須求度，遂景德落染，願執下役，將徒已多詣頭，嘗入請，爲翠峰水恁麼也。室顯公曰：言法華不得不恁麼也。不得恁麼不恁麼，總不得師，擬對顯便打推出，翌日天寒，水桶墜地，廓然大悟，通身汗流，遂入無投機。顯覺師舉趾異常，向前挡定叫賊。師以手托開，珍重便去。至無爲軍崇壽寺，出世導人。

香烟信傳法乳思丘舉揚曰："雁過長空，影沉寒水，水無留影之心，雁無遺蹤之意，若能如是，方解異類中行。"顯公聞之，令書于塔下。謂衆曰：大吾宗。時琅琊覺禪師並王化大行，每指學者曰：懷公古佛可去問看。一旦示疾，山石晝鳴，林木色皓。師謂門人智才曰：吾今行矣。爲說偈云，紅日照扶桑，白露封華岳。三過鐵圍山，拶斷驪龍角。智才曰：復有何事。師扣枕三下，推枕便行。住世七十二年，僧居四十六臘。時治平元年九月二十五日也。若夫太山傾頹，四衆墮淚，十八變已，三昧火生，堅固墜空，窣堵湧地，皆陳迹也。何足道哉！凡應現植林枝，子崇壽興教杉山景德八刹，其接物利人，忘身忍辱，既得古佛之密迹，迹皆極如來之鹿行。所謂萬緣無漏，故能四衆歸心，王臣護持，天人瞻仰，其嗣法者，不可勝紀，而智才實其首法存宗本重元若冲法秀應。夫智其高弟宗本弟子善本與其師及法旦師孫仲宣會下，雲遊高林下相逢，謂襄陽漫仕曰：如來數白萬言皆真實諦，假託一語，人有眼目，蓋道緣僞喪，派逐濫渐，各道所聞，願刊樂石，子其執筆爲我直書。芾曰：然。南岳二碑，曹溪四碣，述修厥德，稽首讚云，稽首歸依無上尊，清淨圓滿千億化，三身俱現立法祖，一法不立即如來，示現有漸緣慈悲。慈悲本不爲佛祖，佛祖不立無歸依，寥寥千古古佛遠，堂堂此身即古佛，衆生不昧本來心，此是古佛佛行住。襄陽米芾。

丙戌春雨中王鐸臨。

弟枯澀無餘智[2]

弟枯澀無餘智，先生誤收之心，蘭文章骨肉，世外知己，誰能無情，不胸懷時懸一無錫雪山耶！弟六月祭比岳靈遍陟崇崿，驚泉飛翠，方小息，榮潏使者啣命共白雲，冉冉來

---

[1] 標題係補加。
[2] 標題係補加。

若大丙，問以仙書也。娓娓深緒，頓令云峁變爲金庭，玄澹寂寞，喜有足音。

洵鬱鬱餘天壤間，固有竺交肥義若先生者。或弟準擬自蒲城入涇，于聚笑休暢弟心孔悰即量無百壺。先生能沃松花釀以醉，弟狂恕乎？惠心妍狀，天涯知己，洗弟九障竹瀁盈盈。弟神已先赴矣。華山西峰八石潭樹邊。辛卯六月初三日，濡毫于老綠之中。

社弟王鐸。

與石翁老社翁閣下 [1]

都中忽鼎沸，不如昔安恬，亦咄咄堪詫想，先生囑邸報洞悉耶！其中深隱，難以聲欷盡也。仕路駭愕，古來如斯，書竣，略及之。

石翁老社翁閣下冲，王鐸頓首。

癬發苦熱，膏藥黏衣裳，斑斑可憎，如之何？燈下蚊蟲喧，雷鼓撲面。回首思懸，言語爲淺矣。不畢□腸俚詩蒙鈔，可謂嗜鎦痂，無得一刻一敘加前，則終身戴德入骨髓中。

禱祝石翁老社翁閣下，弟王鐸頓首。

扇手卷從容報命 [2]

扇手卷從容報命，爲體氿不堪執筆，昨執筆富平涇陽，青衿數百，苦海波濤，洶湧萬丈，少年無端學，此受嘈雜耶！聲聲推家訓，戒勿學，書信有卓見乎？

社弟王鐸。

北國學石鼓歌 [3]

岐陽怪石來幽燕，古骨硨砆周相沿。往日曾誦韓公詠，嗜慕半生相紏纏。我車我馬似二□，□六盤四部所□。嗔悌之中興雄烈，在徘徊不覺心茫肰。卻憶宣王提兵起，赫其□□窺八埏。僉狁馴伐徂淮徐，鼉鼓夾鉦聲淵淵。左个青陽趨大球，却命諸臣隨蒐畋。重武不是鹽禽利，魚馬鐵戟張兩甄。大獵肯□□繕旗，凡馬不敢來騰騫。軍旅有禮何其盛，獻□下綏相喧闐。即此壯略所宜紀，便使羽騎壓甘泉。諸臣稽首爲宣示，曰吉鑱石伐山巔。龍拏蛟怒三代形，鵠頭螺眷詰曲旋。老鷙顚訛知何歲，日華斑駮不記年。帝命文鬼豈呵護，土蝕蟲齧澀銅□。字勢疑是史籀體，六百七十瀘屢遷。古人作書非宜就，度數次舍齊璣璿。

---

[1] 標題係補加。

[2] 標題係補加。

[3] 此方刻石上有些字模糊不清。

細察缺劃往往現，疑義奧辭難俱詮。章樵頭與薛鄭釋，剡苔倒蒜毫髮研。摩婆銅狄良有以，神禹嶼嶁堪並懸。伊爾猶記軒黃鼎，梁父法傳封禪篇。嗟罕此石誠幽堅，悅爾立身周秦肯。方今寰區非無事，怛麒譎張皇糜金錢。戈鋋頑鑱皆不靈，誌□得如周宣。興王嘉事規模在，□煜芄氣出芊綿。天朝銘爲告後祀，命臣曰汝其纂編。誠惶誠恪而書之，金石□文文各□。但願寶墨爲鐫筆，向諸原廟升中天。

　　丙戌日書。王鐸。

今日張炬始歸來[1]

　　今日張炬始歸來，昨濡管未能鏃鏃出新，雖有大略，恐未精核耳。茗柯實理方好雅談，爲看藤花一事，奪我輩清歡。天下事能必盡如意乎？聞足下新得紹興一本米芾橘形大字，爲此心中盤踞未遑，就寐床頭酒咀嚼其味，就炬觀之範宣見戴逵賦圖稱爲有益字學，亦爾爾善取雲龍驤驤之勢，以補未盡清歡。書畫中董狐，僕亦不敢讓矣。炬前含飲裁奉，急于看帖，如飲食性命。雨中書此，落雨點輒腫數字。啓巘犖道社閣下。

　　弟王鐸頓拜冲。

上下至乖十八年[2]

　　上下至乖隔十八年，復得一集，且悲且慰，何指喻嫂疾至篤，嫂疾至憂懷甚深穆松難爲情地自慰猶小差，然故匆匆，冀得涼漸和耳。王鐸。

擬山園帖第八

臨米芾[3]

　　芾皇恐來早爲藝江樓少延道韻，只今袚衣在此烹茶久俟，芾皇恐。府公少監大夫，今不煩如此前言甚易，當必不到入臺筆也。何餓殺客也。弟頓首。

　　安中吾友
　　芾啓衰晚辱誤恩，法不可辭。祇益悚懼，蒙教賀，重其慚悚，附使且此草草。芾頓亦

---

　　[1]　標題係補加。
　　[2]　標題係補加。
　　[3]　標題係補加。

虛吾友。芾皇恐再拜。

　　彥稽提學太史公甲兄節下，抱疾之官十日九假，事皆委薛侯。改雙槐堂爲寧堂、射堂，兩敗堵悉見北山萬叠，命曰：仰止堂。於甲兄可謂無負矣。芾衰落之人，每臨一事，欲仰兄。精力不已，力疾答專使，不宣彥葉太史公提舉節下。
　　四月旦日狀。芾皇恐頓首。
　　芾頓首再拜。運使大卿春序向和。恭維澄清之暇，神明相佑，德履起居萬福。芾被遣，竢命于左右已，次于潤舟，大水漲，過橋不得，未即參侍爲上珍厚上啓不備。芾頓首。
　　丹陽人安舊沼傴藩上游琴尊足以自適，時則爲蒼生起耳！芾頓首再拜。
　　海岱絕唱已刻于柱，與劉顛者對也。芾頓首拜。

　　非二顛者不刻。正月六日未時。在無爲一書作廣州題建未衰老，忽不知出意外憂畏而已。因賞心亭與元龍屬酒，選三麗人歌，自作詞云。有人去廣德，立作此書，用致詹仰，草草不罪。罪司諫臺，坐門中各安勝。芾皇恐皇恐。芾頓首啓，昨日特承寵臨，屬王氏兄弟飯，遂阻于門，迎留以朝御。謹先朝旦夕祇造不宣。景仁通判宣德兄，糖霜大治喉咽，甘辛尤能發散，含化佳。芾頓首。
　　真麝香一齊，置痛處，熏透氣立安。芾諮。

　　同官來江寧宰，少小相識父處，刁幕熟鄉人一戎同官來，須少過從，亦是未得報。間同出入遊山之人，三處是飯。主人貴人出入難，不敢率率，知客住牓甚嚴，此爲常人役耳。豈米老有力得舟之理。呵呵，俟面干也。芾皇恐再拜。

　　故人作發運使都不照管下邑，今十連作帥，當似臨淮縣長官時故事，但一片心脾依舊，佳在知委悉得過否？芾皇恐再拜。

　　芾頓首。初熱恭維神明相佑，尊體動止萬福。賓老以英才受睿知布上寬書，暫至澤國。而芾以官期當去，不得少棲清苾，爲以此爲恨耳。芾頓首拜。

　　芾啓適方上狀，使至辱教，欣審晚刻，尊候萬福，並蒙佳茗爲貺，並深感悚，來日潮晚，幸臨居一飯也。區區容面敍，且奉此爲謝，不宣志行，通判承議兄。芾再拜。

　　蒙教昨夕經義，真蘇門生也。待都佯不會，卻是惜岐首也。今送去四十，賢購于泗州一過客。陳主簿名師仲，乃薈。
　　叟生甚艱，揚有善傳，寫者開節奉爲吾顛書一千作手功畫八本，奉寄取，幞頭人來取也。藥又夜來告夢云，去一顛得一賢亦何所在？不知何祥也。紙足爲大，芾再啓高郵不須亂置生事，蹔居非吾鄉我無人句，到定國是也。幸牽復既去，只養別人《四時纂要》，四月一雨又主暵請借一閱，道路人言，高郵依舊，水潦雨雪不少，不知果否？左過彼時，水潦見邵伯，已次數道通湖港，皆以土填塞斷從初救田，今合放開耳，豪姓因而據之。恐非公家利也，芾頓手再拜。

一司日日下賑濟，旦旦催租稅，單狀請出三抄納，弊邑以身當夏稅之責。不令受賑，時俗恐民難以自活，爲此請命，不得不急。

百姓眼中，聊一視白頭縣令受薄祿，不敢鞭笞，怒上帝救民無術。告朝廷監廟東歸，早相乞。芾呈。

王鐸。

擬鍾太傅帖

庚寅八月

臣繇言戎語兼行履險冒寒，臣以無任不獲扈從，企仰懸情無有寧舍。即日長史逯充宣示令命知征南將軍運田箪之奇屬，憤怒之衆，與徐晃同勢，並力捕討，表裏俱進，應時剋捷，傳方反覆胡脩背恩奉聞，嘉熹喜不自勝，望路載笑，踴躍逸豫。臣不勝欣慶，謹拜表因便宜上聞。臣繇誠惶誠恐。頓首頓首。

建安廿四年閏月九日，南蕃東武亭侯臣鍾繇上。王鐸學字。

日夕疏慰意育故贏，懸心倪比健也。適奉永嘉去月十一日動靜，故常患不寧。諸女無復消息，獻比日如復小勝，因夜行，忽復下如欲作滯，今服藥，盡溫燥理冀當可耳。然異極都不得，復小失，不復妄近生冷，體氣頓至此。乙丑春，王鐸爲臥壘老詞丈。

擬唐太宗帖

數日來患痢，今雖稍可，猶日虛惙，欲三五日將息，諸司有事進狀，卿昨日道服蜀葵可錄方將來，數日來氣發，今旦服一飲，子不得相見，雅州爲造船急，所以如此。早與書莫聽急賊已至萬，發兵恐少。

卿與道宗誰已得多馬明當至，故遣問即報勑。十四日。

所疾者漸可不至憂耳。

了秦中事，汧隴子午谷莽然密箐多虎豹，且洶險峭之路，瘴雲鬱糾，北顧能不念吾年翁知己乎？三原誰氏有幽蒨園亭，不日與先生花間聞陽關三疊，聽鐵篴舉觴浩淡，雙眼青天，顧盼風生，誰復桓文尋勝耶！弟刻記廿詩，未邀先生評足，爲行李重，人必不笑弟老憊作蠹魚生涯矣。二小卷裝潢殊未良，晤在邇當請益。六月卅日夜赴席歸勌極。

　　弟王鐸頓首手報。

　　昨畫筆性老幹無俗氣，但峰巒淺易，了無丘壑蘊藉，非大手筆也。凡作畫盡如斯，了事亦何難？故知境界奇創，然後生以氣韻，乃爲勝技，可奪造化者，此耳誰氏之手，不可身質，大略如是。

　　巘犖戴老詞翁。弟王鐸。

　　弟病，指上發腫。臀瘡勢轉劇。遣懷作二畫，一行塢，一梅，和也。惟臺教之。

　　弟王鐸頓首。

　　巘翁道壇閣下。

　　前荊浩畫擲下。

擬山園帖第九

奉張老年翁閣下[1]

　　僕居長安，勞頓似有枳痌。待足下書，娓娓千言，何足下之念念詳也。僕一生拮据，所摘數卷，聊以自娛。日夜頟頟，惟求合乎古，不顧捥人目，輕薄寡見者，鮮有不嫉且詆。僕亦鮮過其廬，遇諸席不勝鬱浮。是以飲不轟，口不噱迮而遯去。噫，杜與韓皆然，庸何怪乎？足下錄成冊，手閱青黃之嗜碪砆若渴，長安中豈繄無作，未見動。足下之勤渠如是，人生有幾鮑叔，然恐好嫉者又移而輸攻足下矣。前月席上歸，即摘四首，足下傔來剖綾，書爲二卷。筆頑笨無穎銳，大略似僕也，已授蒼頭。秦中三十年，遭賊手焚辜爲最。足下嶽嶽，邊肉氓髓，足下在喜氣中，本之簿末之肇，休息愛養，乳哺三秦，無俟喋喋，已布澤之暇，華山桃花無恙，把槽頭真珠仙人掌希夷峽，又來勸酬。足下定有奇詩文寄僕也。僕京塵面目忽忽如枳痌，嗟嗟西望忻羨，捥目鬱浮。僕亦實應生嫉。僕一片山心能不厚顏乎哉！萬里秦隴，以身爲本，足下善爲攝養，以愜僕意。足下書中憂僕觀有黎黑，展轉三復。足下之肝膽殆盡，朋友一道猶未墜地，令僕撫庸欷歔，不能已已。僕鏤骨體認斯語，亦望足下勉旃，彼此攸攝，以潤其躬耳。餘宦輒語毫不宣。

　　庚寅二月卅日未時書縅，奉張老年翁閣下。王鐸。

---

[1]　標題係補加。

日犇馳雖無林澤之遊哉[1]

日犇馳雖無林澤遊哉，讀書審帖亦足生活。此幅宵矖以徹朗，今寓目故太濯濯，每字比潔臞瘠有辨，求嵯櫱如長輿不可，而妖冶如鎮西則肖之，逸少淳古超邁，元氣深渾，渾謂何？何至膚立如是乎！翻版非秦碑展矣，盍返諸舊肆，或者有改容以禮邪。大字第一，且姑留之。寢臥啓。

巘摯老道盟閣下。弟王鐸頓首。

春首餘寒[2]

春首餘寒，惟闍黎動止安隱，弟子虛乏，謬承榮寄蒙恩獎擢授洺州，一歲三遷，自南徂北，既近都邑，悉竊彌深，戰懼之情，慚惶據便，即祗命末由頂謁展望山門，但增悚斷，靜觀老禪友。王鐸。

印篆大事[3]

印篆大事也歟，猶之詩文，踽踽難爲。談大刻蟺蜿古骨，無與顏行，要惟盲子不辨耳。眴經周、秦、漢，未有不聽然敬者。足下暑溽中，忞忞莘莘，爲我國語已收笥左尚在親知幾席，顧萬物孽者父虛，庚者母實，斷非空踈，俗弱橫口，其朋可以一手糊天下，讀書者之眴而盡盲之也。足下貴留心於其穴窾筋脈首尾，足下所謂古峭，所以審則色耶，脈耶。嗚呼！世之不肯墨，墨梯利而嗜學也，罕矣。何幸得見一經碧。王鐸拜。

乙丑六月廿一日報。

吾宗舜之裔[4]

吾宗舜之裔，發之晉，後分爲琅琊山陰伊雒，敘家世似鶴同一本支，見其詩渾健，畫沈鬱，碁雖勝吾不習也。每見，冲虛敬慎，良可欽重。吾之散懶，不及多矣。似崔宗賢。王鐸。

---

[1] 標題係補加。
[2] 標題係補加。
[3] 標題係補加。
[4] 標題係補加。

賤體發汗，不能久坐，輒就褥。精氣不給於用也。冊葉稍寬，政體快之時，乘興當報命耳。弟王鐸頓首。

畫前日業取去矣。何不早遣蒼頭借觀，珊珊其遲。《左傳》、《類苑》發來亟欲察也，時聞。弟王鐸頓首。

與巘翁閣下 [1]

尊體安善，未能過候，此情鬱滯，略此布忱，毫不能罄。弟鐸拜。巘翁閣下先生冲。
今早起又閱二冊，畢竟長大者，殊自錚錚，其短者，不免力屈耳。長安中風塵蟄蟄，足下獨窺雅道，日與昔人古處，銳於饑渴，左提右挈，行當押主葵丘。僕以邾莒從事焉，不敢不勉。但恨僕甕天蠡海，其何以自策也。執鞭弭，以仰沫於壇坫之下。弟王鐸。

巘犖老詞宗。冲後。
弟病目熱歊所致也。容勉力閱之蠡測海，徒望洋歎耳。眼藥徧覓不能得佳者，試之寡效，爲之奈何？弟王鐸頓首。

畫寂寂無餘，疇如倪雲林一流。雖略有淡致，不免枯乾尪羸病夫，奄奄氣息，即謂之輕秀，薄弱甚矣，大家弗然。聖教木板，拙笨之工，離逸少神情，遠極觀之，按劍可以覆瓿也，將騎跛馬入署。草復。弟王鐸拜。

聞老先生居憂，極欲恭往，匍匐台階，拜獻薄儀。先母背，未過百日，敝鄉禮，不敢出門敬奉匪祭之陳，未得躬爲趨蹌，罪當何，如臨棫依耳。
新借李唐米元暉、高房山，皆真筆，至寶也。主人甚秘。重先生趁日晡過我一觀，明日即來取歸耳。弟王鐸頓首。

東昌南路 [2]

雨後秋林路不齊，青天猶命帶虹霓。荷風吹醒邯鄲夢，楊柳萋萋白日西。
獨向江洲兵林蘅，六朝遺事古人情。欲時一□英雄淚，借與紅龍作雨聲。

---

[1] 標題係補加。
[2] 此方刻石上刻詩十首，有些字模糊不清。

借□□□□

棲棲旅□在江東，誰挽揮□五石弓。白首故人凋謝盡，今朝灌淚又相逢。

□□

白□閒居臥一林，圖書不奉煙雲侵。夢中處欲遊何處，紅葉滿山月色深。

八年于外

日落西山萬彙冥，夜中鼓角客中聽。銀河欲助梧桐黑，風雨八年老客星。

寄懶上人

雲外高僧小結廬，偶然□□橡花綜。近傳更上祝融伯，萬□千峰何處居。

傲一首

茸蘿蘿上翠微濃，獨佔□陽第一峰。傲殺布朝忙日月，只清幾杵莫天□。

千人石同歌

千人石上古人苔，世代消沈歌幾回。月邑空濛人傲後，貞娘隨著竈燈來。

觀音山下江邊獨之作

倒影波濤八景微，離家對此感秋衣。江聲任意東南去，不與客心一處歸。

斜雨西風過遠汀，嵐容疑似豫山青。鷓鴣聲里□□□，不是鄉人不敢聽。
奔奔南北幾春秋，□水淺山柳渡頭。公在他鄉二□後，怕君說著古杭州。

恨病有□

金魚池上笙謂沸，□□□□□□□。牧業村農還是舊，畦邊又從米□花。

戊子上元夜

玉蓬清虛月色靈，踟躕倚桌意冥冥。曾將楊柳彩關塞，不管梅花落洞庭。
深夜一江初浩蕩，故鄉牆里正飄零。曉來爲覓龍吟處，無數高峰水面青。
此時夜靜空堂更漏沉，淡煙薄霧自蕭森。此時地府寒風急，何處山虛落葉深。
人老巘泉中嶽洞，月明鴻雁五湖心。去年猶記陽生日，漉酒花臺上翠岑。

陵山黃□嶺偕友人郭□六作

簷蔔香深超九垓，悠然清籟下虛隈。壇空衆木幾時伐，逕轉孤雲何礑來。
小郎少微皆佛子，危橋陡瀑即天台。尤懷白閣心無已，一笑塵區萬劫灰。

客裏

客裏悠悠急夜籌，嚴霜朔氣助人愁。夢回忽渡輄輬影，心遠還聞箴箕秋。
江潋生濤衝舊岸，田裏尋路訪中州。少年壯志輕房杜，淚落孤燈照白頭。

乙酉春葛村入滁洲

多陰少霽經西葛，十載重過路不疑。有限百年嗟此地，無情幾日異當時。
吳門秔稻□中減，譙國湖山戰後危。懷古鄰侯無盡意，□紅□綠晚風□。

乙酉冬日，向陽光移，凡書時外事情，催出室人，苦來罄寒，總至無薪炭並識之，以見臨池之日，正蹙困之時，不鬱鬱措者也。王鐸。

命坐寫星無可奈何[1]

命坐寫星無可奈何，非社翁憐笨伯疇喻，此問及杜詩喜極。昔人儀毛失廡所尊法可知也。客盈坐，磨墨，方有事在舍弟齋，傳椒授楸容檢笥求教弟作與筆跡，不諧世好，又恐他人噱耳。弟王鐸拜。

---

[1] 標題係補加。

復巘犖戴先生道宗[1]

　　數與足下良覿，悉投義分，了無勢利良難。僕誅茅區溺志雕蟲，足下不鄙，而津津好之斯道將白首要也。米帖第十四本雖瑕與瑜甒，然超邁之氣終在，非瓦礫之弁，珍海岳畢智委心在此，英光佗冊駸駸再得，必遇屠龍絕技，瀰然而至，一警穨風，蔚爲代寶，能不流涎想望，成一大快乎！羲之帖刻宣嘉皆可留。昨日有佗絆，遲報命。僕有暇過訪，圖消滯處慮劃焉。狂嘯以暢新悰耳，何如。復巘犖戴先生道宗。弟王鐸頓首冲。

擬山園帖第十

趙雪江畫冊序

　　丁亥，予始遇雪江，皤然七十老人。問之曰：我潁人，趙名澄，少讀書，有志。屈滯不能得志，不肯善媚顯者。是以佗傺牢恠之氣，無所發攄，以其楮柱於世者，託之毫素耳。予聞其言而悲之。及九月雪江來，取酒列果核，啜枯魚，一童子背大小畫數幅，紙濕墨潤，如龍憤激蟄，怪鬼離奇，又一冊八葉，細秀煙雲。予乃首爲抑心爲下曰：女老尚能作此？李唐、范寬、董源、吳鎮諸家合爲一腕。腕中蠕蠕生色，一何達邪！酌飲雪江。雪江不奈飲曰："予將之有膠西子爲我序。"夫先代薦舉如市，若持莫夜金，從穴隙輂上，貴人何難分符佩綬而終屈滯，作布衣老畫師乎！嘻，雪江惟不肯枉已灌焉。故精轄必沈，力聚必摯，以七尺之身，抗坐位於李唐、范寬、董源、吳鎮，有以自娛也。何怪雪江窮終身之力，外拓內撅，遺其粕，咀其藏，忘其味，至於此極耶。然雪江亦幸而不分符佩綬以仕耳。予見前代之仕，排擊諧諑，竭其械智，不注於公家，獨繩於私竇。雪江不倔強，而善浼顯者則可。雪江不善浼，其屈滯不猶故乎！屈滯讒困，蕉萃煩悶，求如娛情，紙墨煙雲，以意內之丘壑，傲公卿之恐懼，長嘯布衣，免兵禍，無鞅掌，灑灑然達於比，自爾蹙於彼。平生佗傺牢恠之氣，發攄於山顛水涯，一切作白雲變幻觀。于戲！雪江之志不亦伸，而雪江之所達不亦大乎！爲五嶽四瀆開生面，高奇曠奧，胸中磊塊不猶愈於鐵如意碎唾壺歟！客曰："以雪江有志者，以其才獨毫素焉。託不一施張政事，不□□子之悲乎？"予曰："非也。"蔡澤畏人何若魯連，肆志千秋後抗名於李唐、范寬、董源、吳鎮，狎主齊盟。焚香書齋，家家敬禮一。雪江較公卿之絀辱，能爭老畫師千秋權耶。

　　丁亥十月。十樵王鐸撰並書。

---

[1]　標題係補加。

如夫人作者[1]

如夫人作者傳體耶，否耶。果是傳與誌碑不同。昨遽甚，未及聞罄欸也。舍胞弟異才，鏌今尚石淺土姪七歲，求鴻筆作一傳。傳家耀俗，容過面懇之。賤體狼狽，藥裹命蹇澀如是耶。弟鐸。

復石翁老道盟閣下[2]

弟征鴻避戈壑輯翼蘆灘，乃遄踐蜀，首即笋兵事，紛拏羣修捎戟，可云趾萬里，盡容與耶！秦中蜂午聚崖谷，弟正爲先生不在斯局遏嘔熠蜃偶漫語之。此弟實私一豸繡公也。計先生即宜陟卿貳，媚當寧不三四日，弟華原修禋事一紙二精兼申，賀我同心兄弟，其飲銜忘今日棘楚大檡小桰也哉。先生莘莘恣恣，念我之摯數勤僕，夫來墨絨耶。白日照心，弟之蘊之，戢之圖報，其何涯涘之有。手復石翁老道盟閣下。王鐸。

羲之頓首，闊別稍久，眷與時長嚴足下何如想清豫耳，披懷之暇，復何致樂，諸賢從就理當不疎，吾之朽疾，日就羸頓，加復風勞，諸無意賴促膝未近東望，慨然所冀，日月易得，還期非遠耳。深敬宣晉問在數遇信，萬不一陳。

吾愛孟夫子，風流天下聞。紅顏傲軒冕，白首臥松筠。醉月頻中聖，迷花不事君。高山安可仰，徒此挹清芬。

辛卯春三月廿五夜。樓上書。世世好藏之，爲鳴喈契丈王鐸。

為三弟子陶[3]

杖錫何來此，秋風已颯然。雨荒深院菊，霜倒泮池蓮。放逐寧違性，虛空不離禪。
相逢成夜宿，隴月向人圓。愁眼看霜露，寒成菊自花。天風隨斷柳，客悚墜清笳。
水靜樓陰直，山昏塞日斜。夜來歸鳥盡，啼殺後樓鴉。山晚黃雲合，歸時恐路迷。
澗寒人欲到，林黑鳥應棲。野客茅次小，田家樹木低。舊諳疎懶甚，須汝故相攜。
幾道皇澆圃，交橫落幔坡。葳蕤秋葉少，隱映野雲多。隔沼迷香芰，通林帶女蘿。
甚聞霜薤白，重惠意如何。白狗斜臨北，黃牛更在東。峽雲常照夜，江日欲兼風。

---

[1] 標題係補加。

[2] 標題係補加。

[3] 標題係補加。

曬藥安垂老，應門試小童。亦知行不逮，苦恨耳多聾。微雨不滑道，斷雲疎復行。紫崖奔處黑，白鳥去邊明。秋日新霑歇，寒江舊落聲。柴扉臨野碓，半濕搗香秔。草閣臨無地，柴扉永不關。魚龍回野水，星月動秋山。久露晴初濕，高雲薄未還。泛舟慚少婦，漂泊損紅顏。

辛卯正月初三日。試筆，爲三弟子陶。兄鐸六旬。

跋一

文安公書法妙天下，籍茅太史檢所藏書及墨□家所流傳，彙集此本，有缺略模糊，必求則本正字補之，備極龍躍，虎臥挽攫象搏之數。文安四十年精力盡在此矣！近代立宰子願兩先生戲鴻末禽二帖，塔坍海內。昔衛夫人見右軍書歎曰：此予必掩我名者。本出，惜兩公不及見也。

新鄉張縉彥謹跋。

跋二

文安公書法妙天下，真得晉人三昧寸縑尺，號海內寶，爲拱璧藉茅。先生紹衣家學，不啻大令之於右軍，購求散佚，傳諸永永。逞余笥中有公見贈十二詩，攜歸居巢，一夕爲兵火矣！去今所存惟志牘數爯，心慕手追，不勝過車扣策之感。予以知公真蹟爲世所秘藏，以□蕭翼於異日者，固不僅此數卷而已。

淮南龔鼎孽識于燕邸香嚴齋。

跋三

先文安公書法傳之海內，多年所矣。比來如琅華、艮灣、詩酒論二十等帖，非不備極精妙。余小子恐其久而散佚，且先文安五十年臨池苦心，僅僅見之數帖未盡也。茲刻博搜遺墨，如淳華閣帖式，劃□有年，始於辛卯，竣於乙亥。敢云銘碣仙人之掌，樹眉王母之山邪。

雙鉤呂子太初勒石。

（石存孟津縣文物保護管理所。王興亞）

邑處士劉公諱中玉之墓碑

【額題】大清

邑處士劉公諱中玉之墓

原籍桐封，卯金譜牒，自明永樂遷至孟津，處縣西偏於三十里，院多馬莓，因以我村窆擇東郊，遠家里許，方圜數畝，歷代為墳。又卜其西，佳城是立，至今八世，派別於茲。

（碑存孟津縣文物保護管理所。王興亞）

重修文廟記

邑人丹陽令王用六

孟津在羣屬為彈丸邑，稽右龍馬負圖，聿肇於茲，實文教淵源之墟云。文廟之設，在明嘉靖遷邑之始，與縣治並建。崇禎末，流寇焚劫，鞠為茂草，迨我朝之鼎，中間小有葺治，僅支柱一時，而驟墮良多。歲丁丑，古營州徐公綰符津邑，展謁之餘，周環瞻睞愀然曰：「此興道致治之源，化民成俗之本也。令其□崩若是，官茲者，誰能辭其責乎！」爰諮學博，謀所以新之。而學博張君、單君欣然從事，各捐俸秩。又勸紳衿樂輸趨助共襄盛事。於是，諏吉鳩工，掄材伐石，甍桷檐櫨，墉垣陶瓦，蠹蝕者斥之，頹敝者樹之，工不告勞，財不冗費，民不苦瘁，而殿堂齋廡門觀棟宇，煥然更新矣。是役也，總其事而躬親經營者公也。董率督理變易土木者張君雯生、單君瑞臨、都尉陳永奇也。監工則諸生李貞會、李沖、馬國韜、王筍、梁宸抃也。始於康熙三十六年二月吉日，竣於康熙三十七年四月望日。而敦予一言，記其巔末。余不克辭，間嘗上下千古，而知吾道之獨尊也。古之開天明道，政治之盛，若如堯舜、禹、湯、文、武，後世頌神聖之君，孰不以唐虞三代為法也哉。若孔子一布衣耳，不階尺土，未握一權，歷秦、漢以迄今，天子端冕，摺斑駿奔，奔走於俎豆間，率天下而廟祀之何哉？蓋春秋之定哀之間，帝綱沉，聖法斁，孔子獨能扶既顛衰之人心，救極敝之世道，以褒貶為賞罰，亂臣賊子於筆削之中，使天下畏犯譏評如斧鉞，夫然後危微一線，賴以常存，其於堯、舜、禹、湯、文、武之道，先後同符，而功則倍之矣。天下之人一日不知孔子，則世道人心不至，大壞極敝不止。則學宮者，名教之大綱系焉。蓋有世道人心之慮者，故甫下車，諄諄焉惟此。是豈徒修故事以飾美觀哉！今事竣矣。邑博士弟子□將淬厲名行以克副公志，我知必有合也。況津邑為圖書淵源之墟，自創茲學以來，登甲榜二十人，中鄉科者四十五人，其間三尚書、兩中丞、閣省部寺並藩臬監司以下，不可勝紀。文章世業載之邑乘者，昭昭在人耳目間，取而法焉，則身心性命之理，格致誠正之道，必明諸心，踐諸躬。在家為孝子，在朝為忠臣，在後世為名世、為哲人。□州里間黨相觀而化，成唐虞三代之治，公之心庶幾愉快矣乎！不然，廟貌雖新，而士行不檢，非我公振興之意，亦非兩學博命記之意也。

康熙三十七年四月。

（文見康熙《孟津縣志》卷十一《藝文志》。王興亞）

至日謁羲皇廟

性癖耽奇古,重遊河水隈。行過負圖里,接近讀書臺。
七日初陽發,先天一畫開。歸時誇父老,親見伏羲來。
河南尹張漢題。
雍正初年。

(碑存孟津縣龍馬負圖寺。王興亞)

還金山碑[1]

【碑陽】
還金山
雍正六年立。
【碑陰】
拾金處

(碑存孟津縣會盟鎮花園村。王興亞)

御祭漢光武帝陵文碑

【額題】大清

維乾隆十四年歲次己巳六月丁丑朔,越十一日丁亥。皇帝遣都察院左副都御史葉一棟致祭於漢光武帝。曰:

惟帝王繼天建極,撫世綏猷,教孝莫先於事親,治內必兼於安外。典型在望,緬懷至德,要道之歸,景慕惟殷,心希武烈,文謨之盛。茲以邊徼秋寧,中宮攝位,慈甯晉號,慶洽神人。敬遣崇岑官,用伸殷薦。仰惟歆格,永錫鴻禧。

欽差祭告都察院左副都御史加三級臣葉一棟、捧香帛太常寺八品筆帖式加一級臣孫琦、陪祭河南等處提刑按察使司副使分巡河陝汝道紀錄六次臣張學林、河南府知府加五級紀錄十一次臣陳錫輅、孟津縣知縣紀錄五次臣王弘猷。

(碑存孟津縣文物保護管理所。王興亞)

---

[1] 該碑已斷裂爲二截,碑文約二千字,記述拾金不昧的經過,字小,因風化嚴重,無法識認。

御祭漢光武帝陵文碑

【額題】大清

維乾隆十七年，歲次壬申，癸卯自癸巳朔越祭日癸巳。皇帝遣大理寺卿兼副都統卜塔海告祭於漢光武帝之陵。曰：

惟帝王憲天作極，受籙承庥教，孝莫先於事親，斂福用光乎繼治，是彝是訓，緬惟至德，要道之歸。慈寧萬壽，懋舉鴻儀，敬晉徽稱，神人慶洽。爰申殷薦，特遣專官，冀鑒茲忱，永綏多福。

欽差祭告大理寺卿兼副都統加一級紀錄二次卜塔海、捧香帛太常寺筆帖式加三級常有、陪祭河南等處提刑按察使司副使分巡河陝汝道紀錄六次張學林、河南府知府加二級紀錄十三次高超、孟津縣知縣加一級紀錄四次汪連璋。

（碑存孟津縣文物保護管理所。王興亞）

重修伏羲帝廟碑

【額題】負圖寺

龍馬伏圖寺建立伏羲帝廟。蓋以大古之初，渾渾噩噩，民不火食，男女無序，太昊氏造書契，制網罟，正姓氏，作樂而後成文明之宇宙。《傳》曰："有公德於民者則祀之"，此其功德豈可量哉！余少讀書考傳記，知龍馬伏圖出於河，其地在洛陽市東北四十五里。竊有志焉，思履其地。甲戌夏，宰津邑，私心竊自喜，以爲夷齊扣馬之區，八百會盟之所，庶幾首陽薇蕨，躍舟白魚，得以俯仰憑弔，少證夙聞。蒞任後，披覽圖籍，見有所謂伏圖里者，亟進縉紳先生而問之，始知《傳》之所記，實即地也。洛陽市古名都，故藉以爲冠耳。於是，遴吉往謁，見其地背黃河，面邙嶺，濤洶湍激，峰秀林深，其前潘河環繞，細流涓涓，不禁喟然歎曰：天地鍾靈，風景特異，惟是地以寺名，梵宇羅列，而所謂羲皇殿者，反居其殿。心竊異之，尋閱斷石，知梁武崇釋，久紊其故。而一、二賢令修廢補墜，亦止因仍舊址，未及更張。余意伏羲一聖，乃萬世文教之祖，百代道學之宗，豈宜讓彼釋迦貴居於前！商之紳士，移聖像於正殿，僉以予言爲是。此可見天理人心之同，無可疑者。夫像既移易，配享亦宜斟酌。文王周孔，疊祀崇閣，有宋六子分別兩廡，俾世之遊者，知易學源流肇於龍馬，而伏羲氏爲功於天下後世者，固不僅嫁娶、佃漁、斫桐數事已也。嗚乎！道統之傳，首推五帝，畫卦之功，包絡天地，即堯、舜、禹、湯之製作，文、武、周、孔之佳述，亦且囿於其中，而無能出乎外。我朝聖明繼作，文教覃敷，御製《折中》一書，發明先天詣最詳。余雖不才，來撫是邦，凡有利弊，猶當興改，以聖像位置之重，豈敢承訛襲謬！幸縉紳先生鑒於微忱，捐資鳩工，將落成，請予顏額，余因敬易其顏曰"伏羲廟"，而爲之記云。

特授文林郎知孟津縣事加五級紀錄九次葉體仁、河南河北□□左營協防河南營孟津縣別部張復元、孟津縣儒學訓導□士元、孟津縣儒學教諭何顯增、孟津縣巡捕廳□□□。

候選州吏目邑人荊樹元沐薰書丹。

全省名州縣以及合邑紳衿士庶同心捐資共修。

本廟倍澄忠，徒僧官□學，孫僧官□[1]

鐫字胡成功、胡□智。

乾隆拾玖年歲甲戌穀旦。

（碑存孟津縣龍馬負圖寺。王興亞）

太皥記

太皥帝，庖犧氏，風姓也。生成起，身長九尺一寸。長頭脩目，龜齒龍脣，胸有白毫垂委地。徙治陳倉，都陳。在位一百一十年，崩，葬南郡。按：燧人氏沒，庖犧氏代之，繼天而王。首德於木，爲百世先。帝出於震，未有所，因故位在東方，主春，象日月之明，是稱太昊。其時，枕石寢繩，茹毛飲血而衣皮韋。於是，伏犧仰觀象於天，俯察法於地，因夫婦正，五行始，完人道，畫八卦，以治天下。天下伏而化之，故謂之伏羲也。伏羲德洽上下，天應以鳥獸文章，地應以河圖洛書，乃則象而作易；畫八卦，列八節，造六坴，以迎陰陽，作九九之數以合天道，而天下化之。作網罟以田漁，取犧牲，故天下號曰炮犧；取犧牲以充庖廚，故號庖犧。其世多獸，故教民以獵。作瑟五十絃。瑟著，潔也，使人清潔於心，淳一於行，使素女鼓五十絃，瑟悲，帝禁不止，故破其瑟，爲二十五絃，禮儀文物於茲始作。去巢穴之居，變茹膳之食，立禮教以導文，造干戈以飾武，緣桑爲瑟，均土爲塤，禮樂於是興矣！命臣飛龍氏造六書，命臣潛龍氏作甲歷，命降龍氏倡率萬民，命水龍氏平治水土，命火龍氏炮制器用，伏制犧牛，冶金成器，教民炮食，易九頭爲九牧，因尊事爲禮儀，因龍之而紀官，因鳳來而作樂，因居方而置城郭，審地勢以定山嶽。天下之民號曰天皇、太皥、泰帝。興神鼎一。一者，一統天地，萬物所繫終也。泰帝即太昊，以文在皇帝之前故也。

蜀梁劉仕偉記並書。

龍飛乾隆乙亥陽春。

（碑存孟津縣龍馬負圖寺。王興亞）

---

[1] 以下字模糊不清。

遊負圖寺有感[1]

圖馬出河處，猶傳勝蹟存。先天開道蘊，此地是星源。
古殿精靈在，高臺象數繁。徘徊遺碣下，幽贊得真言。

道以陰陽妙，心緣契合通。幾年窺月窟，今日數春宮。
洛浦風光早，梁園曙色同。更尋圖內象，靜驗太虛中。
萍鄉鄧錫禮。

（碑存孟津縣龍馬負圖寺。王興亞）

河圖吟[2]

至秘河圖理，神乎盡化工。
生成始一六，皇極應其中。

余少時，讀邑中瞿塘先生《易經來注》，見古河圖，未悉其義。乾隆乙亥春，奉使中天，經孟津龍馬負圖處，謁羲皇，側列龍馬背圖，乃旋毛結文而成，始悟古河圖之繪本此。至一二三四五生數，自中央皇極五數遞加而成。嘻，精且密矣！

賜進士誥授昭武大夫專閫襄城蜀梁劉士偉並書。

乾隆二十年。

（碑存孟津縣龍馬負圖寺。王興亞）

先天八卦圖

易卦開天天不違，元之亨處露希夷。乾坤終始剖三畫，日月迴旋當一朝。
退象轉來猶是進，偶爻劈破復成奇。得知妙自天心出，莫更殷勤問伏羲。

（碑存孟津縣龍馬負圖寺。王興亞）

先天六十四卦圖

畫前有易妙何如，畫後泥爻只見疏。龍馬負來原是數，天根見了不關書。

---

[1] 標題係補加。
[2] 碑上部爲圖，下部爲文。

追尋虛白通無極，輪轉貞元起太初。若但只從圖像會，北溟何自識鯤魚。
禮部侍郎胡煦題。

（碑存孟津縣龍馬負圖寺。王興亞）

河圖八卦吟四章

初闢一元六合渾，河圖龍馬負乾坤。伏羲一畫陰陽判，奇偶月窟見天根。

天一生水地六成，永貞之後見元亨。不將皇極其中應，終始如何十數盈。

畫得一陽繼一陰，積之六九見天心。繭綸宇宙本無外，錯綜須當仔細尋。

一息玄穹萬里奔，卻將日月轉昆侖。喻言猶似蟻行磨，天德乾兮地德坤。

蜀梁劉仕偉。
乾隆二十年。

（碑存孟津縣龍馬負圖寺。王興亞）

建祠堂臨街後序

從來莫為之前，雖美弗彰；莫為之後，雖盛弗傳。□□□□孫丕貴□□構其後先□□也。吾族既建祠堂三間，下□餘艮四十餘兩，經營資息，以備建脩街房用。迺事久則□，錢糧經營較難於前日，余因會族公議，事以成為貴，勿□沾貲附不給而屬為，雖現年凶荒，興作孔艱，而同心辦理，眾輕易□□□□輕，貲財不足，必售祖塋柏樹數株，仍除二門分外餘盡。今公計費至一百三十餘兩，工迺告竣，□積丕終，寧敢言行松者茂之，固先後敬續，亦稍伸報本追遠之情。時以恐湮，勒石以垂奕禩，後有志者，嗣而葺之，余所深幸云。

督工至慧子生員騰甲謹誌。
首事人列后：昭鯤、至善、至恭、至榮、昑、至睿、至興、昭鰲、至慧、天爵。
合族捐貲列后：

昭鯤艮□仐，瑤艮二仐，昑艮三仐。昭鰲艮□仐。虎艮三仐，玲艮三仐，玲艮三仐，河艮二仐。至善艮四仐，至東艮二仐，至睿艮三仐，至肅艮二仐，至誠艮三仐，至楚艮六仐，至生艮二仐，至恭艮七仐，至強艮三仐，至興艮二仐，天爵艮五仐，至榮艮四仐，至文艮二仐，至光艮二仐，至華艮六仐，至貴艮五仐，輝艮二仐，雄艮二仐，友艮二仐，儒艮四

⼈，多福艮二⼈，桌艮二⼈，梅艮二⼈。

　　石工胡天乙。

　　㫪乾隆三十五年五月穀旦。

（碑存孟津會盟鎮李莊。王興亞）

建祠堂後序

　　聞之萬物本乎天，人本乎祖。是以以尊祖敬宗，厥典綦重。然無家嗣以妥先靈，斯敬愛究無自而施也。吾族辛氏發源山西，世居洪洞縣，因避元亂，移居孟津。家譜失傳，宗派難稽者。自祖諱隆始傳□世，分為五支十□。祖諱其化，二支祖其民，三支祖其國，四支祖其政，五支祖其令。其子孫相繩，雖非螽斯之多，而書香未受，漸振家聲之大，於是，族人分議建修先祠，營費苦無所出。將始祖栢樹數株售艮四十餘兩，而二門裔大臣等將本分艮分去，惟長、三、四、五門輪流經營，隨會積金，十年之間，錢糧頗多，遂於乾隆卅年建脩祠堂，人無大小，各效迺力，家無貧富，胥捐其貲，計費金二百五十餘兩。工迺告竣，廟貌聿新，行見妥先靈而供蒸嘗，庶少慰吾族之微志也夫。因以是為序。

　　主建昭鯤。

　　營理□□、炤鰲。

　　襄事瑤、至美。玠、至若、至興。

　　合族捐貲列左：昭鯤艮一兩七錢，瑤艮四錢，玠艮二兩四錢，昭鰲艮一兩七錢，虎艮四錢五分，玲艮□錢，玲艮□錢。

　　至善艮十兩一⼈，至東艮七⼈五分，至香艮九⼈五分，至□艮四⼈五分，至誠艮七⼈，至慧艮一兩，至立艮二⼈，至永艮一兩五⼈，至生艮四⼈，至銀艮五⼈五分，至恭艮二兩六⼈，至興艮一⼈，天爵艮一兩六⼈，至榮艮一兩一⼈，至文艮三⼈，至光艮二⼈，至□艮三⼈，至貴艮六⼈五分，至道艮三⼈，至桂艮二⼈。[1]

　　㫪乾隆三十五年五月穀旦合族敬立。

（碑存孟津會盟鎮李莊。王興亞）

東漢世祖中興光武皇帝之陵碑

【額題】大清

　　大清乾隆五十六年辛亥仲春月

　　東漢中興世祖光武皇帝之陵

---

[1] 以下七人姓名，字模糊不清。

河南府知府張松孫書。

孟津縣知縣楊□□勒石。

（碑存孟津縣文物保護管理所。王興亞）

扣馬鎮四社分寨碑記

嘉慶三年三月二十日，扣馬鎮四社公分大寨同保正史魁庭、刑福祿，魏氏半社分至寨後尾西南角乙角，南至溝，西至溝，東至北地社，北至史姓頂坪，邊有磚石為界。自頂坪中直丈，至南溝邊東界四十五弓長，上下共四坪，俱有寨。南溝邊有透山窯一所，門向西南。謹志。

魏氏合族仝建。

時嘉慶三年三月十五日勒石。

（碑存孟澤縣會盟鎮扣馬村祠堂。王興亞）

皇清太學生周公暨閻孺人墓誌銘

公諱廣祿，字爾康，孟津白鶴鎮舊族也。

好施與，嘉慶十八年，歲大荒，道殣相望，谷石錢文無所吝，活者甚眾。公雖係田家，卻愛國恤民，自己破產，替人納糧，半縣之名由此而得也。

道光七年歲次丁亥正月吉日勒石。

（文見范天民《豫西水碑鉤沉》。王興亞）

獄空碑

獄空三載。

道光十一年四月起十四年六月止。

（碑存孟津縣会盟鎮孝城村。王興亞）

創建祠堂碑記

【額題】大清

憶昔成祠達孝，每於春秋修祖廟陳宗器，設裳衣薦時食，周公作為歌頌，以紀前人之德，千百年來，未有倫比。夫立廟祀先，厥典綦重，上自天子，下至庶人，其分殊，其情一也。吾叔萬法素明敬宗收族之義，常懷報本追遠之誠，已偕同族創建始祖祠於輔駕庄。

嗣又念我曾祖兄弟三人遷居喬庄，一再傳後，分爲九門，子姓蕃衍，家業日興，何莫非前人賜哉？傳世遠，食報愈長，仁也，亦義也。於是，積公項錢百有餘千，欲於喬庄建修祠堂。苦無其地，世清、世率、世鼇將己地一段捐爲公產，以爲修祠地基。乃大工未興，吾叔忽得重病，不能照管。世平無奈，獨任其事，卜吉顧工，經營累月，工始告竣。夫廟者，貌也。所以使子孫睹而興感也。廟既成，爰誌其本末，以昭吾叔之志，且以示後人感懷念茲其勿忘。

　　己卯科副貢候選直隸州分州容之撰文。

　　希舜苗大孝沐手書丹。

　　道光二十三年歲次癸卯春三月穀旦。

　　　　　　　　君　　　春
　　經營修祠人世　平　應　祥仝立。
　　　　　　　　魁　　　富
　　　　　　　　選

（碑存孟津縣文物保護管理所。王興亞）

陸氏創修家廟碑

　　粵維周公制禮，上自天子，達及士庶，祀典昭昭，於今為烈。蓋仁率親而義率祖，以報本反思之意。溯開業傳世之基，典至隆，儀至鉅，則家廟之設，春秋之祭，禮不容疏怠也。

　　吾家始祖明時，自姑蘇洞庭東山里遷洛，三世祖齋公由洛遷孟津花園村，乃祖居也。八世祖文禎公由花園村遷居陸村。歷登顯仕，累代簪纓，子承孫繼，疇不知家有廟，廟有主而奉先思孝焉。昔惇公、文獻公等，每欲創修家廟，有志未逮，緣嘉慶二拾五年，陸氏世德坊下東邊房寧姓轉賣方姓，惇公等想此房陸氏祖業，即東鄉陸泰經營房租濫用無規，賣於寧姓者。惇公、文獻公、萬松、萬林公、萬昇公、殿元三元公、正文公、東川公、廷舉公、心有不忍，各捐己財，惇公、文獻公、廷舉公、廷瑞公、廷珍公、萬順公承辦，欲將此房買回去，萬姓不許，無奈，具稟。經凌大老案斷惇公等出錢壹百三拾千文，業歸原主。事後議文獻公經營房租二拾餘年，頗有積蓄，將詣公錢項按數歸楚，而餘貲猶未盡也。於是，重修牌坊兩次。又□東鄉墳地拾四畝零，栽柏樹二百餘株。迨道光二拾四年，文獻公商議將西鄉公項於村東南置買家廟地一區。二十五年，創修大殿，次修山門，周圍垣牆，庀材鳩工，輪奐一新。至咸豐二年春，並經油漆煥□昭彰，茲當告竣之期，刻碑勒石。凡我族人登斯堂者，尚其昭穆，序仁孝篤，有不隆禮由禮哉。是為記。

　　十六代孫拔貢學禮撰文。

　　十七代孫生員長清書丹並篆額。

　　首事人十四代孫萬合、正身。

監生自明、監生持清、監生廷選、貢生鳳儀、武生廷勇、監生廷武、學禮閤族仝立。
同治貳年四月初五日。

(碑存孟津縣會盟鎮陸村。王興亞)

安懷寨

同治肆年孟夏月穀旦。
安懷寨。
鐵爐村創修。

(石存孟津縣會盟鎮鐵爐。王興亞)

清敕授修職郎滑縣教諭謝先生墓誌銘

【誌文】

同里許鼎臣贊。

四孫韜書。

孟津當清季有篤行任重之君子一人，爲故勅授修職郎滑縣教諭謝，先生生十餘歲，嘗以王父命會姻故喪，見將槀葬，則曰止。逕歸，請與衣棺。王父則大喜曰："善，真吾孫矣。"顧讀書艱記意而勵志刻苦，倦則掬冷水沃面，或以夏楚自笞責必成誦，不忘乃已。既爲學官弟子，聞歸自芮城，友人述薛仁齋先生講諭，遂棄舉子業，務宗法程子、朱子之學，躬行實踐，自趺步語，默不逾腧越，生平坦然，不與物競，言尤吶吶若不出。而遇地方大利害，則不啻身受，見義必爲，尤不計其成敗利鈍，惟曰："馬之自我者當如是也。"

光緒丁丑，大饑，人相食，涕泣草書請賑，並發蝕賑者奸，巡撫爲立予賑，罷孟津知縣。而大河南徙將圮及漢世祖原陵、後陵，前後累上書，蒙發帑艮共十餘萬兩，創築魚鱗壩，至六七里。陵右居民數千家，亦得以保其田產廬舍，並豁除，束至叩馬一帶，塌沒地丁艮二千餘兩，而歲支換官馬需七八百金，亦以先生陳請至再終豁除，蓋其以一方利弊，獨承荷以爲己分內當爲，其犖犖大者率如此。設教四十餘年，嘗本程子詩歌教童子之意，著小學詩本孟子人禽之辨，著學爲人圖說。光緒乙亥初元，縣人擬以孝廉方正舉，固辭不克，當癸巳宛平邵學使來督學，以學行薦。乙未授滑縣訓導。戊申升教諭。訓迪士子外，時時宣講。至鄉里，遇賢良端謹孝悌力田者輒褒獎，爲表厥宅里。一時雖走卒婦孺，望見輒相與輟業觀聽，謂謝老師又來宣講矣。丙申，滑東河漫溢，人民漂沒，率露宿堤上，首倡捐炊餅三千觔，以濟其脈；至嚴寒，又倡捐綿衣百襲，並代募千襲施放。庚子之變，民讎教事，後有誤指在學馮生爲倡首者，知縣逮捕。則親至天主堂與主教力辨論，卒得伸釋。免究鄉民，因以免其累者至數十家。洎革命軍起，各處宣告獨立，即乞休致，交篆後七日，而共和成。歸里，以共和八年己未，舊歷閏七月初三日卒，距生于道光十六年丙申十月初四日，得壽八十四歲。先世由山西長子遷孟津，有工鐵冶者，故遂易所居鎮名曰"鐵謝"。先生諱泰階，字子臺，曾王父諱夢魁，王父諱如玉，皆縣學生。父諱獻書，本生父諱鶴書，皆國學生。配于孺人先。

先生以光緒二十四年戊戌六月初四日卒，距生于道光十七年丁酉四月初五日，得壽六十二歲。子三人：長錫璠，國學生，亦先先生卒；次璐，廩膳生；次錫珂。女一，適高。孫七人：原純、原綽，高等警察畢業；原敘，陸軍醫學畢業；韜，附生，陸軍測量畢業；原澍、原深、原皋。曾孫三人：守禮、守乾、守誠。先生子若孫以先生卒之年十一月初九月，啓于孺人之壙，合葬黃花山新塋。請銘。銘曰：

誠足以動維總，仁足以嫗鹽尷，重足以鎮騷葺，勇足以任殷竦，貞足以持欣恐。世每謂儒者歉闊迂遠盜，虛聲而寡實效，則曷觀證于先生乎！予銘不泐以示，夫後來景企趨法者之過此壟。

光緒二十四年十一月。

（拓片藏河南文史研究館。王興亞）

皇清修職郎陸公諱省三字惟吾暨王孺人之墓碑

公祖□□全，父廷燿，自明□葬本村西南立祖。其祖塋，去此新塋正南半里。因豎。

□□□□後世，俾後世一望了然而知祖之箕裘不替云爾。是為序。

皇清修職郎陸公諱省三字惟吾暨王孺人之墓

午山子向兼丙午三分正□丙子□十分金□錄。

辛巳辛亥分金□張星小□度□□□六金度。

侄尚志，男德□、輔、威，孫登元仝立。

光緒貳拾柒年桂月上浣穀旦。

（碑存孟津縣會盟鎮陸村。王興亞）

汝陽縣

井水汲水便用疏

邑城北三十八里許,有蟒莊焉。內有井一孔,邑志記三十餘仞。當且鑿井得泉,不知如耿恭之拜否?迄今百有餘家無不食德而飲福,但每值天旱,泉幾于涸,來取無次,恐起事端,故同村人議以定規,開列于石,使汲用者有茲以往,依此而行,庶免爭競。鄉里一以美俗,此其□也歟。

嘉慶十年九月吉日。

(碑存汝陽縣蟒莊村老井房內牆壁上。王興亞)

汲水規則[1]

一、不許另繩拔水,偷拔者罰錢五百文。

一、來取水,攜一筒繳一筒;攜兩筒,繳一擔,照先後次序取水。或將筒繳滿,攜罐汲筒中水解渴,仍許將筒添滿。不許一人攜四支來取水。無論幾人、擔幾對筒,總要見幾人到,違者罰錢三百文。

一、取水不許在井上借筒用,亦不許有筒者和做人情,違者每人罰錢十文。

一、不許在井上私飲六畜,違者罰錢三百文。

一、或殘疾或男□□□以孤寡無靠、男子外出者來取水用,有願導給水者不罰,仍許繳水,旁人不許。

一、有將筒送至井上,或有故偶然離去,來時仍許照前次序繳水。不得以身離井上,遂置後取水。

□□□□□凡有所罰錢文,村□□□□□公事用。

嘉慶十年。

(碑存汝陽縣蟒莊村老井房內牆壁上。王興亞)

蟒莊村鑿井碑記

【額題】流芳百世

蓋聞耕田而食者,亦必鑿井而飲。此井養不窮,大易所以有明訓也。蟒莊村居嶺巔,

---

[1] 此碑與《井水汲水便用疏》碑並樹在一起。標題係補加。

嵯峨聳起，巉岩叠現。尺土之下．積石堅厚莫測，掘井求泉，為尤艱焉。歷世相傳，村中惟有一井，而居民百餘家咸汲于此。當雨澤調均之歲，猶可相資。一值大旱，恒數汲而桶始滿，遂使親睦之衆，不惟不肯相讓，而且競起爭端。于是，以繩串桶，分其後先。晝則坐俟于旁，夜則臥待于側，甚有竟日竟夜而獲一汲者，然則猶屬閒暇之日耳。每逢農功偕作，富者駕車轉運于異地，貧者荷擔汲于他方，近則三里之外，遠則七里之中。自嘉慶十三年以及十七年，天雨既缺，井泉漸涸，吾鄉因取水有疲其筋者，有誤其耕耨者。同里陳君天福、徐君琬、趙君榮祖目擊心傷。同興開鑿之人，又慮前人屢次鑿井，訖不見泉。今雖欲為利物之舉，未必不為半途之廢。爰聚鄉人，乞其同心共擠，一唱百和，罔有間言，議既定矣，地尚缺焉。乃審度于村南李君東升田內，既居東西之中，又屬寬平之所，未及相商，李君聞之已慨然願置為公，即分八家一牌，以次用力，雖有饔飧不給，而晝夜亦弗少休，鬭及丈餘間，有非錘鑿不可者。凡閱三月餘，深幾十二仞，而泉湧焉。至十八年、十九年，米麥騰貴，每升價錢艮至于三錢，汲水者僉曰：若非此井，吾儕既缺于谷又艱于水，真不至于交困有幾乎。數年以來，倍覺其便，益頸君之德，因勒石以志不朽云。

邑庠生漢章、汪玉、成仁、寶民撰文並書丹。

首事人施地[1]

道光元年歲在重光大荒落仲夏吉日。

（碑存汝陽縣蟒莊村南井房內東牆壁上。王興亞）

汝陽丁庄呂氏先塋碑[2]

呂公諱魁，是塋祖也。其長子諱進德，孫行四諱從信，曾孫諱愫元，孫行一諱仲山，俱葬于新莊南塋。其夾孫行六諱忠立，行七諱鳴鳳，改葬于此。其昆孫行一名德慧，行二名德純，行三名德憐，俱鳳鳴公其所出也。而德慧承繼于忠立，是爲序，以志不忘云。

昆孫德純慧憐同立。

光緒十七年十一月穀旦。

（文見《汝陽呂氏宗志》。王興亞）

---

[1] 以下字模糊不清。

[2] 該碑下半部分爲樊氏世系圖。

（伊陽縣）

修建伊陽縣治碑記

李章塏

乾隆三十年乙酉秋，中州藩憲佛奏請，自道府下逮州縣署廨之年遠傾圮，務須拆建者，許得借項興修，即將本官養廉，均扣三年還款，所以崇體制、肅觀瞻也。得旨俞允。於是，知伊陽縣事李章塏遵例請修縣治，蒙准借項六百兩有奇，重加整飾。經始於丙戌春二月，復以農事作輟，凡八閱月而工竣。計修大門三楹，儀門三楹，廳事五楹，捲棚三楹，吏舍十間，三堂五楹，廂房四間，門牖窗檻畢具，而二堂即以舊三堂更新之。他如隸役之設，馬神之祠，皆自為捐置，不在是列。共需木材大小五百七十有六，磚六萬有一千，瓦八萬四百有一十，石灰四萬五千觔，土坯七萬，石條五十丈，夫工共六千六百二十有三，油漆、釘鐵等項不計數。而舊時朽蠹摧折之餘材，選而新之，不在是列。襄事則有典史晏文煥暨闔邑中端愨敏達之紳士，靡不經營相度，踴躍奔趨，而百餘年來之車不得容，馬不得旋者，蓋奕奕乎觀聽一新矣。伊邑自前明成化十二年新設，首令斯邑者為韋公堅，建縣治於北街。考之舊乘，頗稱巍煥，遭流寇煨燼，今為荒烟蔓草矣。

國朝歷任縣令，就居民舍。康熙間，閩中康公孟侯因而葺之，始有廳事之所，燕居之堂，然而因陋就簡，規模示隘。雍正十三年，山陰呂大抱來令茲邑，詳情復建舊署，因工鉅費繁不果。乾隆十四年，黔中鄧國藩清釐康公所葺之，東偏為民間侵隱者復歸之，而塏因得即其地修建如制，又售買署後民家之廢基一段，闢為三堂，然則前賢侯謀度之苦心，與各上憲規畫之善政，亦庶幾乎聿觀厥成，可告無罪也歟！昌黎韓氏有言曰："中世士大夫以官為家。"而後世之視同傳舍者，則又以昌黎之所云為近古。塏以吳中陋儒壬午捧檄來伊陽，適邑之城垣傾圮者十有餘年，癸未歲，詳請修整如昔。越明年，又請修城東之練溪橋，而行旅不病涉，越明年，又請修縣治，凡創修建者三大工，或曰勞民矣，然工則不鳩而自集也。或曰傷財矣，然費則不繁而具舉也。自非仰荷聖朝惠養之深，與各憲措置之當，訓示之周，奚以得此。而塏於茲邑，亦似有夙緣焉。謹書其事而勒諸石。

乾隆三十年。

（文見道光《伊陽縣志》卷六《藝文志》。馬懷云）

重修北門外照牆碑記

李章塏

北門外照牆，創始於前明萬曆［歷］間，舊有碑碣，摩娑可識。意蓋從形家者言，使鳳山一帶坎方，地脉相迴抱，而不相激射也。丙寅，前令鄧公復葺修之，而風雨頹敗，僅存半壁。邑之紳士緣城工既竣，咸謀縮版。乙酉之春，甫事經營，不逾月，而巍然復舊觀焉。是役也，事易而工勸，用纖而利溥。傳不云乎為保障乎，為繭絲乎。覩斯牆也，其亦念保障之義乎。爰勒襄事姓名如左。

乾隆三十年。

（文見道光《伊陽縣志》卷六《藝文志》。馬懷云）

縣治廳事壁題名記

李章埥

官之為言司也，亦曰守也。朝廷設一官即畀一職，而有守土之責者，豈非昔賢所謂民人社稷之司歟？縣令，一七品官爾。然其疆域，則百里也。其丁口則萬戶也。錢穀出納，筦鑰寄焉；刑罰輕重，休戚關焉。國家之所以責縣令者，匪輕。而縣令之所以自凜者，亦不得不重。捧檄而來斯邑，將以榮身乎？將以肥家乎？抑兢兢焉將民人之是庇，而社稷之是依乎。伊陽地僻事簡，得一悃愊吏優為之。顧考前明設縣以來，令茲土者孰為經營，孰為保障，孰為慈惠之師，孰為剛斷之長，邑中人皆歷歷誦述之不衰。夫前事不忘後事之師也。余既新廳事，爰仿古題名例，詳書歷任名氏，懸諸堂楣，俾前此之不負所司，與方來之益凜茲守者，胥於是乎在眺覽之下，指而數之，亦且區而別之，可畏也夫。是為記。

乾隆三十年。

（文見道光《伊陽縣志》卷六《藝文志》。馬懷云）

題彰善坊

李章埥

為善無近名，善而彰焉，非古也。雖然，三代以下，但使人人有好名之想，則士競廉隅，人趨禮讓，去比戶可封之俗不遠矣。國家設坊之制，意在斯乎，意在斯乎。

乾隆三十年。

（文見道光《伊陽縣志》卷六《藝文志》。馬懷云）

題申明亭

人縱不好善，猝被以惡人之名，則必悻悻然弗受。雖然，陽却之而陰蹈之，欲辭其名也。得乎清夜自思，必得充此弗受之心而後可。伊邑二坊久廢，因修署後復建之，俾斯人顧名思義焉。

乾隆三十年。

（文見道光《伊陽縣志》卷六《藝文志》。馬懷云）

重修石橋村西石橋碑記

曹九齡

地號石橋，以橋名也。當嵩、伊之冲，一溪盤紆而南，遂令東西之道不通，舊傳有明隆慶年間，跨溪累石成橋，行人稱便。

至考厥伊始，斷碣苔蘚半沒於溪壑榛莽中，字跡剝落不可讀。迄今時橋已傾頹殆盡，鄉人羣議修建，經年而事不果。《詩》云："築室於道謀，是用不潰於成。"諒夫。戊子春，汴人孫姬臣孤貧傭工，願傾囊以成此橋。或誚以嵩功。應曰："非嵩也，有施金助工者，余弗敢却。但不效錙衣黃冠，募化檀那耳。"一時里中父老及少年慕義者，咸興起以助勸厥事，不旬月而工已告竣。從此行道無阻，義聲載路。以視夫崇沙門，薦浮屠，破家供筵，捨身飯僧者，相去何啻雲泥。爰誌巔末，刻諸珉石，庶幾往者來者、行者止者，咸相贊美，而後之人亦有所興起云。

乾隆三十三年。

（文見道光《伊陽縣志》卷六《藝文志》。王偉）

捐置書院地畝碑記

汪濤

伊陽紫邐書院，舊名汝墳。義塾在邑城東之北隅，僅有老屋數椽，講堂齋舍未備。迨乾隆丙寅歲，緣州城汝陽書院，為前守王公重構增修，丕振文教，屬邑聞風興起。是時，邑令鄧君與學博孫君共籌建置，堂廡舍宇並設，更謀購地畝，為掌教館穀之資，惟肄業生徒膏火尚缺。歲甲午，徐令蒞茲邑，與學博王君同殷樂育，會有張、陳兩姓因售地未成，訟於官。質訊之，張售地於陳，業已定約，而陳營價不足，退約，令張別售而無主。徐令遂代給價留地，以平其訟，意欲歸之書院，為生徒膏火計。據原約載價二百金，先予之半，將續益其數。無何，徐令解任。學博王君毅然捐清俸以勸之。然以冷官薄祿，力難獨肩。上其事於予。予嘉二君之育才培士，因樂欣助而玉成之。將由倡始立基以俟後至之賢令繼長增高，俾多士有所資藉而藏修於院中。是亦培植樂育之一助云。爰敘梗槩，以紀於石。

乾隆四十二年。

（文見道光《伊陽縣志》卷六《藝文志》。馬懷云）

陶天馬老夫子傳

張潾

　　從來師弟之誼，同於君親。《禮》云："服勤至死，心喪三年。"欒其子亦云："民生於三事之如一。"況我夫子道德文章，尤堪為士林模範者乎。夫子諱文炳，字煥若，別號陶天。派衍扶風，秀鐘汝墳，伊邑之望族也。其先系有諱獻圖者，登明萬曆庚子科賢書，歷任蠡縣、平谷、密雲令，陞河間府通判。嗣後，累世書香，代有聞人，箕裘相延。至太老先生諱拱宸，古道照人，名重膠庠。生夫子昆仲二人。長先生諱文明，字盛際，以文學遊泮林，齒德兼懋。夫子其仲弟也。幼而穎異，博綜羣書，於易理尤精，入庠後，試輒高等，食廩餼，名噪鄉校。孝友出於天性，幼失怙，其事我太師母也，朝夕承歡，歷數十年如一日，遇病必躬親湯藥，衣不解帶。處昆弟，克篤天顯。遇族黨，則視姪猶子，成就多方。誕丈夫子二人，長君諱鏘，英年採芹，夙擅文名，不幸早逝。次君諱鏞，奮志成均，蜚聲藝苑。他如玉樹森列，芝蘭繞膝。識者咸誇一門之盛焉。邑志載其為人嗜學不厭，工舉業。誨邑中後進，性嚴正，不少獎借，一時從遊日眾，執經問業者門無虛席。夫子惟勤講貫，嚴課程，以行誼為先而文學次之。嘗揭白鹿洞學規以示人曰：此吾儒正心修身，明體達用之根柢也。迄今受業門下者，或博青衿，或登賢書，皆我夫子循循善誘，春風化雨之所成也。其沐恩詎淺鮮耶。憶昔夫子在日，年雖週甲，而精神矍鑠，方冀壽如金石，俾得立雪程門，久聆孔鐸。何意瓊樓奉召，乍謝塵緣，蓬島路遙，已登仙籍。念梁木之已萎，悲杖履之空存。幽明永隔，傷何如哉！雖然，易朽者形，難忘者教。茲值歸窆，有同門張君景湛、申君從琅等共謀勒石以誌不朽，問序於余。余思夫子之懿行，何可枚舉。幸親炙日久，謹約畧其大端，銜哀泣述，俾後來者有所楷模云。

　　乾隆四十二年。

（文見道光《伊陽縣志》卷六《藝文志》。馬懷云）

雪菴竇公墓銘

張施仁

　　公諱魁鼎，字文長，號雪菴，姓竇氏，世居伊之大安里。其高祖諱三畏，從將軍譚收復南昌，世襲呵達哈哈番，取胞姪耀為嗣，孫士忠襲職。士忠以平湖寇功建牙京口。士忠之三弟士傑，生繼周，字紹公。公，紹之塚嗣也。儀觀修整，博達有雋才，好學篤行，應武試及格，入為庠生。賀者謂君家以武功顯，借此一帆風可破萬里浪矣。公謂駑駘之資，得此已過望，他何冀焉。數世同居，家本殷富，分釁後，稍苦不足，公乃不謀仕進，躬率童僕力耕以自給。至性孝友，事父母色養兼盡。紹公公晚得癱疾，公為製四輪小車，子弟牽挽，巡行遊觀，以相娛樂。弟魁名，寡言笑，性質樸。公待之倍極友愛，壎箎和諧，內外無間言。有妹適文學馬又周之次子珖，數年而寡。公間月一往視，代為區畫，如理家務，其他厚德多類此者。

配張氏，予堂兄增廣生全仁之次女。讀書通大義，善女紅，剪人物、鳥獸、花卉尤工巧。姑楊，性嚴正，惟氏婉順，得其歡心。常在廚下，舅坐院中，適家畜一騾性慣踢，嚙忽脫韁，奔鳴而來。氏倉皇無措，四顧無人，遂以身覆翼之，騾轉入廚，氏拴其門，舅得無恙。氏清羸善病，藥裹不離手，每自製方，皆與古法相脗合。未幾，病終。生於康熙五十一年二月十二日亥時，卒於乾隆二十七年五月初八日戌時，享壽五十一歲。公悲不自勝，入夜猶涕泣不止，枕簟床簀間隱隱多淚痕。其子國賓謀續絃。公曰："昔汝上宗平叔先生年四十喪妻不再娶，士論高之。吾雖行不逮古人，願以古人為法。"及殯穿壙，其子故寬數尺。公謂之曰："爾尚未喻吾意乎。吾誓不娶也，爾勿以此為慮，徒傷吾心。"其友人太學生修之吉以書來力相勸勉。公裁書以答之曰："自谷風興嗟而夫婦之誼衰，有尸骨未寒而迎新棄故者，古今來蘼蕪怨白頭吟直薄情者事耳。"彼奉倩神傷安仁淚盡，不令人慨然增忼儷之重乎。況雪蘆風奈前後易慮，何忍使失思吾兒長貽地下慼也。此後遂無復言者。子居一室凡三十年，而觸緒興感遺簪故釧之悲，未嘗旦夕釋諸懷。公耳聰目明，暇則執卷唔咿，燈下猶能作蠅頭楷，顏容悅澤如四五十許人。一日早飯畢，與諸孫曾嬉戲堂前，談笑如平時，既而端坐不語。諦視之，目已瞑矣。時乾隆五十一年十二月十六日辰時也。距生於康熙四十七年十二月十二日子時，壽八十歲。公歿後數月停柩在室。曾孫靖邊甫三令，公所愛也，戲柩旁木墜下。忽見公以手拖過，遂得免。家人驚詢其故，具述公衣冠與殮時同。噫，異哉！系之以銘曰：

肫摯之情，純粹之行，固本性生，亦由學成。誰實司之，以永令名，誰實遏之，而不顯榮。不於其身，於其子孫，克昌厥後兮，自今伊始云。

乾隆五十一年十二月。

（文見道光《伊陽縣志》卷六《藝文志》。王偉）

汪芸亭先生墓表

張施仁

此義士芸亭汪公墓也。公諱名揚，字少卿，系出徽歙，遷伊，未詳所自始。今大安東嶺與西南灘土人猶以汪名，蓋舊家也。有諱本誠者，是為公曾祖。本誠生守心。守心生五子，長鳳彩，次鳳麒，三鳳麟，皆分居。四鳳龍，字騰宇；五鳳翔，同居。自幼至老，兄友弟恭，內外無間言，孝友之家風，由來久矣。其析居也，薄田敝廬，僅足以供饘粥、蔽風雨而已。而兩先生一權子母，一善理家務，歲入常數倍，日積月累，遂致殷富。鳳龍先生生六子，長文選，雍正戊申選拔貢生；二文元，早卒；三即公，聰明過人，讀書數行下，工制藝，應武試入庠，公雅不與絳灌伍，終不試棘圍。或勸之，公曰：天倫樂事，近在家庭，邀天之倖，二樂備矣。縱紆青拖紫，吾不以彼易此也。當是時，兩先生俱年高。長兄須次銓曹，諸弟皆就外傅。惟公左右其間，奉養惟勤，每一味甘，不憚百里遠必購以進。課諸弟讀書，夜漏下皼乃止。暇則為之講明立身行己大義。鳳翔先生無子，遂以公為之後。未幾，兩先生相繼歿，葬畢，或以食指日繁，意欲析居。公正色曰：諸伯父以分居貧，吾家以同居富，此後車鑒也。況坏土未乾而遽背之，不孝孰甚。自是無敢復言者。既而四弟文魁入武庠，五弟文宏成監生，六弟文韶補博士弟子，而長兄已部選溫州府樂清縣丞。謂公曰：“吾弟勤勞有年，今諸弟俱已成立，力能持家，不如析之。”便科地得三千餘畝，廬舍稱之。公應得其半。曰：“皆同胞也，吾何忍獨厚。”遂以五分均焉。里人聞其事於邑侯李公，旌其門曰“義士”。公曰：“是沽名也。”堅辭不受。性嚴正，人以非義干，輒面叱之。而内實坦易無町畦。與人交，誠實不欺，尤好施濟。鄰人有姬姓、許雪子，皆娶親不給。公為備裝奩，兩家一時俱成禮。其他厚德多類此。晚年不預外事，築小室，扁曰“芸亭”，著《芸亭小草》藏於家。學者稱芸亭先生。公子三，長庠生鍔，次鍠，又次錫。孫八，曾孫三。皆循謹能世其業。論曰：少卿葆真潛華，輕功名而重天倫。其曠懷卓識有過人者，而又能以篤行動鄉里。觀其推財讓產，雖漢之繆彤、薛包何以加。茲豈作而致其情哉！孝友之情，蘊於天者全，而漸濡於家教者深也。語云：“蘭生幽谷，不以無人而不芳。”其斯之謂歟。抑余又聞，里有閧於牆者，或勸之曰，而不見汪氏昆弟耶。其人涕泣感激而去。然則公之潛德幽光，自足以廉頑立懦，而初不意其入人深，而感人速者之至於如是也。噫！直道而不行也，則斯人其終湮沒不傳也已。

乾隆五十三年。

（文見道光《伊陽縣志》卷六《藝文志》。王偉）

李澧墓表

申懋本

夫子諱澧，字蘭隈，邑名宿也。太夫子廩生慎庵公內行純潔，孝友篤於天性，遇人有急難，解橐贈之無吝色。大吏以孝廉方正，聞得備錄用需銓次焉。學博才贍不治生產，以故家益落。丈夫子五，夫子其季也。諸惠兢爽，補博士弟子者四，而學深養邃，淵然不可涯涘者，尤以吾夫子為并之眉。夫子秀氣獨稟，脫然塵埃之外，敦厚蘊藉，嗛然終日，而飲人以和，即之者如冬日之日，一貧徹骨而至性不移，雖甑釜生塵，泊如也。為文力程先正，卓然成一家言。乙酉歲，場中得其文，有司擊節歎賞以擬魁。數日，旋以微瑕被摘。龍文虎骨，竟落孫山外也。豈不惜哉！厥後秋闈之役，遂艮其趾。教授生徒，循循善誘，而沐其化者如坐春風中，雖以懋之不肖，亦得執經而列門牆焉。晚膺紫邐書院講席，稍稍得脩脯資。鄉里慶曰：范丹不終貧矣。而甲子方還，遂騎箕尾，歲在龍蛇，蓋今年正月十四日己未，距生雍正七年九月初一日壬申，享壽六十三歲，於禮僅得下壽焉。迺者卜吉於鳳山之麓，而以師母陳太君之魂祔。從遊者哀其窮且歿，而懼教思或湮也，謹次崖畧表之幽里，俾知吾道中有篤義守貧如吾夫子者，因大書深刻，以志不忘云。

乾隆五十六年。

（文見道光《伊陽縣志》卷六《藝文志》。王偉）

重修儒學碑記

知縣高克三

自古學校之設，所以成一世之人材，雖山陬海澨不廢，而督課董勸之事胥於博士員是賴，非蓄道德而能文章者無以為也。古人云：選官訓導，乃治化本源。亶其然與。我皇上經緯同文，重編石鼓，勒碑大學，雲章爛然，輝映星日，其為加意學校至優且渥，而席設皋比，厥責綦重，顧游之無其地，棲之無其所，所以崇儒術重師道也。余於己酉之春恭膺簡命，蒞任斯土，得與學博青圃先生遊。覩其言論豐采，洵為多士楷模。余亦休其餘閒，時詣學宮，詔諸生而訓誨之。入其中，規模頗不湫隘，而隅奧庫□庭廡下陋不至，如國庠故庭，墾為老圃者幾希，因欷噓者久之。既而周圍相度，始得悉其梗槩。由明倫堂而東，有堂疑翠，以為清讌之堂，自是以內，析間而計之，為室者一十有九，迤西為雙松堂，則射賓之圃也，其堪為舊貫之，仍明倫凝翠，僅有存者，餘皆雨霽燎毀，懷不可支覆。入此室處者，人愁墊隘，且有巖牆戒危之慮焉。其將何以事事。余急為捐廉倡募，延紳士以董其成。而趙生克登、陳生煥與其弟煌、劉生全心、馬生濬澧輩慨然興曰："是吾責也夫。"計材慮庸，斷度尋尺，凡大宋細桷，員碼方礎，一切陶甓木屑之屬，莫不經理井井，不關餘人。都計錢凡二百五十緡有奇。然工則不鳩而自集也，用則不勸而自輸也。已於事而竣，視前所云崇而為堂者今加敞，旁而為舍者今加邃，翼而爲廂者今加舒，築而爲基者今加固，扤而爲門者今加闊，周□適匽，靡不舉者。是役也，經始於庚戌之冬，間二歲壬子而告成事。余為青圃先生之德教入人者深矣。數君子之才賢，足以相濟而又協於其謀，經營部署，勤靡餘勞，而解囊醵金之子，無幾微顧惜之意。為裘以腋，積石成山，然後共襄盛事，克副聖天子壽考作人之雅化，是皆可嘉也。於是，敘厥緣起，伐岩鐫石，而以諗後之人。

乾隆五十七年。

（文見道光《伊陽縣志》卷六《藝文志》。王偉）

觀音寺創脩水陸殿記

孟藻江

石臺鎮之南有寺曰觀音，其創始莫攷。後以因循頹廢，榛莽彌目，遺址無存。有鐵船和尚駐錫於此，見泉水曲流，愛其地，剷刈荒穢，訪諸野老，則曰：是故觀音寺也。遂誓志脩復，徧募檀越而此寺於以中興。然規制粗成，地勢溢狹，僅建山門佛殿，而水陸殿不能備。寺後枕聖王石台，疊石嶙峋，高踰數丈，其下積水漫瀾，污不可治。自鐵船以來，屢廢屢興，限以地無所施，人咸以為憾云。超凡上人，嗣法臨濟，為是寺名僧久矣。妙入三摩，常超四大，每念及此，憂心如擣。約段君雨蒼字東協力，相勢度形，劚石剔土，積以歲月，闢而敞之，擴而大之，始得地若干，水之漫者瀦以池，地之窪者覆以土，砌石數尺，周遭完堅，然後恢宏舊制，建水陸殿五楹，方丈禪室以次就理，創設鐘鼓，接引來學，燃法炬，發祥輪，證辟支之果，參最上之乘。四方飛錫者接踵而至，蔚然為叢林一宗，可為盛矣。余於是嘆天下之至難者，無不可為也。昔延沼七祖開山白雲，當其時，繁林蓊薈，荊棘滿山，豺狼是窟，虎豹為羣，獨能闢除荊榛，建立殿閣，游戲三昧，大轉法輪，倡明臨濟正宗，一時證道高足傳其法以衣缽天下，所在梵寺皆為風穴下院，迄今三十有餘世，猶為空門之冠，如段君、超師之所為，豈不與之後先媲美哉！今超師現主白雲法席。余時至其室，聆山水之音，頓生道心，相與往復不厭，偶談其故寺始事之勤，屬余為記，並邀遊焉。

余登寺之臺上，觀汝水遠抱，紫邐峴峰，翠光可接，茂林修竹，相與掩映，溪流紆餘，鏘鳴金石，遂不禁心曠神怡，與青蓮香山共有方外之思也，欣然援筆而為之記。是寺也，重修觀音閣，功德主則有王君廷瑞，首事則有劉君奇、李君三奇。創脩水陸殿功德主，則有段君焉。例得並書，永示不朽。

嘉慶三年。

（文見道光《伊陽縣志》卷六《藝文志》。王偉）

重建文昌閣記

知縣陳培英

原夫學開傅相騎箕尾而象麗九霄，文煥放勳賁雲日而光垂四表。從來主持正教，其精神必上徹於天；崇奉哲人，其禮制必加隆於古。小德役大德，邪匿所以不滋；先知覺後知，君師所以兼作。若稽在昔，聖賢之典祀，咸敦亦越，於今仁義之漸摩久浹，而我皇上斂福錫民，建極尤懇於保極正經，興庶驅邪，莫豫於閑邪，爰迺命沛倫屏晉文昌六星於上祀，禮全關廟，增春秋二祭以太牢，且復迪惟前光，追崇後殿，自京師而頒行中外，由直省而通飭縣州，豈不以帝君西垣著蹟北極，環樞傍紫微之宮，匡扶將相，位斗魁之上，蔭庇璣衡，故《周禮》紀官實存司祿之職，而楚騷抒悃，必歌司命之章，繇來蓋綦重哉。抑又聞之，當宣王中興之日，適文昌下降之年，十七世士大夫孝先張仲萬千言真寶訓，靈顯梓潼，非祇如曼倩之為歲精，偶遊漢室，黃石之為真象，徒遇圮橋也。培英恭逢文治，欽四海之誕敷，諸生並值昌期，奮三年之大比。念伊邑舊有閣座，迄今茲已無半垣，於是，與闔邑宦紳等會議重修，遂釀金而襄事，和衷共濟，不曠日而蕆工，更添構拜臺一所，朱衣閣一所。雖仍舊址，實創新模。從此百里絃歌，學道甚期於君子；五經腹笥，揮毫自得於神來。科名之瑞草恒春，富貴之繁花四照。謝敷往矣，必有應少微而蜚聲；蘇軾來乎，還當附奎宿而奏事。東壁燦圖書之府，秘啟娜嬛；西庚標錦繡之才，班聯密宥。竚羨光占黃潤，仰碧漢以昭回。運際昇平，干青雲而直上矣。是為記。

嘉慶七年。

(文見道光《伊陽縣志》卷六《藝文志》。王偉)

井水汲水便用疏

邑北三十八里許，有蟒莊焉。內有井一孔，邑志記三十餘仞。當且鑿井得泉，不知如耿恭之拜否？迄今百有餘家，無不食德而飲福。但每值天旱，泉幾於涸，來取無次，恐起事端，故同村人議以定規，開列于石，使汲用者有茲以往，依此而行，庶免爭競，鄉里一以美俗，此其□也歟。

嘉慶十年九月吉日。

一、不許另繩拔水，偷拔者罰錢五百文。

二、來取水，攜一筒，繳一筒；攜兩筒，繳一擔，照先後次序取水。或將筒繳滿，攜罐汲筒中水解渴，仍許將筒添滿。不許一人攜四支來取水。無論幾人，擔幾對筒，總要見人到，違者罰錢三百文。

一、取水不許在井上借筒用，亦不許有筒者和做人情，違者每人罰錢十文。

一、不許在井上私飲六畜，違者罰錢三百文。

一、疾或男□□□以孤寡無靠，男子外出者來取水用，有願導給水者不罰。仍許繳水，旁人不許。

一、有將筒送至井上，或有故偶然離，來時仍許照前次序繳水。不得以身離井上，遂置後取水。

□□□□凡有所罰錢文，村□□□□□公事用。

(存伊陽縣蟒莊村老井房。王興亞)

重修呂祖閣記

知縣林朝陽

祭法能禦大災則祀之，能捍大患則祀之，非此族也，不在祀典。國家百餘年來崇德報功，凡神之有裨於民者，莫不隆而祠之，而呂祖獨缺。何者純陽倨師修真養性，道家者流而祈禱者不敢瀆。嘉慶九年，黃流漲發，漫溢於淮徐，而清江浦為甚，民之苦於水患者急，而禱之於師，不終日水落隄平，安瀾誌慶。河督以捍禦之靈奏請於上。天子迺命祠官，稽典禮加之封號曰"燮元贊運"，令郡縣春秋祠之。

伊邑碧峰寺之西，舊有呂祖閣，不知圮於何時。邑人得其樑木，志康熙五十二年，知伊陽縣事會稽張邦憲，旁並書原任徐亮祖，大約創修者其二公與。顧閣之所以廢而不復舉者，上則朝廷未之褒封，下則典守者無以自立，而不能時護其檐楹垣瓦，終致風雨所漂搖也。嘉慶十年，前尹陳奉旨與邑人重建斯閣，闢城隍廟與寺上隙地，拓而大之，搆為三楹，即使寺僧海福守之。僧貧，無香火地，頗勤食力。邑之紳士馬鐘賢等，請以地之屬於官者撥給若干。余念斯閣之建，重關國典，異乎發善心，藉布施以希福利者也。從其請而予以地。即以地名四至，載於碑陰，以示不朽云。

嘉慶十年。

（文見道光《伊陽縣志》卷六《藝文志》。王偉）

倡勸籌設紫邐書院膏火感德碑記

陳文琬

事未有而有之之謂創，事既有而飾其所有之謂因。其以創為因者，不忍掩前人之美也。其以因為創者，恐後之人因陋就簡，不能拓前人之規模於無窮也。吾邑義塾，舊名汝墳，經有明兵燹後，剝落無一椽。迨我朝定鼎以來，前鄧侯國藩創意重建，相與卜地於鳳山之東，而紫邐書院遂永錫嘉名焉。是未有書院而有書院，鄧侯之力也。顧其時，桷宇雖飭，置畝無多，師俯八十兩，生童膏火猶缺。歷年來教匪縱橫，當事者疲於軍務，未暇專延名師，或僅以代庖，塞責生徒。日月至，亦不在院訓課，因而虛室無人，風霜摧敗，講堂、齋舍、器物、垣墉，一切殘缺不備。嗚呼！曾幾何時感慨係之矣。惟我月查陳老父師，南楚名儒，中州廉吏，於嘉慶四年蒞任，甫下車，即詣院核前鄧侯所置義產畝數，設檔二，鈐以印，一存署科，一發文齋長，俾兩無混。且諄然詢及歷年興廢之由，乃召生等而謂之曰：蜀其無文學，文翁之前，未有人焉以化之也，湖州何患不如齊魯。瑗之前，未有人焉以教授之也。茲院之廢，廢於無名師。名師之不來，阻於束脩之稍薄。至於咕嗶之士，非盡能難柴掛角也。家貧俯仰且不給，焉能讀。卓犖跅弛之材，強記博聞之質，往往困窮死白屋下，可勿惜哉！於是，倡捐清俸百金勸捐，貢生何德隆百五十，監生王所欽百五十，千總黃士俊一百，撥邑公剩銀一百，共六百金，置邑之商典，權其子母，按年得息金七十二，以四十金豐師膳，餘錄生童正課，月給鈔五百文，犯規誤課則黜之。又命葺牆屋，修器具，無微不到，乃侯之心猶以為歉也。會上店里有控河患地，叚鞫之，無糧約，例入官。乃籌請上憲，入於書院。又齋長趙某與庠生劉某，並高姓、劉姓等訟灘地無糧，均請入院，諾之。計各官地凡壹頃壹拾捌畝貳分三釐玖毫陸絲伍忽，歲可收課錢柒拾貫零玖百肆拾肆文，以此益廣院中膏火，蓋未有膏火而有之與。已有而為之拓之，則毅然吾侯之力也。當是時，應聘而主席者，湖北孝廉汪粹亭夫子也，品學兼優，專嚴並至，閱數載教不勌。而侯則每課必親臨講貫，每課卷必細意閱評，甲乙必公，獎賞必厚，有武健者，必鳴鼓而攻，以故士習端方，人才蔚起。炙其光者，皆務為先輩根柢之學，韓、柳、歐、蘇結構之文，瑕更指畫風雅，鼓吹漢、唐。伊向不解詩，而今比戶絃歌矣。從此干青雲直上，其懷我侯之德，豈止甘棠遺愛云爾哉。用勒貞珉，以誌不朽。其倡勸籌設膏火，各據末，附刻另碑。

嘉慶十年。

（文見道光《伊陽縣志》卷六《藝文志》。王偉）

皇清應贈武德郎守禦所千總子戀譚君（尚德）墓誌銘

【誌文】

皇清應贈武德郎守禦所千總子戀譚君墓誌銘

國子監監生眷侍生雷正時拜撰并書丹。

墓誌之作夥矣。然皆薦紳先生及能文之士為之。藉其品題，為墓中人增光寵焉。求之布衣迂拙者流，蓋鮮矣不多。有子戀，葬之前月，嗣君應元乞予一言為墓道誌。予非顯達者，而又不文，奚當此？以子戀不喜人譽，予固不喜譽人，平生心跡有默相契者，故不他求而求予。予用是不敢以固陋辭。謹按：

子戀譚姓，名尚德，子戀其字也。先世籍伊陽。太高祖飛鳳遷汝州，歷高祖明山，曾祖守寅，凡三世未值產。魯陽之遷，則自其祖宏印始。然家尚清貧，至其父藎臣始以耕賈起家。而母張氏儉以佐勤，實與有力焉。子戀張氏出。弟尚修，庶母郝氏出。修出繼胞叔百先嗣。子戀生長富厚，不事安佚。初攻書，體羸弱善病。後習武入泮，復援例捐守禦所千總職銜。里人爭羨以為榮。而子戀處之淡如也。又素儉樸，衣食器具但最簡潔，厭華飾。而婚喪大事及酬朋往來，則務稱禮而行，不少吝惜。尤崇學問，重義氣，為子弟擇師不憚遙遠，訪名宿請焉，待之有加禮。歲乙丑，議修本鎮澤口書院。子戀挺然首出，捐貲倍他人。凡此皆不待董率，不假勉強，蓋其天性過人遠也。其他嘉言懿行，不可勝紀，舉茲一二以見梗概云。

子戀卒於嘉慶十一年十一月十八日亥時，距生乾隆十六年九月初四日子時，年五十有六。娶高氏，生應元。元妻元繼皆李氏。今於丁卯十一月十有九日，嗣君應元將葬子戀于新塋，予即為之誌矣。復係之以銘。銘曰：

富則易侈，貴則易放。卓哉譚君，允為世望。緬彼生平，約其行狀。忠厚淳樸，恭謹寬讓。循循古道，不染俗尚。云胡不祿，未耆而喪。祖塋逼促，無以為壙。別事佳城，于焉歸葬。安身福後，吉人天相。

嘉慶十一年十一月。

（拓片藏河南省文物考古研究所。李秀萍）

重修文廟碑記

劉仲舒

天下理亂之故，視乎人才。而人才盛衰之機，本於學校。故古者自天子之國，以至二十五家之地，莫不有學。自天子之子，以至凡民之秀，莫不入學。而四時視學，必擇釋奠於先聖先師，有牲幣合樂之禮焉。夐乎弗可尚已。三代以來，此道未改。漢以太牢祀孔子於闕里。唐貞觀以降，州縣俱有孔子廟。其後，學必立廟，特祀孔子。三門六戟隆其義，配享從祀秩其等。春秋上丁，有司率諸生有事焉。然有司職業填委，往往疲精於催科獄訟之煩，而以學校為不急之務，有任其敞壞而視之若無覩者，此所以學序廢馳而人才日以不古。若也吾伊儒學創自明成化時，隆慶間邑侯武公重修，規模詳備，前載可稽。國初，承明季兵火之餘，遺蹟鮮有存者。自順治二年至乾隆三十年，屢有興築，藉為修整。今又五十餘年矣。殿廡則上雨旁風，橫舍俱荒煙蔓草，門樓傾側，泮池填淤，階級平夷，丹粉暗淡。邑侯靈壁李公名東畡，慨然捐俸錢百千，以興廢為己任。未幾，遷秩去。適福山王公名德瑛攝篆是邑，首謁聖廟，憮然曰：學校如此，其何以蒸髦士而興教化乎。即與邑人士謀所以新之者，出囊金百千以倡。邑人士感公之意，率以其私錢爲助。於是，刻日程工，選修謹之士董其役。工未竣，而公有扶溝之命。貴州胡公名萬全、奉天沈公名仕臨，承公之後，蕭規曹隨，事以克濟。創修文昌先代廟三楹，諸祠木主悉易以石，以圖久遠。自大成殿、啟聖宮、兩廡、名宦、鄉賢、二程、忠義諸祠、文星奎光樓、大成櫺星門、照壁泮池、齋房、周垣、堂塗，莫不潤飾更新加壯麗焉。經始於嘉慶二十三年冬，至道光元年十月迄事。董役諸君屬余文其事於石。

予謂天下事敗之易而成之難。非必任其敗之難成也，有成之心之勢，而卒為物所敗者多矣。是役也，四侯協心，慎始圖終，始能相與以有成也，可不謂難與！昔文翁守蜀郡修起學宮，而明經飭行之士出。虞喜為鄱陽內史，大修庠序，而金石丹青之論傳。然則為邑士者，仰體數君子作人之意，瞻廟貌之整肅，緬聖學之淵源，不惟榮華其言而必圭璧其躬，不徒為干祿希世之資，而務為明體達用之學。豈特近古師儒之道業可接，雖謂三代教化之懿，至今存焉可也。余雖疲駑不堪驅策，願與多士共勉焉。是為記。

道光二年。

（文見道光《伊陽縣志》卷六《藝文志》。王偉）

補脩伊陽縣城碑記

張道超

歲癸未，余捧檄涖茲土。周視城垣，方廣約四里許，歷年久，多傾圮，欲修之，未遑也。越戊子，始謀諸邑人士諸君子，進而言曰：坏垣牆，補城郭，官斯者倡焉，土斯者任也。我任我輦，我車我牛，無敢不供。乃鳩工甃築，經始於歲之仲秋。其間農時弛役，風雨弛役，嚴寒弛役，凡八閱月而工成。成之日，眾請曰："是不可無以志之也。"爰紀其畧於珉。若夫有基勿壞，慎固而保障之，是所望於後之有志者。

道光三年。

（文見道光《伊陽縣志》卷六《藝文志》。王偉）

新脩伊陽縣試院記

張道超

昔聖門為宰在得人，在舉賢才。人才者，邑之望而宰之所論而升也。第成周之法，三物以攷之，無後來扃試之嚴也。三年以比之，無後來再試之密也。況地屬選秀初階，今日秀畯異日國士，尤宜昭其鄭重，則試院之當立也尚矣。且夫試院與書院相表裏者也。

書院育才，試院掄才，二者常交需而不可以偏廢。伊邑舊有書院，予下車時，即為增置膏火，釐定章程，已漸次就理，而試院獨缺，豈前之涖事者艱於創始與？抑地僻，角藝者稀，遂視為緩圖與？今則文風丕振，應試之士數多於前，惡可無以位置之。嘗見歲科之期，莘莘子弟白袍鵠立，地假衙署，器借市鏖，朝入夕出，運甓同勞。每遇上雨旁風，遷避無所，倉卒操觚，安望澂心渺慮，得盡抒一日之長耶。

夫培植人才，宰斯者之責，亦土斯者之責也。爰商諸邑人士，咸踴躍樂從。金既釀，涓吉鳩工，自經始迄落成，凡四閱月，號舍足容，堂宇粗備。繚以周垣，附以庖湢，而磩楹櫨桷棟宋皆取堅樸，文案亦以石伐木，冀經久可無坏也。至試院，即度書院後基，欲使入學鼓篋之年，即存文壇樹幟之想，觸目驚心，爭自濯磨，從此莪英聲騰茂實，人文科第霞起雲蒸，於以仰副聖天子棫樸作人之雅化，是則予所厚望也夫。

道光六年。

（文見道光《伊陽縣志》卷六《藝文志》。王偉）

義學碑記

張道超

天下有真教化而後有真人才。教化之興，自閭里始。人才之成，自童蒙始。國家右文稽古，重道興賢，自畿輔至直省，莫不有學，而又建立書院，進弟子之秀良者教育而切劘之。其城鄉市鎮，童卯初基，未能招入書院者，復設義學以殖之。是書院所以輔學校之未逮，義學所以補書院之不及也。

伊邑舊有書院，余下車後，即為增膏火，葺房舍，犁然奐然矣。而義學獨缺，余滋悆焉。道光丁亥秋，奉檄勸立，爰進邑人士商之，皆欣然樂從。不數月，得義學二十八所，或捐貲或置地，從其便也。或數村共立一學，或一村各立一學，隨其宜也。學舍即擇敞靜祠宇，仿睢州湯文正公三聖廟碑記意也。各學皆擇本村紳士經理之，防官擾吏侵也。學額俱顏以德，《周官》三物首德也。迄今數年來，諸君子黽勉襄事，措注周詳，固已戶誦家絃，率循規矩矣。然豈惟章句佔畢云爾哉。古之人觀於鄉，而知王道之易者，其始基於蒙養，其既則有以厚人心而同風俗。凡為師者，必當正心術，崇禮節，以立教人之本；敦學業，明訓解，以盡教人之事。其日用行習，則以朱子小學及《童蒙須知》、真西山齋規為標準；其考德問業，則以胡敬齋續白鹿洞條規為桌臬。因其質而啟牖之，迎其極而利導之，時其動息而張弛之，慎其萌蘖而防範之。使學者優柔漸積，日趨於善而不自知。由是父教其子，兄勉其弟，家敦孝友，人知禮法，農夫戒逸，諺百工禁奇衺，商賈羞罔利，人心淳而風俗因之茂美，是義學者微特書院之先路，抑亦教化之權輿也。若夫有舉無廢，踵事而增，余自勉之，邑人士共勉之，後之君子尚其念之。

道光七年。

（文見道光《伊陽縣志》卷六《藝文志》。王偉）

重脩關帝廟碑記

張道超

作宰之要有二，曰治民，曰事神。傳曰：先成民而後致力於神。非敢緩也，施有序也。道超以癸未春奉檄來宰是邑，審邑中事宜，廢墜者蓋不一端。竊不揣薄劣，謀一切興舉之，而同城諸君子首以關帝廟為請。關帝廟踞城之中，春秋大祀於斯乎行事而規模卑隘，歲久復漫漶，義宜修，顧諸之，而未即從事者，非敢緩也，施有序也。癸未之明年，麥大熟，超始於案牘之暇，稍出視伊汝兩壩水田渠道和墾占湮滯閼。又明年，秋穀豐成，念縣試童冠露坐，乃為刱脩試院一區。又明年，勸設義學二十八所。又明年，甃城垣，新壇墠，將以次及諸君子所請。雖然，工亦繁矣，凡茲興築，皆資邑人士捐輸之力，超豈敢期會稠疊重困吾民乎。越庚寅歲則大熟，辛卯、壬辰之間，淫雨綿夏，江湖大水，河以南州縣半歉收，而伊邑幸以山地陂陀利瀉，稼無恙，民食饒足。諸君子額手稱慶曰："神之佑也，不可不答其貺。"超曰："然。"於是，遴董事，鳩工役，具土木，庳者崇之，狹者潤之，局者壯之，奧者敞之，闕畧者補之，傾圯者完之，樸陋而雕鐫之，塵涴而黝堊之，闇淡而金碧之。凡八閱月而工告成。嗟乎！民者，神之主也。神未有不愛民者也。茲一廟役耳，超也作謀於八年之前而觀成在八年之後，蓋其宜興舉而不能即興舉也，舉事豈不難哉。工竣，眾請誌石。超謂關帝秩祀，列在令典。至是廟舊名五忠，其稱號沿革、肇建、重脩，詳見舊碣，不具述，述超之諸諸君子而緩於從事者。

道光十二年。

（文見道光《伊陽縣志》卷六《藝文志》。王偉）

新修張公橋記

邑庠生范恒

伊邑西南距城十二里，曰上店鎮，東西孔道也。鎮西舊有九龍旱渠，水由南而北，其南迤而西也。適當孔道橫亙處，每值大雨時行，渠水橫溢。居者田宅半淹，行者輿徒胥病，多歷年所矣。去夏四月，蒙邑侯張公詣勘審視周詳，顧士民而諭之曰："此地水害未除，緣不知《周禮》瀉水法耳。令於淺者深之，狹者濶之，其橫亙者畚之梁之，下利水上便行，詎非一舉兩得，一勞永逸計哉！"於是，闔鎮士民釀金鳩工、疊石為橋。工既竣，水無壅滯，行無間隔，廼相與詠歌嗟嘆曰：此張公力也。遂以創之者名之，勒諸石。俾後之土斯經斯者，咸曉然於上店之去水害而成坦途也，其來有自。並望及時修飾，無致廢塞云。

道光十二年。

（文見道光《伊陽縣志》卷六《藝文志》。王偉）

三门峡市

陝縣（陝州）

清李雙印妻員烈婦碑記

陳之檉

員氏者，民人員崇彝之女也。年甫十六歲，於康熙三年除日，于歸李奇英之子李雙印為妻。次日，即四年正月元日也，值夫患痘疹，氏回母家，至本月十八日，雙印身故，氏聞喪，哭奔。至二十三日，縊於柩前。名雖婚配，其實僅識夫面耳。嗟乎！員氏以農家少女，遂能獨明大義，從容殉節，真乾坤正氣，宇宙完人，今古之所僅見者。余訪求逸事，陝人士舉員氏殉節一事以對，不禁為之歎息。當日未舉於朝而旌揚之，恐其事久而湮沒也。夫褒死所以勵生，獎往所以勸來，使聞其風者，閨門著幽閒之德，居孀凜霜雪之操，不必為其事而存其心，將見化行俗美，未始不由斯人倡之也。爰具牲醴楮錢之儀，奠於其墓而為之歌曰：

波濤之趨下兮，孰苟且於一形。胡中流之峙柱兮，知所欲之有甚於生。人皆有死而亦死兮，其死也鴻毛之輕。芳年不顧而即死兮，其死也泰山之重。姓氏傳於人間兮，並日月而爭鳴。貞魂遊於地下兮，榮對夫君而氣盈。留名義於天壤兮，為樹萬古綱常之經。

康熙四年正月。

（文見乾隆《重修直隸陝州志》卷十七《藝文志》。王興亞）

清待誥封成宇兀公（美新）墓誌并銘

【蓋文】

清故提督府將才官成宇兀公墓誌

【誌文】

粵禮誌者誌其行之迹，非特為達而在上者言也。凡士庶之家，立身行己無愧於生前，創業貽謀有垂于身後者，皆可述而誌也。

如成宇兀公者，郡西名族也。其祖父以來，忠厚傳家；不侈產業者，非拙也，前人有高世見也。至於公以邁種德，饒具克家才，踵前人之基而擴大之，亦非奢也，後人時事有不同也。蓋在昔公惸惸一身，即心安寒素，養二人而有餘。在今森森四子，計口分田則不足矣。故公力本課農，以勤儉創業。夫人丘氏亦荊釵布裙，親操井臼，以佐之經營。二十餘年，辛苦備嘗，以致家道日昌，子女盈目。公善後之計周，而人生之事全矣。而且嗜義輕財，能濟人之緩急，不責其償，人亦翕然愛戴之。凡遇花朝月夕，必盛會親友，談心道故，剩有古人座客常滿，樽酒不空之意。當此浮薄之世，安有倜儻丈夫如公也者。余高公之誼，因以余女託姻焉。方期與公共追隨，同作百年歡，何意彼蒼不仁，竟永訣于一旦。嗚呼！天道叵測，報施多爽，未免有不佑善人之憾。然而脩短有數，不佑其身，必佑其子孫。嗇于前而豐于後，積善之厚報，自有不可誣者。公長即善長君，少游黌序，出雲折桂，已有其基。三幼者，俱岐嶷聰穎，進步靡窮。其六女或出閨，或已字，或未字，因投臭味以締姻緣者，多詩禮家。異日增輝門楣，可不蔡而知也。武侯曰：人生五十不為夭。況公壽逾花甲，人生大事已克，享其全福，亦可以瞑目黃泉而無遺憾焉。烏可不誌於身後哉！余故約略述之，曷勝于唈云。

　　公祖天爵，祖母張氏。子三：伯父來勤，伯母喬氏；仲父來守，仲母任氏；父來計，母賀氏。子一，即公也。公諱美新，號成宇，前按院丞差繼授提督府將才官。前室人張氏，女一，適張大順；子一，蛟。繼室丘氏，子一，生員起元，娶增廣生員成瑛女。女三：一適生員史調元子佐，一字于成瓚子于久，一字于廩膳生員韓辛子文煥。次室喬氏，子三：一起亨，娶增廣生員張慎政女；一起利，娶貢生趙涵女；一起貞，字滎陽訓導張凌霄女。二幼女，未字。孫一，普科，孫女一，俱係起元出。爰詞以銘之曰：

　　稽公素行，寬厚和平；奕業光顯，子嗣云仍。
　　生道克全，死魄歸寧；卜葬壽域，福祿稱隆。
　　康熙四年歲次乙巳十二月十九吉旦豎誌。
　　郡候選貢士眷弟趙涵頓首拜撰文。
　　候選貢士眷弟成□篆蓋。
　　廩膳生員眷弟韓辛書丹。

（拓片藏河南省文物考古研究所。李秀萍）

三門刻石

天設三門險，波漩萬疊流。神工雖已盡，漫道可通舟。
康熙三十一年歲次壬申，巡撫河南督察院右副都御史鎮閣興邦巡察至此題。

神工闢天險，帝德並河流。今古居平地，乾坤可通舟。
壬申陝州牧三桂甘國璧題和前韻而作。

（麋崖原刻在三門峽獅子頭上，文見民國《陝縣志》卷二十一《藝文志》。王興亞）

井泉碑記[1]

　　康熙三十八年，外□社首地主鄭國弼，井匠安才，四十年水出後皆死。孫□。鄭國弼□□□亂。楊材井地如［入］官。

　　楊世富、楊世明、楊世貴、鄭國金。

（碑存三門峽市湖濱區磁鐘鄉賈莊後村舊井上。王興亞）

重修文廟碑記[2]

周全功

　　嘗讀史至宋太祖視學詔，增葺祠宇，塑繪先聖先賢像自為贊，書於孔顏坐端。令文臣分撰餘贊，每謂侍臣曰："朕欲盡令武臣讀書，知為治之道。"於是，臣庶始知貴學，嗣後，關、閩、濂、洛大儒輩出，宣道宣明，歷溯前代，稱宋為最。迨我聖天子首先教化，臨雍釋奠，親謁孔墓，創修闕里，制治垂休，內外臣工歌詩賡誦，不啻分贊云。御書萬世師表，布發郡州縣學，額昭日月，尊師重道，千古莫尚焉。抑且眷顧翰苑，徵拔宏儒，賢良方正之彥，茂才文學之英，一時蔚起，更賜古文淵□，爰及各節鎮視□□三篇有加矣。頒行訓飭士子文於天下，廣施啟迪，不僅司徒五教也。治兵者敦詩說禮，明刑者引經斷獄，濟濟蹌蹌，後先輝映。唐虞之際，於斯為盛也。

　　予不敏，恭逢聖代作人雅化，幼讀祖父遺經，謬以歲薦，貢入成均，分堂肄業，因得

---

[1] 標題橫寫。碑文字漫漶，僅錄可識部分。
[2] 民國《陝縣志》卷二十一《金石志》載文與此有異，茲錄出於下：
　　嘗讀史至宋太祖視學詔，增葺祠宇，塑繪先聖先賢像自爲贊，書于孔顏坐端。令文臣分撰餘贊，且謂侍臣曰："朕欲盡令武臣讀書，知爲治之道。"未嘗不歎昌明聖學惟宋獨隆也。迨我聖天子御宇，首崇儒教，臨雍釋奠，親謁孔墓，創修闕里，御書萬世師表扁額，布發郡州縣學，重道尊師超越千古。且頒行訓飭士子文，廣施啟迪，徵拔宏儒，一時濟濟蹌蹌，人才蔚起，唐虞之際，于斯爲盛也。予不敏，恭逢聖代作人雅化，幼讀祖父遺經，謬以歲薦，貢入成均，因得覩辟雍鐘鼓之盛，不禁觀感而興起曰："國學之地，立教之原也。異日，予得任長民，奉揚教化，崇隆學校，更有何術哉！"既而，筮仕三雲，以九月即官，荷蒙特恩，俾守召南，覩河山環峙，依然昔時畿輔之雄區，雖兵燹曾經不無凋瘵，而生聚教訓，幾數十年，土俗漸淳，人文于變，予深喜其地之易治而化將行也。顧謁廟之日，見學宮兩廡傾頹，殿壁剝落，啟聖祠榱崩棟折，鄉賢、名宦各祠亦皆毀廢無存，不禁惄焉傷之，而亟思有以興復之也。適學使者徐公下修學之令，予遂得與同官諸公薄捐廉俸，並勸州之諸紳士量力輸將，共成盛事焉。鳩工于乙酉之初夏，至九月而告竣。夫處則裕內聖外王之學，出則副先憂後樂之志者，多士事也。謹庠序之教，申之以孝弟之義，則守土者與學官之責也。至于教化立而風俗同，反樸歸真，上幾周召分陝之治，以仰答聖天子右文致治之庥，是予所日夕望之者也。斯學之修，所關豈淺鮮哉！集資任事諸人，例得列之碑末，是爲記。

覩辟雍鐘鼓之盛，文物禮樂之休，不禁觀感而興曰："國學者，乃天子為天下立教原之地也。異日，予得任長民，為國家興行教化，舍崇隆學校，更何他術哉！"嗣而，筮仕三雲，以九月即官，荷蒙特恩，俾守召南，甫入境，聿覩河山環峙，川原恢廓，泱泱乎固昔時畿輔之雄區也。念自召公分治以來，追溯人物代興，往古遺風，不猶有存焉者乎。第罹兵燹，民居凋瘵，瓦礫荒煙，山城寂寂，允非昔比，惟我皇上懷保斯民生樹教訓，幾數十年，土俗漸淳，人文丕變，予深喜其地之易治而化將行也。顧謁廟之日，見學宮櫺星、兩廡傾頹，正殿牆垣剝落，啟聖祠榱崩棟折，鄉賢、名宦各室宇俱毀廢無存。夫膠庠為首善之地，烏得聽其頹壞至此？適學使者徐公下修學之令，予遂得與同官諸公薄捐俸資，並閭州之諸紳士，勸其量力樂輸，共成盛事焉。是役也，鳩工於乙酉之初夏，越菊月而告竣。非亟其役也，緣任事者均各懽忻踴躍，勤襄厥功，故事半而功倍也。

自此以住，將見廟貌新而觀瞻肅，有願為聖人之徒者，砥平矢直，能由是路即中行，其不願為聖人之徒者，宮廣牆高，不得其門，終外望如人笠，而又招則吾道之所不取也。多士其勉之夫。處則裕內聖外王之學，出則副先憂後樂之志者，此多士事也。勤庠序之教，先之以孝弟之義，此予等父師之責也。至於教化立而風俗同，反樸還淳，以幾古周召分陝之治，使予得藉以仰答聖天子右文致治之休，則斯學之修，不無少補，請以俟諸異日。所有捐資任事諸人，例得列之碑末。是為記。

清康熙四十四年。

（文見乾隆《重修直隸陝州志》卷十五《藝文志》。王興亞）

重修廣濟渠記

周全功

夫為民上者，盡知興利為首務，而不知興利之未易言也。古人云：民非水火不生活。故水之為利，滋灌溉給日用無時而缺者，利用之溥更有過於是哉！按州乘云："陝治龜形也，得水則吉。"此雖涉識而不可信，然陝之為勢因高建城，城之中鑿井，每深數仞而不及泉，雖或得之，卒多苦鹵，固居民皆遠汲于郭外，方州之內而無涓滴之泉，可乎。廣濟渠自唐長孫公創建，由州東南三十里引橐水入城，民咸賴之。迨後，遞廢遞興。至明末，疊罹寇燹，此渠復壞，迄今六十年而不可復者，廢愈久而修愈難也。癸未冬，皇帝西巡過陝省，方觀民以致上廑宸衷，有殘敝不堪之嘆。予時宰大同，方九月，謬膺特簡來典是州，自愧庸陋，何克勝起衰振敝之重任。蒞治以來，夙夜不遑自逸，以求民瘼，念利之當興者是渠為最。然詢之父老，僉云舊跡傾圮不可復識，今欲修之，則棧山堙谷費且不支，咸吐舌而不敢議。於是，嘆前刺史之因循良有以也。況當地瘠民稀之時乎！然予雖知其難，而又不敢竟置之，每公暇出郊，相其斷續崩頹之處，默識其高下濶狹，需費幾何，久之署有成算，而猶不敢遽發也。復措置之，籌度之。閱二年丙戌，幸賴各憲愛養黎元，輕徭薄賦，且年歲屢豐，起視四境，民悉樂業。是歲麥秋有收，予試集士庶公議斯舉，咸踴躍樂輸，衆口如一，予知其時之可舉也。然猶念厥土燥剛，洒築維艱，而不敢驟下鳩工之令也。乃幸天相厥成，六七兩月，大雨滂沱，土膏潤足。於是，一聞鼙鼓，畚鍤如雲，登登之聲徹於遠邇。

是役也，經始於七月，而成於丁亥之二月。董其役者則判官州椽，襄其事者衿士鄉耆，助其工者則合州之紳衿庶姓。予亦何勞之有？而誌其成哉！然但念未修之前，恒慮其不克修；既修之始，恒慮其不克成。三載之經營勞慮，今幸衆擎易舉，展力共竣，誠可慶一州之盛事也。雖然，昔賢興利之蹟何嘗不在，乃作之如此之難，廢之若此之易，又可不懼哉！予願後之君子皆存始作之心，後之士庶常懷將廢之慮，時預防而補葺之，則是州之永受其賜矣。此予之所以不敢不記也。

清康熙四十六年。

(文見乾隆《陝州直隸州志》卷十五《藝文志》。王興亞)

清新建陝州尊經閣記

趙城

乾隆元年夏五月，大臣建言天下府州縣學皆有尊經閣，請頒發《十三經》、《二十一史》各一帙於省會府學。令督撫如式刊印，徧頒府州縣，貯之於閣，以稱廣厲至意。事下部議，以諸籍向有刊本，莫若令督撫動帑購貯於省會書院及府州縣之有尊經閣者。制曰："可。"維時豫省府州縣學百十有八，而舊有閣者，僅三十六所。其無者，皆不與頒發之列，如陝州暨所屬三縣是也。閱五年，庚申，京江張公以河北監司移節河之南，而陝實為治所。公怒然曰："直隸州與屬州不同，屬州無書，郡有書可求而得之。直隸州儼然郡也。以無閣之故，不得書，且並所屬均不得書。是委君貺於草莽也，是鄙夷之不與諸郡伍也，是使方州數百里之內，俱不獲與於稽古右文之盛也。嗚呼！可爰首捐廉俸與州牧陳君力圖之，且曰："吾行笥攜有經史善本，閣成，他日當留以遺州之人士。"于是，擇基於學宮之右，築土為臺，甃以磚，搆閣其上，閣凡三楹，翬如翼如，以耀遐邇。工竣，寓書請予為之記。予惟三代之時，自黨庠家塾，以達於頖宮辟雍，無不立學之地。自國子至庶民子弟無不學之人。自春秋《禮》、《樂》，冬夏《詩》、《書》，至三年九年，無非學之時，羣萃講習，未嘗一日舍業以嬉，噫！何其至也。延及春秋之季，學校漸微，然韓宣子聘於魯，觀書於太史氏，見易象與《魯春秋》曰："《周禮》盡在魯矣。"而楚左史倚相亦能讀三墳五典，八索九邱，蓋法制詳明，遺文具在，雖歷世久遠，而弗墜也。漢承秦煨燼之餘，羣儒掇拾補綴，六藝復興。惠帝始除挾書之律，而成帝時，東平王宇上章求諸子及太史公書，大將軍王鳳建議，謂不可許。是當時諸侯王國，尚不獲頒書，其他郡邑，缺畧可知。唐制廟而不學，宋慶歷始詔郡縣立學，而未嘗有頒書者。至道中，曾賜《九經》子史於嵩陽書院，然亦僅矣。自此以後，猶幸剞劂日廣，流布漸多，然汗牛充棟，購者不易，士固有窮老而不獲覯經史全書者矣。我國家文教振興，媲美三代，而經史之頒，尤為曠典。乃豫省為天中大藩，際會盛事，而有司拘牽，每不能深惟德意。夫書之宜貯，詎繫于閣之有無，乃他處之學，閣不必以有書，而有陝屬之學，書並以無閣而無此無他，刀筆筐篋之劇撓於外，而計較銖兩之隱悐於中，宜乎其若有所甚靳也。夫學校廢而子衿諷。宮修而泮水頌，於是，致歎於公之盛舉，為不可及，而賢有司克襄厥成，詎易得哉！予承乏行省，數聆公教，多實獲我心。而即此一舉，以觀公之措施，微獨彼都人士宜謹記毋忘公嘉惠之意。以副聖世作人之化，即凡百有官，君子倘亦聞風振起，而是則是傚者乎。是不可以不記。

乾隆五年。

(文見乾隆《重修直隸陝州志》卷十五《藝文志》。王興亞)

南城魁樓記

楊詵

縣治之有儒學，政不離教也。儒學必依聖廟，教本於道也。附廟必建魁樓，咸以為文風關焉。此或出形者說，而有其舉之不必廢也。考邑乘，閎有映魁樓，創自勝朝萬曆年間，黃公諱方來宰是邑，謂鼎原，邑之來脈也，岡巒一帶透迤，結於縣治北厓土山，故于鼎原建一魁樓西北向，復于土山建一魁樓東南向，乾巽相映，因名曰"映魁樓"，而學宮居其中。蓋天苞地符，而人材以毓慶盛舉也。乃其後鼎原魁樓廢于兵燹，土山魁樓將就傾圮。余于乾隆三年冬蒞任，司訓志切修舉廢墜，漸次設法創修，殿左廊房三間貯祭器，殿右廊房三間貯樂器，磚甃土地七處，為之招侑生習聲容禮樂，雖未興而亦稍有其緒矣。復念他邑魁多在巽位，取文明之象也。而閎之巽位魁樓久亡，獨存乾地之樓，終不合制。爰募紳士，捐貲卜地，建樓于東南城巔。父老傳聞實屬昔年魁樓舊址。廢興循環，信有數也。是役也，告竣於乾隆九年七月，捐貲俸以成之。記之以冀後來者之悉其由，相與有成云爾。

乾隆九年七月。

(文見光緒《陝州直隸續志》卷八《藝文志》。王興亞)

瑞蓮池記

知州龔松林

州治東召公祠在焉，故有池。金大定戊戌夏，蓮並蒂突野生其中。明嘉靖丁卯復生。土人遂以瑞蓮名池云。按《爾雅》："荷芙蕖其實蓮"。《管子》："五沃之土生蓮。"北人以蓮為荷。今俗荷皆謂之蓮。一曰華葉生相連曰蓮。《爾雅》又云：其莖茄，茄落蘇也，其葉葭，葭蘆也，其本蔤莖下白蒻，在泥者曰蔤，其花菡萏，或曰華，未開曰菡萏，已開曰芙蕖。李巡曰：芙蕖，荷之總名也。其根藕以其常偶生故曰藕。其中的的子也。的中薏子心青，長如鉤為薏，別名芙蓉。《離騷》"製芰荷以為衣兮，集芙蓉以為裳。"蓮之狀與名，雜見于傳記者如此。泰始二年，嘉蓮一雙，駢花並實，合樹同莖。太和二年，烏程縣閣下生蓮花，晉范甯為豫章太守新淦廳事，前陸地生蓮，入冬花，則蓮之于古野生者，固嘗有之。且有一雙花實駢者，而茲獨以瑞名何與？豈以野生者即瑞耶，抑以一時別有嘉祥善事而著錄者，偶遺之耶？是皆未可知。吾嘗見古之詠蓮者，孫登詩云："人來間花影，衣渡得荷香。桂舟輕不定，菱歌引更長。"殷英童詩云："掉移浮荇亂，舩進倚荷來。藕絲牽作縷，蓮葉捧成杯。"曹植賦曰："其始榮也皎若夜，光尋扶桑其揚暉也，晃若九陽出暘谷。"孫楚賦曰："紅花電發，暉光燁燁，仰曜朝霞，俯臨綠水，潛緗房之奧密兮，含珍藕之甘腴，其一葦迴蕩，摩擬吟賞于斯蓮也。"可謂至矣。然余獨于濂溪先生之《愛蓮》有取焉。其說曰："出淤泥而不染，濯清漣而不妖"，潔也。"中通外直，不蔓不枝"，和而介也。"香遠益清，亭亭淨植"。至此，不禁自道其嶽嶽之槩也，曰"可遠觀而不可褻玩焉"。先生以君子品花，余謂先生君子其人與。世之詠蓮者，苟知慕先生而佩服其言焉。衣芰荷而裳芙蓉，斯真天下之瑞蓮矣。是為記。

乾隆十年。

（文見乾隆《重修直隸陝州志》卷十五《藝文志》。王興亞）

重修墨池記

知州龔松林

陝治廳事後有墨池，方廣不盈丈，相傳為漢張芝學書處。攷之傳志，芝，燉煌人，以父奐得請，徙居鴻農之華陰，即有墨池。安得近在治中？即有之，亦無若足珍惜者，又何事復為修濬耶！然吾觀斯池，不禁有感於其學書之篤焉。蓋古人為一事習一藝，其精神必專注而不雜，功力必甚苦而不辭，食息寤寐常在，於是，不至造乎其極不止，故其所成就，雖偏長薄技，足以留傳不朽。非如今人稍稍涉獵，輒便自足而不復求進也。當漢之時，古篆既廢，隸楷盛行，其以草書名者，杜伯度、崔子玉兩人耳。芝生而貴介，迺別無他好，惟於書專心致志，至於寸紙不遺，家之衣帛，先書後染，朝夕臨池，水為盡黑。厥後，備極精巧，上掩崔、杜，下軼羅、趙。至晉時，衛瓘猶以得伯英之筋，博盛譽。王羲之亦曰，寡人甡之。若是，未必後人則其書之足傳可知矣。夫以古人精神之專，功力之苦，雖絕無遺蹟，猶當搜訪而表識之，況明明有池，且近在几席，顧聽其就湮而不之恤耶？於是，命役夫去壅塞，引清泉注其中，聽事之暇，時晤對焉，不啻烏玉玄香從波影間沁我心脾也。是為記。

乾隆十年。

（文見乾隆《重修直隸陝州志》卷十五《藝文志》。王興亞）

補畫亭記

知州龔松林

丙寅夏，余以監憲張公命復建魏處士草堂。三越月，草堂成，千秋故蹟，一旦復新，此修廢之義也。既又即堂後爽塏地益之以亭，命曰補畫。夫亭何以補畫名也？攷之舊籍，處士居陝，高尚其志，累召不起。真宗嘗命工圖其所居以進，一時東郊幽勝，得呈睿覽。則草堂之作畫觀也，當日已然矣。然則何闕乎爾而補之？嘗見古來名人達士寄意山林者，往往於閒靜之地，別構亭榭以為盱衡遠眺俯仰舒嘯之所，如虔州之螺亭，恩夫之邱亭，魏公之狎鷗，東坡之擇勝，指不勝屈。而處士之廬獨尠焉，不可以為非闕也。且即草堂以觀，入門而曠，如登堂而朗，如窺樂天洞而窔，如曩日之高情逸致恍惚可悟，而戶以外煙雲之變，邱壑之奇，林光鳥羽，未能一覽輒盡。今得是亭而憑眺焉，則凡向之掩映於草堂外者，皆若負奇爭勝，並效於斯亭之上，則斯亭之補，又烏可已邪！設處士當年曾構此亭，則此亭早在畫中，亦呈睿覽矣。然而畫中無亭，而所畫之境，既得此亭，則亭仍作畫觀可也。況畫止一時，不能不朽，而此亭直與煙雲邱壑、林光鳥羽，相為終古，則畫有時而泯沒，而草堂之入畫，與斯亭之補畫，無窮期也。於是，因亭之成，並為記以補之。

乾隆十一年。

（文見乾隆《重修直隸陝州志》卷十五《藝文志》。王興亞）

崔氏（廣滋）墓誌銘

【誌文】

崔氏墓誌銘

公諱廣滋，字多三，歲貢生，考授縣丞職，明大理寺卿忠貞公之曾孫也。賦性剛勁，英姿不羣，假之以年，亦天家之棟也。孰意三十不祿哉。元配韓氏，成村生員韓鳴廷之女也。繼配劉氏，河底生員劉溶之次女也。生子長庚，舉歲進士。五歲失怙。而劉上事孀姑，下撫孤子，效共姜之節，享成風之寿。矢志靡他，近增乃夫之光；垂裕後昆，遠緒乃祖之統。我皇帝恩榮節孝坊，以表於道，復奉入節孝，祀以筆於紙。嗚呼！忠貞公之餘烈，猶存於後嗣之婦女者乎？故為之銘，並忠貞公不朽云。

刑部主司許宰頓首拜撰。

大清乾隆二十六年九月十三日銘

（誌存三門峽市虢國車馬坑博物館。李秀萍）

重修廣濟渠記

高積厚

陝治踞山為城，民艱於汲。唐長孫操築渠引橐水入城，始獲其利。迄我朝康熙初千餘年間，凡六疏築矣。乾隆癸未季春，余蒞茲土，渠堰滲卸，不能長流，詢之居民，水不達於街市者，蓋已二十餘年。余雖窮源至交口，審度崩圮淤塞之由，其弊有三：橐水入渠口至野鹿傍崖而流，土崩渠塞，一也；野鹿迤邐而西，橫澗十三道，或土堰承流，或木槽接引，木朽易泄，土濕易崩，二也；地形卑處，築土堰，磚渠低者數尺，高則五丈有奇，磚縫易裂，水流必穿，三也。所以二十年來，朝修暮圮，勤勞百姓而無功者，其病在治末不治本。因與僚友議固本計，欲易以石，則費大而工難成；若仍以磚，則土撐而工易毀。於此而思，便民計遠，莫若用灰土如法夯杵，完者仍之，壞者新之，缺者補之，積實計封渠堰一千五百一十七丈，灰土實其中，糯礬密其里，上覆土，渠防其凍裂，展寬頂底，大其載承，栽草衛溝，植樹護堰。設井五，便人民取汲；設閘七，隨盈縮而節宣；杜匪僻之潛行，則置水門以禦之；虞瀉水之下注，則置簸箕以縮之。間水眼以輸灌溉，達泮池以分流。跨渠架石，不得行人，易槽成梁，庶幾可久。凡此利益，一時並興。肇工於癸未秋九月，告竣於甲申春三月。動工費艮七百四十五兩，不足，捐俸成之。功畢之日，水流暢達，遍於城市，民飲且灌，晝夜不舍，勞民利民，何弗為也。惜值農時，興費不給，城內尚無蓄水之池；野鹿未濬來源之脈。暴下諸溝不能更新而改築之，實余之責。後之君子惠愛吾民，以補其不逮，其功績應歸來者。

乾隆二十九年八月朔日記。

（文見光緒《陝州直隸州志》卷十四《金石志》。王興亞）

重修河陝汝道公署記

龍城歐陽永裯

國初沿明制，設守巡道二員，監司河汝，一駐河郡，一駐汝州。維時陝在河郡，所轄中旋兩缺，就裁。雍正二年，改陝為直隸州，並分靈寶、閺鄉、盧氏三縣以隸之。至十三年，河東制府王公士俊，以陝距省七百餘里，南通江、楚，西接秦、晉，為咽喉重地，不可無大員以鎮，因題請復設分巡河陝汝道，備西面之屏翰。詔曰："可"。蓋昔之分為二者，今合為一，且移駐於陝焉。是歲，首膺茲任者，為文安劉公兆幾。陝州向有察院行館廢不用，就以改建公署；又添置書、吏科房十六楹。後繼之者，為丹徒張公學林、大興王公錦、寶應陳公大復，俱循其舊。歷今已三十餘年。乾隆壬午春，余由河南糧儲驛鹽道調任是邦，見官廨半多頹圮，不禁有傳舍之感。乙酉冬，方伯佛公德奏准，借動閒款，酌量興修，計其歲入養廉，分年扣還。余遂得而經營之，然棟宇朽敗，不可復用。酒庀材陶甓，重建廳堂、廊廡、亭軒、庖湢，共二十九楹，其餘若壞者葺之，腐者易之，傾者築之，缺者補之，纖悉捃摭，既備既好。工始於丙戌之季春，三閱月而告成，計費八百金有奇。是役也，微僅舊制復，而規模益更宏敞矣。夫官廨者，政教號令所從出之地，而示方面之威望，肅軍民之觀瞻，皆於是乎在。使聽其敝而弗修治焉，則風雨剝蝕，將朽敗莫可支，其不為蟻穴鼯棲者幾希。即其敝而新之，在一振作間耳。吁，獨官廨也乎哉！請以告後君子之涖止者。是為記。

乾隆三十一年歲在丙戌季夏中澣之吉。

（文見乾隆《重修直隸陝州志》卷十五《藝文志》。王興亞）

重修李公烈祠記

馮鼎高

漢、唐以降，士大夫忠於所事，以身捍社稷者，史不絕書。然率皆建牙大臣，不則有師旅之寄城池之任焉。若簿尉下僚，際國步播遷，能以身當烽火之衝，少禦衆弱抗强，卒之與民俱亡，以家殉國，如李公之守陝州未之有也。

公諱彥仙，字少嚴。彭原人。宋建炎元年，為石壕尉。金人屠陝，經制使王燮度不能支，引兵去。官吏竄逸。公糾衆守三觜，未閱月，破金兵五十餘壁，乘勝渡河，郡邑響應，吏行文書，請州印。公曰："吾以尉守此，第用吾印。"事聞，擢知陝州兼安撫使，益備戰守。金將羅索自蒲、解率兵至，公大敗之。索奇其才，誘陷百端，公悉斬其使，誓以死守。建炎四年，索以十萬衆來，分為十軍，日輪一軍，攻城，城中食復盡，告急於張浚。浚遣曲端率涇原兵來援。端素疾公出己上，詭託不行。城陷，舉家被害，公投河死，年三十六。時關以東皆下，陝獨存，金必欲得陝，然後併力西向。而公以孤城扼其衝，大小二百戰，金不得西。城陷，民無貳志，雖婦女亦升屋，以瓦擊敵，哭李觀察不絕。嗚呼！烈矣。以視唐張、許守睢陽有過之無不及矣。公歿後，張浚承制贈彰武軍節度使，立廟商州。紹興九年，宣撫使周聿請即陝州立廟。明嘉靖中，州牧閻俸重建，復燬獻賊之亂，遂未修復。豆籩之費，無所征取，春秋輟壇，祀品物奠之野，非所以妥忠魂也。乾隆癸卯冬，余由管城移守是州，下車後，有志興復，苦乏經費，又不欲藉資民力，因循數載。比來，年歲順成，民和訟簡，余又無奔走之役，迺與學博李君謀買地南關之坪，建廟五楹，工竣，奉主入祀。於是郡之父老子弟爭談公遺事，爇香釃酒而來獻，其趾相屬也。既又捐置民田地二十五畝，召佃耕種，歲得稞銀十二兩五錢，以資歲祀，於初志告無負焉。嗚呼！公浩氣長行天壤，豈以俎豆重，然今之父老子弟，皆公遺民也。向何以漠然忘之，今何以歌思慨慕奔走而恐後之，忠義之氣，非有觸之則不揚也，且何以愧？夫棄其職與民以苟活者乎！爰撮建祠置產之由，付工鑱石，併紀田之糧數，及坐落弓尺於碑陰，俾郡之士大夫有所稽考而保護之。至於擴充焉，修葺焉，則望于後之牧斯土者矣。是役也，廟址費鏹二十有奇，梓人石人繪人費鏹二百有奇，祀田費鏹百，皆予積廉成之，未嘗勞我邦人暨僚屬勸助也。是為記。

乾隆五十年。

（文見民國《陝縣志》卷二十二《藝文志》。王興亞）

大清國學生曹府君（汴）暨劉太君合葬墓誌

【誌文】

大清國學生曹府君暨劉太君合葬墓誌

府君諱汴，字梁園，著姓曹氏，居陝東西曹坡村。越府君凡八世。高祖諱嘉雪，配曹張氏[1]。曾祖耆老諱自新，配崔氏。祖庠生諱公珽，字獻三，配河底村庠生馬公諱見龍之妹。府君兄弟二：伯父國學諱河，字崑崗，生男二：增生思傑、思強。府君行二。姊妹三：長適東坡村伯生曹公諱恋周；次適會興鎮張公諱霞翀；三適河底村馬公諱惠儒。府君配河底村劉公諱裔次女。府君心存謹飭，又以耕讀督責兒孫。太君志切勤儉，更以艱難勸課媳女。生男二：余其長也，配柳葉鎮候選訓導李公諱白玉第三女。余以忝列國學，皆府君餘澤之所及也。次思宦，繼父卒，配山庄村吏員牛公贊臣之次女。女三：長適王官村張公道光；次適會興鎮張公本立；三適上村劉公天俊。孫男四：長天慶，同太君亡，元配河底村國學馬公呈璣之次孫女，繼配鄧家衙衚鄧公睿智之長女，再配後河灘劉公士會之次女；三三來，尚幼，余出。次天相，定上村王公朝儀之長女；四四來，尚幼，思宦出。孫女四：長許王官村廩生張公文光之子；三幼，思宦出。次適會興鎮按察司書吏張公康琳之次子；四許上村庠生宋公鵬舒之長子，余出。曾孫女二：長鄧氏出，次劉氏出，俱幼。

府君生於雍正八年十一月十三日戌時，卒於乾隆五十年五月初六日子時，享壽五旬有五。太君生於雍正七年四月十一日巳時，卒於嘉慶三年六月十三日寅時，享壽六旬有八。今擇嘉慶四年二月十九日卯時，扶柩於村之東郊新塋合葬。午山子向。

不孝男思宦泣血序書敬刊。

嘉慶四年二月十九日。

（誌存三門峽市虢國車馬坑博物館。李秀萍）

例贈承德郎杜雲程府君德配水安人墓表

杜梐

吾族自總鎮春敬祖後，歷二世，及余尊人承德郎雲程府君，守先待後，弗墜前烈。梐

---

[1]　"配曹張氏"四字爲後來補刻。

生也晚，未獲親炙其德行品誼而罔極之恩，有為終天所抱痛者。椷初度時，先君之春秋已逾強仕後矣。恩浮於義，愛出至情，親課講誦之下，不忍以姑息養奸，不以嚴苛責善，庭訓諄諄，必依古人，為學次第不為速化計。方弱齡，身列黌宮，州守即以優於德行呈報。年未及耆，賫志捐舘，子方就傅，而父已作古矣。先妣水氏安人成厥志。內外家政靡不就理，朝夕之需罔非十指，所拮据茹蘗，課子機紡佐讀，慈母而兼嚴父之任，職恃而代司，怙之勞艱辛備嘗，不使家世書聲及身而廢。椷列諸生，横事農桑，亦頗能生活，鄉戚以"斷機流風"四字敘而表之。後二十餘年，嘉慶己巳之歲，椷如京師侍晏鹿鳴，得事春闈，深蒙皇上鴻恩，身榮翰院，例贈先考為承德郎、翰林院檢討。妣為安人，以榮其先，以達其情。是年冬，彙掇其軼事，勒諸石以誌於墓，至若籍貫姓字，及生卒之年月日，事俱載前記。

　　清嘉慶十四年。

（文見民國《陝縣志》卷二十二《藝文志》。王興亞）

重修玄帝廟碑記[1]

　　嘉慶二十年九月一日子時，淫雨方歇，倏焉地震，遂使牆傾楹摧。

　　嘉慶二十年。

（碑存陝縣文物保護管理所。王興亞）

重修菩薩堂碑記

　　嘗謂不壯不麗，不足以重威靈，不美不飾，不足以觀厥成。故大邑通都，赫赫斁斁，鑠鑠煌煌，□指不勝屈。究之，精誠皆可通天地，中孚俱能格鬼神。敝邑之建此菩薩堂也，創自先代，重修者屢屢，規模雖云蕞爾，而英靈亙古常新。至嘉慶己未年，牆垣圮毁，棟宇凋殘，里人集腋成裘，工已告竣，碑尚未刻。不意乙亥歲九月二十日亥時，地氣大震，將向之堂搆聿新垣墉鞏固者，一旦土裂瓦解，而不復可觀。邑長惻然，因復增補破敗，以繕完其舊制，落成後，刻玉鐫石，非曰示異，亦以明靈爽所憑依云爾。是為記。

　　地震時，往來動搖，牆垣房屋有四角落地者，有柱欹瓦擲者，崩塌破裂，繞崖愈甚。州主命鄉保稽察，村中共壓斃人一百三十餘口。且以後有一日動三、五次者，有隔一、二日即一動者，遂致破屋之下不敢停留，俱在空闊之處，結草為庵，壘皂［灶］作食，夜夜鳴鑼，悲傷警惕四十餘日，然後，擇損傷稍輕者，略施塞補，以禦風寒，以過嚴冬。此真數世之一變也！故復為贅。

　　邑庠生高登峰撰文。

---

[1] 該碑中間斷裂。

邑儒士□毓文書丹。[1]

首事人王林位、王朝義、王之典、王韶、王幼裔、王朝禮、王可鑒、王林太。

嘉慶二十二年歲次丁丑梅月穀旦立。

（碑存三門峽市湖濱區上村。王興亞）

重修聖母關帝東嶽廟碑記

陝州北路唐凹村，舊有聖母關帝東嶽廟宇，創建年月無可考驗。歷代重修，各有碑記。自嘉慶二十年九月二十日亥時地震，一切皆傾，神像損傷者。□□夫地震之災，州治自張茅鎮以西，暨靈、閿二縣，山西平、芮、蒲、解等處，夾河兩岸房倒窰塌者，傷人無數。□□而此鄉人物安堵無恙。或者神受□□□始於冥冥之中，亦未可知也。合村人等見神象□□，目擊心傷亦意重修。經始於嘉慶二十二年孟春之月，□成於嘉慶二十三年孟□□規模□□於前，□廟貌□□□□之人，烏知地震之災，而此鄉之□□□參神□□乎。

州儒學生員侯升文薰沐撰並書。

大清嘉慶二十三年歲在戊寅孟冬初旬穀旦敬立。

首事人侯長寬、佾生侯長茂、侯應東、侯升文、侯占東、侯長心。

塑匠芮城王一宗。

瓦匠澠池縣李宗林。

（碑存三門峽市湖濱區高廟鄉唐凹村。王興亞）

重修三官廟財神廟碑記[2]

人以神道設教而天下矣，神之為靈昭昭也。然廟宇不崇，則無以妥侑神靈，而神靈亦無以蠲之福澤。我原店村北。有神尊廟二座，三官廟不知創自何時，考其碑文，惟載明朝萬曆二十四年重修，與本朝嘉慶五年重修，而財神廟/

朝乾隆五十四年，一居東北隅，一居西北隅，地基雖隔一間，而廟貌實為聯峙，誠一方之保障也。至嘉慶二十年九月二十日夜半，地震雷吼，川裂山崩，一時人民房舍搖動傾塌者，不可勝數。而此二尊廟，亦瓦脫墻崩，過者咸觸目傷懷，使不急/

不亦無所憑依乎！適有李潼、王文炳、岐會德、李蕃諸人，睹剝落之形，興重修之念，聚衆同議，一時樂輸貲財者，不特下/

商賈亦多有之。於是，興工動土，地址雖未廣大，墻墉全為換易。庶幾，壯麗觀瞻矣。

---

[1] 捐資者一百四十人姓名，字多模糊不清。

[2] 該碑上部殘毀，/後有缺字。

不意功未告竣，李潼忽奄然長逝，所／

心者不於此，稍孤乎。幸其子青霖継志述事，竭誠贊勷，以成盛事。自此廟宇巍峩，煥然更新，間猶有如昔之瓦脫墻崩／

也。此舉也，功雖微小，不足作為鉅觀，而後之葺修者，覽其遺文，善善相継，亦可以彰神道設教之至意於不朽焉爾。

生員王文炳沐手謹撰。

命子生員本立敬書。

李蕃艮二兩九个，岐會德艮柒个，李青霖艮八个四卜。黃從元艮七个，李自林艮五个，楊生花艮一个，王之輅艮二兩，耆老王尚□艮五个，王永福艮三个二卜，王永祿艮一个六卜，王起艮三卜，山西□□林盛號艮五个，張義艮五个，張士元个五十文，王成春艮一兩二个，李元亨艮四个八卜，王增元艮二个，王科元艮一个六卜，毛思中个一百一十文，山西永慶號艮五个，同昇號艮四个，秦朝禮瓦獸一對，毛恭艮一兩零四卜，李溫春艮四个四卜，李成林个二百文，李□林艮一个四卜，□□呂九安艮五个，李烝林艮三个，山西絳縣合盛號艮一个，衍緒艮一兩一个，三清艮四个四卜，三樂艮二个六卜，王益有艮一个四卜，謝大盛艮五个，山西□□郭堅固艮三个，山西絳州儀可法艮一个，李彪艮一兩，李肯堂艮四个三卜，李芳艮二个四卜，王及第艮一个二卜，毛思□、著章、毛諛三人一个，□□義和號艮五个，陳紹舜艮三个，張立艮八个四卜，李玉林艮四个，毛明艮二个二卜，李克順艮一个二卜，兩益號艮五个，楊大貴艮二个，□士霖艮七个四卜，王振花艮三个八卜，李樹林艮二个，李芸艮一个，岐有德艮五个，焦芝艮二个，李居霖艮六个四卜，李克化艮三个六卜，岐太來艮二个，毛賜福个一百文。

住持道人楊本秀、王和中仝立。

嘉慶二十五年二月穀旦。

（拓片藏河南省文物考古研究所。王興亞）

重修廟宇及戲樓碑記

【額題】皇清

神也□誠乎難測，其精靈無所不至。執一隅以求之，謂為神之所在，易一地也焉，而亦未始不在也。欲立有享祀見於鄉曲者不一，非云徒足壯觀瞻，誠以神同怨恫足為一方之保障。至於衣冠歌舞之□，棟宇昭然，其亦此意也。

夫州治東南富陽村舊有玉皇廟，又有關帝、龍王、觀音堂等廟及戲樓三間。原其始，固多歷年所。雖屢經修葺，所以昔之創建如故。迨嘉慶二十年九月二十日夜間地震，環墻迥異於曩時，畫棟不猶夫昔日。風雨莫蔽，詢足觸目而動心。雲等目擊心傷，不忍坐視。同合社人公議，從地捐施艮兩，協力鳩工，至道光二年二月工始，四月告竣。由是鞏固有像，龕密堪壽。春祈秋報，獲遂其願焉。張君永曾囑余為文。勒諸貞珉。余以為此盛事也，不惜固陋，謹記其事，俾後之君子得覽鏡焉。

  郡庠生張金雲頓首拜撰文。
  郡業儒鄧健行頓首拜書丹。
  功德主生員趙純修、張攀桂。
  壽官鄧元海。張永智、趙德裕、壽官鄧自法。
  石匠甯毓秀。
  道光二年二月重修。
  道光三年六月合社人同立。

（碑存三門峽市地震局。王興亞）

移修菩薩堂碑記

【額題】皇清　永垂不朽

  嘗思村之有廟，固所以補風脈，亦所以佑人民也。苟□非巍煥，其制嚴明，其象□□之威靈以顯者，即人之誠心，亦無以神位。村舊有菩薩堂一座，創建之始，不知何時。嘗觀梁□考碑文，重修於明弘治八年，後又重修者屢次。後薛世煥，張進功又移修於本朝乾隆三年。然則菩薩堂，由來久矣。奈至嘉慶二十年，地震為災，大溝崩圮，廟宇傾覆，神像損傷，張君折桂目極心惻，欲坐視而不忍，欲挪移而不能，乃合眾商議暫為拆毀，以待卜吉。眾會應曰："唯唯。"自拆以後，數年來，張君折桂日夜懮慮，以為廟自我議拆，豈可不自我議修乎。至道光二年，設酒饌聚父老以謀建修之策。咸曰功力浩大，獨木難支，幸有曹有發、侯坤林、薛成南、張玉明，誠心募化，得七十餘金。張君折桂又施地一圖，於是，張天相、薛承道度陰陽，擇吉日，不辭勤勞，庀材鳩工，建正殿□間，獻殿一間，增益舊制，賸畫金身，凡一切物料銀兩不足者，盡皆張君折桂之所口應。不數月間，而功已告竣矣。時予舌耕於此，落成之日，囑予為文。予學質固陋，本不能文，不過敘其巔末勒於石，以俟乎後云爾。

  增廣生員燕玉鼎撰並書。
  嘗道光三年歲次癸未十一月丙子穀旦。

（碑存陝縣張茅鄉位村。王興亞）

修建老泉山九仙宮暨獻殿歌舞樓清靜亭敘

【額題】永遠無疆

  山不在高，有仙則名，仙即之謂也。文宣王云："陰陽不測之謂神。"亞聖云："而聖不可知之神。"神也者，妙萬物而謂言者也。神不在而無不在，無為而無不為，雖名在丹台蘭若中，仙秩攸而分而降福錫極，率皆能保我子孫黎民，以有功德於人者也。而功德之最隆而最盛者，則此山之九仙為尤烈。此山名老泉，陝郡之東翰也。三襲陟再成英天竦云。停星藻辰，秀正章處。古有觀，建三宇，大仙、八尊、媼后也。左龍王也，右馬牛王、上神、土地、青苗諸神位也。堂下數武，有歌舞樓一重，每歲三月十五、六月十八、九月十八等日，蒸然大會，演戲三臺，商賈散集，遊心寂寞，奔走勝因哉！亦以頻膺介福，聊報福恩於萬一云爾。第歷年修禾，風雨飄搖，垛折苑頹，壁圮腔裂，不堪凝眸。幸有善士劉百元、寧振東等，慨然以修建為己任。諸社人即恭拜其為總功德主。廣行募化，得艮千有餘兩，遂大啟爾宇，增其式廓，又建祖師二室一間，獻軒清靜亭三間。興工於嘉慶二十三年十月之交，告竣於道光元年三月初吉日。重修實逾創建，由是覘其外靈凡與蔚蘭一色，觀其內金碧偕日墨齊輝，翻然改觀，煥乎一新。雖不比蕊珠府閬風苑而而殖殖，共庭哈哈，具止嘁嘁，其冥瓚邕薦祼肇謹，迄用成庶，駿奔之際，林林總總，愈動肅邕之忱，而臨質之餘，扈扈鳩鳩，益蒙阿護之休。行見井里宴然，休養生息，田而田，宅而宅，安布帛菽粟之常。熙者熙，嗥者嗥，和平康示之書，豈不盛哉，豈不盛哉！謹為賀曰：

老泉九仙，恩覃天垠。喬喬煌煌，正正堂堂。保合大和，燮理陰陽。子惠元元蔭翊我。
本郡儒生蔚本立熏沐拜撰。
開篆額皇萬國咸甯永遠無疆。
道光四年三月穀旦。

（碑存陝縣王家後鄉老泉山小學校內。王興亞）

明欽差分守青登萊兼管沿海軍務山東布政使衛公諱三省墓表

嘗聞西極翔鳳文公云，陝之有衛，蓋十五世而至參知公，其可考者，自嵩以下，嵩生道，道生贈參政卿，卿生贈參政大有，大有以劉淑人產公若弟。

公諱三省，字企參。少多異徵，值狼跋擲莽中，一牛馳至，角狼走。又日者，浴於水，俄暴漲，幾溺沒，牛立投淵，負以出，比詢，牛莫知誰何氏，蓋神物役之哉！少孤，披吟，後廬母淑人夜必四三祖，竊聽其披吟聲，或假寐必覺之，如是累年。而參知公以萬曆戊子薦賢書，遂成己丑進士，旋為邯鄲令，其善政多端，已詳著文公墓志中矣。嗣官居，母淑人以危疾革，聞訃，即歸。以三日而翹千里之陸尚速，視珠玉之含問，後命則以善視若弟對，即立割上腴並百金以予弟。他日，弟又逐守者而私其百斛。公聞之，尚自憾，以向弗盡予也。再補，令掖五年，考最，獲階文林，贈如例。戊戌，以計部郎令大倉。癸卯，擢正郎，督甘肅固原，駐金城，如格考績，晉奉政大夫，報。命督鹽課兩淮，三日而解至七十萬金。擢山東右參政，分守青、登、萊，三載，囊篋蕭然無長物，奏績，贈三世。癸丑秋，就補燕雲，俄遘危疾，遂殞。

公生嘉靖壬子十二月十三日，卒于萬曆癸丑十一月十七日。其配劉淑人，少公七歲，先公四年卒于官，葬本塋，後合葬城西南鄉席村。嘉慶七年，還葬舊窆。丈夫子五，女子五，孫男三，孫女三，世係蓋詳其西極銘中云。

大清道光五年歲次乙酉三月穀旦。

八世孫廩生森林暨合族立。

（文見民國《陝縣志》卷二十二《藝文志》。王興亞）

修築波池是序

波池者，村脉之餘氣，大有益於人畜者也。想先輩設立，原為此耳。近村□徒，不時取土雕剝，以致年年旱乾，不惟無益于人畜，大有傷乎村脉，鄉保張福元、趙存知不忍坐視，遂舉頭目，糾合村人修理□□，不數日成功，立定規式于後。是為記。

俟後再有人私起池者，罰仒五百文。若淤漫泥厚，眾議仒文，不得混起。如恃強不遵者，着鄉保稟官重處，決不寬恕。

郡耆老張永孝撰並書。

修築波池再序

嘉慶二十年歲次乙亥九月二十日亥時地震。

道光七年歲次丁亥二月二十六日戌時，地震兩次。凡震，高岸為谷，深谷為陵，塌壞房搖，斃死人民，不可勝數，示後人知之。

管功人何宗孟、趙得壽、張文遠、鄧朝發、張秉元、劉永仁、鄧朝銘。

旹道光七年孟秋月立。

（碑存三門峽市湖濱區交口鄉富村玉皇廟內，拓片藏河南省文物考古研究所。王興亞）

清劉公（子義）暨元配柴氏墓誌銘

【誌文】

清劉公暨元配柴氏墓誌銘

公諱子義，字宜菴，其先世居郡東北十五里會興鎮。公祖移上村，遂家焉。高祖諱長民，貢生。曾祖諱居業。祖諱作櫽。父諱瑱，行五。母田太君，田家渠果奇公之姑也。生子二：長子喜，乏嗣；次即公也。公少而穎異，壯有材幹，因家業微淺，同兄朝夕經營，拮据罔懈。孰意天不假年，三十四歲而奪其算。元配柴氏，係賀家庄体德公之女。素嫻閨範，時哀痛深至，誓不欲生。奈膝前二子，長僅九歲，次甫兩歲，且多疾病，□忍死而随夫，不若生而撫孤。姑視息以異成立，即所以慰夫於地下也。維時□連□苦，無不備嘗；履霜操□，歷三十七載如一日。吁，可敬哉！且事舅姑，和妯娌，寡言笑，勤纖紝，訓子教孫，無不中礼。迄今家計雖未裕饒，亦頗不致艱窘，無非氏勤儉所致。以故鄰里鄉黨莫不曰："旨哉斯婦也。"公子二：長秉正，承嗣長門，娶斜橋高玉公長女；次秉南，娶會鎮劉口公女。孫男承漢，娶后川戚貴公女；弼漢，幼；孫女，未字，秉正出。建漢，娶鄧家莊鄧口祥公女；續漢，娶會鎮張世廣公女；孫女，許斜橋高姓，秉南出。曾孫男：丁亥、辛亥，幼；曾孫女二，幼，俱建漢出。

公係丁丑相，生于乾隆二十二年二月初九日子時，卒于乾隆五十五年四月二十五日午時，享年三十有四。氏生于乾隆二十二年六月初四日寅時，卒于道光七年十二月十五日巳時，享壽七旬有一。掩柩在堂，今擇道光九年九月十五日午時，扶柩出門，啓公窀合窆于村南新塋。託誌于余，因叙其顛末及其世系云。為之銘曰：

德山之側，德水之旁。佳城既奠，靈輀啟行。伉儷同穴，共話衷腸。聲勵末俗，節助倫常。螽斯衍慶，麟趾呈祥。克昌厥后，介福無疆。

邑庠生表兄高登峯拜讚。

邑儒士眷晚宋毓文拜書。

降服子秉正，孤哀子秉南，哀孫承漢、弼漢、建漢、續漢，曾孫辛亥、丁亥、己亥泣血納石。

時大清道光九年歲次己丑菊月中浣穀旦。

（誌存三門峽市虢國車馬坑博物館。李秀萍）

牛翁（曰仁）暨元配孺人申氏次配孺人馬氏墓誌

【誌文】

牛翁暨元次配孺人申氏馬氏墓誌

皇清恩賜耆老諱曰仁，字心齋，號博施。世居陝之山庄頭村，係馬二里十甲民籍。曾祖父諱麟彩，號文瑞。祖父諱希變，字至道。父諱學辰，字星嚴。元配陝州城內蘇翁之女[1]，次配會興鎮廩生張博口翁之姪女。生翁兄弟二人、女一：一長即翁也；次諱曰義，國學生；女適西斜橋蕭元泰翁之長子。翁之為人，堅持素定，賦性溫良。其治家也，克勤克儉；其教子也，有義有方；其持己也，不柔不剛。自嘉慶十九年移居會興鎮，住二十餘年，予固素聞其說，而亦親見其事矣。元配申孺人，贊裡村申擇義翁之五女，無出。次配馬孺人，馬家庄耆老馬國璋翁之次女。翁生子二：長榮甲，庠生；次春芳；俱馬氏出。長配會興鎮國學生張學賢翁之五女，次配馬家坡馬逢蘭翁之長女。孫三、孫女五：長孫文德，配西斜橋黃自重翁之女；文喜，未配；女三，俱幼；榮甲出。七管，幼；女二：長女配會興鎮庠生張大綸翁之孫；次女幼；春芳出。

---

[1] "蘇"字下原空一字未刻。

翁生于乾隆二十年十一月三十日亥時，卒于道光十五年八月二十日酉時。申氏生于乾隆二十五年九月二十日吉時，卒于乾隆五十二年五月十八日寅時。馬氏生于乾隆四十年十二月十七日未時，卒于道光十五年六月十四日卯時。謹擇於本年九月初五日未時，合塋於本村之南郊官路南地，係乙山辛向。恐久而失傳，固勒石以誌。

會鎮儒學生員張功盛拜撰。

會鎮儒學生員張義制拜書。

大清道光十五年九月初一日刻石。

（誌存三門峽市虢國車馬坑博物館。李秀萍）

東路富村重飾神像是序

道光十七年，合村人同為蠟食田苗，共許改換百龍王金神。至道光二十二年八月十二日合村公議，興工飾畫神像，及十月初五日功成。與村中各廟油門築牆，共費錢二十三千文，屬村人按地撥錢文出，刻石誌之，以垂不朽。

六月十六日，黃［蝗］蟲至［自］東來，飛起雲遮日，落下雪蓋地，青苗興旺時，頃刻不見田。二次八月小蟲來，又吃麥苗人可傷，荒年十（實）無比，留于後人知。

張長恭書。

鄉長張崇元、張一元。

首事人趙得壽、鄧萬安。

道光二十二年十月十八日立。

（碑存三門峽市湖濱區交口鄉富村玉皇廟內。王興亞）

清馬逢萊並馬中烈施地券

蓋聞匹夫一念之誠，可以感動神祇，斯言良不謬也。吾同社中逢萊馬君，因侄中烈功名不就，遂起願心，倘獲採芹，願施地二畝。明年，中烈果遊泮。逢萊遂將地佈施，永作香火之費。吾等共襄盛事。勒諸貞珉，一以誌人神之感應者速，一以見人之獲福者多云。

馬逢萊同侄中烈施地二畝，坐落木廟後，東西畔，北至本主，西南至路，征糧六分，係馬一里頭甲。

生員張聲宏拜撰。

業儒馬中孚敬書。

合社人仝立。

石匠孫貴榮敬刊。

大清道光贰拾肆年仲冬月吉日穀旦。

(碑存三門峽市文物陳列館。王興亞)

敕授文林郎歸德府儒學教授前河陰縣儒學教諭華青張公（際煒）暨繼配成孺人合葬墓誌銘

【誌文】

敕授文林郎歸德府儒學教授前河陰縣儒學教諭華青張公暨繼配成孺人合葬墓誌銘

華青張老夫子，歲丁丑司鐸河陰，賓列博士弟子員，即蒙器重，飲食教誨，獲益良多，深悉夫子家學淵源，陝郡名族。嗣賓以辛巳舉人大挑一等，簽發直隸，補授高邑，夫子亦推陞歸德府，遂久別，然音信常通。迨辛丑夫子卒，乙巳師母成孺人亦棄世，其次子二南卜葬有日，郵寄乞銘，誼不容辭。

夫子諱際煒，字華青，號梅仲。其先山西洪洞人也。始祖諱繼周，明洪武遷陝州會興鎮。歷九葉，至七世祖諱應試公，任直隸壩上倉場大使。六世祖諱洪範，歲進士，授歸德府考城縣訓導生。高祖諱文龍。高祖生子三，曾大父諱子良，其次也。曾大父生子二：長吏員，諱得位；次即大父，郡庠生，貤贈修職佐郎，諱豐翼公。夫子幼，逮事大父母；大父母沒，年方十歲，哭踴有節，以孝聞。豐翼公子二：伯父，候選從九品諱大相，出嗣得位公；父諱顯相，己酉科舉人，歸德府睢州訓導。有濟變才，每遇大災，上憲輒札委，如捐奉、賑飢、捕蝗、拯水災諸事，夫子隨任，佐父辦理，俱有方略。伯兄一人，廩生，諱際煜，則大相也。胞兄弟四人：長諱際熙，乙丑進士，歷任湖北咸寧縣、福建海澄縣知縣；次即夫子；三太學生諱際照；四太學生諱際炳。夫子賦性沖和，昆季之間，誾誾如也。弱冠入庠，旋食餼。鄉試屢薦不售，援例以廩貢生候選教諭，補授河陰。抵任，見黌宮傾圮，約紳士欲重修，衆皆難之。因捐俸倡首，鳩工庀材，衆遂踴躍。年餘工竣，煥然一新。河陰國初以來，百七十餘年無中舉者。夫子課士維殷，每鄉試，集諸生明倫堂，行賓興禮，由是赴試者多，而文風漸振。又長于堪輿，舊文昌閣方位不正，卜於文廟，巽地按五行相生，修數層，高數丈，始庚辰，至辛巳春而工成。是歲恩科，賓獲鄉魁，李君道生中副車，後又中程生名林者，邑人咸以是為夫子之力。又創修書院，設立考棚，置義學，建節孝總坊，一切有關風化者，力勤不怠。每次奉滿，上憲力為諭揚，保舉為百里宰栗。藩憲曰：以公之才而終於廣文，毋乃屈乎？夫子以年老力辭，事遂寢。嗣以卓異，推升歸德府教授。奉府委督修文廟，修文雅臺，所建功業，難以枚舉。性情和平，歷官以來，同寅無不協者。公務之餘，日以課子孫讀書為事。當夫子晚年，子食餼者一人，孫食餼者二人，曾孫業儒者三人。其天倫之樂，世澤之延，則又夫子修德獲報，方興未艾者也。成孺人嫺於姆儀，柔順貞靜，事翁姑能盡其孝，和妯娌無失其睦，勤儉慈惠，克為內助之賢云。

夫子生於乾隆二十六年九月初五日丑時，卒於道光二十一年五月十六日寅時，享壽八旬。成孺人生於乾隆四十五年十月初八日子時，卒於道光二十五年五月初五日申時，享壽六旬有五。子二：長斗南，優廩生，原配梁孺人出，後夫子一年未及殯而卒；次二南，業儒，成孺人出。女二：長，梁孺人出；次，成孺人出。孫男四：長鳳書，廩貢生，候選訓導，出嗣胞兄子鴻南；次綺書，優廩生；三寶書，業儒；俱斗南出。四成書，幼，二南出。孫女一。曾孫四：長慶曾，四念曾，綺書出；二燕曾，鳳書出；三慰曾，寶書出。曾孫女七：鳳書出者三，綺書出者二，寶書出者二。今擇道光二十五年八月初三日，葬於鎮西上村嶺，因為之銘。銘曰：

天資純厚，孝友性成。為模為楷，範我後生。既瞻文教，吏治尤明。勤儉事業，不朽勳名。緬懷遺矩，仰止景行。

敕授文林郎直隸趙州高邑縣知縣加五級紀錄十次辛巳科舉人門生張利賓頓首拜撰。

敕授文林郎直隸廣平府曲周縣知縣加三級紀錄五次愚弟莫夢蓮頓首拜篆蓋。

郡庠生族孫協倫頓首拜書丹。

承重孫綺書、降服子二南泣血勒石。

大清道光二十五歲次乙巳八月穀旦。

（誌存三門峽市虢國車馬坑博物館。李秀萍）

安國寺石柱聯

寶筏渡迷津原里犬河邊牛愿相逢去；
金繩開覺路井中蛇藤上鼠應早脫來。

昌水縈迴萬頃流光映梵年；
瑞山繚繞四周爽氣浮祇園。

道光二十六年。

（石存陝縣李村鄉安國寺。王興亞）

重修廣濟渠約

庚子五十九舉人張鷟

陝舊有廣濟渠，源在陝東三十里許交口村，堰水越澗回，蜿蜒入城，注泮宮，及陝治，及瑞蓮池，及四街。始于唐東道大行臺長孫公諱操，歷金大定，明成化、嘉靖、隆慶、萬曆、天啟間，後先疏通。皆因前人之舊蹟，施後賢之新政。所以然者，蓋陝郡地險土燥，必有水以潤之，始得中和之氣，而發育始盛。以故，屢經濬築，屢有成效。唐、宋有明，代有偉人。高士若梁國公、魏仲先、張太僕等其較著也。至勝國之季，寇氛充斥，渠道淤塞，自是城市蕭條，村落殘闕。科目一途，辛卯、甲午後五十餘年無接踵者。前太守周公諱全功蒞茲土，庚寅春，重修此渠，缺者補，廢者興，幾復舊制。歲辛卯，膺賢書者即應時而起，及壬子、乙卯十餘年中，聯升者若干人。國邑都鄙，亦漸次繁衍，此則有水以潤之，而得中和之氣之明驗也。乃距今三十年矣，補者復缺，興者又廢，向之流通不能遍及矣。欲使一勞而永逸，不有非常之人，孰克舉此非常之事。恭逢新設分巡，劉憲臺下車之初，慨然欲為經久之計，州士民皆樂之，但積金始能鑄器，集腋方可成裘，非一手一足之力所能為功也。凡我陝人，尚其各輸己力，共襄斯舉。仰承憲臺之至意，俾缺者補，而補者不至復缺；廢者興，而興者不至復廢。成百世不拔之業，造一郡無疆之福，中和之氣永聚，而富庶滋，人材出，陝郡之興，正未有艾也。此約。

　　道光年間。

（文見民國《陝縣志》卷二十四《掌故》。王興亞）

皇清恩賜耆老胞兄桐岡（瑞鳳）暨嫂寧孺人合葬墓誌

【誌文】

皇清恩賜耆老胞兄桐岡暨嫂寧孺人合葬墓誌

兄諱瑞鳳，字桐岡，姓馬氏，祖居陝州城北二十五里河底村。卒半載，嫂繼逝，葬有期，謹鐫石以誌墓。嗚呼！先父母所貽余兄弟三人，三弟監生憲章，不幸而早卒，今未及一載，而兄、嫂又並逝。余素多病，且悲悼惑迷，語無倫次，遑言誌哉。然嫂名門得仁寧公女也，自于歸吾兄，與余兄弟等同治親喪，共勤家事，昆季友愛，妯娌雍和，而且子孫昌，親戚繁，四世同堂，半子滿座。此又不可以不誌。

兄生於乾隆三十九年十二月二十九日子時，卒於道光二十九年四月初三日戌時；嫂生於乾隆三十九年九月十二日午時，卒於道光二十九年十月十二日巳時，均享壽七旬有六。子二：長三級，娶致城左公長女；次三奇，庠生，元配監生丹桂張公次女，繼娶吏員恒瑞甯公次女。女六：長適監生中元侯公次子長齡；次適監生文旂侯公長子殿卿；三適迪吉張公次子□首；四適監生隨□史公長子殿傑；五適耆老懷瑜尚公次子文□；六適□□□公次子國章。孫男七：長中式，庠生，娶斯彊張公長女；次中規，元配□舜姚公次女，繼娶□林張公三女；三中矩，娶監生百川張公長女；四中倫，聘□勇師公三女，俱三級出。五□仁，聘監生廣傑史公次女；六中仁；七興仁；俱三奇出。孫女二：長字百傑史公長子，三級出。次幼，三奇出。曾孫三：長綺書，中式出。次萬珠，中規出。三萬書，中矩出。曾孫女三，俱幼，中式出。今擇於本年十月十九日巳時，扶柩於村南坡之新塋合窆。爰灑涕誌石，併成哀句：

生則同年死同穴，孤墳□□臨荒垤。但祈爾宅卜有年，萬古千秋無毀拆。飄然兄嫂棄紅塵，剩弟纏綿一病身。恨得幽明相隔遠，不如泛泛行路人。昔年□共姜肱被，今日□□□

忽相異。舉目□雲誰賦詩，低頭盡是傷心淚。穴□。

丙子丙年乃登。

胞弟生員瑞鵬抆淚撰文。

胞姪廩生宗遷抆淚書丹。

大清道光二十九年歲次己酉十月十九日癸未。

不孝三級泣血上石。

（誌存三門峽市虢國車馬坑博物館。李秀萍）

重修文廟記

朱昌頤

今天子嗣位之初元，開科取士，廣加中額，又命直省州縣廣加入學之額，凡在偏隅下邑，無不被械樸作人之化，誠盛典也。閿鄉當秦、豫之交，依山負河，民淳俗阜，自漢、唐以來，名臣巨儒後先接踵，迨我朝二百餘年，教思浹洽，歲擇其秀良者登之大廷，以是知士習文風，蒸蒸日上，固由化澤之涵濡，抑由服習乎先師之教者勤且久也。顧邑之文廟建自國初，中間屢有興修，迄今歷代久遠，殿宇敝壞，東西兩廡漸多傾圮，向有祭器、樂器庫坍塌不存。歲時庀器每多殘缺，大兒燮元於道光三十年九月來權邑篆，晉謁廟廷，惕然省思。治事數月，吏民漸知信從，因進耆紳籌所以興舉之術。先捐廉以倡，咸各踴躍輸金，飭材集役，仍者葺之，廢者築之，自大成殿東西廡以至鄉賢、名宦祠，由櫺星門及宮牆，一律重新，並因舊址建祭器、樂器二庫，凡籩豆鼎彝之設，笙簧鐘鼓之陳，無不詳考制度，添置靡遺。復於櫺星門左右隙地，添建廳房，為春秋將事者肄禮憩息之所。適昌頤自京旋浙，繞道過閿，見其為政之尚知以教化為本，而此邦之人急公好義，固能相與有成也。從此尊師學道，不第科名輝映，為國樹人而禮樂彬彬，益以信陶淑之功，其漸漬於斯人之身心性命者尤切也。故謹述其梗概而為之記。

道光三十年。

（文見光緒《陝州直隸續志》卷八《藝文志》。王興亞）

重修關帝廟碑記

《傳》曰："先成民而後致力於神。"蓋以民者神之主，□成尤賴事神，諸大政為州人士倡，數年來，如修南澗河十里鋪□則效者也。昨鎮北二十里許趙薦村，首事人曲成名等，建廟在村北高廠之地，正殿三間，中關帝，東龍王，西尤並戲樓，而更新之。又創立獻殿三間，以為陳列祭器，子長敦孝友，盡人事之當然，而不徒聽命於神。行見民和而聖天子化民成俗之至意也。是為記。

本郡試用訓導原四者歸德府。

本郡儒童。

旹大清咸豐元年八月二十五日立。

（碑存陝縣王家後鄉趙溝村古戲樓。王興亞）

大清庠生冠山張公（崇貴）暨德配孫孺人合葬墓誌銘

【誌文】

大清庠生冠山張公暨德配孫孺人合葬墓誌銘

公諱崇貴，字冠山，芝巖其號也。世居陝之會興鎮馬二里九甲民籍。始祖諱繼周，遞嬗俱詳族譜，茲不贅。公曾祖諱霞耀。祖諱緹。父諱法禹。母王孺人，州西樊村公女[1]。生公及姊二。姊適州菜園鎮庠生未殿楊公。公少失怙，賴祖父母及胞叔撫養成立，教讀習射，入膠庠，□□不輟。母孀居，性最嚴，慈愛不流于姑息。公性最孝，不假強為，其幹濟之才，皆餘技也。德配孫孺人，交口村公女[2]。系出名門，鳳嫻姆訓，入門事親，無□不合《內則》禮。生子二：長參領，□學生，娶城內楊折林公女；次參戎，援例州同，娶山庄頭村郭方同公女。生女三：長適中庄村聖昇朝公長子浴身；次適河底村馬文彪公次子庠生麟祥；三適城內張實公長子普正。孫男五：天斗、天婁、天軫，皆參領出。天斗娶城內張三臺公女；天婁娶史家灘史廣杰公女；天軫娶斜橋村高普渡公女。九疇、九皋，皆參戎出。九疇娶城內監生王建極公女，又娶上村高和渡公女；九皋娶山庄頭村郭士楨公女。孫女五：長適城內於以蘋公長子庠生詔；次適磁鍾鎮賈作哲公次子澤達；三適崔家村歲貢士崔得志公次子毓堂；四適槐樹凹村張來彥公次子應臣，皆參領出。五適南陽村監生水清沂公長子繼周，參戎出。曾孫男三：甲乙，天斗出；平生，九疇出；福生，九皋出；俱幼。

公生於乾隆三十六年五月十五日未時，卒於咸豐二年十二月十一日戌時，係辛卯相，享壽八旬有二。孫孺人生於乾隆三十六年十月初五日子時，卒於道光二十四年十月二十六日未時，係辛卯相，享壽七旬有四。今擇咸豐二年十二月二十三日未時，扶柩合葬於鎮西郊新塋安厝，壬山丙向，癸龍入首。□於公歸窆之期，謹即公與孫孺人顛末誌其墓，而為之銘曰：

人生樂事，福壽為先。渭濱奇二，古稀四年。孫又生子，瓜瓞綿綿。齊眉蓬島，羽化登仙。佳城聚氣，兆卜牛眠。載咏難老，夫婦雙全。繩繩繼繼，裕後光前。浮雲富貴，又何取焉。

儒學生員堂姪協倫撰并書丹。

---

[1] "村"字下原空二字未刻。

[2] "村"字下原空二字未刻。

孤哀子參領，承重孫天斗泣血勒石。

咸豐二年歲次壬子十二月。

（誌存三門峽市虢國車馬坑博物館。李秀萍）

子文侯公墓表

王者香

子文公者，郡之侯家溝侯氏之先也，生于有明之季。國初苦地方苛政，以不去死。蓋其時兵燹之後，朝廷詔民復業，地方官以招徠勸課爲職，率由墾田升科，得蒙陞賞。于是，貪污之吏虛冒地畝，懸坐錢糧，民乃不勝其害。順治十五年，吾州已墾之地不過一千七百頃，許州守吳世英捏荒作熟，報地至二千九百餘頃，征糧計三萬二千兩零。嗣是康熙二年至六年，州守五易，其官皆以錢糧托累羈留不能去。民苦徵求，或死或逃，輒數十里杳無人煙。侯氏之族，固無留者。公時亦起家，行約二里許，惻然曰："舍先人墳墓而遠去，于心何安。吾寧止此耳。"徑歸，未至家，遇催租者，促入州城，受拷掠不勝，遂殞命。公之子葬公，悲號痛絕，懼無以自保。適三韓劉公諱芳顯來牧州，即詳于府司，以及督撫兩院，痛陳疾苦，為吾民請命，閱兩秋，以被誤革職，而吾州懸坐之地卒豁。由是人方安業。公之子乃得以不去。生于茲，垂一百五六十年。吳之虐，劉之仁，歷歷在人心目。而被死之家，悲與感交，銘于肺腑不能釋。公之後人，風木感念，霜露警心，于公之事，蓋未嘗一日忘也。茲公六世孫耆老君德榮、長榮、顯榮，吏員君享榮、國學生廷榮、例封武德郎正榮，謀立石表墓，命孝廉君仁榮來告余，請為文。意固感劉之仁，恨吳之虐，而以公之死為痛。噫！公死亦何憾！計爾日州之人以逃而得生，後歸而復業者不可一二數，令公率棄子脫然遠適，俟政平而復之，安必不可以自安，而特以墳墓關心，惻惻于中而不忍割。則公之死，非殘虐之政死之，實仁孝之心死之也。今其村之南崖東谷所云"下道"者，公遺塚在焉。後人隨時薦享公之靈，與若祖、若父，依依故土，揆厥初心，宜有隱然以自慰者，于公亦何憾乎！公諱邦華，其子世平，于今六世。迄九世，齒益繁，業已茂矣。其登科第遊黌宮，聯鑣不絕。古云：仁人必有後。如公不忘首邱，委身歸命，仁孝之所庇陰，固宜後嗣蒸蒸日盛也。是為記。

（文見民國《陝縣志》卷二十二《藝文志》。王興亞）

潘節婦撫孤碑記

邑人張倬如

大《易》著《家人》之卦，利在女貞。風詩重偕老之情，誓及同穴。故不幸而鏡鸞孤掩，釵鳳分飛，曹令女之守貞自矢，陳孝婦之養姑媳休，義固宜也。潘母趙氏，磁鐘趙福有姊，張茅長富妻，年二十五而夫逝，遺子女各一，氏絕飲食，欲以身殉。舅姑抱孤示曰："若殉，兩妙齡何依？"遂含涕飲血，不敢違命。又數年，其子亦死，以堂姪桂馨子鳳岡為之嗣，氏撫之不異己孫。鳳岡娶陳氏，兩懸弧，竟亦不終天年，孫婦新寡，撫慰倍致殷勤。曾孫幼孤，飢寒時，深保護，一切家政，多賴維持之力，迨曾孫嶄然露頭角，而氏已壽踰古稀而星寒矣。嗚呼！孝慈兼貞，境變而心不變，松筠比節，數奇而事彌奇，是真補天有功，不借媧皇之石，入地無愧，可銘曹娥之碑者也，烏可以不記。

（文見光緒《陝州直隸州志》卷十四《金石志》。王興亞）

欽加遊擊銜陝西鄜州城守營都司程南曹公旌忠祠記

嗚呼！惟公捐軀逐寇，可謂得死所矣。公諱鵬彪，字程南，係河南直隸陝州監生，民籍，曾祖府君，諱希貴。祖府君，諱耀武。俱請封武顯將軍，晉封振威將軍。父諱三祝，字瑞菴，由頭等侍衛，歷任福建、福甯、建甯等鎮總兵。咸豐三年間，調署漳州鎮總兵，勦賊遇害。欽加提督銜，賜諡襄愍，發御製祭文，所以撫卹者甚厚。公其嫡長子也，幼從家大人任，徧遊湖廣閩浙間，讀書通大意，不為章句學。早遊太學，所交皆當世名人，性喜談兵，精騎射，嘗有班生投筆封侯萬里之志。會粵匪滋事，南京失守，公即請命効力戎行，掃平賊寇。家大人壯其言，遂遵籌餉例報捐。咸豐二年，由部銓陝西鄜州城守營都司，到任後，即簡閱訓練，與士卒同甘苦，屬員皆樂為效死力。咸豐三年四月間，奉檄出師，與參將業普崇額統帶鎮標兵五百名，前往山東地方防堵，于五月十七日，行至河南中牟縣東關，探知有長髮賊一股，久在朱仙鎮札營，意欲拔營西向，擾河南府。時業參將與公商議，欲收兵西歸避賊。公慨然曰："我等奉命出師，今臨敵脫逃，吾誓死弗為也。即帥所領兵弁嚴陣以待。及賊自朱仙鎮蜂擁而來，詎料業參將與所帶兵士望風西竄，公獨與賊接戰，左衝右突，斬首不可勝數。卒以孤軍無救，身被重圍，罵賊而死。事聞，奉上諭，英桂奏中牟縣勦賊陣亡一摺，着交部從優議卹，應將陝西鄜州都司曹鵬彪加遊擊銜，給與雲騎尉世職罔替，並詔建祠以旌其忠。祠成，邑侯題其楹曰："鐵騎西來，一戰沙場留碧血；金章北下，千秋俎豆慰忠魂。"蓋實錄也。嗚呼！向使公從業參將之言，收兵西歸，則可以不與賊過，又使公探知賊信，率兵他徙，亦可不與賊爭鋒。乃公獨不顧人言，不量己力，以二百餘名之兵卒，戰二十餘萬之猖匪，非忠義激發，視死如歸，而能如是乎！況公正當賊衝，一時城鄉居民，始得扶老攜幼，遠避無害，公死而有造于生靈，崇祀于茲土，以視夫臨敵逃竄者，其為人賢不肖何如也？公生平居家孝悌，崇尚節義，與人交，重然諾，輕貨財，有類于言必信，行必果者。予因序其巔末，以俟夫觀風者採焉。是為記。

廩生堂兄曹榮彪謹撰。

咸豐三年。

（文見民國《陝縣志》卷二十二《藝文志》。王興亞）

潘先生德徵教澤碑

王體仁

　　士生于世，惟自完其靈臺方寸之地，而後見諸事功，昭有本之經濟，播為教澤，徵有源之學術。蓋所謂倜儻非常之人者，必有不可磨滅之實，而紛至迭乘，世故雖難逆料，終無以移其神明之淡定也。先生姓潘氏，諱履謙，字德徵，號臨清。余受業師也。自趙宋以來，世為莘野原人，至王父始徙居澗水濱白馬峪村。先生幼穎悟，饒有楊中山逸氣，為學精心析理，嘗謂唐昌黎、柳州，宋廬陵、南豐諸大家文章，事業源流，一貫取沈確士所選，時加體驗，以為之根柢；于有明成、弘、正、嘉、隆、萬、天、崇，以及國朝鍾陵、稚川、宜興、長洲、安溪諸先輩，信其文，實足闡發微奧，各有錄稿，以為之標準。緣《左氏》為《語》、《孟》四書之傳，俾學人手輯成冊，先生點定指歸，以考治忽，以審脉絡，犁然在目，而于紫陽所纂一千三百六十年顛末，並《金仁山前編》、《商宏載續編》，靡不成誦在心，凜凜乎以古為鑑。其為文，胸有鑪錘，筆無塵翳，後乃絢爛之極，歸于平淡，先生固卓然自成一家軌範云。雖運會艱阻，幾續彭衙之慨，然大造之位，置斯人有深意存乎其間。先生自補博士弟子員後成增廣生，進食廩餼，而竟以庚午科登賢書，終數十年來，坐皋比，擬新硎，郡中礦砢英多之士，依先生以克自樹立者甚衆，即中人之資，聞先生緒論，亦皆慨然有自奮之志。是天特遣先生造就一郡之人才，而錯節盤根，正所以彰先生之昭曠，迍遭齟齬，正所以顯先生之堅貞也。顧或者謂以先生有用之實學，而未獲一行作吏展其所長，不無遺憾。獨不思先生事親色養，比嬰疾病，衣不解帶，湯藥必親嘗，經理季父殯葬，備極諄懇，與弟和樂，且孺雖析箸而情等常棣，昔仲尼不云乎，惟孝友于兄弟，施于有政，是亦為政。于先生之心術，既可以卜先生之治術，正不得以未仕增其欷歔也。茲距屬纊之辰，已開三霜，諸友思立碑記，囑余為文。嗟呼！余焉能形容老夫子之萬一，然自親炙以來，所言所行，悉經覩記，則又焉敢以拙少辭哉！序而錄之，不勝山木之痛云。

（文見民國《陝縣志》卷二十二《藝文志》。王興亞）

壬辰科副貢候選邠州長人王先生懿行碑

　　陝之王，代有奇人。勝國末，惺所先生提倡心學，屹然洛西儒宗。越百數十年，其裔孫長人先生，復以文學著于時。先生諱體仁，號誠齋，性倜儻，自豪有奇氣。幼奇穎，書過目，輒成誦，善屬文，倚馬數千言，胥中程度。年十一，應童子試，背誦《十三經》、《南華》、《楚辭》、《史記》等書文，入式。督學王文簡公加奇賞。入郡庠，旋食廩餼，人皆謂先生不世奇才，青紫可唾手得，乃數奇不偶，屢戰藝秋闈，不一遇。歲壬辰，先生應鄉舉，當是時，士風靡古，場規如萎，富家子競倩人捉刀，覬售贗鼎，有干以私者，同舍生強居間有成說。先生拒弗受。屆期，場弊發，械繫者累累，而先生中副車，終不遇。乃布衣草屨，周覽天下山川都會之勝，以抒其磈砢不羈之奇，故其文疎宕詼詭，光怪陸離，入漆園吏堂奧而通人情，極物理，確守儒者矩矱，不求知人，亦無識者。余自甲寅歲，以岐黃謁先生得其凡。先生謹然諾，飭內行，善談名理。余有幽憂之疾，對之謖然解也。夙聞先生文思捷向，試之，乃命司書者數輩進，先生談論自若，逐字示書者，不加點綴，俄成數幅，雖十人疾書，終日不能窮，書偶訛輒如其訛，足成之渾然，無斧鑿痕。吁，奇矣！夫以先生之才之奇，假裁以學，達以遇，不與乃祖比烈哉！乃發為奇文，終不獲奇遇也。悲夫！所著《尚書問答》、《孝友梯逌》、《君子國崇期遊華峯記》、《擬古草勸學誤》，聞所未聞，錄《奇聞叢錄一得》、《識期善類集》、《試草類集》、《課藝一得》，並雜文數百篇，藏于家鄉。

後學張諧之敬齋謹誌。

（文見民國《陝縣志》卷二十二《文徵》。王興亞）

衛理之先生神道碑

張坤

自世以科目取士，士之懷才欲試者，每多騖浮華，而不求實濟。于是，高人賢士，往往埋沒于深山密林中。長吟抱膝，遯世無知。即間有名登仕版，亦祇以文章名而不以道德著，而求所謂明體達用，足以盡出生平所學，以供獻當世，而毫無遺憾者，幾如鳳毛鱗角之不數，數覯則甚矣。政體不良之適，以屈抑人才也。如吾鄉衛理之先生之德之遇，為可盛矣。先生諱元燮，字理之，號槐三。生當前清專制之朝。時政府方以制藝桎梏天下士，先生獨慨然為經世之學，幼時愛讀顧寧人、黃黎洲、王船山諸先輩文集，雅不欲以科第進。年二十二，補博士弟子員，不汲汲于求世知而世亦無知者，或以為先生惜。先生攻苦如常，不以為意。未幾，成進士，鄉里賀者頗衆。先生喟然曰："余始願不屑此向之窮年矻矻，非祇為利祿也。今方以名實不符為愧，奚賀為？"先生事母至孝，當作秀才，時恆恐以家計累親心。設帳授徒，輒以脩脯供甘旨，故雖雞豚之奉，亦足承歡高堂。太夫人嘗教之曰："官家一盤之用，中人十家之產，他日得志，當思此時。"以故先生歷仕蜀邑，所至有聲。嗚呼！士當窮居無聊時，談及道德名教，輒慷慨激昂，自謂無虧，及叩其朝夕所研求，恃以為出身臨民之具者，則不過為文章詞賦之末，甚且奔走權要，希榮固寵者，比比皆是，安望其本學術以為治術耶。及既貴，則又往往不免于貪墨，求其清廉自矢者寡矣。又安望其政績昭著，能為國利民福耶！先生之宰四川永寧也，時洪、楊方以革命軍得金陵，野心家多藉口光復，糾合餘衆，人心頗為所動。先生知時機未至，毅然以維持秩序為任，以故匪徒竄擾，蜀中四十餘州縣胥被騷擾。而永寧獨以督練團練獲安全，黎庶感之，至于今稱道弗衰。厥後，以功升敍永廳同知。又歷署峨眉南部簡州等處，均遺愛在民，及致仕歸里，芒鞋竹杖，一洗官場惡習，見者不知其前四川令也。此非學養有素，而能如是耶！使先生得大有為于世，其所表見，當不至是。此余所以不能不感于先生之遇合，且重為古今之人才悲也。先生子錫恩，孫海鴻，為政均能繼家聲。曾孫寶楨、寶棠，恪守先德，不失為清白吏之後嗣云。

（文見民國《陝縣志》卷二十二《文徵》。王興亞）

大監元錫堂張先生暨德配崔張太孺人懿行序

澠池舉人張鳴鶴撰

陝郡莘原，土厚而水深，俗尚敦龐，恭維錫堂張公諱百朋，別號重道者，以孝友勤儉起家于斯。其始也，世居侯家村，高曾以來稱素封焉。父靈園公，以乾隆中總管合里糧項，賠累甚夥，家中落。有丈夫子五：長百金公，次百艮公，四百吉公，五百榮公，錫堂公行三。公之幼也，孝友性成，端嚴而敦篤。及長，出就外傅，窮經嗜古，試執筆為文，即秩然有條理。以家務之累，未獲卒業。經商會鎮，甚非所欲。又數年，食指益繁，資益薄，殆無以給。迺承靈園公命，各分炊謀食。于斯時，同原配張太孺人移家于莘原之杜村，赤手空囊，擇瘠土而處，以寢邱之不爭故也。居歲餘，孺人以疾終。嗣與繼配崔太孺人，庸次比耦，懇藝薄田，量歲之入，儉食省用，銖積而寸累之，最後稱小阜焉。時靈園公與繼母王太孺人尚在堂也。雞豚逮存，甘旨得不缺于供，私心少慰。猶以相去十數里，不得時依膝下承旦暮歡，每一念及，輒嗚咽流涕不能止。而其孝友之誠，尤有視聽于形聲之表者。長兄之卒也，乏子無嗣。靈園公有所屬而礙于言，乃傳各拈鬮焉。公知意在四弟之子也，適拈得而隱置之，四弟之子遂獲承嗣。靈園公乃大歡悅。洎徙莘原後，一味之甘必以時奉。靈園公嗜酒，每歲務間必另作佳釀。王太孺人暮年嗜轆轤谷麵食，歲擇上地種之，熟則齎送。又時命崔孺人作元宵餅餌之屬，實以筐籠饋問，不絕于途。原地宜木棉，每秋風起即寅後，先彈數斤以備棉衣之需。其敬兄而友弟也，以親愛相終始，無纖芥隙。有不給者，必分金以贍之，或囊空無以應，則稱貸焉。終其身不言賠累。老至病篤，取其子所記賬簿對焚之。某年，二兄疾終，公適不家，既歸，見一室有淚容，問之，具以對。乃號跳大痛，即夜赴本村奔喪。遇侄輩甚厚，周恤之外，訓誨懇至。其孝友之誠，之出于天性，類如此。素重儒書少年，摒擋家務，延師教子，恭禮有加。雖久不親書，而初學詩書猶必親授。其為人也，偉貌脩髯，性方嚴，而訓詞溫雅，瞻豐采者，咸以謂彬文君子也。又素與尊庵王先生、眉山趙先生遊，雅相知重，以其內行之篤，能盡弟道，且敦崇儒書，而惟道之重，故號之為重道先生云。德配崔太儒人，仁慈婉娩，一門孝友，贊助之力居多。舅姑之歿也，每生日忌辰，必潔饌以祭，終其身無遺忘者。其壼範亦概可見生矣。子五：長自成，國學生；次自恆，從九職；三自立；四自明，從九職；五自思，榜名倬如，丁卯科舉孝廉。孫男十一株，曾孫男十株，元孫男二株。瑤璠瑜璵，蘭茝其芽，累葉之昌，蓋方興而未有艾也，吾有以知其流澤之永久矣。豈偶然哉！豈偶然哉！

（文見民國《陝縣志》卷二十二《藝文志》。王興亞）

皇清例贈孺人張公（紫衢）繼配李孺人墓誌

【誌文】

皇清例贈孺人張公繼配李孺人墓誌

李孺人，小東張公之繼配也。小東公名紫衢，軍功議敘九品職銜。始祖諱繼周。曾祖諱元洲，郡學生員。祖諱清源，郡學武生，候選千總。父諱西叙，廩貢生，候選訓導，署鄧州學正。小東公其長子也。世居會興鎮馬二里九甲。元配楊孺人，城內貢生向陽公之長女；繼娶孺人，李家窰村李公名更新之長女。生於嘉慶五年歲次庚申九月初九日卯時，卒於同治二年九月初三日戌時，享壽六旬有四。所生三子、四女：長子名惠徵，太學生，娶衛氏，城內俊德公之次女；次惠連，山西試用巡檢，娶辛氏，東樊村澤榮公之次女；三惠暢，娶梁氏，張茅鎮郡學生程先公之長女。長女適原店村江蘇儀徵縣知縣兀公西成之孫名慎誥；次適城內監生王公志澧之孫名拜揚；三適后地村甯公鵬揚之長子，名宛吉；四適三庄頭村郭公元儒之孫名容之。孫二：長名護張，次名維張，惠連出。孫女二：長字冶爐村己未恩科舉人張公諧之之長子名盛曾；次惠暢出，幼。次子紹亭公即惠連，因分道候補，僑寓河東之運城，同治元年，迎養小東公與孺人於公寓。孺人以疾終正寢，小東公命紹亭扶櫬歸里。將以本年十月初十日，葬孺人於鎮之西南郊馬道地祖塋之右側，甲山庚向，乙龍入首。因誌其大畧如左。至孺人之閫範，紹亭公將持行狀而求傳於大方焉，茲姑闕云。

例授文林郎吏部揀選知縣河東候補鹽大使辛亥恩科舉人寅愚姪黨雁題頓首拜撰文。

例授徵仕郎山西候補直隸州邠州夫族弟協倫頓首拜書丹。

哀子張惠徵、惠連、惠暢泣血勒石。

大清同治二年歲次癸亥十月初十日立。

（誌存三門峽市虢國車馬坑博物館。李秀萍）

重修黑山大龍王廟碑

【額題】大清

嘗謂善作者不必其善成，善始者不必其善終，此古今之通患也。吾鄉西南隅，舊有黑山大龍王廟一座。無碑記可考，不知始於何年、創自何人。雖神駕上所刻有創修、重修云云，與夫功德主等等，及詢諸故老，傳聞皆云："是記神駕所自修，非記神廟所創始也。"以是，知此廟之由來久矣。今觀其制修，有磚窰一眼，上塑正神一尊，旁列站神兩位，又有法駕一座，行神所乘，樸素渾堅，饒有古風。至於廟外，上依危巖，下臨清泉，真所謂山不在高，有仙則名；水不在深，有龍則靈也。但世遠年湮，不無傾頹剝落之虞。爰有耆老郭君諱長海邀同衆議，重將法象洗畫一番，西壁彰施五采。又另作一座法駕，氣象煥然而一新。雖不敢自居善始善終之名，究不敢蹈不成不終之誚也。功成告竣，囑予為文，謹序其顛末，以志於碑端。

本郡庠生郭樹河拜撰。

子庠生風揚沐手敬書。[1]

時同治八年歲次己巳梅月穀旦。

（碑存陝縣王家後鄉趙林河村龍王窰洞。王興亞）

誥贈奉直大夫張公（應奎）德配宜人張氏墓誌銘

【誌文】

誥贈奉直大夫張公德配宜人張氏墓誌銘

同治庚午冬，陝郡知友張敬齋使賫其賢母宜人狀，以誌銘屬。據狀：

宜人係元勳巷廩生張公諱篆女。母孫氏，生宜人於嘉慶二年丁巳七月七日。其里係有如此。性端嚴仁慈，通大義，幼以孝稱，事叔父母尤謹。其在家盡女道有如此。年十八，歸冶鑪村奉直大夫公諱應奎，未逮事姑，與張庶母相得，待姒娌雍以睦，接姻屬眷戚咸符儀矩。其適人盡婦道有如此。理家有法，貝饌精以旨，治服潔以完，厨壺庭除間靡不整齊以肅。大夫公得以及暇耽經史，無內顧憂。其相夫盡妻道有如此。大夫公捐館後，諸兒少孤，必教之向上。有過輒呵，禁談他人短，俾從善師友遊，喜其購正書，延嘉賓。敬齋入庠後，慕程、朱之學，不屑舉業。宜人知之，曰：正願兒以善養，安用祿為？及其通籍，仍弗過喜，惟以宦海濫交為戒。其訓子盡母道有如此。至於祀先一節，祭品必躬治，不假婢輩手。老艱於步，每元旦，猶必竭蹶謁祠，此尤其卓卓者。他若待妾婢恩義周至，撫庶子如己出，教諸孫惠而嚴，賙鄰戚之貧無少吝。其衆善皆足傳後又如此。嗚呼！若宜人者，信可稱女中之有士行者已。其積德昌後，殆未艾也。享年七十有四，卒於同治九年庚午二月二十四日。男五：長望之，議叙從九品；次慶之，從九品，已故；次諧之，兵部職方司主事，即敬齋也；次尚之，議叙七品；次匡之，刑部福建司主事。慶、尚、匡，俱庶李氏出。女一，字丙午舉人張貽棟，未成禮，卒。孫男七：奉曾，望出；悅曾、若曾，慶出；繩曾、師曾、印曾，諧出；燿曾，尚出。孫女十、曾孫女二。擇辛未歲二月七日丁卯，安厝村東嶺上塋，祔大夫公右。銘曰：

嘖嘖棠邑，孰尸賢聲。自彼元勳，嫄人篤生。來嫁于張，天作淑貞。子孫綿綿，以善昌榮。勿替引之，窆茲幽銘。

---

[1] 捐施人姓名，字多模糊不清。

山右薛于瑛頓首。

男諧之泣血書丹。

男匡之泣血題蓋。

男望之、尚之泣血上石。

甲龍入首乙山辛向。

大清同治九年十二月十六日。

（誌存三門峽市虢國車馬坑博物館。李秀萍）

陝州召公甘棠廟碑

太倉唐文治蔚芝

召公甘棠廟，在陝州境，上章敦牂之秋，無錫施永成，膺溥仁慈善會、唐滋鎮、圻鎮、華堂等推選往賑于陝，拜于廟，則牆傾棟摧，上無蓋障。州人相告曰："是駐卒所為也。"永成蹙然。請于會長張簡生，醵資鳩工，經營而修葺之。既蔵事，囑太倉唐文治為碑記。文治曰：若古攸訓，有功德于民則祀之。成周之初，周、召東西分陝而治，既宣重光，共作大邑，惟太保相宅以丕揚天休，公之功不其偉歟！若夫敬天勤民，節性日邁，祇慎用懋，申儆惟新，耆長典型，令聞矢洽，公之德不其邃歟！且世之盛也，以倫紀興，世之衰也，以倫紀廢。夷孜《鵲巢》、《采蘩》、《采蘋》諸篇，無非明夫婦之禮，人道之經，是以王姬車御，曷不肅雝，季女尸齊，式昭忠信，人倫正，斯小民親，《蔽芾》之詩，情深文明，誦絃弗替。然則公之功德，固不容沫。公之祀典，庸可廢歟！往聞曲阜周公廟兵燹蕩焉。樂崩禮闕，鼓南子弟抱器咨嗟，儻我將我享同復蒸嘗，則于化民成俗之本，不其懿歟！爰為詩歌，用代鄉邦之樂。其辭曰：

渭蘋潦藻召南風，築廟翼翼典攸崇。庶民子來營新宮，聿修祀事拜召公。蕩蕩兮天門開爛，昭昭兮靈之來雲。旆兮悠悠，公監降兮陝之州。召公若曰我陝民，殺機罟獲盈乾坤。迷復弗戢將自焚，詎止十年不克征。天地大德是曰生，何以救之明人倫？孝弟忠信濬靈根，自貽哲命在初生。嗚呼！公不見婦子保抱哀籲天，旱魃煽虐滌山川，苗槁林禿怪鼠蟺。人累相食無田廬，老羸白骨溝中填，願公護持拯巔連。召公又曰我陝民，積善長久致太平，上下壹德痛洗心，士務通經農力耕。毋敢妖妄畔常經，毋侮聖言毋亂名，毋作穿窬毋害人，毋冒貨賄毋施爭。歲月日時乂用明，和風甘雨河山新。蚩尤戰退掃欃槍，上帝臨汝降百祥。自今伊始豐穰穰，綏我士女喜洋洋。五穀蕃熟滿倉箱，我民奠酒躋公堂，千秋萬歲歌甘棠。

辛未。

（文見民國《陝縣志》卷二十二《藝文志》。王興亞）

重修陝州試院記

學政何金壽

陝州界秦豫，當東西之衝，天下有事，則先被兵。每覽漢、唐之季，兵戈擾攘，民無安居，未嘗不慷慨歔欷，以為斯人之不幸。國朝咸豐間，捻倡于東，回起于西，是州居其中，受禍獨少，蓋亦幸已。今捻平而回逆亦就滅，境內數百里無鋒鏑之患，無烽燧之驚，安處樂業，年穀歲熟庶富，而教此其時乎。州處萬山中，黃河曲屈繞郭而下，名山大澤之間，異材斯出。余兩試既畢，覘其人貌，惇篤而不欺，其文章間有奇氣，皆可教之，以成其材。州舊有試院，牧守周君以為隘也。鳩都人士闢而新之，今于某月日落成，費不勞而集，又不疾而速于此，見周君平日之政通人和，故是役理也；又以見都人士之孜孜問學，而贊成是役也。顧余又有進者，都人士幸際昇平無事之時，當自立于學，務本讀書，毋為一切僥倖苟且之行，以副周君殷勤無己之意，余有望焉。是為記。

同治十二年。

（文見光緒《陝州直隸州志》卷十二《金石志》。王興亞）

皇清敕授登仕郎小東張公（紫衢）墓誌銘

【誌文】

皇清敕授登仕郎小東張公墓誌銘

公氏張，諱紫衢，字小東，宿垣其號也。居陝州會興鎮馬二里九甲，職從九品。始祖諱繼周，遞傳至公。曾大父諱元洲，母氏張。大父諱清源，庠生，大母氏賈。父諱西叙，廩貢生，歷任蘭邑、夏邑、鄧州學正。母氏衛，敕授孺人，生公昆玉三：次天衢，監生；三九衢，監生；公居其長。以嘉慶二年正月二十九日吉時實生公。公性渾噩，唯書是讀，他事不介諸懷，亦不慣聞銅臭之氣。少之時，父在為子；中年，手足可藉；及其老也，兒女尤能養志。故公得以優哉游哉，聊以卒歲。我鎮人皆稱公為福享第一也。後雖家道窘迫，公亦漠不關心焉。但讀書終陷童試，功名之念，至老未遂，人咸為公惜之。公之元配楊氏，城內貢生向陽公之女，無出，早妖；繼配李氏，李家窑村庠生可用公之胞姊，先公而逝。生丈夫子三、女四：長惠徵，監生，配衛氏，城內從九品裕德公之女；次惠連，署山西永和縣□堂，配辛氏，東樊村監生在榮公之女；三惠暢，配梁氏，張茅鎮生員承先公之女。長女適原店村兀慎誥，江蘇儀徵縣知縣西成公之孫，孀居；次女適城內；三女適后地村；四女適山庄頭村。孫男五、孫女四：長孫男四知，配史氏；次四維，聘張氏；俱惠連出。三四箴、四四勳，俱惠暢出。五四美，惠徵出。長孫女適冶爐村乙丑科進士、欽點主事張諧之公之子，惠徵出。次許城內，惠暢出。三、四幼，皆惠徵出。曾孫一，印祥，四知出。公以同治十三年九月初一日含笑而逝，享壽七旬有八，係丁巳相。今擇光緒二年三月十五日未時，扶柩出門，葬於鎮西馬道地，附其祖塋之左側。甲山庚向。余屬堂姪，爰誌其顛末，而為之銘。銘曰：

寵辱兮無驚，義命兮斯信。落落兮安常，悠悠然處順。唯公渾噩兮，性與古近。老當益壯兮，精神自振。乞[迄]今捐館兮[1]，乘化歸盡。鬱鬱佳城兮，樂卜藏殯。子孫繩繩兮，勵志遠奮。銘勒貞石兮，幽闥斯鎮。

郡儒學生員堂姪家模頓首拜撰。

郡儒學廩生胞姪蓮芳涕泗稽首書。

孤哀子惠徵、惠暢泣血稽顙瘞誌。

大清光緒二年歲次丙子三月十五日。

（誌存三門峽市虢國車馬坑博物館。李秀萍）

清誥授奉直大夫欽賜藍翎候選知州華堂孟公（克榮）墓誌銘

誥授士議大夫三品銜候選道員姻愚晚趙名珊撰文。

誥授奉政大夫愚表郊周華林書丹。

公諱克榮，華堂其字也。本亞聖裔。祖仕宋，南渡之後，落籍方城。歷金、元、明，疊遭兵燹，家乘失守，單脈獨傳者數世。七世祖宗楷公，從恥十餘年，國初旋里。傳六世，五仕教職，稱望族焉。公父閻巾公，赴京候選通判，未仕。母寧宜人。生公于嘉慶甲子五月壬卯。公天性純孝，疏財友弟，以悅諸母。鄉黨稱孝，親族翳。爲人慷慨好義，丁著汴城。捐襄河務，修通濟雲虹，功普利涉。修黌宮、試院，德培儒林。修魁樓以彰文明，設義學以惠鄰里。遇有鰥寡孤獨，不能度者，給之以食。婚姻、葬埋，不能爲者，助之以財。種種善端，不能枚舉。咸豐間，越逆北竄，俺賊蜂起。上諭督撫察州縣有老成練達，德行平衆者，舉爲董事，團練保甲。衆舉公。修城池，造水器，輸財濟急，運石備守，流寇遠避，萬民得安。捍災禦患之功，可稱于後世。真偉人也！公比輸餉，得知州選用。以恥功，欽賜藍翎，廬頌壯猷方新，衆譽齒德兼隆。公可謂三代之英矣。延光緒丁丑、戊寅，連年歉收，人民相食，裕之逃亡者折半。皇上加恩，開倉發帑，賑濟饑民。咸舉公爲調理。任事年餘，不幸積勞成病。己卯秋七月念九日，七十六歲而壽終。公卜葬城西四里許孟莊前不一百武，與王宜人合葬焉。宜人生女一，適郡監生楊星吉爲室。繼娶孫宜人，生男一、女一。男繼監，太學生。女適郡孝廉方正趙名瑞爲室。今擇期臨窆，宜人命監刊石以志，俟遠年君子知之云爾。銘曰：

望溜方城，德馨堵陽。恩叩黿鼉，績著金湯。慕義仰仁，遐邇頌揚。俎豆千秋，山高水長。

---

[1] "乞今"之"乞"，應爲"迄"。

孝男繼監志。

大清光緒伍年歲在己卯冬十月初九日穀旦。

(誌存三門峽市虢國車馬坑博物館。李秀萍)

九龍聖母廟碑

且鞠育攜提生我之深恩，終生難報；而眷顧默祐保我之大德，畢世莫酬。如九龍聖母之尊神，誠為一郡之福星，實萬家之生佛，慈念是居，赤子盡享安康之樂；婆心為隱，嬰兒嬉登壽城之榮。此地雖介山僻，斯人各存虔誠，矧聖母之靈挾赫赫，尤為民莫能名焉者哉。硤石鎮東南隅，舊有聖母廟一座，殿制九間，形勢亦云巍巍。會立三月拜獻，且見紛紛，方異貌垂千古，永為庇護之資。孰意變生一時，竟失憑依之所。蓋因咸豐六年，河水漲溢，頃刻根基塌倒，須臾，梁棟漂流。[1] 功竣，邀序于予。因不揣固陋，援筆而書其顛末。

本郡生員王運隆沐浴敬撰。

光緒九年三月吉旦。

(碑存陝縣硤石鄉小學院內。王興亞)

皇清附生來公（猷宣）暨元配馬孺人合葬墓誌

【蓋文】
郭公夫婦合葬墓
【誌文】
皇清附生來公暨元配馬孺人合葬墓誌
郡儒學生員族叔郭銘庚撰并書。

此即余族侄夫婦之墓也。姓郭氏，諱猷宣，學名燕宗，來公其字也。世居陝東北路山庄頭村馬二里七甲西字劈。謹憶：

曾祖，耆老，諱國鈞。祖諱建法；本生祖諱建章，國學生。父諱登崑，議叙正八品。母氏賈孺人，係東路磁鐘鎮喜祿公之胞妹。性情端嚴，頗通大義，上事翁姑盡孝道，下撫羣孩備誠求。而且待妯娌雍以睦，教諸孫惠而嚴，視諸侄如己出，濟貧困無吝惜。婚男嫁女，比閭族黨之間，稱譽無間言。此豈非仁慈遺風足為閨闈儀型者歟。生子昆仲三：長名化宣，議叙從九品；次諱旬宣；來公其季也。天資聰敏，性靈過人。幼而延師主講，與余同塾就讀，余所以知其為人之梗概也。以故課農勸桑，即手胼足胝而不辭苦；敦詩說禮，

---

[1] 以下字漫漶，僅錄可識部分。

亦口誦心惟而弗憚勞。迨由同治元年，蒙欽命提督景大宗師取入郡庠。其後躬膺家政，雖未克攻舉子業，而於古聖遺規，先賢治家格言，靡不是訓而是行。以及南北宋史、東西漢誌，輒手不釋卷。每當風晦雨夕坐談時，暢所欲言。其生平有如是者。

元配孺人馬氏，系馬家坡村逢來公之次女。孝謹無違，性勤女工。凡朝饔夕餐，甘旨無少缺；昏定晨省，儀節亦無少懈，其賢貞有如是者。繼配張氏，係會鎮明翰公之女。生二子、四女，俱元配馬孺人出。長子名祖維，元配衛氏，係城內爰公之女，先來公十日卒；繼娶會鎮從九品張公省三之次女，出繼甸宣嗣。次子名祖武，娶崖底村戊午科舉人王公虎變之女。長女適槐樹窊村張公應海之長子盛德；次女適會鎮張公東皋之子德行；三女適會鎮從九品張公照□之長子家相；四女適會鎮張公廣德之長子鼎立。孫男二：長聯科，幼讀，係維元配衛氏出。次高科，幼，武出。孫女一，幼，係維繼配張氏出。來公生於道光十二年九月初二日吉時，卒於光緒四年八月初□日吉時，享年四旬有八，疾終正寢。馬孺人生於道光八年七月初六日吉時，卒於光緒四年四月二十五日吉時，享年五旬有二，疾終內寢。俱掩柩在堂。今卜於光緒十二年十一月十九日辰時，扶柩出門，於村之東郊合葬安厝。

大清光緒十二年十一月十九日。

降服子祖維泣血納石。

（誌存三門峽市虢國車馬坑博物館。李秀萍）

例授文林郎咸豐己未恩科舉人仲美鄭老夫子教澤遺思碑

先生諱邦彥，字仲美，陝之賈庄人。以州庠廩生中己未恩科鄉舉。既歿四年，門人思其教澤，鄉人思其懿行，不能已，謀立石信後。侯生安南者，謂余與先生為知心友，所得必深，走書請文。余烏敢以不趨辭。自文藝習成，士非詞章詩賦，無所為事，實學實行，置若罔聞矣。先生深懲其弊，獨于六經推窮義理，求合聖賢本意，而不屑屑于風氣。其說書論史，要歸至當，不泥前人成說；至言孝弟忠信處，則奮然欲見諸行事；于道德仁義之奧義，則必欲精思而得之，極其所至。駸駸乎登宋儒之堂，而嚌其胾矣。其設館授徒切要處率不外是，蓋有胡翼林之風焉。余嘗與先生論太極，辯理氣，或以書問考究經史疑義，及為學教人之法，恒不下千百言，先生輒以約言精識判之，間質以所得，則噬嗑毫無間隔，以是知其成就人才之偉功矣。

先生少有美質，天然渾成。純靜願愨，不妄言笑。同學者或戲以書癡□之。迨學養既深，識力俱卓，立心不苟，遇事優為。處家寬而有制，接人和而不流。鄉舉後志存利物，□得優免者，均諸衆人。丁丑、戊寅之荒，盡力佐賑，全活尤衆。平居與鄉人遊處恂恂，無富貴學問氣。然義之所在，不少假也，正之所守不可屈也。其樹鄉望，正人風者類如此。蓋先生之教，一本其所學，先生之行，亦率其性，心理同感而遂通。以故在門者咸虛往實歸，而薰其德而馴良、聞其風而仰慕者，鄉中比比然也。

嗚呼！立德、立功、立言，古人所謂不朽也。先生材堪大用，志欲有為，使得乘時展其所有，則修淳有福，天下人亦有福，其所表見，止此而已哉。此又余所深惜者也。爰書之以俟知者。

本郡歲進士硯弟甯元善頓首拜撰文。

本郡優廩生外甥張廣慶頓首拜書丹。

磁鐘鎮三社

楊家窰合村　人同立。

賈庄村合村

首事[1]

石匠杜清源。

大清光緒拾柒年桃月吉日穀旦。

（碑存三門峽市湖濱區磁鐘鄉賈庄村。王興亞）

源源亭記

黃璟

《水經註》云：高都有水，出故城東北阜下，曰源源。水沁丹所匯也。陝城處高原，艱於汲。唐長孫公操引橐水為渠，亦由城東北阜下注，使合城得享水利。水入城處有樓，祀渠神。及長孫公後，毀於兵燹。光緒壬辰春，余來攝陝，考志乘，陝城為元武形，得水則科名鼎盛。聞諸父老云樓毀後，文物不昌者數十年矣。余怒焉閔之，謀所以興復者。會觀摘星摩天之想，酒酣援筆為記。

光緒十八年春。

（文見光緒《陝州直隸續志》卷八《藝文志》。王興亞）

重修召公祠記

黃璟

陝州治東有五畝之宮，甘棠在焉。相傳為召公聽政之所，後人即其地為祠宇，以奉祭事。道光甲申，前刺史楊公兆李重修之，歲迄今近七十年矣。星霜遞嬗，風雨飄搖，疇昔之烜煌焜燿者大半鞠為茂草。光緒壬辰者，余以祥符令權州牧，將有事於祠廟。觀察使武原沈公告余曰："陝為召公分治之邦，有祠弗完，如崇德報功何！然而興廢復古，守土者之責也。子其勉之。"余曰："唯唯。"乃進紳耆而謀之，僉曰：急務也。於是，鳩工庀材，委

---

[1] 十二人姓名，字多模糊。

紳陳恂、委員李夢周董其事，經始于五月初八日，金石土木、雕鏤繪畫之工無曠無怠，趾相錯，踵相接也。殿成，于上疏瑞蓮池，于中引渠流以注之，仿舊亭以覆之，繚垣盡起，而規模復矣。祠有古鼎一，字跡漫漶不可讀，而古邑盎然。其為有周之故物與否，未可知。而升之阼階，與甘棠輝映，左右登堂酹灌之餘，觀瞻一肅，時恒暘屢告，共望雲霓。落成日，大雨達旦連宵，二麥得以播種。工歌於庭，農舞於野，衣冠畢集，黍稷維馨，乃舉酒屬觀察曰：璟不才，來牧於斯，其所以師古人而肅明禋者，微公之命不及此。異日，公之勳，書之竹帛，播之笙鏞，與召公埒。璟亦與有榮施焉，願進一觴為公壽。並資陳恂等而慶其成。時八月二十五日也。因記其梗概以勒石。

光緒十八年八月。

（文見光緒《陝州直隸續志》卷八《藝文志》。王興亞）

憩園二十三詠集古和黃小宋刺史原韻

沈守廉

多說明年是稔年陸龜蒙，桃花飯熟醉醒前皮日休。綠藤陰下鋪歌席白居易，勸我來依刺史賢韓駒。紫藤精舍

回看岩壑一重重秦系，疑是大邊十二峯奉白。飛入君家彩屏里李白，人間久已倦迎逢方岳。飛來十二峰草堂

淄渠鳴玉雨成霖謝邁，二月已迅三月臨蘇軾。所願普天歌樂歲許毂，微官敢有濟時心蘇軾。亦喜雨亭

夕陽樓上笛聲時胡曾，紅樹青山合有詩陸遊。落日孤煙知客恨蘇軾，亦應風月動關思釋德洪。夕陽紅半樓

浴鳧飛鷺晚悠悠杜甫，泉脈穿岩咽細流許有壬。水生數一成數六桓記月令注，方圓不定性空求韓漑。六角池

人生何者非蘧廬蘇軾，嘯志歌懷亦自如杜牧。林下清風貧亦樂楊守阯，草堂官舍似閒居許渾。惜蔭廬

非凡聖獨醒醒程貫，體顧我詩無雪清朱子。此道自來多冷澹葉困，何如此處學長生崔灝。小清涼山館

遠似乘槎欲上天韋莊，崆峒一派瀉蒼煙陳陶。交遊半達雲霄上陳壽，目極雲霄思浩然溫庭筠。仰華陂

子年留得謫仙題陳孚，萬歲聲長拜舞齊王建。儘是荷風鄉不斷蘇舜欽，八年迎送愧山妻楊奐。壽達亭

小池尺水三流槎蘇軾，與客爭觀還共嗟吳寬。議論源源有根柢陸遊，亂蜂迎客儼排衙陳造。源源井

訟庭生草數開尊蘇軾，舊事債權人可共論韓愈，即開禊席臨流水章峴，老子□飴弄椎孫陸游。竹院流觴

開遍紅薇一架花陸遊，幄籠輕日護香霞羅鄴。願言相約花前醉華嶽，小駐芳園覽物華宋孝宗。醉紅亭

巫峽歸雲夢又閑李建勳，不如高臥且加餐王維。欲識道人藏密處余善，天下蒼生憶謝安高啟。退藏閣

□立花邊自不凡方夔，團團羊角轉空岩蘇軾。笑道神仙無處覓蔡佃，知有飛龜在石函溫庭筠。仙人館

不問蒼生問鬼神李商隱，應緣曾現宰官身蘇軾。我來再拜祠堂下姚勉，到處逢君是主人蘇軾。社公別墅

隔年先有探花心孔平仲，人到春深思更深李獻可。一窖閒愁驅不去張碧，落花時許補雲林袁桷。養春花塢

晚山和我淡如雲劉秉忠，靜夜名香手自焚皇甫曾。四野耕耘多樂歲程本立，灌花移石不辭勤高啟。省稼臺

簿書期會得余閒蘇軾，身在青雲一步間方干。明月佇教穿戶入金浚，明不安四壁怕遮山陸游。水流雲在樹

我亦身不如糸舟劉子翠，北臨飛檻卷黃流蘇軾。無端息起歸思念馬龍，樂作錢塘十日游蘇軾。畫舫

長松繞步水灣環蒲宗孟，竹徑松岡共往還方岳。世事總如迂曲路周弼，一渠春水碧潺潺吳融。曲水迴廊

夢別重經紅板橋徐發，江南江北雪初消李商隱。自為釣竿能遣悶胡曾，細雨罾頭赤鯉跳陸龜蒙。板橋垂釣

烈士壯心懷四方陸游，一箭曾穿百步楊周朴。一生不得文章力劉禹錫，繡衣柱史何昂藏李白。射圃

暖律還吹嶺上梅韋莊，晚尊偏對菊花開陳輝。花如解語還應道盧肇。使節城東按部回高啟。晚香畦

（文見光緒《陝州直隸續志》卷八《藝文志》。王興亞）

憩園記

道署東南隅有憩園焉，蓋前觀察使尹公取《甘棠》詩意以名之。林木繁茂，花竹掩映，有軒有圃，有亭有池，有長廊之□曲，有亂石之數叢，然而三徑就荒，池荷枯槁。噫！此皆歷任觀察使所修置，不數年而或增或損，或廢或興，今若此。予於辛卯，分巡來陝州，歷涉城垻，民貧土瘠，而雨雪不時，地廣人稀，而盜賊間起，方汲汲以勸蓋藏，清保甲為

己任，雖有園，奚暇宴息以耽安樂乎！明年，始旱而雨，歲占大年，退食之餘，率妻子游賞乎其間。見夫亭榭荒蕪，花草叢雜，慮遊者無所休也。遂於紫藤軒稍加修葺，疊亂石為十二峰。於軒東楹之前，濬故井以灌花，登高坡以眺遠。一時春花濃發，夏荷盛開，相與幕賓僚友，優遊觴詠於池亭，不亦可乎！客有告予者曰："一園有一園之景，一景即有一景之名。今州署西北園，仿劉使君虢州二十一詠，各記以詩。茲何闕焉？"予曰："西北園枕黃流，而中條河山攬勝，南海黃刺史又以詩人作吏，固其宜也。"予以少孤，客早跋涉九萬里，閱歷三十年，到處為家，豈獨視官舍如傳舍，紀不勝紀，更遑論詩乎！顧刺史以暫攝陝州，猶不忍其園之荒若此，予既慨前人之增損興廢，能不有動於中乎？因亦隨處佈置，小作經營，不數月間，不煩鉅費，而日涉成趣，為紫藤精舍、飛來十二峰、草堂、小清涼山館、竹院流觴、板橋垂釣、惜蔭廬源、源井壽蓮、亭夕陽紅、半樓六角池、仰華陂、杜公別墅、仙人舊館、養春花塢、晚春畦，則皆舊有而重加題名者也。他若喜雨，而亦名亭。錄《喜雨亭記》於上，懷東坡也。移仙人居於杜公院，移杜公前廈於西偏。敞其中以為清譙之堂，闢其後以為射賓之圃，則水流雲在榭也。於仙居舊址建小閣曰"退藏閣"，以冬日之宜圍爐也。其前仿西湖小舟曰"畫舫"，以秋風之感歸思也。因薔薇架而築半亭，曰"醉紅亭"，因菜圃而立省稼臺，設射圃，政事之暇日，可以學圃校射也。廡東渠水環舍，由竇中出，錚錚如琴筑聲，因復建亭連廊，以隨其曲，可以賞雨，可以聽流，是為曲水回廊也。因陋就簡，率成二十三景，以謝客。客過而歎曰："地歉一方隅，非如西北園之敞且廣也。乃能曲盡其妙，佈置經營，不留餘憾。至此，此中邱壑，雖治天下，猶綽乎有餘。今獨施於區區之一園，有其志而未遇有其才，而不展無乃惜甚。"予曰："唯唯，否否。不然。予但慨前人之增損興廢，而不使昔日之園過而為墟耳。又遑計今日之園，他日不過而為墟乎！天下猶一園也，子固以勵予之志，勉予之才，使不至頹廢如園已。爾後之來者，更能護持而振新之，豈第一園乎哉！"客太息而退。予深愧前言之多慨，而又懼人之疑。予好遊也，因記之，以書於壁。

　　時在光緒十有八年冬十二月。

　　分巡河南河陝汝觀察使海鹽沈守廉手識並書。

（碑存陝縣城內東南隅。王興亞）

清例授昭武都尉樹亭張公（建午）墓誌銘

【誌文】

皇清例授昭武都尉樹亭張公墓誌銘

樹亭公者，予姻親也。其子松年卜葬有期，將勒石於墓，而以狀乞余誌。余不敏，按狀：公會興鎮望族也。其先山右人，姓張氏。始祖繼周公，明洪武初，由洪洞縣遷居于陝，傳十有九葉而至公。諱建午，原名振甲，樹亭其字也，由武生報捐，授都閫府職。曾祖經溫，監生。妣氏楊，公女[1]。生子二：長崇德，武生，精明強幹，即公祖也。妣氏楊，思恭公女，溫而惠。得蘭階公，有忠厚風，是為公父。母氏董，三里橋永照公女。生公昆季三：長光午，三卓午，次即公焉。公自十六歲理家政，心小力勤，不待厥考督諭，諸事靡不幹旋有方。及嚴君與祖母去後，王父猶存，性至嚴，諸子憚焉，皆不敢前。公獨以一身就養，朝夕侍從，無怨言，亦無倦色。蓋代親以行其孝與。生平精於武略，以故踵其門者無不成就。性尤寬忍，不但篤于手足，撫姪清江及庠生景江等皆如己出。即僕隸輩，亦無不周恤焉。公業鹽務，令僕為商客代取白金數百兩，中途被人匿之，聞者胥勸嚴追。公乃別有見地，慨然出貲代賠，且囑其子曰：有容德乃大，汝其念之。其豁達過人處類如是。宜乎家道日興，而芹藻生香，瓜瓞綿衍矣。公體素健，方謂諸事順適，必享期頤，孰意勞心日久，兼憐孫幼失恃，憂鬱成疾，竟以不起。嗚乎！蓋光緒十八年十二月二十五日戌時也。距生於道光十九年十月二十一日寅時，享壽五旬有四。配史氏，例封恭人，史家灘武生國傑公女，敏而且勤，雅稱公配。子一，松年，武生。元配城內予胞弟增生恪恭長女，繼娶武生楊永昶公姪女、榮庭公女。孫男三：長北池，聘原店村太學生兀霖公女；次有池、次永池，尚幼；俱王氏出。茲將以本年十月十九日，安葬於鎮之西郊祖塋左側。予聞訃而往，爰據其實以誌之。銘曰：

寬宏其度，愷悌其仁。惟公孝友，彌見天真。才精武藝，多士欽遵。業農服賈，守分安貧。小康漸致，竭力濟人。積德者昌，何福不臻。子姪同泮，藹藹儒巾。名揚親顯，蘭桂生新。今歸大暮，胡不傷神。

增貢生姻愚弟王允恭頓首拜撰文。

郡優廩膳生族弟廣慶頓首拜書丹。

郡儒學生員姻愚姪牛瞻斗頓首拜篆蓋。

孤子張松年泣血上石。

光緒十九年歲次癸巳小陽月中浣穀旦。

子山午向，庚子庚午分金。

（誌存三門峽市虢國車馬坑博物館。李秀萍）

晴波劉翁（萬善）夫婦合窆墓誌銘

【誌文】

晴波劉翁夫婦合窆墓誌銘

麟閣煥勳者，翁之叔子也。翁在日，與愚情切桑梓，氣同芝蘭。嗣又聘愚忝居西席，歷課諸子。何忽忽有年，翁夫婦冉冉老至，共登仙界。麟意交深，斯知深，因於合窆期先

---

[1] "公"字上原空二字未刻。

具狀丐誌，懇以執筆。奈愚腹笥耄荒，從違兩難，謹如狀是誌。

　　翁氏古彭城，諱萬善，字慶餘，晴波號也，皇清國子監太學生。始祖世祿，初自明洪武年間，由山西洪洞遷居本郡城內，籍入東關里二甲。次自雍正年間，由城內遷居城東三十里磁鐘鎮東寨。曾祖士智，氏賈。祖一元，氏杜。父振中，母氏唐、楊。迄翁八葉矣。昆玉二，居長。髫齡英銳，穎脫囊錐。年十三失怙，與小弱弟萬良惟孀母是恃。就傅半載，罷讀治生。恥居人後，自奔前程，殫精致慮，茹苦含貞。萱蔭恩至，棣華情宜，蕭條四壁，孝友一堂。嗟哉！青年可謂不教而善矣、異矣。及壯，剛直應務，豁達接人。螽斯衍慶，教養望深。分設文武兩館，□□各館塾師。厥子六人，艱辛一律。次與六，應文試；長與三、四、五，應武試。次滯于小試，中年不祿。六、長應考，蒙新政，免試宏開學堂。俟入，長家冗不遑，報捐從九品。四弓馬嫻習，屢試未捷，中年不祿。三與五，俱入武庠。長孫繩武，一試發軔。足徵耕讀治家，文武儲材，愈小康而起人瑞。諺云：蒼天不負苦心人，誠然。由壯而耄，其大端之外見者，如光緒三年大荒間，餓斃者十之六七，承辦賑糧，力拒非分潔己。公散專主周急，尤能節儉，家口內顧近支，外顧父黨、母黨、妻黨諸親，無驕吝，復甦者皆感恩，謂非積而能散乎。十有八年，總理社倉，始終勤慎，其恒克有。廿有二年，腳載鹽鑛艮二千餘兩，過永境被盜一空，傾囊賠訖，光明磊落，廓如也。遇鄉鄰戚友，雀鼠則解，參商則和，鄉評交稱其善。至其前後迭修各神廟，亦善行之樂為耳。配陸家溝鄉耆陸君權西次女，待贈孺人。陸孺人端嚴慈惠，質樸勤儉，嫁不計奩，家不厭貧。事姑孝，相夫順，待姒娌親睦。敬先祖親祭品，教男婦嚴規範。夫弟姪輩無間言，親眷族鄰悉善遇。而三道四德，其庶幾乎，非但以女工已也。□長子炳勳，娶位村陸純秀長女。次子儒童建勳，娶山莊頭牛純義次女。三子煥勳，娶位店嶺李恒周長女，繼娶汝州武生張務本長女。四子鴻勳，娶泉腦監生侯希賢長女。五子兆勳，娶會興鎮武生張福印長女。六子元勳，娶野鹿刑部主事張匡之次女。

　　□孫男一十有六：長武生廷燎，娶小安村郭福善長女。次廷耀，娶蘇屯頭拔貢蘇師轍長孫女，繼聘本鎮工鳳來次女，未娶已故。三廷思，娶會興鎮張長旺次女。四廷相，娶馮庄崔創業次女，已故。五廷魁，少故。六廷弼，幼，未聘。七廷臣，娶馬庄馬中禮長女。八廷志、九廷璽、十廷珍，俱幼，未聘。十一廷棟，聘朝庄孫登邦長女。十二廷廉、十三廷琢、十四廷諫、十五廷炎、十六廷銘，俱幼，未聘。廷燎，炳勳出。廷耀、廷臣、廷璽，俱建勳出。廷恩、廷炎、廷銘，俱煥勳出。廷相、廷弼、廷志、廷珍、廷琢，俱鴻勳出。廷棟，兆勳出。廷廉、廷諫，俱元勳出。

　　孫女六：長適會興鎮文生張清霖次子世俊。次適宋家村從九宋世英長子正科。三未字，故。四、五、六，俱幼，未字。長、次、五，俱廷勳出。三、六，俱煥勳出。四，元勳出。□曾孫男四：長以謙，少故，葬，聘本鎮鄭懷義亡長女，合葬。次和謙、三光謙、四尊謙。長、次、四，廷燎出；三，廷耀出；俱幼，未聘。□曾孫女三：長、次，廷燎出；三，廷臣出；俱幼，未字。

翁乙未相，卒於光緒二十七年六月二十六日丑時，壽終正寢，距生於道光十五年三月初二日午時，享壽六旬有七。孺人甲午相，卒於宣統元年七月二十七日辰時，壽終內寢，距生於道光十四年三月初四日子時，享壽七旬有六。諏吉本年十月初二日午時起靈，未時安厝，葬南郊老塋。銘曰：

前不必襲，而後有所承。堅哉石兮硌硌，誼不容私，而理有必拒。美哉水兮清清，吁嗟乎公行。維彼孺人，以左以右，德可宜諸子孫。俾文通武略，□聿觀厥成。

穴係艮寅入首艮山坤向。

教弟儒學生員賈漢槎頓首拜撰。

孤哀子元勳泣血書丹題蓋上石。

宣統元年十月。

（誌存三門峽市虢國車馬坑博物館。李秀萍）

靈寶市（靈寶縣）

重修儒學記

邑令江蘩

自古建立都邑，爰重學校。三代盛時，自鄉射飲酒，養老合樂，以至勞農訊衆飲，至獻馘之事，無一不在於學。士之遊其中者，其講肄有業，其辯說有數，蹈舞有節，順四時以爲術，等年數以成教，故士行修，材良小大，皆可爲世用。道德同而風俗美也。厥後學校漸廢，詩人刺焉。雖以子産爲政，而鄉校不毀，故使好義者徃遊焉，而非以爲崇起教化之地也。由兩漢而降，先王建學之意，遂以漸失，故雖創置學舍，廣延生徒，然乃名存實亡。獨尊崇先聖，廟祀有加，建號用樂，比於王者，亦既盡倫盡制云。洪惟國家規制，邑設之學，教化所出，莫先乎是。乃釋奠菜，有司僅奉行故事。至於宮廟傾圮，風雨莫避，所在皆然，而靈寶一邑尤甚。蓋茲邑介四達之區，西通秦、晉，南隣荊、楚，兵燹以來，元氣未復，地苦荒，民苦流，吏茲土者，期會征斂之不遑，奚暇及興賢育材之事乎。予承乏茲土，謂養與教未可偏廢。蓋嘗首問疾苦，簡踏災傷，急欲爲民請命，至於黌宮鞠爲茂草，講舍變爲牧場，慮無以揭虔妥靈，作新士氣，心竊傷之。爰集闔邑縉紳子衿，聚族而與之謀。時則僚屬縣丞楊汝楫、典史胡之英、學博劉鳴玉皆在焉。諸生自遠而至者，殆且三百。一時，父老子弟環橋觀聽，欣喜驚嘆，爲希潤未有之舉。余乃知人心之皆同，而學之果不可已也。於是，與諸君力圖修復。司鐸者率多士進曰："學宮方位據東南隅，泮水乃在南門外。徃者城湮洞啟，山澤通氣，以故人文蔚興，英賢輩出。自軍興繹騷，南門久閉，學宮泮水，渺不相及，形家皆以爲非宜。"余深契其說，弗俟龜筮之協。即日大啟城門，士心咸喜。如疏壅徹障，夫思樂之詩，樂泮水也，豈不信哉！顧念時絀舉盈，即絲髮恐爲民累，勉捐金一百兩，以爲之倡。僚屬、紳士互相競奮，各有捐斥。乃鳩工庀材，堂殿齋廡，垣墻門屏，莫不畢治。或仍其舊制，或新其規模。而瓦礐礛甓題榮棨桷之堅好[1]麗，煥然改觀焉。諸生張徵、任國重、王琬、李珩、許鋧董其事。朝夕拮据，不憚勞瘁，経始於康熙二十年七月丙申，迄十一月庚子實始落成。多士因造余請曰："工竣矣，微我公力不至此，願一言以記本末。"余不敢以不文辭。曰：多士亦知聖王建學之意哉！惟夫子之道至大，爲萬世仁義禮樂之主，故立之廟祀。自天子下達春秋享獻，即多士在列者，非僅以陪奔走執籩豆而已。蓋既已列於庠序，而異於細民，欲使之學焉，得其性之所近，同臻於聖賢之域，而適乎天下國家之用也。顧士習既已不及於古，議者遂爲建學爲空名，然而君臣、父子、夫婦、昆弟、朋友之倫，親義序別信之理，又未嘗不即心而具也。夫古者六藝六行

---

[1] 此處原空一字格。

六德之教，莫非由粗而入精，自外以及內，期以篤乎倫常，窮乎理道而已。所謂即心而具者，百姓日用而不知，聰穎秀傑之士，又或明知之而明悖之，奚貴乎講說誦習之紛紛耶。蓋將放其私智，棄其本真，桀驁傲悍之習成，而易簡性命之理失，其亦重可惜已。伊洛之教，上接洙泗，又靈邑古閿陝地，橫渠實講學於此，多士能仰遡淵源而措意于倫常理道之際，則虞廷之所命，司徒之所迪，誠不待外求而足也。

康熙二十年十一月。

(文見乾隆《靈寶縣志》卷五《藝文志》。王興亞)

重修函谷關記

王宏撰

古稱函谷關尚已，自周、召分陝，關屬之陝。以西惟秦據之，號天府之國，沃野千里，而四塞獨斯關有建瓴之勢，所謂天下河山，秦得百二者也。漢、魏以來，關以屢遷，迄今二千年，坍圮無存，寒煙荒草，谽谺迤邐，軺軒之使過之者，未嘗不咨嗟太息於其間也。漢陽江君宰靈寶之三年，勤勞民事，百廢具舉，周覽故址，慨懷修葺。於是，捐金庀材，鳩工重建，爲門爲閣，財不賦出，力罔農妨。經始於康熙壬戌年九月，歷兩月而落成。甕甓孔固，榱桷維新，枚枚渠渠，於乎美矣。吾生也晚，未睹昔所爲關何似，而今之崇宏壯麗，巍然竦立於兩崖之中者，嘗試登而望之，澗水潛其下，城郭在几案間，洪河繞流於外，左之有翠微之色者中條也，右之蒼茫出於雲霞之表者其嵩高乎！背負太華，面拱神京，爲秦、豫扼要之地。洵堪輿之偉，觀斯關所係，豈尠小哉？江君曰：否，否。夫不觀於秦之已事乎，當其發憤爲天下雄，有并吞八荒之心，諸侯合縱，以六國之衆，逡巡而不敢入。而其季也，泗上一亭長，直抵咸陽，收其圖籍，以建四百載至治之業，亦烏在所謂攻守之勢異乎。今天下一家，山陬海澨，罔不臣服。關雖險，顧安所用之，吾特以復古之蹟焉。使君子之至於斯者憑而弔之，尚論古今盛衰成敗之故，知其在德不在險也。將仁義常施，以爲國家無疆之休，則區區之心，所賴於天下共識之矣。吾善其言，遂因邑人之請而勒於石。

康熙二十一年。

(文見乾隆《靈寶縣志》卷五《藝文志》。王興亞)

蠲荒德政碑記

华山王弘

靈寶縣，豫之巖邑也。在昔賦甲一郡，多名公巨卿，風俗淳厚，人崇詩書、稼穡之業，鮮淫奢游惰，故官於其地者，往往以擢去。自兵燹疊興，凋敝以極，田野不闢，民之散而之四方者半焉。本朝定鼎，額賦纔二萬三千。順治十五年，開荒令下，倖功希利之徒，假自首勸墾之名，竟增賦至五萬二千有奇，非其實也。後之亟考成者，按籍而徵，日事敲朴，民益逃，地益荒。不數年，缺賦至四萬餘。而官之坐是罷者，亦踵相接。漢陽江君補齋宰茲邑，下車之始，問民疾苦，尋得其故，遂惻然有蠲荒之請，爲之痛苦流涕，陳於諸臺使者。諸臺使者知君賢，重其言，亦慨然爲民請命。先後章凡三上，始得俞允，實蠲荒地一千二百一十八頃六十二畝，計應徵艮九千八百六十二兩，詳在所記蠲荒始末書中。當是時，正秦蜀用兵，閩粵亦蠢動，羽書旁午，軍需孔亟，或有止之者謂事必無益，且恐以阻餉見罪。使君少惑於其說，而請之不力，邑之民尚得以安其室廬而保其妻孥如今日也哉！嗚呼！君惟以英妙之年，博綜經史，開誠心布公道，而又有肆應之才，故視天下無不可爲之事，嘗論古今成敗是非之畧，靡不晰若指掌，而雅見人倫於邪正誠偽之辨，尤競競焉。抑觀其精神，有大於身者，其福亦未可量也。先儒云："一介之士，苟存心利物，必有所濟。"昔在宋時，有法行不善者，或投劾思去。邵康節曰："此正賢者盡力之時。省一分，民受一分之賜，投劾何益。"吾每嘆服以爲長者之言。君之所爲不其然乎！吾不暇遠論，近代如周公忱、鍾公況者，皆以實心任事，利賴數世，卒爲名臣，君非其儔耶。故吾自得君而知遇難爲之事，有以委之，時與勢而竟不爲者，斯亦不足與言有爲者已。杜少陵稱元道州，今天下誠得如公數輩參錯，布於中外，庶幾天下可治。今吾於君亦云。

康熙二十一年。

（文見乾隆《靈寶縣志》卷五《藝文志》。王興亞）

創建桃林書院碑記

江蘩

嘗思古聖王之治天下，惟在教養而已。教養之道，惟在井田學校而已。井田之制，一在君，十在民，合力助耕而民無輸將之事。學校之制，黨有庠，術有序，家絃户誦而人嫻禮讓之風，此三代之世，士習民俗，無不臻至治而登上理也。自井田廢而學校衰，民有煩苦之征，士鮮敦行之實，而王制聖教湮遠莫稽矣。士君子有志于當世，雖一州一邑，亦當以天下之治治之，隨事用恩，隨地布化，安知教養之效，不可見之于百里哉！

庚申仲秋，余奉簡命宰靈邑，甫入境，諮詢民間疾苦，得聞靈邑正供原額三萬三千零。國初輸納裕如也。至順治十五年，頒墾荒之令，而喜事邀功者，以筆墨爲耒耜，以文移爲耕鋤，紙上開荒，竟增糧至五萬三千餘。嗟乎！苟賦一增，民膏遂竭，數年逋欠，除閫省攤賠外，尚餘四萬有奇。彼時通縣之小民半屬逃亡，而士子之學業亦盡荒廢矣。余奮然爲民請命，力懇題蠲，邀蒙俞允豁免，實除荒地一千二百餘頃，歲免荒糧九千八百餘金，節年逋欠，一體蠲除。邑之鄉紳士庶，歡聲震地，謂有公德于民者則祀之，皆欲釀金建祠以報焉。余曰：無庸也。昔荒糧未去，謀道者先苦憂貧，今荒糧既除，遂生者即可復性。余正于縣治之西，購闢宏規，創書院以課多士，爾等勿重興土木，以虛費物力爲也。而紳衿父老幡然樂從，皆因余有經始之心，而庶民即有子來之意。羣才衆力，趨走盈途。不一月，而堂廡垣墉煥然巨麗矣！夫古者學宮而外，代有書院。如崆峒之有濂溪，星渚之有白鹿，上饒之有鵝湖，建寧之有考亭，皆先代名賢表章理學之所。他如文學之儒，亦多所建立，若霍山、岳麓、石皷、松明之類，俱傳自唐、宋時。即近在豫省者，如嵩陽、涑水兩書院，皆熠熠天中伊洛間。今靈寶爲中州名邑，即古桃林地，取以名院，豈不與嵩陽、涑水鼎立而三乎！且古人有民社之責者，即有陶淑之任。程夫子爲晉陽令，多立鄉校，民間所習書，皆手爲句讀。朱夫子主簿同安，設高士軒，授徒講學。韓魏公作定州安撫使，葺學舍，課諸生，絃誦比鄒魯。范文正公判河中，士子執經問業。貧者分俸以給焉。余雖不敏，不敢方軌前賢，而德造斯士之心，實有素願。今者書院落成，集此多士。余捐俸以資其食用，考課以董其精勤。令士子日就月將，進德修業，異日者躋天衢，登雲路，黼黻盛治，霖雨蒼生，寧非出自今日之造就也歟！後之君子官斯土者，皆有教養之責，鑒余之志而撫恤之，于士民利病之源，深加意焉。是余之幸也矣夫，是即靈之幸也夫。

康熙二十一年。

（文見乾隆《靈寶縣志》卷五《藝文志》。王興亞）

重修晉武悼楊后廟碑

許辛

春秋二百四十二年，《左氏》記災祥神異之事屢矣。儒者多不道，疑近於誕。今觀重修楊后廟事，令人惝然信焉。后廟建於先襄毅公賜葬之南巔。余總角時，蒞其地，廟貌猶壯，後漸頹圮，棟梁榱桷，或為污點者所市。前邑侯胡公欲重修舉，未果。張侯蒞任，有巫降署中，道后本末甚悉。且言舊材木鬻賣寄頓之事，密蹤之，果如操券。侯驚異，遂捐貲修焉。后廟不知所自昉。邑中祈豐年，求子息，相傳有禱必應。顧后之靈，能歷千祀香火，而不能不暫歇一時，且不早降神於綱利，黠民作奸犯科之日，豈廟祀暫廢久興，有數存與？然惡不終隱久而彌彰者。

蓋祀典所載，有其舉之，莫之敢廢。況后生為聖后，沒為明神，非諸邪祀可比。而靈邑係桑梓故地，廟貌於斯，陵寢於斯，靈爽在天，胡可撲滅？彼凶人之能為者，人也，其惡之終不可掩者，天也。初張侯重建止正殿享堂，其兩廊火星、子孫娘娘諸神祠未及修葺。邑親友蘇毓泰等以數年前首事之人，有志必成，力募十村，然後門堂寢室，一復舊規，落成，屬余作文記焉。余惟后本紀及梓宮歸靈故事，或徵信史，或得傳聞，余六世嫡祖工部主事公碑載甚詳，無庸贅。今載其事之信而可為法戒者，示惡無隱而不彰者如彼，則善以積而衍為餘慶益信。後之覽斯文者，其有所勸也夫。其有所戒也夫。

（文見乾隆《靈寶縣志》卷六《藝文志》。王興亞）

邑仁侯胡老爺捐俸施茶萬姓感戴碑

【額題】皇清

蓋嘗聞之大上立德，其次立功，是德與功惟博濟居多。為夫路之險易□□□之際遇不一。其間有艱難困苦而無告者，不可勝□□□□□愷悌君子，大而救生死存亡，小而濟饑食湯飲，即至□□束□無□航也。閿邑三里亭有真武帝□□□□通衢其□□□□傾圮□□蒸，莫此為甚。征夫至此，無不思憩息而欲飲食比比然也。□而□□車經過茲土，念跋涉之維艱，不禁觸目動情，□□□炎天□□□□□江之波而涸轍之鮒，何以生焉。於是，閒厥眾士民有王光祚具□□前任方老爺捐施茶，今已矣。侯即慨然曰："今我之責也夫。"捐俸也。備，□□□暑濟渴，非以期報也，姑以慰慈悲耳。所謂大地火坑，一滴揚水灑作清涼，則井露寧獨□天從生哉。侯此舉非僅有造於閿民，行且遍及乎中國矣。

施茶引

邑仁侯胡老爺捐俸施茶萬姓感戴碑

正堂胡老爺，施茶艮伍兩。公諱以忠，號梅梁。浙江紹興府山陰縣人。儒學教諭王諱都，字舜成，汝甯府羅山縣人。軍糧廳□諱士達，字又山，山西平陽府曲沃縣人，施茶艮壹兩。

邑紳[1]

時康熙叁拾柒年季秋穀旦。

王光祚。

鄰治古函谷舉人楊聖言頓首拜撰。

（碑存靈寶市鑄鼎原碑廊。王興亞）

江公東關生祠碑記

陝甘學政胡作梅

康熙壬午夏，余奉簡命視學關中，路出靈寶。靈即吾友奉常漢陽江公昔年種花縣也。入其境，人民雍熙，土田豐美，至城之東關，見其民鳩工庇［庀］材，紛紜修創，循城抵南關，其經營亦復如是。初以為市廛之築室也。適明經卯君顯極謁余於桃林傳舍，先是卯君以謁選京師，余曾識於奉常之客座，茲一見，懽然道故，隨以東關奉常公之生祠碑記屬余，且曰："吾靈沐江夫子深且久，自去靈十有七年，都人士愛戴之私，未嘗一日去諸懷也。今年幾處爭立生祠，而東關之生祠實近落成。愧紀載無文，以光鉅典，知先生與江夫

---

[1] 邑紳二十八人、鄉耆三十人、里民姓名人，字多殘。

子交好，僉托顯極為介，始敢請一言，登之貞珉，以重江夫子併為靈邑重。靈邑世世愛江夫子，亦世世重先生也。"余唯唯。復問奉常公之治靈也，余知之猶不及君知之之詳也。請備言之。卯君喟然興歎曰："今吾靈享安堵二十餘年，而長有室家妻子、田疇桑麻之樂者，伊誰之賜乎？然江夫子善政有為人所及知，有為人所不及知者，請為先生陳其梗概。"

江夫子，漢陽名公子，今為名公卿，其發軔則靈寶邑宰也。人知之治靈七載，政聲洋溢，至康熙丙寅，以治行高擢，奉詔行取，入為侍御史，亦人知之獨異。其初宰靈也，在庚申辛酉之交，田荒賦累，民散久矣。其時歌鴻雁而賦黃鳥者，不忍聽聞。江夫子蒿目時艱，憂形於色，亟往詣各上，為民垂涕請命。初以軍興餉急不之省，後以例格，江夫子益激昂悲憤，飲食俱廢，不避艱險，單騎上天梁，復再三籲請，疏三上，始得俞旨。自是而荒蠲稅減，復業者不下萬餘家，靈民慶更生戴二天矣。江夫子更深仁厚澤，與民休息，招集流亡，勸農課士，通商恤賈，濟弱扶孤，三年民氣始復。案無留獄，立剖其曲直。有時發奸摘伏，出人意表，久之化臻無訟，桁楊不事，士大夫一以禮讓相接，而幽獨常凜長吏之知，杜苞苴，嚴蠹役，雖上差素悍騖者至此，為之帖然。捐俸修復於農隙用民力，創桃林書院，重修黌宮，厥後起造函谷舊關，建南城譙樓，不勞民，不傷財，興廢舉墜，百廢俱煥然改觀，斯其用惠也宏多，其樹猷也遠大，而勤勞撫字，一寸丹衷，上以籌國計，下以裕民生者，江夫子本不欲人知也，人亦烏從而知之耶。比入京考選，輕裝就道，時靈民父老子弟奔走呼號，至攀轅臥轍，嘆息泣下，如父母之遠去，而失所怙恃。方謀上書借留，乃絀於上命之不獲已，遂皇皇圖為尸祝，始而南郊立碑，以永思慕。繼於曲沃鎮立祠立碑，以表愛戴。衙前之碑，所以紀功。書院之碑，所以頌德。而東門外之碑，穹窿於光天化日之下，又人人所耳而目之者，可信於當時，可傳諸奕世也。後十餘年來，相接治靈者，如張公、霍公、譚公、暨今許公，化行俗美，無不體江夫子之治以為治，此又江夫子流風善政，無論知與不知，皆堪不朽者也。今日者我靈邑士民，從還定安集之後，慨然念含哺鼓腹之所由來，咸聚族而相語曰：異哉，吾邑有三聲焉，何居乎未之前聞也？昔之童山而輸賦者，而今則林木鬱蔥，清風振響，其樹聲也乎哉。昔之催科而掩卷者，而今則四野絃歌，篝燈夜讀，其書聲也乎哉。昔之追呼而轉徙者，而今則轔轔者聯鑣，蕭蕭者並轡，其馬車聲也乎哉。夫中牟之政，以三異傳；靈邑之風，以三聲見美哉。治不出魯恭下矣。江夫子於靈邑之民，布德施惠如此，靈邑之民如之何能忘之也。靈有峴山，可比襄陽一片石，此類極。用是乞言也，先生得無意乎。余聞之，怡然曰：有是哉。奉常公何以得此於函谷宏水之民哉？其經營立祠，蓋亦情之有不容自己者矣。昔陸象先守河東，有惠教，民愛之如慈母，去後民思之。蘇子瞻在黃州稱韓魏公，去黃州四十年，作詩猶思黃州人。子瞻為黃州人刻之石。然後，知賢吏於其所至，惟已不能忘情於人，斯人愈久而愈不能忘情於己也。謹以卯君心感身被之言，記其事，不特為後之蒞斯土者有所感勸，且將令異日軺軒之使，與仕宦之過靈者，見此甘棠遺績，必將曰江夫子之愛民也如此，民之望也，國之福也。民之愛江夫子也如此，俗之醇也，邦之光也。俾史臣贊之，金石銘之，亦國家盛事也哉。回憶出京與奉常公盤桓蕭寺，依依不忍別去。今計程月餘矣，明發當入關，遙望華岳三峰，秀峭如畫，又生高山仰止之思。思奉常公尊人，念鞠太先生以戊戌進士在高州，節推蘇州治中，以九江太守復觀察九江，所至有賢聲，民愛之，至今三楚推為名宿。奉常公得庭教深，今見公舊治地民愛之，去後猶立生祠，因嘆服公家世德作求宜乎。出為名宰，入為名卿，其晉秩之隆，勳業之富，不可紀極。而膝下諸令嗣，英英露頭角，仲弟為工部正郎，季弟進士，四弟候選翰林院典簿，極江漢門第之盛，天性人倫之樂，此皆靈人立祠意中所頌祝無涯者也。故得併及之。祠起於康熙四十一年正月二十五日，成於本年九月初二日。是為記。

康熙四十二年。

(文見民國《靈寶縣志》卷八《藝文志》。王興亞)

重修靈寶學宮記

邑令程世綏

先夫子而垂教為二南，與靈至邇也。後夫子而聞道推伊洛，去靈未遠也。意靈被澤深而成才獨盛，顧傑俊奇偉之英，久寂寞而不以聞，何哉？誌載前代何姓科名接踵。許氏起，居八座者，一時四人。今山川依然，邑屋如故。而風流歇絕，不復列文獻之盛，意者學校之澤不流，而鼓鐘之化未遠歟。夫聖道若江海，然隨所自得以成其淺深分量，百川之浩渺，溪沼之濚洄，波池畎澮之浸灌滋潤，下至樽勺瓶盎之受涓注鉅細，萬有不齊者，所取之豐約異也。夫為學亦視其所取而已。譬之種植，必耘耔勤，糞土厚，然後及成而落其實，工力稍有未備，且未可弋獲倖得。況持身經世之大道，龍騰豹變之所由出歟？

邑故有學宮，歲久日就傾圮，世綏來宰是邦，既喜民之殷繁，而又樂歲之屢豐也。於是，集諸生而告之曰：工不居肆，術業精良，果有之乎？今譽宗庠序之地，祭菜皷篋，風雨不蔽，諸生何恃而絃誦？何資而攷稽也？局促頹垣敗壁之間，苟且因循，而欲振刷其儀羽，潤澤其文章，豈可得哉？今夫浮屠老氏於人心風俗何益，而愚夫愚婦猶能輝煌其宮宇。況吾夫子之道，川流不息，隨所自得，以為聖賢豪傑善人君子之助，而靈又周召起化之邦，有宋兩程夫子風流餘韻之所漸被者，其發憤興起宜何如，而顧聽其隘陋頹墮，昔聖昔賢車服禮器，靈爽式憑，其堪此耶！於是，諸生相顧憮然。余乃捐廉俸為領袖，而縉紳士庶亦各踴躍樂輸。經始於庚戌八月，落成於明年二月。凡材木、瓦石、人力所出，絲毫無累民間，費省而工倍。董其事者，實貢監生員楊清、茹大隆、李熙鐸、張增銳、張增辰、許乘泰與有勞焉。嗚呼！盛衰倚伏，地之靈也，由人口也。繼自今輪奐既新，游息有所，文學道德，潮希圖於成周，有宋之隆以與，何許諸賢後先輝映，余自拭目俟之。則是舉也，其由剝而復為登高行遠之始基也夫。

雍正八年。

(文見乾隆《靈寶縣志》卷五《藝文志》。王興亞)

重修夫家山廟記

邑令程世綬

雍正七年春，皇帝特沛恩綸，以豫省民風丕變，能遵封疆大臣之教，急公尚義，於是，蠲租四十萬兩。農民相與竭蹶胼胝，益思踴躍輸將。上報，天子殊恩。會入夏以後，雨澤愆期。世綬承乏茲土，蒿目焦思。因攷邑乘，知縣南有石盆泉一道，爲漢三聖娘娘仙蹟。邑人禱雨輒應。迺熏沐徒步陟女郎山而望祀焉。既卜得吉，遂取靈泉以歸，朝夕與紳耆士人環禱茲山之巔，既而陰雲乍起，微雨南來。余初疑其不甚溥徧，父老告余曰："迅雷疾風，是所謂大雨施行也。若靈泉之驗，必輕風細雨，滋潤無垠。"越數日，神果降靈於山左賣花者，宣言靈旗已駕，將以某刻得雨。余曰：七日來復，理或有之。屆期果如膏沾潤，歷午至子，不絕於時，四野霑足，士民歡騰。麥之稿者立，瘠者肥。木棉欣欣而繡錯。噫嘻！神之靈爽昭矣。《記》稱能爲國家禦大災，捍大患則祀之。神之護國佑民，厥功既懋，則爲之維持保護者，其美報宜何如也？今廟貌雖存，歲久傾圮，疑非令所以事神之意，與吾民所以崇報之心，爰卜日興工，凡殿宇樓臺，不三月而丹艧煥然，復其舊觀。維時世綬捐俸，以爲領袖，而紳士耆老或布金錢，或課工作，咸歡欣鼓舞，不殫勞費，工成，例得書名于碑。嗚呼！自今以始，歲其有君子有穀詒孫子，安知非神仰體聖天子如天之仁，俾吾民世享豐亨大有之利。則是役也，豈徒修墜起廢，以爲闔邑具瞻云爾哉！

雍正九年辛亥仲秋月中浣。

（文見乾隆《靈寶縣志》卷五《藝文志》。王興亞）

重修延壽禪寺碑記

【額題】日月

皇帝萬歲

佛治乾坤常在世

一點化為清肖云

嘗思：佛之為神也至尊，其威之於人也至靈。開三乘慈濟於群生，演六度悲憐於貧婁。本一真雲妙體，寧有去來之端，酬願應機不無言相之表。及至漢武帝時，因羣迷流浪於約海，致大聖降跡於塵寰。其密運洪慈於先世者固多而顯，著仁恩於聖朝者亦不少也。茲惟靈寶南朱陽困頭村河南有一延壽寺，以寺有也，可少不可稽。先在河北，後轉移於此地。經今重修數年，因其世遠年湮，而廟貌不新，將追風驚雨剝，牆圮廢時，惟主持法名寂貴率領弟徒，輸其資財，叩鐘本方，懇氣仁囊，名發誠心，協力共果。起工於雍正甲寅年，告成為乾隆丙辰歲。完美之日，不亦美觀乎哉。噫，今此重修也，雖不敢比先世創造之功德，而前此之善果又何多饗也。至於花鹿為辭，而不足作者懼勢也。鄙俚乏文，是爲記。

主持人真教門徒寂貴成通，孫：照、福、儒、會。

大清乾隆元年丙辰季夏上旬之日豎。

平陸縣劉純撰。

弟子梁迪沐手敬書。

本里瓦搖頭村石匠楊壽。

（碑存靈寶市朱陽鎮柏村坡延壽禪寺廢墟。王興亞）

述事碑

聖母成聖於女郎山，爰封號國主。由周而來，千有餘年矣。後感廟址稍狹，殊覺不便。後買址旁二分五厘地，擴大廟址。

乾隆二十三年七月立。

王敬基撰文書丹。

潘求四立。

（碑存靈寶市焦村鎮巴婁村小學。王興亞）

重修阪坡路碑

【額題】皇清

耿恭撰文。

楊世傑書丹。

董文傑刻石。

阪坡之路，亦不知創自何人，開自何日，實為會花頭四達之沖也。崔嵬突巍，越岡陵而拱衛其勢；層巒疊出，□幽徑而崎嶇其形。過斯地者，鮮不為之太息焉。乾隆二十六年九月十三日，相形勢，度廣狹，鑿石辟土，以興斯役，乃為時多而觀成在望。

次年六月五日建成立石。

（碑存靈寶市五畝鄉棗凹阪里坡山神廟中。王興亞）

鹿臺村輪灌碑記

【碑陽】

【額題】皇清

從來天地之美利莫如水，而其殆害亦莫如水。蓋水能助天地以生物，而易啟人之爭端者也。欲享利而免害，其法莫善於公而不私，整而不亂。茲趙村之南有澧泉，引之灌田，此川均受其益。昔萬曆辛卯年，鄭公因爭端四起，遂計地分水，派定日期，每日溉田一百二十餘畝，接年自二月初一日起，先盤頭八天，次鹿臺村四天，又次上城頭二天，終趙村一天，一月兩輪，四村同立碑記，各遵行無事。忽於乾隆十二年七月二十六日，水輪至鹿臺村，乃上坡頭糾衆截水，兩村爭斗成訟。蒙縣主侯公豁斷分明，河東地畝從上坡頭二日水灌，河西地畝從鹿臺村四日水灌，其買外村之地，坐落河渠即應何村之水灌，所斷極公，嗣後永無爭端矣。夫明紀既有分水石碑，清時又有侯公斷案，外村爭端固無隙而起，但本村灌溉之規有未善者，照家分水，忽上忽下，費人力也不小；復東復西，耗水利也良多。因合村公議，全村地畝分做四天，每日灌田多寡均停，可謂公矣。灌時自上而下，挨次齊行，無論强弱，不得先後，可謂整矣。樹立此規，未敢云善，行之十數載，未有違規。況今歲大旱，水缺地干，共遵此規，不至有爭端，而曾無不灌之田，衆益心悅誠服，共羨慕其法之善也。竊年遠而湮，後復有亂此規者，欲刊石樹碑，以垂久遠，特恐不足信服後人，因請裁於邑侯大老爺馮公，蒙老爺尊批，周其昌等既經該村士民公議，按日分澆地畝，似屬均平，照議勒石，將該村應灌地畝及每日分澆畝數，開列碑內，以免爭端，仍出具遵依，將碑跡刷印送縣備案可也。碑文稿存查，庶幾渠規永定碣石，如泰山難移；百姓親睦和風，與流水共長。謹記。

　　國學監生周其昌謹撰。

　　邑庠生員周楫敬書。

　　首事人周運盛、周運法、周楫、周浩、王德行、周其昌、周增輝。

　　時大清乾隆三十年歲次乙酉九月丙戌二十四丁酉立。

　　石匠郭西□。

　　【碑陰】

　　定水碑記

　　一輪四天共灌四百八十餘畝。

　　上渠水頭一日，自周合宗起，至李茂金止，共地六十三畝；下渠水頭一日，河東自周天祥起，至郭邦興止，共地五十九畝。第二日自王德行起，至周運盛止，共地六十九畝；第二日村北自王士辰起，至路天衢止，共地五十三畝。第三日自吳信民起，至周永遠止，共地六十七畝。第三日自吳信民起，至李茂桂止，共地五十畝。第四日自李家盛起，至周浩止，共地六十五畝。第四日自周長年起，至蔣公才止，共地五十七畝。

　　一、例灌田自上而下，挨次齊行，如水缺者，有不能遍者，漏堰水先灌；如無漏堰水，待二輪水到，先將頭水未灌之地灌後，復提自上挨次而下。

　　一、例當安苗之時，先盡安苗地灌後方救苗，具當自上而下，不得混亂。

　　一、例當水芒［忙］之時，必以田禾為急。至於雜草樹木不得齊灌，必待本日田禾灌畢，然後灌之。

一、例每日接水，必以明時為定期，不得急先緩後。

一、例接水之家，必早到候水，如有失，不再接水，必待本日灌完後，方行灌之，不得勁行截阻。

一、例頭一日水須早上堰等時，雞鳴即堵堰接水。

一、例第四日寅時接水，須到五日寅時水完。四日晚間不得亂行截阻以漏堰水為詞。

一、例灌田各有日期，不可偷盜他人水；各有次節，不得恃強霸水。

凡上諸條各宜遵守，如有犯規者罰艮二錢，重者加倍。犯規不遵罰者亦加倍。然亦必犯者的有確據，不得朦朧妄行。如妄生枝節，罰艮亦如其數。

乾隆三十年。

（碑存靈寶市故縣鎮鹿臺村舊舞樓西牆壁。王興亞）

靈寶縣五峰山創修關帝廟碑序

帝之靈應昭昭也，普天率土億有血氣者，莫不尊親，歷代追封顯耀，迨至清朝，勒其拱峙，四面清秀，澗水灣邊，宜建關帝廟一座。崖巖松秀，下觀魚躍於淵，上聽茂盛其音來。歷六年春，帝默佑於此，護庇萬民，億有祈禱者，莫不嚮應。故香煙甚大，感動重修廟。因結十三社，共懷虔心，備材經營，各戶輪流鳩工，高增基址三尺，建廟於其上，民人悅而眾願舒矣。夫人能敬神，神亦佑人。數年間，寇類猖亂，所過焚掠，人心惶恐，□□驚奔山巔之上，下觀赫赫壯盛之地，殺氣騰空，似營在所，遂奔他方。次後又匪，此事人皆知之，焚香叩祝護庇之德。故土匪猖獗數年，斯地絕無賊跡，非神保佑。禱歌曰：神恩浩蕩兮雲漢昭彰，商民廣被兮□屋安康，建廟崇祀兮銘刻諸碑，□□□□兮萬古流芳。

陝西洛南縣五品頂戴童生□姜全智沐手書丹。

大清乾隆三十九年八月吉日穀旦。

（碑存靈寶市朱陽鎮蒲陣溝村北五峰坡玄帝廟中。王興亞）

周元輔高孺人壙記

先考周府君、先妣高孺人壙記

先考府君諱元輔，字魯公，又字帝卿，姓周氏，陝州□□□□□□□□□□□儒學訓導，世居周家灣。曾祖諱臻慶，妣張氏，繼□氏。祖諱春□，妣張氏，繼武氏。考庠生，例贈修職郎，諱斌，妣例贈孺人，前白氏生。生於康熙三十三年七月初六日午時，性直而溫，為文清真雅正。幼失怙，稍長失恃，惟胞兄□□□□嫂劉氏。是夜兄嫂經理家事。府君苦志，甚聰，少年即入庠。□願兄□□□□孫氏孺善坊，逮兄嫂歿，與侄貢生紹謙、侄孫采芝、侄曾孫女梅女四世□□□□□□□西□縣儒學訓導張公諱拱次女。娶高氏，嗣男監生師濂生，贈生□□□□□一女，適許氏，監生汝龍公長子明。孫男采□、采芹、采□□□□□□□□□幼女。大姐適李氏農官登甲公次子槐秋桂。飛絮尚幼，□□□□□□公訓□□，卒於乾隆四十一年六月二十三日午時。葬北原百嶺地，癸丑丁向。□□□□先妣例贈孺人高氏，□□公長女。生於康熙三十六年十二月初八日□□，年十有五歸府君。□已歿，逮事姑，春秋□□□□所契，佐兄嫂□□□，事府君□□□□四方，曲成後學，故家道漸次豐□，而四方成就之士不可□□。享壽六旬有八。卒於乾隆二十九年十一月十五日子時，與府君同葬嶺西。已□□府君銳忘功名，由廩入貢，時兄嫂己不及□□望一言，□□以增先人□□□□兄嫂勸學苦心，而孺人亦得沾其榮。□□□至□□□□□□特授彰德府內黃縣儒學訓導，□□□□□□□□□□□四十有三年，僅於歿身後，與舅姑同獲例贈之榮，師等號□□□□□重，惟府君弗伸其志以歿。孺人無以被其榮，而游而師□與諸孫。又□□□不能顯揚萬人□□□姓氏官爵，志業德性，志石以昭來茲，□□□□□□。

乾隆四十二年十月初十□□□孫采□□伏□孫合掌泣拜志。

（碑存靈寶市北西閆鄉周家灣村。王興亞）

五峰坡玄帝宮碑

聞之山不在高，有仙則明；地不在大，有神則靈。故蒲陣溝村，四山清秀，澗水灣邊；其人鐘毓，六畜豐隆。乃乾隆以前，人物不能大盛者，非山水之不靈，實無神以佑之也。至乾隆二十年間，建立玄帝行宮以後，人才際際而捷出，六畜生生而不息。有通都越國之士皆羨此村。三十七年，廟被夏水衝崩，村眾合力共濟，至三十八年春，廟貌復新。

清乾隆四十二年十一月立。

（碑存靈寶市朱陽鎮蒲陣溝村北五峰坡玄帝廟中。王興亞）

皇清貤封承德郎江西南康府通判鄉飲正賓巨源張公（家清）墓誌銘[1]

【蓋文】

皇清貤封承德郎江西南康府通判鄉飲正賓巨源張公墓誌銘

庚山甲向

【誌文】

皇清貤封承德郎江西南康府通判鄉飲正賓巨源張公墓誌銘

賜進士出身日講起居注官翰林院侍讀年家眷弟錫山嵇承謙頓首拜譔。

---

[1] 此誌刻於兩方石上。

赐进士出身掌贵州道监察御史加二级年家眷弟少华秦清顿首拜篆。

赐进士出身工部屯田清吏司主事加三级年家晚生金谿王基顿首拜书。

乾隆丁酉，余奉命视学秦中，拔取能文之士，於潼關得張生儲。謁見之暇，間詢其世係。生感然曰：儲不幸早失怙恃，所以能有今日者，皆伯父教養之力也。因為余備述公生平行誼之大凡，與夫德惠之卓卓在人者。余心儀者久之。今年春，生復以試事晤於京師，急扣公起居，則已於癸卯之春捐館舍矣。余甚悲老成之凋謝，而後進之莫由矜式也。會生以誌墓請余，其奚辭哉！

公諱家清，字鑑白，巨源其號也。世為潼關東楊家灣屯人。高祖諱士正，曾祖諱宿朗，俱邑庠生，世載隱德。祖諱紹先，字述齊，有文名，蚤卒，以孫起麟貴，貤贈文林郎、廣東增城縣知縣。祖妣任氏，贈孺人。考諱開，字新宅，妣石氏，繼妣徐氏、強氏、馮氏，贈如之。公生而岐嶷，讀書能超常解，新宅翁深愛之，不欲使離左右。未弱冠，即為援例入太學。公且耕且讀，凡所以服勞養志者，靡不殫心焉。新宅翁性嚴重，每瞑坐終日，族子弟過之無敢咳者，惟公事之數十年，欣然無所忤。比丁大故，哀瘠逾常。先是石孺人早見背，公痛不逮養，每忌日輒泣下沾襟。事三繼母孝謹如一。與弟臨黃公友愛天然，推食讓衣，人不見其隙。臨黃公兩宰粵東，倚公無行李憂，故能卓然以廉吏自樹，比內陞主政，歿於九江舟次。繼配喬安人青春孀居，諸孤皆幼，公撫之無異所生，凡日用出入之需，尺寸不以自私。姪儲稍長，知讀書，時加勉諭。又為姪許捐鹽場官。蓋公之心力萃於是，即諸姪亦並忘無父之苦也。貌秀偉，鬚眉如畫，喜觀書史，善談論，聞者皆以為切理饜心，識度明審，料事不差累黍。平生斤斤自守，繩尺弗踰。然當大任，毅然直前，賁育不足擬其勇，故子安楊公嘗亟稱其有幹濟材，而惜未大用於世也。雅好儉素，布衣蔬食，泊如也。凡聲色嬉遊之具，一無所染。晚年子孫滿前，惟日教以作好事，為好人。男敦等宦於外，皆以廉慎勗之，曰："第勉圖稱職，甘旨不汝須也。"家計素窘，至公而日饒，每四方賢士大夫來者，館穀餽贈無所恡。族舊無祠，公力為倡建，兼置祭田數十畝。城北濱大河，適嚴寒，舟渡中流，為冰所膠，莫能解。公出多金，募人拯之，全活者數十人。他如解忿息爭，濟貧周急諸事，至不可枚舉，蓋公天性伉爽，而於鄉人為尤厚。嘗與諸父老立為規條，以勸善懲過，合屯翕然化之。余聞公之卒也，鄉人無少長皆赴哭，有至失聲者。噫，世之人知善之獲福而不為，甚者肆為頑惡，至共斥為敗類而不悔，亦獨何哉？公恂恂家居，初無榮辱予奪之權，而秉彝在人，乃至樂其生而重哀其死。古云：鄉先生歿，而可祀於社。其在斯乎！其在斯乎！

公始援例布政司理問，繼以長孫官貤封承德郎。庚子之春，邑司馬陸公延為鄉飲正賓。卒於乾隆癸卯三月十八日申時，春秋七十有七。今將以甲辰七月十九日，卜葬村南先塋。配張氏，繼配蔡氏、蔡氏、李氏、李氏、馬氏，俱贈安人。側室張氏。子敦，任汜水縣教諭，遞候選布政司理問；誥，貢生，嗣弟臨黃公後；諡，庠生，衛千總銜。孫繡中，江西南康府通判；致中，監生；次穎中、虛中、閎中、用中。曾孫永寧。女三，孫女六，曾孫女一。嗚呼！公之德積厥躬，而子孫又林立如此。余雖未一接丰儀而於生也，知之甚深而期之甚遠，蓋有以卜天之報公未可量也。銘曰：

龐積薄發，歷久乃盛。翳惟張公，自律以正。孝友傳家，惠慈衍慶。內修外順，以聽定命。我銘非誣，盍觀其竟。

乾隆四十九年歲次甲辰七月中浣，男敦等泣血納石。

（拓片藏河南省文物考古研究所。李秀萍）

重修玄帝廟碑敘

蒲陣溝，有玄帝廟一座。崖巖松秀，赫赫壯盛之觀；虎嘯猿啼，綿綿幽雅之趣。前已重修，敘其來歷，余不復贅，但敘其前此所缺者。睹廟貌之輝煌，金身未就；觀功德之事業，先已失名，於心有終憾焉。故于乾隆五十二年三月間，共懷虔心，同成大事，或眾緣、或出財，修金身、光聖體、刻廷宇，以表前功，仍敘其人，以志前恢復之碑記，以垂萬年。是爲敘。

山西直隸解州芮城縣儒學生員薛興隆撰文。

薛興福書丹。

康熙三十四年重修，乾隆五十二年吉日立。

（碑存靈寶市南朱陽鎮蒲陣溝村北五峰坡玄帝廟中。王興亞）

重修九柘臺碑記

張文旗

邑南四十里曰虢略鎮，乃古虢封之遺，至唐為州屬，圻內咽喉。開元初，並選宗英，共持要地，故其時之刺虢者，常以親王授之。政平理暇，迨迨多所卜築，而垄據川原之盛，備登眺之觀，迴塘屈盤，花鳥交映，莫過於西山之九柘臺。九柘臺者，即有唐賓客往來游寓飲饌，舊名紅亭處也。岑王諸賢多所嘉咏，亭高鳥外，客到雲齊，至今膾炙人口。歷宋、元來，荒田蔓草，敗碑頹垣，見者汕然矣。前明有練師竇沖林者，與居民始創新之，恢拓舊基，聳起殿宇，諸神以次配列。至於鐘樓、客舍、獻殿、香亭、大廈，劃然就理，方謂唐賢之遊賞勝地，或可沿也。迄今幾二百年，而丹黃金碧之盛，半歸剝落矣。

夫國家鰲正祀典，祈報而外，凡所以奠安黎庶，捍禦災患者，皆禋祀不廢，無非欲協乎神明，惠安元元。沖林即勝游之地，而創為羣神棲止之所，則斯臺興廢，所係又非止快登臨極游眺，徒以選勝尋芳已也。住持道人蕭復星者，既於夒下邨重陽觀、靈寶縣真武菴，以及本鎮洞陽觀、后土廟、城隍廟，悉為修理，豈忍坐視此臺之廢，遂糾合士人馬呈圖、郭乃興等，亦皆捐輸募化，踴躍督成。其洞殿門亭，悉仍舊制，懼沒昔人經畫之善也。工起於乾隆五十四年三月，至五十六年七月告竣，蓋非一朝夕之故矣。功既成，乞余言以為記。余謂盛衰興廢之故，亦古今之常，無足異者。而斯臺也，以繁紅縟綠之觀，昔之人襲馨擷奇者，素矣。自沖林之舉，而暮鼓晨鐘，香烟郁馥，今復益加振修，更足以不朽矣。雖然，神聰明正直，依人而行者也。使居茲土者，勉強為善，虔其秩祀，而神自降以百福，則幽明合惠，神人胥和，俾疢疾消，生植遂，蒸為太和，以助我聖天子太平無疆之治，是固國家修明祀典，神道設教之意也。至於鋪張勝概，紛紅鬪綠之說，茲不復贅云。

乾隆五十四年。

（文見光緒《靈寶縣志》卷七《藝文志》。王興亞）

重修文廟碑記

邑人張文旗

至聖先師孔子之廟，祀於郡邑也，歷代為昭矣。至皇朝，殿禮攸隆，有光於昔。蓋聖天子崇儒重道，籲俊尊賢之意，趨正宗而勵士習，造端在茲。用是，守土之官與司教博士，每歲春秋釋奠外，凡月之朔望，必拾級升堂，焚香拜禮。所以推廣造士作人之化，肅觀瞻而備妥侑者也。

余邑文廟在城東南隅，或謂宋天聖元年創建，非也。考唐貞觀四年，詔諸縣皆立孔子廟。又咸亨元年，再詔官司營葺太極。十三年，復詔天下州縣立學。蓋創於唐，而後世遞修之爾。我朝祀事彌嚴，凡六修舉。自乾隆己卯歲，縣令李公等重修，後已歷三十年，日月銷爍，風雨剝落，廟貌腐敗，神座塵塵，以致奠薦法齋禮幾不備。今邑侯長蘆李公蒞任之初，謁廟升香，周視悵然，亟圖所以繕治，乃捐俸廉，先自泮池，及廟前崇樓，樓下三洞門始，次則經營殿廡門坊，以及文昌閣、名宦、鄉賢等祠，工鉅費繁，籌畫貲不敷用，於是，孝廉杜君漢文、選拔李君接三、布經何君漢章等，復昌邑之紳士輸助，得千餘金，庀材鳩工，命遇炳、凌雲、克興、金堂董其役，五越月而蕆事，宮牆內外，望之煥乎，遂如新搆焉。懿夫廟之建也，踞邑治之巽方，實為文明之地，苑內翠柏十餘株，悉數百年物，向若闇淡淡，茲則蒼鬱芃芃，匪直菁莪堪詠也。廟趾逼近城垣，文氣弗暢，前令鑿埔為門者三，甃而為洞以疏之，上制層樓，漸就傾醭，茲則峻極崟崎，登高憑欄，一攬關河之勝。垣外數武即泮池，池中泉湧三穴，清冽而甘，源頭活水，域內黌宮所罕，魴鯉躍波，茆芹擁綠。侯之戾至思樂可知也。矧茲莘莘祁祁，觀榮者如登文杏之壇，沐浴聖教，正未有艾乎。然則侯之佳政，不可不記載也。在昔唐之初葉，詔州縣立孔子廟堂，有司莫不殫力整齊，而為之記者，皆當時大手筆，如王、楊、韓、柳諸人，或摛藻捊華，或歌風蹈雅，鋪張揚厲，以彰觀制之雄。旗等不文，又不工書，未能如虞永興以翰墨流傳盛事，謹敘其原委而泐之石。庶幾，後之踵而增華者，有所徵云。

乾隆五十四年。

（文見光緒《靈寶縣志》卷七《藝文志》。王興亞）

重刻水利碑記

【碑陽】

青山之水，環川群山，有曰寺溝門者，澗水出焉，蜿蜒六十餘里，始引水灌田，即《水經注》所謂方伯堆者是也。居河之西偏，有寶宏陽渠，起迄西車村，止居河之東偏者。自滋民渠起，迄車村窰止，凡十道，計田分水，按日開渠，輪流灌溉，不相侵奪。固已多歷年所矣。乃沿襲日久，有奪非水地而強為開墾以引溉者，有非其日期而恃強力以霸水者，並有同渠分水大小不定，接水早晚不定時者，往致生爭，還退不已。澗口村渠司等心竊悼焉，思杜其□，搜求古規，得殘碑於苦煉寺中，風雨剝蝕，洗刷之猶可識辨。系前明萬曆十九年三月十一日刊立水利規定也。低徊不去者久之。於是，鳩聚村人，酌議勒石，以垂不朽。僉曰：善。踴躍忻標，各出資襄成此舉。適以事達州，蒙王大老爺堂諭，重刊良規且書各村日期分，按規定於碑後。謹□□其事者，則監生李君超也。而□□者，則監生盧君金鑒、郭君福升、盧君丹書也。

夫莫為之前，雖美弗彰；莫為之後，雖盛弗傳。爰本舊章，以作新式。庶幾今日後瞻望杏村，無不溉之田塍，講□□仁人無或興之雀，誠敦睦之良規也。遵行永世。

澗口河東村邑庠生陳順芳撰。

直隸解州郡庠生焦光榮書。

斷密澗河圖

【碑陰】

【額題】水利規定

按：澗河分水灌田日期，從正月初一日數起，每輪一十四日，有上七日，下七日，其上下七日之交，按俱於寅刻為。西澗口村共渠三道，宏陽渠、中渠、小渠。甲分一十有三，合甲使水各遇天旱灌田，按甲按畝，點香以分□度。第一日，宏陽渠無水。中渠頭甲用水灌田七十七畝零，小渠頭甲用水灌田九十三畝零。第二日，宏陽渠無水。中渠二甲用水灌田一頃，小渠上下，二甲用水灌田九十五畝零。第三日，宏陽渠，頭甲用水灌田一頃三十六畝零。中渠東西三甲用水灌田一頃二十六畝零。小渠無水。第四日，宏陽渠，東西二甲用水灌田二頃九十七畝零。中渠上下四甲，用水灌田一頃五十七畝零。第五日六日，宏陽渠，寅刻系濁峪村接水，本村從此渠口分水一半於中渠。七甲灌田一頃三十七畝零。六日於小渠六甲灌田一頃。第七日寅刻接濁峪水，用宏陽渠於七甲灌田二頃三十畝。中渠上下五甲灌田二頃二十畝零。小渠東西七甲灌田頃六十畝零。共宏陽渠用水三日，灌田六頃六十三畝零。中渠用水六日，灌田八頃零。小渠用水四日，灌田四頃五十一畝零。水從滋民渠分起，滋民渠七日俱有水份，河灘村上開方口村、下開方口村、東澗口村輪流，又東渠從中渠分水，中渠從宏陽渠分水。東渠七日俱有水。第一日二日，東澗口用水，餘五日系東尹莊用水，此渠用水十分有一，是謂上七日，此七日，看水修渠花費艮兩，不與滋民渠、東渠、濁峪村數村相干。至第八日、九日、十日，系尹莊南社用水。第十一日、十二日、十三日、十四日系尹莊、北莊、西車村、東車村、車村窰分水，是謂下七日。從此輪算，周而復始。凡我同渠分水之人，言歸於好，用刊勒石，以誌不朽。

　　監生郭福升、盧金鑒、盧丹書。

　　監生李超。

　　龍飛嘉慶二年三月初一日。

　　合社人仝立。

（碑存靈寶市尹莊鎮澗口村學校。王興亞）

真武廟碑[1]

　　蓋為蒲陣溝創建真武廟，由來舊矣。歷年日久，風雨飄搖，損壞者多。社人無不目睹情傷。有善士張學等忽起虔心，意欲補葺。錢糧不足，乞眾善士各出資財，共襄厥事。庶幾神妥人安，永保萬户吉祥。是序。

　　嘉慶五年陽月穀旦。

（碑存靈寶朱陽鎮蒲陣溝村北五峰坡玄帝廟。王興亞）

土地老爺廟碑記

【碑陽】

【額題】萬善同歸

　　夫廟貌者，風景之關鍵；神聖者，人民之感觸。敢□勤勞□會厥事，故創建補輯□□以也。南百餘里者，朱陽鎮新店村，為夏、商之故墟，唐、宋之名地。舊有土地廟，其神甚靈，其應不爽，第代遠年湮，宮殿與神像俱毀，觸目驚心，有不勝其悽愴者。於是，煮茗會□，齊集街村人等，各出善念，毋負盛事。使謀尋丈商尺寸，而巍巍宮殿；命既塗□既黝□，而煌煌金裝。經之營之，盛事於以共成不已。較前之不斲椽，不剪茨，不列牆者，而大壯觀瞻也。庶幾神有寧宇之護，神保無疆之福，風美俗樸，民安物阜，人傑地靈云。為此謹序。

　　施艮人[2]

　　功德主[3]

　　後學東古驛郭雁題敬撰。

---

[1] 該碑為殘碑改制而成。

[2] 施艮人姓名，字多模糊不清。

[3] 功德主姓名，字多模糊不清。

石匠賀魁。

嘉慶八年十一月十一日吉立。

【碑陰】

【額題】群賢畢集[1]

（碑存靈寶市朱陽鎮新店村土地廟。王興亞）

邑侯胡太爺生祠碑記

【額題】皇清

　　為此皇上念民為國體，食為民天，即養爾邑，重賴有賢宰知稼穡，念脂膏焉。古之循良，不日五斗。惟食□□□以魚釜址甑相傳頌，人感戴之，或□於書，或祀縣社，稱神父，媲美甘棠之愛，此彭澤之□□□花，所以千載流芳也。邑侯向山胡公新分，辛酉進士，甲子秋選於閿，當止在都，已問咨閿之利病，及下車體省，四野甯居，即以斗戶供面論之始，而減增價，繼而蠲免。民將立祠勒石，勢不容已。而□□□炭約草豆，恩逮鄉曲，胥視諸此。被閿城市巷按戶支面，甚有因以傾家者。公惻然。閿□□夥矣富人，哀此煢獨，其必計一善後之策為可。歲庚午，有樊某、喬某等公呈以議減請。□□□吾意中事也。然今日減，他日又增，尤可痛也。其惟示禁在案，永遠革除之便。嗣自今□□□筋赴集公買。凡蒞茲土者，疇非父母，罔非赤子。願同是責而有是心者，胥殫體卹，寧獨□□□哉。若有頭級陽奉陰違，欲暗試漁侵開□寶，惟慈賢寧務嚴究之，毋少貸。諸君喜且佩□□□而立祠刻石，志不忘也。捐貲成□，□碑載道，老幼焚香，街城演劇。北之荊玉澤與靈湖□□，頌以南金德，偕鑄鼎原銘。他如峪□民人與供面者，□捐助艮兩，志頌孔□而其餘飲和食德，窺見一斑矣。則不惟與朱公□公同，無負今上之意而循良之稱，誠無異于古人所云也。是為記。

　　邑乙卯科舉人劉興撰文並書丹

　　嘉慶十五年歲次庚午桂月立。

（碑存靈寶市鑄鼎原碑廊。王興亞）

南天_{與祥}感德碑

【碑陽】

【額題】皇清

　　南天_{與祥}感德碑

---

[1] 施錢人姓名，字多模糊不清。

【碑陰】大德望命文景文南公伯仲合傳

稽姓氏譜，南氏系出南宮遷鼎，散財戡亂，列在十臣，迥乎上矣。至若于方、于襄共傳城朔之績，思仁思義日誦白圭之詩，遙遙華胄，其名賢蔚起，指不勝屈也。厥後，椒條實盛，瓜秩之分，家於陝左右者實繁，有徙桃林澗西，南氏其一也。自國朝定鼎，即隸籍靈邑，十餘傳而至公之伯仲，長諱天與，字命文；次諱天祥，字景文。野處而不匿秀民之能為士者也，懷明發盡周書忠愛之誠，啜菽飲水有餘歡焉。桑梓□小弁敬恭之意，三黨固親無間言也。雖無花鄂之樓，自有姜肱之被；田荊並茂，豆萁不煎，怡怡如也。後遭龍蛇之讒，乃兄風流頹盡，景文公鼂沒家政，不變卑勞勳，迄今弓冶箕裘，煥然一新。君子謂南氏有後，弗棄基焉。竊貝□器，兗家一□，足貽謀甚遠，三風克諧。卜于門之將大，五世其必昌。親咸感慕德奇，祈勒貞珉，以永不朽。用是不辭固陋，而謹為之記。

己酉恩科中式順天□人候選儒學教諭潼津蔡蘭薰沐頓首拜撰。

直隸解州儒學生員王煥文頓首拜書。

嘉慶十六年歲次辛未季春穀旦。

古絳稷山縣鐵筆臣董明刑鐫。

（碑存靈寶市南五畝鄉白羊村後橋自然村。王興亞）

皇清誥贈宜人例晉恭人可亭（張）府君元配顯妣王宜人墓誌

【蓋文】

嘉慶辛未涂月

皇清誥贈宜人例晉恭人可亭張公元配王宜人墓誌蓋

文熊再拜

【誌文】

皇清誥贈宜人例晉恭人可亭府君元配顯妣王宜人墓誌

嗚呼！吾尚忍誌吾母宜人耶？吾又何敢不補誌吾母宜人耶？宜人姓王氏，行一，靈寶縣坡頭村人。父諱曰聰，母何氏，以乾隆十七年壬申十一月二十五日巳時生宜人。及笄，歸府君，生男二女一：長男澄中，廣東候補通判，出為大同縣知縣五伯父裕山府君嗣；次不孝晰中，候銓鹽場大使，娶劉氏，閿邑歲貢生天章公次女、淅川縣教諭保題知縣墺公妹，繼劉氏，郡庠生曰翔公五女；女一，適靈邑太學生顯名何公子廩生源洛。孫男遂之，業儒，元娶劉氏出，聘戊子科武舉文壇公孫女、庠生敬承公女，宜人姪孫女也。府君初任青村場鹽大使，宜人隨之浙江，不數年即回籍，奉姑喬太宜人。痛於五十三年二月十二日申時，以疾卒於家，時年三十有七。迨府君陞任縣令，洊歷湖北施南同知、保題知府，而宜人沒已十餘年矣。嗚呼傷哉！宜人之將沒也，澄中年僅十四，晰中方八歲，女十歲，一時俱患疥疾，而晰中又兼痘疹，症危甚。二姪亮中小抱至宜人前，見其存乃慰。時晰中昏迷罔知，至病稍愈，始聞凶信，而號泣已無及已。嘗聞之祖母喬太宜人曰：汝母性淑慧，雖少急，而處事周密，口直心慈，事汝伯祖及吾皆唯謹。同堂姒娌七人，惟汝母最少，皆能相得無間言。辛丑歲將育汝，悮自椅上墜地，以致失血過多，因染疾七八年，竟至隕生。汝之身弱亦皆由此。嗚呼！言猶在耳，不孝其忍聞耶！府君繼配汪宜人，生男女各二；而府君棄不孝等今且五年矣。宜人初葬於官路南地祖塋，忽被秋雨浸陷，將以本年十二月十七日午時，遷葬于村西後坡地新塋，丙山壬向。謹撮叙始末，以補往日之缺略，非文之也。是以誌而不銘。

　　男晰中泣謹誌。
　　己酉恩科舉人候選儒學教諭眷晚生蔡蘭薰頓首拜填諱。
　　敕授文林郎浙江候補知縣丙午科舉人姪婿李文熊拜書並題蓋。
　　大清嘉慶十六年歲在辛未十二月十七日穀旦。
　　男張晰中、灃中、瀚中，孫遂之納石。

（拓片藏河南文物考古研究所。李秀萍）

廟磚題記[1]

嘉慶二十年九月二十日夜子時，地大震有聲，牆傾房折者甚多。

同治元年五月初四日，過長毛賊。五年九月二十八日，又過長毛賊。七年春季，麥每斗大錢乙千七百文，米每斗大錢乙千四百文。

錢乙千三百文。本地豐年，五穀俱行關西。

（磚存靈寶市豫靈鎮杜家村部牆上。王興亞）

重修山神土地廟並阪坡路碑

張維恭撰文。
李芳春書丹。
　　縣之南八十里阪坡原有山神、土地廟。風雨飄零，歲久頹廢。郡人杜自書等目觀其形欲廢，規模淺狹，思廣闊而資用不加，遂誠心募緣，力襄其事。四方善士，施金相助者百兩有餘。己卯歲，重建廟宇，再塑神像，創修正殿一間，獻殿三間，又將路之險峨者復為平修，庶使往來行人無履之艱。

---

[1]　共三方。

嘉慶二十四年八月六日。

（碑存靈寶市五畝鄉坡頭村棗窪自然村。王興亞）

重修石渠碑記

【碑陽】

【額題】大清

竊思前人之創造維艱，則後人之法守宜急。余村靠山依溝，舊有水渠一道，人畜賴以活命，禾稼賴以告成，實屬村中之急務也。溯水源頭，石渠之修已經數次，不知創於何代，惟康熙元年，重修石渠，石崖之上確有字跡可考。嗚乎！自石渠修後，則食水者挹彼注茲，祇覺取攜之甚便，灌田者源遠流長，無有壅塞之為患，是前人之為後人謀者，何嘗不周至哉！但歷年久遠，水沖石撞，渠多損壞，是正後人法守之所在，修補最宜急者也。今春二月間，合村恭賀渠師，二三父老顧余等而言曰："石渠損壞，理宜急修，第吾輩年老力衰，步趨甚艱，爾等正值青春，何可坐視？"於是，余等十有餘人敬承父老之命，辦理其事。自二月初旬起始，至六月間而功告竣焉。事成，父老差余為文以記。余不敢辭，忘其固陋，遂將事之前後略敘數詞，勒之於石，俾後之居此土者，知石渠之壞不可以不修云！

邑庠生陳宗璧撰並書。

渠上石工何盛祿造修。

晉邑稷山縣曹星昌敬刊。

督工 寨上本村 鄉長許致和。

首事人馬世珏、晝金聲、荊特興、馬世傑、趙秉離、陳鳴新。

渠師荊邦棟、周金奎同合甲人立。

龍飛道光三年歲次癸未六月吉日。

【碑陰】[1]

（碑存靈寶市陽店鎮欒村周立成家院內。王興亞）

重修關帝廟碑記

邑人許迪吉

國朝祀典之鉅，廟貌之崇，有至聖先師孔子，有伏魔大帝關帝，畿府州縣同。然靈邑東郭帝廟奉勅建舊矣。嘉慶戊寅歲，邑侯呂公因歲久捐俸重新，揀邑之紳士董其事，召而

---

[1] 開列捐資者姓名計七十五人，字多模糊。

命之曰："孔子曰：'知我者，其惟春秋乎。'"竊謂後世知孔子者莫如帝。學孔子者，亦莫如帝。蓋明於大一統之義，以天自處，以天運世，神明愈久而愈熾者，在此麟經也。舊雖有其閣，今必大其規模，至正殿擴三為五，夏直臣祠三代祠，並加整理，幸無憚其煩。邑侯李公繼有同心，縣尉薛公為之翊贊。歲壬午，工乃告竣。煥然並新，惟呂公克圖厥始，惟李公克成厥終，大成殿而下，無有如帝之正殿者，而麟經遂與尊經相暉映矣。若夫諸紳募金四千，督工五載，其工食所出，俱屬闔邑居民輪流分派，所謂聖人出而大義行，聖人往而大義明，觀於人心效順，益信春秋之功在萬世也。是為記。

道光三年。

（文見光緒《靈寶縣志》卷七《藝文志》。王興亞）

重修文廟碑記

中憲大夫蔣明允

道光丁亥十月，余以公道出靈寶。會縣令楊公雲厂重修文廟功竣，往觀之，述其顛末，請為記。

按：靈邑文廟，創自前明。國朝叠經修葺，至嘉慶二十年，地震，悉就傾圮。道光八年秋，雲厂令茲土，建議鼎新。其明年，適奉大憲飭設立義學，謀增書院經費，商諸同寅，各出俸為倡，並勸士民捐貲助理，共得銀二萬有奇。於籌畫義學書院外，庀材重修，擇紳士九人董其役，自大成殿及兩廡、戟門、欞星門，徹底更之。其崇聖祠、文昌閣、奎星閣暨鄉賢名宦各祠宇，並泮池、齋房、學舍，亦皆完美。以乙酉六月經始，迄今春暮落成，通費白金一萬六百兩有奇，堅好壯麗，巍然煥然，前此未之有也。今夫天下不可一日無學，即不可一日不師聖賢。文廟者，學之宗也。朝廷崇儒重道，禮制攸隆，直省郡縣胥立文廟，春秋享獻，命諸生駿奔走執籩豆於其間，俾得取法觀型，共抵聖賢之域。其典至重，其望彌殷。況靈寶古稱名勝，自老子負猶龍之譽，於此地著《道德》五千言，彪炳來茲，貞珉不朽。厥後伯英以草聖傳於漢，嗣仁以詩歌盛於唐，他如董季直、楊達天輩，皆後先輝映，卓爾不羣，英哲挺生，至今未艾。大抵聖賢牖迪之力居多。官斯土者，苟不崇本而作興之，將何以繼其盛而成其美哉！雲厂，西江巨族。其先祖勤愨公，理學名臣，貽謀有穀，平生以聖賢自律且以律人，不肯稍自貶抑。余嘗觀其著述，想見其為人。雲厂下車之始，他務未遑，而獨於茲懇懇焉。蓋其淵源遠矣。夫修舉廢墜，守土之任也。轉移風化，司牧之責也。先是靈邑艱於科目，是舉甫興工，而秋闈獲雋者三，其效彰彰如是。今日者廟既飭矣，為我進諸生而告之曰：此先聖殿也，觀此當志聖人志，此先賢廡也，覩此當學賢人學。摩挲於禮器之旁，步趨於俎豆之側，仰止而嚮往之，則雲厂之心亦可以無負。而至聖之降鑒，當必更誘其衷。從此文物之興愈出愈盛，有不僅區區科目已者。彼科目又曷有既也，諸生勉乎哉！後之君子亦可以觀矣。是為記。

道光八年。

（文見光緒《靈寶縣志》卷七《藝文志》。王興亞）

重修婁下村得相庵碑記

邑人許虎拜

虢鎮東北六七里為婁下村，舊有得相庵。前明萬曆時創建，至今上御極之初，風雨摧殘，金碧剝落久矣。歲甲申，余將東行，過其地，見流水一灣，茂樹干瞵，慨然有塵埃外想。因下馬遊憩，歷山門、二門，周迴顧視，迤而東為東角門，迤而西為西角門，飛檐布翼，高插雲表。其內分東西兩院，東院南殿奉白衣菩薩，西院南殿奉三大士。殿門外綠樹參天，清陰鋪地，趺坐其下，梵聲朗朗，茶煙裊裊，掃石安碁，此樂真不減羲皇上人。問之故老，咸曰："此僧人道緒手澤所留貽也。"余深嘉道緒之賢，而又惜棟宇凋零，相與徘徊者久之。猛視日影已近卓午，急急出門就道。至道光七年，同社諸公慮其無以妥神靈，肅瞻仰也，同心鳩集，得金若干，以備需用。自東西角門、山門、二門，以及東院、西院、南殿，皆重加修理，煥然一新，而所用之材，取資於道緒手澤頗多。嗚呼！道緒此舉，可謂不朽，而首事諸公，殫數十晝夜之力，庀材鳩工，共襄盛舉，亦殆將與此庵共千古矣。工告竣，囑記於余。余憶曩者之遊，重傷傾圮，業經修葺，其必迥異前，此可知也。因筆而書之，以為同社好善者勸。至風景之美，黝堊之鮮，得諸想像，尤願親諸目睹，卒歲匆匆，請俟之異日重遊。

道光九年。

（文見光緒《靈寶縣志》卷七《藝文志》。王興亞）

堯績雷公告風遺澤碑

公諱堯績，原籍延安府鄜州米脂縣柳灣里。祖諱闕，明進士，官山西太原府知府。子四。洪武間命三予從戎各居一方。長子君，居閿鄉縣東十里營屯田，為吾族始遷祖，故曰雷家營，志吾祖遷居於斯也。次子居美，居同州府小白猴屯。三子旺，居華陰縣長城屯五橋堡，俱入潼關衛籍。雍正二年裁衛，小白猴屯拔入同州大荔縣。四子洗守原籍。公大明嘉靖三十五年正月十五日午時生。自始祖遷居營田屯，其地多沙磧，世患風傷禾。公曆萬曆二十八年，遇道人給路程冊，使其江西貴溪縣龍虎山天師府告風。天師則賜鐵牌一面，命於村外東南隅築土墩，每遇風起，即向風豎牌，可使風凌空不傷禾。約四十餘年，碑當以火中歸回。且予知其生子賜名起龍，又言當有九孫。宜明澤命名。至家，如法用牌，果神驗。廳舉聞而異之，以調風馳名額其宮，嗣後起龍入泮，九孫中澤延、澤瀚、澤固、澤弘兄弟四人，亦皆遊黌。及崇禎十五年，湖城縣主借驅邪，竟因匿火失去。公亦於十六年二月十五日子時卒，享壽八旬有八。葬於東城東南堯家地七門老塋。

大清道光十四年合族立。

(碑存靈寶市西閆鄉雷家營東城。王興亞)

邵公神道碑

且家之興不興，于興之日必有所由。興業之成不成，必有所由。故謹凛者，精神之所以振起也；揚歷者，事業之所以奮興也，明此意者，其惟例增修職郎邵公乎。公諱全仁，字性天。東里村一大快人也。一言燕翼，公有賢嗣君者二：長蒙公訓，入邑庠；次復，授歲進士。公為營室六七所，皆鳥革翬飛之選也，而車馬衣服器具隨，不亦快哉！一言交遊，公與飲宴稱聖避賢，盡日言歡，而未嘗至醉焉，是以人稱量之大福之宏也，不亦快哉！至若哀鰥寡，恤孤獨，賑困窮，補不足，使有糧者亦食，無糧者亦食，有衣者亦衣，無衣者亦衣，是仁樂保息之施，而閭里沾活命之恩也，不更快哉！顧吾思之，一人之心千萬之心也。奈何人人欲能之，而人人不得盡能之。惟公也，本性情之正，審富厚之源，不歷俗亦不逐俗，不矯情亦不溺情。循循焉早作而夜思，盡心而勞力；始也由小以積大，繼也光遠而耀人也。然後，歎公之事為甚快，公之心為甚密也。爾日者，公名子曰省、曰強，其待有微意也歟！然則保家之道，人將悠忽以從事乎，抑戒謹以自勒乎！濟世之猷將挈度以合人心乎，抑驕泰以拂人意乎！予不敏，臨碑擇言，愧無所以名公者，故第揣公之意，為賢嗣君法，而並為諸友勖云。

候選知眷晚生許虎拜撰。

廣生員眷晚員許魚拜書。

峕道光十五年歲次乙未仲夏之吉。

例贈修職郎性天邵公神道碑

男自洛、自省、自強、自漢暨孫宗河、宗□、宗□勒石。

(碑存靈寶市蘇村鄉東里村。王興亞)

路井下磑渠水斷結碑 [1]

【碑陽】

【額題】大清

路井下磑渠水斷結碑

---

[1] 標題係補加。

【碑陰】

特授靈寶縣正堂加五級紀錄十次嚴

訊得路井村張寶材等呈控下礎村彭本法等霸水害命案。查好陽河北岸有渠一道，灌溉下礎村地畝，兼濟路井村食用之水。下礎村行水三日，路井村行水一日，歷有年所，彼此並無爭競。緣此渠流經下礎村南，分為東西二渠，至下礎村北，仍並為一渠，合流注下。西渠濱臨好陽河岸，嘉慶二十二年間，渠為河水沖刷，下礎購地修復。道光十四年六月，渠又被水沖塌，復經下礎續修。因路井村向有此渠行水，不幫修渠工費，始行攔阻搬水。路井則以該村應于東渠行水，不應幫修西渠之工。執有前明碑文、朱標私約為據，先後互訟縣案，經李前任勘驗情形，路井應有西渠行水，所呈之碑文私約，並無東渠確據。斷令嗣後西渠遇有坍塌工段，各照行水日期派工。路井抗不遵斷，復行翻控管前任案下，未經訊結。茲傳案集訊，並親臨該處履勘。查明渠水至好陽河北岸進口，在南宋、磨頭二村渠口之下，行一里許，至下礎村南觀音堂白楊樹前分東西二渠行走。流至下礎村北，復合為一渠。又一里許，歸入南宋、磨頭二渠下游合流之乾河。又八里許，下抵路井村南于接連乾河西岸，另有水溝一道。行一里許，流入路井村內陂池。路井向由下礎渠內行水，不由南宋、磨頭二渠，是下礎地行渠道自係與路井公共使水之渠。惟察看西渠于分流處所，其水順勢而下，東渠則必須堵壩，始能上渠行水，是路井只于下礎西渠搬水下行亦無疑議。且查該村呈出之前明碑文，僅稱有武食用渠一道，並未注有東渠字樣。其朱標私約，只敘該村每月逢五行水，亦不能執為東渠鐵據。現經開導兩造人等，仍遵李前任斷案辦理。所有下礎村以前修渠工費，路井村毋庸找給。渠糧業經下礎完納，亦不必再行分派。嗣後遇有西渠坍塌工段，各照行水日期，下礎派工三日，路井派工一日，其應派購地修渠之費，並完納續置渠糧，亦以此為斷。下礎每年派有渠司，路井亦應每年另派渠司一。值西渠應辦工程，下礎渠司迅即知會路井渠司公同商辦，不得推諉誤工。遇路井搬水日期，查有私行偷漏之人，即通知下礎渠司驗明議罰。至西渠倘被河水沖塌過大，萬難一時修復，亦准路井皆于東渠行水，下礎不得阻撓。嗣後如下礎、路井二村再有違斷滋鬧情事，定將首先抗違之人提案究處不貸。除飭誇當堂書立合同三紙，一附縣卷，兩造各執一紙，並取其遵結及詞證人等甘結備案，永杜後釁。此斷。

朱批：如路井藉口西渠工程浩大，不肯派工幫費，定要霸借東渠行水，亦准下礎一面阻止，一面稟案勘驗訊究。又斷。

立合同人：下礎村彭本法、李隆、李舒錦、杭書仁、王玉鑒、李生、張群貌、李坤；路井村張兆麟、張寶材、張建清、張同今、韓會先。

緣下礎、路井兩村，向係同渠行水，並無異說，于道光十四年六月，下礎因西渠坍塌，路井並不幫工修理，阻止路井搬水，彼此互控到案。今蒙縣主嚴憲勘明，路井係由下礎渠內行水，核查路井所呈前明碑文及朱標私約，仍遵前縣主李憲斷案，各照行水日期，下礎村派工三日，路井村派工一日。其應派購地完糧各費，除從前不再分派外，日後亦按四股均分，每年兩村渠司知會公同商辦，不得推諉誤公。值路井搬水日期，上游倘有偷漏，准通知下磑渠司查明議罰；至西渠坍塌過大，一時難以修復，亦准路井于東渠行水，下磑不得阻撓。嗣後兩村和衷共事，毋得各懷意見。倘有違斷滋鬧情事，准赴縣案稟究。當堂書立合同三紙，一附縣卷備案，兩村各執一張為據。朱標當給路井村收執。

　　路井鄉地張福儒。

　　下磑鄉地李自東。

　　詞證葛學宰、葛之屏。

　　官代書荊自明筆。

　　道光十六年二月十一日兩村公立。

（碑存靈寶市大王鎮西路井村委會院內。王興亞）

嚴太爺生祠碑文

【額題】大清

嘗考歷代祀典，重有功于民者，故祭法云：法施于民則祀之，以勞定國則祀之。然猶身後事也。至鮮于為一路福星，司馬是萬家生佛，民間朝夕焚香致虔，生祀之立感恩蓋深矣。余路井村歷無井泉，西靠大嶺，障隔好陽河東，好陽自出峪口，舊有益民、厚民二渠，不與嶺東相接，立村之始，昔人從磨頭，下磑買地開渠，引好陽河水下注，名育生渠，居人賴以食用，此每月逢五行水由來也。後因河水暴溢，渠被沙石閉塞。明嘉靖二年，村人李武稟請仁天苟太爺重開，工竣立碑。迨後南宋、磨頭、下磑等村又開灌田之渠。萬歷二年七月，益民、厚民二渠以等村灌田恒竭河水興訟。蒙仁天王將磨頭等村灌渠與食用渠同更名中水渠。訊斷益民、厚民兩渠各行水三日，中水渠行水四日，十日一周，已既有成規矣，乃訟方息。下磑李合等反覆阻路井食用水。余七世祖張三樂將合等告拘訊，令李合等自書私約朱標結案。順治十四年，沃底李曲爭水，蒙藩憲斷，仍照前規行水。乾隆六十年，下磑又與李曲爭水興訟，以無據難結。然余祖張國瑞、張世道憫其久訟，具分晰呈子並粘朱批私約，前仁天得以為據，始斷輪河使水與下磑增水兩日，路井村水仍舊。萬歷迄今，綜記二百三十年，章程不移。忽于道光十四年，下磑渠司張群貌率衆阻水，稱下磑無路井渠，人畜至有渴死者。路井渠司張寶材陳纂詩呈控仁天李案下，又控仁天管案下，悉斷照舊行水，皆未明有渠。至十五年十二月，嚴仁天下車，十六年二月親詣細勘，自路井陂池徒步丈至磨頭，又丈明下磑東西兩渠，斷以前明碑文謂下磑有武食用渠一道，朱批私約敘逢五行水，既有渠不必占執何渠，且下磑同願路井在西渠行水，即以西渠為兩村官渠，可乃各施斷案一張、渠圖一張，又立合同各執一張。兼為久遠計，渠有定所，不惟永無渴死之患，且並資灌溉之需。是真下恤其勞、法施于民者也。擬以生佛、福星何愧，于是，村之人忭喜踴躍，樂建生祠，爰命余記其事云。

嚴公印芝，字仙舫，係湖南辰州府漵浦縣橋江鎮籍。

特授修職郎候選府經理張兆麟撰並篆額。

邑庠生張玉山書丹。

道光十七年歲次丁酉□月二十五日立。

（碑存靈寶市大王鎮路井村委員會院內。王興亞）

重葺三聖母廟碑記

縣令嚴正基

傅城東，層岡環列，迆北孤阜鵲起一綫，蜿蜒而下，蹲伏郭外，有廟竦峙其巔，即邑人所稱三聖行宮也。按邑乘載，漢時有二女事親不嫁，其親强之，遂指山為夫，偕隱以終，後名其山曰女郎，並其母，搆廟祀之，額曰"三聖"。又以禱雨輒應，廟祀寖廣。邑城始建此廟，蓋由來久矣。余初以其事近誕不之信。去年秋，彌月不雨，祈禱四出，復不雨，迺步禱於女郎山。越旬始雨。僉曰："是殆非神之賜也。"余曰："禱而遲與速皆是也。又詎非神之賜哉。夫吾民不幸而有災，所恃以澹其災而弭之者，恃人而亦恃神。若旱魃之為虐，蓋有地兼數圻，而如惔如焚，燎原之勢日熾，無一遺秉滯穗之存者，故其災甚鉅。而弭災之術即窮，尤不得不聽命於神，其在雲漢之詩曰：靡神不舉，則牲於圭璧之勿敢愛也。靡神不宗，則自郊徂宫之蔑弗祀也。蓋即省躬引疚凜之，以天與帝惕之，以祖下逮庶正，冢宰趣馬膳夫之微，莫不蕩瑕滌垢，而所以馨祀維虔，冀回明神之悔怒者，又無不至也。然則災不能弭，為民徼福於神而祀之也，振古如斯，今何獨不然，且余嘗溯洪澗而南，按圖考地往來者數矣。見夫面函背雒，錯於豫，雍其地岨崍而瘠，求所謂膴膴周原者無幾也。而厮渠利以劭農功者蓋渺，是以民常苦旱，今方賴神之賜日雨，而旱災既弭矣，何疑於神？夫神以孝顯於鄉，議者雖或以其詭於中道為惜，而遺徽流播里閈，亦足以振屬頹俗，況甘澍之敷，澤被枌榆，是大有造於吾民也。民德神而肇修禋祀，其莫敢廢墜而勿替引之也宜也。神廟之在女郎山，乃為風雨漂搖過甚。余既屬近村紳耆重葺，而東郭之廟，因歲久日漸漫漶，其廟基為行潦所齧，亦半就傾圮，迺出俸緡為倡，紳若民之戴神惠者，咸源源樂輸，遴邑紳茹君洛、荊君鳴岐、孫君彤舟董其役，陊者擴之，頹者撤而新之，經始於去年孟冬上澣，以今年孟夏上澣告蕆。維時雨暘時若，歲以有秋，僉又曰神之賜也。顧余奉天子命宰此邦，幸得沐神賜以保艾吾民，而比年畿輔雨澤偶愆，上厪朝廷宵旰，凡所以展禋百神，為民請命者甚賅。其視周宣之遇災而懼，殆又過之。夫盛世不乏災祲之降，而堯湯在上，即災至亦不甚為患，其敢弗靖共爾位體聖主憂勤兆民之意，感召天和，毋作神羞。至於屢豐告慶，民氣樂而頌聲作，所望於神之綏我思成者，方永永無極。故於廟工之成也，爰綴敘重葺神廟本末，並董事者之勞，揭而書之。至葺廟工需及創建劉猛將軍、金姑娘娘各廟二，其用銀若干，錢若干，例應並書。又捐輸各紳民姓名，亦不可以或沒也，則泐諸碑陰云。

道光十七年二月。

（文見光緒《靈寶縣志》卷七《藝文志》。王興亞）

夸父峪碑記

【額題】皇清

　　閺鄉縣治東南三十里，有山曰夸父。余弟注東曾為賦陳其盛，今予又作記，何也？癸亥冬，鄉人謀欲峪內豎碑，屬余作文以記之。余謂環閺皆山也，何獨夸父是記？眾曰："夸父雖□山秖端當志者□在崇祀典，考實錄，息爭訟。"其崇祀典奈何？曰："神道之設為庇民也，凡能出雲降雨有庇民生者皆祀之。此山之神鎮佑一方，民咸受其福，理合血食，茲故土八社士庶人等，每歲享祀，周而復始，昭其崇也。"其考實錄奈何？曰："東海之濱有夸父其人者，疾行善走，知太陽之出，不知其入，爰策杖追日至此山下，渴而死。山因以名焉。然非余之臆說也。嘗考《山海》、《廣輿》諸書，記載甚詳，其軼亦時時見於他說。今欲勒石以記，不得不循名核實也。"至所謂息爭訟，此有說乎？曰："有。蓋夸父與荊山並得閺邑，則山為民山審矣。奈糧寨屯、夸父營，有強梁之徒劉姓者，並不謀及里社人等，盜開山地，視為□□可居，假捏文券、私相買賣，霸佔不舍，與八社人等爭訟。乾隆五十九年，邑令李公斷定，山係人民采樵之藪，夸父營不得擅入樵牧開墾，飭令存案，永杜爭端。此石碑記之所，愈不容泯沒者也。"由是觀之，凡此數事所關，匪細詳悉以記之。若夫雲巖崒嵂，石室含岈、遺勝尋跡，以俟後之騷人逸士乘興往來，隨筆所志。余年八旬，強仚㐅有洞天矣。昏耄不克及記。

　　歲進士候選儒學訓導楊向榮薰沐撰。

　　薛家寨、澗底村、賀家嶺、寺上村、伍留村、美王村、西坡村、廟底村，合村公議峪內、臨高寺各有碑記，恐有損傷，今立一座，以志不朽云。

　　邑儒學生員趙彥邦續書。

　　道光十七年葭月，七鄉保張文秀、趙元昌同建。

（碑存靈寶市下廟底村學校教室前簷墻壁上。王興亞）

例授修職郎陰陽學術李公字通今德施碑

【碑陽】

【額題】皇清

例授修職郎陰陽學術李公字通今德施碑

　　千兩黃金十年後

　　四般白玉一圈中

【碑陰】

【額題】義襄樂育[1]

特用知州河南陝州直隸州靈寶縣正堂加六級記錄拾次嚴撰文。

本邑儒學生員潘修身沐手敬書。

芮城縣後學席禎祥沐手敬書。

大清道光拾捌年二月吉日立。

（碑存靈寶市朱陽鎮新店村義學碑樓中間。王興亞）

關帝廟重修碑

【額題】皇清

蓋聞道有升降，而浩氣常帥於天地之間。自古聖賢固莫不然，□漢興來，惟關聖帝君，其威靈為獨著，歷代崇奉，幾遍華夷，且勿具論。余屯舊有帝廟，規模狹小。有生員張士禎□倡首重修。歷數十餘年，其曾孫監生家清與屯中父老，及仲伯祖武□高其垣墉，善隆其棟宇，聖像聿新，禋祀顯赫，益覺麟經大義隱懾人心，勸善懼惡，獲福已至矣。不惟此也，嘉慶初年，賊匪猖獗，剽掠村邑，不可□。余屯以人人殘垣保全無害，已知非明神呵護不及此。有知南溪縣張□□泉，清元侄男也，素好義，惡神之靈，倍防侮。予見村中多善士與之戮力同心，先命其堂侄隸中勸諭本家兄弟子侄，共出艮七百兩，又淨公有艮千餘兩，聚眾鳩工，人心踴躍，不期年，而城隍修飾，永絕外患，此始神話，其□使無異志，務成此不日之功也。古云：禦災捍患，祀典宜崇。即此一端，已堪報永馨香，況扶綱常名教，無寢之福庇，更宜享俎豆於千秋乎。乃丙子、丁丑間，地震者數次，榱桷損折，金碧剝落，瞻拜者咸歎息矣。公舉監生任致敬等好政作計。功未復，恒、榮、致敬三人皆即世。其次□事功不悼勞，若出囊金，兼以募化，增其式廓，閱多落成。蓋不帷軍中老幼詢謀僉同，即远方善士亦莫不汲汲好義，以成不朽之觀也。故並志佈施人姓名於碑陰，以為後起者觀之。

例授文林郎癸酉科拔貢壬午科舉人候選知縣弟子任景孜薰沐拜撰文。

潼關儒學增廣生員弟子張湘薰沐敬拜書丹。

首事人監生任致敬、麻聖曆、張穎中、生員張書貴、監生張恒、鄉飲任景延、庠生蔡登鼇、鄉飲蔡榮、監生張尚中、監生張志霖。

道光十八年歲次戊戌七月穀旦合屯立石。

（碑存靈寶市西閭鄉大字營村原關帝廟中。王興亞）

---

[1] 序文記其事略，字多模糊不清。

祖師諸神廟重修碑記

　　尹莊村，古尹喜地也。村中古城西北域，舊有聖母、祖師並諸神廟宇。所以樹神威而補村脈，由來久矣。據梁記，修廟創于大明萬曆一十七年二月十一日。至太清順治十六年重修，神靈昭昭，有感必應，一方蒙佑良深。舊廟規模，山門內□□祖師居中。殿東有古柏一株。東南□□靈宮殿，南牆外有官地一□□尺。西南真君殿，南牆外系官路。後有聖母殿，東連□□□三官殿。廟宇四圍獨西北無廟。自古聖母廟院東牆舊有轅門一座。聖母廟，俱從祖師殿東出入，古規犁然。厥後，風雨飄搖，廟宇傾覆。是歲，願出資財重修，□□以妥神靈。公議曰，□有田翁名綴，願將伊靠聖母殿西北地十□□七厘二毫九系，西北至路，南至真官殿□村中，以全廟地周圍方正。村人公議，與伊艮四兩以作地價，糧照冊過。又議修廟□勢，古廟照舊補葺。西北新置地勢，創修與東聖母殿、三官殿齊。於是，廟地方正。聖母廟院□牆照舊，轅門重修，因西新修三聖祠西牆門一座，以便出入。規模議就，遂鳩工庀材，募化修理。道光十七年□月初六日丑時興工，本年十月落成。廟宇神像新固，屬邑人虔心趨事，實賴神明默佑良多。斯時也，廟貌壯觀，以補村脈而氣運昌。神明顯赫，尤以保黎民生齒繁。禮云：能禦大災則祀之，德施於民則祀之。在廟諸神官，天掃群魔，除邪術，興人文，保福壽，錫後嗣，皆可禦災統之。凡我族類，罔不思神明奉之，所以立廟以祀，昭神明而永護佑，享於克誠錫無疆，而興嗣歲也。是則廟□□□長綿村人，咸思勒石，欲表繼續古跡，兼事增式，昭茲來許。故援筆書，以志不朽云。

　　邑庠生楊宗晟薰沐謹撰。

　　李成章盥手敬書。

　　首事人[1]

　　住持張敬雲。

　　巽山縣石工陳玉人。

　　大清道光十八年七月□□□□。

（碑存靈寶市尹莊鎮尹莊村村委會大院。王興亞）

孟村中社公議演戲規式

【額題】萬善同歸

　　關帝正賽五月十三日演出，錢遵地畝分派。蟲王正賽六月初六日演出，錢遵地畝分派。火星聖廟正賽九月十五日演出，錢遵地畝一半，人口一半分派。馬王正賽十月初十日演出，

---

[1]　開列姓名字多模糊。

錢遵地收麥騾馬，一騾二馬畝分派。以上四賽演戲，俱不必預定日期，各人戲錢務必于演戲之日送到廟上。

大清道光十八年九月。

（碑存靈寶市北坡頭鄉東孟村溝。王興亞）

重修女郎山三聖母廟碑記

縣令嚴正基

歲戊戌秋，環邑城東西近村久不雨，祈禱備舉，仍不雨。僉稱女郎山之三聖廟祈雨有應。余先期馳至宋曲村齋沐戒，旦雞初唱，秉炬沿山磵前發，迤邐至七里原，小憩，蓋山之麓焉。既而晨光熹微，舍輿而徒攀躋山椒以行，約四五里許，碧峭摩霄，荒榛蔽翳有徑，緣懸崖陡壁間，一綫羊腸，傴僂前却，輿夫曳長絚下導挽以登，從而後者掖之升，踵項相接，行數步，輒氣吁，欲踏趾少駐，始再進，汗淫淫下不止。行走蹩躠，喘息備甚，日晡時，始躋其巔，展禮於廟。距廟不數武，石磶有清泉一泓，瑩然澄碧，納餅泉中，禱益虔，挈餅得水，遂竟日馳歸，越旬而雨。其時民村之在山左右者，甘霖應候，年穀告登，沐神賜尤渥。余以聖母神廟漸圮，近山之尚溝、元紀焦村二寨，並鄉官、楊冲二寨民人，咸前徼神惠，蠲減草豆有差，屬令合力醵貲重葺，並酌定以後修葺年限，俾垂永久。經始于今年季春下澣，至季夏上澣告竣。僉籲余文以記。余因敘次其顛末於右。至神之出處軼事，並余所以祀神弭災之意，已詳著邑城東郭外廟碑中，亦不贅及云。

道光十八年。

（文見光緒《靈寶縣志》卷七《藝文志》。王興亞）

新建靈邑考院碑記

縣令嚴正基

靈邑舊乏試院，有司每值試期，則張幕於廳事之前駢坐，邑童其下局試，地湫而隘，霆霖風霾弗蔽。應試者慄慄卒事。余綰邑符之初，心焉恫之。議建試院為甄英區，以連歲小祲，又籌待罄，會辦裝，實慮民力未紓，屢不果。洎去年夏，麥大熟，廼集邑人士議之。僉曰：可。首捐俸緡為倡，紳氓之急公者咸輸將恐後。於是，相地宏農書院之右，鳩工庀材，經始於仲秋中澣，越季冬上澣告成。會余遷刺鄭州以行，未有以紀其事，今又五閱月矣。謹綴敘創建本末而為之記曰：國家仿古賓興賢能之制，三年大比，命儒臣典試，直省取士如額。登之賢書，以達於禮部。復簡大臣，集諸京師而都試之，拔其尤者，錄如額。天子親策之廷，用京外秩有差。殆與記稱，升諸司徒曰造士，升諸司馬曰進士者，有合焉。其試於州縣，有司則為童子試，校其文藝，而甲乙之。籍而上之郡守，若刺史，又從而加甄覈。學使者，按部而都試之，比年為歲，三年為科，拔其尤者，錄如額，亦籍而上之，禮部始稱弟子員。又即古者命鄉論秀之遺意。蓋童試為士子策名，初桄有司與民相親，遴材尤近，且稔試院之建，實所以優恤邑之成人小子，而相薪於得人為盛。為士子者，庸可以不加勉耶。夫人於齊民之中，而別之為士，皆有家國天下之責者也。作聖之功，自蒙養始，明體達用，為天地立心，為民生立命，以成為位育參贊之功者，亦自成童肇端士子，本家修為廷獻，當先器識而後文藝。

昔晏元獻以童子廷試，嘗稱私習此賦，請試他題。試者覘其為公輔器，中州名臣鉅儒，項背相望。賈太傅舉雒陽秀才，年甫十八。程伊川先生在太學，著《顏子所好何學論》，亦方十八。厥後志事卓卓，推三代以下第一流人物。且靈邑號稱人文淵藪，自漢、唐以逮元、明，難更僕數，即許襄毅一門兼資文武，出將入相，迄今彪炳史冊，著為搢紳美談。士子英年邁往，其於鄉先生之流風遺韻，能勿觀感而興起乎！韓退之有云："諸生業患不能精，無患有司之不明，行患不能成，無患有司之不公。"蓋某也良，某也不良，自其童子就試時，通國已無不耳。而目之士子，亦願自命為何如人所學，為何如事，假令倖而獲選，名實不符，又能勿內赧而滋疚乎。繼今以往，寗樸毋華，寗愿毋肆，勿以躐進自矜，勿以小成自域，所志不求溫飽，以天下為己任。科目之盛，人材之美且茂，固將於童試士子中，樂觀厥成，而古今猶謂人之不相及也，吾不信矣。茲工之成，董其役者，為邑紳茹君洛、荊君鳴岐、孫君彤舟、陳君世勳、劉君世法、閻君震密、張君玉山、楊君清渭，皆昕夕蒞事，不辭勞勩，以有成功。共用工料銀陸千玖百陸拾緡，例得並書。其捐輸各花戶芳名，則分別住居各堡，亦泐諸碑陰，以垂永久云。

道光二十一年。

（文見光緒《靈寶縣志》卷七《藝文志》。王興亞）

下碙路井渠道管理斷結碑 [1]

授靈寶縣正堂加五級紀錄十次嚴：

訊得好陽河自峪口以下，東則欒村、南宋、下碙、路井五村，西渠□□均引水澆灌地畝。□□用水需行十日輪，除欒村、南宋、磨頭、李曲等村，按輪水日□□有管道引水口，下碙輪水一日，路井按照輪水一日，向係一渠行水。好陽河堆積沙石攔水於渠，謂之清口，流經下碙村南分為東、西二渠行水，至下碙村北又合為一渠，再由乾溝流至路井村南歸入□村渠內備用。下碙、路井上游計距清口四里，路井又距下碙八里，計距清口十二里。前於道光十六年三月，因路井村張寶材等控彭本法霸水害命一案，親詣該勘驗，遵照前任十四年原斷，飭令路井村□□□得水，其應派修渠□□並渠地渠課等項，均按行水日期，

---

[1] 標題係補加。

下礓村派任四分之三，路井村派任四分之一，書在合同內，發兩村各執一據完案。至十七年十一月，路井村張福儒等人，又以下礓村李舒錦等違斷□□具控。逾十八年三月□據下礓村杭樹業等，敘前斷未將修理清口斷明，路井村不肯派工，因而用水若情罡訴，當以該村先□來稟遲行攔阻滋訟，嚴行駁斥，傳集一干人復訊，即據張金錫等人稟□令路井認修清口工程，剖息前來據供伊等從中處說，除西渠工段仍照斷按股派工外，□□遇有修理清口工程，若在三十号以內，下礓村不派路井村行工，若在三十号以外的，按五股派工，下礓村行工四日，路井村行工一日等語，因所處尚謂妥協，並提訊下礓、路井案內等均無異詞，當於前立合同內，朱砂添注，經取結完案印據。路井村韓勳等復以清口渠工二項，究應各修各工，以杜後釁翻控。因該村已結復翻，嚴行申飭，惟所陳分修清口兩渠各修各工情節，尚係為消彌後患起見，仍飭原處之張金錫查覆奪疊。據張金錫稟稱，下礓、路井二村各執一辭，難以查清詳復，遂於本年十月批候再勘訊奪。十一月復加勘驗集案再訊，當堂將分修合修利弊向下礓村李舒錦等逐層開導，始猶狡執，繼稱合村公議。候回村公同商定來案稟候復訊。查下礓、路井二村同渠行水，所有清口、西渠兩項工程，原應聯修一氣遵照前案合辦，惟既經涉訟，均有宿案未釋，以後似應各修各工，兩無藉口，庶可永彌後患。緣下礓村東西二渠，各有澆灌入冊地畝，每年種植田禾需用渠水，恐急路井食用之餘，始行灌地，□約節交伏秋及雨澤愆期之時，方需此使用該處，好陽河東西兩岸各村分引河水入渠灌地。向章自春分起至秋分止，按照十日輪水，周而復始。下礓輪水三日，或行路井逢五一日之前，或行在後，抑或行在路井逢五前後之間。統計十日期內，修理清口二三次不等。若置夏令山水暴發，清口旋修旋沖，工程更難核計次數。路井距下礓八里，計抵清口十二里之遙，即使按協修清口，由該村派人夫前往，必在下礓撥夫之後，或下礓人先齊，等候路井人夫不到，則下礓定有閑言，或路井人夫續到，而下礓人夫已散，則路井亦執有辭，始忿爭，繼而糾毆搆訟，均為勢所必至。據下礓村李穗共稱，該村自乾隆末年與李曲村因行渠水興訟，經路井村執據幫同共證，始獲斷定兩村行水日期，以後極為和協，從無派路井修理清口渠之事。□年彼此爭角，該村始以路井應行派工為言。體察前後等控情況，兩村修理清口之工，宜分而不宜合，毫無疑議。至西渠濱臨好陽河岸，現為河水沖塌，修理迄無了期，且後兩村按照四股派工，亦應分段落修，庶不致有後衅，□下礓村李舒錦稟覆到日，飭令兩造另立合同標發，再行取具切結完案，可也。

道光二十一年四月二十一日。

署靈寶縣正堂□，查道光二十年十一月二十八日，嚴前憲堂斷云：察看前後爭控情形，兩村修理清口之工，宜分而不宜合，堂無疑人云。統候下礓村李舒錦等稟復，到日飭令兩造另立合同標發，再行所具切結完案。是堂諭之時，下礓村人並未在側，□雲候李舒錦等稟復，則此尚欲斷未斷之間，惟恐下礓村人，尚略有隱情未達，後因升任卸事未及斷定，卒因李舒錦等赴州呈批縣訊詳。而張寶材等亦續遞呈為控，經本縣復加研訊，查下礓、路井二村共一渠，清口向來自春分始至秋分止，由好陽河引水入渠灌地，東西兩岸五村，按照十日輪水，周而復始。除李曲等四村另有清口輪一、六日外，其下磑、路井共一清口，十日內下磑輪用三日。路井一日以逢五為定，而下磑循環無定，往往下磑用水多行在路井逢五前後之間。是下磑方修清口，水未行畢而路井從中截用，不勞而獲，坐享其成，未免甘苦不均。因此路井人提分修而下磑欲合，尚可稍得幫助。彼此各執一詞，互控不休。查嚴前縣宜分不宜合之說，誠為刀割水清永斷葛藤，但下磑村究竟略有吃虧之處，恐據此斷，仍然翻悔不休，今酌斷二村所共之清口，與其按輪水日各自修理，致下磑村於逢五日路井行水之時。無修之名，有修之實，而路井村人不受修之苦，坐等他人代修之甘，終令兩村爭訟無已，不若斷令下磑一村獨修清口，路井止管逢五日行水，其修補不與相干，著路井村每年自春分起秋分止，共幫修費十二千文，春分之日交六千，秋分之日交六千，不得逾限亦不准預支。至西渠早已斷定照四分之一修補。今更令分定界限，由路井自下而上，從宜修之處量起，以三十四弓為止。立樁為界。倘水過損壞，着路井修補，不與下磑相干。倘此村不修，准彼村稟究，當堂書立合同三紙，下磑、路井各執一紙，余一紙存案備查，永遠為據，以斷葛藤，並取具各結消案。如有翻悔，定行從重究治。合同副刊於後：

　　立合同人，下磑村李舒錦、杜集英、李穰、杭樹紅；路井村張寶材、張福儒、韓勳等。因渠道互控一案，今蒙訊明，下磑村與路井村所共之清口，如有沖壞之處，下磑村撥夫修補，不與路井相干。著路井村每年春分起至秋分止，共幫下磑村錢十二千文，春分之日交六千，秋分之日交六千，不得逾限，不准預支。所有兩渠水過坍塌之處，仍照四分之一修補，路井村自坍塌之處，丈量三十四弓，撥夫修補，餘有坍塌之處，着下磑村修補，不與路井村相干。倘彼此各有坍塌不修，致水渠不通，准執合同稟究。當堂書立合同三紙，標發路井、下磑二村各執一紙，一紙存卷，永遠為據，以斷葛藤。若有翻悔，定行從重究治。

　　李穰、李舒錦、杜集英、杭樹紅、張寶材、張福儒、韓勳。

　　道光二十一年四月二十日。

　　道光二十二年三月初八日勒石，永垂不朽。

（碑存靈寶市大王鎮路井村李成群院內。王興亞）

京控開封府原斷[1]

【額題】皇清

　　特授歸德府通判李第、特授開封知府長臻、督同候補知縣張彥卿、候補通判文奇會審。

　　看得是靈縣民張玉璽京控李穰等攔截水道，屢控不究等情一案。緣張玉璽籍隸靈寶縣，經管路井村渠務。靈邑有好陽河一道，自東南山峪發源西流漸折而北歸入黃河。其

---

[1] 標題係補加。該碑雙面刻鐫。

發源西流之處南岸，河灣、下礠、路井三村及沿河各有村莊，均有好陽河開渠引水灌田食用。河灣村地處上游，下礠村在河灣村之下游，路井村又在下礠村之下游，其水向係各村分日輪用，輪到此村用水之日，各自築埝攔截，用完後將埝扒開放水下注，周而復始，下礠、路井兩村向用東西兩渠之水，下礠村每輪用水三日，路井村逢五用水一日。嘉慶二十二年，西渠上游被水沖塌一段，道光十四年六月間，西渠又被河水沖塌一段，下礠村用價買地另修渠道。路井村民並未幫工。下礠村渠司彭本法等不令路井用水，經路井村民張寶材等呈控，經該前縣李令勘訊，斷令下礠村行工三日，路井村行工一日，渠水仍照舊章輪用。十五年間，路井村民張兆麟等因東渠向來無需修理，指稱該村向在東渠用水，不應幫修西渠工程，在縣翻控。經該前縣嚴令，飭差孟自強協同里書薛貴榮查明，西渠水流暢順，東渠水勢平緩，路井村實在西渠行水。據實稟復。經嚴令詣勘屬實，仍照李令原斷，應派修渠之費及渠地糧艮等項，照用水日期，下礠村攤派三分，路井村攤派一分。向有每年清理渠口之費，其時未經斷及。十七年，路井村民張福儒等不肯幫修渠口，以下礠村民霸水等情赴縣呈控，經張金錫等理處，渠口工程在三十弓以內，不派路井村，三十弓以外，按五股攤派，下礠村攤派四股，路井村攤派一股，即照所處飭遵，路井村民韓勳等欲將清口西渠兩項各修各工，赴縣具呈，又經該縣嚴令勘訊，尚未定斷。二十一年閏三月間，下礠村民李穟等不願各修各工，即赴陝州具控，批飭該署縣柴令差傳訊明，路井村相距渠口路遠，撥夫幫工恐致遲誤。斷令渠口工程歸下礠村獨修，每年路井村幫貼下礠村修費錢十二千文，分作春秋兩季清交。並將西渠分定界限，從坍塌應修之處量起，自下而上以三十四弓為止，令路井村修補與下礠無涉。其餘俱令下礠村修補，與路井村無干，取結完案。二十三年六月間，西渠坍塌過甚，工程浩大，不能修理。李穟、李謙、杭樹仁、杭樹業在河灣村王喜、彭盛林地內開小橫渠一道，橫接東渠引水流入西渠。每逢用水日期，李穟等向王喜等情借橫渠放水。所以水照舊行。張玉璽逢五用水之日，既未向王喜等情借橫渠，埝已無人扒開，以致水不下流。張玉璽心疑係李穟等抗工不修，勾串王喜等攔截水道，又添砌書役薛貴榮、孟自強受賄捏報。先後赴布政司及撫部院衙門具呈，批飭訊詳，經周令標差李法順傳訊。因夏令水大，西渠水已下流，飭令仍照原斷。嗣後如西渠坍塌，一時無力修復，准路井村民借用東渠之水。完工後仍用西渠之水。迨至秋冬水涸，西渠斷流，東渠之水仍不欲下，張玉璽仍疑李穟等攔截，起意京控，寫就呈詞。又因彭盛林患病保釋，疑係李法順不傳，一併添砌詞內赴京，在都察院衙門具控，訊供取結，咨解回豫。蒙委候補縣吳令前往會同代理靈寶縣趙令，勘明渠道，繪圖稟復，提集人卷來省，飭發卑府審辦。遵既會同委員提集研究，各供前情不諱。查下礠、路井兩村，所用好陽河東西兩渠之水，現經委員勘明，東渠中間淤塞，水歸西渠。西渠上游坍塌水已斷流，由小橫渠引水，橫接東渠上游流入西渠。下游由下礠村至關帝廟前東西兩渠舊日合流之處，折流路井村陂池，是現在路井村所用之水。既由東渠引至西渠折流而下，其引水之小橫渠，係在王喜、彭盛林地內，路井村既欲用水，自應向王喜等情借橫渠扒埝瀉放。令既據張玉璽仰允王喜等情願借給，應即斷令准其由橫小渠逢五扒埝用水一日，以全鄰誼。至清理渠口修費，仍照該前縣柴令原斷。路井村民每年幫貼下磑村民錢十二千文，分作春秋兩季清交，其西渠坍塌工段，現在無力修補，將來興修或續有坍塌，依照柴令原斷，分定界限，各自修補，彼此不得推諉。張玉璽因李穟等於應修坍塌之西渠並不修理，輒由王喜等地內橫開一渠，引水入西渠折流而下，初不知向借橫渠扒埝放水，以致水不下流，是其控出有因，並非憑空妄告。至稱伊等賄串書役蒙弊，亦由於懷疑所致，且係空言，並未指實，其人其事，情有可原。惟於該縣斷結後，秋冬水小，西渠水斷流，並不赴縣呈告，輒即京控，實屬越訴。張玉璽應請照越訴律笞五十折責發落，李穟、杭樹仁、杭樹業、王喜、彭盛林訊無攔截水道，里書薛貴榮、皂役孟自強，亦無受賄捏報情事，均無庸議，案已訊結，未到人證，免提省累。再查薛貴榮、孟自強本係牽連，並無應訊重情。杭樹業年近七旬，彭盛林現在患病，均經卑府等於訊明後先行摘釋。除取結附卷外，所有審擬緣由，是否允協，理合具詳，解侯會勘轉等情到司。據此，本兩司審看相同，理合會詳，呈請憲臺監核，移咨都察院查照。

龍飛道光二十五年三月京控開封府原斷。

（碑存靈寶市大王鎮路井村委會院內。王興亞）

重修九天聖母神廟碑

【額題】皇清

粵自盤古初分，天開地辟，聖人即以神道設教，而世古近於荒誕，迨至封神書出，搜記作而神明昭，蓋若有所據義云云。靈邑西上村舊有九天聖母神廟，巍巍乎立焉。九陽數也。乾，陽天，天也。天數一、三、五、七、九，老陽終生少陰，母陰儀也。坤陰，地也。地數二、四、六、八、十，老陰終生少陽，此伏羲大禹周父公，且眾圖則洛，推衍場所以為乾父坤母，有素男素女生六子之說焉。據此，九天聖母曰聖母，親之至也。曰九聖母，尊之至也。其始本諸天地合夫乾陽坤陰，而議以資始資生之義，大且重矣。且考廟所自始，代遠年湮，其創建不知何時，而重修者屢之。歷大明延盛清，碑記存之不一，猗與皇哉！其由來也久，其感戴也深，其累次修造也易易。然匪獨村力所能為也，抑且都村紛紛迄嗣。

道光二十五年歲次己巳丙戌月穀旦。

儒學生員王廷鎬董沐撰。

本村後學董占鼇盥洗書。

石工解世英。

（碑存靈寶市西閆鄉西上村小學。王興亞）

皇清誥授奉政大夫候銓直隸州知州原任
山西太原縣知縣九畹員公墓誌銘

　　余與九畹員公少相匿、長相契，又以課甥輩讀書，館於其家數年，以賓主之誼，相知最深也。於去歲五月間，九畹去世，余往吊焉，不勝老成凋謝之感。今年春二月，次甥裴棠衰絰持狀涕泣來言曰：先君子安厝有日矣。請志諸墓道之石，以光幽泉。且□余與九畹居遊最久，誼不容辭也。按狀：

　　公諱佩蘭，字九畹，號紉庵，系出唐半千公，世以耕讀傳家。高祖武，庠生。曾祖柱，太學生，有文名。祖繼祖，太學生，家益滋豐，善行尤著，以公貴貤贈奉直大夫，祖妣王氏，俱封宜人。公生而岐嶷，氣宇不凡。祖嘗指以示人曰：高明簡重，異日光大吾門者，必是子也。及長，就傅，即嗜學，弱冠入庠，益自勵，顧以數戰棘闈不利，因慨然曰：吾輩幼學，原期壯行，乃功名如此淹滯，何以酬國家養士之報，且何以報高堂祿養之情？遂于道光庚辰，以河之例，援□授浙江金華縣知縣，以親老告遠，改選山西太原縣知縣。太原素號煩劇，人或為公難□。公曰：民之難治，以居官不廉故耳。誠以廉潔自矢，而又以才猷濟之亦何地不宜乎。聞者傾服。甫□任，即冤抑數案，或謀以金酬，公竣拒之，且曰：廉，吾服官之本，不可失也。既乃取奸匪之尤者，憲懲治一二人，而原民無不感悅。義捐廉，創立晉泉書院，俾士子肄業其中，今登科第省□□矣。原故有溺女俗，公憫之。乃於公餘遍為歌謠，以動其心。俗丕變，活者不啻千數。

　　晉水所出，可溉田十餘萬頃。原民以水利構訟，往往積之數年不決。公親度其地，為之分派均攤，另開新渠，多寡適中。且勒為成書，俾永遵守。訟者以息，至建生祠祀焉。鄰邑每有疑獄，上憲必委公研□平，又實多卒至。上控者僉曰：祈得至太原一訊，吾之冤□。故太原公事以他邑尤形煩劇，而公獨處之裕如。時鄰邑有大盜案，血首未獲，交城縣某公欲訟原民為資盜，已縲紲之矣。公□可乃與某質之，且憲前辭色俱□，上憲以公直，釋原民不問。《太原縣誌》修于雍正九年間，牘舛訛殊難憑為信史。公詳加采輯，另勒一書，于賦役水利諸端尤加□考信，原民俱利之。公素好創建，如社稷壇、孤貧院等處，難更僕數。又于公署立之於手錄先儒語錄諸書，貼滿戶牖，取其有得於心者□為一冊，顏之曰"訓俗格言"，即付□梓，遍給鄉村，蓋欲原民知所觀感，亦即以自。甥亦俱于成童之歲入庠食餼。余時珏亭猶羈□無恙也。後珏亭以疾捐館，公哀毀骨立。比其墓也，書志書禮，人悉悅焉。服闋後，復以杜宜人在堂，續請終養。人咸謂公年方屆五旬，將來大任正未可量，詎於意已灰。夏季忽患痞積，及秋始愈。而次甥裴棠亦適於是年獲□。庚子春，公以精神如故，偕次甥入都。四月間，舊患復作，日益加增，抵家後，延醫調治而膏肓固已難為矣。天乎！何奪吾九畹之速乎。

　　公生於乾隆五十三年十二月十七日卯時，卒於道光二十年五月二十六日巳時，享年五十有三。元配屈宜人，余後舅亦即姑丈，處士錫玥公女，余表姊也。繼宜人，即余女弟。子三：長相棠，廩膳生，早卒，娶歲貢生朱公慎孫女處士攀桂公女；次裴棠，乙亥舉人，娶潼邑太學生李公伯瑤女，余甥也，早卒。繼娶華邑翰林院待詔郗公道隆女；懋棠紀業儒，聘華邑潮陽縣知縣楊公砥柱女。女三，長適太學生維運王公長子楨，次、三幼，未字。孫男一，書閣，裴棠娶李出，嗣相棠後。孫女一，相棠出，幼，未字。今于本年二十七日丑時，卜葬於台村西北新塋之次。子山□向。既為之志，且綴以銘曰：

秦山峨峨，湖水潺潺。中有佳氣，都生英賢。唯余九畹，氣宇軒昂。一行作吏，出宰晉原。晉原之俗，□薄以嗇。公一□止，浮澆斯革。風還其淳，民守其則。口碑在道，召社同德。嗣緣辛志，解組還鄉。原民送之，瞻顧彷徨。乃立生祠，俎豆馨香。尚勵也公，外雖莊嚴，內□溫和，與人交，任真無鈎，不事矯飾，以為容悅，而誠意獨懇。至然剛中少容，觸物或弦，急霆震若未易涯。俟不旋踵間，煦如春陽，曾不少留疑為後。各上憲雅重公，悉以公為少年志成，中堂□以事入晉，與人少所許可，獨與公一見如故。又贈所書虎字一軸，亦可知公之為人矣。

余嘗驅東至原道，經介平祁徐諸境，竊聞土人□談官吏賢否，未有不頌公者。以為此原之父母，實一路福星也。在原數年，治行□，上憲方擬交章以薦，而公以玨亭年邁，決計終養，解印綬賦歸來。臨行時，遮道攀轅，扶老攜幼而泣送者，悲歡之聲四五十里不絕。卒與鄰邑紳民以萬人衣傘相贈者有三，公之惠澤及人果何如耶。抵里後，即延余館其家，每於晨昏定省之餘，之塾視甥輩讀書。甥輩如少有進益，便欣然自喜，以期大用。□□明堂如華中已矣，長逝溘然。行路聞之，亦向彼天。紀斯銘用光幽泉，佑啟爾後，億萬斯年。

敕授修職郎明經進士原任直隸□州洛川縣儒學訓導愚弟孫星彩頓首拜□撰。

進士出身欽加知州銜知閿鄉縣事加五級紀錄十次愚弟鄭永修頓首拜書並篆。

男懋棠，承重孫書閣泣血納石。

（銘存靈寶市豫靈鎮焦村員代後人家中。王興亞）

皇清旌表節孝處士敬亭劉公淑配馬孺人墓誌銘

【蓋文】皇清旌表節孝處士敬亭劉公淑配馬孺人墓誌銘蓋

【誌文】皇清旌表節孝處士敬亭劉公淑配馬孺人墓誌銘

處士敬亭劉公之淑配，同邑盤豆鎮馬公瑛之女也。今於丙午之冬以疾終於內寢。其弟博山公以營葬有期，令其嗣子瀛珍乞余，為壙中記。余誼叨戚末，難以不文辭。夫余生晚，未得親見敬亭公，然其器識雄偉，諸先達以大成推許者，余聞之熟矣。按：

孺人與敬亭公結縭不二載，而敬亭公已赴召玉樓。其時翁姑在堂，煢煢無依。孺人不敢以殉身盡節，致虧孝道，固節哀痛，事翁姑惟謹。十九歲孀居，年至六十餘。姑有疾，必親視湯藥，蓋欲以婦職繼天盡子職耳。孺人之心斯亦苦矣。且孀居越四載，二弟廣文博山公生，又五載，三弟庠生乙閣公生。孺人以堂上春秋高，撫兩弟如慈母。故翁姑命呼之曰嫂□。即其處二弟，數十年無嘻高聲。壬寅春，以節孝得家旌表建坊於通衢。聞者見者莫不稱羨。孺人之遇斯亦榮矣。孺人以無出，扶乙閣公之長子省兒為嗣，教養已十齡，而省儿不祿。乃以博山公之長子瀛珍為嗣，視之均無異己出。今瀛珍雖未奮翼鵬程，題名雁塔，而其頭角嶄然，已有食告之氣，他日必能以承其母者答乃父，孺人之志斯亦慰矣。方異邑享遐齡，疊荷寵錫，詎意婺宿之遽沉耶。嗚呼痛哉！孺人卒於道光廿六年臘月初三日申時，距生於乾隆四十年四月十一日寅時，享壽七旬有二。嗣子瀛珍娶楊家灣庠生樹芊張公女，先孺人卒。繼娶南麻莊監生斗望張公女。孫二，撞樓、新禊俱幼。今祔葬於南楞夫塋□□。丁山癸向，庚午庚子分金。爰係系之銘曰：

　　蓉覓拒霜，蕙性耐煙。豈翳伊人，而失所天。爰事翁姑，克循婦則。愛□妯娌，不愆婦德。撫幼弟而恩勤，範諸兒於繩墨。苦節可貞，純孝堪型。芳徽著於戚里兮，吾嗚呼能銘。

　　敕授修職郎薊署歸德府柘城縣儒學教諭愚弟靳皖江頓首拜撰文。

　　例授文林郎丁酉科舉人二等即用教諭姻愚弟楊鐘嶠頓首拜書丹。

　　例授修職郎甲辰科副榜候選儒學教諭姻愚侄周秋九頓首拜篆蓋。

　　道光二十六年十二月上瀚穀旦，孤哀子瀛珍泣血納石。

（存靈寶市陽平鎮閿西村南寨員新法家中。王興亞）

賈村賈峪兩社創修杠樹馱土地尊神廟宇獻殿並戲臺序

　　夫神者人之主宰也；人者神所憑依也。因以知人非神無以指冒昧之途，神非人無以著顯應之跡。若杠樹馱土地尊神者，予甫更齒，而記意報應不爽者也。凡水旱疾疴，有感斯應，人皆樂善施資甚眾。於是，二村諸眾慨然出首，共襄其事。遂修理正殿二間，獻殿三間，戲臺一座，約費金百拾餘兩，歷數年而工始告竣。及落成之日，有馬絫太、張文益乞予為文，所以表神之靈者，即所以彰人之善也。予不辭固陋，援筆而書之曰：職司載物鎮中央，威靈顯赫揚四方。萬古千秋隆祀典，群黎居古頌無疆。

　　盤龍里四甲閆莊村弟子侯建基撰文並書丹。

　　首事人[1]

　　大清道光二十八年假月朔六日，仝社人敬立。

（碑存靈寶市朱陽鎮賈村南嶺土地廟戲臺里。王興亞）

---

[1] 以下字模糊不清。

創修下礸街市房碑記

【碑陽】

【額題】皇清

　　蓋人凡有創建，無論鉅細，皆欲以期示久遠，永垂不朽耳。余路井村在下礸村歷有水渠一道，並有看水人夫聚處地基一方。東、西、南三至路，北至杭廷舉，四至分明，有約可證。久矣荒蕪，恐年久失沒，始終不明，遂於道光十年、十一年，余同村人於此地創修房院一所，內有西房三間，東房三間，又修北房一所，東房後簷一坡，陸續修成，現為市居。前後共費艮一百四十六兩四錢五分，村人按糧齊銀，共出一百三十四兩三錢六分，下餘房賃銀給，今刻片石以誌顛末，庶此舉得以相傳於不朽也夫。至於房院所賃之銀，三村按所出銀數均分，皆無言詞，是為記。謹將首事督工姓名並西村、東村、北村各村出之銀數總錄於左。

　　東村共齊銀一十二兩三錢四分

　　西村共齊銀八十九兩一錢七分

　　北村共齊銀三十三兩八錢三分

　　例授修職郎候選府經理張兆麟遺誌屬孫增生風池書。

　　首事督工人陳自法、張建清、張鉅麟、張通今、張丙申、張彩籌、張種、張玉燭、張兆麟、張成林、張應林、張玉斗、李法榮、張萬程、張中興、張守仁、王今儒、張永保、張書聲、韓韶先、張永敬、張維屏。

　　大清道光二十九年歲次己酉三月戊辰吉日。

（碑存靈寶市大王鎮路井村張潤生院內。王興亞）

皇清待贈太學生帝澤張公（沛）墓誌銘

【蓋文】

皇清國學監生帝澤張公銘蓋

【誌文】

皇清待贈太學生帝澤張公墓誌銘

敕授文林郎癸酉科選拔山西候補知縣署平陸縣事愚表弟何子珏頓首篆蓋。

賜進士出身知四川夾江縣事前湖北丁酉科同考官姻弟許虎拜頓首拜撰文。

誥授朝議大夫貴州普安廳同知歷署大定思州府事即補知府堂叔瀚中書丹。

　　余官居茲土數年矣。客歲孟存，賢甥到署，偶與晤談，詢及親家大人起居安適，稔得生平。賦性慷慨而無芥蒂，立身勤謹而厭浮華。余甚喜其以節儉自奉，福壽可預卜也。未幾而雁信飛來，聞知親家大人已於今歲十月十四日竟捐館舍矣。豈不痛哉！其長嗣君嵩齡齎行述達署，求誌銘。余以末學淺陋艱於文，而臨池悲悼，思欲略舉其梗概，遂不辭。公姓張氏，諱沛，字帝澤，時雨其號也。按公故里關東巨族，世居楊家灣屯。帝澤公者，一鄉善士也。公忠厚傳家，廉明垂史。自曾祖以來，累世以名宦著。先考精軒公，曾歷任四川富順分縣，在縣多隱德，川民利賴，咸頌為清白吏。堂叔蘭沚公，丁丑會進士，為刑部侍郎，曾歷閱雲南、山東撫院，歿加振威將軍。雲波兄，現署鼇屋縣教諭，即公胞兄也。公兄弟五人：季弟出嗣胞伯，四弟出嗣胞叔，五弟幼，公撫字數年，兄弟皆賞其經理。公有三子，又復天資挺秀，保家之主也。公幼讀書時，精軒公每歲為延名師教誨。公才穎異，奉能上達，因家事紛紜，終未克成名，以遂父志。不得已援例入成均。人或以是為公惜，而吾喜公能安命，思敦勤教子，勸學訓農，兢兢惟古訓是式。若公行誼，其有高人風乎？觀其在家庭也，篤誠濟以明允，平心和氣，能無疾言遽色之態。而其在鄉黨也，精明本於渾厚，排難解紛，可杜凌競爭勝之風。其遞為舉之，而無忝於出入者，可不謂賢與？不第此也，每務間時，喜讀醫書，於眼科獨得精要。遇公治，輒觸手回春，感德者指不勝屈。至於出貲財，便施與，區區有無相通之誼，猶其餘焉者矣。夫人有一二盛德，猶足勒鐘鼎、銘金石，況公高行磊落若此者乎！

公生於乾隆五十九年九月二十九日午時，享年五旬有三。元配周氏，閿邑監生成章公次女；繼配李氏，靈邑庠生含英公長女。生三子、一女，娶配俱係靈邑。長嵩齡，娶劉氏，布政司經歷彩章公女；繼娶楊氏，業儒文明公女。次彭齡，娶余女，生女未聘；子興旺，幼。三夢齡，娶何氏，營千總玉秀公女，生二女，幼。女，適余二堂兄署孟縣教諭虎俊子可時，今於己酉年菊月十二日午時，卜葬於村南牌路新塋，安厝艮山坤向，禮也。爰係之銘曰：

金昆玉季兮孝友兼全，桂子蘭孫兮嘉名永傳。承先啟後兮榮光里史，身安窀穸兮於萬斯年。

男嵩齡、彭齡、夢齡，孫興旺泣血納石。

道光二十九年歲次己酉九月十二日穀旦。

（誌存靈寶市博物館。李秀萍）

重修石坡原土地神廟新坡路記

虢之南有原名石坡者，通盧、雒，往來行人纏續不絕。其石巉岩，其路崎嶇，殆羊腸小道耳。往者多苦之。聞其形勢而不解。石破之上，創建土地神廟，儼然千谷開張，精華結聚也。前人以石名坡者有以也。夫世遠年淹，重修者凡幾，今田、周、陳諸君等見廟事凋殘，路途崩裂，不惜財力，共襄其事。巉岩者，擊之；崎嶇者，闊之。雖外坦途已易於羊腸之口。而一昌而合，四方之助貲者有不少，廟宇亦因之煥然一新焉。於三月二十七日起工，於七月朔十日告竣。

許鋆撰文。

陳規書丹。

楊興元刻石。

道光三十年。

（碑存靈寶市五畝鄉烏頭凹村西石山峰上。王興亞）

復詳看

【額題】百代流芳

　　復將原詳人卷札發該府，遵照研究妥斷去後，茲據開封府長守稟稱：前奉委審靈寶縣民張玉璽京控李穆等攔截水道一案，當既會督委員提集兩造研訊，各供渠水情形與吳令等所勘無異，因查現在路井村所用之水，既由東渠引至西渠折流而下，其引水之小橫渠，係在王喜、彭盛林地內，路井村用水自應向王喜等情借扒埝瀉放，今張玉璽已仰允王喜等情願借給，當即斷令准其由小橫渠逢五扒埝用水一日，以全鄰誼。旋據張玉璽赴院翻控，復提兩造查訊。據張玉璽供稱，原斷本已輸服，因恐王喜等日後不肯借渠行水，是以赴院具訴。並據王喜供稱，既奉斷定，日後不敢翻悔各等語，隨飭兩造，另具切結，詳解在案。茲奉前因遵既提案復訊，據張玉璽、王喜僉供以後遵斷，借渠放水，永無翻悔，只求解審等語。卑府復查下礎、路井兩村，向用好陽河東西渠之水。現在東渠中間淤塞，西渠上游坍塌，該村民一時無力修復，是以借王喜等地內橫開一渠，引水入西渠折流而下，現在張玉璽已向王喜等央允，情願借給橫渠扒埝放水，永無翻異。應請仍照前詳報結。所有復審緣由，理合察請核轉等情，前來本兩司提集審看相同，除另行具詳外，所有飭府復訊緣由理合附詳呈復憲臺監核。

　　巡撫部院鄂批：本司會同按察司會詳，請咨靈寶縣民張玉璽京控李穆等攔截水道一案，詳由蒙批，如詳飭遵，仰候咨復。都察院查照繳，同日又蒙巡撫部院鄂批，本司會同按察司會詳，訊張玉璽翻控緣由，蒙批，已據政詳核咨矣。仰即知照繳各等因。蒙此，除移行外，合行抄看札飭刊該縣即便辦理，發回卷宗即查收具報、毋違。

　　賜進士出身特授戶部山東清吏司主事李鏡江書丹。

　　本庄處士張墨池校字。

　　道光二十五年四月在省復斷案。

　　首事人張開元、張一魁、韓奉先、生員張玉振、張維盈、張維顯、張成林、張致業、張玉質、張書聲、張同寅。

　　咸豐元年四月吉日刻石。

（碑存靈寶市大王鎮路井村村委會院內。王興亞）

重建山神廟碑記

邑令錢文偉

洪惟聖天子光被萬寓，懷柔百神，海澨山陬，罔弗翊戴。皇靈以奠，乂我烝黎，矗乎尚已。靈城之東皋五龍溝，舊有山神廟，不知起何時。或曰神即晉從亡臣介子推。然考春秋時疆域，茲為虢地，後并於晉。其於焚山招隱緜田，旌善之故壤，遠不相及。好事者附會之說，無俟深求也。《小戴記》曰："山林川谷邱陵，能出雲，為風雨，見怪物，皆曰神。"又曰："凡有功德於民，則祀之。"靈邑東瞰砥柱，北臨巨河，西枕函關，南延商雒，山川盤鬱之氣，精英湊聚而靈祇出焉。自新斯廟以來，民無疵癘，物無夭札，風雨以時，年穀順成，則神之佑庇我民，視夫叢祠袄廟作威福以震厲一方者，大不侔矣。邑之人崇而奉之，固其宜也。又奚必指為某某，蹈宋道君之弇陋哉。工創於某年月日，落成於某年月日，捐貲者若而人，督工者若而人，另泐貞珉。是為記。

咸豐元年。

（文見光緒《靈寶縣志》卷七《藝文志》。王興亞）

亢氏分門別譜碑序

【額題】萬古遺宗

從來家有宗族，猶水有分脈，木有分枝。雖遠近異勢，疏密異形，要其本源，則一本之為重昭昭矣。余族亢氏，其老籍系西韓城高門里人。元末賦重，不堪其苦，余始祖諱君美者，率其子四，擇里而遷居靈邑治東五里鄭公鄉。長諱重德，則分為東門；次諱重賢，則分為南門；三諱重玉，則分為大王村門；四諱重燕，則分為西門。俱葬于蛇嶺山南祖塋。厥後生齒漸加，胤嗣日眾，螽斯衍慶，振振繩繩，因名亢家營村。自明末賊寇流毒，合族宗譜多經火焚。其間可以代敘者僅有一二支。余自二世祖後，遂致祖諱之失傳者，約有五六世。迄主我長門九世太高祖三寧等、次門九世太高祖自聯等、三門一世太高祖明儀等、四門九世太高祖三才等，猶幸各支小像所書名諱可征。高會祖父之諱輩，余尚能歷敘清晰焉。恐世遠年湮，沿訂諸譜牒猶懼失墜，何若列諸碑碣，永傳不朽。因而，謀諸父兄，咸欣然喜曰：前車者後車之鑒，先事者後事之肇。既有此志，誠孝思也，爾其圖之。於是，樹碑四統，各門各支名諱若何，支派若何，子子孫孫一一整理。鳩工勒石，豎之祠堂。非以彰其人之庶正，以重其本之固也。後之子孫有復起而纘理之者，庶世世之派，脈絡分明，不致茫昧也夫。是為序。

太清咸豐二年歲次壬子花月癸卯望五日丙申合族立。

（碑存靈寶市大王鎮南營村亢家祠堂。王興亞）

閿山書院碑記[1]

【碑陽】

【額題】皇清

　　閿山書院制昉於道光五年，工竣於道光十二年。落成，邑尊鄭顏其額曰"樂山堂"，取仁者樂山之示風獎也。癸丑春，諸董事為述其緣起，並持邑尊趙，道光五年諭：設立義學，育養人材，最為善舉。飭將峪內山地、禾果租所入，納於書院一半。呂，道光十二年，買黃姓莊基一座，東至崖，西至溝心，南至李姓，北至黃宅。諭著築院宇，俾士子讀書棲身有所。鄭，道光十八年諭著峪內山地課租六分，作為延師課讀經費。李，道光二十六年，因遺糧斷入董社村麓，勸渠濠地四畝八分九厘，認封糧三斗四升七合六勺。諸公堂批，乞余為文，以示垂遠。余考學校之興，昉於炎漢，書院之設盛於趙宋。而斯舉也，尤地方之善舉而文教之權輿乎。仿入宮之一畝，藉以庇身。輸山租之六分，俾資修脯。□仍待啟，均被明道之風，儒不妨寒，亦立伊川之雪，此吳桂芳之講學龍崗，後先接踵，而李刺史之置田，□此同心也。而尤傍山得廈峰，高則文筆排空，引水當門泉，溜則□源振響。南則雲橫秦嶺，韓昌黎之師範堪追。北則風溯方庠，楊伯起之薪傳可接舉。試善矣，境復佳哉。嗣後，綱盡收珊硯鐵夏屋之安，一窟杜枝樺卜秋香之摘。則從此芳蘭競體，共躋賢關。且不徒深柳讀書，可稱閿里也。爰操管用贅蕪詞，以應董事之請，且以彰諸賢侯崇教化民之至意也。是為記。

　　邑辛亥恩科舉人翰閣張石渠頓首拜撰文。

　　邑儒學生員岐山薛起鳳頓首書。

　　閿峪口合村，並首事人農官賈一清、醫官李九標、壽官孫海林仝。

　　鐵筆匠楊士俊敬刊。

　　龍飛咸豐三年歲次昭陽赤奮若秋室相下弦穀旦。

（碑存靈寶市豫靈鎮閿峪村。王興亞）

皇清邑佾生厚居何公（祖培）墓誌銘

【誌文】

皇清邑佾生厚居何公墓誌銘

敕授修職郎歷署紫陽永壽縣訓導鰲屋縣教諭表兄張湘撰文。

邑儒學增廣生員胞兄祖植書丹。

---

[1] 該碑碑陰面和碑陽分兩次刊刻。碑陰面為道光十一年；碑陽為咸豐三年。

公何氏，靈邑望族，前署河內、郾城、淅川、南陽教諭，懷慶、湯陰、祥符、輝縣訓導源洛公次子，余之生母姪也。諱祖培，字厚居，雲峯其號。賦性聰慧，成童即有幹才，源洛公極愛憐之。教以孝弟，督以詩書，俾爲一鄉完人。其於梓里宗族，恂恂謹飭，頗有禮讓可觀。及長，源洛公司鐸豫省。祖培胞兄祖植經理家務，祖培以愛兄之意有事服勞，不敢稍懈。迨源洛公易簀時，與祖培兄弟另列門户，祖培內篤親親，外克長長，《詩》謂兄弟既翕，和樂且耽者，其庶幾歟？而且輕財好義，有馬借乘，不欲勿施，視人猶己，故厥母張氏在堂，幸其付托有人已，可高枕無憂也。何意天不假年，中道而逝，非天奪祖培之速，亦余舅氏遭家不造以及此憂耳。猶幸所生三子，雖年僅孩童，而春秋是賴，萱堂之奉養裕如，異日尚足自待，是則祖培所萬不甘心或萬一可安於九泉云爾。

祖培生於嘉慶二十一年十一月十一日亥時，卒於咸豐三年七月初七日子時，得年三旬有八。元配張氏，同邑候選縣丞檁公女。妾室王氏。子三：長名恂，張氏出；次名慄，三名悦，王氏出。女一，張氏出。俱幼。今卜本年正月二十二日巳時，葬村東新塋，丙山壬向安厝，辛巳辛亥分金。余於祖培爲中表兄弟，故謹次其行，略爲之誌，而爰係以銘。銘曰：

秦山之麓，河水之濱；鍾靈鬱結，篤生善人。上承庭訓，外睦比鄰；中年即世，忽作天寶。卜築佳城，富貴長春；克昌厥後，福禄並臻。

男恂、慄、悦泣血納石。

咸豐四年歲次甲寅陬月下浣穀旦。

（誌存靈寶市博物館。李秀萍）

欽賜壽官鐘靈郭公墓碑

【額題】皇清

欽賜壽官鐘靈郭公墓碑

公世居閺邑蘇溪屯，諱毓秀，字鐘靈，先君九王公之子也。少以家故，未遑肆詩書業，而其經理家事，則有百不一得者。稼穡勤勞，常佩無逸之訓；在桑親理，時歌豳風之章。視出入爲作息，每無總而無怠，而無荒。處世不羨浮華，自奉必須節儉。一粥一飯，當思來之不易；半絲半縷，恒念物力維艱。以故家道日盛，積儲益多，一時稱富厚焉。夫公家號素豐，富不持其富，且賦性純良，立心誠篤，志氣清潔，不受塵埃之侵，品誼端莊，足增鄉邑之色。談時論事，誠志和而音雅。恤孤憐貧，每慷慨以樂施。耆英者聞於鄉間，堪赴洛陽市之會。□德高超乎當世，不亞商山之翁。至矣哉！公之德，誠世所不多再現者也。則公之榮受國恩與夫公子之例貢成均，此皆公之陰德有以致之也。他日蘭孫盈庭，龍章寵錫，不可預爲公卜也哉。於是，爰勒諸石，以志不朽。

丁山癸向，丑丁未分金。

邑庠生愚世晚生錫三頓首拜撰文。

例授文林郎乙卯科舉人史郭候銓知縣愚表孫郭炳南頓首拜書丹。

孤子鳳鳴、鳳昌率孫鋼兒泣血立石。

時咸豐伍年歲次乙卯嘉平吉日。

（碑存靈寶市豫靈鎮上屯村下屯土場。王興亞）

分劈碑

【額題】垂志不朽

竊思朱陽里九甲，地闊寬廣，村莊散緩，又兼嶺峻之涂，羊腸鳥跡之道。每逢一切公事，緩則易辦，急則難理，非一鄉地所能周遍也。至咸豐五年六月間，合甲咸集議，恐誤公事。逢首事人王登正、李文科、王廉清等同鄉地張盛有，里差蘇連昌稟縣，俱願將一甲分為三劈，任報鄉地，各辦各事。每劈各執合同一紙，永為定式。第恐世遠年湮，人心不古，倘有斜[邪]說之流，橫議之輩，從中顛倒，別生異事。刊之於碑，以不朽云。合同規式，開列於後：

立寫合同人，前後三劈，因甲分遠近，每年報鄉地一人，往往誤事，因同里差蘇連昌稟官，前後分為三劈，每年報鄉地三人，以辦公事。前劈楊家嶺、毛家寺、西坡至，共糧五斗三升，前劈鄉長所管。後劈□前至吉家坡、茂家坡共糧一斗七升正，屬後□劈鄉長管。後西劈北至宋家溝，共料三斗正，屬後西劈鄉長管。當日俱無言詞，情願各管各劈。但恐人心難憑，或有從中籍端生事之人，因寫合同，三劈各執一張，日後縱有生事之人，合同存記。

前後三劈共議。接官應照，雖糧尊攤，永無言此。

大清咸豐六年三月初七日吉日立石。

石匠馬建泉。

（碑存靈寶市朱陽鎮新店街南頭路東土地廟。王興亞）

重修火星廟獻殿碑

嘗思神非人無以崇享祀，人非神無以獲扶助之恩，則□神之為德大矣。載況□□尤威振當時，而為人之所不可不敬者也。留村南蓮花峰上，舊有火星廟，伯王廟。廟前各有獻殿，以及龍王廟、碑樓、鐘樓、鼓樓，未知創造何年。聿有碑記可考，志於嘉靖十七年，重修至今，亦幾百餘歲矣。年湮代遠，不勝風雨之漂搖，日更月易，幾被霜雪而毀傷，棟宇汲乎為之傾覆，垣牆汲乎為之敗壞堪坪。今入廟拈香者無不為之心感而心傷，是以合社耆老集中商議，以爲補葺之謀，衆人無不爲之悅從。但社困人乏，無以爲修理□資。將本廟於咸豐四年狂風折落之柏樹價艮八十一兩，又將元壽寺地租艮五十四兩，與樓板艮四兩五錢，共成一百三十九兩有零，以為興工之舉者□。猶恐不足，因按戶行功，□相餽食，庶可以無慮焉。遂於丁巳年五月二十八日動工，同心協力，日日爲之經營，趨事赴功，一一為之整飾。未幾，而十月初八日告成。規模□仍乎其舊制，氣象為之煥然一新，□非神靈默佑於其間，而何以成之不啻終日乎！自今以後，巍乎煥乎，神得籍以壯威靈；以妥以佑，人得籍以崇享祀。功成告竣，神人胥悅，謹將□□始終略為述之，以志於不朽云。

　　邱□元撰文。

　　馬獻瑞書丹。

　　時大清咸豐七年十一月初十日立。

（碑存靈寶市尹庄鎮留村火星娘娘廟。王興亞）

重修五峰山碑記

　　靈邑朱陽秦村北原五峰山，自明萬曆年間創建玄帝大廟，所以護庇此地民人者於今已代有年矣。但歲月日久，有新不能無舊，創建尤賴重修。此廟自本朝乾隆年間信士等重修一次，兼之鑄爐造鐘，亦誠好善之人傑也。然迄今二百餘年，風雨飄搖，鳥鼠藏聚，致使廟宇傾覆，神像敗露。有心者見之，無不切齒而痛心。幸本信士楊進基等，慨今之不復于古也，聚而與村眾謀之。村眾翕然有同心焉。於是，各出貲財倡之於先，有賴鄰村君子佈施繼之於後。同治四年七月起工，五年三月告竣。廟貌豎立巍然，神像即之煥然。不可謂善繼志善述事者乎！但不刻諸片石，何以承以往，何以勉將來？其村信士爰求作文以記之。余不敏，不敢應，亦不敢辭。但就廟之伊始與人之所以承後者，歷而志之焉。則神之靈爽，為吾人之式憑者，不益彰明而較著也哉。

　　咸豐己未刻。

　　新店附生任懋寅撰。

　　本邑儒童王夢熊書丹。

（碑存靈寶市朱陽鎮蒲陣溝村北五峰坡護法廟。王興亞）

修理村寨碑記

【碑陽】

　　國承平二百餘年，民不見寇。至道光末年，粵匪倡亂，而捻匪繼之。十餘年間，蹂躪□半天下。而河洛以西，晏然如前，以故鄉愚民語以團練築寨之事，則莫不視為迂圖，甚為多事矣。同治建元之春，寇氛漸近，時先君在籍，謂鄉人曰：事急矣，修寨柵，制槍炮，不可須臾緩矣。而富者惜財如命，莫之聽也。貧者曰：我兩肩荷一家，何處不可以啖飯，亦莫之聽也。遷延至五月初旬,而賊從關中逸出,附近村民罔知,所不得已,皇登寨,而牆垣未固,器械不周,難以捍禦。又懼觸賊之怒,為禍愈烈也,皆縮頸束手,任賊攀躍。於是,三兩日間,而孟村、沙坡、佛瑤灣、梨園莊及東路各寨均為賊蹈。於是,財物被擄虜全部焚焉,騾牛羊被擄,婦女被污,其懼污者,則懸梁投井,不可數計也。少壯男丁盡被裹脇。稍[1]

【碑陰】

老爺神會

馬、王、老會,三會抬炮一根。

財神老會

聖母神會抬炮一根。娘娘神會抬炮一根。馬王神會抬炮一根。薛合族錢二千三百文,外制三將軍一根。趙合族錢六百四十文,計制抬炮二根。趙四門抬炮一根。薛書常抬炮錢廿六串三百文,外制二將軍一根,過山鳥一根。

以上共槍炮開列於後,共收錢二百一十串零。令三大將軍、二將軍、三將軍、過山鳥、抬炮一十二根,手炮五根。

同治元年。

(碑存靈寶市北函谷關鎮孟村東孟村寨中。王興亞)

修葺北馬泉頭村廟宇碑

【額題】皇清碑記

廟曰觀梁記,時崇禎八年創修,迄今二百有餘歲矣。歷世相傳,凡有祈禱,無不靈應如響。且相□□已以久,檐楹四壁塵土如積。小寨人共惻心焉。究亦難遽修葺而更新之也修爾。同治元年夏五月,有賊寇,邦人大恐,男女老少以及鄰村有繈褓其子而來者,有擔肩挑擔而來者,有披星戴月而來者,變臉失色,匍匐涕泣,上小寨避賊逃命,被沙坡村寨子以失,而合寨人慌矣。況賊營扎□□□□村邊,馬北來過界,數武之隔,而賊終莫之至。此中有默佑焉,非人之所能為也。平安酬神,演戲獻羊,□神人胥悅矣。不意秋八月,賊匪扰攘,□□□□慌,赴寨逃命者有甚於前之夏五月也。二十二日,而賊寇至,如雷如雨,寨下扎營,見壯者□之,代艮兩者奪之,不受者殺之。放火燒屋,搜金□□寇矣哉。守寨者見之而色變,婦女聞之而寒心,執事者心煩意亂,寨主人提心跳膽。余亦已束手無策,虔心拜跪,同寨主與執事者祈禱於□神曰:□□寨無失,即演戲獻羊,翻修廟宇,以輝煌其金身。次日,果應其禱。五日起營,七日倒回數里,至三聖灣而止。南鄉里人無數,而此地不再。九日,直□□南,避難者平安各歸,即演戲獻羊酬神還愿,而翻修廟宇

---

[1] 以下字模糊不清。

之言，寨主置之高擱。忽二年五月中，暴雨烈風，廟宇西磚牆外面劫去一劈，□□觸溅汗沾交，向合寨人而歎曰："賊之驚，人頭可畏也。神之驚，人莫能測也。"小寨即出守事之人，會約在廟，願執事者，鳩合村中上寨人等□□村，上寨者各出艮兩，玉成其事，不期而聚金百餘。小寨人莫不踴躍前趨，欲斯事之速成，朔經營伊始同治五年春也。方攀石而運木，遂鳩工而庀材。經營數日，孰意工將竣，聞有賊，而人又慌矣。九月終，突如其來。赴寨逃命者較元年又甚焉。余也投明問信，抽籤許願、似有賊無妨，下特□□□□靖耳。聞賊之忽近而忽遠，莫知其底。避難者忽上而忽下，未敢遽歸。直至臘月初，賊去。酬神演戲獻羊，人心始安矣。事後追踪，罔有越神□□□范者，關聖帝之英靈昭昭也。是知人以神為主，神得地而靈。神所憑依，惟其廟矣。廟宇之不整，烏乎可！人因賊而常慌，二不□□□弛，不日廟貌煥然，神像巍峨。此雖眾善玉成，實乃神靈感致。六年告竣，乞余作序。余不辭固陋，謹志其事於石，以昭神佑。雲□□□□□土煙。

蔚林沐手敬書，施艮壹兩。

訓科彭元愷沐浴謹撰，施艮伍錢。

首事人登仕郎張金彩施艮壹兩伍錢，邵志中施艮陸兩，彭修基施艮壹兩，邵清泰施艮貳兩。

曹克猷刻石。

同治六年立置。

龍飛同治六年仲夏吉旦合寨人仝立。

（碑存靈寶市川口鄉北馬泉村小寨子中。王興亞）

新城寨村奉公刊刻草豆碑記

【額題】永歸和睦

　　囊飭理弊云：驛馬草豆，必須出境採買，以便時價，迨其後完納，盡歸閭里。獨散包封西留村白家崖社與原上新城寨白家寨本屬一寨，共完驛草一千斤，驛豆一石。分為兩劈。白家崖獨佔一劈，分驛草五百斤。原上分草二百八十斤，白寨分草二百二十斤，兩寨共占一劈。歷年已久，毫不紊亂。行之同治年間，村霸白廣西連年鑽充鄉地，指公漁利，欺余原上兩寨劈小人弱，每遇交收，莫不是派吞肥。後兩寨將草豆親自赴縣完納。同眾公議，每年所有包封艮兩，許鄉地領受。又有陳家溝數戶草豆，許鄉地徵收。至於一切雜差，不許與眾花戶攤派。迄今反來挾嫌累控，無所底止。七年二月間，杜老爺諭斷令：嗣後該村應完糧草，仍遵照舊章完納，不得與眾花戶多派。如查出與眾花戶多派情事，定行重處不貸。存案以後，恐又有如白廣西藉公要派混控者，於是，兩寨公議，謹遵照堂訓。勒石以志，彌従後患。

　　同治七年二月。

（碑存靈寶市函谷關鎮馬家寨村薛世星家中。王興亞）

皇清敕封安人張母何安人墓誌銘蓋

【蓋文】

皇清敕封安人張母何安人墓誌銘

源洛再拜。

同治七年桂月念一日遷此，立艮山坤向。

（誌蓋存靈寶市文物保護管理所。李秀萍）

捐復靈寶書院義學及鄉會試經費記

邑令周淦

靈邑宏農書院，刱自國初前令江公，後經歷任籌捐，又置義學十四處。凡與賓興者，膏秣皆有資，其經費生息銀至一萬四千兩有奇。以故士習文風，蒸蒸日上，童試嘗千餘人，登甲乙榜者踵相接至。其風俗龐，人情樸質，尤於豫西諸邑中稱最，則學校之化遠也。同治初，粵逆擾竄，是邦當西路衝，一時供支籌禦需用浩繁，竟將前項生息本銀提用，弗克歸。三事坐廢，士氣滋不振，即中鄉試者亦數科無人焉。予於庚午春，宰是邑，觀風之次，生徒廖廖，詢其故，心憂之。即議興復，而以兵差絡繹未遑也。至次年，差漸減。歲復大熟，爰集紳耆議。僉謂民困甫蘇，驟捐原款，力弗逮。現在辦差設局已歷多年，不如合計每年需費若干，即由差局催辦，勢順易行，予韙之。乃定本年由差局捐銀一千兩，以八百兩充書院師徒束脩膏火資，以二百兩合從前廢餘課租復義學十一處，即以同治十一年為始，釐定規定，認真訓課，行之期年，向學頗衆，書院請業者屨滿。義學設未遍，向隅者多，於是，復捐貲添建書院齋房十一間，又由差局每年再捐艮二百兩，連前共置義學十九處，其章程大略，書院則山長束脩銀一百兩，火食一百二十兩，由闔邑公舉品學兼優者官司之。每月官課一次，齋課兩次。官課每次膏火銀二十四兩，齋課每次獎賞銀半之。每年二月初二日起，十一月二十二日止。齋長二名，一在書院考定，一由差局公舉，一切銀錢公事，悉以委之義學。則每學束脩銀三十兩，子弟以十六名為率，正月十五開學，十二月十五日停學。其塾師由本學首事公舉，官為諭定。如有事耽延，即倩人代。廢弛學事者易之。倘首事不認真，並將學移之。凡需銀，俱有禮房填給，照票赴局支取。其有用剩銀兩，每年於差局交替時算明呈繳。發交鄉會試首事經理生息，歷年既多，亦成巨款。如此定議，則涓滴歸公，既免侵吞，亦難挪用，且一舉而三事俱次第復焉。議既行，即稟明上憲立案，今將勒石，乃進諸生而告之曰："本縣所以汲汲於此三事者，非徒為爾等獵取科名計也。軍興以來，上失其教，民不興行，風俗淫靡，趨利好訟，甚至父子兄弟不相顧，非世風之大變乎。本縣德薄，不能化民，士為四民首，其各敦品力行，以禮義為鄉人表率，他日得志，必求為朝廷建不朽之業，以光邦家而榮閭里，此本縣志也。若徒有文無行，或恃符唆訟，為害鄉閭，或貪利偷安，虛應故事，則諸父老每年捐資，以豢養爾等者何賴焉。有一於此，人人得而攻之，本縣將拭目而見三事之旋即於廢耳，其能永為爾等庇乎。"諸生瞿然曰："謹受教。"因退而畢書之。

同治十一年。

（文見光緒《靈寶縣志》卷七《藝文志》。王興亞）

修理靈寶縣署記

邑令周淦

衙署，傳舍耳，偶遇坍塌，暫權者曰："吾不過五日京兆也，不暇修。"實任者曰："此終非吾家物也，不必修。"甚者又因以為利，稍作補苴，輒虛報工料，而攤諸後任，名曰修也，實未修。諺曰："官不修署。"其信然歟？若然，則天下尚有衙署乎哉！每嘆士人讀書，他日得志，必將為國家建萬年不朽之業，區區補偏救弊，不足言也。一旦身膺民社，衙署乃其棲身之地，尚聽其敗壞，而熟視若無覩，則風俗之澆漓，與民生之疾苦，能望其關心乎？吾不信也。

衙署之制，大堂前有捲棚，又其前有戒石坊，旁則科房在焉。儀門旁則班房在焉。大門外東西則牌房，前有照壁，所在皆然。而靈邑縣署所建亦如式。大堂後則二堂，餘則各就地勢而布置之。靈邑則二堂兩旁為東西廂，其後則三堂，又其後則四堂、五堂，東則廚房，西則幕館，後枕北城，前臨大街，規模宏整，洵足以壯觀瞻而肅法紀焉。余於同治庚午春宰是役。適前令皆不久於任，僉謂衙署之故。余入署周視，戒石坊甚低小，捲棚毀於風，已三年矣。四堂住院門偏東，頗不中觀，餘房亦舊損無生氣。爰命工改正院門而後入。是年夏，西牌坊被水沖，亟購料建之，即擬立捲棚，以事未果。至次年春，始克立，又將戒石坊高大之，而大堂以外，煥然改觀矣。廚房偏後，堪輿家以為不利，宜移前。乃如言另建。工甫竣，而東廂正房左右三間先後塌。爰就塌者修之，未幾三堂、西廂又塌，則拆而全修。壬申夏，二堂塌，則又全修。秋，五堂又塌，則又修。今年夏，四堂住宅東廂又將塌，則又修。其他隨時修補，不知凡幾。蓋署中房屋不下百餘間。三年來，修者幾半。或勸曰是獨不可少安乎，何自苦為也？余應之曰："余不才，不能為國家建萬年不朽之業，是區區補偏救弊者，而尚不能乎。"或曰既如是，則爾所費不貲矣。即全以攤諸後任，庶幾酬爾苦也。余又曰："余自修吾署，與後任乎何與？安知後任不又有後任所應修者，其又將誰攤也。"嗟夫！使後任皆各修其所應修，即謂此署萬年不朽焉可也。今擬立石以誌，故備書之，以俟後之君子焉。

同治十二年。

（文見光緒《靈寶縣志》卷七《藝文志》。王興亞）

重建邑厲壇記

邑令周淦

天地間果有鬼神乎？視之無形也，聽之無聲也，以為有，吾不敢知也。天地間果無鬼神乎？無形而忽若有形也，無聲而忽若有聲也，以為無，吾亦不敢知也。蓋鬼神者，不有於形與聲，而有於人之心。鬼神本無形，而人心形之，本無聲，而人心聲之，人心以為有，則即不得而無，誠使人人之心皆有一鬼神，而天下治矣。聖人之治天下也，既親親矣，親親而仁民而愛物矣。不幸而親有時終，聖人不忍無其親也。於是，思其衣服，思其飲食，值春露秋霜，則聚而享之於廟焉。而聖人之心，猶未即安也。曰："吾之親可不餒矣。彼天下之窮而無告者，其生也吾得而養之，死後將安所得食？"於是，又招凡無告者之鬼，聚而食之野，而巡之以城隍之神，亦若神與鬼之凜凜，皆在吾前者，此邑厲壇所由設也。然則邑厲壇者，聖人本仁民愛物之心，推之以及於幽冥者也。誠使人人皆各神其神，而鬼其鬼，則養生送死之道，得天下有不治者乎！如此則鬼神不能無，斯壇顧可少哉。靈邑厲壇舊在縣城北，同治初為賊毀。每春秋，城隍神出巡則露處效外，非所以妥神靈也。因與同城官紳謀倡捐重建。地則移北，而基則加高，經始於同治十年十月，至十一年三月工竣，計用銀四百餘兩，規模宏整，頓改舊觀。時正修理泮池，各工未遑計也。今年癸酉冬，各工次第告成，爰追記數語，刻石以垂不朽。襄是役者，縣丞韓君繼宗、司鐸馮君玉堂、司訓楊君燮堂、把總吳君超、典史史君悠玉。首是事者，候選教諭荊梓、候選州同楊樹屏、六品銜邵繼泰、八品銜何致泰、張躋堂、從九品趙鴻書、李久長、把總劉永義、監生趙萬方、張慎行、耆老萬昇長也。例得備書。

同治十二年。

（文見光緒《靈寶縣志》卷七《藝文志》。王興亞）

夫家山景靈臺記

邑令周淦

聳然於靈寶東關，偶一登臨，輒不禁三晉雲山，二陵風雨之感者，夫家山也。玫縣誌，山在縣治西南八十里許。漢時，李氏二女及笄弗嫁，母勸曰：女當有夫家。女指後山曰："此吾夫家也。"後偕其母俱仙，禱雨輒降。山由是名。邑人奔走爭先，道遠恐弗及，因於東關山頂肖三仙像，立廟以祀，並即其名呼焉。凡遇旱必以禱，後有以求子往者，亦罔弗應。《詩》曰："維嶽降神。生甫及申。"其信然歟。既無往不在，復無求不得，甚矣仙之靈也。

余涖靈之三年，歲壬申，偶因子少，一禱果驗，心異之。而廟經兵燹後頹廢，幾不堪矣。先時城守吳君超亦如是得子，因與倡捐，共得一千四百緡，付首事荊梓等督修之。計正殿三楹，捲棚三間，東西廊各一，向後粧樓、前舞臺，暨四圍墻垣，胥令一律完整。舞臺北，尚餘地數弓，爰添築層臺、建復室，其上為宴游所，以癸酉二月興工，越九月蕆事。落成日，都人士相與觴於臺，而請名於余。余乃憑臺觀之，見夫縣城伏於前，雉堞譙樓，瞭如指掌，又有水自西南來，兩山如龜如蛇，挾之入黃，則宏農澗也。黃河之來也，浩浩蕩蕩，勢將撼城，乃折而東，趨衝于波急浪中，帆檣往來，出沒無定，非天險乎。黃與澗之交，忽若城闉湧出，截住西行，驛路所謂函谷關也。尚有騎牛而過者乎。其故宅，猶巋然河上也。極目西望，華峰側面如覆斗，然雨後愈明易一地焉。即不見北則太行中條，由西蜿蜒而東，忽起忽伏，忽坐忽立，忽隱忽見，四時朝暮之景不同，難一覽而盡也。大哉觀乎！吾烏乎名之。僉曰："我公之來也，不作戾於我邦，以教以養，休息我民。我民愛公深，咸樂從公游，今踴躍而為此臺，其視古靈臺奚若？"余瞿然曰："余何修而敢以靈臺比也。今諸君既欲靈此臺，余豈必謂臺之不靈乎，亦竊願景焉云爾。"乃以景靈名焉，將為諸君勉之，庶不為山之靈所竊笑也。今諸君礱石待記，其即以此言書之。

同治十二年十一月。

（文見光緒《靈寶縣志》卷七《藝文志》。王興亞）

重修關帝廟記

邑令周淦

靈寶在周為桃林地，縣西南二里許有關曰函谷。西至潼關百餘里，皆高原，即古桃林塞也。原之上距關不一里，有塚巋然，則夏直臣關龍逢之墓。旁有小塚，土人曰此皇姑墓也。蓋龍逢在夏為國戚，乃不遠嫌避害而直諫以死，致今後世忠直之臣，皆願相從地下，抑獨何歟！後二千餘年，而聖帝出焉。相傳帝實龍逢裔，昔曹操命許褚開函谷之道以運糧，適傷龍逢墓脈，致有麥城之難，此事在史無可考。第以帝之忠於漢，與龍逢之忠於夏，異代同心，如出一脈，理或然也。獨是帝在漢，臣也侯也，由晉而五代，而唐、宋，而元、明，未有異也。乃至我朝，威靈特著，海澨山陬，無不有帝之廟，婦人孺子無不畏帝之靈。凡國家大災大患，無不賴帝之護佑，以幸於無事。而我朝所以尊崇之者，亦竟廟祀之隆至與孔聖埒，其故何哉？今夫世道日下也，人心日橫也，彼亂臣賊子、狂夫悍婦，喻以孔聖之教，冥若罔聞，迨一聞帝之名，則莫不心悸膽落，卻顧而反走。蓋孔聖之道大而難名，而帝之神則靈而難犯。孔聖作《春秋》，誅奸回於既往也。帝之學《春秋》，警邪亂於將來也，非有帝之靈，而孔聖之道將不行，故有帝乃以濟孔聖之窮，此所以並行不悖而廟祀無窮也。若是，則帝之神在天下，猶日月之在天，江河之在地，無往而不在也，豈嘗有私於人哉！乃靈人獨喜曰："吾之鄉，帝之祖墓在，宜帝之呵護獨至也。"故靈人之事帝也亦獨謹。縣城東關外有帝之廟，為地方官春秋致祭之所，獻殿毀於風，已四載，失於修，遇大祀，褻慢殊甚。壬申夏，余既修孔聖廟，乃並捐廉修之。邑之人歡欣從事，不數月而告成。凡正殿、春秋樓、三代祠，皆重加丹臒。明年癸酉，又將樂樓、鐘鼓樓、牆垣、甬道，一切新之。巍然煥然，觀瞻頓肅。是二年，歲亦稔。此可見帝之呵護靈人者至，而靈人之事帝者謹也。雖然，帝無私者也，自今以往，其益孝而親，敬而長，睦而戚，黨信而朋友。庶幾帝之佑之，以永保此平安乎。若猶是不孝不敬，不睦不信，則帝正以祖墓故，恐若輩波累之，必將鑒察而譴責之不遺餘力，其能反為爾寬乎。甲戌秋，工既竣，誠恐邑之人或忘此言也，因紀月日起訖，而並泐於石。

同治十三年秋。

（文見光緒《靈寶縣志》卷七《藝文志》。王興亞）

重修夫家山娘娘廟記

邑令周溎

同治十二年癸酉春，我皇上聖學已成，將親政，詔天下帝王陵寢、先聖先賢祠墓，及廟宇之關祀典者，飭所在地方官一切修治。時余令靈寶三年矣。履仕後，凡文廟、武廟、邑屬壇，皆已次第興修，獨縣之東，有山巍然，曰"夫家山"。山之頂，有廟巍然，曰"娘娘廟"。乃地方官春秋祭祀所必及，朔望行香所必至，而都人士求雨求子所必不遺者。顧猶傾圮蕪穢，竟為無賴子窩藏之所。一日香畢，四顧徘徊，乃不禁慨然曰：有是哉。此無怪靈邑縣運之不振也。夫家山起脈於縣東南之乾山，由乾山蜿蜒北趨，忽折而西，駐於此，下臨縣治，太行屏其北，龜山、蛇山障其南。太華遙拱，黃澗交流，在其襟帶。青烏家以為縣之主山。《詩》曰："泰山巖巖，魯邦所瞻。"靈之有夫家山，其即魯之有泰山歟。靈邑在豫西為鉅邑，本車馬輻輳之區，人文薈萃之地也。在昔唐之楊憑祖，孫明之，許進父子，聲華鳥奕，先後相望。其餘掇巍科，登顯仕者，尚指不勝屈。獨我朝二百年來，風氣日趨日薄，人情好利，士習委靡，求其志趣卓然可為眾人表率者，十無一二，即登甲乙榜者，亦寥寥不過數人。豈山川靈氣亦有時竭乎？何古今人之不相及如此也。查娘娘廟不知始何時，攷縣志，娘娘以祈雨靈應，經前明縣令王田列入常祀，而廟因荊時薦所書榜字，則在萬曆年間，正是邦人文鼎盛之際，由前日之盛，以推今日之衰，則或者即此廟頹廢所致乎。今欲培植人文，而置此廟不修，是何異治河而不疏其源也，不亦悖乎。爰以是意謀於眾，僉以為修之宜。乃先捐錢百緡為倡，同城官紳士庶亦轉相丐集，又復陸續籌畫，共得錢壹千四百五十餘緡，將正殿、享堂、兩廊、粧樓、舞臺，傾者悉起，舊者悉新，四圍悉繚以垣，又添築景靈臺一座，道房三間，而山半龍神祠及山下大門，皆一律修治，崇閎壯麗，煥然一新。自西來者，第見仙山樓閣，矗立雲霄，目炫神悸，直以為滿函關皆紫氣也。他日出其正氣，以篤生賢喆，又散其靈氣，以霖雨蒼生，不惟時和年豐，而人文之蔚起直上，追乎唐與明之盛，則今日興修之力，為功顧不鉅哉！工始於癸酉年三月，訖於甲戌年七月。首事等丐余為記，因書此以付之。至山之得名與仙之顯應，《景靈臺記》已畧言之，此不必贅云。

同治十三年七月。

（文見光緒《靈寶縣志》卷七《藝文志》。王興亞）

合社敘荒年碑

【額題】大清

粵歷代以來，《綱目》書旱多矣，書大旱多矣，至書歲饑人相食，則曠代僅有而鮮，不在本方者，何也？蓋本方地處高亢，利水不利旱。故諺云："年年防旱"。但自明崇禎九年與十四年，山、陝、河南饑，人相食後，距今數百年，未遭其事。聞其說者，或且半信半疑焉。不意光緒三年自五月不雨，以至來歲三月，穀棉未收，半麥未種。斗粟錢五千，畝地艮數分，青年子女甘為僕婢而莫售，黔首丁男願作傭工而無主；茹木葉，食草者，無五穀之氣，莫能延生；賣田宅、鬻妻子，得簞豆之餐，何以續命！于是餓甚者死，而死者俱無完膚，不甚者雖而生者，莫敢獨行。人食人之事，遂無處不有矣。甚之槽頭牲口，人暫離而半已不存，夜坐間，人歸稍遲而屍即莫尋。市井皆劫奪之場，近地難為貿易；驛路即殺越之境，遠方難作生涯。雖同治年間，回紇西亂，長髮東來，傷人莫此為甚也。吾邑素稱富足，曾記三年九月間，人猶九百有奇，至四年六月，僅存二百餘口，絕姓者共計七族，絕戶者約近八十，幸賴方大人賑濟數月，故猶有存焉者耳。否則，餘黎幾無子遺矣。願後人鑒此，預思量入為出，三耕餘一，九耕餘三，慎勿厭勤訛儉，以致凶年不免云爾。

生員周敬範謹撰。

周丕顯、何希朱仝校。

首事人生員周夢令敬書。

龍飛光緒七年八月下浣穀旦。

稷山石工丁濟海鐫石。

（碑存靈寶市西閻鄉漙沱營村委會西牆壁。王興亞）

創修三侯祠記

靈寶虢略鎮北，舊有大清渠一道。渠口由澗東吳家崖起，至墙底村止，渠身長二十里，渠寬七尺，因歲久崩塞，下流無水。陝州牧嚴侯、前邑令俞侯與現任盧侯，以撫憲涂公札飭，興復各處水利，乃親勘利弊，督夫濬疏。嚴侯且捐俸買置渠身，以彌村人爭訟釁端，頒示灌溉日期，革除前日霸水諸弊。先後開並大清、益民，凡三渠，惟大清一渠施功勤，得效溥始終。稟請民衆籌費者，吾友陳維江學海以一身肩之，事蕆，造冊二，錄存渠圖札稟批等文字，請州印一冊，走三原，邀吾復齋先生識數語，陸續屬遠邇諸友各贅說其間，今同衆為三侯創祠渠旁，持冊來徵記。夫樂利遺民雖一端，亦不能忘三侯之所為。固皆惠養者本分，學海之賢勞，亦惻念桑梓，而為其不得不為。第創祠之舉，誠出於閭閻之心之不容已，而適足為當世牧司令長者之勸。昔分寓祠濂溪、鄠上元祠明道、同安祠晦庵皆以簿，祈州祠橫渠以司法參軍，茲數大吏皆以佐僚下吏致民不忘，必其所以遺民之樂利，乃皆為政之全體，而非拘拘於佐貳，莫敢有為之科。三侯也者，將由一端以推及其全，異日致君報國，拯民湯火之中，當不止虢州一渠之俎豆而已。偶憶西門豹令鄴，穿三渠以濟民，民獲其利，後乃毀，令所穿渠為馳道。蓋善作不必善成，善始不必善終。竊願他日勿使成鄴令之三渠，俾三侯之惠永永無替焉。因並及之，後之人尚念茲哉。

嚴侯諱作霖，字茂之，浙江慈溪人。俞侯諱炳，字守之，江南人。盧侯諱佑珊，字幼山，燕山人。

所有官買渠身地畝暨捐地、在事出力姓氏，臚列於後。至撫憲示批、州道告示，後先支費若干，皆載碑陰，俾循名核實，有所稽考云。

官買渠身地畝：南田村共長五百四十五弓九小尺，寬七大尺，合地三畝一分八厘四毫四絲二忽；北田村西社共長二百六十七弓八小尺，寬七大尺，合地一畝五分六厘二毫一絲七忽；北田村東社共長一百五十弓一尺，寬七大尺，合地八分七厘五毫五絲八忽；又續買南田村渠身地畝，共長一百一十七弓八小尺，寬七大尺，合地六分八厘七毫一絲六忽；又買北田村渠身地畝二段四分七厘，一坐落李家堂西，一坐落南巷口，文契俱存縣署，糧由官納。

陳南宅捐渠身地畝：共長一百二十九弓，寬七尺，合地七分五厘二毫五絲，坐落北田村東社界內，契存縣署；糧由官納。

陳維江捐渠身地畝：共長一百八十六弓，寬或二弓或二弓三大尺，合地一畝四分五厘，坐落虢略鎮北吳家灣，有文契四章俱存縣署，糧由官納。

孟民捐渠身地畝：共長五十弓，西寬七弓四尺，中寬二弓，合地一畝，坐落小寨，契存縣署，糧由官納。

華陰生員王守恭撰文。

山右生員喬嶽書丹。

首事陳維江。

和衷生員白名士、廩生劉延梓、許秀亮、監生李逢源、許名卿、蘇林雲，貢生孟民利、劉普治，從九何興邦。工房張克昌、杜子中。

公直監生陳河圖、陳景雲、監生何源海、王子珍、理問陳景星、楊奇文、蘇宗孟、王靖邦、杜瑞祥、貢生陳景泰、任邦直、王修辭、李育賢、李提元。

光緒七年辛巳十二月穀旦。

（文見民國《靈寶縣志》卷三《建設志》。王興亞）

分水碑

　　□水□為利大矣。民之性命藉以生活，國之賦稅賴以供輸，此固不可一世者也。□余村興常居民並小寨村，俱明以來按買賣水香灌田，指十二輪一。雍正八年，陝州道、潼關道大公祖斷案，仍依古規，每日派余等村水香七根，□□四指，十二日一輪，周而復始。余下塢堆頭村派水一日半，上塢堆村派水三日半，共計地十頃三十畝有餘。南麻莊並小寨村派水七日，共計地十四頃四十畝有餘。興坡村共地三十四頃七十餘畝，共合日期一十二日正，每年以地支爲指，自正月初一日，如南馬莊首一日自辰時初刻起，至申時一刻止，溪分水三十八刻四分。閔峪口村自申時正三刻起，亥時末止。姚子頭村自子時起，卯時末止。惟寺莊村為有食用水，□□各有埝口。余村與南麻莊並小寨村片為一埝口，按買賣水香灌田，又有年矣。但恐事遠年湮，妄滋事端，同商議立石，以垂不朽。又將所買南麻莊並小寨村水香文契開列於左：

　　買南麻莊並小寨村□□一日，水香二十三至三個第二日，水香八至八分第三日，水香三十二至三分初四日，水香八指第五日，水香一十九指第六日，水香十指零七分第七日，水香三十指零三分，各有文契存照。

　　縣城內楊鳳彰、太莊村楊保、說合甲七人、姚子頭姚興義、閔峪口孫兆鵬、堡頭馬士選。

　　時大清光緒十一年四月七日壬天理刻字上下村人等。

（碑存靈寶市豫靈鎮上塢頭村學校。王興亞）

河神廟創修碑序

　　【額題】皇清

　　自來廟宇之設，所以妥神亦期神之佑人也。開渠引水，美利均沾。尤河伯所默司焉。李曲村舊有益民渠，源出好水，分中、南、北三道。從峪口東南，引入內外灣，以次灌之越里餘。今從南起，鑿數十丈，水勢漸升朗焉。繚繞周匝，計灌田二十頃零，非前人甚盛舉與。第渠道初開，規條猝未及備。相傳有神指點香，事未免多爭端焉。有明達者出謀，及國學趙公樂□、焦公含善、葛公芳等幾費斟酌，以春秋分為起止。自上及下周而復始，其法自嘉慶年間立。僉曰此諸公力也。然非明神贊助，胡為止今無變更哉。及道光十六年，故洞傾，渠總范公景淹率眾力鑿，不日即成，與靈台之易，將毋同再者。每值歲旱，就濱披沙，虔視□途帶雨者屢誠哉，神乎其神焉。眾欲立廟祀之。青烏家指而告曰：佛殿東有秀氣，附近處多茂林修竹，又有清流激湍映帶左右，建神廟於斯，終焉無滅矣。時馬公克恭、王公鳳翮堅意肇修，爰舉焦公鼎元總理辦事。議用尚書地七分，計價艮捌兩，俾益民渠照數□糧，眾皆欣然。卜吉于光緒九年孟冬吉日，豎正殿三間，擇佳木為楹棟，凝瓦石壯觀，雕刻繪塑，備極精詳，知妥神佑人者在此舉也。向其巔末，自光緒九年十月動工，十一年正月始告竣。共費三道渠官艮三百餘兩有奇。諸公請書其事于石，而余亦謹為之序。

　　范之箴撰文。

　　葛尉春、祈宗午校閱。

　　焦岐題額。

　　焦嵋書丹。

　　朱正離刻石。

　　光緒十一年立。

（碑存靈寶市市區東陽店鎮李曲村學校中。王興亞）

增修土地神廟碑序

【碑陽】

【額題】永志不朽

【碑陰】

【額題】萬善同歸

　　夫廟貌者，萬姓所觀瞻；神聖者，一方之保障。此修補葺不容已也。縣南百餘里，賈村西北地名杠樹宅，溪谿絕佳，舊有土地祠，為里人祈報之地。其神甚靈，有禱必應。但瓦廟微小，風雨飄零，觸目驚心，有不勝其悽愴者。於是，賈村與賈峪村兩社人等共議各出善心，廣祈佈施，重修正殿三間，以復其上。又增立獻殿三楹，閱台一座，以承其祀。移修戲樓一座，戲房兩間，以答其恩。其右尚有隙地，此系賈村關帝廟會地。因創立道院一所，廊房八間，俾僧道悅來可以清潔殿宇，香客投宿聊以遮風塵。於光緒十四年正月吉日興工，越次年八月中秋蕆事。共計費艮一千餘兩。金碧輝煌，煥然一新。以視前之不斲椽，不翦茨，不列牆者，不大改觀也哉。自右此舉，則神獲憑依之所，人蒙永護之恩，可計日而候矣。編為里語，勒諸貞珉，以示後之善繼者。是為序。

　　古驛里三甲稠桑原村文山馬鳳岐頓首拜撰文並書丹。

　　大清光緒十五年歲次己丑八月穀旦敬立。

（碑存靈寶市朱陽鎮賈村南嶺土地廟中。王興亞）

皇清誥封一品夫人薛母雷太夫人墓誌銘

敕授修職郎癸酉科拔貢朝考二等乙亥恩科舉人候選教諭趙克巇撰並書。

　　夫人雷氏，誥授榮祿大夫世香薛公繼室也。世香公，諱書常。由翰林起家，揚歷中外，官江蘇按察使，署江蘇布政使。世居靈寶城南之孟村。曾祖鐘英，祖純德，父一士，俱以公貴封如制。元配邑西關廩生雷聰明長女。生三子。長甫八齡，次、三尚在襁褓，夫人遽歿。公憂諸孤之失撫也，乃續聘聰明公三女。于歸後，抱保提攜，恩勤備至。三子亭亭成立，不知其非所出也。夫人幼嫻姆訓，相夫無違，事舅姑以禮，井臼親操。世香公不以家務累其心，故能篤志下帷，飛黃騰達，內助之力居多焉。長子國仁，兩淮候補鹽大使；次國昌，候補知府；三國磐，鹽運使運同，賞戴花翎。承重孫祖澤、次孫祖瑄。生於道光十四年九月十三日午時，卒於光緒十八年正月二十三日戌時，享年五十有九。即以是年二月初十日，葬于村西紅花溝。乾山巽向。銘曰：

　　一遵婦道，敬守女箴。成乃夫業，慰厥姊心。階前蘭桂，毓森森潤。□曲函谷，陰千秋萬古兮，永播徽音。

　　男國磐，承重孫祖澤、祖瑄泣血上石。

（碑存靈寶市函谷關鎮孟村東紅花溝。王興亞）

皇清例贈登仕郎一習許公懿行碑

【額題】千古共仰

　　竊嘗慨世風之偷，人情之不古者也。物我之見太明，而聰慧祇以自私，睹人事之敗成，漠不關心，絕無肯出以相勸，誠□或小有齟齬，輒飲恨終身，即在家庭子侄間，亦有怒藏怒蓄，日積月深，而莫能一釋其蠱者，其涼薄之行，抑何去我許公遠□也。

　　公諱恒吉，字一習，從九品銜。考諱永盛，性簡重，珍視農桑，家道遂昌。其教公也，事事有規矩，而公亦善承厥訓，無稍違。前母氏亢、母氏王。公年甫十歲，而王見背，幸賴繼母氏陳誠心撫育，有逾所生。昆弟三，公居長。公之治家，以四教：曰勤、曰儉、曰恭、曰恕。夫勤儉兩字，農家者流尚皆知之，而恭與恕，則非有學識者不能道。蓋恭則不侮於人，恕則不速怨於世，斯誠淑身之善，則保世之格言也。其居鄉也，與物以誠，遇有雅意修德者必殷勤勸勉，無使墮其業。於古所謂成人之美，殆庶幾乎！而又患難相恤，急人之急，不遺餘力。然究未嘗一伐其德。同治初，捻擾境，人心惶懼。公奮然與□謝任公成章，在川口鎮練勇，以為堵禦計，人遂持以無恐。此其自為謀，實以廣守相助之誼耳。尤難者，人或大拂公意，而境過即忘，所以親愛之也如故。即所以盡言以訓誨也，仍如故。斯其忠厚三思寬宏之度，以視流俗人何啻天壤耶！公子三，孫九。入武庠者四人，曾孫十六，後裔蕃昌。論者謂為公之盛德所積，信不誣與！公歿已十五年矣，戚思公之德不忘，故勒諸貞珉。公孫廉貞謀余。余不敏於文，而稔聞公之懿行，遂欣然援筆記其略如左。

　　例授登仕郎己酉科拔貢愚侄婿建育哲頓首拜撰文。

　　世愚侄王經魁書丹。

　　石工曹鴻升刻石。

光緒二十一年四月十三立。

（碑存靈寶市區尹莊鎮大留村許恩正家。王興亞）

河陝汝道告示宏陽渠碑記

　　欽命二品頂戴署理分巡河南河陝汝等處地方驛傳水利道隨帶加三級許出示曉諭事：

　　照得靈寶縣濁浴、澗口兩村，因分用宏陽渠水，互相爭控，屢結屢翻，涉訟多年，至今不息。茲經本道親提人證卷宗，迭經研訊，查核兩造供詞，詳稽歷次案卷，定立新章，剔出舊弊，以期永遠遵守，免滋訟累。所定章程四條，開列于後：

　　一、應妥定章程，永遠遵守也。查宏陽渠計田分水，輪流澆灌，立法甚善。只以經理不公，互相爭執，屢經官斷，旋結旋翻。詳查歷次斷案，以怡州牧所斷最為允當。惟未與立定章程，仍由該村各立渠司，不能公平辦事，至今纏訟不休。茲經本道親提研訊，斷令公舉渠司，稟縣諭充，仍照怡州牧前斷，按十四日為一輪。第一第二兩日歸澗口村，第三第四兩日歸張家灣。現在張家灣地畝既多半賣與澗口，此兩日水仍准澗口借用，俟張家灣復業即行退還；第五第六兩日歸濁浴村與東西尹莊分用。第七日復歸澗口村，是為上牌七日。第八、第九、第十此三日歸尹莊村，十一、十二、十三、十四此四日歸四車村，是為下牌七日。合兩牌十四天為一輪，週而復始。上牌用水，澗口、濁浴兩村渠司公同上渠，遵守新定章程，秉公照料，以期修好，而敦和睦。

　　一、宜公舉渠司，以孚眾望也。查渠司之責，首重排難解紛，必須眾望允孚，始堪勝任。該兩村向來各自私立渠司，不免存私偏袒，必須公舉公正之人，稟縣諭充，以昭公允。嗣後濁浴、澗口兩村公議，各舉兩人共四人稟縣給諭充膺，以兩人為正渠司，以兩人為副渠司。上牌七日，正副渠司四人均須到渠，公同照料。如有妄事爭競者，渠司正言開導；不服約束者，稟官傳究。渠司按年遞推，即以上年副渠司兩人推為正渠司。另舉兩人充副渠司，以均勞逸。如值某年正渠司別有事故，即以副渠司改充。副渠司有事公議另舉，隨時稟縣給諭。務擇家道殷實，眾望素孚者公舉，期可公平辦事，共保治安。

　　一、嚴禁苛派斂錢，以杜訟源也。查藉端苛斂，擾害地方，本干例禁。該村歷年滋事釀命，不一而足，甫啓爭端，先事斂派，私和私控，視若尋常，亟應照例懲辦，姑念事已完結，既往不究。自此次定章以後，均不準藉端科派，倘敢故違，即由渠司稟官，照光棍例從嚴詳辦。渠司知而故犯，或容隱不舉，一律究懲，予受同科，以伸禁令，而免擾累。

　　一、刊刻新碑，以昭信守也。查此次立定章程，頒發告示，應即照錄刊碑，以垂永久。至怡州牧斷案所立用印合同，仍分交兩村渠司收執。其澗口村所稱古碑，查係新刻，寫作前明年號，語句極不明晰，文意亦欠通順，無論是否偽造，均不足以作憑據。應將此碑磨滅，已拓出碑文亦即銷燬。若有銷燬未盡者，即作為廢紙，不準再行謬執爭狡，以期永斷葛藤。

　　以上章程四條，經兩造中證，當堂遵斷，各具輸服，甘結在案。除分行陝州靈寶縣知照外，合行書示曉諭。為此，示仰宏陽渠附近各村農民人等一體遵照，倘敢故行違犯，一經查出，或被告發，定即提案重懲。本道言出法隨，決不寬貸。各宜凜遵毋違。特示。

渠司齎奏廳孟廣心峻峯、段運箱茂堂。

公直段清墨三才、監生孟玉珍克春。

首事孟子魁、楊生海。

生員孟廣容書。

石工趙興德刻。

皆大清光緒三十四年七月十六日立。

（文見民國《靈寶縣志》卷三《建設志》。王興亞）

處士貽鱸何公暨德配張氏夫婦懿行碑

【碑陽】

【額題】皇清

處士貽鱸何公暨德配張氏夫婦懿行碑

何公諱三多，字貽鱸，系汝梅公之子。生於嘉慶十九年，卒于同治元年。

【碑陰】

【額題】流芳百代

宣統元年立。

（碑存靈寶市函谷關鎮梁村何長士家中。王興亞）

重修關帝廟碑記

【額題】鼎峙千秋

閆祖唐撰文。

宣統三年辛亥六月而經始焉。不意時至季秋，改革事起，工因中輟。次歲稍平。社人相謂曰：海內洶洶，群盜四起，到處劫奪，蹂躪塗炭者不知凡幾。

宣統三年立置。

（碑存靈寶市朱陽鎮透山小學。王興亞）

（閿鄉縣）

勅贈文林郎繼庭屈公墓誌銘

關中李楷

夫屈氏豈非海以內之文獻世家哉，作《騷經》者，與日月爭光，其世則列國也。自楚入秦者，其世則大漢也。自關西如豫州者，其世則有明也。愚于華得大中丞，于蒲得二千石，乃於閿得進士之太公焉，皆賢人也。辛丑進士，屈君逸乘之父，諱之騏，別號繼庭，勅贈文林郎，是謂太公。按狀：

公之父允升，為北雍太學生，敦實修行，人以古君子目之，然早逝。公八歲稱孤子，呱呱而泣，儼若成人。常孺人稱未亡，孀貞鞠育，辛荼備摯者四十年。

公謹身忍性，仰事北堂，俯勤力役，迨母嬰疴，為治藥餌，屬纊之後，準朱子家禮，蓋祭葬無違，而誠信無悔矣。它日者，論公之孝于二親，又有述其慈于諸孫之事，公之猶子上乘，盝年隕命，其襁褓中諸兒，公撫之如己孫，可不謂之難與！

丙子春，寇氛流播，其境內某與公有戚誼，則櫜其貨數百金寄于公，即某之妻弗知也。賊退，乃召而還之，封識宛然。當是時，某已殤，公之家亦中落，弗殖，即不昧遺金而矯焉。市義聲者，鮮有不割所有，以自潤者矣。如某妻願分以酬惪，堅而卻之，古人中豈多得哉！

庚辰，賙饑者，公若曰："存心愛物，于物必有所濟。吾即無一命不可不存此心耳。"又在大祲時，斗粟數千錢，客辦重價，公畀之粟，卻其值。客謝曰："當代空谷信乎，其空谷已。"甲申初，時鼎新，李某以里甲事稱貸于公，逋負弗償。族某又嗾之出不遜語。人不勝其忿恚。公坦不為動。此則近于衞叔寶之情恕理遣矣。公之器閎量碩，福報遠久，其得力于古人之語乎！

晚年嗜古書，如河上公五千言，黃石公《素書》，雖偶邂違和，猶命人莊誦于其側，而臥聽之。愚聞曹月川先生為其父作夜行燭，乃自怡不待其子之陳說理要也，可謂之老而好學矣。嘗自書壁曰：晚節寒香。又自供祀書香後，不如長吏之門，志操翛然，遠于世俗。此可想其風趣之卓邁焉。

己酉春正月晦日，忽嘆息曰："春光九十已三之一矣。"數日，遂遊圖南之睡鄉，黑甜高臥，無有微恙。考終命之前一夕，乃呼其子而誥之曰："凡事以簡靜行之。"無它語。嗚呼！惟簡惟靜，則心逸日休。與臥龍氏所引淡泊寧靜，署同厥旨。若太公者，于治天下之道，不可謂之無助矣。志曰：屈太公生於萬曆十八年十二月十三日，卒於康熙八年二月十一日，壽凡八十，葬于函谷新阡，而河濱棗栢老人為之銘。銘曰：

忠不見明楚懷惛，大夫焦萃謁天閽。何代午日不招魂，章章異世多賢昆。猗嗟鼎湖煥聞孫，南宮濟濟棻所奠。尊雛之雞龍之奔，繄我太公德如坤。含萬化光美靈根，壽媼培之贞生元。储鼎及黼称茂蕃，噫嘻靖节友南村。何如公子冠班驾，相彼湖水涵星繁。黄河天上来源源，亦越汉庆列陵园。松柏霜露濡其垣，公厝绚履永相存。时过阡者驻高轩，于以奠之黍与豚。何以佐之采其蘩，古人质模式以敦。何况公裔孝哉论，将有达者兴厥门。

康熙八年。

（文见乾隆《阌乡县志》卷十《艺文志》。王兴亚）

蒙阴县令屈公墓志铭

杨端本

公讳逸乘，字闲兴，河南阌乡人。筑园荆山之麓，因自号曰荆岩。由拔贡丁酉举於乡，辛丑成进士。辛亥，授山东蒙阴令，以母忧归，病卒于家。越岁，公长子键，卜葬公。乃持状于余，泣请铭。呜呼！余去年甫铭公太孺人，今又铭公，其亦可悲也夫。然稽公生平，凡其孝以事亲，学以立身，政以惠民，皆不可不表见于世者。乃采其状而志曰：

公性纯孝，事父母承颜左右，务适其意。少时，太赠公赐一箴，书"西门豹、宓子贱、佩韦弦各箴，其缓急成名士"诸语。公拜受佩韦弦者四十年。太赠公卒，哀毁骨立，几至灭性。其丧仪，悉如文公礼。迎养太孺人于蒙署，每夜侍床下，凡所行卹民诸善政，必述以娱母，母色怡，始归寝。念太孺人老，屡请终养，不许。尝郁郁泣下。乙卯，徒跣奔母丧，伤于恸，拮据劳瘁，乃以病不起，此公之孝也。少嗜学，能文章，试辄冠军，即毅然以大儒自任。自为诸生，至第后，读书不间寒暑，有志伊洛之学，日读周、程、张、朱四氏书。常曰："名教中自有乐地，声色玩好奚为乎。"邑令题其居曰"德心堂"。其课二子学不少间。日令侍讲解，录《温公文正公家训》教之。此公之学也。其宰蒙也，蒙于青为最尔区，户口凋残，国初不满千户，前令增至五千户，寄公编审省逃亡者去其半。邑有山场、丝锅狐皮等弊，吏缘为奸，民受其病。公下车，尽除之。甲寅，山左大饥，冰雹、飞蝗相继，流离相望於道。公恻然曰："富郑公知青州，活饥民五十万。今蒙亦青属也，吾父母民，而忍视民饥而死乎！"乃於东郊煮粥赈饥，四方就食者全活以万计。

蒙西邻新、泰，东接沂、青，军兴旁午，驿马倒毙，困不支。公力请添垜庄一驿，民困始苏。至今赖之。先是，郡狱讼付令理者，令率以锾赎媚上。公平反之。绝锾赎。郡守益重公。上公最，为青郡卓异第一。此公之政也。

闻公居蒙，清约自厉，自奉如韦素，常书壁衡斋云：官舍却如僧舍静，吏人浑似野人闲。昔元次山治道州曰："吾静以安人。"欧阳永叔不事苛急繁碎，所至官府如僧舍。公之饮冰茹蘖，淡泊宁静，有古先贤之风，真不愧为一世之大儒矣。去蒙之日，父老子弟涕泣送别，树遗爱碑，满道政声啧啧，尸祝不绝，孰谓循吏可为而不可为乎？忆昔与公为诸生时，订交鼎原之野，永夜纵谈，俱负激昂青云之志。既后与公从弟迥绳公及公各第进士，以建竖相期许，乃十年来仕路参差，绳公没于前，公又继逝于后，而余也栖迟山林。俯仰今昔，能不感慨流涕哉！公生于天啓四年正月二十五日，卒于康熙十五年十一月二十一日，年五十有三。葬于軒轅之東南隅，而關西楊子為之銘曰：

醇其德而不琢，處其豐而守約，學潛乎伊與洛，而政美乎魯卓。蒙山之碣兮石嶽嶽，荊山幽宮兮永固而孔博，善人之後其有作。

康熙十五年。

(文見乾隆《閿鄉縣志》卷十《藝文志》。王興亞)

海豐縣令杜公墓表

會元王露

余讀《陶彭澤傳》至不為五斗折腰，辭歸去來，未嘗不掩卷而嘆，以為真千古高人。求之近今豈多得哉！歲在乙酉，有事山左，道經海豐，寄居蕭寺，偶遇邑明經張子號迂齋者，與之語。大是解人，因成傾蓋交。一日，張子謂余曰："昔貴省有杜公者，係戊戌進士，諱某，字某，宰吾邑。甚有惠政。有要人經過敝邑，公素鄙其人，託故赴省，弗之見。其人銜之，微露其意於上臺。上臺雅重公，秘語之曰："某將不利於君，當速求所以解釋之者。"公笑曰："功名富貴，泡影電光，我視棄此官，猶敝蹝耳。安能周旋若輩也。"遂力疾求去。至今吾海豐猶尸祝之。余志其言，然未及訪公里居後裔。庚子春月，偶至商水，適有邑廣文杜先生，持其先人志銘，求余作墓表。披讀之，即昔年張子所稱杜公者。志內所述，如勤撫字，善催科，除鹽弊，以至折獄惟明，取士惟公，班班善政，與張子之言略同。余乃益信杜公之賢，而張子之言信而有徵也。志公解組之後，杜門謝客，足跡不履城市，日以讀書課子為事。是以商邑廣文公文章品行，推重一時，大抵皆庭訓之力。是又張子之所未及詳，而余更得之目覩者。世嘗說，古今人不相及。今觀杜公，其與彭澤不為五斗折腰者，不曠世相感耶。然吾於此，竊有憾焉。以杜公之賢，而不能安其位，致高才多戚戚之窮，豈不深可惜哉，豈不深可惜哉！

康熙五十九年

(文見民國《閿鄉縣志》卷十九《金石志》。王興亞)

新開廉讓渠記

六安人知縣程錫琮

閿邑之南，距城十二里為金爐溝，泉源出焉。清潭激湍，灑石分流，居民舊引為三渠以滋灌溉。上渠為磨溝村，下渠為張村營，中曰腰渠，則張村鄉民所恃以資給而沾濡者也。順治初，山水沖越，腰渠崩壞，乃仰給磨溝之潭，以為分水之道，而磨溝扼其上游，因循既久，每遇亢暘，分數不均，輒聚譟於有司之庭者屢矣。甲寅春，余承乏是邦，時總督河東部院，念切痌瘝，勞敷濊澤，水利農田，精詳區畫，中州諸憲飭諭鼓勵，百執事踴躍奉行，而本州刺史適以行部至閿，指示規摹，令令善為之計。令乃進兩村之民而諭之曰："腰渠舊有之乎？"曰："然。"曰："張村有渠，而張村鑿之，何預磨溝事耶？"曰："渠道由磨溝村地，恐其衝擊耳。"令曰："黃河九曲，土實漳之，脫過虞，毋寧以地易地。"令視其色，猶若有不豫者，因曉之曰："爾輩之爭此水也，將有以長子孫乎？"曰："然。"將貽之以安，勿貽之以危乎？曰："然。"曰："藉令爾輩長居上游，而張村以憤激故啣怒。而兩村之子若孫搆訟交爭，或生不測，則爾輩实貽之以危矣。"乃始恍然悟。令遂身同縣尉章三策詣平其事，乃於河口更立潭，易地不數畝，計日賦工，浹旬而就。兩村人始相吷，既而歡相謝也。渠成，錫之名曰"廉讓"。所以風示也。

夫閿邑之好訟也至矣。乾餱失德，比比而然，一遇爭渠鬥閱，村環聚執錯者林立，訟逾數十年，案經三五世而不得結。令是邑者，往往苦之。若磨溝村之服善好義，取天地自然之利而不敢貪。分井養不窮之義而使之布，俾百年不結之案，一旦解紛，一村廉一村讓，推而廣之，則一邑廉一邑讓矣。又推而廣之，則不獨一邑廉一邑讓矣。今聖天子愷澤旁流，恩膏四沛，其可有於一村一邑而霑惠利，而敦雍睦者，即下邑亦不遺焉。伏讀督憲之檄曰："民富而教，耳目齊而心志一。數年以後，命何自而有，盜何自而興？"是訓也，令固奉若金石，而猶冀操之如左券也。閿民其共知此心乎。謹記。

雍正十年。

（文見光緒《閿鄉縣志》卷十二《藝文志》。王興亞）

重修文廟碑記

孟津人李際期

中州自流孽蹂躪，疆宇殘破，城郭居民半殀于兵燹，半遁于山砦，宮牆壇宇，榛棘生焉。傾圮頹覆，觸目皆是。閿邑西接潼關，北隣山右，當秦晉衝，尤為寇燄所先。及廟貌之不沒于碧燐黃日者鮮矣。我朝定鼎將及一紀，四方寧謐，海內宴清，自洛以西，漸覿哀鴻之安集，然非神明邑宰優于治才，長于令德，以臥理之暇，留心起廢，欲一旦鼎新俎豆之堂，鳩材芹泮之地，固未易言也。歲癸巳，邑侯張君鄴會來治閿，刻力振刷，修舉廢墜，閱明年，政通人和，諸務釐整，雖星軺驛使，如雨如雲，而侯之剸割長才遊刃有餘，無足困者。且德政所感，時和年豐，民力饒裕，然後視民如傷，不忍稍勤民力，一切將作，皆捐俸為之。自茹澹泊，節費以給。工未幾，而城堵之傾者以立，倉庫之缺者以建，邑乘之燬者以纂，而剖剔奏成，節孝之闇者以章，而表閭星列。朔望，率多士進謁先師，慨然曰：斯堂構且漸就圮，非余責而誰歟！遂捐貲百金為倡。一時飛聲秋榜及抱璞芹池者，咸樂輸而子來，不日告成。遊數仞之牆，具見宮闕煥然。又重建鄉賢、名宦兩祠，以鼓勵後輩。侯之用心可謂勤矣。會未兩載，而治行彰彰如是。蓋閿之習俗最稱刁訟。侯諭之以利害，而虞芮之質漸稀，動輒輕生。侯曉之以正命，而溝瀆之經漸少。至革弊興利，無事不籌。諸瘝瘝待旦，亟行。雖瓜期未及，而頌聲四作，和平協于神聽，秉彝之好，自在斯民。余忝一日之長，寧敢以所試而譽及乎！甲午之冬，余承乏少司寇，方懷先師昔職此于魯，三月大治。後舉步趨，莫窺涯涘。適有客自閩來，持書幣求文者，乃兩廣文張君棟直、左君守忠及諸生張肇基、李魁春等，乞重修夫子廟記。喜而為之，述其概如此。侯張姓，諱三省，鄰會其字也。浙西檇李人。余丙戌拔雋首取士，庚寅廷對第一，初授司李，改授邑令云。

（文見民國《閿鄉縣志》卷二十一《文徵》。王興亞）

創建文底鎮城垣門樓碑記

邑人師苟

從來垂不朽之大德者，必有理天下之大才。有理天下之大才者，必能成震世之大功。故貞元啟運，不無名臣賢相經畫維持於其間，而今廢者興，敝者起，遠近蒙其休，後世沐其澤，即都邑之會，彈丸之區，恒賴賢才措置，地以人靈，君子於此，卜大有為焉。

閿邑自漢、晉、元魏以來，建治於玉娘湖之前，南距秦嶺，北跨黃流，曹壘列其東，皇原峙其西，蓋稱中州門戶云。迄開皇中，移治鼎原之北，而此地日漸荒涼，厥後世易代更，疊遭兵燹，城池傾頹，雜以荊榛，遂成瓦礫之場。至我朝憲皇帝時，奉文移副堂之署於文鎮，而尚未之更新也。恭逢燕京張賢侯佐治是邦，廉明正直，甫下車，見其一望寥落，絕無城郭垣墉，惟存店鋪數屋，瞻顧久之，慨然曰：焉有職司巡查，躬膺民社，而如同野居露處者乎！特歲饑民貧，未遑修理。越明年，政通人和，百度振舉，遂捐清俸，不敷者佐以衆助。鳩工庀材，始環以城，旋建迎紫、接華二門，均樹譙樓，民無輸粟鼛皷之勞，而鎮已煥然改觀矣。由是而琴堂高臥，無犬吠也。肩摩轂擊，通交易也。黃冠緇流，可盤詰也。晨昏啟閉，有定候也。民安物阜，寇盜不興，過斯鎮者，覩雄關之巍峩，而即以覘宰治之有人。將遐邇樂業，弈禩蒙福，謂非賢司牧措置之效與！然我賢侯非百里才也，此特其烹鮮小試耳。以此經濟，握國家重權，安在不可以調羹補袞，為北門之鎖鑰，作公侯之干城哉！士民謀所以報之而不得也，因壽貞珉，以誌不朽云。

乾隆四年歲次乙未律應無射月上浣之穀旦。

（文見乾隆《閿鄉縣志》卷九《藝文志》。王興亞）

改築南門記

邑知縣梁溥

閿城三門，其南曰望鼎，外為重門，亦南出。明崇禎間，先政黃君鉉築也。既以姦宄不戢，扃閉之。旁鑿東向一門，通出入，蓋數十年於茲矣。丙寅夏，余下車，巡視城郭，问其故。邑人为余言，且曰："自东出以来，百姓乐业，第与甲乙选者，视昔弥寡耳。"余谓士习民风自有倡率者在，非必尽系于门，但就今启闭者言，亦未为悉得也。《诗》曰："相其阴阳，观其流泉。"言公刘之作邑，审形势也。今闵之形势，在东南一隅，其兀然而耸峙者为鼎原，其泓然而环注者为峪水，二者皆在文明之位，所谓阴阳流泉，莫此为备。向者或南或东，顾与相左，宜未善也。今若改筑之，使出于其间，则东南之灵秀，咸会于门中，锺奇毓异，必有大过于前者，尔士民其有意乎？于是，绅士刘洸、郝壎、王朝养、刘坦、白乙丙、郝漳、刘翼皇、冯超羣、尚论畴、屈增煌等皆踊跃捐金，鸠工改筑，越明年丁卯夏，门既成，请余记其事。余喜诸绅士之志在兴起斯文也，为之记诸石。其捐金暨监筑者，并载之碑阴云。

乾隆十一年。

（文见乾隆《闵乡县志》卷九《艺文志》。王兴亚）

郭村里王氏义学碑记

梁溥

自党庠州序之法废，而山僻之子弟多不得视诗书而知礼义，即有有志之士，从师力学，亦祇期显荣其身，沿及其子孙而止。视里党中，学与不学，犹越人视秦人之肥瘠，漠然无所动于其虑。余尝怪汉氏以后，有明以前，释老炽行，所在金壁耀日，浮图插天下，至一乡一邑，必有好事者施金钱，设庵观，率愚民奔走其中，相与益其迷，而甚其惑。如欲出贷财，立学舍，广教化，则且目之以为大迂，虽锱铢亦吝而不与。盖风俗之敝久矣。

我国家列圣相承，右文崇道，作人之化，超轶千古。百年以来，学校既饬，书院迭兴，弦诵之声遍海内。然通都大邑，率多名宿，人人可以执贽受业。若郊垌之地，师傅不可易得，后生小子往往以无所从学为忧，则乡学未徧故也。闵邑鸿农旧地，关西夫子之余韵存焉。宜乎经术湛深者指不胜屈。而亦以乡学尠少，不克尽人皆泽于古。丙寅夏，余来尹兹土，观风之下，輙欲多方播化，振兴士气，而访之民间，适有太学生王平世特建义学云。

按平世居郭村里，敦本力学，以世其家。尝悯里无学舍，邻近子弟多失学，用捐基地五亩，金六百余两，创立义学一所。首院门内，构祠宇，左右各一。次重门内，构书室，左右各五。次填砌陶穴三，次至圣楼三楹，次南书亭三楹，缭之以垣，南东门各一。经始于雍正八年，洎乾隆五年落成，复捐田七十亩有奇，为脩脯资。于是，延师教授，学者鳞集，人咸便之。八年，平世没，佃逋租。子太学生王锭如数捐地，代之成父志也。猗与休哉！昔范文正公为参政，广设义学，以教族属子姓，厥后绝少嗣音。而王氏父子，乃有此旷举，岂闻文正公之风而兴起者与！而自今以往，凡此方之诵诗书，明礼义者，一皆王氏启之也。岂与崇尚异端，迷惑士庶者相悬，可以道里计耶！抑闻平世曾立社仓，焚积券，其子锭复有拾金还主事。是父是子，长厚之行，久已脍炙人口。则其可美者，不独建学一端而已。乃即其建學一端，澤之及人，亦正匪淺。余故樂其有裨於教化，且可施諸無窮也。爰撮其本末，為之記。

乾隆十一年。

(文見乾隆《閿鄉縣志》卷九《藝文志》。王興亞)

重搆三鱣堂記

梁溥

縣治西四十五里有原曰皇天，原北有堂曰三鱣，漢楊伯起先生校書所也。自漢歷唐，堂故存，而易以為寺，命緇流守之。明成化後，寺並廢。噫，堂易而寺，堂且刜矣。矧寺復廢，古人之遺跡尚安從識耶！乾隆丙寅，余涖閿，訪其故址，始得嘉靖間劉尹碑記於道左，讀其文，知堂距碑尚三里許。即又訪之，得諸華巖僧寺之北，荒榛斷梗，難可迫視。越明年丁卯三月，分俸錢作堂三楹，復其舊。客有問於余者曰："居官之道，以正人心，維風俗為先務，餘非所急也。今君之搆斯堂，意何居焉？" 余應之曰："某之為此，正為人心風俗計也。"夫人心風俗，莫大乎義利。死生之際，見利忘義，畏死倖生，敝也甚矣。楊夫子好古力學，不求聞達，年五十始就徵聘，缺遺金，折權貴，讜言正論，不避患害，志不可得，則以身殉之。是其於義利辨之審矣，死生見之明矣。今縱不能起斯人與之振作後來，而為之訪其里居，新其堂搆，俾過之者，指而識之曰，此昔臨財不苟者所游息也，舍生取義者所絃誦也。閿之人心風俗不尚有助乎！客於是俯而思，仰而悟曰："始吾疑君為此不急之務也，今而知君之用意，蓋急先務也。"後之尹是邑者，皆以君之意為意，斯堂其不朽乎哉！

乾隆十二年。

(文見乾隆《閿鄉縣志》卷九《藝文志》。王興亞)

建置荊山書院記

竇光鼐

天下郡縣皆建學矣。然博士弟子員之名，僅籍於冊，而其實士皆散處。學記之法，一年視離經辨志，三年視敬業樂羣，五年視博習親師，七年視論學取友，謂之小成。今以散處之衆，無師可親，則於何樂羣，於何取友？書院聚一邑之士於其中，以佐學之不逮。其為法最善，而其為教易成。

閿鄉為豫之西鄙，其東則函谷，固秦關中地也。僻處山陬，士子無從肄業，師道之廢久矣。邑向無書院，大令馬侯力本庚午涖任，不鄙其人，毅然以起衰為己任，卜地於署之東，庀材鳩工，規模宏闊，越一年，而講堂橫舍成，藏修息遊之所畢備，顏之曰荊山書院。

太白謂黃帝鑄鼎於荊山，昌黎謂荊山已去華山來，即此地也。侯延師講授，聽政之暇，即親為諸生抉發奧，移日分夜，了無倦容。由是遠邇向風，改聽易視。癸酉四月，余按試陝州，聞而嘆曰：此風俗際為不急之務，而循吏之所尤用心也。他郡邑盡為侯所措注於為政也何有？余與侯在都門，晨夕過從，締交最篤，相知最深，侯才兼文武，務為經世有用之學，《石蓮堂集》略見一斑。賈太傅、陳獻川一流人也。甲寅、乙卯間，督撫學使以博學鴻詞交薦。乾隆丙辰九月，召試保和殿中。當是時，海內人才咸集，侯摩空作賦，騰趠無前，儕輩望而慴伏，無敢與抗行者。即今屈首作吏，不卑小官，百廢俱興，而書院之成獨早。知其所見，過人遠矣。余喜侯之所為，隱合於《學記》立教之微旨，庸大書勒石，為來學導。夫先路至，侯他日之勳業，固將不一書而足。姑載筆以俟焉。侯名榮祖，江都人。

乾隆十八年。

(文見民國《閿鄉縣志》卷二十六《文徵》。王興亞)

盤豆渠水規

泉水出自富原里趙村風溝，流及上坡頭、鹿台、盤豆四村，爭端屢起。萬曆辛卯年，鄭公計地分水，每日夜灌田一百二十餘畝。趙村分水一日一夜，上坡頭分水二日二夜，鹿台分水四日四夜，盤豆分水八日八夜，每年二月初一日起，先盤豆、次鹿台、次上坡頭，次趙村。十五日一輪，各受其益，爭端遂息。乾隆十三年，鹿台村與上坡頭又興詞訟，知縣王公斷上坡頭河西地從鹿台第四日水灌之，爭端遂息。

乾隆三十年知縣馮批立碑記。

(文見光緒《閿鄉縣志》卷二《建置志》。王興亞)

重修三鱣堂記

楊國楨

閿鄉縣西四十里之原北里，舊有漢楊伯起先生三鱣堂，為我朝乾隆十二年，前閿鄉令梁溥所建，歲久傾圮，僅存遺址。道光五年，邑紳鄧沖華等，募資重修書堂三楹。嗣呂大令凝德來宰是邑，因其規模狹隘，不足以壯觀瞻而垂永久，商同靈寶楊大令懋玖，各捐己資，鳩庀鼎新，于是，門牆廊廡與夫亭臺池沼之屬，罔不悉備。落成，請記于余。惟伯起先生籍本華陰，為東漢名儒第一，是以當日稱為關西夫子，何以斯堂轉在關左？爰考之誌乘，載先生鼻祖伯僑，在周末，曾封楊侯，知有焚書之禍，藏書于董社之原，後迷失所在，至先生父靖節先生名寶者，夢伯僑告以藏書處，命先生求之。得一石函，內皆蝌蚪文字，乃就此構堂而校焉，因名其堂曰"校書"。領徒眾，隱居教授，旋致三鱣之瑞，此堂之所由昉也。又東漢書先生本傳，亦稱先生常客居鼎湖數十年，後有觀雀銜三鱣魚飛集講堂前。

謹按：閿鄉在漢為湖城，則斯地實當日遺址無疑。世人往往數典而忘其祖，第知三鱣為先生瑞，而于堂之緣起及在閿之故，多弗深考，特為表而出之。仍顏其堂曰"校書"，以從其朔。至先生文章經濟，立朝大節，炳于日星，彰彰在人耳目。史稱其四世柱國，德業相繼，尤為近代罕覯。其暮夜卻金，遭讒秉節，得力于校書居多。後之登斯堂者，觀感興起，屬志于學，庶不負兩明府重修之意歟！是為記。

道光八年。

（文見光緒《閿鄉縣志》卷十二《藝文志》。王興亞）

復興荊山書院經蒙義學改建考院記

程國棠

國家化民成俗，大者寄任于封疆，小者責成於郡縣，即僻壤窮鄉，亦罔不設為學校，使里豆庠塾，雍容而習揖讓，家絃戶誦，陶淑而履中和，俗莫隆焉，風莫善焉。誠盛治矣。然非導之有方，教之有素，未易薰頑梗為善良，化愚蒙為俊秀，則官斯土治斯民者，責任顧不重哉。余學識卑淺，愧無善政及民，惟於興賢育材之事，如有廢墜未修者，不敢不竭力振興，期納斯民於上理。去歲承乏來閿，到任後，竊見士習簡陋，民情愚頑，因歎天生蒸民，豈獨無秉彝之好耶？抑亦教澤未敷，培養未善耳。邑舊有荊山書院，以經費無出，廢至二十餘年之久，余先捐廉開課，又因詩賦雜藝，嚮不究心，於堂課後，每月復添課經古一次，甄拔惟嚴，獎賞從優。凡丹鉛膏火之資，舉不使憂其困乏，但捐廉興學，雖所樂為，特恐難乎為繼。聞前此書院內，僅有地租一欵，歲徵銀八九十兩，杯水車薪，無濟於事。茲更廣籌經費，通計四欵，每年可得銀八百七十餘兩，以敷支用。從此士心益勵，凡沐詩書之澤，皆思稽古之榮，是以開課之初，課者僅數十人，今則正課已二百數十餘人矣。課經古者已近三十人矣，而住齋肄業者二十餘人，蒸蒸日上，何爭自濯磨如是耶？顧成人既勤砥礪，豈小子遂令怠荒，又於城鄉建立義塾五處，以便貧窮子弟入學讀書，業已議定章程，是行是訓。惟西鄉一帶，距城遙遠，往來不便，每逢課試，生童多裹足不前。夫書院之興，原欲合縣悉被甄陶，乃於彼而遺之，殊覺歉然。閿底鎮西舊有漢太尉楊伯起先生三鱣書堂遺跡，因於是處，另設經學一堂，延師嚴課，庶有志上進者無患向隅矣。邑舊無考院，每於縣署局試諸生，又皆自備桌椅，不勝勞擾，特糾邑紳計議於書院講堂前，拓充隙地，改建號房若干，創制號棹號橙若干，交紳董齋長隨時檢察修理，以垂永遠，應試時亦可免轉移搬運之苦。閿邑近鄰太華，遠接中條，荊山拱其南，黃河繞其北，山水鍾靈，知必有文人蔚起，今既經蒙並訓考課維勤，行見洗心革面，說禮敦詩，名儒出其中，名臣出其中，以仰副國家化民成俗之至意，亦即余所深望而欣企者也。爰不揣譾陋而為之記。

光緒二年。

（文見光緒《陝州直隸續志》卷八《藝文志》。王興亞）

周式古墓誌銘

韓止敬

乙卯冬暮，以公住邑治，周心齋曰："家二兄之沒二年矣，初奇荒，未暇誌，將補，願銘焉。"余泫然曰："人之云亡邦國殄瘁。"丁丑，余臥病七逾月，聞邑宿達某某亡，淚橫衾枕，為邑悲也。最後聞二兄之沒，距長兄約四十日，泣語家人曰："心齋四十餘年順境，自此逆矣。今命銘，誠所願，愧不能請辭，既以狀來，再蒙顧催，乃勉撮其狀之大者，而附以耳目之所及，符死者之真，當生者之意則不敢知。

式古，諱續祖，號鄰竹，別號柏巖，世居盤豆鎮南麓台村。大高祖諱運開，以武科起家。曾祖諱楫，庠生，貤封修職郎。祖諱勿逸，乾隆辛卯科舉人，大挑一等，署江西南康縣事，改本省杞縣教諭，清儉宣著。父諱重，字鼎峙，號一清，庠生，例封徵仕郎，文詞清越，能隸書，廉退過人。母王太孺人，臻大年在堂，昆仲三，兄繩祖，武生；弟維祖，同治癸酉科拔貢，候選直隸州州判，即心齋也。式古父子兄弟自相師友。心齋每言平生，帨識文字，知行簡，皆二兄之教也。年十七，入邑庠，廣文周芝山器重之。年三十二，選拔。兵燹，弗北上。及心齋選拔，偕行，補朝考第四名，例弗庸，就本班教諭職。未仕而卒。年四十九歲。哀哉！時光緒三年十一月六日也。

式古，性讜直，敦古道，庭幃恒以不能色養為憾。與人言無私曲，是非必詳。唯諾弗苟。教學主不欺。嘗謂士非誠信，便無話可說。尤加意寒素子弟。邑英俊半屬門牆。余年十四，肄業荊院，始睹其人，心儀之，嗣與心齋交，得親光輝，或一歲一接焉，或三四歲一接焉。間經過其家，每越宿，父子兄弟之間雍雍睦睦，嘗欲奉六字聯云："藹然詩禮之庭"，艱於對，終未也。及其論文藝，談古今事，激昂慷慨，悲愉歡戚，宛若身親者。於宵小，則尤疾之如仇敵，忿形於色。咸豐間，邑以差累，控上憲，值學使按臨，首事者欲罷考經古，場前集士人，一所院諭學署招呼，君抗聲倡言曰："果誰阻吾儕，當直前，不然無我怪。"諸人錯愕莫敢應。其勁直類如此。前冬暮，局總難其人，僉曰："使式古在，何至斯。"君之為邑重，係人思可知矣。嘻！尚圓通習浮沉末俗，率然如式古者，使其老壽通達，舉而措之，其樹立當奚若，而奈何竟未滿五旬而逝也夫。豈徒式古之不幸哉！式古生於道光九年八月初一日午時，原配徐孺人早世。繼配王孺人，子書勳。女，許黃公樂琮子。葬西灣祖塋。光緒六年十一月初六日，補誌且銘曰：

謂天嗇之，則曷賦以勁直之氣也。曰其德之，則胡不年以位也。竟使抱其餘，以沒於地也。補銘以哀之，抑亦寫余之思也。君有知乎哉，尚鑒此而嗟乃季也，吾誰歸乎哉。時與朋舊歎君之逝，而不能寘也。

光緒六年十一月。

（文見民國《閿鄉縣志》卷十九《金石志》。王興亞）

西姚修堡碑記

韓止敬

　　光緒辛巳冬，孫、趙兩君以書來曰：邑皇天原廣輪約二十里，吾堡偏近東北，稱繁富。熙朝昇平二百餘年，人不知兵。同治初元，捻賊西來，駐潼南三日，剽掠攻刦，吾堡被災尤甚。事後，紳耆呂子平、趙禮園諸君，咨衆稟署，修葺繕理，基址仍舊，高厚倍之，創立女牆五百垛，炮台兩所，東西門金鐵鱗護，炮機旗鼓，防禦器械之屬，罔不畢具。經始其年九月，迄十年竣事。策人千五百餘，知方略者統領之。潢池綠林，時間竊發，登陴無虞矣。歲月浸馳，始事者已半作古。丁戊奇荒，益傷寥落，里衆慨念謂誌石不豎，曷昭鑒示。丐余兩人為文，故專力奉函，願吾子勿辭也。止敬伏讀，義不敢辭。因為繹其言曰：鄉邑之視天下無二理，史傳所載，國家方無事之秋，舉朝燕嬉。而一二老成憂深慮遠，議及戰守具，非羣笑以為迂，則共詆其勞民而傷財。卒然四鄰多壘，播遷顛覆，宗廟不守，社稷為墟，甚至已事綢繆，讒佞輩又不憚出死力以擠之。嗚呼！此生靈之所以多阨，而有心者所為太息流涕，千古一轍也。貴堡既失豫防之策，幸成補牢之謀。當時呂、趙諸君，其籌款，不知若何艱難也。其督工，不知若何拮据也。耳聾舌敝之情，雨霾霜寒之況，追憶如昨，痛族鄰之荼毒，冀桑梓之奠安，二君今與三五英髦，永念前艱，益善後事，講富教之術，明保甲之法，烽燧不驚，豪傑咸奮，呂、趙諸君可無慚矣。將斯堡也，豈止稱一原之屏障哉！爰系以詩曰：一時刼掠，歷世愴情。仁人義士，夢魂猶驚。二三父老，合衆成城。凡茲聚處，胥賴再生。力田勸學，好禮知兵。世世保守，小醜敢興。藐茲鄉社，扞衛神京。拜手稽首，百世昇平。

　　光緒七年。

（文見民國《閿鄉縣志》卷二十九《文徵》。王興亞）

鄉飲正賓斗山姚君墓表

韓止敬

　　丙戌冬杪，門下士姚成都以父命，奉其祖斗山君狀，求表墓，義不得辭。閱之，言其祖艱難起家，勤儉持身，忠厚待人，教子孫諄諄以忍讓為主，耕讀為務，皆鄉里創垂者之常行，似無容表。時陝省新藩菊圃李公方嚴种罌粟之令。余詢成都家種否？成都曰："先祖昔日每斥是為毒物，戒子孫毋得種。"余喟然曰："是可表矣。"嗚呼！自道光中葉，與泰西通商，罌粟始為中土害。鴻臚卿黃君爵滋首疏請禁，侯官林文忠總督兩廣，焚其船，尋以是謫戍伊犁。王相國鼎湯協揆釧至，以死生去就爭之，無所濟。由是而吸之种之者，遍宇內矣。斲國家之元气，壞黎庶之性天，莫此為甚。四十年來，舉一世之縉紳大人，異才俊士，多憔悴於其中而不一悟，悟亦旋迷。有心世道者，所無如何也。君鄉人也，既不一吸，又能終其身，戒子孫勿種，其不溺於欲，不陷於利，見明守定，不高出尋常萬萬哉！諸夏之人，假盡如君，罌粟雖毒，泰西亦無所施其術。抑聞今菊圃公前署貴撫，率以禁罌粟去官，今屏陝，復汲汲焉惟禁之是亟。使君而在，則所以心服菊圃公之教，為七府十二州七十二縣士民之最者，非君而誰也。明歸太僕自恨足跡不出里閈，所見無奇節偉行可紀。今君之節行，固自奇偉，特里閈之人莫之識，亦莫之傳也。惜吾文不足發揮之耳。然揭其事，俾君子孫與夫後之人，知君艱難起家，勤儉忠厚，大本的有所在，君子孫果克世守斯戒，豈第為潼南之望族已哉！君諱士志，字子遜。配張氏，事舅姑甚得婦道，其能佐君克家，不言可信也。

光緒丙戌年。

（文見民國《閿鄉縣志》卷十九《金石志》。王興亞）

靈湖渠水規

水出靈湖峪。自峪口村東分為三渠，供各村食用，餘者灌田。遇天旱，數村輒因爭水致訟。經知縣李公訊查，順治五年五村公議合同，內載有"各村俱食飲不斷，其天旱澆田之日，照舊規各分水一股"，查此數語，最為明晰。斷令以人畜食飲為大，無論何村，每日皆由渠放水，先儘盡各村食飲。如有餘水，務須遵照舊規各村分日用水章程灌溉田畝，不得混爭。至於修理渠道河堾，按分水份數，公派公修，不許推諉。又，中社村舊規，分水六日內有分出另住之王家埝，人戶無多，六日之中，斷令王家埝占水一日，中社村占水五日。五村均照斷，永遠遵守，以絕訟端。分水日期自下而上，中社村王家埝水六日占東渠，南果村水一日占中渠，狼寨村水四日、窰頭東西村水二日、靈湖村水二日占西渠。

光緒十三年。

（文見光緒《閿鄉縣志》卷二《建置志》。王興亞）

重修校書堂碑記

湯浚明

聖人之所以為百世師者，以其廉頑立懦，寬鄙敦薄，有以奮乎百世之上，而興起乎百世之下。故雖生平足跡不到之處，而好義者猶且尸而祝之，以正人心，厚風俗，況以當年肄校之地，為今日講習之區，則遊斯堂者，不啻親炙其門牆，聆其謦欬，聞風而起也。邑皇原之麓，有堂曰三鱣者，漢太尉四知楊夫子校書處也。自道光八年重修，後歷五十餘年，牆垣傾圮，丹堊剝落，未有過而問者。後允升于公來佐是邑，拜謁之餘，不忍先賢之遺跡頹廢，又以西偏書院無肄業之所，遂有志重修。爾時其西席廩生鄧先生名拜經者，余戚屬也。又力贊之。公急出廉俸五十金，以為倡。而又屢備盛筵，延邑紳數十輩，屬募化者幾人，督工者幾人，凡閱七月而告竣。除補修前所有，殿外又益拜殿三楹，過廳五楹，影堂一座，夫而後神明有所憑依，生徒有所游習，人心風俗更由斯而移。《易》記所謂行一物而三善皆得者，其于公之謂乎！今夫通都大邑，廟宇嵯峨，金碧輝煌者，所在多有。然就其營造之故，非媚神以求福報，即藉是以博聲稱，視于公之志，則迥乎別矣。余不敏，亦濫竽鳩工其中，于竣事之日，樂公志之有成，而喜為邑人告也。於是乎書。公姓于氏，名大猷，允升其字也，山東新城人。於其末也，備誌之。

（文見民國《閿鄉縣志》卷二十七《文徵》。王興亞）

貢士韓君惺臣墓誌銘

朝邑人馬思遠

　　吾學友之自得不苟者，惟惺臣甫韓君，君諱止敬，號靜菴，世籍閿鄉太渡村。嗚呼！年五十有九而終。人所遇難全，然疾沒世無善可稱善者，正理稱者，公義古之勢，榮安在也。其賢人君子，簡策所存，大小不一，要自精神與道有合，原不可泯滅。是以知天之尚學。

　　光緒辛卯，吾居邑南留葭湄精舍，去閿近。方謀就訪君。春季，君徒孫寬、栗維翰忽來，持孤子喜會言，求銘君墓。豈不哀哉，豈不哀哉！曾祖太學生麟玉，祖世猷，父生員省愙。君少聰悟，七齡從父授讀《禹謨》危微義即動心有解。弱冠入庠，旋得廩，及補成均。時粵賊亂已久，慨然意行陣。素至孝，以親命不敢遠出，遂肆力洛閩學。聞芮城三原諸老倡道，復晉謁其門，涵養致知，內外交修，辨析精微，極其歸趣，所造日深，學以變化氣質為主，力行為先。謂克不勇，恐聞見講論，適以佐其情習之偏而不自知。前丁戊之祲，其旁聚匪徒等，因凶荒弄兵甲，部伍橫虐鄉里，勢浸盛。君糾義勇伺間破之，禽渠覆巢。稟邑尊，請善後事宜。吾邑約盦閻公，方查辦賑務，以王遜卿荐引，委劄約襄贊糧運，往至陝，不果。為邑合差局省浮費，紳民遂欲公舉總其事，往返鑪堂，再三至，冒風雪，覆其車。學署又舉孝廉方正，皆力辭。為再從無後者，祔祀南祠。從弟病癱，親自撫視，周恤姪輩及外氏。世誼經紀其業，備教導。處鄉黨，正色解紛，人服至無爭訟。交遊忠告規勸，治己論文外無他言。

　　生平貧窶坎坷，不昧一介，即荒年領給棉衣，所費猶自出。前後居館，未嘗計束脩厚薄，學則整飭，所處無弗潔肅。救人災患如不及，衣食澹泊，喪祭以禮。君性本嚴毅，存養之效，寬溫和平。子婦輩非大過，無呵叱。獨遇詐偽，則治不貸。己丑之秋，山左孫公蒞閿，聯行保甲，知君，庚寅冬，復請管理公局並攜生徒，不獲已，與庶咏歌仰望。次歲二月二十一日，竟以積勞病不起。前夕語其子云："人事紛紜，天命有定。"不及私也。遠近聞之，莫不悲泣。以四月初八日，卜葬于村北塋。弟直敬，先卒。配李氏，同苦理家，君內顧無憂。子一，附生，即嘉會。女三，適人。卒。

嗚呼！君自來吾小屋後，別已三年，憶昔關門握手如昨。君憫士溺詞章功利之陋，發奮為己，敎學不倦。晚孚邑里，從遊日衆。留心時務，晞踪儒先，庶幾古者有不為而可有為。聞欲註朱子《行狀》，刪定《先正事略》並續修縣志，俱謙讓未及就。夫學之純，遇之厄，抑將故有留以待後之繼述者。吾切望吾嘉會節哀順變，他日遜敏修立，克底于美大若考終矣。吾謂吾友不沒也。銘曰：

孰從植之，孰得逸之，學未見其止，而今而後已。雖然，底柱河漬，龍懷峯雲中，常有英爽，安知非君耶。

光緒十七年。

（文見民國《閿鄉縣志》卷十九《金石志》。王興亞）

新建石堤碑記

知縣孫叔謙榮城人

閿鄉自昔受河患，今之縣治，古湖城地也。酈氏《水經注》引《郡國志》曰：弘農湖縣，世謂之閿鄉水。其水北流注於河，河水又東經閿鄉城北，邑人相傳謂閿鄉故城，即今城西閿底鎮是也。《水經注》又云：河水又東經湖縣故城北，漢湖縣故城，今不知所在。自後魏至今，千二百餘年，河流遷徙，縣城建置沿革亦莫可究；尋邑舊志，謂今城創築年月無考。明嘉靖中，縣城屢為湖水所衝。萬曆時，縣令鄭民悅創築石堤，百姓呼為鄭公隄。

國朝順治十一年夏大雨，河水溢城，西北隅圮，此近代河患之始。至道光二十二年，河漲溢岸，居民蕩析。是後河患又甚云。三十年前，城北有膏腴地四五里，關廂煙戶數百家，東西通潼關大路，皆有河灘。今灘地盡失，城北關廂亦盡陷於河矣。今光緒之五年，大府檄有司履勘，擬修石隄以護城，未果。十一年大水，河溢城，北垣再圮，城內坍街道二，衙署後房圮於水。由城西北隅迤邐至東北，附城民舍多沒焉。十五年秋，叔謙來涖是邑。奉大府倪公、劉公命，亟籌防禦之策。受事後，周歷勘估，統籌全局。建策三：上策莫如遷城，費在三十萬；次策當於西山高柏灘建石壩，排流北行，費亦二十餘萬；又次策則沿河建石隄，以為一時抵禦計。於時，署陝州刺史吳公若烺轉詳河陝汝道觀察使鐵公與布政使劉公，由撫部倪公入奏，旨撥漕項十二萬兩，即命鐵公督叔謙經理，議築石隄十二，事屬創始，工料維艱，晝夜焦勞。正虞採辦乏術，是年夏六月朔，夜大雨，閿底南山水發，有聲如雷震，石隨水下，水高兩岸丈餘，民居無損。天明往視，水退，巨石盈山谷，長十餘里、橫一里，層疊皆滿，中有一石仿佛成文，曰工石。鐵公大喜，摹刻傳觀，以為異。於是，命工采運，取用不窮。叔謙復建議多排木椿，蓋石得椿而能立，椿有石而不搖，相輔相成，力能百倍。鐵公虛懷采納，每一事必反復籌商，期於法盡善，而工可垂久。乃工未竣，而公遽以積勞致疾，卒於位。閿鄉民感之，相率來縣，求詳請撫部裕公以殊績入告。奉旨：賜恤，並建尚祠。繼公署河陝汝道陸公襄鉞履任後，臨工閱視，量加抛築。工成，又命以撙節餘款購石築澗河薄岸二百四十丈，建石壩二、石垜八。自庚寅春二月開工，至辛卯夏四月工竣。中間迭更大漲，勢甚危險，河神屢見變化示形，若為保助，萬目昭覩，人心歡愉。工成之日，乃卜於城西北隅，建大王廟三楹，以答神庥，從民欲也。城西門外澗河即湖水，《水經》云：湖出桃林塞之夸父山，山廣圓三百仞，湖水又北經湖縣東而北流入於河。夸父山蓋今縣治西南大山也。《縣志》謂夸父山在縣東南二十五里，其說蓋誤。夫古今事勢不同，陵谷變遷，故山川主名亦有時更易。[1] 矧城池之設，古人所謂事神治民者，亦在因時制宜而已。我朝甚重河防，凡民間利害，經臣下奏聞，無不立賜施行。而諸大府類皆仰承廟謨，於節用、愛民二者常並行不悖，茲工其一端也。築隄款目，已由撫部裕公入奏報聞。叔謙謹記興築始末大略，以示來茲。後之君子苟能以時修守，俾有基勿壞，則此方保障，庶幾有賴於無窮云。

時在光緒十七年秋。

（文見民國《閿鄉縣志》卷二十《文徵》。王興亞）

韓惺臣墓表

三原人賀瑞鱗

同治丁卯，芮城故友薛仁齋先生為予道閿鄉韓惺臣止敬，勤學有志，余聞而未見也。及庚午，余與仁齋、朝邑楊仁甫會講於華陰之靈峽精舍，三數日，其從遊者共數十人。將別，而惺臣至，送余西行數十里，旅店論談，一宿始去。余以是知仁齋之言也信。光緒丙子，余以事至靈寶，過止惺臣舘，又加欵焉。明年，清麓刻朱子各書，即招惺臣襄校。惺臣不余鄙，而又執贄其虛心愈見矣。厥後，屢來山齋，未嘗不歎惺臣之廉潔自修，孜孜學問，進而益上也。仁齋設教靈寶，弟子不下百數十人，能守其學者，僅可指數。未親受門牆，而往來問辨，獨得其旨要如惺臣者，且犖然推之矣。河南自二程夫子後，不少豪傑之士，國朝湯文正公其學雖本夏峯，而其躬行實踐，卓然一代大儒。儀封張清恪公，力守洛閩，大聲疾呼，諄諄以辨明正學為己任，余嘗與惺臣尚論，所期一振中州之學脈者，非吾惺臣而誰，不謂年僅五十有九，遽逝也。悲夫！

惺臣之學，一以程、朱為祈嚮，不泛濫以博雜，不空疏而固滯，篤於敦倫而誠於接物，其才足以濟變，其守要以審義。

惺臣之葬也，朝邑馬伯源思遠志其墓，述惺臣生平為獨詳。惺臣門人孫寬、栗維翰，

---

[1] 民國《閿鄉縣志》加按：湖水實發源大湖、小湖諸峪，非出於夸父山。《水經》之說未確。《縣志》亦不誤。公謂山川主名亦有時更易，則指大湖為夸父山也。

又詣清麓求文外碑，為特敘其交遊始末，與夫學行之大略，而表于其阡，俾世知惺臣為學之志，有不盡於是者。顧惺臣有子曰嘉會，美才也。方年十四，惺臣攜之西遊，以見關中賢士大夫，將以廣見聞，增識量，擴而大之也。今嘉會已補諸生，果不負乃翁不以伊洛之學為迂，而盡心焉。則惺臣為不死矣，嘉會勉乎哉！

光緒辛卯冬月。

（文見民國《閿鄉縣志》卷十九《金石志》。王興亞）

劉肅之妻馬氏節孝坊銘

來作垣

郎水之外，漢臺之旁。于歸二載，不天而孀。媍兼子職，節嚴履霜。惟孝能友，弟稱嫂娘。

二親終堂，宗紀為綱。教撫猶子，嫻于義方。水清湖上，雲高鼎陽。古稀年屆，樹表立坊。

（文見民國《閿鄉縣志》卷三十五《金石志》。王興亞）

新修養濟院記

劉恩恕

邑舊有養濟院，而故址無存，蓋頹廢之日久矣。光緒辛卯秋，余始捧檄權邑事，即議修建。顧公私赤立，費無從出。越明年春三月，輸賦於司庫訖，尚有羨餘百三十餘金。余曰："此太倉餘粒留以惠吾民者也，其修為養濟院為宜。"於是，益以邑中捐款，及贖鍰都二百八十金有奇，遂於城南隅相度官地，鳩工庀材，諏吉興作。經始於六月初旬，閱三月而工竣。為大門一所，正屋五楹，垣牆四周，實用艮二百零六金有奇。尚存艮七十餘金。余將以為修理街道，疏濬溝渠之用，牽連並及示不以前項錢沒官也。吾因之有感矣，人之欲善，誰不如我。使是羨餘百三十餘金者，歲歲而累之，其沾溉吾民不更溥乎。抑聞之，愚民可與樂成，難與圖始。今余既倡捐於前，而邑士庶樂輸於後，曾不數月，成茲鉅觀。是始事之難，余既與邑士庶共圖之矣，至有基勿壞，樂觀厥成。是在繼長增高，以為久遠計耳。或籌經費以作歲修，或捐地畝以為永業，安知閿邑之大，不有人焉出而善持其後耶。余日望之矣！院成，書此以志歲月，凡監工銜名及捐貲姓氏，例書碑陰，俾來者有所觀感焉。

光緒十八年。

（文見民國《閿鄉縣志》卷二十《文徵》。王興亞）

清德祠記

湖南益陽人王維國

荊山書院之西，有破屋數椽，蓋邑賢侯遺愛祠也。無何，廟貌頹毀，木主無存，又幾何時祀楊伯起先生於其中，易榜曰"漢太尉楊公祠"，而遺愛祠之稱遂廢。光緒辛卯夏，前任孫侯叔謙以祠敞，甚懼其覆壓也。乃扃其户，而移楊太尉主於書院齋舍中。越明年秋八月，劉侯為政於茲邑，且期年矣。治民以寬，事神以敬，將諏吉展祀於楊太尉，而病其几筵弗肅，神不寧處。學博李君、張君同啟侯曰："書院右偏，故有楊公祠，或傳為某邑侯祠，今湮沒不可考。及其棟宇，未即傾圮，葺而新之，不亦可乎。"侯曰："然。是吾責也。"遂捐廉鳩工，躬自巡省，見除室敗堵中有碑隆然，塵土湮漬不可辨。亟命舁置爽塏處，洗剔而讀之，一為《梁侯元瑾豁免官廚食米頌德碑》，一為《朱侯家濂設立在城集禁斗級牙行擾民告示碑》，均乾隆間事。一為《胡侯廷儀豁免官廚食麵頌德碑》，實嘉慶間事。今南簷內屹立三石是也。工既訖，功[恭]迎還楊太尉主而祀之。學卜及邑摺紳父老咸在，侯因謂紳等曰："維茲三碑，非斯祠所自昉乎。斯祠之建，非以梁侯諸明府皆有德於民乎。維諸明府之德，若等祖若父實身被之，遞嬗以迄無窮，烏可忘耶。今以祀太尉故，而廢諸明府之祀，於若等安乎。且太尉之碩德既祀鄉賢矣，復奪賢令尹之席，以為俎豆之場，太尉有知，必不即饗於茲也。無已，則惟補製梁侯諸明府木主，與太尉合祀一堂，庶賓主之誼既明，神人之情允洽，若等其有意乎？"僉曰："謹如鈞命。"侯曰："若然，祠額不可以不更也。"以屬其友王維國。維國謹案：孔融謂曹操曰，楊公四世清德。言自太尉至彪也，卻金暮夜，戒懼四知，太尉之清德，彰彰矣。古人德政碑，皆謂之清德頌，如魏張猛龍碑，額書"魯郡太守張府君清頌之碑"是也。梁侯諸明府，居官行事，必有可觀，惜邑案牘燬於兵燹，無可徵信。惟是斷碣殘碑，粗存崖略。其清白之操，慈惠之德，未可聽其沒而不傳也，其榜曰"清德祠"為宜。侯曰唯。是宜為記。遂書其事，以諗來者。侯名思恕，湖南新甯人。學博李君，名光華，澮縣人。張君名前勳，鄭州人。咸有事於斯祠，例得備書。

光緒十八年。

（文見民國《閿鄉縣志》卷二十《文徵》。王興亞）

孫耐松墓誌銘

華陰人王守恭

伯道之行，見于今日，如閿鄉耐松先生是已。同治五年，粵匪蔓延，殺掠犯閿邑。先生攜家人逃避，賊逼近，不可脫。其侄上元方在襁褓，先生亟負之，舍家人奔避，既而均無恙。鄰里咸嘖嘖于口。

　　先生姓孫氏，諱春蒲，世籍閿鄉之西姚村。祖諱可造，考諱森，字子嚴，皆庠生。妣杜氏。子二，長即先生，次春芹先生。生而樸實老道，二十後，苦力讀書，補諸生，濟物愛人之懷，處處誠懇而好正，疾邪流俗莫敢犯。與邑之朱棟、潼關周至德稱莫逆交，皆正人也。既而，更與韓省愆先生友善，並善其子惺臣。惺臣昌程、朱學，先生心推身遵，不啻其口出，其門人有並及惺臣之門者，行潔深造之士，每正月，無老少，均延食于家。余訪惺臣先生，輒來聚談。光緒癸巳秋八月，病亟，囑上元曰："我沒後，汝謹勿染煙賭，並不敢背我之舊好。"囑門人孫寬、朱灼南、車指南等曰："喪，其勿用鼓樂，相奠勿服青衿錦衣。求于朱子家禮勿背。汝等力主之。"初七日，終於正寢。距生於嘉慶二十五年庚辰，壽七十有四。配陳氏，無子，以上元嗣。女一，適營里周姓。孫三：長潤生，次望生，次秋爽。卜本月二十八日葬村東北祖塋。戌山辰向。

　　余以事適至閿鄉，孫君來謀藏幽文。余謂如先生之大節細行，即無文亦不能泯沒。余志先生，可告無愧辭，乃為之銘。銘曰：

　　人之云亡世風醜，先生節行獨不苟。前來山前正邱首，我銘諸幽待悠久。

　　光緒十九年。

（文見民國《閿鄉縣志》卷十九《金石志》。王興亞）

重修鑄鼎原黃帝廟奎星樓記

孫叔謙

　　閿鄉城東南十里，岡巒起伏，孤峯獨秀，土人呼為黃帝陵。蓋鑄鼎原故址也。古史謂黃帝鑄鼎于荊山之下，即為其地。相傳漢、唐嘗立廟于茲，今僅存王、顏所為碑銘，又石廟一間。明萬曆中，縣令黃，方始為廟三楹，以祀黃帝。又于廟後起奎閣，與縣學奎樓相對，而以其旁為僧舍數間。天啟三年，廟燬于火。崇禎初，李服義重修之。明末，寇至，又燬焉。國朝康熙中，耿君文蔚復建廟。乾隆丙寅，梁君溥從邑人請，重構奎樓，高六七丈。咸、同之際，廟因兵燹被焚，僧舍亦無存。余以己丑秋，來涖是邑。時方議修河隄，相度地勢，暇日，偕邑人循視至此，曰：此縣城來脈也，胡傾圮若斯？邑人因歷述廟樓興廢，以為地據巽方，實為一邑文明所關。今斯邑科名不振，已四十餘年，或以此故。余乃亟思所以培植之，與紳士籌貲，重修廟宇，並立僧舍六間。舊建奎星樓，亦皆丹堊一新。功甫竣，而余調任武陟。又三年，甲午科劉生必勃舉于鄉，于是，邑人士欣喜相告，以謂風氣之轉移，科名且自此益盛也。書來索余為文記其事。余謂形法家言是，烏可盡信哉。劉生獲舉，果因修樓而後驗乎？夫因其廢而復修之者，地之有司之事也。為其事而務求其名，施之於政且不可，況於為學。吾願邑父老教子弟以修身立行植其基，講學為文窮其理。黃帝曰："日中必熭"，言功效之自至也。諸生慎勿泥風水之說，以擾其精進之功。是則余之所厚望也夫。有志之士，其以余言為信否耶！

時光緒二十一年五月。

（文見民國《閿鄉縣志》卷二十《文徵》。王興亞）

韓母李太孺人墓誌銘

雒陽人高猷

孺人姓李氏，閿鄉人。母張，有賢操。父寶珍，歿。張氏堅志卓力，撫成孤弱。孺人既笄，歸廣文韓靜菴府君。府君貧窶赤立而好學，問業薛仁齋先生，家政一遵朱文公法。孺人慎奉規約，率先家衆晝業井竃，夜工紡纫，鞏幼資給，勞萃十指。兵火凶荒，遞遭艱阨，掇拾節縮，俛仰無缺。量濟贏困，不贏粟粒。姊張孀孤，依居以老。有從子用亨者，未齔而喪母。孺人愛養若己出。為三娶，無子，竟病歿。孺人悼傷成疾，越歲，遂不起。然性嚴整，病數月，未嘗一日不正衣衾，謹盥漱。彌留時，猶令子婦扶掖起，謂日已加辰，不可安寢無節也。宣統三年四月二十五日卒，距生于道光十七年九月十一日，春秋七旬有五。以六月初八日祔廣文府君墓左，庚山甲向。生二男、三女。二男更夭殤，晚生嘉會，舉光緒丁酉拔萃科，尋中壬寅副貢，與余同學，梁苑湘潭黃曙軒先生門韓合卿者也。女，長適郭，次王、次潼，廩生員楊希億，皆先亡。孫二：銳，高等小學校畢業；鉞，小學校受讀。曾孫景湖尚幼。銘曰：

賢母之女，復為賢母。佐賢夫子，賢嗣克守。茹荼嘗辛，養薄德厚。孟耶陶耶，抑歐與柳。刻銘幽石，以藏碩阜。

宣統三年四月二十五日。

（文見民國《閿鄉縣志》卷三十五《金石志》。王興亞）

盧氏縣

親民堂記

知縣劉瀾

盧之堂盡於兵燹。余承乏茲邑，憫敷政無地，即舊址而創堂，雖一手一足，未嘗無酬賞也。一土一木，未嘗費里巷也。落成之日，名曰"親民"。蓋國家設官，惟令與民最親。非如棠茇桑稅，暫時相接而已也。自斯堂建，凡為民謀生產，厚風俗，庶幾殫心黽勉，為之令者心誠求保，為之民者稱觥介壽，儼然家人父子，綢繆一堂，媲美豳風，蘄於是堂無愧歟。若曰養尊處優，堂下萬里，則吾豈敢！後之君子履斯堂者，勿傳舍視之。

順治初。

（文見光緒《盧氏縣志》卷十四《藝文志》。王興亞）

重修文廟碑記

雷恭

吾夫子萬世師也，聖帝明王皆嘉重之。所以幸孔廟必書，釋菜禮必書，下而公卿大夫，凡有功於孔廟者，亦莫不書。盧邑孔廟壞於兵燹，雖經劉公創為鼎新，然歷年久遠，又為傾圮。邑侯蓋父母當下車謁廟之日，目擊其棟折垣頹，不禁愴然曰："學宮之興廢，實關人材之盛衰。"守令之謂何，乃聽其頹折如是乎？遂慨然以重修為己任，此丙辰冬事也。奈丁巳以迄己未，三歲凶歉，人無寧息，方謀生之不暇，而忍於動眾為也。庚申歲，境內小稔，重修非所急乎！於是，集諸生而謀之，隨分輸貲，所捐無幾。又解積苦之俸，鳩工庀材，不數月而大成殿與兩廡、啟聖宮，皆易土墼而磚石，廟貌莊嚴，煥然維新矣。異日文章道德之儒，接踵間出，實於此焉基之。非所謂有功於孔廟者哉。故書石以志不朽。

康熙十九年。

（文見光緒《盧氏縣志》卷十四《藝文志》。王興亞）

蓋公去思碑

杜桂

余濫叨吏銓目人多矣。良有司不繫見，而世之稱良者，非曰某也才足以強幹，則曰某也聲明藉甚。抑知才之累德也久矣，名之失實也眾矣。作吏者存一恃才之心則喜事，喜事則事多更張，而不足以係人謳歌也。況叢怨者乎！抑存一弋名之心則矜事，矜事則事多粉餘，而不足以動人深思也。矧賈譽者乎！凡此皆競為卓異，而實非循良也。我邑侯蓋公，自丙辰冬來蒞盧邑，五載於茲矣，不恃才，不矜名，煦若春風，藹如慈母，謂非品之卓異，職之循良者哉。然其所可思而美者，正未易悉數也。催科寓撫字之仁，明農講孝弟之義，非正之貢則罷，不急之務則止，訟之至於庭者平其忿，不許其私。民之罹於法者正其罪，不追其往。而且嚴保甲以備不虞，修城垣以戒封疆。念學宮之傾圮也，為之捐俸修葺。慮士子之貧寒也，為之全復優免。公之德政如此。余方將說項，當寧交薦顯擢，奈公歸養情殷，而仁孝之情迫於中，曰白雲親舍，望眼欲穿。吾何忍以身外物，易膝下一日之歡也。詳請各憲臺代為瀝陳，皆嘉其孝思，允其歸養，適如公之願焉。迄今去則去矣，不能挽已去之轍，惟勒石以志，見公之不負吾盧，而吾盧之不忘公也云爾。

康熙二十年。

（文見光緒《盧氏縣志》卷十五《藝文志》。王興亞）

邑侯張公重修奎樓記

杜桂

盧之奎樓，去文廟僅數武。坐東南隅。蓋明嘉靖四十年，守令郭公諱之幹之所建也。歷年多，頗遭風雨摧折，竟搖搖欲墜，過此者謂將來恐有離黍之傷，可若何？康熙二十二年，公奉簡命知吾盧事，至謁廟畢，喟然曰：盧巖邑也。地雖彈丸，其中豈乏脫穎之士。己酉後二十年來，屢科不登，毋乃職此之故乎？夫奎樓文風攸關，而頹焉不舉，亦守土者之恥也。思稍緩時，即謀所以修築之。詎知公非僅百里才，蒞任伊始，即為各上官所推重。未幾，藉公董理大兵，而百姓安堵。未幾，又藉公代庖宏農，而甘棠再歌，如是者近期年，而盧之庶務亦未始有叢脞。事畢，旋署。公曰：奎樓之役，可以興矣。乃集紳士於明倫堂共議。謂前此奎樓覺狹隘不壯觀瞻，今日之舉，循故址而四面須濶，高視昔倍數仞焉。衆皆是其說而踴躍從事。公先解伍拾金，以為鳩工庀材之先資。正經營間，無何，公又為閿山所借寇不獲親其事，乃屬外翰郭陞、岳玉衡、朱陽、巡司陳士玉、縣尉周鼎、歲貢生靳柱明、雷恭及生員王暉、李世榮、周曰庠、王賓、王憲、杜震生，共襄厥事，而余亦附驥，此二十五年事也。越明年，工近強半，不意有復隍之變，議再舉，衆皆有難色。而公之志不少衰，且益堅。戊辰歲，公毅然復有事於土木，即傾囊亦所不辭，且日出其躬耕所入者，以食各匠役而不知惜。省試之勤，無虛日亦無虛時。從來官長在地方有所建立，不過視為故事。公之為此念茲在茲，宵衣旰食，不啻治私家事，而一時共事諸君亦如之。不迄年，奎樓煥然改觀矣。而規模制度，迥異尋常，且巍峻直逼雲漢。余嘗宦遊四方，足跡所至，所閱奎樓頗多，若吾邑今日之奎樓，可謂觀止。獨是工程浩繁，非積年不克竣，乃經營於二十七年二月，至十月遂落成焉。噫！成工甚捷，疑有神助，靈臺之詩，可藉以為咏矣。厥後盧之人文蔚起，登賢書，掇巍科，其踵武相接者，皆公賜也。尚其無忘所自哉！

爰鐫之石，以誌不朽，且以勵多士云。公諱國卿，瀋陽人。

康熙二十七年。

（文見光緒《盧氏縣志》卷十四《藝文志》。王興亞）

原授懷慶府武陟縣教諭王公墓誌銘

張雄圖

公諱麟振，字聖功，晚號西堂逸老，盧氏人。恩貢生，舉孝廉。再辭不起，選授武陟教諭，不赴。其始祖諱源長，元末為盧令，占籍。十二世，至公高祖良辰，仕湖廣大同尹，其第八子納士生萬春，萬春生邑庠增廣生辰居，是為公父，性高曠，不事生產，值明亂失業，寄帑臨邑，授生徒自贍。五旬餘，始生公，四齡失恃，藁葬桃林，隨父屢轉徙，迫瑣窘亂，歷數年，甫總角，輒屹立如成人。弱冠，就館南谷，數歷艱阻，志不少移。即而竭力置舍，葺三楹室為奉親地，顏曰"寧壽"。屆康熙丙寅入泮，庚午食餼，治舉子業，兩次不售，即棄去，專意色養。父登九秩有三，公不離膝下計廿餘年。考終時，公致毀幾不勝喪，究之躬舁母襯歸祔西山。自是益絕意仕進，肆力經學，刻意尚行，楷範後起，剛方廉直，恬退孤高，義色法言，士驟接見，率悚仄不自安。久與之處，咸敬信折服，奉為老師。蓋公志高氣平，方以自持，和以接人，故令往還諸名輩始如負芒，終若飲醇。治家嚴而有法，門庭蠲潔，什物整好，安措布列，無論巨細，具按程度。一身之御，冠紳衣履，雖極敝尚淨，治無纖微污摺。為諸生三十餘年，授生徒百餘人，未嘗計館金，即束脩不具者迄弗問。向經其指誨者，不徒以科名見於世。其文行威采，見之不向，知為王氏門下士。

公於康熙辛丑膺歲薦，雍正元年改恩貢，是年舉孝廉。學師邑侯知公有端人之目，據公議以公應詔，再辭再舉，終不起。已而，制府田公採屬邑人望，獎公聞，額其閭曰"年高德劭"。五年，部選武陟縣教諭，不欲赴所，親勸之，駕抵汴，一謁制府，謝弗就。促駕歸里。時盧令吳公始下車，耳公名，敦延再四。公感其禮意，勉以過從，吳公見輒傾服，謂公醇儒云。至其所學，則天資穎悟，務在精研六經子史，及有宋迄今言理諸家，尤抉其精要，見諸體驗，擁比講授，多引古今禮亂人情物理，觸類印正，俾聽受者各厭其意而止。

公富於著作，前郡伯石屏張月槎先生見其一二古文，極口稱之。選登郡誌。詩亦雄健，制藝不屑揣摩，氣骨剛正，自成一家。晚節所拈，下筆輒成，窔奧渾堅，更進一格。令子景福手錄成袟合數百首。書倣歐體，方嚴整飭，類其人。

公逝之前，聞偕學師謝公躡城之東隅文星閣，高可百尺，陟其絕頂，吟眺縱談，共羨矍鑠，不日攖疾告終。傳聞所至，哀動遐邇，哭弔者雜遝里門，視潁川陳君不啻。雄圖與公嗣君景福忝附至交，稱兄弟行，先後兩接公顏，誨訓諄復，皆謹志不敢忘。丁巳春，晤景福於京邸，詢公起居，知安健如庚戌見時。旋於七月歸里，遽聞公訃，駭詫涕零，愴恨無似。庚申春，來洛，以公墓誌見委，末學不文，何敢妄司銘石之任，特以忝在通家，誼兼猶子，理難過辭，謹以來狀，撮而誌之。按：

公生於康熙癸卯年二月二十七日戌時，卒於乾隆丁巳年六月十九日巳時，壽登七十有五。配張氏，合葬於西山臥牛崗之原。銘曰：

義川之川兮羌既清而且漣，義川之山兮指嵩高以巖巖，奇毓川而靈鐘山兮爰篤生夫名賢，德學山而至山兮阻峻崿以難攀，化川流以如川兮教澤溥而淵涵，即棲山而孔安兮大德何取於必官，矧樂水以川觀兮碩人遺軸而且安，胡弗憖遺而溘然兮等川涸而山騫，卜甕宮於西上兮指馬鬣與牛眠，溯川上之迴瀾兮緬圭方而珠圓，礱翠珉以雕鎸兮勒芳躅於不刊，山為谷而陵復為川兮貞茲兆於億萬斯年。

乾隆二年。

（文見光緒《盧氏縣志》卷十六《藝文志》。王興亞）

清故通許學博杜公（謙）孺人常氏莫氏李氏合葬墓誌

【蓋文】

清故顯考邑拔貢生敕授修職郎開封府通許縣儒學教諭杜公諱謙字萬吉顯妣孺人常氏莫氏李氏合葬墓表

乾隆五年十二月朔一日。

孝男業文立。

【誌文】

清故通許學博杜公孺人常氏莫氏李氏合葬墓誌

杜公諱謙，字萬吉，乃吏部驗封員外郎公之長孫也。員外公生二男：長邑庠廩生，諱興祚，字伯起，早逝，無嗣。次拔貢生，諱弘祚，字伯振。生二子，長即萬吉公也，與伯父承繼。公生而穎異，幼讀儒書，甫弱冠，即入庠闈。二歲，應國家選拔，方奮然有凌雲志，不意叔父亦中年棄世。公以一身，上有祖父、母及嗣母雷氏，賴公奉事；下有幼弟年不滿旬，賴公撫誨。而公天性孝友，器宇恢弘。事祖父、母則奉養殯葬，無不盡情盡禮。事嗣母，則承顏諭志，恪供子職，迄年老送終，衣衾棺槨，擗踴哭泣之情，一如其前之葬兩大焉。殆所稱□□克敦者乎。待弟則殷勤鼓勵，俾弟既克入庠，旋援例以納貢。同居數十世。撫諸姪，則朝夕教誡，延師授學，可謂手足情篤者矣。至其待族人之仁，處鄉黨之義，養僕隸、臧獲之寬嚴各得，而足為人所敬重者也。尤可羨者，公年逾知命，奉簡書秉鐸通許，蒞任以後，闔學推戴，通省知名，各上憲嘉其才學兼優，將交章舉薦焉。乃天嗇其數，忽得項疽，延挨數月，竟終於官，是可傷也。公元配常氏，邑庠生常克讓之長女，無出。媵妾□氏。生女大姐，適廩生王昌遇。續絃莫氏，邑庠生莫光斗之三女。生女二姐，適廩生莫廣。三娶李氏，陝郡庠生李元善之五女。生女三姐，字桃林太學生王帝命之次男业儒王绵世。又有侧室王氏，无出。而天道无知，不免邓伯道之悲，季□业之承继焉。

公生于康熙十七年十一月十五日寅时，卒于乾隆四年九月二十四日寅时，享寿六十有二。今择吉于乾隆五年十二月初一日，合葬公与孺人於祖茔之侧。先期求予为文以志。予不辞弇鄙，为之质言以志，且系之铭。曰：

维公之德，孝友纯良。维公之才，干济有方。卜试通许，声闻显扬。镌之贞珉，万世不忘。

邑庠廪膳生员眷王大谟顿首拜撰。

癸卯恩科进士伊水弟汪闻铨顿首拜书。

时乾隆伍年十二月朔一日掩圹。

孝男业文。

孝侄业广、业善　仝百□。

（志存卢氏县文物保护管理所。李秀萍）

重修白衣大士阁记

雍正庚戌科进士王尔鉴

昔西方佛氏以寂灭起教，说无为之法，普度世人，出离生死，得度未尽，穷而变焉。故现希有相，作大士身，为观世音，化流中国，其迹最著。至灵应感人，彰诸往史津梁可谓至矣。而初犹未也。复出百千手眼，以圆对众愿，是为大悲。大悲者，现象于动中，以一心而应万有者也。众各有愿，愿不皆同，有所者，举世奉之无贰，则仍播动中之万有，而归于静一，以待求者。是现白衣大士身，大悲白衣，皆观世音也。盖自晋、魏、梁、隋至今，佛氏之宫满天下。而观世音之阁亦满天下，于是乎大悲及白衣之阁俱满天下。

吾郡居天下之中，吾邑僻在西南城东里许，向亦有白衣大士阁。岁久，里中父老从而新之，邮致乞记。余自释褐作宰于鲁於齐，去乡十馀稔矣。不睹其新，乌能作记，虽然，亦何可辞。盖阁也者，举世奉为祷祀，似续之所而无贰，吾邑不应独异也。第佛氏以寂灭为教，弃而君臣，去而父子，禁而相生养之道，以求寂灭。而灭度即在彼国亦难胥化，而况中国。今大士独听其挚息，使两间之正气常轮转，笃生伟人，荷擔正教，化诲流俗，不至溺为鬼魅，其亦塞其穷而通其变者乎。然而一于似续何也？曰："人生长寿富贵，虚不可必，虚则不切。已而，愿睽其情缓，缓则诚未至而应亦泛焉。求者疏之，唯生人之理致实，实故可必抑切。已而，愿专其情急，急则诚至而回应，求者亲之，理固然也。于大士何与？然则奚主于白衣？曰白者，金像也，水生于金，子固水属也。象以义起耳。然则合一乎？曰然。白衣也，大悲也，一观世音也。观世音一佛也。奚为变？曰法穷必变，易之道也。圣人云："易穷则变，变则通。"佛氏之教，几偏中国，果能知此意乎？则举世奉之而无贰亦宜矣。吾邑虽僻隶中州，而乘化先于斯阁之新，可即是说，以塞父老之请。赞曰：

金粟既化，白衣水淨。皎兮潔兮，靈臺明鏡。曷以迓休，曰誠與敬。克敬克誠，靡感不應。維熊維羆，錫行厥慶。

(文見光緒《盧氏縣志》卷十四《藝文志》。王興亞)

盧氏縣龍山書院碑記[1]

龔崧林

有學校復有書院。書院所以扶學校也。白鹿、嵩陽諸大賢刻意造就引掖人才，而一時遊息其間者，理學氣節，經濟文章，多卓卓表見於當世。則書院之為功懋哉！

我國家崇重正道，加意作人，州郡學校既各整飾，又聽守土之臣廣立書院，導揚雅化，以故山陬澤國，多有建立，絃誦之聲，徹於中外。某前任粵東海陽，首剙韓山書院，既尹洛陽市，設書院十有五所，凡皆為人才計也。

歲乙丑，來守陝州。州有召南書院，餘邑率未建立，方謀興作，而盧氏陳大令所創書

---

[1] 光緒《盧氏縣志》卷十四《藝文志》錄文與此有異。茲錄出於下：

有學校復有書院。書院所以維學校也。始於唐，盛於宋，衍於明，諸大賢身任教化之責者，刻意造就，懇懇為諸生言治己治人之道，而士之服習其訓者，理學氣節，經濟文章，多卓卓表見於後世。則書院之為國儲才豈淺渺哉！

我國家崇重正學，加意作人，州郡學校既各整理，又於省會建立書院，歲支國帑千計。中州舊有四大書院，自厯任撫軍，又飭守土之官，廣建書院，導揚雅化，以故山陬僻壤，絃誦之聲，徹於原野。某前任粵東海陽，首剙韓山書院，貯書萬卷，用供誦習，置田三千畝，以為度支，至今稱盛。繼奉命至豫，前大中丞雅公以余讀禮，摺請主講大梁三年，授洛陽市令，於周南書院外，關廂各設書院十有五處。凡皆為興賢育才計也。

歲乙丑，來守陝州。州有召南書院，而所隸三邑，或有或無，方事區處。而盧令陳君適以創立書院請。盧故山僻地，士子事詩書者數寡他邑，而其實過之，特鮮所就正，以歸於粹美。陳君以循視沙河登號公臺，喜其山水秀麗，為邑中佳勝地，欲立書院於此，而費無所出，商諸紳士，具言各保故有義學十處，皆有公田，用代塾師修脯，今則廢其業，而侵蝕其田，若釐而歸之公，事可集也。君廉知其無益，狀詳請於監憲張公。公素敦作人之化者，深嘉其請，並令通詳列憲歸田得六百餘畝，刻日即號公臺新立書院，頭門五楹，講堂五楹，學舍六楹，廚房兩楹，繚之以垣，經始於丙寅二月，凡越三月而落成。時某適循行至盧，視其形勝，並其規制，即以所枕主山名之曰龍山書院。蓋取乘雲變化為諸生兆也。五月，始敦請山長到院，選諸生，給膏火，肄業其中。方踰月，而陳君遽捐館矣。

嗚呼！教化之責，守令所先。如陳君用心可謂不負厥職，但規模粗就，儒染未深，使得久任茲土，漸摩士類，其功效必有可觀者。何天奪之速，不能為盧少延也。雖然，陳君往矣，而其澤與書院相終始。矧余為州刺，教化之責猶樂肩之。繼自今將立教條，以為獎勸，察勤惰以為鼓舞，庶幾士之游息其間者，各精於勤，毋荒於嬉，相與明理學，敦氣節，本經濟為文章，則出而功在天下，處而功在名教，其事業寧有終極歟！至後之尹盧者，皆克體陳君意，而益為之善其後，則人材輩出。龍山書院且與唐、宋以來相埒，是則余之所望於無窮，而即陳君之所以不朽也夫。

陳君名思震，字東來，江西永豐人。康熙丁酉科孝廉，甲子秋授盧令，政績操履，詳本傳中，茲不贅。

院適成，聞盧故山僻地，士子事詩書者，肄習無所，將何就正以歸於粹美。陳令以循視沙河，登虢公臺，喜其山水秀麗，為邑中佳勝地，欲就立書院而乏支用，商之盧人，具言各鄉舊有義學十所，皆有公田，用代修脯。迺者或不能為子弟正句讀，殊失始事意。若釐而歸之公，事可集也。陳令詳請於監司張公。公夙作養士類，嘉其請，令各歸田，得如千畝，刻日即虢公臺作書院，門幾楹，講堂幾楹，學舍幾楹，內屋幾楹，繚之以垣，經始於丙寅二月，凡三越月而落成。時某適循行至盧，視其形勝，及其規制，名以龍山。蓋欲其與盧山並壽也。五月，始敦請山長至院，選諸生，給膏火，肄業其中。才月餘，而陳令遘疾作，遂不起。

嗚呼！教化之責，守令所先。如陳令之用心可謂不負厥職，乃事方草創，而忽焉□逝。竟不獲睹成也，惜哉！雖然，陳令往矣，而其澤與書院相終始。繼自今士之肄業其間者，各精於勤，毋荒於嬉，相與明理學，敦氣節，講求經濟而發之為文章，則出而功在天下，處而功在名教，何莫非陳令之所成就也。後之尹盧者，苟能體陳令意而益為之善其後，則人才輩出。龍山之傳當與白鹿、嵩陽並垂千古，是則某之所望於無窮，而即陳令之所以不沒也夫。

陳令名思震，字東來，號一亭，江西永豐人。康熙丁酉科孝廉，乾隆甲子秋授盧令。

乾隆九年。

（文見乾隆《重修直隸陝州志》卷十五《藝文志》。王興亞）

重建盧仙廟記

李烱

漢始以邑為盧者，昔盧仙得道於此，標其姓以誌之，地以人而著也。仙名敖，秦博士，嘗遊北海蒙谷之上，遇異人相問答，見於《淮南子》等書，後在城之東大街，結茅修真，旋即化去。今之成德觀其遺址也。

玫觀修於後周之顯德四年，至宋時重修，始易今名。歷乎元、明，皆增葺不廢。雖莫識其創自何代，要亦為仙而闢此道場也。丙寅歲，余謁選京師，忽夢先孺人摯余衣，登高峻，越巖巒，遙見一聚落，指示曰："此爾治也。"余猛醒，因覽銓策有盧邑，竊念先孺人盧姓豈其兆耶。後為同銓所得，余得蠡縣，方謂不符，繼以引見改除，始訝前夢非偶。索考盧志乃知有仙也。是冬抵境，皆仿佛命中所歷。及詣觀，而仙之象位，湮失久矣。余深慨焉。當秦之世，君德豪侈，崇尚神仙，徵召方士，一時黃冠羽服者流靡不競，榮華而張虛幻，仙其臣僚也。獨遯跡幽巖，闡求元秘，誠得清淨之宗者，宜其超登絳闕，而異代興思，猶誌之不忘也。特是邑既因仙而得名，則仙乃邑之所自始，即屬香火之區矣。吾意白雲悠悠，黃鶴雖杳，而睠懷舊舍靈爽，未望青冥沖漠之中，時陟降上下，以奠安我山川，保乂我民人與。今使其無一椽之祠，一縷之煙，亦昧乎其本矣。即余也少荷慈育，從先府君訓讀，獲登賢書，出宰百里，不幸兩大人皆不逮養，每思所自，霜露愴懷，而罔極深恩，猶於夢中警異。吾知靈爽式憑，睠隨予職陟降盧土，以鑒觀我得失，啟祐我顓蒙與，則余治盧而不敢忘親者，亦願居盧而未可忘仙也。況境內金臺玉宇之設，所在皆是，而觀西之盧醫廟，乃周時扁鵲以醫術顯化於此，即《史記》所載割皮解肌洗腸滌胃，以療虢太子者，迄今奉之，號曰盧醫。此又人以地而著者也。第其時，何以遂稱盧乎。豈以後之盧其地，因之盧其醫耶。則先乎時者猶在仙姓氏轉移之中，凡後乎時者，甯不在仙姓氏丕冒之內哉。余經度久之，於盧醫廟後得隙地數丈，建殿三楹，中設仙位，以供香火。恐其無守也，搆舍二間，招僧居之。恐其難久也，置產一區，收息膳之。蓋此地距觀不遠，猶是曩昔依棲之所也。而地以人著，人以地著，儼相合焉。且余歲時展謁之下，永思庭訓，懍守官箴，而盧民亦不忘盧之所自始，庶幾均得崇本之義云爾。是為記。

乾隆十一年。

（文見光緒《盧氏縣志》卷十四《藝文志》。王興亞）

重修萬壽宮記

貴池人知縣方時亮

盧氏萬壽宮，許真君廟也，在縣東門外未半里，背龍山，面洛水，羣山環抱，洵福地。嘉慶戊辰冬，余奉命宰斯邑，以祀事瞻禮焉。祠宇卑隘，局於展拜，默念新之，妥神靈而符眾望，尚未舉行。旋有江右南昌商人余承先、唐吉先者首其事，並眾善金，協力重修，葺其殿，拓其宅，工倍於初，創建原國朝雍正七年冬十月，首事江右金德茂，至乾隆辛卯歲，九龍澗水溢東注，所過寺廟多傾圮，惟宮存，咸以神護佑。庚午冬，工落成。乞余敘其事，勒石以示後。余乃樂從之。

謹按《十二真君傳》略曰：許真君名遜，字敬之，汝南人。祖玉，父肅，世慕至道，東晉尚書，即遭散騎常侍、護軍長史穆皆真君族子，真君弱冠，師大洞君吳猛傳三清法要，壯舉孝廉，拜蜀旌陽令。遭世亂棄官，東歸。與師遊江右，會王敦謀逆，往諷之。冀安晉宗社，不聽，去。遊豫章，遇慎即真君，謂門人曰：慎非人，是蛟精。江西患洪水，皆蛟致。不戮即遠遁，遂施法追潭州。蛟精與子皆伏誅。真君以晉太康元年令旌陽。寧康二年八月，於洪州西山隱宅，舉家上昇云。後之禱者，無不應。國朝加封靈感普濟之神。於戲！聰明正直之謂神，沖元翊化之謂仙。真君允稱兩得矣。功德施於當時，靈既昭於仙後，殆非虛無杳渺者比。伐蛟在潭州，隱居在南昌西山，迄今有鐵柱宮遺蹟，是故江右之人崇奉無虛，邑豈不知神在天佑眾生，豈僅獨厚於江右，斯宮固在盧，致敬則如彼神之來，假亦同彼也。首事之所願，眾善之所予，正不別夫長江右大河南，以方輿疆域為限爾。昔禹導洛於熊耳，驅百怪，奠萬民，民思其德，立廟金斗山巔。神繼其烈，後人報福，寧能不亟亟乎！是為序。銘曰：

於穆真君，生而為神。克忠克孝，惟慈惟仁。治有循聲，至善日新。除暴安良，伐蛟濟人。功德完滿，乘彼白雲。拔宅上昇，遊乎清旻。翊教贊化，靈佑垂勳。澤及環區，襃隆紫宸。熊耳巍巍，伊洛沄沄。萬壽名宮，九龍比鄰。千秋萬祀，鞏固無垠。莘原蒙福，奕世長春。

乾隆十五年。

（文見光緒《盧氏縣志》卷十四《藝文志》。王興亞）

重修西泰山廟記

黔陽人知縣易良俶

地之大德曰生，又曰成。地法天，山法地，天五氣，生五行，質麗地神，各以其方之鎮山，主之曰五嶽。東嶽主岱宗，祠獨徧天下郡國，類於東盧，乃西關外，頹復修，索予記。頗疑焉。聞形家言，邑西文星闕廟，以培然西武廟宜。天官家言，文昌宿在翼軫間，巽地宜。又奎宿主文，躔西方，則奎文閣宜祠，東嶽何居？繼乃大悟曰淵哉乎！斯義易乾坤六子，震為長男。震，東方也，是萬物之所生也。神古號青帝，漢《緯經》稱靈威仰曰蒼帝皆象東方色。佛老家乃稱，註生死定功罪，緣輪迴說，廣像教，諸冥神隸焉。其語多不經，然意不過以神道設教，使人知勸懲，今原始反終，悟天地大生廣生之理而止。萬物莫不樂生，而趨生之路。東嶽為天地長子，因代天地操生生之權。家長曰家督，家奉之。東嶽為天地家督，故天下奉之。祠皆東，固因生方乘生氣義也。盧署不正坎離，故乾巽無正東，今之東乃東北，艮方於署，法為天乙貴。天下無生而貴者，且凡生皆貴亦何貴。以生氣神奪貴，氣數非宜，且生必有成。正西辰為酉，卦為兌，是屬金，數主成署則生氣方祠東嶽亦宜。而盧城西實當西南隅，辰為申，卦為坤，署為延年方申陽，金以剛成，坤萬物之母，生震以為生之長，坤母承乾父之生而成之形，震長子能率坤母之生，以相與有成。又祀震於坤。如取家督而還置慈母之懷。是生之長，愈受所生之廡。邑人將愈受所廡之廡，生齒愈益繁，且年愈益延，葆生理以其遊盛世萬年。有道之長，無夭札，疵癘患用，樂其生，而若天地之玉汝成者，皆建震祠於坤之靈也。又所生豪且傑者，以經天緯地之文，體好生之德，而大有用才，胥於是乎成，則以為培生氣，其煥奎文之光又何如？予前蒞盧者四載，日思與士民謀教養休息，以生愧良多，而心不忘之故，於是發之，願盧之人，思之勖之，胥於神庥乎承之。是為記。

乾隆十五年。

（文見光緒《盧氏縣志》卷十四《藝文志》。王興亞）

創建盧醫廟戲樓記

莫士帥

嘗閱毛子戲說，而知戲非古也。祀神而用戲，尤非古也。然而《周禮》大儺之制，元衣朱裳，執戈揚盾，以索室驅疫，先儒謂其近於戲，則是在古為儺者，在今即為戲。世俗祀神，咸用戲矣。而予謂用之盧醫神廟為尤宜，何也？盧醫以歧黃之術，逐瘟滅癘，俾世免疢痾而登壽域者，已非一日。起虢太子之死於我盧，更為顯應，流傳既久，至今常驗。故建廟禋祀以來，里人往往獻戲，則是戲也，既有以達其敬神明之忱，而或神威之所至，假此優孟衣冠，拔沉捐滯如方向氏所掌，以和四時之氣，以驅百疫之災，而使民無夭札，物無疵厲。是即囊匭中之三斗火一壺冰也，豈徒區區娛神云爾哉！且戲樓之建，同社議之有年，而艱於倡始之無人，今周、蔡二君肩任其事，凡鳩工庀材，靡不殫心，而同志亦各捐貲，共勷盛事。是以不越月而告竣焉。想諸君或亦有見於是，而為此甚盛之舉。余又何必過執毛子之說，謂戲為非古而不可祀神也？

（文見光緒《盧氏縣志》卷十四《藝文志》。王興亞）

雲南呈貢縣知縣嗣經陳公暨配王孺人合葬墓誌銘

李名揚

乾隆丁酉七月八日，呈貢縣知縣嗣經陳公卒，越十年，公子翦始得擇吉而葬，先期求誌於予。予雖不能文，然自髫年，即從公之從弟顏學夫子遊，師友淵源，出自公門，則何敢以固陋辭。按狀：

陳氏世居邑東蔣渠村。前明庠生有諱大川者，為公始祖。太高祖君相，歲貢生。高祖王庭，廩生。曾祖綖，庠生。祖玉璽，廩生，積學力行，以誘啓後進為己任，所謂欽之先生也。父，例贈文林郎，則先公學古，事繼母以孝稱。母范太孺人，生公兄弟二，公行一，諱聖籍，號連山，嗣經其字也，以康熙戊子三月二十八日生。幼從欽之先生學，質性醇篤，既長，精研書理，講求法脈，其應童試之文，已循循有前輩風。家貧，未弱冠即授生徒，以教為學。乾隆辛酉，登賢書。癸巳，選授雲南呈貢縣知縣。呈邑地處邊陲，簡而難治。公下車，政尚嚴明，強暴斂迹，乃其巡行鄉邑，課晴問雨，則藹然家人父子也。邑有落龍河，往多水患。公為修隄，民獲安業。其他興利除害，隨分盡職，皆認真為之。而自奉清苦，居官無異於家居，蒞任三載，未嘗妄取人一錢。當事者亦未嘗見公一錢也。公宦情本淡，丙申，行年已六十有九。萬里之外，浩然思歸。太守永留之，不可。比明歲，旋里，越四月，而公竟歿。公亦能遂其志矣。其生平，恪恭謹慎，言笑不苟，惟於同人宴集時，把盞劇談，由由不忍去。其教於家，惟勤惟儉，子弟無敢嬉戲者。吾邑人文，公家最盛，而公以累世清貧，遵庭訓誡於教學。所歷館地或三年五年，六年七年，後在洪洞十有三年，所在成就人才不可紀數。其卓卓者，則公之從弟敬學公及吾師顏學夫子，相繼為孝廉，文品雙清，皆以公之學為學。回憶三十年前，承吾師訓，動引公言為之的。蓋公於文章一道，揣摩精熟，所與講貫，皆一時名宿。以故胸中書味，盎然不盡。宜公之脫軒冕，而志在林下也。公胞弟聖範亦長者也，後公八年卒。公配王孺人。治家有法，教子慈而嚴。生於康熙四十五年十月十五日，於公卒之年九月七日卒。公一子，霈，太學生。孫男二，長子通，次子正。丁未二月將葬公夫婦於九頃原之新塋。是為之誌而銘之。其辭曰：

世人逐逐，惟不知足。終日鹿鹿，惟其多欲。公惟寡欲，是以不俗。公惟知足，是以不辱，誰謂公無祿。

乾隆四十三年。

（文見光緒《盧氏縣志》卷十六《藝文志》。王興亞）

文林郎知湖北鄖陽府房縣事學光常先生墓表

李名揚

蓋聞天地之間有正氣焉，得其大者，貫金石，動鬼神，來有自，去有為矣。若夫習俗不能移，窮通不能變，精神命脈足以維持風化，而為禮義廉恥之大防亦既沒，而人愛重之者，則所謂豪傑之士也。

學光先生諱熙，姓常氏，以癸酉孝廉為房縣令。乾隆庚戌卒於官。辛亥，葬於里門之新壙。胞兄扶東公煦為之誌其生平大端，藏之幽室者已悉，而猶慮先生之德，無以表見於世，俾予為文，揭於阡。予自成童受業先生之門下，先生又予祖祖姑之子，而從祖姑之夫也，知之稔，何敢辭。

先生世居南蘇村，聞人接踵，大翁老先生附學生員，指南公孝謹傳家，舉丈夫子四，長即扶東公，附學生。三羔、四繼光公照，歲貢生。先生行二，生而端方，長有道貌，瞻視之間偉如也。入家塾，階平先生國泰為之師。階平者，先生之從祖兄也。儀範嚴整，非禮不動。門人多畏苦之。先生獨循循雅飾，畢生奉之不肯違。自謂諸生登鄉榜，教授生徒，理解實落，指引易知易從，皆以所學傳諸人。早負文名，晚更樸茂，卓然成家，以此困於春闈者屢矣。連年假館京都，一朝思親，浩然歸里，而元配李孺人及子家驗已俱病故，遺孀婦王又無出，先生知堂上之悲兒無家也，俱老人之不堪重戚也，曲成言笑，兄先弟後，怡怡然視兄弟之子猶其子，而教以勤儉讀書，常身先之。六年之中，迭遭大故，哭泣之哀，顏色之戚，不以酷暑隆冬或少減。於是，先生已六十七矣，為名孝廉，凡三十餘載。乾隆丙午，選授湖北房縣令。房五方雜處，地廣事繁，先生下車，除積弊，裁冗役，精神奮發，案無停牘，有益於民者，毅然為之。捐俸首倡，民不擾而事已集。其與百姓，相見猶家人也。啖之以利，則義行於色，不可犯。隨任至親三四人，家丁四五人，皆布衣蔬食，非宴會賓客不御酒肉。先生嘗言："官在惠民，未有不廉能惠、不儉能廉者。"涖任四年，清風兩袖，宜房之人，扶柩而送者之若喪茲母也。抑吾聞咬得菜根，則百事可做。以先生之人，加以遷擢，我知其不改此度也。以先生之志，終老牗下，我知其不減聲色也。學歸於正，立品必端，豈僅文章事業而已哉。繼配楊孺人，無出。取扶東公次子家梓子遇丙為家驗嗣。先生號后村，學光其字也。

乾隆五十六年。

（文見光緒《盧氏縣志》卷十六《藝文志》。王興亞）

考城教諭東渠張公合葬墓誌銘

李名揚

　　吾邑山高而水清，所出偉人，自唐功臣張虢國公後，見於史傳者無幾。前明以來，科目較著，而邑誌所登，復多缺漏，至有空列官爵，求其生前一言一行不可得。古人之貴留名，豈謂是哉！以予所見，鄉先達凋零殆盡，如東渠子者，固有恃以不朽者也。乾隆壬子十月丁亥，卒於家。予往哭之，其子國學生先芳，遵遺命踰月葬，乞誌於予。其門下士孝廉王君榦、諸生郭君起鱗、張君登颺等，皆為之請。嗚呼！公文人矣，予何敢誌。公傳人也，予何敢不誌。

　　馬渠張世，前世由倉西遷盧。明萬曆中，有庠生永仁者，公之太高祖也，生庠生學文，學文生佐，佐生其瑗，亦庠生。其瑗生潔，貤封修職郎，公之父也。母莫太孺人，生四子，公居長，次國學生月梅，丙子舉人。月林亦有文名。月川出繼近屬。公諱月桂，字丹枝，號東渠，別號龍山居士。以康熙乙未九月辛亥生，弱冠入庠，乾隆辛酉選貢生，明歲入太學肄業。戊辰，補鑲藍旗教習。辛未，選西華教諭。癸酉，丁外艱。甲申，補考城教諭。壬辰，告歸養。辛丑，丁內艱。乙巳，復任考城。辛亥，告歸。其生平所歷概如此。公生而警悟，入家塾，即能穩坐不妄動。然性嗜山水，年十四，應試河南郡，周覽洛陽市名勝，喜見漢、魏、隋、唐之故迹。及入京師，遊密雲，探黍谷風台之奇，北瞰長城，而燕、趙慷慨之氣益貯焉。林下之樂，則熊耳伊洛間，一邱一壑無不到。其經年閉戶，不接人事，而課讀著述其中者，來鶯齋也。故公之博學強識得於靜，光怪陸離得於動。所與遊必妙選天下有名士，三任學博，皆以倡明古學為己任。訓士之方，前後學憲往往飭知別郡通行之。至於居家孝友，以儉以勤，推財讓產無少吝。又公高曾以來家風，固然無足異者。公為人倔強，不合所宜，或規其過，則欣然引為益友。居心坦白類如此。元配常孺人，有婦德，前公五十四年卒。繼配莫孺人，前公五年卒。子先芳，莫孺人出。女子三，亦莫孺人出。孫男兆祥，孫女二，婚字皆名族。莫孺人賢而孝，善處妯娌，教子亦務持大體，不煦煦於兒女之情也。公之壽七十有八。季冬二十八日，葬於龍山寨南之祖塋。兩孺人附焉。

　　嗚呼！死生亦大矣。天長地久，人生其間，白駒過隙耳。故志士愛日惜力，君子慕其大者。誠以虛生一世，名掩沒而不彰，為可哀也。公年少時，負其才氣，謂功名唾手可得，以數奇屢獲抱頂之痛，已乃決然舍去，專用力於詩古文，著有《來鶯齋》六卷，《續稿》四卷，《族譜》一卷，《詩法集略》一卷，《盧誌拾遺》二卷，《來鶯齋小誌》四卷，《姓氏考》八卷，《張氏通譜》二卷，《讀史集要》四十卷，《攬鏡編》二卷，《林泉錄》二卷，《貽穀錄》一卷。其餘手鈔雜錄不可勝紀。善哉！歐陽子之表張堯夫曰：唯為善者能有後，而托於文字者可以無窮。公豈復有餘憾哉！是為之誌而銘之，其詞曰：

山中人，東渠子，窮乎經，富於史，跌宕為文，宮商角徵，音在人間不為死。嗚呼先生，其安汝止。

乾隆五十七年。

（文見光緒《盧氏縣志》卷十六《藝文志》。王興亞）

九垓上游詩碑

【額題】九垓上游

面壁疑無路，憑高十八盤。
龍蛇隨宛轉，猿猱亦蹣跚。
避雨崤陵固，登天蜀道難。
九垓遊漢漫，身聳入雲端。
御史張漢遊縣東十八盤虎豹關題詩，刻石以紀。
乾隆年間。

（碑存盧氏縣范蠡鄉鯉魚鋪村。王興亞）

重修縣城記

李名揚

盧於陝屬為巖邑。漢武帝元鼎四年，置宏農郡，領縣十一，盧氏蓋以山得名。《開山圖》云：盧氏山宜五穀，千名之山，咸處其內，僻在中州之邊徼，非用武者之所必爭也。然南通荊、襄，西接關、隴，前代竄寇常以此為逋逃藪。今云鎮軍所駐五百里，州治亦在二百里之外，以備不虞，尤非堅城，不為力。

縣城舊址，邑乘無聞。《禹貢》導洛自熊耳。《傳》云：盧氏之熊耳也。漢晉地志註俱云：熊耳山在盧氏縣東，伊水所出。水經洛，水出京兆，上洛縣，謹舉山東，逕熊耳山北，東過盧氏縣南。註云：又東逕盧氏縣故城南，有盧氏川，水注之。水北出盧氏山東南，流經盧氏城，東注於洛。故城，即王莽之昌富也。東漢以後，已非舊治。城工可考者，惟前明邑令李公可民，郝公正芳，劉公爾實前後修築，高二丈，周圍四里一百八十步，即今縣治相其形勢似與盧氏川相近，而復遷者何代，經理者何人，奔走而贊襄者誰氏，片石隻字，無一存者。

國朝順治十三年，迄康熙四十七年，邑令鄒公印光、尚公天祿，蓋公圖、王公玥踵明季殘破之餘，營繕完備，工較著。時平人玩越七十餘年，東塗西抹，日就陵夷。乾隆丙午，今本州憲訒菴諸公祖以名進士起家盧氏令。初接紳民，即以整頓城池為己任。丁未、戊申，歷署商邱、睢州篆，及復任盧，信立民乎，而公復調寧陵，事遂寢。嘉慶元年，由信陽州擢陞陝郡。二年仲春，按行至舊治，盧之人見其親，忘其尊也。鼠牙雀角，無不向公喁喁者。而公獨見其大。流覽城郭，憮然增今昔之感。未經十年，而零落廢弛，高高下下，至與野田道路相交錯，所慮在千里之外，不敢告人。惟以修舉廢墜相勸勉。人人畏難，莫之應。三月中旬，楚匪竄入雒川矣。公聞警，一晝夜至，帶領民壯及軍需等項皆所豫備，乃與縣署諸葛分州及同城員弁，號詔紳民為守禦計。賊匪時分三股，首尾相接，驚報疊至。公口授指畫，目不交睫者累旬，五官並用，而神志不亂。其所差遣多紳士、鄉勇，奮集各守險要，亦奉公之令惟謹。賊知有備，不敢近，數日大兵齊集，遂西遁。盧人曰："公實生我。"公曰："是未可以苟安也。"適大中丞景回轅過縣，目睹頹垣敗址，隨時補葺之痕，為公危亦為盧人慮，乃飭令興工。

公以大工不能猝辦，且為甄城立一胚胎，除挑濬城濠四圍八百九十一丈，詳情報銷外，捐俸二千金，擇附近紳士有才幹者，趕緊督工，於舊城土增加倍之，甄甓雉堞，計量尺丈，起北門西，周折而東，分為八工，第一工武生王九詔，第二工州同職耿全璽，第三工例貢生杜荇、廩生杜菊，第四工千總職段雲歧，武生王來選，第五工恩獎耆儒武生王舉行，第六工廩生薛璿，第七工武生王定邦，第八工武舉郭顯章。其周視八工者，藩憲吳所委助工守城孟津教諭邑人莫君瞻雲也。工以五月一日起，六月杪告竣，截然壁立，映帶熊洛，復見康熙年間之勝迹。於時相率從事者，即前此相顧不敢言者也。鼓之舞之，聯為一體，酷暑烈日中，人人踴躍，處處認真，子弟之趨父兄無以加焉。信哉！其所憑依，乃其所自為也。然以公憂深慮遠，又豈以目前完美，遂足固吾圉禦暴客哉！新任盧明府亦學道君子，與分州憲共督是役，能得民心，繼公之志。時和年豐，於土城外加以甄工，必有樂為出力者。予因邑人之請勒石，而感公之保障茲土不能忘，亦為使民者勸也。是為記。

嘉慶二年。

(文見光緒《盧氏縣志》卷十四《藝文志》。王興亞)

重新龍山書院文昌帝君神像記

李名揚

乾隆庚午，故翰林院庶吉士冀綱齋先生掌教盧邑書院。先生山西平陸人。平陸於宋屬陝郡，鄉風士俗與吾邑同。而先生又循循善誘，與之遊者藹然家人父子也。其門人孫元士等以先生年屆中旬，艱於嗣，相與祈於書院文昌宮，越歲辛未，舉丈夫子即今南海少尹伯通也。癸丑孟春，伯通守制在籍，將起復，來盧謁神祠而報賽焉。已乃過予而言曰："某生四十三歲矣，幸而為男，又附科目登仕版，先大人以為皆神所賜。神無往而不在，茲地故先大人之所拜禱者。焄蒿悽愴，今猶見之神像似近剝落，願為裝洗。適當遠行，欲求曩時從先大人遊諸君子，落落辰星，識面亦難，因出十二金，乞予督其工，並囑為文勒之石。

嗚呼！予雖不能文，然與伯通有世交，且館於茲，前後十餘載，常依神祠為講堂。祠之創建在前明萬曆甲寅。國朝乾隆丙寅，邑令陳公思震始於此置龍山書院，登斯堂者，皆知帝君為文章之神，而梓橦文昌之由稱與求子於神之義，必先別白，而後事神之禮有所措。《史記·天官書》：斗魁戴筐，六星為文昌。一曰上將，二曰次將，三曰貴相，四曰司命，五曰司中，六曰司祿，此文昌之名也。《周禮》大宗伯以槱燎祀司中司命，此祀文昌之見於經者也。皆謂天神非人鬼也。築室為宮，疋馬雙童，綠衣烏幘，是為梓橦。

　　神姓張，諱亞，一云亞子，又諱善勳，蜀劍州人。仕晉戰歿，人為立廟。唐元宗西狩，追封左丞。僖宗入蜀，封濟順王。宋咸平中，改封英顯。其墓在梓橦縣東二十里潼水來朝，九折而去，縣之西曲山有梓橦廟。蓋以所葬之地為神號，而與文昌無與也。文昌為天之六府，道家謂上帝，命梓橦神掌文昌府事，及天曹桂籍，故元加號為輔元開化文昌司祿宏仁帝君。明景泰中，增新都門神祠，賜文昌宮額，歲以二月三日為神誕辰，遣官致祭。自是以來，梓橦文昌合而為一。其源皆出於《化書》。梓橦七十五化為謝艾，又稱張惡子即亞子也。蜀人奉之曰張仙，世俗又歧而二之。或以為孟昶遺像，或以為文昌所化，皆失考耳。

　　《月令》仲春之月，元鳥至，以太牢祀於高禖，王居明堂。《禮》曰："帶以弓韣，禮之禖下。"今俗祀仙亦於二月之朏，說者謂仙之像，手弓而立，殆取高禖授弓矢之義。仙與梓橦像雖異，而神則一。然則諸君子請禱於斯者，亦猶行古之道也。而伯通之志在四方，豈偶然哉！

　　歲之辛卯，予在平陸館於傅巖書院，絅齋先生時過訪，嘗登其堂，見伯通侍先生左右，眉目如畫，尚在妙年。先生呼其小字，告予曰：此盧生也，不忘所自名以志喜。朽酒往復，備述去盧以後，一任新城，再任修仁，奔波宦路並羈家園，每欲攜幼子過河南，重上龍山，與二三知己捧椒漿以答神庥，竟未能也。言猶在耳，而伯通已以丁酉選貢，任廣東南海縣丞，歷署永甯通判、豐順、曲江等縣篆，狀貌魁梧，稱其意氣相見不可復識，絅齋先生遂成古人，忽忽二十餘年矣。伯通之將赴粵東也，於其里建文昌祠，首為昭報，歲祀不絕，其所以致力於神者，固非區區數金也。而猶惓惓於茲土，不敢忘先人之故，父慈子孝，於世所傳《感應篇》、《陰騭文》必有合也，神之佑之，當未有艾。工即畢，勉徇其請，用以示我同人。

　　絅齋先生諱文錦，登乾隆乙丑錢公維城榜。元亨少君名，伯通其字也。

（文見光緒《盧氏縣志》卷十四《藝文志》。王興亞）

原任山東館陶知縣濟川王公墓誌

李名揚

　　公諱幹，字濟川，姓王氏，其先世由南陽遷盧。始祖諱失傳。前明化、治間，有鄉耆會者，輕財好施多善舉，公支祖也。八世祖大吉，邑庠生。大吉生一孝，一孝生養心，俱邑庠生。養心生廷議，一食斗米全羊，為公高祖。曾祖邑增生祚光，舉丈夫子六，長紀，由歲貢選永甯學訓導，紀季弟緯，亦庠生，為公之祖，貤贈如公職。配李太孺人，予堂曾叔祖歲貢生君山公渤女，舉丈夫子二：次邑庠生彩章公耀武；長邑庠生堯章公文煥，勅贈如公職，公之父也。母任太孺人。繼母韓太孺人。公兄弟四人，公居長，次庠生枝，俱任所出，後為叔父次子。三蕃，四衍，俱韓所出。公之前譜概如此。

　　公生而醇謹，不喜浮華，一入家塾，志於學。堯章公課讀嚴切，少有不懌，詈罵與杖責齊下，而公惟虛心敬受，退亦無言。嘗受業於西華學博東渠張先生之門。東渠為吾邑名宿，其讀書典，博而强記，公之學於師為近。先生早卜其遠到，年二十五始入庠。明年，即登鄉榜十六名，嗣此困於禮闈者屢矣。辛卯留京，與莫少司空同寓攻苦，學益進，及莫館選而公落孫山外。歸來，讀書課子無虛日。嘗集子弟訓之曰："人不知書，不可以為人。家無讀書子，不可以為家。"大哉言乎，以此見公之志趣為何如，而豈勢利中人哉！平居深念先世以來，書香不絕。而及身又幸得科名，不於親在之日請封典，亦不可為人子孫也。遵用運例報捐教諭。乾隆四十年，選授湯陰縣學。七月抵任，即請封父如己職。湯陰素稱中州文獻里，公以學人為司鐸，大滿其願。乃以其教於家者教於官，三年之外，掇巍科者五六人，皆公所成就知名士。嗣丁外艱，起復後，歷署新野、鎮平、河南府學、洛陽市副學，其樂育人材，一如其在湯陰時。而新野學凡兩任，使其仕宦止於斯，豈不能行其志耶。至乾隆六十年，以舉班挨選，調授山東館陶縣知縣，公年已五十有九。下車之日，誓告神明，不敢妄為些子事。蒞任五載，勤於供職，愚民愛之，紳士敬之，匪類則畏而遠之，以此地方常寧謐。而公務之暇，則手執一編，猶不失秀才本色，人亦無不信其為長者。嘉慶四年，掛吏議革職。而公乃忽忽不樂，蓋屈其心者重耶。六年，歸籍，竟以七年正月五日卒，距生於乾隆二年十一月二十三日，享壽六十六。公配張安人，處士忠公女。舉丈夫子二：長希曾，太學生；次希鰲，州同知。孫男今五：慶恩、慶君、慶餘、慶榮，希曾出。慶祿幼，希鰲出。希曾兄弟卜於本年四月二十一日，葬公於村東覘盧坡祖塋。求誌於予。嗚呼！予與公相知久矣，往歲接公手書朒朒以三事見託。一重修《館陶縣誌》，一創立書院，一翻史學提要箋釋，此皆俗吏之所不肯為不能為者。事雖未成，其志可嘉。繼母韓勅封七品孺人，今猶在堂，與堯章公俱得及時享其榮。覽公之狀行自悲也。

　　先府君一生，精力萃於教子，而予自青年即成進士，一行作吏，涓滴無報，下場時又遭重譴，以貽老母憂，愛子東曙所望以光大門戶者，又不幸短命而死。公子希曾為予倅婿。早晚以父執相見，凡事請教，與之言無不聽者。談及學問，亦尚風雅，惟為公捐請六品封典，不脫俗見，然居心不可謂不孝，所生慶君，真令孫乎，蘭茁其芽，已露頭角，將來不負公之讀書熱心者，斷推斯子，公亦可以無恨矣。

　　嘉慶七年。

　　　　　　　　　　　　　　　　　　　（文見光緒《盧氏縣志》卷十六《藝文志》。王興亞）

重修聖廟碑

知縣盧建河

《禮記·文王世子》云："凡始立學者，必釋奠於先聖先師。"說者謂虞、夏、商、周之學，以舜、禹、湯、文為先聖，各取當時左右四聖者得為先師以配享焉。唐初猶以周公為先聖，孔子為先師，後從房元齡議，改孔子為先聖，顏淵為先師。至明嘉靖，改孔子為至聖先師，而先聖先師，始合為一。漢高帝十二年，上過魯，以太牢祀孔子，顏回配享，詔諸王卿相至郡，先謁廟而後從政，此後世祀孔子及配享謁廟之始也。及明帝永平三年三月，命辟雍並祀周公、孔子。十五年，東巡至魯，詣孔子宅廟祀孔子及七十二弟子，此祀孔子弟子之始也。其立廟之始，則起於南宋武帝孝建元年，詔建仲尼廟，同諸侯之禮。梁武帝天監四年，昭立孔子廟，立州郡學。北齊文宣帝天保元年，制每歲春秋二仲，行釋奠禮，其祭丁之始起於隋初。

唐太宗貞觀四年，詔州縣皆立孔子廟，先儒從祀亦起，其時明皇帝開元二十七年，孔子始南向坐。漢靈帝光和元年，始置鴻都國學，畫先聖及七十二弟子像。宋太祖建隆元年，又塑像立戟門焉。金章宗明昌二年，孔子廟門置下馬碑，其去塑像設木主，卓越前代，而為百世法守者，則前明太祖洪武十五年，世宗嘉靖九年及我世祖章皇帝順治十四年也。孔子襲爵，歷代不同，而衍聖公之號，起宋仁宗皇祐二年，詔改孔子四十六世孫文宣公宗愿為衍聖公，至今猶然。

孔子諡號，歷代亦異。唐明皇帝封文宣王，宋徽宗崇寧四年，詔文宣王冠服制度用王者，辟雍文宣王殿名曰"大成殿"。明嘉靖九年，罷封爵，改成至聖先師孔子，改大成殿為先聖廟。大成門為廟門，建啟聖祠。國朝順治十四年，改諡號為至聖先師孔子。雍正二年，更啟聖為崇聖祠。乾隆十八年，序兩廡位，增分獻官。嘉慶六年，陞文昌宮為文廟，與武廟東西相配，而稱文廟為聖廟，莫之與京，大哉孔子！非國家崇儒重道，亦誰能至於斯哉。嘉慶二年，予自武陟題署盧邑，目睹聖廟殘缺，謀之南陽李、宛平周，各分己貲以為倡，紳士亦人人踴躍，鳩工庀材，經始於嘉慶七年春月，八年新冬已告竣。蓋去前任袁遙遙四十年間，而廟貌乃一克如故。擬於廟垣之東訓導舊署遺址，改建龍山書院於其地，內奉有商阿衡元聖祠，今工亦竣，講堂齋房以時修舉。固知其必有成也。眾議乞予為文，勒之石。嗚呼，予雖不能文，本東人也，舊籍聊城，先八世祖信輯公，由前明正德戊辰科武進士，官廣西柳州遊擊，從王文成公擊賊，沒於陣，其後遂為永純人。眷懷桑梓，悵望溪山，去聖人之居僅百里，常以未登仲尼廟堂為可恨。幸藉同人成茲盛舉，因倣前輩論文三字訣曰典淺顯，邑士夫庶其有所觀感而興乎，亦用以藏吾拙爾。是為記。

嘉慶八年。

（文見光緒《盧氏縣志》卷十五《藝文志》。王興亞）

橫澗川禦難碑

陳志實

　　嘉慶二年三月，楚匪由豫竄秦，道經盧氏，山路崎嶇，大兵追剿難及，又兼素無完城，居民負戴逃竄，不能自保。時今道憲仁和訒菴諸公守陝州。聞驚，乘駟而至。公於乾隆中宰盧，有惠政。故至之日，攀轅道上者如投慈母之懷也。已而，守備具，工築完，大兵集，賊亦遠遁，至是之後，大憲依公為西門鎖鑰，而公亦慨然自任，運餽糧、備間諜者，皆取足盧人，不假外索，故二年至五年，雖頻有虛驚，民總安堵如他日。惟三年臘月朔，張漢朝餘黨數千，間道竄回，密邇縣治，各防兵接救不及，公空城自守。值武陟知縣林公帥鄉勇五百，將受閿鄉太峪口，公飛檄調至禦賊，於洛水南之橫澗川，大破之。於是邑之父老子弟，相聚而言曰：自西省不靖以來，舊父母之德，所謂由吾身及子孫勿替者也。天覆地載，不可言報。至林明府於吾邑，既無守土之責，奉憲命又有專往之地，而聞驚入援，身先士卒，匹馬渡河，其義氣勝人，為何如？於此而不付之貞珉，聽其淹沒，則吾民為無情矣。謀既定，林聞之，力辭乃止。及丙寅，西省又有小氛，我諸公復分巡盧城，時林已別授湖北荊州府知府。盧之人終欲成其前志，勒石記功，羣然屬文於予。予曰：「吾聞林公至橫澗，依山結陣，軍士奮力衝擊，傷賊無算。賊終負其衆不退。當是時，避難男婦，緣山隱伏，見戰久不決，而賊來益衆，方股慄惝恐，忽見我軍易陣固壘，持滿不發，林出，乘高阜四面指麾，賊疑有伏，少卻，即揚言曰：「賊遁矣。」軍士應聲大呼，奮臂爭先，避亂者亦譁然同聲，山谷嚮應，賊遂遁入青山嶺。已而，天色入暝，墨雲壓山，洛水北火光燭天，人馬沸騰，則我諸公亦重賞購敢死士二百人，賫糧犒軍，自稱張總鎮兵到，以為聲援，賊始遠遁。則是役也，林公之致果，我諸公之用奇方，將光昭史冊，與古人媲美，固不藉下邑一片石為輕重也。雖報德之情不能自已，而流俗傳聞之言，恐又非大君子讓善不居之心耳。然盧為豫省門戶，軍餉輻輳，當時不沿河列營，保守城池，為萬全之策，而目險深入，論者猶謂非宜，及林公駐札吾盧時，其御下也均甘苦，節勞逸，諄諄拊循若家人。而約束嚴密，違者不少貸。卒酺酒於市，則貫其耳。以巡追賊起營，後至立斬無怨者。至是雖愚夫愚婦，亦釋然於公之真可辦賊，而因歎以少擊衆，勝算在胸者，惟其號令明，賞罰公，取信於軍士，一如吾盧之信我諸公也。自古儒臣廟算，動謂增兵置鎮，可備國家緩急，而御之不得其人，訓之不以其方，無事則糜費而桀鶩於鄉，有事則驕惰潰散而不可用，豈知人心孚而衆志成城，一旅可作干城，南畝之農夫，皆勝兵乎！趙營平嘗言：兵勢國之大事，宜為後法。今日之舉，但使司民牧為戎臣者，知所取法焉，其可哉！林公，順天大興人，名嵐，字曉岑，工書，喜詩，軍政之暇，優游翰墨，有儒將風。諸公名以謙，乙未科進士。其御賊方略，已見修城碑記，茲不復贅。時宰盧者，為今禹州知州盧公，建河人，本長者，而差務紛雜，時崔督不嚴，民尤賴之。典史周公廷彪，佐盧有方，亦以陞為夏邑縣丞。例得備書。

嘉慶十一年。

(文見光緒《盧氏縣志》卷十五《藝文志》。王興亞)

房公五聖祠碑記

【碑陽】

【額題】房公五聖祠碑記　日　月

　　自古神廟之設，起於人心之虔恭，亦神靈之默佑也。夫有廟宜有鐘，鐘聲未備，無以張[彰]村威，即無以格神靈，而地氣因以不振焉。祁村倉左有房公一祠，由唐迄今，多歷年所，其人其功，載在群書，乃廟貌巍然而金鐘未設。詎祠不宜有鐘，抑人事之未舉乎！登其堂者，每致念於是而慨然也。嘉慶九年，突出信士，同心協力，各輸資財，募化艮兩，買鐵覓工，不數月而告竣。非起於人心之虔恭而神靈之默佑乎。每月朔旦，喤喤厥聲，四野遠聞，庶幾村威賴以畢張，神靈資以來格，而地氣因以大振也。第是鐘也，舉數百年所未有者，而一旦鑄之，其首領固不可沒，況有善士施財多寡不一，姓氏尤宜詳為記之。日者刊刻碑石，屆期求文，予本才疏學淺，不勝其任，乃時館於茲，不能辭也。因援筆直書，以誌不朽云。

　　國子監太學生許凝道撰文。

　　邑庠生梅濟川書丹。

　　嘉慶十二年八月十五日立。

【碑陰】

　　公，洛陽市人也。姓房，諱琯，字次律，別號盧氏。唐明皇臣，位居大司馬，事列青史。初為盧氏令，積谷於茲。歲饑，民食其德，建立生祠。茲因鑄鐘而略記之。

(碑存盧氏縣祁村灣房公祠。王興亞)

魚臺縣知縣莫績軒暨太夫人王氏墓誌銘[1]

【誌文】

　　皇清賜進士出身誥贈光祿大夫工部左侍郎加三級歲任山東魚臺縣知縣績軒莫公配一品

---

[1]　光緒《盧氏縣志》卷十六《藝文志》載文與此有異，茲錄之如下：

誥授光祿大夫績軒莫公暨配王太夫人墓誌銘。

工部尚書曹振鏞。

余與莫侍郎瞻菉交三十餘年，及由兩江總督遷吏部，得與數共晨夕，交益深。癸亥冬，侍郎送余赴衡家樓決口下游，勘辦運道，論治河之要，心竊異其於山東形勢，何以熟悉若此。余至東往來張秋間，聞汶上父老往往稱鄆城舊令莫公德政，又竊訝公何以得鄰邑民之頌聲積久不忘若此。今侍郎以歸窆，先人來求誌銘，讀所具行狀，乃始識其所以然。按狀：

（接上頁）

莫氏爲河南盧氏縣巨族。公諱元龍，字廣陵，中年取學猶績也意號績軒，以進士授鄆城知縣，壽張逆犯王倫之聚衆戕官也，與所治接壤。公集鄉勇設守。軍書旁午，百務紛集，心力交瘁，事甫定，適訛言汶上有遺黨將起，撫軍會克鎮統兵壓境績，先命公並鄰縣二令往勘事，無實跡。公謂我等復詞稍涉游移，此方民無躋類矣。因首先具印結，保其終始無他。撫軍爲之感動，即徹兵。次歲，公生辰。汶邑民老幼男女扶攜來祝者四千餘人，謂公實生我。蓋公臨大事，而毅然能任有如此。他如劉乾故殺彭老，王淑渠圖繼污蟣寡嫂，濮州民藏匿曹氏以圖賴婚，鄆當商圖賴濮州人債務，曲阜管勾廟圖占觀音寺香火地，皆事經數年，至公始與斷結。先是署任者以掘墓案，誣逮無辜多人，重刑幾斃。公立與昭雪，而真犯亦立獲。涖任六年中間，以供給臨清軍需所費不貲，而廣邱陂積水，出借撫卹口糧，協挑壽張河道，尤費經拮据。補苴甫畢，而調任魚臺。公謂其事儉俗醨，惟當與民休息，乃初抵任，遞值石河驛馬家店河決。公承辦稭料，首先運到，接濟無誤。庚子，恭逢五巡江浙盛典，承修新挑河水營板房，橋梁絳道。辛丑，補築河北隄工，初報竣，而河決小宋，水入魚臺矣。時陰雨四旬，境內湖水與秋田平，及全河大溜，挈入南陽，公已憂鬱成疾。仍力疾勘災籌賑，至八月中旬，間人以水沒舊城告，公方食，淚落投箸起，自此飲食日減，疾轉劇，屬纊時，集家人至榻前，歷敘生平，自幼承祖訓，但好涉獵雜學，留心詩古文，從父之鄢陵任，始專力制藝，讀倦思睡，咬唇出血，復讀一載，後覺讀書之樂，萬境皆空，一閉目，則所學如列於眉端，如刻於心上。得第後，尤加意研鍊，乃專爲爾輩讀書也。至於好畫竹蘭，今猶每日數十幅，詩好杜，字好米，雖多存者，自覺無足問世。太安守朱公孝純，對岱嶽建晴雪樓，非工詩文字者，不得登，惟余與東平牧洪公鑾至，則欣然邀會其上。賭酒唱和，二人謂三十年前官山東者有才子三人，鄭公燮、李公觶、王公爾鑒，今我三人，何愧焉。而王公與君皆盧氏人，益足見洛西之多才也。是皆豪氣未除，爾等慎勿蹈此習氣。大抵生平閱歷於民艱得之。己卯，館平陽，親見各邑雨水成災，於讀書得之。甲申，館登封，攜瞻嵩遊二室名勝，今乃未能救此邑災難，是所學一無所用矣。惟願爾等做好人、做好官。嚴教諸孫，以繼我志。遂誦李空同"生平意氣凌滄海，一病蒼涼閱夏秋"一聯而終。

公之初歿也，王太夫人謂諸孤：吾邑前此爲州縣者半遘風波，惟爾父任十年，安然無事，非恃才長，實由守約。今東省大吏益不滿於公論，必興大獄，交代核實，楚結而歸。未幾獄作，人咸服其先識云。方其去魚臺時，目擊城東北汪洋無際，及由虞城渡河，河身斷流無滴水，念公疏濬積澇，籌補運隄，經營災賑之勤勞，未竟也，北向痛哭，謂兒輩："他年終能有以釋爾父之遺憾者乎。"蓋太夫人深識大體有如此。其初歸公也，黽勉相夫，不以家計單寒而儉於奉親，辛勤教子，不使家累分心而疏於就學。

侍郎十三歲初學作文，公語太夫人，此子兩三歲時，爲其外祖父所鍾愛，謂吾邑多科名，而國朝無入詞林者，將有待於此子。今斯言似可驗矣。太夫人乃益令廣交博雅之士，屢從父游學於外，恒越歲不歸，不以爲念，如此者食貧三十年，始隨公之任。諸媳仍勤女工，毋得干預外事。逮歸里門，戚黨見其依前布素，待人益和藹，忘其爲大夫榮子貴也。仲子瞻雲服闋後，授孟津縣教諭。太夫人寄語兩子，當各盡所職，亦勿以我爲念。侍郎請迎養，太夫人諭以俟長孫夢鈞鄉科獲雋，當親往送會試。丙午，果如願，遂入都。

及侍郎爲工部，再迎養入都，恭奉覃恩，侍郎以曾祖父三代俱已封贈如己官，乃以本身妻室應得封典，馳贈外祖父丙午科舉人淇縣教諭景福，爲光祿大夫、工部左侍郎，外祖母李氏爲一品太夫人，仲孫夢齡又以恩蔭授知縣，太夫人泣語贈裝："爾父每痛因爾祖未及見子成進士，而己身見之，又以未及見爾主文衡爲憾，而爾爲浙江考官，我親見之。吾邑曩無馳封外家並任子者，今我俱見。我上報親恩，下育子孫之心慰矣。"然卒以京居日久，思就季子贍魯田園之樂。

癸亥春，歸里。秋初，侍郎在京遙祝太夫人八旬大慶，時余在座，方羨其得奉慈親，而隱觸乍痛也。又聞侍郎前月陳奏河務，如豫知衡工之潰，後復請勿邊堵張秋漫水，使北擾濟東，泰武之波流，改道南趨，如辛丑之河灌兗沂曹濟徐諸州郡。太夫人聞之，亦深喜其能推廣厥考遺愛之意，爲普且大也。乃鄉居初甚適意，閱歲而長孫夢鈞歿，再越兩歲，又連殤夢鈞之子兩人，老年心傷成病，季孫夢蓮時亦任河陰教諭。太夫人猶勉強支持，寄語諸子孫在官者，我精神壯健如常，仍勿以我爲念。逮戊辰冬，瘋疾突發，遂歿。閱歲，合葬。謹按狀而志其梗概，至其生卒時日、後先世係，別敘而刻諸篆蓋之副。銘曰：

因子知父，遺澤在民。遺經在子，克大其門。卿不慚長，公志益伸。

佳城鬱鬱，公妥雙親。即侍於左，以蔭子孫。青山磊落，如其爲人。

太夫人王氏墓誌銘

　　賜進士出身誥授光祿大夫經筵講官太子少保體仁閣大學士管理工部國子監户部三庫事國史館總裁稽察欽奉上諭事件處寅侄費淳頓首拜撰文。

　　賜進士出身誥授光祿大夫經筵講官太子少保禮部尚書兼管户部三庫事尚書房行走寅侄王懿修頓首拜書丹。

　　賜進士出身誥授光祿大夫經筵講官太子少保文穎館總裁工部尚書加三級紀錄三次年侄曹振鏞頓首拜篆蓋。

　　莫公績軒，諱元龍，字廣陵。兄弟三人：仲元標，監生，貤封奉直大夫、翰林院編修加三級。季元臣，監生，累贈中憲大夫、太僕寺少卿。公居長。壬申恩科舉人，庚辰會試中式，辛巳恩科進士。歷任山東鄆城、魚臺縣知縣，誥贈光祿大夫、工部左侍郎加三級。生於康熙五十九年五月十三日丑時，卒於乾隆四十六年九月初四日丑時，享壽六十一歲。配誥封一品太夫人王氏，生於雍正二年七月十二日辰時，卒於嘉慶十三年十一月二十六日寅時，享壽八十五歲。嘉慶十有四年十二月十二日子時，合葬於金五朵新立祖塋之左。

　　余與莫侍郎瞻篆交三十餘年，及由兩江總督遷吏部，得與數共朝夕，交益深。癸亥冬，侍郎送余赴衡家樓決口下游勘辦運道，論治河之要，心竊異其於山東形勢何以熟悉若此。余至東往來張秋間，聞汶上父老，往往稱鄆城舊令牧莫公德政。又竊訝公何以得鄰邑民之頌聲，積久不忘若此。今侍郎以歸窆先人來求志銘。讀所具行狀，乃始識其所以然。按狀：

　　莫氏為河南盧氏縣巨族，公諱元龍，字廣陵，中年取學優績也意號績軒，以進士授鄆城縣知縣。壽張逆犯王倫之聚衆戕官也，與所治接壤。公集鄉勇設守，軍書旁午，百務紛集，心力交瘁。事甫定，適訛言汶上有遺黨將起，撫軍會兗鎮統兵壓境。先命公並鄰縣二令往勘，事無實跡。公謂："我等復詞稍涉遊移，此方民無噍類矣。因首先具印結，保其終始無他。"撫軍為之感動，即撤兵。次歲，公生辰，汶邑民老幼男女扶攜來祝者四千餘人，謂公實生我。蓋公臨大事，而毅然能任有如此。他如：劉乾故殺彭老、王淑渠圖繼污蔑寡嫂、濮州民藏匿曹氏以圖賴婚、鄆當商圖賴濮州人債務、曲阜管勾廳圖占觀音寺香火地，皆事經數年，至今始與斷結。先是署任者以掘墓案，誣逮無辜多人，重刑幾斃，公立與昭雪，而直犯亦立獲。蒞任六年中間，以供給臨清軍需所費不貲，而廩丘陂積水，出借撫恤口糧，協挑壽張河道，尤費拮据。補苴甫畢，而調任魚臺。公謂其事儉俗醇，惟當與民休息。乃初抵任，遞值石河驛馬家店河決。公承辦稭料，首先運到，接濟無誤。庚子，恭逢五巡江浙盛典，承修新挑河水營板房，橋梁縴道。辛丑，補築河北隄工，工初報竣，而河決小宋，水入魚臺矣。時陰雨四旬，境內湖水與秋田平，及全河大溜掣入南陽，公已憂鬱成疾，仍力疾勘災籌賑。至八月中旬，閽人以水沒舊城告，公方食，淚落，投箸起。自此，飲食日減，疾轉劇。續時，集家人至榻前，歷敘生平："自幼承祖訓，但好涉獵雜學，留心詩古文。從父之鄢陵任，始專功制藝。讀倦思睡，咬唇出血復讀。一載後，覺讀書之樂，萬境皆空。一閉目，則所學如列於眉端，如刻於心上。得第後，尤加意研煉，乃專為爾輩讀書也。至於好畫竹蘭，今猶每日數十幅。詩好杜，字好米，雖多存者，自覺無足問世。太安守朱公孝純，對岱嶽建晴雪樓，非工詩文字畫者不得登。惟余與東平牧洪公鑾至，則欣然邀會其上，賭酒唱和。二公謂三十年前官山東者，有才子三人，鄭公燮印、李公蟬鋤、王公爾鑒，今我三人何愧焉。而王公與君皆盧氏人，益足見洛西之多才也。是皆豪氣未除，爾等慎勿蹈此習氣。大抵平生閱歷，於民艱得之。己卯，館平陽，親見各邑雨水成災，於讀書得之。甲申，館登封，攜瞻箓游二室名勝，今乃未能救此邑災難，是所學一無所用矣。惟願爾等做好人，做好官，教諸孫以繼我志。"遂誦李空同"平生意氣凌滄海，一病蒼涼閱夏秋"一聯而終。公之初歿也，王太夫人即謂諸孤："吾邑前次為州縣者半遘風波，惟爾父任十年，安然元事，非恃才長，實由守約。今東省大吏，益不滿於公論，必興大獄。"交待核實，楚結而歸。未幾，獄作，人咸服其先識云。方其去魚臺時，目擊城東北汪洋無際，及由虞城渡河。河身斷流無滴水，念公疏濬積潦、籌補運隄、經營災賑之勤勞未竟也，北向痛哭，謂兒輩："他年終能有以釋爾父之遺憾者乎？"蓋太夫人深識大體有如此。其初歸公也，黽勉相夫，不以家計單寒而儉於奉親。辛勤教子，不使家累分心而疏於就學。

侍郎十二歲，初學作文，公語太夫人："此子兩三歲時，為其外祖父所鍾愛，謂吾邑多科名，而國朝無入詞林者，將有待於此子。"今斯言似可驗矣。太夫人乃益令廣交博雅之士，屢從父游學於外，恒越歲不歸，不以為念。如此者食貧三十年，始隨公之任。戒諸媳，仍勤習女工，毋得干預外事。逮歸里門，戚黨見其依前布素，待人益和藹，悉忘其為夫榮子貴也。仲子瞻雲服闋後，授孟津縣教諭。太夫人寄語兩子，當各盡所職，亦勿以我為念。侍郎請迎養，太夫人諭以俟長孫鄉試獲雋，當親往送會試。丙午，果如願，遂入都。

及侍郎為工部，再迎養入都，恭逢覃恩，侍郎以曾祖父三代俱已封贈如己官，乃以本身妻室應得一品封典，馳贈外祖父丙午科舉人、淇縣教諭景福，外祖母李氏。仲孫夢齡又以恩蔭授知縣，太夫人泣語瞻荄："爾父每痛爾祖未見子成進士，而已身見之；又以未及見爾主文衡為憾，而爾為浙江考官，我親見之。吾邑曩無馳封外家並任子者，今我俱見之。我上報親恩、下育子孫之心慰矣。"然卒以京居日久，思就季子瞻魯田園之樂。

癸亥春，歸里。秋初，侍郎在京遙祝太夫人八旬大慶，時余在座，方羨其得奉慈親，而隱觸余痛也。又聞侍郎前月陳奏河務，如豫知衡工之潰後，復請勿遽堵張秋漫水，使北擾濟東，泰武之波流改道南趨，如辛丑之河灌兗、沂、曹、濟、徐諸州郡。太夫人聞之，亦深喜其能推廣厥考遺愛之意，為普且大也。乃鄉居初甚適意。閱歲而長孫夢鈞歿，再閱兩歲，又連殤夢鈞子兩人，老人心傷成病。次孫夢蓮時亦任河陰教諭。太夫人猶勉強支持，寄語諸子孫在官者，"我精神壯健如常，仍勿以我為念"。逮戊辰冬，夙疾突發，遂歿。閱歲，合葬。謹按狀而志其梗概，至其生卒時日、後先世係，別敘而鑱諸篆蓋之副。銘曰：

因子知父，遺澤在民。遺經在子，克大其門。卿不慚長，公志益伸。

佳城鬱鬱，公妥雙親。即侍於左，以蔭子孫。青山磊落，如其爲人。

嘉慶十四年十二月。

（銘存盧氏縣文管會院內。王興亞）

重修大王山神土地廟碑

粵稽《禹貢》一册，導洛自熊耳。其源出於洛南，東至鞏縣而入河。中有上山河、下山河。余縣西邑離城七十里。茵草淒（磧）此上山河之險要淒（磧）也。峰竣而石巖，水峽而突出下焉。林木叢勝，禽獸繁殖，自五十年前，寂寂無人，惟船筏必至之路。舊有瓦罐廟一座，不知起於何時，至三十年間，有雷君諱振愷者，建立瓦房廟一間，神象三尊。香煙不絕，赫赫明明，妥佑一方者，端賴此神恩也。至今神象汙舊，木瓦損壞，過此地者，無不目睹而心傷焉。今幸有山西芮城縣楊君諱指玉者，開草店於廟右，素有善念，未得遂志，今移居此地，敢不黽勉以從事哉！於是，謀及於余與李君諱景隆者商議重修廟之事。此勝事也，無不抵掌大喜，浩然稱善焉。謀及一家，恭請合社化主募化四方親友、船筏客商，捐納艮兩，翻修廟宇。裝畫神象，外修戲樓三間，同心協力，踴躍鼓舞，不數月而工竣矣，是楊君有善心而成善事者也。今擇吉日開光立碑，以誌不朽云。祝曰：

水之安瀾兮，蛟龍遁藏；山之寧靜兮，虎豹消亡；鬼神守護兮，可禁不祥；人民胥悅兮，報聖恩而無疆。

邑國子監太學生莫文盧沐浴撰文。

邑文童張文純沐浴撰書。

時大清嘉慶十七年夷則之月。

鐵筆劉升。

（碑存盧氏縣洛河神磧段左岸。王興亞）

盧氏山河口石刻

雒[1]

觀禹跡題刻。

嘉慶二十年，四月十七日，汴人謝慎修重觀禹跡"雒"字。

禹身石崖有古字形，

時國公封此種字登。

□至崖

---

[1] "雒"字，相傳爲大禹所刻。

□□□
□□□
□□□

（摩崖存盧氏縣山河口。王興亞）

誥授榮祿大夫韻亭莫公墓誌銘

海寧州學正朱文治

　　嘉慶十八年，座主原任兵部右侍郎太僕寺少卿盧氏莫公薨於京師，柩既西歸，越三年，將卜葬。公次子山東曹河同知夢齡不遠舟車之程來訪，且曰近今無論簪纓韋布表幽之文，必假名公鉅卿手，以為金石光，而作者與歿者無一面交，即相識而性情不相屬宜，其言之隔膜矣。君為先大夫門下士，淵源心契垂三十年。夢齡此來，敬請君為銘墓文。治念生平知遇之感，惟公第一人，何敢以不文辭。謹就昔所聞見於都門者而述其大略。按狀：

　　公莫姓，諱贍菉，字青友，一號韻亭，自國初由山西洪農遷河盧氏縣之澗北村。曾祖士帥，歲貢生。又遷城東高村。祖曜，康熙壬子科舉人，乙酉科明通榜，鄢陵縣教諭。父元龍，乾隆壬申科舉人，庚辰科進士，山東鄆城縣知縣、調魚臺縣知縣，皆以公貴，贈光祿大夫、工部侍郎。公自幼性敦厚。崇尚氣節，負絕人之資，家貧乏食，貸書於人，覽即成誦，戊子科舉於鄉，壬辰成進士，入翰林為庶吉士，散館授編修。錫山嵇文恭公、諸城劉文清公，見而器重之，先後輩訂忘年交，共以清節相砥礪。歲壬寅，魚臺公歿於任，以憂歸，服闋，補原官，遷江南道監察御史，章奏所入，因事納忠無蘁言，累陞禮科給事中、鴻臚寺光祿寺少卿。戊申，奉命副原任為國子祭酒也，揭曉後，回京復命，純皇帝問兩浙民風土習及吏治海防，公奏陳利弊，瞭如指掌，蒙溫諭退。會軍機大臣入直，上因問莫贍菉何如？阿文成公獨以其人清正有經濟對。公之被主知自此始。不數月，擢通政司副使，明年，特簡順天府府尹。畿輔叢弊久，吏胥因緣為姦，公受事苞苴屏絕，懲其尤數人，劾州縣之不職者二三人，眾心肅然。每遇聖駕巡幸灤河，所需車輛羸馬駱駝，俱由京尹先期料理，故事預備車數百乘，以應內務府及侍從各官載行李什物之用。公任此役，除供奉大差外，餘車悉放歸，以濟行旅。由公不畏彊禦而拘牽派累之弊遂絕。直隸旗地與民田交錯，歲納租，官民俱受其累，公請清查旗地，豁免民欠，奉旨：交戶部議奏。不果行。在任九年，迎養誥封一品太夫人王太夫人於邸第，出則俯察民瘼，入則視膳問安，公私一無懈。事太夫人順而樂之。一日退朝，和相國珅笑謂公曰：以君之才，久浮沉於京兆何耶？公正色曰：某受皇上恩，已邀格外，且□年多處分格於例陞秩，非所望也。相國默然。公之淡於仕進而絕權要也類如此。嘉慶四年正月，今上親友喜昌言虛己聽納，群臣爭上封事，公以天下為己任，凡章奏秘外不與知，雖家人不能窺所陳何事。數月中，特陞內閣學士即選禮部右侍郎，歷刑、工兩部，後改兵部右侍郎，俱兼管順天府尹事。公膺聖主倚畀之重，每易地，必思不負職，皆能整綱飭紀。奕奕有聲。六年夏六月，大雨兼旬，京師內外，河水泛濫，屋宇田廬盡沒。公旦夕焦勞。凡被災各州縣，督命立時輸捐拯救。隨奏請發粟賑之，務得實濟，窮黎賴以生活，不可勝計。忽於午夜念鄉場期迫，試院多坍塌，且慮舉子不能應險入都，遂篝燈起草請緩之九月初八日入闈，漏四下，單馬冒雨詣圓明園，藏章奏於竹筒中，兩手高捧而入。奏入，召見，得邀俞允。時宮門內漲水汪洋，由脛逾腰腹，步行往返數里，策騎歸第，衣褶淋漓，面目鬚髮半為塗泥所污，而公談論自如，人共歎公之急於善政，不復身避艱險乃如期也。某年某月，有某姓迎輿呈控為人索逋者，公詰之。其人言語不遜，收其呈，掌責之。次日，赴都察院訴冤，遂入奏。奉旨：索欠細故，不應先懲原告，令解任，交軍機大臣質訊，並交部議處。及覆奏，絕無貪緣請託之弊，卒議降調補太僕寺少卿。公恬然安之，事必求盡職。戊辰冬月，丁太夫人憂，歸。服除，補原官。旋薨於京。猶憶庚午夏仲日已晡，文治散步海寧學解泮水之南，有竹輿軋軋來者，熟視之，為公延入署，納履授杖，命二子謁見侍食，團坐如家人。詰朝，隨往安瀾園，避暑藕花深處，索筆硯，畫蘭數紙，分贈坐客，出近年所作詩，一一指示。時公服禫將北上，年居七旬，精神不能如舊。文治力勸，不復出山。公曰：我久任卿貳，受上厚恩。此身存一日，即當盡一日心，圖一日報也。三宿而去。嗚呼！詎知此即為二十餘年師生死別時耶。夫人張氏，賢能有德，誥封一品夫人。公生以乾隆八年九月十二日，薨以嘉慶十八年正月初四日，年七十有一。著有《硯雨山房詩集》、《紫藤軒奏議》。銘曰：

公之德如淇水竹竿之直，公之才如熊耳山雙峰之開。想公初生兮函關紫氣擁之而來，貧不為患，貴不自矜，勞不知倦，炳三輔之福星，荷兩朝之天眷。惜乎勳名重而未竟其用，退躅奮飛駕龍侍奉。鐵嶺石兮心同貞，化松楸兮長青。在昔潞公題墓兮稱明道曰先生。吾宗公掞坐春風兮胡弗為之銘。

嘉慶二十年。

(文見光緒《盧氏縣志》卷十六《藝文志》。王興亞)

誥封奉直大夫曉亭王公暨配趙宜人合葬墓誌銘

陳志敏

道光乙未九月初二日，原任貴州威甯州知州曉亭前輩王公卒，配趙宜人，卒于嘉慶二十一年三月十二日，本年二月初三日，安葬村西新塋。今歲十一月十六日，承重孫彥泰將奉祖考與祖妣合葬，先期懇予誌其壙。予自成童操筆，謬為公所推許，兼以累世姻好，見聞甚悉，爰據公之一生，撮其大而為之誌。公諱之杲，姓王氏，字登甫，晚亭其號也。高祖歲貢士明，曾祖廩生範，俱應贈朝議大夫。範舉丈夫子二，長廩貢、貤贈修職郎爾釗，即道光辛卯舉人永祚之高祖也。公祖熊峰先生居次，諱爾鑑，字在茲，雍正己酉庚戌[戌]聯捷，歷知山東鄒滕等縣事，後升四川夔州府知府，學問書法名冠中州。生子二：長太學生洛；次諱汴，字子潛，公之父也。乾隆己卯，與予堂祖顏學同鄉榜中經魁，檢發知縣，試用甘肅，奈曰玉樓成，未抵省而已應召作記矣。是時，公年十三，母任太宜人，惟恐年幼失怙，而或至廢學也。擇嚴師命從遊，午夜丸熊常以祖父書香不可斷絕為激勵。弱冠，縣試拔前茅，癸卯登賢書，乙卯檢發雲南試用知縣。雲南去盧萬里，道遠身孤，愛公者率以告近勸之。而公銳志上進，不避艱苦，按限到任。不數月，即得委，前後二年，歷署文山、河西、麗江等縣，清聲載道，綽有祖風。山東楚頤園巡撫南土，曾以廉吏子孫為品題，蓋熊峰初宦山左，由縣令陞濟甯牧，明斷清廉，多歷年所，楚耳食有素，一見公，而矜重之心不覺口出。更異者，公閱冰鑑書，善觀氣色，每遇上憲有休咎事，隨口占斷，多奇中。由是半仙之名，大譟滇南。嘉慶戊午，實授定遠，一下車，即訪民間疾苦。凡有陋規不便者，統為裁去。百姓戴德，立生祠，徧為歌謠，膾炙人口，召父杜母不是過也。中又兼署石屏，統計沍任值三載，辛酉，運銅差，引見後，委署雄鎮，特陞姚州知州。壬申，丁太宜人艱。乙亥起復，改發貴州署八寨同知事，實補威甯，里民特製長生福祿牌為公壽，則公之庇護斯土，又可想矣。特以上交不諂，至癸未竟致解組。命駕歸來，百姓隨轅而送者率至墜淚，不能別。方公之未登仕版也，獎引後學，唯恐不及。比筮仕，留心學校，多所成就，鄉試入闈，兩次為考官，遞有擬作房卷而正合式者。其鑑賞無論已，間有典博奧衍謄寫舛錯者，多方救正，更力薦以大為玉成。宜蒙門下尹公佩珩入翰苑，外陞陝西觀察，因公致仕，感念舊恩，懇懇乎為之關注不置也。回籍十餘年，閉戶寡交，然因事應咨，情周意密，乘便閒談，動解人頤，孰謂高年人胸中即無興趣哉！距生於乾隆二十四年十月初三日，亯壽七十有八。宜人為永甯甲子舉人、四川大足縣知縣趙公憲高次女，長公四歲，厚重知禮，生女二，如君張氏生子烺，烺幼就予學，後援例府知事，改，未入，試用江蘇。丁生母艱，卒於家。長孫彥泰，現承重者也。銘曰：

前有鳳根，生長名門。言談風采，誰可等論。公惟守正，升沈聽命。公惟有壽，光前裕後。職分完全，去路悠然。桃花流水，別有地天。聲家聞望，後來無上。生死存亡，斯文興喪。勒片石以送歸泉壤兮詞無過當。

道光十五年。

(文見光緒《盧氏縣志》卷十六《藝文志》。王興亞)

重修房公祠碑記

【碑陽】

公姓房，諱琯，洛陽市人。隱居陸渾山時，與袁紫芝為莫逆交，應聘宰盧邑。歲值凶荒，發倉賑民，合邑蒙福，遂建祠于倉右。召之棠、寇之竹，前人之碑記詳矣。然則公之建祠于此，固不待文而顯，其歷久而重修之也，亦不待文而傳。而予為此文者，以工程浩大所費四百餘金，村中所出一百一十有奇，餘皆遠近善士募化資助焉，于以見人之念德不忘，而公之遺澤猶不沒也。至于天寶之亂，公從明皇幸蜀，反相肅宗，杜子美嘗稱薦之，語曰：不知其人視其友。觀公之始終，乃知人論世之士所樂為傳述者，予故不復多贅云。

己卯科恩貢生候選儒學教諭董天性頓首撰文。

男增生錫祉沐手書丹。

峕道光二十五年十月吉日。

【碑陰】

【額題】日　月　永垂

（碑存盧氏縣城郊鄉祁村灣房公祠。王興亞）

欽命河南河陝汝道兼管驛傳水利道馮大人賑災碑[1]

環盧皆山也，山多則蓄水之溝多。每逢大雨，山洪暴發，野外居民尚苦不堪言，矧築城衛縣，官府政事之一，/

所□視，市廛工商之所聚會，其係不更重哉。奈盧城東北，緊臨山河，正當山水之沖，根基久潰，□者□之盡 /

人□念之所，不及防者。今年四月初四日，近城二十餘里，雖有些微小雨，屋簷並未至涓滴，詎意酉時，□水洛□□□後□來，奔騰澎湃之勢，波浪直湍城牆而上之。倏忽城破，水盡入城。東街幾大廟，或□離而無餘，或作□□□北即池 /

沉淪，民之住宅傾覆倒塌者不知凡幾，民之傷亡或溺死者不知凡幾。變起倉猝，禍出 /

害更甚也。維時同城官員異事飛報。□□□馮大人毅然為己任，星夜趕赴盧城，過閱一番，/

數，十五以上者，每口給錢兩千文，十五以下者，每口給錢千文，□澤及斃者各給錢千文□者矣。/

□後又令委□郭公□補給□□□此城不可□非□長久之計，及親捐俸金以補工用。並 /

水火而□□□有感此事□□□者，恐其名久湮沒而弗彰，/

置盧令，于是，郝公奉□憲□即修城，甫三月而城 /

發□光而使之前後媲美耶。嗟夫！余嘗 /

立（缺）者□民衆不測之恩，再生之慶，將刊□道□□□大人□余 /

歌曰：

---

[1]　/ 以下有缺字。

溺者得救，生者有濟，懿碑不朽，百代流芳。

孫美□八十有□頓首撰文。

□□□七十有□頓首書丹。

道光二十六年歲次丙午九月吉日立。

（碑存盧氏縣文物保護管理所。王興亞）

神禹導洛處

丁未歲，予司鐸盧氏關，邑乘：城東三十里山河口禹王廟北十里許，山崖有古字形跡。己酉冬，十月十二日，偕門人劉生乾元泛舟冒雪詣崖敬揭，賦律詁十二章。十一月朔，又偕門人駱生中禮、陳生策乘舟至崖敬拓。越翌日，劉生亦至，復賦古風十餘韻。敬書神禹導洛處五字。雪泥鴻爪，用誌不忘云。

古相劉廷士恭紀。

大清道光二十九年十一月初六日刻石。

（摩崖存盧氏縣山河口。王興亞）

觀禹跡題刻

大清道光己酉仲冬，偕鮑茂才茂南、劉茂才乾元泛周于洛，東行北折，入山河口，至高廟旁，拜瞻禹字時，方架木椎，揭得數紙本，視嘉慶間方、謝二公摹勒石刻，僅得髣髴。其時定為洛字必有所據。崖次又有石斜出，亦具刀劃痕。其形弗敢臆斷，並揭出，以俟海內好古而精者考定焉。方、謝二公摹石舊藏邑署，待鈎出附鐫于崖而敬識之。

知盧氏縣事古閩劉應元書。

道光二十九年。

（摩崖存盧氏縣山河口。王興亞）

觀禹跡題刻

高廟石崖，有古字刑［形］跡，因公登此，槌字登架至崖。

劉林定、李桂森、張水才。

道光二十九年。

（摩崖盧氏縣山河口。王興亞）

創修考院碑

知縣劉應元

國家久道化成，人文蔚起，凡行省郡治、直隸州治，皆有考棚，以待學使案臨考試。縣治則往往闕略，校試文童，多就廨舍將事焉。元於戊申仲秋抵盧任，接見同官及邑紳，即以歷任議建考棚為言，迨至觀風及書院月課生童，咸負几攜坐具，集廨舍，地窄不能容，則張幔列坐院中。或間遇風雨，紛紛移徙筆硯，擁擠局促殊甚。嗣奉憲檄，舉行縣試，閣邑文童至者益眾，仍就廨舍考校，其擁擠有甚於觀風。月課時，蓋盧廨湫隘，而莘原書院又殘破未修，即修亦不足以容多士。於是，知議建考棚不可以緩也。顧己酉歲，方集費築城東洛安堤，工竣，未及半載，未敢遽興斯役。而邑紳等又屢次為請，元遂捐廉首倡，與同官勸諭，紳戶踴躍輸捐，擇署西官地一區，度基庀材，於庚戌夏日興工。公舉邑紳張應宿、李芳春、海源清、海揚清董其役，坐上賓張亮工上舍朝夕督視焉。越明年辛亥秋日，厥工告成。自門而庭而堂，堂之東西坐號容六百人，堂之上列几，容二百餘人，堂之後廳事一區，庭中植以雙桂，為評文宴息之所，顏曰桂馨，一山之齋東偏建箭廳一座，為校閱武士射藝之所。一切廚溷及胥役住舍無不具。元先是以公晉省，具其略，聞諸大府白門潘公，大府欣然為書堂額。斯役也，凡糜金錢五千九百九十貫有奇，捐戶之姓名及工匠土木磚石之費，備書於石。蕞爾山邑，規模制度，雖弗能媲美於郡治直隸州治之宏敞，然自茲以往，與試者橐筆從容，鱗次櫛比，安焉無譁，得專思慮，以盡一日之長，較向時之擁擠局促，迥然改觀。此亦官斯土者之慰也。他日人才濟濟，上副作人之盛，後起者，即東西餘地廓而大之，因基增造，同役為之嚆矢云爾。是為記。

道光三十年。

（文見光緒《盧氏縣志》卷十五《藝文志》。王興亞）

重修城隍廟記

盧邑敕封顯佑伯城隍廟建修之可考者，自明嘉靖三十九年庚申，不戒于火，于時新而廣之。入國朝來，迄今二百九十餘載，因基修葺，時有經營。道光改元之後，重修者再矣。元以戊申秋蒞盧邑，自朔望入廟展敬外，凡民事之不調，雨暘之未若，均于是虔祈而默禱焉。己酉春，邑紳張應宿、李芳春等，率住持僧海澄、海法募勸緣簿冊，請集費于里民，為重修計，遂諾之。因于編審里甲之際，面諭而手頒之令，各宜意于眾。是歲夏秋，麥禾均告稔，里民共量力而樂輸于簿，得錢七百二十貫有奇。邑紳等按簿收貯而將事焉。工興于庚戌三月，凡十閱月而告蕆。自□殿、獻庭及舞樓、山門、牌樓、兩廊各處，暨旗幟陳設之物，缺者補之，舊者新之，位置之不如法者，□□而安排之，□不厝然燦然。董是役者，為張李□上舍，而李上舍居與廟鄰，尤得昕久從事。工既竣，請為文以勒諸石。元維治人事神，均守土之責，敕封城隍神以理幽而贊明，尤為保障一方，官與民所安，共生敬畏者也。元于己酉孟冬書"以保黎民"四字額，獻諸廟中，以申敬志。茲于重修之役，又觀厥成，爰識其顛末如此。是為記。

知陝州直泉州盧氏縣事福州劉應元撰文。

翰林院編修邑生李籙周書丹。

盧氏營守備成貴、盧氏營把總何振綱、盧氏縣典史何瑛福、經制外委馬嵩齡、盧氏縣教諭劉廷士、署盧氏營把總耿如璋、前任盧氏縣典史陸相曾、額外外委朱應南。

督工人：監生李春芳、監生張應宿、監生陳建。

化主：監生李恒生、呼延興、杜書坤、廩生陳建中、千總王耀宗、監生張儀鳳。

吏員：段正元、孟贊修、王鳳祥、王周歧、劉振綱。

畫匠：朱自敬、趙三友。

漆匠：王金榜、王金岐。

曹洞宗派住持憎海法、海澄，徒湛，孫賓金。

咸豐元年歲次辛亥正月穀旦立。

（碑存盧氏縣中華街路北城隍廟。王興亞）

皇清例授登仕佐郎段公克己墓表

同治元年二月十八日。

皇清例授登仕佐郎段公諱克己字凈齋號柳蔭行一墓表

期服孫繼興承重孫繼長刊石。

（表存盧氏縣文物保護管理所。李秀萍）

皇清例授登仕佐郎段公（克己）墓誌銘

【誌文】

皇清例授登仕佐郎段公墓誌銘

公諱克己，字凈齋，號柳蔭。武生雲飛公之孫，汝禎公之子也。世居上洛，代有令聞。自公則重張旗幟，再起家聲。習魚鹽之業，送窮縈懷；權生殖之方，逐貧得計。慎以理物，嚴以持家，業廣惟勤。雖云富有，身衣大布，僅見完袍。而且平生正直，慨當以慷。言不詼諧，語禁嘲瘧。穆如雖無風清、河清近性，相于縱非鐵面、花面絕情。如此種種，天應眷焉。乃咸豐五年，子廷獻三十六歲，竟以痼疾卒。嗚乎！喬木未老，且遲萬里之歌；梓枝先枯，共傷伯道之後。孝有水而難挹，哭幾喪明；林有竹而誰號，年降不永。煢煢孑立，形影相弔而已。所幸者，公尚生女一人，適城東劉生名甲。孫女一人，許配街西王化成之長子。蔦蘿借誼，增門楣之輝光；葭莩聯親，慰零丁之孤苦。元配張氏，日切喪兒之嘆；子婦姚氏，常有無嗣之悲。乃于去年辛酉歲，畢集親族，同為商確。取本族段克恭之孫、廷士之三子繼長，出嗣廷獻，以為承重孫。又念門衰祚薄，本支兩門叔父汝保、汝輔，俱無所出，乃取壻家劉名甲之次子，更名繼興，以為期服孫。意謂瓜瓞可緜，庶叔父之再續。壎篪相和，免手足之孤單。勞心過瘁，所以有恙連年，續命無湯，遂教不起。彌月卒于咸豐十一年十二月初十日，春秋六十有五。今同治元年二月十八日，遷葬于城東小凌之左。人琴俱亡，卜牛眠之有地；徽猷永逝，先馬鬣而慟君。乃為銘曰：

一世勞勞，嘔心有血。苦露晨凝，悲風夜烈。月逐墳圓，松不聲滅。魂或可招，腸終如結。小山搖落，大野荒涼。千年華表，萬里斜陽。哀鴻斷夢，弔鶴高翔。草腐化火，柳老隨霜。昔聯榆社，今辭桐君。北郭雲暗，東都日曛。班荊故友，尚記殷勤。載歌短什，聊以贈君。

辛酉拔貢生候選知縣麻樹瞻撰文。

邑庠生周丕訓書丹。

同治元年二月。

（誌存盧氏縣文物保護管理所。李秀萍）

重修井龍王廟碑記

鑿井而飲，所以便民利用也。井龍王之說，不知創于何時。時俗：每于井臺之旁設立龍王廟，事雖近誕，而所以感發人之心志，莫不致誠致慎者，誠哉神道設教之至意也。城隍廟巷向有井龍王廟一區，規模最小，甚無以壯觀瞻。余于庚申年由東文華巷遷居于此，因于汲水之餘，慨然有重修之志，奈獨力難成，因謀于郭凌雲等五人，共勷斯舉。募化錢四十九千有零，乃于辛酉十月間動工，暨壬戌七月內告竣。共用錢五十四千有零。所有不敷，社內有官錢四千一百五十文，共捐事成，因勒石以誌。非敢自以為功也，亦以敘其始末，以為後來之勸云爾。是為序。

邑國學生劉發祥沐手撰書。[1]

同治元年八月初一日立。

（碑存盧氏縣文物保護管理所。王興亞）

---

[1] 首事、施財人姓名，字多模糊。

重修考院碑

知縣秦家駒

考院之設，比邑皆有，凡以聚英才於院中，月有試，季有規，涵育薰陶，扶質立幹，用佐聖天子作人之化，甚盛典也。盧邑僻處西陲，萬山環抱，洛水經流，文風素著，因地瘠民貧，向未立有考院。道光三十年間，前邑侯劉公應元，始勸捐建造，計後進正房五間，東西廂房各三間，西偏廚房三間，前正廳五間，東西號舍各十間，屋宇寬宏，其址堅固，士朝夕漸摩，可為儲材毓秀地。乃不二十稔，陟遭同治元年閏八月捻匪竄擾，盧境土匪乘機蠭起，入城肆掠，將前後房號焚燬殆盡，僅存東西號舍，亦復上雨旁風，破碎難堪，號板凳均零落不全。余於去歲孟夏下車後，每逢月課之期，點名閱卷，僅於廳房舊基搭蓋席棚，暫行棲止，心盡然傷之，屢欲商辦興修，而工程浩大，所費不貲，地方紳士商民，本係瘠土，況業經捐修城工，力盡筋疲，勢難再強。然目擊頹垣敗堵，任其荒涼，廢而不治，亦有司之過也。顧土木磚瓦等需用繁多，且工時艱，難覓嘉材巨植，適鄉間故宦有遺宅一區，物料精良，凡棟梁榱桷瓴甋之類，罔不備，亟欲出售，價廉工省，藉以折修考院，兩有裨益。爰議定價值，即飭匠撙節，估計共需用銀千金，可饋于成。余先捐廉銀二百兩，餘則籌款墊發，由本缺分年流攤彌補歸款，詳憲立案，擇吉興工，經始於五月二十日，落成於七月二十日，規模體制，煥然一新，而工堅料實，儘堪經久。繼自今都人士徘徊其下，觀感奮興，交相砥礪，務使銜華佩實，文行交修，共成有體有用之學，而為豫州聲名文物之地，是則余之所厚望也。夫至一切庀材監工，雇夫搬運，始終其事，不辭勞勩者，典吏余姚史悠玉也。例得附書。

同治三年七月。

（文見光緒《盧氏縣志》卷十五《藝文志》。王興亞）

布政司銜安徽候補道黃公文亭墓誌銘

道光乙巳科進士李夢周

公諱元吉，字文亭，姓黃氏，盧氏人。世居龍虎岡村。曾祖為讓，祖克泰，俱以公貴誥贈通奉大夫。父天爵，誥贈榮祿大夫。母宋氏，誥贈二品夫人。胞兄元善，邑庠生，候選儒學訓導。公生而聰穎，能讀書，甫學為文即有異思。范里後峪周卜宅先生過其家，異之，妻以女。以道光四年甲申，應童子試，取列前茅。予始識公。七年，遂以縣試冠軍遊庠。戊子鄉試，即邀房薦。辛卯，又薦。壬辰，中式河南第十五名舉人。其文大為副主考龔贊賞，曾有擬元之說三篇，俱發刻，人人以先覩為快，膾炙一時。己亥，送其門人劉少蘭應順天鄉試，得題擬作三篇，同鄉高豫峰戶部見而驚其奇。闈以為身不滿七尺，而心雄萬夫，謫仙不啻也。甲辰，大挑一等，簽發安徽，斤斤于未捷南宮，猶抱青雲之憾。比至，安則殷然，以民生為計，所署石埭、建平、婺源，到皆有聲。之鳳陽任，粵匪擾境，公帶兵出外，擇要隘堵擊，不圖猾逆乘間入城，從此得譴。中丞憐其才，委令帶勇剿土匪，由是棄文經武，日在戎馬中矣。三年之後，威名大振，匪人斂迹。中丞福元修前輩嘉其勞，委署定遠，御史湯修劾之，以為未經開復人員，不應署事。詔書下問，元修前輩覆奏謂："定遠為皖北門戶，賊匪往來孔道，非黃某不能獨當一面。國家多事之秋，不應拘常格。"外言始息。公乘此捐復，終定任。定人愛之如慈父母，所奉有萬人傘，旗幟楹聯各件。接署貴州任內，授直隸州職，俄粵匪犯壽，公聞警，立時登城，急命附郭民入城，房屋撤其障蔽，與民守之。凡八晝夜戒嚴，密遣勁旅縋城，陰搗賊巢。賊聞懼而夜遁，圍遂解。前此土匪平，事聞，上諭命撫臣擇州縣尤為出力者，保薦一二員候恩。撫臣以公與馬穀山大令應之，均以知府升用。命到之日，值廬鳳道金光箌觀察陣亡，撫臣即委公署篆，統帶金道原隊三千人征賊。是時也，正當粵逆猖獗之時。金觀察甫經摧折之後，頗難為力，而公受命如響，英風颯颯，聞者不寒而慄。是以所至披靡，每戰有功，中惟紅心驛一役，以少勝多，尤徵奇壯。今讀其詩，猶想見當日指揮如意時也。昔年文場鏖戰，辟易千人，殆其故技與宜乎。天子酬功，生民被福，誠當代不可少之人焉。公元配周氏，繼配任氏，俱贈夫人。又配丁氏，封夫人，周生子宗海，丁生子宗翰，安徽儘先補用同知。孫四：長提舉銜，候選通判廷弼，宗海出；次良弼、右弼、家弼，皆宗翰出。公卒於同治十二年三月十六日未時，距生於嘉慶九年七月十三日寅時，享壽七十歲。粵以其年十一月十五日，葬於南凹先塋右次。易簀之時，遺言屬余誌墓。嗟乎！余焉能誌公。然如公之諄諄見屬，余又焉能不誌公。銘曰：

嗚呼文亭公，余與公同里同學而又同盟，故惟余識公。公之志孰與高邁，公之孰與豪橫，偉然有不可一世之概，而不屑以卑瑣狹小之為，了此生平，是以功成名成，天地間乃非虛生。

同治十二年。

（文見光緒《盧氏縣志》卷十六《藝文志》。王興亞）

創修盧氏縣甄城記

劉棟樑

同治元年壬戌，盧城再陷。四月，粵逆自雒南來，邑令梅公先期遁。賊居城內三日。八月，皖匪自靈寶來，邑令楊公又先期遁。賊居城內兼旬。嗚呼！若二公者於守土之責，誠未克盡，然當承平日久，民不知兵，而破壘殘垣，又不足資為保衛計，欲令驅孱弱之衆，困守危城，賊勢縱橫，幾何而不致守陴皆哭哉！且夫事豫則立，不豫則廢，屏藩欲固，非綢繆於未雨之時，鮮有能獲實濟者。此城郭之坏，載諸《月令》，為每歲言之，非為臨事言之也。查盧邑縣城，修於明季，及國初，邑乘可考者無論矣。至嘉慶二年，陝州牧諸老公祖捐金督工，亦為避楚匪計耳。由是歷道光、咸豐，上下六十餘年，向令蒞斯邦者，為思患豫防之計，及早繕完，何至大敵當前，不能與民守之乎！梁溪昂千秦明府素懷幹略。癸亥，奉命宰盧，鶴唳風聲，猶時聞警報，於是為前車之鑒，欲修磚城，而經費浩繁，竟不有決。嗣得孝廉李公子正條議，始快然曰："有心人乃所見略同哉。"具畚挶召烏曹，指日興工，擇公正紳士董其役，工未竣而瓜期屆，又樵李明府續修之，經始於三年甲子，告竣於五年丙寅。民悅子來，勞而不怨，言言仡仡焉一勞永逸，遂凜然成不可犯之勢。是城也，諸公祖分為八工，秦明府更分為十里，時移勢異，其方位有不容變更者，正東則忠君、孝親二里也，正西則居仁、由義二里也，正南則履中、蹈和二里也，正北則尊賢、樂善二里也。

樂川里居東南隅，朱陽里居西南隅，惟錢糧戶口多寡，不能強同，斯丈尺度程短長，因以互異。工成之日，各立界牌，氣象巍峩，官民俱安堵而無恐，至今又三十餘年矣。予以光緒七年，司鐸盧邑，課士之暇，閒與一二及門登城舒嘯以適清興，因聞斯城之作，藩司止發帑銀三千，其餘錢數萬緡，則皆各里紳民所捐納。累任父母咸欲申請題奏，以增學額，而費無所出，事遂中止，良可惜也。竊維朝廷以恩義待民，斷未有令勞力耗財而不加體恤者，連年若修河工開賑項，出金數十兩，尚皆為議敘功名，似此錢數萬緡，用以修城公費，豈有邑中以增學額呈請縣主，申詳大憲題奏，而不蒙俞允者哉。然而城已修矣。邑人之急公好義已見矣。報之固有益於文人，不報亦有益於武備，前此江南巨寇以甲子至樂川，陝西亂兵以己巳過南寺，據城固守勢若金湯於萬斯年，有備無患矣。為司牧者，更能歲加修葺，勿令狐窟蟻穴，致啟釁端，則有以節民財，惜民力，庶大工之後，不再興工，而永遠無事焉。此尤予之厚望也夫。

光緒七年。

（文見光緒《盧氏縣志》卷十四《藝文志》。王興亞）

侍講銜翰林院編修李公暨配武恭人合葬墓誌銘

兩淮候補鹽大使李應燉

公諱夢周，字希文，號惺園。先世山西人。明嘉靖中，遷居河南盧氏縣。曾祖瑞生，邑庠生。祖崇儒，太學生。父又伸，攻苦於學，遇寄未售，勅贈儒林郎，貤贈朝議大夫。妣氏李，勅封安人，貤贈恭人。生丈夫子四，公其長也。生而歧嶷，稍長，益勤學，未弱冠入邑庠，旋食廩餼。道光甲午，遽失怙，營喪葬盡哀盡禮。丁酉，服闋，膺拔萃科。己亥，舉順天鄉試。辛丑，考取宗室教習，借補咸安宮教習。乙巳，成進士，選庶吉士。丁未，散館，授職編修。在翰林數年，以太恭人年老，艱於迎養，遂乞假歸奉侍。徧親訓教子弟，惟以天倫為至樂，後應陝甘學使吳竹巖、沈經笙二公聘主講三原縣宏道書院，課試勤嚴，循循善誘，四年如一日。弟子經指授先後登科者數十人。三原距盧氏五百餘里，每月遣人問堂上安，歲終解館歸，躬定省侍飲饌，從不以人代。同治壬戌，丁母憂，哀毀逾恒。終制後，遂不復出。捻匪竄擾豫境，承團練大臣毛旭出尚書移檄督修堡寨，戰守兼備，桑梓賴以安全，敘功加侍講銜。光緒丁丑，歲大饑，承辦賑大臣李子和巡撫袁筱塢侍郎，會咨幫理賑務，全活者衆。奏議隨帶加二級。公平居言動不苟，衣冠必正，處兄弟則篤友愛，待子姪則盡嚴慈，咸族里黨有不舉婚嫁、不能喪葬者，必量力欤助不望報，然亦不施於匪僻浪蕩之流。其施惠而不濫與，蓋皆以道為衡者也。至於鄉居有年，不受請託，不干詞訟。精歧黃以救沈痾，明卜相以衷至理，尤其餘事。綜公生平，秉性清介，而篤於內行，待人處世不煦煦為惠澤及人益深，教育多材，保衛鄉梓，不邀響計功而感服者益衆，可謂君子人矣。公生於嘉慶戊辰七月二十六日亥時，卒於光緒壬午八月初一日丑時，享年七十有五。德配武氏，增生翼元公長女，事姑以賢孝稱，並纂紡績，躬親勞苦，卒年五十一，勅封安人，誥贈恭人。子三：正心，乙酉拔貢，陝西懷遠縣知縣、同知直隸州同；正庸，廩生，讀書積勞，早故，武恭人出；正衢，業儒，側室王氏出。孫二：長葆復，廩生，正心出；次葆植，庠生，正庸出。曾孫三：庶瑛、庶琨、庶璠，俱葆復出。光緒九年五月二十七日申時，葬公於縣城東金五朶村右之南原，癸山丁向。武恭人合窆焉。銘曰：

　　卓哉大夫，履潔懷清。天倫是樂，德立形成。好爵弗縻，林泉安止。仁育羣英，義全鄉梓。勳登天府，疊錫榮封。燕翼貽謀，壽考令終。夫人貞懿，實相內治。鬱鬱佳城，永庇後嗣。

光緒九年五月。

（文見光緒《盧氏縣志》卷十六《藝文志》。王興亞）

新建經正書院碑

知縣韓炬

　　士習與民風相表裏，民風之盛衰，士之習之純駁為之也。歷代以來，既建立學校，作養人材，為化民成俗之本矣。而又復於各府州縣設書院，籌膏賞，令士子肄業其中，互相觀摩，因而登巍科，擢顯宦，為一鄉一邑所矜式經正民興於斯乎。在賢司牧情深化理，未有不以此為急圖者。光緒戊子，予奉簡命宰盧，四境循行，訪查民間疾苦，見夫士則讀，農則耕，闤闠之中，亦各安本業。心竊喜之。以為風俗敦樸，當較他邑為易治。然而詢之父老，則已有遠不逮昔者矣。咸豐、同治以來，大盜縱橫，加以饑饉，閭閻凋敝，十室九空，城鎮鄉村絃誦之聲幾絕。微論明季以前，如耿氏父子、李氏叔姪，不可復覯也。即國初巨室世家，如常、莫、郭、杜諸君子，問猶有繼此而興者乎。儀型不立，邪慝漸生，是不可不急起而振作之。且夫興學勸農，無時可緩。況文教將幾廢弛之時，其維持尤不容已哉。予因公務之暇，繙閱邑乘，並相度地理，見虢公台上有龍山書院一所，乾隆丙寅，縣令陳公思震所創建也。文廟東偏有莘原書院一所，嘉慶癸亥，縣令盧公建河所督修也。從前經費取各鄉義學之租，嗣後度支資累任捐廉之款，爾時文見丕振，科第連綿，懿歟休哉，何其盛也。乃未幾而兵燹遞遭，滄桑多變，黍離茂草，觸目愴懷。兩地之故址徒存，百年之宏規頓失，生童課試俱於署側考院是依，而龍山、莘原無復過而問之者。且請山長之脩金，渺無從出，發諸生之膏火，僅有微貲，統計滿年止得六課，士子雖勤誦讀，喜切磋，而一暴十寒，奉行故事於人，究何所加損哉。予當下車視事之餘，正值時和年豐之際，凡邑中修祠宇，補城垣，廢墜當修者，已鮮不次第就理。于是，邀集諸紳為重新書院之計，謬蒙許可，咸願協力，以贊成之。因念龍山地雖清高，而規模特□，不足以容多士，惟莘原遺基較為寬闊，用前任徐、梅二公罰項，修講堂三間，東齋房五間，其餘西齋房五間，與後宅上房，兩廂廚屋以及二門、大門、照壁、門房，材用所出，則皆急公好義之士所樂為捐輸者也。是役也，似因而實創。經始於光緒己丑，落成於次年庚寅，共費金六百餘兩，皆以紳士為責成，不令假書役之手。右則大成殿，左則文昌宮，翠柏參天，濃蔭環繞，一臨其地，意爽神怡，雖在成市之中，而軒敞清幽，有非俗塵所能飛到者。諸士子執經問難，游息其間，幸廣廈之宏開，樂奇材之畢萃，從此潛心學問，日進竿頭，訓俗型方，莫非指顧間事也。何快如之！而余猶不能無慮者，向來月課六次，獎銀二百七十兩，所有田租，俱由署內征收發給，士子多年定制，不必更張。而當時捐款除修書院之外，餘金四千兩有奇，所以請主講者在斯，所以獎住齋者在斯，所以發卷價者在斯，所以備歲修者在斯，經費浩繁，不能枚舉，使非稟明上憲，嚴定章程，則宵小侵吞，勢所不免。積久而廢，何如慎始圖終之為愈耶。蓋置租買田，可垂永遠，而猝難得，便不得不為生息之謀。是在管理者之善為保護耳。他若一切條規，俱經官紳妥議，具稟在案，更立石以誌之，事有明徵，庶幾永無變革乎。事既定，表書院之門曰經正，非好異於前也。無師友以示勸懲，則儒者之功修易弛，無賢仁以立坊表，則編氓之志氣必荒，邪慝之興，經不正也。予自蒞任以來，視書院為首務，有欲以端士習，即欲以正民風，闔邑生童倘知顧名而思義焉。行見人文蔚起，表率羣倫，前此顯達諸大家，不難再見於今日，而風俗亦媲美古昔也。盧邑幸甚，予心亦幸甚。
　　光緒十四年。

（文見光緒《盧氏縣志》卷十四《藝文志》。王興亞）

抱犢宮碑記

段鴻元

　　抱犢山，縣南巨山也，雄奇而幽雅，突兀千仞，四面若削，上平廣延袤二頃餘。天齊登臨四望，一目數百里，遠近大小諸山，若呈妍，若獻異，蜿蜒旋轉，若環繞而拱向之者。山巔有洞，曰"過風"，中列真人像，抱黃犢南向坐，山之所以得名也。其下多長松，小者且數尋，蔭翳茂密，翠色欲流，則抱犢宮在焉。先君子先叔兄蓋嘗假館讀書。云真人不知伊誰，據傳聞山上田可耕，犢不能上，真人抱之升，食靈草，俱仙去。語涉荒誕，然觀

《列仙傳》所載，飛梟化鶴之儔，雞犬亦登仙界，則童牛之辭旱，棧驤雲衢，亦何必即屬子虛，惟真人姓字不傳，無從考稽耳。《羣芳譜》謂上黨趙瞿飛昇于抱犢山，或即真人與，未敢質言也。歲壬戌，髮逆皖匪遞陷盧城，邑人競修寨，予亦效顰結寨此山為避兵計。道人合誠以宮記請，予諾之，未遑也。今寨工初就理，道人復索記，叩以所欲，言以先師功德對，叩以宮之始，以尹祖創修對，予心竊非之。何也？天下名山勝蹟，容許黃冠作管領，至扶藜攜酒，躡屐穿雲，吟弄風月，嘯傲林泉，自須讓我讀書人出一頭第。此山之在今日，誠落寞矣。豈前此竟無一二名流耽邱壑，癖煙霞，遊歷其際，酬唱其間，拂言勒石，一為此山增色者，何僅功德云云也。況老松參天，其壽不下數百歲。又酷類古宮林薄狀，如道人言，宮僅創自雍正間耳。髯叟何健長至此？頃之客自縣中來，語及作記事，則曰："山碑僵臥成德觀，殘廢不可讀，惟康熙三十八年謝侯重修則甚明。"予聞之，益知道人誤。後繙縣誌，得先輩王公遊山詩，結云借問逋仙事，遺碑舊有銘，由是益信名流果有題跋矣。特下宮上洞，惟黎侯一碑兀然存，餘無片石足據，可奈何？督工之暇，散步宮垣，仰視崖畔，似有蝌蚪形，架木觀覽，石刻在焉。懸峭去地三數丈，毛髮凜凜生寒，而創獲秘跡，老眼愈饒不可耐，私心以為必舊銘也。詳宮之自始也，否則必前人之詩詞歌賦也。剜苔剔蘚，注目凝神，讀之終篇，則猶一重修碑記也。日炙風摩，紀年殘缺，以今誌徵之，則記中蔡侯云云，的繫成化時矣。嗚呼！由成化溯明初百年耳。其後尚八帝，約百七十餘年，安必更無重修舉，而斷碣殘碑無復存者，即此記所稱羅修撰之，隱送胡給事之銘石，遠人遊覽，才士品題，備載縣誌，堪為名山增色者。今且並舊誌而亡之，山之不幸，何竟至此！且據謝碑觀之，則宮不自國朝始，自此記觀之，宮並不自前明始，而道人疏漏，歸功厥祖，豈不謬哉！雖然，道人功亦何可沒也。據伊譜，始祖清淨，康熙中，來自黃花觀，則謝侯重修時，宜有督監勞，侯施以地，又自買田，在道流猶為卓卓。逮雍正、乾隆間，建道房，立山門，營舞樓，修側室，宮之規橅燦乎備矣。厥後，重新宮洞，功尤多，蓋嘉、道時也。咸豐中，復修大殿，山門，舞樓，亦加飭焉。今又修舞樓一載矣。計道人至今，凡九世，工七興，不資募化，裕如也，非世崇節儉，胡至此。道人勉乎哉！今雖大盜縱橫，鼎沸雲擾，而朝政清明，老成襄治，埽橅槍殪梟獍，直摧枯拉朽耳。勵爾清修，綿爾舊緒，他日旄頭墜落，封狼殄夷，予雖贏老，尚欲躬率子弟假館讀書，搜崖索石，求先輩之遺銘，考詞人之佳制，以究夫宮殿之由來與真人之巔末也。是為記。

（文見光緒《盧氏縣志》卷十四《藝文志》。王興亞）

文林郎子正李先生暨配駱孺人墓表

李進祿

先生諱宣政，字子正，由道光丁酉科副貢中式，咸豐己未恩科舉人。予自束髮授書，即聞先生與惺園李夫子之名。越歲丁巳，余從惺園夫子遊，先生不時過往，因得執贄于先生。晤對之餘，見其舉止端方，語言一無所苟，而誨人則和平，樂易藹然，如坐春風中。蓋其學問深，涵養邃，誠中形外，圭角胥融，一覽德輝，不問而知為有道君子也。自其先世以來，詩禮傳家，一門孝友，同居數十口，男女大小無間言。先生因得無內顧之憂。弱冠後，赴試入都，館戶部丁塏坨宅中，攻苦寒窗，甚為楊詒堂、王子堅諸前輩所器重，屢膺鶚薦，補國史館謄錄，尋以丁外艱歸。哀毀逾禮，嘔血升餘。爾時重慈在堂，慰藉百端，始稍稍就飲食。服既闋，設帳里門，名士多從之遊。每科歲，入庠大半出其門下，而詞訟請託，則悉峻詞以絕之。所著有《免俗齋文集》及《野樵聞見錄》待梓。粵匪之陷盧也，鄉民多被殺掠，先生與任碩卿孝廉協力修文峪寨，分守要害，衣不解帶者兼旬。賊去後，題寨上詩，有"謹守朝廷一塊土，保全鄉里幾家人"之句。生平不喜居積，世以清貧自守，薄田十餘畝，破屋十餘間，食用維艱，旁觀每代為太息。而先生惟以讀書作人，醰醰然為諸弟勖，一嘗絃誦，名利之心淡如也。邑侯秦公修磚城，推先生為邑中人望，數延董理。先生卒不一見，而條陳事宜，切中利弊。明年，安徽道員黃公文亭攜帑金三千，為修女牆計，擇公正紳士督工，強先生與焉。勞心過度，嘔血疾復作，竟不克蕆事而歿。余惺園夫子表其門曰"品方學正"。又郭夫子江源及甯公文軒俱為詩弔之，以為有益於己，有益於人，存亡關一邑之盛衰，不僅係一家之福命云。先生生於嘉慶乙亥，卒於同治乙丑，享壽五十有一。德配駱孺人，貢生志學公長女，孝翁姑和妯娌，族黨賢之。與先生同年生，後公二十五年卒。生子二：曉亭旭春乙酉科選拔，予同榜舉人；次咸恒春，優廩生。庚寅二月，曉亭兄弟既葬孺人於先生之墓側，囑予為作表。予以數世姻好，義不容辭，因述其大略為詞以贊之。其詞曰：

靄靄熊山，茫茫洛水。毓秀鐘靈，篤生賢士。孝友性情，端方舉止。作為文章，鎔經鑄史。善誘循循，滿門桃李。烽火驚心，保全鄉里。澤遺子孫，後先濟美。嗚呼先生，余私淑之而烏能以自已。

光緒十六年。

(文見光緒《盧氏縣志》卷十六《藝文志》。王興亞)

朝議大夫子端李公端墓表

張鳴岐

公諱正心，姓李氏，字子端，號小園，先世山西人，明嘉靖中遷盧。高祖瑞生，邑庠生。曾祖崇儒，太學生。祖又伸，攻苦於學，遇奇未售。父惺園，乙巳進士，選庶吉士，授職編修，以敘功進，加翰林院侍講銜，為人清高自遠，以李太恭人年老棄仕，家居三十年，足跡未嘗履城市，粹然有古君子風。妣氏武，勅封安人，誥贈恭人。子三，季正衢，側室王氏出。武太恭人生子二，次廩生正庸，公其長也。少穎悟，年十八，以冠軍入邑庠，旋食廩餼。二十二，由選拔朝考壹等，籤分陝西試用知縣，歷署高陵、麟遊、蒲城、耀州、寶雞等處，終補榆林府懷遠縣知縣，特授同知直隸州知州，以循良蜚聲，名滿關中。初，公以弱冠登仕版也。撫憲曾公輕其少，及試以察城丈壕事，精慎過宿吏，乃大驚，委署高陵，踰三月，治效著焉。二年，丁內艱，起復，轉署大縣，歷十餘年，才識愈鍊，聞望愈隆，後因蒲邑繁難，巡撫劉公深憂之，同列交薦公，及來謁，樸訥如書生，懼不勝職。嗣遣人廉訪，官民一體，水乳交融，乃始恨知公之晚也。

公在署，戚故每來謁，必肅揖就座，皇遽道寒暄，少間即辭出理事，卒三更乃退。素不喜酒，嘗因餔時連飲十數觥，有喜色。詢之曰："有死囚三人，其情可原。吾為伸請皆得免，不覺為之一暢云。"同治五年，捻匪聲動，公督民各修堡寨。時回逆已定，民不欲。公開陳利害，隨處皆立堡，甫成，賊至，民竟賴以全。然後，感頌公德焉。宰蒲六年，以眼疾告假，得請。邑中耆紳累稟請留，赴轅數十人，撫憲不得已，親出撫慰乃始退。四川宮保丁公聞公名，請越省借調補用，本省上憲靳不與。公之名愈益著。嘗因勸墾隨垣齋原太尊過蒲市，遇群小兒攀轅顧望，見原，曰非也。及見公，額手讙抃，連呼是我公，若不勝其驚喜者。俄至館，原顧謂公曰："吾平日聞子得民名幾不信，今乃親目見之，何令無知孺子，聲情並切，若久別之見父母，非實心善政，淪肌浹髓，豈易得此哉！"不覺言之起立。光緒元年，知耀州。其嗣君往省，過舊縣，逆旅主人陰識之。須臾，扶杖抱子至者男婦滿戶外，叩之曰："來看少君，因借問李太老安。"且煦煦然道往日撫摩事，有泣下者。蓋公誠心愛民，一腔生意，若化工之動物，有不知所以然者，故至性之感如此。自公少筮仕，僕僕數十年，始得一缺。光緒六年，例應補白水，因胥吏需索，公曰："吾生平不解賄賂事。"及牌出，乃竟得懷遠，晏如也。八年，太老夫子卒，哀毀終制。軍機大臣閆公及新任陝西方伯李公，咸慕公德，伻函交至，勸公出，且素悉公廉，特送三百金為北上資。公顧家人曰："吾中年遊宦，皆為升斗及親事，今既蓼莪廢詩，無志功名矣。"因上書陳情，托眼疾不出。二公得書，嗟歎良久。齊聲動色曰："李子端真純粹也。"計公生平善政，難盡書理，識尤勝當宰麟遊時俗稱，其城為旱龍無水。公曰："水為地脈，天下豈有無水之土哉！"民不信。公捐廉，穿掘數十丈遇石，紳民累請中止，公力持益堅，鑿石八丈，水出，竟與石平。後回匪圍城，以乏水恐。呵守陴乃汲水從城上瀉出，賊乃驚去。至今汲養靡窮焉。長安大獄數年不決，積卷滿尺，公審斷立判，使逆子抵法不怨且德之，故同列有信及豚魚之贈；又使健訟之徒感公威德，頂香涕泣，送公行。嗚呼，觀此可以知公之為政矣。公生於道光七年七月初一日未時，卒於光緒十七年二月初六日丑時，享壽六十有五。德配黃氏，壬辰舉人任安徽廬鳳穎道文亭公長女，事姑孝，待下寬，好善喜施，貧民頌稱不絕口。子二：長葆真，少殤；次葆復，字梅村，乙酉科舉人，與予朝夕過從，交成莫逆。茲以公之墓表見囑，予固不能文，然公之德行政治，皆素所欽佩不忘者。義不容辭，因即耳目所聞見，為之敘。

光緒十七年二月。

（文見光緒《盧氏縣志》卷十六《藝文志》。王興亞）

修職郎鶴年張公墓誌

張玉麟

　　光緒甲午正月二十一日，修職郎鶴年張公卒，越二月念日，卜葬於龍山寨南之祖塋。先期公堂姪太學生名馨者，求誌於予。予不能文，何足以誌，然誼屬同宗且熟悉其梗概，謹略而誌之。按狀：

　　公諱長齡，姓張氏，鶴年其字也。先世本倉西人。明萬曆有庠生永仁者，始遷盧之黑馬渠村，生庠生學文。學文生佐。佐生庠生其瑗，公之太高祖也。其瑗生潔，貤封修職郎，生子四，長月桂，字丹枝，號東渠，由拔貢任考城、西華等處教諭，著有《來鶯齋》傳世。次月梅、月林、月川。月梅入太學，生子先登，邑增生。月林字瓊生，號西渠，乾隆丙子舉人。月川出繼近屬。月桂生子先芳。先芳生子四，兆祥、兆熊、兆麟、兆祺。堂弟先登，娶靳孺人，無子，以四子兆祺嗣焉。兆祺子應瑞，國學生，性情敦樸，有古君子風，娶段孺人，生公。公生而醕謹，不喜浮華，遇人急難，傾囊以助，絕無吝色〔嗇〕。人雖感激圖報而公處之如常，不以為德。光緒三年，歲大祲，捐貲助賑，賴以全活者甚衆。茅河有倉房，值凶荒，盡以所積散給佃户，並免數年所欠課租，受賜者扁其門曰"恩成再造"。縣北虢王廟舞樓久圮，公獨出資建修，以為賽神之地，其素行慷慨如此。他若助膏火以興學校，出資財以培善良，種種善行，不可枚舉。較之田文子敬諸人亦不多讓。公豈復有遺憾哉！

　　元配駱孺人，性情淑慎，善事翁姑，先公卒。妾氏劉，有節操，同治元年，遇賊不屈被害。繼室祝孺人，有婦德，生女三，長字儒童李公正志子，二三尚幼，未字。時公年六旬餘，尚未抱子，深以為憂。光緒壬辰九月，始慶弄璋，命名光華，迄今已三歲矣。狀貌魁偉，靈敏異常。嗚呼，此非公積力行善之報與！距公生於道光五年十月二十日丑時，卒於光緒念年正月二十一日亥時，享壽七十。爰為之銘曰：

　　龍山拱北，淶水洃東。鍾靈毓秀，篤生張公。惟此張公，饒有俠飆。寬以接物，斂以持躬。親賢樂善，周匱恤窮。嗟哉光華，尚且循規蹈矩，糵忘乃慈父眷眷之衷。

　　光緒二十年。

（文見光緒《盧氏縣志》卷十六《藝文志》。王興亞）

皇清例授修職郎鶴年張公墓表

李恒春

　　古之所謂完人者，其經濟作用不必大著於世也。苟於鄉黨之間，悉有無，通緩急，效焚券之高風，追指囷之雅意，慷慨磊落，即儒者立人達人，真實分量勝，才華稱二陸，文章重三蘇矣。予於吾盧鶴年先生見之焉。

先生諱長齡，姓張氏，鶴年其字也。世居黑馬渠村，繼居北關，後以大盜縱橫，又移城中。公少就學即靈敏異常，為文章爰筆立就，應童子試，屢列前茅，嗣以尊大人筋力就衰，旋輟前業，竭力治生，以博堂上歡。其孺慕之懷，出於至性，與聞叱犢而飲泣者事異而情同。嗚呼！百忍堂中，時聚太和之氣，兩銘齋內，共仰家學之純。公豈聞而興起，與何後先繼美如此。奢靡相高，惡習也，盧俗為甚，殷實之家，又特甚。公獨布衣疏食，未嘗稍有富貴象。洎乎周窮恤匱，則皇皇焉如不及，往往有素不相契之人，遇有急需登門叩請，即傾囊相助，絕無吝色。其素性揮霍類若是。兼之捐貲財以修舞樓，免課租以便佃戶，籌膏火以助士子，搆支使以恤遠人，種種義舉，尤難權數。以視世之飄長裾曳輕袖，矜情飾貌，自以為疏財仗義者，汔及至親密友，勢處拮据，一露稱貸之意，輒面比冰霜，凜凜然如不可犯者，其賢不肖為何如耶！獨惜年逾六旬，尚未抱子，邑之人無遠近親疏咸咨嗟太息，以為鄧伯道復見於今矣。而公談笑自若，行善愈力。未幾，竟履異璋，彌月之期，賀者盈門。予以周親亦附座末，抱兒諦視，見其頭角崢嶸，聲音響亮，一望而知富相，則信乎天道無親，常與善人，積之深而報之厚。彼蒼已默為鑒之，孰謂冥冥中竟無知哉！今歸窆有期，其姪太學生馨及號中執事人田硯均囑為作表。予不能文，而義不容辭。因述其大略表之墓道，至生歿歲月，世系子姓，俱詳誌狀中。茲不復具。

光緒二十年。

（文見光緒《盧氏縣志》卷十六《藝文志》。王興亞）

增修水房碑記

且天以生水，所以資人用也，而于回教為尤宜。蓋我都朝拜真主，每日有五番，即每日有五盥，故必滌除其垢，以顯潔白之身。猶之洗濯其心，以見精明之德也。盧邑穆民生齒繁興，每逢大小齋月，牛婁鬼亢日期，沐浴之人，雲擁雨集，甚有候之過時者。阿衡馬公長青甫澄晏覃懷濟源人也。學博才高，于道光十四年間，振鐸茲邑，見寺內棟宇高峻簷阿華，采之前人功無及矣。而惟水房未嘗增修，不無偏淺狹隘之憾焉。于過聖忌時同眾商議，慨然以修水房倡首，親施束金錢七串文，以下兩次共捐錢一百六十二串二百文，與前阿衡孫公耀光仿汴省水房式督工監修，並邀集金公玉聲、孫公耀宗、張公文成等照料木石，與海公文運、馬公宗周、堂弟煥南催督錢糧，越一年，功始落成。又增補火房一間。此可見人民殷富，因主聖慈被之恩而踴躍輸捐，亦阿衡鼓舞之力也。功竣，命作序，以勒貞珉。予愧不能文，謹將功程鉅細、捐資姓名，開列于左，以不沒諸君子之善也。是為序。

邑廩生金煥鼎虔心撰文。

邑庠生海樹贏沐手書丹。

閻方社首[1]

光緒二十二年暮春穀旦。

（碑存盧氏縣城上寺廟內東房前簷下。王興亞）

接官亭摩崖題記

詩情畫意

光緒丁酉八月陝州牧。

（摩崖存盧氏縣東明鎮十里鋪北。王興亞）

聖諭碑

爾俸爾祿，民脂民膏。

下民易虐，上天難欺。

清。

（碑存盧氏縣城西大街。王興亞）

---

[1] 以下字模糊不清。

澠池縣

常平預備倉合記

張璟

粵自雨暘之不若也，民生國用，時際其瘁，於是乎設預備、常平，以佐天行，由來舊矣。其意始於周官，其法精於管氏。其能變而通之，以救時布世，則有桑、劉輩出，各紆一代之度支，而旌偉伐。崤澠處西偏，磽确甌臾，童山撐裂，無平流灌溉，千畝原隰，先諸邑而歉，後諸邑而秋，大有；不過十之半，中，五之半。饑饉載罹，糴糶無從。求所為賑乏，則奚委積，求所為通滯，則奚交易。嗷嗷蒼赤，與存幾何？此預備、常平，視他邑不尤為急務哉！

余承乏茹蘗，敢忘拮据，一切舉修，咸諮紳士、百姓之便，厥惟鉅政，恭奉詔勅，諸上台欽遵檄行。重念乍起瘡痏，衡徭雜沓，形肉殆斃，非常之原，黎民懼焉。廼屬其耆老而告之曰："惟余宰斯邑，何施而不貽爾禆益，剫茲預備以備兇荒，常平以防騰貴，藏於私復藏於公，雖九年七年，優游鼓腹矣。與爾約，官出糗糧，凡木石埏埴，取之廢址荒原中，無煩爾購。"眾喜諾。時乙未孟冬爰始，徂仲冬而竣。常平六間，其前為門，其中為堂，左右各兩廡，可容數千百石。預備三間，相距步五。其址爽塏，其宇宏敞，其梁柱壯直，其甃砌堅緻。或曰："吾令君勞乎，夫從前之治廩廒，不過塗塈補葺，紀奉行而已。以若所搆，迥邁從前云何？"余聞而愀然曰："古君子為政，審其時，度其勢，必取久遠者，以謀國是，重民命也。今澠時勢，誠不可與他邑齒。入其村，無十家之烟，民可知也。眹其野，荊榛蓊蔓，土可知也。土尚滿，民未殖之。役也，或苟且塞責，不旋踵朽蠹，後之人將復議之，不益滋煩苦耶？蓋一勞永逸，樂成之道固爾。不然，余傳舍人也，何庸敝敝焉戴星出入，曰諮庸匠而勞來之，率先鼓舞，必克底乃績而後息哉！凡余之慮澠，與澠之諒余者，意在斯乎？"爰筆其畧，以冀奉行之者與有同心焉。

順治十二年。

（文見民國《重修澠池縣志》卷十二《藝文志》。李正輝）

修城碑記

鄧琪棻

澠水不波，今幾何年矣，嬰城相對，蕩若淒烟，前乎此而官守者，相繼葺理，輒隨升隨圮，未有底績。余公餘之暇，盱衡四顧，急思整篝砦而闉闍之，竊恐捐瘠未甦，酒漿難挹也。已又湫然長念，以為不一勞，不永佚，不暫費，不久甯，惟此縈帶自畫，雉堞未修，何獨非有司責乎？乃請於當事，詢於士若民，師言僉同矣。上下相募，量地鳩材，汲汲經營，不愆於素，視前之葺理稍加焉。蓋於向之隨升隨圮者，及今，幸可無慮。以視當時之言言屹屹，綿亘八里，曾不十二也。撫時及事，烏可不為之表誌哉！夫事之有所創者，成之維艱；用之有所費者，論之匪易。金湯之望可觀，而無米不能為炊。飛輓之裕如流，而盜鈴幾同掩耳。上之有任事任勞之苦，下之有築愁築怨之虞，澤晢邑黔，多不可概，夙夜匪懈，幸克有成。而食不由於頭會，貨不出於口率，推其陳以為新，踵其險以為易。君子謂：是舉也，可以永甯，可以久佚，是之謂有司之政，是之謂奉上之令，是之謂宜於今、符於古。於是，鑴之靈陶，以表誌云。

　　康熙戊申孟春某日。

（文見民國《重修澠池縣志》卷十二《藝文志》。李正輝）

新遷學宮碑記

　　鄧琪菜

　　澠當中州西鄙，地隘且阻，而鍾靈獨厚，秦、漢以下，魁梧特奇之士，固多見於紀乘矣。至敦謹醇厚，粹然出於理學之正者，如曹月川、張洗心兩先生為尤著。是亦扶輿清淑之氣，蜿蟺磅礴，有以致之也。然遡人材所自出，則學校為重。國朝定鼎，守斯土者，因陋就簡，正殿雖建，他搆未遑，春秋釋奠，拜跪無所。余下車日，欲為新之，有志未逮。閱三年，而吏習民安，爰相地於內城之西，易周相國之舊址，具請大吏，咸報曰：可。於是，量金石土木之費，捐金五百，其時，士民耆老亦醵助百餘金。鳩工庀材，先事給直。若正殿，若啟聖宮，若欞星門，戟門，與東西廡廊暨鄉賢、名宦，以及明倫堂、尊經閣，次第落成。余奉命入闈，分經取士，閱兩月而歸，丹漆塗塈，廟貌聿新矣。父老子弟雜還趨拜，謂數百年之業，於斯慶其有成也。余聞教學之法，上下相摩，其淬礪也深，其濡潤也漸，遲之又久，則禮樂明而風俗美。予也聞見短淺，一行作吏，如負鹽車，惟是學校之設，教育人材，不敢以自怠。多士當茲右文之日，無事則說禮敦詩，處變則仗節秉義。俾余異日間猶得逢人問故，而知其道德之敏決，仁敬之慈恆，某某為當世名卿，某某為承家孝子，邑惇五典之徽，人多三代之傑，則幸甚。於時協理，例得並書者則儒學訓導汪載道，典史張正和，鄉宦李毓秀、歲薦郭乾修、楊翠亨，庠生王吉人、韓山贍。督工義民則李勝任、劉鴻、薛天爵、段光學、張三綱、茹天啟、馬鳴節、潘國珍、劉淳然、楊溥、李根應、雷聲霆也。

　　時康熙八年月日記。

（文見民國《重修澠池縣志》卷十二《藝文志》。李正輝）

新建八蜡祠碑記

鄧琪棻

蜡也者，索也。歲十二月，合聚萬物而索饗之也。伊耆氏始為蜡，夏曰清祀，殷曰嘉平，周曰大蜡。其祀有八，先嗇也，司嗇也，農也，郵表畷也，貓也，虎也，坊也，水庸也，禮與藉田相終始。當春作方興之始，籍田以祀乎先農，及百穀告成之後，大蜡以報乎先嗇。魏晉以降，皆有其禮。澠邑之祠，其來久矣。舊圖祠在縣東，新圖則在西門之南隅。至求其所謂祠者，不可得也。每遇時祭，芟草覆苫，大禮既行，徑同樊溷。司民社者，可以秩祀而漫實之歟！予於己酉之冬，始擇東北隅而創建焉，基即舊學之尊經閣也。學為邑紳楊君翼國之故業，眾議興學，遂用其地。今學遷而址虛矣，於以營之，誰曰不宜。在《易·說卦》有云："艮，東北之卦也。萬物之所成終而所成始也。故曰成言乎艮。"然則今於東北隅而建祠也，其亦天地自然之位矣。

康熙八年。

（文見民國《重修澠池縣志》卷十三《藝文志》。李正輝）

御製至聖先師孔子贊並序[1]

清聖祖
張玉書書

（碑存澠池縣文廟。見民國《重修澠池縣志》卷十六《金石志》。王興亞）

玉皇閣碑記[2]

/有鏊山，山巔有昭濟侯明公廟，古老相傳，上帝所敕封專司雷雨，旱則祈禱甚靈。/
每遇仲夏朔日，登山拜瞻以祈甘雨，其來久矣。康熙己巳，春大旱，貳麥垂死，秋穀不得播/
玉皇閣東村民禱於中嶽，俾往鏊山求雨於明公尊神，已爾澍雨立降，滂沱沾足，貳變盡神，乃降言於眾曰：明公而使之，降雨者上帝也，宜有從答神貺，士庶聞之，同/
奉，富者輸財，貧者受役，遠近莫不踴躍。擇地於縣東四十里之盤龍山，東接鳳嶺，

---

[1] 見本書第一冊第1頁。
[2] 碑由中間破為二開，上半部缺，中間有三行大字損壞。碑正文十五行，每行三十六字。僅據存文錄出。

西望熊耳／

經其前，澗水環其後，爰建高閣三層，上奉上帝，中奉金閣聖母，下奉紫微大帝，旁列諸神，金碧輝煌／

夫萬物本於天，人本於祖，而書稱天地萬物父母，惟人萬物之靈，溯厥由始，實為生民初祖。而制禮者乃為之限，使大夫士庶不得通祀。且民以食為天／

爰捐金一百金，命澠令劉孚嘉以時修葺，招募住持開墾左近荒地，永為焚資／

康熙壬申巡撫湖南都察院右副都御史。

（碑存澠池縣洪陽鎮義昌村南玉皇閣舊址。王興亞）

張枹初洗心祠記

王箴輿

昔曹月川先生崛起澠水，以斯道為己任，倡學於永宣之間，河洛之士翕然從之，而濂溪關閩之道復明。距二百餘載，而先生繼起，以學之不講為憂，乃會甘棠、會芝泉及洛城、韶陽，晉豫關隴之士雲擁雨集，而伊洛舜水之學並著。其會講書院在澠邑者，遭明季寇氛之餘，僅存遺址。箴輿涖茲土，乃敬搆三楹，以祀先生。先生自號洗心居士，因即以洗心名其祠。且繹先生洗心之義曰：人心之初，本然至誠、至靜、至正、至明，與天地聖賢之心原無間隔，第為物欲習染，憧憧往來，以致漸旬洊壞，而遂失其本然之體，而淪於禽獸若也。學者苟能洗滌此心，以復其初，則仍與天地聖賢之心相合，而後見於處事接物，發於文章功業，自有不同乎人矣。周子主誠，程子主靜，朱子主敬，《中庸》曰"慎獨"。《大禹謨》曰"惟精惟一"。是皆洗心之妙義也。固知先生之學，乃深得力於洗心者。即月川先生正維道脉，而克欲澄源之功，亦豈外於洗心之義也哉？因著其說，以勉吾澠之士。俾先生五世孫張鳳翺奉祀，厥後世守者，當思祖德，相維修葺，常使堂階整肅，即可謂之賢子孫矣。

雍正三年。

（文見民國《重修澠池縣志》卷十三《藝文志》。李正輝）

重修學宮碑記

梁易簡

乾隆九年四月，予調補澠池。六月抵任，恭謁文廟，瞻仰聖殿，規模完備，獨東西兩廡、戟門、欞星門，以及明倫堂等處，不無剝落，有待修葺。予涖學講書，即商於學博張君，因悉學博任澠十載，從前節次捐俸，畧加葺補，以存體制。隨謀諸紳士，踴躍捐資一百四十餘兩，並予割其養廉之入，鳩工集事，圯者補之，廢者修之，更於欞星門內左隙，增建更衣亭一座，以為祭祀整肅儀容之所。查學宮舊建新城西門外，寇燬，僅餘大殿五楹，順治三年，潘令移建治東南隅。因地勢湫隘，十五年，張令移建治東北隅，未竣厥工。康熙七年，鄧令改建於縣西，凡學制所有，均無缺畧。今者修補增建，潤色可觀，始於乙丑季春，越三月而事竣，亦數十年來文教聿興之機也。夫澠池一學，重以聖代德化覃敷，人文蔚起，理學昌明，在昔固炳炳烺烺矣。今之士子，飫五經以驅百家，擷春華而採秋寔，視昔若將有待者，此何以故？予惟郡邑有學校，猶其苑囿然，儒畯在民間，譬則草木生於原野，殊形異種，叢生散處，栽培灌溉，各順其性而不戕其生，慮其不能敏成而速化也。又易置其處，以冀其速成，使凡在吾所培植者，皆足以資世用，而不棄捐於人。諸士子生民畯之家，選入庠序為弟子員，何以異此？上之人，所以培植滋潤之功如此其至，而又擇夫高爽之處，以廣所居。其尚思所以挺立拔出，以為向陽之草木，欣欣然就陽明之光，求以自異夫陰崖寒谷之所生者，異時由郡圃而進於禁禦，其為臺菜，為相椅，為新甫柏，為徂徠松，為衛武公之箖竹，為召伯之甘棠，為周王之棫樸，使天下後世之人咸曰：聖人之教，王者之化，乘景運而兼行之者，澠池之士，薰陶涵育，卓然為中州之傑、學宮之光也，顧不偉歟！是為記。

時乙丑七月十五日。

（文見民國《重修澠池縣志》卷十二《藝文志》。李正輝）

中山寺記

朱作哲

子，陳人也，吏隱茲土。覽其山川景物，每樂與隱君子作林泉遊，因訪澠之南嶺古寶泉寺。有高僧諱性慈，字中也。偕童冠往造其地，得晤中公，相見甚歡，笑語移日，不言世事，不品人物，但畧道其素跡曰："吾始恭叩先師憨休老人於西安之興善寺，《金剛》、《華嚴》頗有會心，既而開法雲門，繼席風穴，卒遷此峯，弟子之從遊者，若脫影、天澤等，皆授以釋氏秘旨，蓋將以此了業云爾。"噫！中公其果異吾道乎哉？抑有所託而逃乎哉？聞之梁有志公、宋有佛印，中公豈其流亞也哉？吾且循山視之，山形似口，中突一泉，其色清，其味甘，水聲涓涓，不舍晝夜。泉以寶名，良有以也。泉左有殿，廟貌巍峨，公之諷誦處也。泉右有廚小而幽，公之薄滋味處也。復口目四眺，山之崖，水之湄，千年老樹聳出雲表者，則公之乘風快志、談經說法所也。遵是而南，有小溪焉。盤曲上之，分林木，越叢竹，入石門。門有洞口，深之，有石床，床前有窗，窗有靜几，置書數部，展閱之，則公之拈誦語錄，及手著詩也，賦也，古風也。無非靜裡消息，三昧微言，吟詠再四，若引我於七級上也，更由此而深，洞復有洞，切視之，閉目合掌，有形無聲，皆石羅漢也。公笑曰："此寵辱不驚輩也，吾與若伴有年矣。"噫！吾知公矣！其有所託而逃者也，豈果異吾道乎哉？《詩》有之："既明且哲，以保其身。"吾於公有取焉。獨是山形似中，何為至今不名也？豈公必待山而傳，山必待公而名歟？中公也，中山也，其並傳不朽也耶！嗟嗟！公隱於禪，予隱於吏，禪不惹塵，吏受人辱。特援筆誌之，以俟後之遊斯地者。

乾隆十一年。

（文見民國《重修澠池縣志》卷十三《藝文志》。李正輝）

重修五行殿並創建拜殿記

李印綬

玉帝殿西，屋三楹，群呼曰子孫殿。夫神而以子孫呼之，褻孰甚焉。今攷其原委，更其名曰"五行殿"。五行，即五祀也。敬五祀，以崇功報本之義。然則非他淫祀可比，其建廟立像以祀也，固宜。考居中一位，土也。土居四方之中，其位應爾。塑以女像何？土屬坤，八卦稱母，故洛邑城北后土廟以女像傳焉。左一位，火神也，他處皆男像，茲以女像何？火外陽而內陰，從其內也。且六子之中，離為中女，故亦從女。然則木亦以女像，何也？以震一陽居下，二陰居上，從兩而上也。且金水之為陰，昭昭矣。羣女之中恭以一男，殊為不類，故皆從女，此五行殿之所由名也。舊殿規模甚狹，且風雨剝毀殆盡，乃移數丈於茲，並建拜殿三楹，庶後之觀者，咸知五行之為尊云。

乾隆十一年。

（文見民國《重修澠池縣志》卷十三《藝文志》。李正輝）

重修三清殿碑記

李印綬

此昔時之遇仙觀也。前倚峻嶺，後倚韶山，左右二水，交流簷前，老槐古柏，眾綠參差，仙客騷人多寓目云。獨是廟曰三清，若不究其由來，殊信信疑疑，而未可據也。蓋三清者，即三才之別名耳，謂之清者，乃道家清靜無為之說也。一曰元始天尊，夫未有人物之先，渾然一太極而已，自左而動，一陽生天。元始者，天之謂也。一曰靈寶天尊，土膏方動，萬寶生焉，故秋曰：萬寶告成。是成萬寶者，莫靈於地，其名靈寶者，非地而何？一曰道德天尊，必寔其名為老子者，以老子著《道德經》五千言也。蓋五常之德，具於性始，五倫之道，本於人身。若道非人，無所附麗，人非道，徒具血肉。道德者，非人之所以為人乎？統而論之，不外乎天地人，故曰三清，即三才之別名也。因援筆而為之記。

乾隆十一年。

（文見民國《重修澠池縣志》卷十三《藝文志》。李正輝）

前書室記

御史盧秉純

予本情癡，夙懷妙悟。桃花浪裏，忽棹一葉扁舟；芳草天涯，徧結四方勝友。但語寒山之片石，誰證鐵笛於三生。偶披青衫，閒臨白甫，寔由安子，得接黨君。氣吹噓而成蘭，情沖淡則如菊。安仁年少，亭亭擲菓之姿；和靖家遙，隱隱種梅之屋。既垂馬悵，乃下舒帷。伊水春風，夷然物表；苔痕草色，卓爾雲居。豈以錦幛羔羊，遜學士之況味；直將清談麈尾，駕丞相之風流。予也，立深雪於何年，拜下風者此日。環顧溪聲山影，識有伯牙之琴；飽領鳥語花香，欲贈少陵之句。十年晦雨，相結遙情；千里閑山，聊誌盛遇。

乾隆十一年。

（文見民國《重修澠池縣志》卷十三《藝文志》。李正輝）

後書室記

御史盧秉純

鱣堂往矣，誰繼音徽；鹿洞佳哉，徒切宗仰。不意寄閒身於物外，竟爾得佳士於天中。姓燦榜花，宅鄰砥柱。二陵風雨，奔鬱筆陣之雄；九曲波濤，直滾詞源而下。捉將官裏去，行逐魏野前踪；咬得菜根香，偶移周黨隱處。乃垂絳幛，並布青氊。設理則躋月窟，而摘天根；論文則媲黃墳，而破鬼膽。坐一個月，而茂叔神矣；立三尺雪，而游楊宜哉！故余謂借南國之棠，植東山之杏者，誠心折乎道範，非阿好於同人也。嗟哉！綠樹青山，試揭孤篷之曉；風輕雲淡，如過前川之春。更為勉彼先生，率其子弟。十年面壁，豈讓熊嶺頭陀；一鼓登天，引作龍門仙客。則尤區區之望，寔切旦旦之誠者矣。敢綴卮言，敬錦斗室。

乾隆十一年。

（文見民國《重修澠池縣志》卷十三《藝文志》。李正輝）

重建奎樓記

鞏敬緒

澠水東南，層巒疊翠，小東山之陽，奎樓建焉。奎號武庫，司文教。宋顯德中，五星聚奎，周程理學之傳，彪炳古今。又《天文志》：「斗魁所戴者六星，曰文昌，而圖書之府掌於東壁。」故後世于學之東南，從形家言，咸置樓以奉奎宿，俾多士得瞻奎壁光。辛未秋杪，余膺簡命來澠。澠，洛西勝地也，古流寓遊宦於斯者，隋有文中，宋有潁濱，二子風徽，猶令人於山高水長之際，穆然遐想。至生其地而名標青史者，月川、抱初前輩，並以理學聞。迄今日而人文頗敝矣。諸生晉謁，率以風脈不振為辭。夫邑有奎樓，固風脈所關也。余暇日偕師弟子遊於小東山之麓，重岡復道，紆廻盤折而來，澠水以泓，環抱如帶，陟峻嶺，臨清流，東眺郁山，西望熊耳，俯瞰川原，阡陌繡錯，城中煙火欝欝靄靄，掩映目前，巋然擅一方之勝。第荒址委頓於窮塵，遺瓦空淪諸弱草，顧瞻廟貌，法像無存，太息者久之，爰捐俸為倡始。諸生中好義者，復不憚跋涉而廣為募，但時值仲冬，難於營造，先肖像迎神，俾得所主。越明年壬申春初，募工鳩役，伐石庀材，時更兩月落成。向之蒼烟白露者，今則高甍巨桷，過者改觀矣。是知天下事，廢興自有時耳。顧或有其時，而力不足。雖有摩挲愛護之思，徒付諸蒼茫之喟嘆。而此奎樓也，余念方肇而丕應，徯志未半載，而煥然聿新，抑何會逢其適歟！或曰：建閣祀神，此其文也。士不克自振拔，即日對奎宿而拜禱之，奚神焉？雖然，天苞地符而人物以生，試觀陰陽風雨和會之區，物華人瑞，迭產其秀，固未有人傑而地不靈，亦未有地靈而人不傑者。況春秋緯文，亦儒家者流所不廢。倘風脈既振，而多士復朝漸夕摩，砥礪以應其奇，則擷春華而挹秋寔，必有理學才人，遠紹王蘇，近媲曹張，炳炳烺烺，以應國家之景運，聯奎壁之光輝者。如第區區拾青紫綿甲第，豈多士之所以自待，抑豈余之所以期待於多士者哉？至於經久不廢，歷劫常存，所以維持保護者，正不能無望於後之君子云。是為記。

乾隆十七年。

（文見民國《重修澠池縣志》卷十三《藝文志》。李正輝）

修建文昌祠記

常廷旌

文昌者，天之六府也。居北斗魁前，其星有六：曰上將，曰次將，曰貴相，曰司命，曰司中，曰司祿。說者以為主上天文衡，故祀文昌者，多建於學宮之旁。澠邑自明季兵燹以來，祠經屢遷，基毀無存。近就東城門樓建閣崇祀，據堪輿家言：南與奎星樓相映，為有合於光聯奎壁之意。但奎樓在東南，而閣產面鹵相背而不相向，且基址迫隘，下臨孔道，每遇祭祀，陟降奠獻罔克盡禮，殊未足以妥神明而隆祀事。歲壬申，邑大夫鞏公率諸紳士重建奎星樓，將以次建祠，祀文昌，旋調任去。癸酉夏，余以覃恩揀選，司澠鐸。邑大夫蔣公與余商茲舉，而囑余董其事，會因公車期迫，未遑也。甲戌，余獲雋禮部，以候選知縣回原任。時又適有伊犁之役，差務傍午，日無暇刻。而蔣公復奉委署永篆，明年乙亥春，始回澠。乃共相地於明倫堂之左，捐清俸為紳士倡，命鳩工而舉事焉。祠兩楹，户南向稍東，與奎樓遙對，諸從朴堅，不尚華飾，共縻艮若干兩，越兩月而功告竣。從茲展祀有所，式禮莫愆，庶幾可邀神貺於無窮。澠人士入茲祠者，將益肅然起敬，共仰禮夫邑大夫所以建祠妥神之意，互相奮勵，以肆力於學問之途，俾文風不振、文運益昌，則斯祠之建，其將大有造於澠之學者，而因以成邑大夫作育人材、振興文教之盛心，豈曰小補之哉！至若司桂籍、掌蘭譜、陰隲報應、祿伍予奪之說，與夫寔以梓潼張君，以為寔司文柄，將使天下為士者，日奔走祈禳之不遑，吾恐士習不端，文且日下，而又何能昌之有？然此固道家者言，吾儒所弗道。聊附識於此，以告邑人士，幸勿為所惑云。是為記。

乾隆二十年。

(文見民國《重修澠池縣志》卷十三《藝文志》。李正輝)

重修龍山觀序

汝州牧徐傅星

澠池之西村，橫嶺迴嶂，盤紆數十里，俗故以龍山名。山麓有觀，凡十數楹，未審孰創始，而已就傾圮。

壬午春，余于役雒西，過其下，就馬上仰瞰，意殊惜之。會龍泉周冰鶴吏斯地，邀余與客，並轡出村南，涉水稍折而西，馬首隆隆，繞山腹半里許，出林麓間，得所謂龍山觀。少憩，山僧導而升。倚空臨遼，則已身置絕頂。紫綠萬狀，懷拍拍然。更南望熊耳，西顧崤函，呼吸天風，如禪釋縛。

余慨然謂冰鶴曰："公不見夫繁縟沃衍之區，好事者叠一岡一阜，負土運石，不知費幾億萬錢，卒未必有真趣。乃此山觀勝致，其所自呈，而坐茲荒蕪，遊屐罕到，人地之不遇，有類是哉！抑亦山之寂如太古，吐納烟霧，自得其所，固有不必遇者。若亭閣曼延，金碧錯落，以是云遇，安知其所遇之為遇，而不遇之為不遇也耶？則余與冰鶴今日之於是山，冀得其遇，固非；惜其不遇，亦非也。"

冰鶴啞然笑曰："公為是山解嘲，要亦未必非山之遇也者。"語未既，山僧輒以修葺請。乃共輸金，囑紳耆董厥事，俾令弗圮，亦勿盡剗其簡樸，以存是山之真焉乃可。

乾隆二十七年。

(文見嘉慶《澠池縣志》卷十《藝文志》。王興亞)

冰鶴祠碑記

河南學院盧明楷

冰鶴何祠？澠人為其縣尹周牖如之母節母彭太孺人建也，祠之義，取諸余鄉楊宮保贈額。余奉命視學中州，以甲申冬按周南、召南兩郡屬道出澠池。澠人士候郵亭謁，且告曰："我曹德周侯，而推本其大慈母以有此祠，願上之轄軒，得一言以壽之石。"余謂："郡邑不得使所部民立生祠，今爾曹以為推本母德，將毋巧於避例，以意授者貢諛耶？"使者不與聞。澠人士復長□詣："周侯報最，去京師，且移官他郡矣。我曹何所授而諛亦矣？庸且如一尹司一方民命，匪以虐我其常，而撫我其異，則侯雖可善無足異。即異，亦不必祠。

獨我侯有母，履艱貞，鞠令子，垂訓以拯凋瘵。猶憶辛巳之秋，河洛潦決，所在告祲。吾澠北枕層巒，濚瀍匯瀉，蕩折我田廬。而楊橋一潰，楗埽交築，遠以徵之山口隴草，窮簣劇役，奔命不遑。繼以移粟之命，澠水降數百里，輓輸萬五千石，附賑河北之原武、修武兩邑，前尹乞，弗獲免，乃勉輪及三之一，而民以大困。輿鬻及於妻孥，流移問諸溝壑，於斯時也，前尹去，周侯至。需粟萬石，羽書馳調。侯瀝情抗書，凡三上，三不可。我曹相與言：甯竭力至死，毋使我侯拂上官心。會太孺人挈眷寓維揚，侯遣騎迎養，太孺人詢得耗，急麾使返曰：'使爾民不得食，且弗保有家室，兒獨私爾室家耶！吾能忍所聞，不忍所見也。'侯聞命大慟，曰：'吾不得子吾民，因遂不得母吾母，奚以官為？'乃閉閣三晝夜，揭千餘言，盡澠民流亡狀，馳齎謁當事，皆切責謂：'河北災黎待哺甚，敢以喋喋誤耶！'侯悚息進曰：'澠民旦夕死矣，遑他顧。如澠有吏，立視其民而不能救，且誤隣災也，請罪吏。'語未既，輒咽不成聲。當事察其誠，且覺其懷中隆起，將返印綬去也。乃霽顏遣俟，命翌日傳語云：'災邑之需，已別籌漕粟濟之，澠粟可盡弛也。'侯歸語我曹，省粟萬計，省舟車費亦將萬計焉。維此羽林西戍，澠為次舍之衝。供帳脂車，向之取給於民，戶斂市科，胥役所至，民如沸羹。侯乃力弛諸需，一切營以俸錢，而民莫之與。於是，賈通於市，農恬於野。侯復循行慰勉，邏得鬻婦者，杖而還之。室家復完，流亡悉返。逾年，乃再使淮南，告太孺人，遂導輿以至。至之日，我曹集城鄉男婦千萬計，攜卮夾道，太孺人褰幃訊狀，其容有愉。繼此以往，戍師再三至，民皆若罔聞。歲且比稔，而太孺人坐衙，齋日，惓惓課我侯制行。暘則噢雨，火則反風，刑弗中則輟食。蓋有我曹所未能悉憶述者。侯嘗自謂中人資，赴善有弗及，非太孺人之晨夕箴誡不至此。我曹之所身受心銜，未嘗一日釋諸念也。今行年八十，神明弗衰。我曹欲謀祝嘏，祠以長生，匪今之私，亦猶行古之道焉，願礱石以請。"余頷之，未遑。比余校試淇縣，縣尹楊君秉鑑為余言曰："歲之臘八日，淇士民商賈羣集城隍祠，釀金飯僧道，為舊尹之母周太孺人祝八壽，踏歌三日，雅有餘歡。"蓋周尹去淇八年矣，淇人之不忘母德如是。嗟乎！古有賢母，課其子為循吏，而民德其吏者，卒不聞及其母。今周尹之秉母教以子其民，其民之德其母有同然者，又不必及其吏，而吏更藉母德以弗戾於其民，斯民直道之道於是乎在。夫授之以所弗愜，即予之以所弗安，況歷久事往時移，而欲以羣耳異目為受愚之地，卒以返足以自愚。然則事匪習聞，而委真輸誠以效為祠祝，匪直科律之所弗及禁，抑以續諸中壘，猶將增太乙之光。而余言之，尚有所未盡也。用書此以報澠人士，且以志是風之近古云。

乾隆二十九年。

（文見民國《重修澠池縣志》卷十三《藝文志》。李正輝）

繼志橋碑記[1]

　　夫息樾蔭者，不忘其本；飲醴泉者，必思其源。茲橋雖予所建，實遵先大夫之志以成之。古云"善則歸親"，曷敢不溯厥由來，以使先人之盛德湮沒而不傳哉！昔予待罪玉山，承撫軍保薦方面，先大夫聞之，喜形於色，曾語親友曰："若果守郡，下馬筵橋工，當獨任之。"此乾隆丁丑年事也。迨辛卯年，仰蒙聖恩，量移紹興。越三載，接兒輩家書云："下馬筵橋，鄉曲中往往以王父昔日慨然獨任為詞。第未卜力能勝任否？余覽之，恍然曰：此事已歷十有七年之久，非斯言幾忘之矣。《記》曰："父母雖沒，將為善思，貽父母令名，必果。"矧所謂承先志乎。諺云："人有善念，天必從之。"以予涼德菲材，饒幸至二千石，安知非先人善念所感？雖力綿費重，奚辭焉！爰捐俸二千金有奇，命長子世豐，從子尊德、成文輩董其役。計丁酉鳩工，己亥蕆事。雖不敢仿古之吹簫、采虹，而易坎陷為坦途，於往來行人不無小補。時當樹碑，因溯厥由來，名曰"繼志"。非敢謂善則歸親也，亦非敢謂貽父母令名也夫。抑亦不忘其本，必思其源云爾。是為記。

　　誥授朝議大夫浙江紹興知府紀錄四次席椿敬立。
　　監生艾廷訓、艾趙、艾天寵、孫天麟。
　　乾隆四十八年歲次癸卯三月穀旦。

（碑存澠池縣天池鎮下馬筵村。王興亞）

重修二郎龍王廟碑記

　　吳莊村舊有二郎龍王廟，鼎建未詳何代。每逢歲旱禱雨必應，無感不靈。以故重修之。康熙五十五年又重修之。本村與四方信士，靡不樂為捐資，以襄厥事。迄今世□飄搖，廟宇傾圮，神像剝落，行道之人每為心傷，余等目不忍睹，於乾隆三十三年在□□石土□並

---

[1] 文見民國《重修澠池縣志》卷十三《藝文志》，載文爲：

　　夫息樾蔭者，不忘其本；飲醴泉者，必思其源。茲橋雖予所建，寔遵先大夫之志以成之。《記》曰："善則歸親。"又曰："將爲善思，貽父母令名。"予雖不肖，曷敢不遡厥由來，使先人之盛德湮沒不傳哉！昔予待罪玉山，蒙撫軍保薦方面，先大夫聞之，喜形於色，語親友曰："若兒守郡，下馬筵橋工，當獨任之。"此乾隆丁丑年事也。迨辛卯，仰荷聖恩，量移紹興郡。越三載，接兒輩家書云："下馬筵橋。鄉曲中往往以王父昔日慨然獨任爲詞。第未卜力能勝任否？"予覽之，憬然曰："此先人志也。《語》云：'人有善念，天必從之。'以予涼德菲材，徼倖至二千石，安知非先大夫善念所感？雖力綿費重，奚辭焉！"爰捐一千金有奇，命長子世豐，從子尊德、成文董其役。計丁酉鳩工，己亥蕆事。雖不敢謂與古之吹簫、采虹相輝映，而易坎陷爲坦途，於往來行人不無小補。遡厥由來，名曰"維志"。非敢謂善則歸親也，亦非敢謂貽父母令名也夫。亦不忘其本，必思其源云爾。是爲記。

輪流經營，十年之外，積金四十餘□。□□歲己酉春，涓吉鳩工，□石於□金於治廟碑，修起□□□□垣□□□□未建□□□□□固斯對□□予以增修裝飾之資，奈年歲弗稔，捐輸維艱，不得已於全村公議，將廟前柏樹二株□三千五百文，賣樹搭橋一千四百，尚餘錢十二千零□，由是資費既足，而門樓垣牆繕修，廟宇神像並為金裝，以視前之傾圮剝落者，俱煥然而改觀矣。工竣勒石，屬余為文。固陋學復荒疏，文何能為哉，亦第述事之顛末，以為記云。

邑庠生段紹典撰文，受業表弟新邑增廣生員黃一清書丹

龍飛乾隆五十四年□月初六日立石。

(碑存澠池縣洪陽鎮吳莊村東該廟院內。王興亞)

户掾趙公墓碑[1]

公諱乙祥，字元吉，瑞五公子仲子也。性賦孝友，秉質警敏。幼業儒，貧未能業。嗣充縣户掾。守正不阿，縣官咸重之。及役滿，家仍壁立。因攻理煤窯，幾及三十餘年。賠而復立，不易其志。卒能開創基業，田及八頃，房修數間。公之□裕者永矣。元配李氏，生繼聖、繼信；次配邢氏，生繼業、繼志。共女二人，皆適名門。孫威等共六人。公悉見其長成。享壽七十有四。卒於乾隆五十四年八月初十日吉時。謹將生平大端，鐫諸貞珉，以志不忘云。

乾隆五十七年歲次壬子仲秋穀旦。

(碑存澠池縣果園鄉東村。王興亞)

重修古龍王廟記

新安進士張養

孟春這望，吾契侯永錫，以龍王廟重修告成於予，予悼然念之曰："此吾舊遊地也。"昔與衆友結社於此，環顧溪流盪漾，廟貌儼然。今屈指衆友存歿，十去其半，蓋不勝月落屋梁之悽為憶。物換星移，滄桑遞變，自古為然。舊邦維新，繼起者其可嘉尚乎？龍宮復換，黍稷維馨。其惑愆伏將作，神禦之；夭札將萌，神止之。凡水旱厲疫，螟螣蝥賊，神消之驅之，以是兆大有，勤租稅，皆倡興落成之功也。不特此也，我士人潛見飛躍，何暮非龍？文章一道，變化奇離，風雨驟至，波濤震發，雲舒霧斂之致，亦何莫非龍哉？況廟傳已久，數世先人之所焚香而叩也，入斯廟者，祈報維虔、人文煥彩、忠孝禮義之心，其油然而興乎。

嘉慶三年。

(文見民國《重修澠池縣志》卷十三《藝文志》。李正輝)

---

[1] 標題係補加。

重修河神廟記

【額題】皇清　日　月

　　黃河有［由］潼關東流入豫，又東逾陝、逾三門，至此而入澠池境，俗故以槐朳名，為豫晉津渡處。又地產石灰、煤，船載順流而下，行甚遠，第自此至懷、孟，兩岸皆山峽，流最急，舟行多險。前人以其不能無藉於神之佑庇也，建河神廟以為祈禱之所，而歲久傾圮堪嗟。於是，居人及遠近經商於此者重修之，且以舊基迫狹，不足以安神而擴大之，慷慨捐貲，踴躍興工，茲值落成刊石，以志厥概云。

　　陝州歲進士趙明道撰。

　　澠池處士范體信敬書。

　　大清嘉慶四年吉月吉日立。

　　石匠秦天祥。

（碑存澠池縣陳村鄉黃河槐朳提水工程一級泵站北古閾流堆臺下。王興亞）

五鳳山祈雨遊記

劉岱雲

　　歲甲子，大旱、蝗。六月朔三日，隨衆禱雨於五鳳山之廟。夜半起行，銀河皎皎，歷數村落，寂無人聲。及券門，始雞鳴，依稀有晨光。券門者，入山之咽喉也，時行已二十里許矣。前行里許，為雪白山。岢嶤要透迤，自背而南，水由中行。又行數里，日光始透。同人誦"山高日出遲"之句，盖寔境也。復前，為大木廠碾盤村，樹草暢茂，禾黍豐潤，牧歌耘唱，別有天地。由碾盤西北，石磴相連，旋折而前，至顯龍橋，俗傳有龍蟠橋上，故名。橋下，溝深丈許。北上，為継峽，有五潭相聯絡，大小不等，葛蔓樹虬，相與覆蔽之，潭傍野花笑日，游魚沐波，所謂五龍潭也，祈雨者於此先焚香焉。西行數百步，下折及山麓，有水西來。踏矼而渡，折而上西南山，路益峻險，樹石奇密，十步九折。微憩石苔花茵上，廻視居人茅簷，隱隱如畫圖中。起行，復折而西，北戈壁而水東注，南怪岩而山西拱。下行數十步，仄徑忽拓，廟宇巍然，盖山勢廻抱，竹樹叢鬱屏蔽，是以遠不能見也。入廟少憩，肅衣冠，道人前引，同衆詣殿拜禱畢，衆探奇四出，予亦緩步周眺。神几前有井，或云下通龍窟，而山石塞之矣，臨窺，寒氣凜凜逼人。廟前危峯，如伏虎棲鳳，紫蔓青蘿，迎風飄翔，真奇境也。後即龍潭，大數畞，深叵測。懸崖羅列，奇花珍卉，虬葛鱗樹，種種不一。斜者、正者，一本連絡，數株不解者；二樹交結一處忽分者；落花紛紛，如墮五色雲者；結子累累，如貫一串珠者；前托後負、左牽右引者；身插峭壁，根掛危崖，勢橫凌空者。萬態爭妍，掩映水中。水深黑，不可逼視，時有雲氣噓起，隱現間，疑有怪物潛匿鼓動，昔人謂：深山大澤，寔產龍蛇。真不我欺也哉！潭西北為曬龍石，石上有水紋鱗鱗起，約半畝許。石西南為龍流濠，濠石一塊，若鑿之者，濠長數丈，闊五六尺，水深不見底，勢迅疾，下注龍潭。經石箕，其聲澎湃，真瀑布之奔流者焉。北行，山半為三清殿，曲徑修竹，無他樹木。再折西北而上，為神堯觀，至則竹樹縈繞，異禽飛鳴樹梢竹枝間。日已亭午，循舊道歸。憩廟西樹陰石几上，枕石視天如盂，聆水聲泠泠然。既而白雲一縷從西來，隨風變幻，忽濃黑如墨，如有雨狀。殘碑繼碣，未及攷索，匆匆隨衆歸，益生吾餘思矣。

嘉慶九年。

（文見民國《重修澠池縣志》卷十三《藝文志》。李正輝）

重修禹王廟碑

甘揚聲

聖王治世之道，法而正，治河之道，法而奇。余嘗讀《夏書》，按圖考跡，亦畧得其梗概。及宦遊雍、豫間，乃親見聞其事。

謹按：導河之序，始積石而繼龍門。龍門，雍州山地。確礧嶵聚，搤阬扼狹，河為一束，禹鑿之，洞洞豁豁，望之若門。由龍門而下，南至冀州華陰，又東至豫州底柱。底柱隸陝州，勢同龍門，撐漢壓濤。河復一束，禹亦鑿之。浮浪奔湧，山體半投。[1]

壩相湊，洪波斷流，水勢湧而東行，入引河，迺克底績。時呂觀察親督丁夫履壩頭搶護，余於上水埽頭散丁夫力錢，自十九午廿日卯，費錢一千六百萬。每嘗憶及，覺艱難危險，猶慄慄毛髮悚，私歎安得具大神力者，為之瀧沉淡菑也！

丁卯四月，到澠池官。因公履濟民渡。四山攢簇，徑微若蚓，廣纔容足，前導者忽繚望疾呼，亟詢之，曰："徑難並行，呼之以戒勿來。"側聽山下，洶洶作水聲。俯視之，罅近一線。詰從者，曰："此黃河也。"諦視之，則深險百丈，縈旋似帶，沫驚淙噴，兩岸崒嵂，蓋即昔所聞經禹鑿者，而今且及見之。嗟呼，前時衡家樓僅一處所，然且大費經營，而此自積石來，遠幾萬里，竟皆決塞瀉溢，施其神力，何其奇哉！或曰："子輿氏云：'禹之治水，行所無事'，此非近穿鑿耶？"余曰："鑿山正以導水，此自然之理，且不獨雍、豫為然。考《夏書》所載，若冀、若兗、若青、若徐、若揚、若荊、若梁，皆奠高山以疏大川，蓋聖王治河之道法而奇亦奇而法也。"茲張村禹廟告成，張村北距黃河，其祀之固宜。紳士等丐余為文，因紀其事且為銘曰：

乾穹握象，坤槃運元。大圓大矩，苞殖萬根。神州赤縣，神嬴環之。

詄蕩块圠，孰與測斯？巍巍曰岳，渾渾曰河。列峙繞流，經緯維何？

---

[1] 志中缺一頁。

統紐承規，龐頒滿勝。浩氣鴻宣，駿勢相勝。嵯岈嶇峿，惟湍且縮。
灝溔潢漾，惟石且劃。沃雲蕩漢，鞭電呟雷。夾持勇鬭，神慄鬼駭。
大聖既生，執鈞展模。昭融皇道，顯丕帝圖。補綻支壞，開垠反壤。
隨刊荒度，道猶運掌。迺瀹迺疏，迺啟迺鑿。其動也闢，五丁錯愕。
如扃斯開，如閘斯放。發洩太清，振收潢泱。人亦有言，河渠書誌，
決塞茨防，累興由器。或作龍爪，或揚泥車。馮蠵切和，千百紛譁。
亦緝瓣竹，亦舉糾芡。鋸牙擗約，痛瘡孔艱。乃知神功，底於耆定。
垓埏泰甯，薄海交慶。古有聖者，煉石斷鰲。孰若八載，灌濘劬勞？
後有哲者，韋溝趙塘。孰若九野，斥鹵稻粱。芒芒者跡，昀昀維甸。
我疆我里，曾孫歡忭。漢代之興，棗野瓠歌。棐魚沸鬱，視茲則那！
越我聖朝，載纘載躅。上紐天維，下安地軸。乃召司空，歲修康塗。
若塡在埏，若金在鑪。綿區飲化，匝宇歸仁。福林壽域，統楅羣倫。
春灣夏水，楊柳芙蓉。堯河舜海，圖書馬龍。
嘉慶十二年。

（文見嘉慶《澠池縣志》卷十四《藝文志》。王興亞）

重修萬壽橋記

甘揚聲

由盤頭山順流而南，合東西十數條之水而至頭峪溝，勢甚慓悍，舊橋屢創屢壞，揆其所由，用木圪易腐，用石者或因舊址而加砌焉，故難經久也。

予以丁卯四月到官，過而怵惕，且躊躇久之。九月，監生李一元、陳其學等議用木重修。予曰："木不如石，修不如建為愈也。"眾僉以為然。而艱于其費。予因捐俸錢十萬並屬義民王言等募東九里紳民及往來過客，乃購美材，擇善工，絕水下石，款密鍵固，參起拱合，理致無間，梁高三丈六尺，廣一丈九尺，東西長十八丈，翼以扶闌如其橋之長，而兩之南北，址長十二丈，費金錢百二十餘萬。始于丁卯九月，落成於辰十月。是時奉皇上萬壽，因名之曰萬壽，且以期望堅實不壞，歷萬年而永固也。其督工之人，並書碑後。考前橋邑令有周韻亭、李膺特，皆予江西人，皆有政聲。予德薄能淺，竊幸附之二君之後云。

方生秉珪世與修橋之事，亦可謂濟美矣。是為記。

嘉慶十三年十月。

（文見嘉慶《澠池縣志》卷十四《藝文志》。王興亞）

修仁村五龍廟記

知縣甘揚聲

己巳冬十月廿一日，予以公事至五鳳山□□□□□，其地勢險峻，棟宇幽森，廟後有五石潭□□□五龍之居，激浪如雪，層疊貫□，陰氣凜凜，令人不敢近。四方□□□祈禱輒應，有以也夫！夜宿廟東，雷電風雨之□，恍見眾神□坐雲。仁村五龍廟，其地居民同鐵門八興修甚善，□□□□頗□□，且雷電風雨諸神，無駐足地，其善謀之□□方□□而風□□□枕畔又作，醒視四壁□燈熒熒，如□之□□□□□□□澠□□周覽[1]，建正殿三[2]，仁村五龍廟興修時□□□□□□□訟，鐵門距仁村三十餘里，奚以爭為？蓋廟□由五龍廟地為鐵門社人所買之地。又，每歲朝謁五鳳山□□，仁村藉以少休憩焉，故爭修以致訟，予惟仁村之□□也，仁村人之好善也，鐵門人之訟其地也，鐵門人之不□□先也。地在仁村，修廟之事，宜責成仁村之人，鐵門□□□□于祖先之遺，不免少效力于廟中，亦非教人敦本之□□□，油漆繪塑鐵門人直任，而不□餘日廟宇既成，而□□□誠心懇懇，和氣雍雍，相與祭告于神，神之施福於□□□□有□耶！予□□□訟，幸得□□□之山□□□□□而為記。

（文見嘉慶《澠池縣志》卷十二《藝文志》。王興亞）

柏地廟山水記

張象山

澠之北陲，有岱嵋山。山之北麓，有柏地廟，廟產古柏，因以為名。廟背陽而向陰，其神不知何許人，以其居岱嵋山，稱岱嵋聖母云。廟之背，高邱峻起，二巖橫列，五嶺承其下，委婉奔放，遙望若蓮萼側垂。廟當東嶺之下，多柏森森然。指者抱者拱者把者，如弓如鉤如戟，如臂如肘如雙髻，依石跨溪，掛巖插壁。斜者橫者，立者臥者，向者背者，數百千萬不啻也。林盡五嶺，而東為盛，中多怪石，若堂若坊，若盎若盂，若貔貅之登於山，若牛馬之飲於池，若羝羊之怒而觸，若豹虎之俯而伺，纍纍然，落落然，高下疏密不等也。林之中，美泉五，遠近皆咫尺，溘然仰出，洞洞有聲，由廟之艮西折而入院，石砌二尺，承之以瓦，下為激湍，潺潺爭鳴，院之中匯為小池，水清泠，不宜魚鮪，至乾方南折而歸於溪。其掩映而夾水之旁者，細柳木槿也。池之南，古柏參天，榦分而五，皆不足四圍，牙查如鹿角，卷曲如雞拳，揚者如馬之奮鬣，垂者如人之授手，輪囷蔭數

---

[1] 下缺十三字。

[2] 下缺六十七字。

歊。風來颼颼，如疎雨橫空，如驚濤乍至。柏身南面，老皮皺起，為蓮花狀。二世以此地為蓮花山，故氣脈爾也。古今之佳山佳水，不是過矣。乃周王之馬跡不至，謝公之履齒不及，遂使佳山佳水，埋沒於荒煙蔓草中。吾為此地嘆知己之少，而因不解夫天地也。其不欲見賞於世耶，則如勿生；甚欲見賞於世耶，何猶無知？或終有知之者而未至耶，抑果知希我乃貴耶？問之天地，天地不言，問之山水，而山水亦不解也。因記之，以問來者。

嘉慶十五年。

（文見民國《重修澠池縣志》卷十三《藝文志》。李正輝）

重修龍門香山寺石佛殿記

劉文運

《書》稱："導河積石，至於龍門。"即所謂禹穴是也。外此，洛之伊闕，燕之屬邑，亦名龍門。雖其地形勢不一，要皆天挺其秀，地效其靈，巍巍然足為一方之鎮也者。澠北八十里，兩山夾澗，壁立若門，亦以小龍門稱。旁有寺曰香山，亦如伊闕之有香山也。因石刻佛，傍崖作殿，景之幽雅，山之秀麗，宋龜補之記之詳矣。特瓦落牆剝，金敝色凋，微獨廟貌巍峨，不可復覩，即山水之明秀，亦因之減色。莫為之後，雖盛弗傳。言念及此，可勝浩嘆。茲有某等倡眾捐修，以妥神靈，以肅觀瞻，俾嵌崟峻絕之形，幽靜清雅之概，得與禹穴諸勝境流傳不朽，詎不可謂盛事歟！

嘉慶年間。

（文見民國《重修澠池縣志》卷十三《藝文志》。李正輝）

清玉皇廟藥聖王殿碑

劉樸素

聞之羣情之所往曰王，大而化之之謂聖。備其道者，以之作君，因其病而藥之，則撥亂反正，而世道可醫，而天下之食德飲和者眾矣。以之作師，因其病而藥之，則覺世牖民，而人心可醫，而天下之明善復性者眾矣。其為德誠大，其為功誠偉。然世道可醫，一身陰陽寒熱，亦不可不醫。人心可醫，一時氣稟之疾亦不可不醫。今以藥而尊之為王，斯亦羣情之所往也；以藥而推之為聖，斯亦大而至於化也。若以諦默無言，相其虛寔寒熟，以隱為救拯，將沉痾可起，白骨可肉，飲和食德者無不壽。厥世明善復性者，得以永其年，調元贊化，能補天地之所不及。其功德，固與外正內聖以作君作師者同。《禮》曰：有功德於民者祀之。此之謂乎。創建拜敬以奉祀事，亦崇德報功之當然耳。豈他淫祀者，所可同年而語哉？余故據事直書，俟後之踵而增者，至藥王藥聖之人與事，時時見於醫書，洵不虛，均畧而弗道懼贅也。

嘉慶十八年。

(文見民國《重修澠池縣志》卷十六《金石志》。李正輝)

創建張公祠記

戴藻

　　宋清遠侯父子，澠北陽壺村人，昔在宋時為名將，有戰功，勳業名爵，載之史冊，茲不贅考。舊志云："城北有祠。"迄今訪其遺址，父老無傳，蓋祠之廢也久矣。夫以公之忠烈，在高宗時，特命祀於戰所，曾屬公之故里，而無春秋享獻之地，何以妥幽靈而慰忠魂哉？侯墓在桓王山北，每春秋，子孫掃拜於荒榛継梗中。十五世孫春全傷之，創祠三楹於陽壺河口，置田產以供祭祀，俾垂永久。庶四方君子過斯渡謁斯祠者，瞻其遺像，咸知侯生於斯，沒數百年，而忠魂猶依於斯。瞻拜之餘，未有不發其忠君愛國之心，忠臣孝子之感者，豈僅展一家之孝思，而使先世之功賴以不泯者哉？泐諸石，俾後之人嗣而葺之，庶祠得與獅象並峙，洪流俱長，所以勵人心而作忠勇者，更無窮矣。

　　公姓張，名玘。子世雄，贈武節大夫云。

　　嘉慶二十一年。

(文見民國《重修澠池縣志》卷十三《藝文志》。李正輝)

重修獅子山閣道記

戴藻

　　古利津城東七里，有獅子山。自桓王塚逶邐而東，復北向皆石，山陡而峻，黃河直衝山根下，約里許無路。昔人橫鑿山腰為徑，寬僅盈尺，考崖畔古碣，謂岱、峒二童子曾助修，此羨前君子之功，而特神其說耳。余少過清涼窩，行七十餘步，皆石徑，逼窄滑溜，上無草木可攀，俯視濁浪滔天，每匍匐半瞑而行。至龍王窩，波濤洶湧，絡石齒齒，稍失足即墜，乃鑿石著杙為棧者二。又有數處，石縫橫裂，窺之深且黑，水激激鳴其中。嗚呼！險矣哉！曾神工助修至是而止耶。迄今數十年，夢想猶驚焉。嘉慶丙子秋七月，友人某約之陽壺，同步崖上，見木架者蓋以石縫，裂者彌其隙，險仄者寬焉，石齒者平焉。行而談，談而喜，喜而俯視，波濤之浩蕩，風帆之飄揚，山光倒影之層翠，俱在足下，行行且止。葛寨、亳城，安邑之古地，太行晉陽之雲樹連綿，盡於閣道間得之，曾不知其險也。方四顧間，已至清遠侯祠，詢諸土人，始知監生張春全克承少府林公之囑，新覓工而力修之，又豈謂非藉人力，而妄擬神助也耶！且神道遠，人道邇，後之君子不冀於神，而盡人力以成事之難成如張君者，應有望焉。

嘉慶二十一年。

(文見民國《重修澠池縣志》卷十三《藝文志》。李正輝)

重建鴻慶寺三聖廟碑記

茲土石有窟者，大村因以名也。古塔南際，唐人造像，殘碑猶存。山名白鹿，層巒□乎鼓動水湖，故澗碧浪近乎鐘鼓，雖非邑邑名區，實為一方之聖地也。旁有寺曰鴻慶，舊有三聖廟一座，在寺西南隅。至乾隆五十六年，澗水橫流，報七日夜。比及水落，而三聖廟之舊跡，亦不可復□矣。

嘉慶二十二年七月穀旦立石。

(碑存澠池縣鴻慶寺。王興亞)

創修龍王廟碑記

澠西荊村，舊有龍王廟，廟貌巍峨，載在志書。相傳以為荊聖古廟，第歷年久遠，風雨剝落，遺址僅存。嘉慶十有七年。西溝村信士郭致物、李德言等，慨然有志重修。術者以為其地不吉，遂延師博采卜吉於茲。山水環繞，誠盛地也。時值陽月，庀工鳩材，建廟三楹。至是年，屬予為文，勒諸貞珉以記之。竊聞龍之言陰，陰中之陽，故舉則雲興，日月伏光，感雷電，施雨澤，其為靈也昭昭矣。荊聖以是封王，則群龍之受制在是，即庶姓之待澤亦在是。禮曰："先王之制祭祀也，能禦大災、捍大患者則祀之。"其即荊王之謂乎！今也作廟翼翼，吾知自是而後，逆時雨，寧風旱者，當無不有感斯應，永享神惠於無窮也。是為序。

道光五年乙酉暑月　立。

(文見澠池縣張村鎮西溝村《重修李氏家譜》。王興亞)

重修聖廟記

王步鰲

澠學宮舊建西門外。順治三年，移治東南隅，十五年，又移東北隅，工均未竣。康熙七年，鄧公改建於治西，規模始備，厥後相繼修輯。道光甲申春，余初蒞任，虔誠展謁，偕學博畢君，率諸生以時習禮。學博愀然曰：學宮歷年久遠，風雨漫漶，亟待修葺。余曰：學校乃人心風俗之原，聖天子右文稽古，是彝是訓，幸著臨雍。講學之經，諸臣工服古，入官一邑一隅，敢負興賢育才之責？是誠當務之急，第矜言潤色，徒事補葺，終非一勞永逸之計，必更新締造，方可以垂久遠。學博韙之，乃同心共濟，先分廉俸，諸首事咸踴躍募輸，鳩工庀材，越丙戌春，而觀厥成。自殿廡祠宇及學署，炳然一新。並歷代理學忠孝、甲乙科名，建額明倫堂左右。發前哲之馨香，起後生之矜式，美哉始基之矣。所冀邦之人士，薰陶樂育，爭自濯摩上焉者，躬修實踐，蔚為明體達用之材，與川月洗心諸君子，後先輝映。其次明善復性，砥礪廉隅，不失為名教中人。他日太史採風，忠孝德行為一書，學問經濟為一書，廉潔秀良為一書。凡所以正人心、厚風俗者，胥是乎仕，余與學博拭目俟之矣。

道光六年。

（文見民國《重修澠池縣志》卷十三《藝文志》。李正輝）

創建蛾術堂記

畢大典

事以漸進，功以積成。古之論學曰：蛾子時，術之殆。猶《詩》之"日就月將"；《書》之"時敏"；《易》之"積小以高大"之義歟！余不材，忝司澠鐸，日與二三子共勉於斯。顧或以堂室卑陋為慮，余曰："愧無德馨耳，室陋何害？"越甲申，漱玉王明府修聖廟竣，以餘材建堂於庭之中，以為師生講習諷詠之所。既成，請余題額。余憶夫余之始至澠也，學署半為榛蕪，連歲補葺，漸為改觀。今則局幾備，而象惟新，月異而歲不同，亦若進以漸積而成者，遂以蛾術名堂。今而後，吾與二三子登斯堂者，顧名思義，觸目警心，日邁月征，漸進不已，以造賢閾登聖域，胥由斯堂基之矣，能無厚望歟？

道光年間。

（文見民國《重修澠池縣志》卷十三《藝文志》。李正輝）

洗心亭記

王步鰲

道光丙戌，重修黌序，土木正興。時廟外取水工匠憚於迂遠，余閱明倫堂西隅土色瑩潤，掘至丈許，得古井形，清泉瀹然，甚甘而美，與遠近諸井水味獨別。觀者以為聖澤，因建亭並為銘曰：

源泉時出，掘地得井。亭號洗心，存誠主敬。旦氣清明，智愚同稟。重以修能，性命各正。日新又新，顯微交警。觸處見真，千潭月印。

道光六年。

（文見民國《重修澠池縣志》卷十三《藝文志》。李正輝）

澠池縣西二里重修陳村橋序

【額題】皇清　日　月

斯橋之設，由來舊矣。被今年二月二十六日地震，東邊倒塌，雖不可以通車輿，尚可以通人馬。及至三月二十七日，地又震，連西邊一齊俱圯，不惟車不能通，即人亦不能過矣。但此橋係村中要路，不修不行，修之則村人窮苦，按地起，尚不足以告厥成功，多虧衆善士同力輔助，始得告竣。是為序。

增廣生范金相敬撰，施仝四百四十文。

後學范鶴林並書，施仝二百文。

総功德主范朋施仝一千二百。

協辦范体端施仝一千一百二，李純道施仝一千八百，崔占鰲施仝二千口八十。范弜施仝一千六百，范泰恒施仝四百，范聖彪施仝八百，范体德施仝六百四，李公選二千五百四，李萬福一千三百，范聖口四百，申克成口百，李金香二百，范聖元一百六，順義号施仝二百。

施仝：三成号八百，三益号四百，泰順号四百，祥茂号三百，賓興号四百，蕭集聰四百，全盛昌号四百，德豐号四百，恒昌号二千四，趙九道一百六，李青甲二千四，周逢治一千六百，趙陝道一千二，趙雲禮八百，劉文會四百，劉文昌二百四，趙懋臨四百。

施仝：監生范愈六千，張文明四千，趙榮德二千，監生范賏二千，范金川二千四百，范登朝一千五百二，耆老范牲一千二百八十，范体立一千三百六，張雲鶴一千四百，范富金一百，范体全一千一百二，范金合八百四，李青雲一千三百，李學隆九百，范逢鼎一千一百二，生員范錦川二百，監生范体魁二千，龍聖堂七百二，范天德七百二，范林五百二，范體明四百八，范体震五百六，范体傑七百，范体道八百，范体元六百二，范逢來六百，李小驢五百六，李根相七百，范体釗六百，范春興二百，范逢成五百六，范金錫七百，許晉鎖六百四，范太吉一百五，范登先一千二百八，范体書六百四，范太來四百八，楊起春一千四百八，李純性八百文，范道聘八百，范吉來四百，范鶴昌五百二，范蒜臼四百，李小抬四百，王口寅五百，李學寶四百，李學佑三百二，范連瑞四百，范天改六百，范体潢六百二，范体奎四百，陳小東四百，范金魁四百，朱進才一百，范有德二百，王元林二百，范連書二百，范鶴平一百六，范長令八百，楊舉爵二百六，范登榜二百四，范山竹二百四，李萬才二百，范元寶七百二，口口春四百二，范口狗三百四，范逢黎二百六，范登金二百四，范金祥一百六，馬小有二百六，范逢相二百六，范奉和二百六，范体榮一百六。

南橋共化費仝七十有餘千。

道光七年暑月朔日立石。

（拓片存河南省文物考古研究所。王興亞）

重修書院創建考棚記

王步鰲

邑韶山書院，先儒文中子王通講道處也。雍正中，邑宰劉湘、王箴輿先後治堂宇，郡守張漢額曰"文中書院"，後改為韶山書院，蓋因地而名也。余於道光甲申蒞茲土，睹風雨數橡，既患規模之近隘，又虞棟宇之漸頹。丁亥，分廉三百金，益以紳民捐輸，遂鳩工重修，並建考棚焉。查前每歲科考，諸童在縣署應試，夫以官廨文書之所，為風簷哦詠之場，於斯文得勿褻甚。桌凳皆自備，諸生得勿勞甚。因購地廓基，鳩工庀材，前建文明堂、龍門、東西號舍，桌凳俱選石料。後建講堂經舍，復建文中子祠於中，以誌先儒之勝跡焉。余惟治化之原，在正人心，以崇實學。昔文中子心醉六經，目營四海，嘗曰：服先儒之義，稽仲尼之心、天人之事，帝王之道，昭昭乎若揭矣。其制行體道之篤，蓋如此。若剽竊膚末，泛騖詞章，即誦說先民紆青拖紫，於世道人心奚賴焉？諸君子誠能黜浮崇實，遠宗近守，本躬行寔踐之剽修，具理學名臣之選，三代之英，其庶幾乎。

道光七年。

（文見民國《重修澠池縣志》卷十三《藝文志》。李正輝）

南村創建義學記

張禹鼎

人受天地之中，以生所稟有清濁之殊，其人即有智愚賢不肖之異。上智大賢，不待學而自能。其愚不肖者，氣拘物蔽不克舉。天之與我者而全之，聖人憂焉，於設學以教之。三代之隆，家有塾，黨有庠，術有序，國有學，是以人人皆有醇良之德。秦、漢以來，政與教殊逢，儒與吏異趨，所學非所用，所用非所學，而古聖教民化俗之風息矣。我皇聖賢，相繼崇道重儒，右文養士。內而京師設國學，以教天下之英；外而省郡州縣鄉鎮各設書院、義學，以育凡民之秀。資其膏火，董以師儒，以訓迪之，時行賞罰，以激勵之。更飭地方官朔望臨學，以課文勸講，其嘉惠士子，勤矣！至矣！道光庚寅，桂齡陳公來宰斯邑，下車，令巡檢高公於南村設立義學，以訓蒙士，蓋欲使窮鄉僻壤人盡知學也。況南村左依獅山，右據龜峰，桓陵峙於前，大河遶於後，鍾毓之靈，於是乎萃生其間者，多純樸之資。作而教之，涵仁濡義，明道進德，問津濂洛，尋源洙泗，不難矣。豈僅為具訓蒙士哉？諸生勉旃。

道光十年。

（文見民國《重修澠池縣志》卷十三《藝文志》。李正輝）

聖壽寺演戲碑

　　報賽為國家之大典，亦從社樂永所之至意也。今聖會事雖已舉，而演戲之規未定，於道光十六年春，衆社公議，命寺僧除柏樹貳拾餘株，買去錢一百三十一千文，一為寺僧糊口之資，一為演戲花費之用。每年聖會出錢十二千文，衆社輪流經管，庶戲無失，而衆社人亦無異說矣。是為志。

　　時龍飛道光拾陸年歲次丙申仲春穀旦立。

（碑存澠池縣聖壽寺院內。王興亞）

向公（國柱）墓誌

【蓋文】

向公墓誌

【誌文】

　　公向氏，諱國柱，字題菴。祖儒宗，字子雅，年廿一歲而亡。遺二子，名雲路、雲衢。祖母秦氏，即今節孝，請旌入節孝祠，而春秋享祀者也。父雲路翁，母李氏，余姑母也。公自幼從胞叔廩生雲衢翁學，有文名，府縣試嘗列前茅。余少吾表兄十二歲，每與余講論經古文辭，極詳明。卒以數奇不獲售，乃棄儒治產，力耕節用。然持己待人，言動衣冠，循循然有儒風。平生喜閒靜，惡囂塵，故置別業於焦凹村，居七年餘。復置別業於龍潭溝地方，不數年，念次女張永昌家貧，即以龍潭溝別業付之，令自耕自食，今漸豐裕，皆公賜也。其情殷推解，波及親黨，類如此。配上官氏，係楊廣村福翁長女。幼嫻姆訓，性貞純，逮事翁姑，以賢孝稱。又善持家，及題菴公捐館，氏延師課子，亦勤亦儉，一如公未歿時。迄今家益巨固，皆公之貽，亦上官孺人有以助成之也。

　　公生於乾隆二十年八月二十二日，卒於嘉慶二十二年十一月二十六日，享壽六十有三。孺人生於乾隆二十二年五月初八日，卒於道光十七年五月十二日，享壽八十有一。生子女各二：長榮華，娶艾氏；次榮先，援例入成均，少聘胡氏，未婚而亡，娶劉氏。長女適菓園村州同趙彥興；次女適張溝張永昌。孫男二：長恒太，娶荊氏，業儒；次常太，尚幼。孫女六：長適宋，次適董，三適董溝，四適王，五、六女尚未笄，皆榮先所出也。比合窆，以余知公悉，囑余叙。爰銘曰：

　　學可有成兮，以數奇而不揚。適情別業兮，時靜坐而焚香。如公勤儉正直守儒行兮，宜乎後嗣之綿長。

　　例授修職郎己卯恩貢候選教諭愚表弟李源洙拜撰書丹，時年七十有三。

　　道光十九年己亥七月吉日，男榮先率孫恒太、常太泣血上石。

（誌存澠池縣文物保護管理所。李秀萍）

施地築陂池碑記

舍地碑

　　□□乾隆五十八年間，祖父置到官地一段，坐落莊頭村路南，東至古路，西至侯姓官地，南至楊姓，北至碾廠，立石為界，四至分明，上下金石土木相連，盡在數內。此地只許取土不許耕種，□□遠年，經人多姓繁，恐有爭差，故後世子孫□□□志之。

　　置地人刘化遠、刘竹林、段永章、段永行、段敏行、段守義、侯玉成。

　　道光二十二年四月公議仝立。

（碑存澠池縣洪陽鎮莊頭村。王興亞）

丈八佛寺禁伐樹木碑記 [1]

　　石佛寺，古廟也，其廟不知創自何年，由來久矣。又有柏樹一座，樹木甚多，以補風脈，即神之所威也。今民間損伐不一，既無威矣。爰有合社等目擊心傷，公議勒石禁止，不許損伐。如有損伐，拿諸鐝斧鐮頭者，罰戲三天，修蓋廟宇；不受罰者，送官究處。官事化費，合社均出，以誌不朽云。

　　首事人趙清川、趙治民、劉元德、黃成書、魏鶴鳴、茹林中、上官明太、黃元善、上官明雲、上官德修、上官士修、上官明信、黃西平、上官遺朝。

　　住持藏申，徒海元立。

　　時道光二十三年十二月吉日。

（碑存澠池縣城頭鄉丈八佛寺。王興亞）

創修老君殿碑記

　　嘗思先師為文章之祖，老君亦道教之宗。講道論德，泄千載不傳之秘，旋乾坤地，開兩間自有之利。輔相裁成，與神禹之功□一罔極。茲有窰頭張承禮等，□夫張□□空，開山行窰，不數月而寶藏興焉，煤厚丈餘，堅能克金。雖曰人事，豈非神功？窰頭率眾苦工竭力經營，創修廟貌，金龍神總，不旋踵而告厥成功。囑文于余，余念民非水火不生活，此則山嶽效靈人□費，其有神於日用也，非淺鮮矣。遂援筆志之，以垂不朽云。

　　邑增生王濟庚撰文，允諧書丹。

　　功德主張承禮、張文清。

---

[1] 標題係補加。

窑頭王夫香、張文祥、王留。

管賬先生孫盛泰。

苦工人等。

地主孟有才。

大清咸豐元年夏月穀旦。

石匠□貞。

土工季桂。

（碑存河南澠池縣西陽鄉老幹澗村一農戶家中。王興亞）

災異記碑

東柳窩遺珉

道光十七年八月，蝗蟲食麥，從東而西，食數百里。來時遮天蓋地，一過麥苗即盡。遺種地下，至明年四月，復生小蝗滿地，秋禾不成，至六月始無。

道光二十三年，又七月十四，河漲高數丈，水與廟檐平，村下房屋盡壞。奉旨：有賑濟。

邑莊子村王瑞林書丹。

邑洛村焦正林志。

邑河西宋吉利刻。

本村張繼先預有是役俗偏，恐日久無傳，因勒石。

大清咸豐二年正月穀旦合村立。

（碑鑲在澠池縣段村鄉東柳窩村火神廟東牆壁上。王興亞）

澠池黃河水位碑[1]

道光二十三年，河漲至此。

張合族修。

繼先記。

咸豐二年。

（碑存澠池縣段村鄉東柳窩村溝西張樹引門前崖石壁上。王興亞）

---

[1] 標題係補加。

獅江從事紀

張韶南

咸豐六年，余待罪豐城，三月望，忽奉曾節帥檄，遂趨行營，節帥云：「前委林道詣河口辦捐輸，君舊遊地，滇君一行，佐成之。」余唯唯。八月初，事訖竣，將返豐城治新漕，旦束裝矣。適廉學使督信防至河鎮，留余終事，余力辭，黃莘農少寇力慫慂勇之，乃應命。尋聞石觀察敗績上游，震動學使，復檄余結鄉團。時賊勢且逼，余與鉛令梅孫陳君，邀紳士余禮莊、熊常銘、陳福官等，倉卒赴鄉，詣大姓，諭以大義，皆踴躍，不踰旬，得數千人，而河鎮之丁壯亦自奮。蓋恃主兵者之從容，坐鎮扼守有資，靡不摩勵以須也。團事畧集，余趨鎮返命，而學使已退保鉛城，於是，商民駭走，鎮勇亦鳥獸散。扶老攜幼，且泣且行者，道相屬。余憤極亟追至鉛，告以賊未至胡，遽退。廉初得譌耗，度兵少不足禦，且不悉團兵之遽成也，遂奔之，及是亦頗自悔，顧曰：「已若此，奈何？」余曰：「賊雖未至，鎮勇已去，誰與守滇？公復鎮，收拾人心，召散勇使歸伍，擇各隘嚴防之。驅兩岸及下游之舟，悉匿之，使賊不得渡。飛飭團兵，赴鎮因勢布置，猶可為也。」廉仍命余偕吳都閫先赴鎮，假便宜行事。初，鄉團赴義，人有鬥心。及聞廉退，各毀約自保。余知事愈不可為，第念河口舊治，不忍目擊塗炭，乃於初七日，屬友人龔君子頤，率大兒同生，家丁鄧發、涂升輩護軍裝。余舊勇不滿百人，簡在城壯丁悉路徑者吳華等四人前導，吳亦簡所部百人乘夜馳至鎮。偵知賊抵興安，相距密邇，急撥大隊兵勇百人，守大航渡以遏之。余與吳竟夜巡邏，初八黎明，偕往渡口察形勢，方以為興安之賊中隔信江，萬不能投鞭継流也。當時我兵寡，本忌備多力分，仍恐顧此失彼，西路空虛，急欲親堵之。而另股之賊，由貴溪南岸，繞叢山小徑蜂擁而至。余出市不里許，徧地皆赤眉矣。賊覘我兵寡，大呼而乘，又值大雨，火器不能施。吳為攢予所中家丁涂升亦死之，軍功萬占魁、勇目劉才仁等身受重傷，壯丁吳華被虜去，餘悉潰散。余督莫能遏，手肘及脇負創二十餘，至項中巨刃，遂不能支，墮泥坂昏暈不省矣。中夜微霽月，濛濛無人色，死而復蘇。坐起循視，流血被體，雜淖污班班不可識，向之痛楚遽若失，如醉如夢，疑以為非復人間世。回顧□闤，中風搖搖，微露黃幟，絕無人聲。去卧所百餘步有破屋，伏地膝行入其室，無所有，力乏不勝，仍倒地，卧聞隔室有女子四人譁然曰：客非等閒，何至此？余呵之乃止。約五鼓，如醉夢初醒，而女子已不知所在。余恍惚不知此身何自來，所苦何自去，豈有鬼神呵護耶？天微明，強起出屋，聞鎮中賊閧聲，始悟昨事。乃匍匐行至汭口，門人張驚見之，叩其故，延至家，索醫就療焉。方賊之入市也，友人大兒及鄧仆由他道出，皆不死，奔邊鉛寓為余發喪十二日。具衣冠、木櫬，由間道詣野覓余屍。時余暑尚熾，積屍皆變，無從別。余子呼天號泣，適有來自汭者，示余耗，始知余之未死也。扶歸療，經年始平，而左手至今尚不能曲伸。是役也，余不武不量力，涉險被創，而當路遇之優，不劾以輕進失律之罪，亦云幸矣。惟余禮莊、熊常銘、陳福官等勸辦鄉團，保衛桑梓，紳耆之醇良如此。吳闓力竭被戕，龔以布衣贊事，九死一生，僚友之忠義如此。涂升以身報主，萬占魁奮不顧身，吳華被虜不屈，昏夜殺賊逃歸，鄧發亦不避難險，丁勇之節烈之如此，余不忍其淹沒弗彰也，於是乎紀。

咸豐六年。

（文見民國《重修澠池縣志》卷十三《藝文志》。李正輝）

烈婦張氏殉難記

錢塘翰林山東主考許乃普

同治三年十一月，張君渠觀察以引見來京，過予話舊，語及其女趙氏婦之殉，泣然久之，因示予節署一首，求為紀寔之文。予讀未終篇，不知涕泗之何從也。盖賊破杭州，予親屬死者七人，其酷烈率與此同，故感傷尤至。而趙氏婦與姑與婢俱死，獨二子非意得全，情事尤有足異者，是不可不誌以為世勸也。按節署，烈婦姓張，河南澠池縣人。父，文林，山東候補道，烈女為其長女，生而明慧。稍長，舉止儼然，笑言不苟，父母俱愛之。及笄，適同邑附貢生趙學書，助襄家政，奉翁姑孝。翁歿，事姑劉益敬以和，族黨咸敬服焉。賊之掠澠池也，在同治元年五月，時烈婦年二十八歲，子伊鎖五歲，双鎖三歲。學書家故饒，所居無險可守，乃奉母徙外家城北禮莊寨避之。其寨因山為勢，繚以石垣，懸崖壁立，臨壑數百丈，一時以為可恃，乃賊悉力仰攻，礮聲如沸，久之，守者驚潰。婦泣曰：事急矣，兒義不可辱。顧以兩稺孫為老人所累，因再拜辭姑，奮身望崖下擲去，姑痛之疾呼曰：束勤好看兩兒，吾從賢婦去矣。勤者，婢小字也，方十六歲，聞主母如此，則又以兩兒屬鄰媼，亦頓足投崖。兩兒邊躍從之，蓋不知為就死處也。越二日，賊去，媼方俯澗悲號，忽聞兩兒哭聲，及繞道下視，則婦姑血殷被面，僅可辨形。兩兒僵臥身旁，祇存一息，不知何以聞聲寨上也。飲之湯藥，遲久乃蘇，問何以未死，答云：不知。第初墮時，即一在大母懷中，一在母懷中。問聞賊否，曰：見有持刀拔簪珥，解項上艮鎖者，勢可畏怖，不敢啼，亦不敢視也。吁！兩兒之意外得全，殆天之所以報烈婦而默為佑者，而亦孰非觀察型家之化，有以豫成之耶？觀察鄉闈座主為予同年，梁心芳中丞以故夙稔其人。及予典試山東，又與共事闈中，見其遇事認真，懇懇乎古君子也，從其請而為之記。

同治三年十一月。

（文見民國《重修澠池縣志》卷十三《藝文志》。李正輝）

敬惜字紙社碑文

新蔡陳夢蓮

粵稽黿篆鳥跡，肇造成文；五草三真，流傳紀事。即屬片紙隻字，莫非典、謨、訓、誥之所遺。如何斷簡殘編竟棄，齟齪穢污而靡惜？或欹之代枕，或用之覆瓿。或浸淫風雨，遂柳絮以沾泥；或剝落窗櫺，伴飛花而入陌。苟為目觸，奚啻驚心。蓮幕遊，俱利襄成義舉。每逢春夏秋冬之季，聊備焚修沐化之資，拾蝌文於坑塹，盡付鴻爐；撿魚篆於泥沙，遠投鶴渚。事必垂諸永久，歉應需乎共捐，幸諸君子不惜一時之囊罄，收拾辛勤，定卜累葉之書香，聯綿甲第，是為記。

（文見民國《重修澠池縣志》卷十三《藝文志》。李正輝）

重修城垣記

城以衛民保障哉！吾澠城歲久就圮。咸豐中，戎馬倥傯，袁給諫恭摺入奏，請該處城池聽從民力，捐辦繕修，酌予獎賚諭允。事下於澠，澠人爭奔走焉。邑侯張雲明，由各丁糧捐貲，以襄厥事。並南面土城，更而為磚，費鉅萬。而向之陵夷者，鞏若金湯，皆張公力也。經始於同治二年八月，越三年工竣，特書以誌之。

同治五年。

（文見民國《重修澠池縣志》卷十三《藝文志》。李正輝）

施宅地建飲水井碑[1]

喬石貞施官井。

同治七年立。

（碑存澠池縣洪陽鄉劉村郭軍保院內的老井後樁上。王興亞）

下馬頭舞樓碑

大清同治年修聖壽寺演戲碑

從來舞樓之建，一為禮神明，一為補風俗；因無處不然也。茲村有觀音、白衣二堂，一座乎離振回鳳庇護，一座乎振引來龍而西蔽，其有益於村彰彰矣！第村之東西偶，地勢卑下，前人嘗欲修舞樓以補之，惜有志而未逮之。咸豐八年，僅存官錢數千，有劉光錦、劉志威等，經營十有餘載。遂督率村人創修舞樓三間，共費錢一萬五十餘千。今而後，演戲有所，村風可補，不誠為全村永遠之。

邑庠生劉光錦手書。

功德主劉子秀、劉子明、劉子成。

---

[1] 標題係補加。

大清同治九年蒲月穀旦。

石匠劉子明。

（碑存澠池縣城西下馬頭村舞樓前。王興亞）

重修龍王廟序

澠西荊村兌隅，舊有龍王廟三楹，前人道光五年建也。予舌耕是邑，當春夏之交，嘗散步其地。見夫面臨翠撇，背依長河，碧流澹澹，響連左右，而且野芳爛漫盈山腰一，而笑曰："錦麟游泳，依蓮腳而沫波。"不覺景迷醉眼，情滿襟懷。默歎是廟，直據一方之上游也已。無奈時遠年湮，日蟬月蠹，四周土砌，俱被苔封，三尺階痕，盡受革繰，當年題畫，已怯幼卿之雨；此日文瓦，半墜宋王之風。邑中善士上官文清、郭發湯等，見其狼藉，愀然歎曰："陽之愆也，甘澍祈於是；年之成也，神惠酬於是，奈聽仄頹莫葺，敝陋不蠹，至是極也。"遂乃量革故之費，起重修之志。在村中按糧起錢十餘千，往鄰村募化錢數千，訪公輸之妙手，選盤錯之奇材，或斷或削，乃塗乃壁。浹旬餘而堅不篩雨，密不疏風，嘖嘖然賀新成焉，事竣，乞余數言，墨書木簡曰："非假此耀功也，期後之覽者，或思善繼云爾。"余曰："善。"

遂喜而樂為之序。

六麟蓮溪撰書。

起捐錢者[1]

同治十一年疬月立。

（文見澠池縣張村鎮西溝村《李氏家志》。王興亞）

創修清真寺碑

漢族韓氏，世代居住英豪洞溝村，綿延數代，頗有聲望。有回族買氏，由外地來此，借居韓氏之地，數年毫無索取。後韓家遷居陝縣下渠村，而遺垣舊址留給買家寄居。[2]創修清真寺，立碑記述其事，以誌不忘。

清同治十三年花月中旬立石。

（碑存澠池縣英豪鎮洞溝村第三組。王興亞）

---

[1] 字多模糊不清。

[2] 以下字多模糊。

仁泉渠碑記

【碑陽】

【額題】皇清

村西有摩兀山，有韶峰蜿蜒而來，山行數十武，有泉出於兩峰之間者，仁泉也。長渠如虹貫，蟠繞其下者，仁泉渠也。泉出於何時，渠創自誰氏，均不可考。第觀其供萬人之飲食，灌數頃之田園，誠天造地設，以開千百世無窮之利歟！向者灌田無次，據上流者灌而又灌，居下流者望之弗及，以致爭端時起，獄訟繁興，甚非古鄉田同井之道也。今村人倡為義舉，劃田園為三段，分晝夜作三晌，惟西段灌田屬夜，而東、南兩段逐日輪流，朝灌則午止，午灌則夕止，自上而下以次遞及。上者不得偷截，下者亦不得恃強橫決，倘或亂次，罰磚五百。規矩既成，恐久而遂廢，爰勒石以志不朽云。

郡庠生范向離撰文並書丹。

西段上至本泉，下至大石橋。

東段上至十字口，下至大河心。

南段上至大石橋東，下至西小路。

渠長郭雲峰、張緯、王蘭芳、張青雲、李繼光、王國鎮、楊寬、李向榮、趙成天、胡慶雲、趙逢林。

石匠茹金聲。

仝立石。

光緒三年歲次丁丑新正月穀旦。

合甲規矩碑[1]

【碑陰】

【額題】皇清

聞之睦姻任恤，比户可風，友助扶持，里仁為美，觀於鄉猶有古先土之遺焉，今也不然，歲或不登，民食頗寡，無賴之徒恒節外生枝，遂有匪賭撞騙、無故斃命、移屍詐財諸端，甚矣世風之不古也。茲合甲公議，凡乞討道斃，出錢二百，鄉保着處壓埋，如額外滋事，甲下公辦花費錢文，半出事主，半用公項。甲規既定，爰勒諸石，以示不忘歟。是為序。邑居士王德明撰文並書丹。

再者，吉凶大事，不許賞給乞討酒食，如或胡鬧，稟官究處。

---

[1] 該碑為《仁泉渠碑記》之碑陰。

首事人[1]

大清光緒三年正月吉日立。

（碑原存澠池縣仁村鄉原仁村小學西院牆外壁上，現存仁村庫渠，做過路橋用。王興亞）

包差碑文

河南太守朱壽鏞

澠池，趙廉頗守秦時建也。前列崤陵，後據韶山，險要與新安同。地當秦晉之衝，差徭絡繹，瘠苦又與新安同。戊寅冬，余敘補東都守，大祲甫過，十室九空，則澠與新，兵差車馬如故也，陋觀雜派如故也。徵納曰大戶，供億曰里胥，公家之徭役一，而他費十倍之。坐是富者貧，貧者逃，蕩析離居，畏役如虎，矧其為子遺之民耶！江浙協賑局義紳雲間熊菊生太史，盡然傷之，書上涂大中丞，飭下府議。余惟君子為政，非徒悅民，期於善治；非徒更化，期於民安。遂集官紳，酌定包差法，每年每斗糧出錢四百文，一切號草之攤自民間者，悉免焉。包費由肇善堂紳耆總辦，一切浮收科派之獘，悉除焉。又慮車馬不敷支應也，江浙義紳橋李金苕人觀察，議由協賑局辦騾馬大車十二輛，並捐歁存當生息艮一千兩，為每年修補經費。再由民間按糧攤捐騾車十八輛、馬十二匹，統交附郭農民承領。給印牒三十張，若符節然，輪流均派，由縣照章發價。他若兵貢差車，逾三十輛者，議由外辦。其按糧均攤，則仍由肇善堂董知照各里，樽節核辦。庶幾定章畫一，而官民不交困也，新安亦然。議定，白大中丞報曰，可閱半年。邑人士懽然稱便，相率祈包差碑文，並包差章程，勒石以垂永久。夫窮則變，變則通，通則化，《繫辭》之言也。寬一分，民受一分福，宋儒之言也。今大中丞殫力殫心，與民更始，二百餘年獘政一旦革除，田野喁喁然若解倒懸而登衽席，誠所謂神而化之，使民宜之，而視國事民事如家事者歟。金熊二君，以隣省官紳贊成義舉，俾備位如余者，亦得上不廢公，下不病民，稍盡當為之職，又何幸也！抑又聞之百慮不無一失，或釐定未盡，或經畫未周，以及異日西陲軍事告竣，量為籌度酌減，是所望於後之宰斯邑與守斯郡者。

光緒四年。

（文見民國《重修澠池縣志》卷十三《藝文志》。李正輝）

旱災賑濟碑

嘗謂降災者天，救災者人。大則恩週四海，小則惠及一隅，要在隨分自盡而已。吾豫於光緒丁丑，亢旱經年，大河南北皆遭奇荒，而吾澠尤甚，鳩形鵠面，累累待斃。皇上軫

---

[1] 以下字模糊不清。

念民艱，屢派近臣及大憲議齰議賑，並諭本地富紳勸捐借貸，而一二有力之家皆為富不仁，罔知大義，惟東四里七甲諸公量力捐資，共倡義舉。自丁丑小陽起，次年六月止，按日給粟，計口授食，災黎熙熙，咸慶更生。顧吾為一方之民幸，益不□不為一邑悲也。□□□□□□言之，戊寅春，斗米艮五兩，斤面百六十文。售房屋則每間不過百錢，鬻田產則數畝不值一緡，□□□□□□□計犬馬牛羊等類，殺食殆盡；椿槐榆杏各葉，採取無餘。覆有砑麥秸、舂稻殼，斬草根、鍛石面□□□充而腸已立斷矣，然猶安坐待斃也。更有執刃縱火劫人之財，倒槨橫棺，掘人之墓，甚至以人食人，同類傷害，父子相食，而倫滅矣。吁！可畏也。查初荒時，邑中人數約十八萬左右，現存孑遺不過六萬。蓋□二氣不和，諸癘以興，死於餓者半，死於疫者又半。黃埃赤地，野斷人煙，白骨青磷，夜聞鬼哭，傷哉民也！孰使父母兄弟夫婦老弱，墊隘愁苦，無所控訴，一至此極哉！有世道人心之責者，可以出而扶翼之矣。

癸酉科拔貢甲戌科朝考二等乙亥科舉人候選教諭趙克嶷撰並書。[1]

東四里七甲賑民同立。

清光緒五年歲次己卯孟夏上浣穀旦。

（碑存澠池縣劉少奇故居院內。王興亞）

重修觀音堂碑

澠有陳村，舊有觀音堂，歷年久遠，牆屋破壞，至丁丑、戊寅兩歲，饑饉並臻，麥種未曾入地，粟米每斗價高七千有零，盡食樹皮草根。廟旁有食人肉之人，將門窗一併燒毀，與昔之貌垂千古者，異矣。憶村中八百餘口，僅存六七十人。至己卯秋，禾始登。有信士李鐵官等，目睹心傷，施捨磚瓦木樑，又率宜邑新立佃户，捐工施錢，重新修補。工程告竣，因援筆以志不忘云爾。

後學范崇德撰並書。

功德主[2]。

光緒六年新正月穀旦。

（碑存澠池縣劉少奇故居院內。王興亞）

江浙義賑官紳題名記

張泳撰並書

光緒三年，河南旱。自夏四月至翌年三月，不雨，人相食。又自十月至翌年五月，大

---

[1] 首事人、捐糧人姓名、捐糧數，字多模糊不清。

[2] 功德主姓名，字多模糊不清。

疫踵行，遺黎靡子，而澠為尤甚。天子發帑賑貸，而杯水車薪，僅及萬一。時江浙有年，流民壑趨。金君福曾、熊君祖詒等睹狀惻悽，繪圖鳩金。官商士庶以及僕皂，無不悅仁向義，解囊恥後。適丹陽周君壽朋知縣事，寶應朱君壽鏞守河南，兩君籍皆江省。周君寫書速金、熊諸君，旋輦金至。朱君為災民慮，必周必贍。熊君以四年冬至澠，偕金君千餘人，躬披荊棘，冒雪霜，胝行破屋頹牆、山連谷斷之間，按戶計口，風餐露宿。賑艮，壯五錢，幼三錢，鰥寡倍。莩之屍未斂、骸未全者，瘞之斂之，三閱月而訖事。又憫此地徭役繁重，用千金買車十二乘，以應差務。更籌千金，交典生息，以備車騾損斃之用。又設善堂，以千金之息理其事，如人重病後，非治藥餌，慎攻伐以衛其命，必無生理。江浙官紳之有造於吾澠，凡有血氣，蓋汲齒不能忘矣。紳民感生我之恩，因購址葺祠，列其勞於茲土，生祝之。刑部主事張泳為記。而書其名如左：

　　周壽朋、朱壽鏞、金福曹、熊祖詒、朱惟沅、林繼良、楊鎬、許澍、葉溶光、金猷翼、王汝騄、徐昌齡、嚴翰、陳家本、陳守和。

　　光緒六年。

（文見民國《重修澠池縣志》卷十三《藝文志》。李正輝）

鄉耆韶麓李老先生懿行碑

　　公諱之瑞，字輯庭，號韶麓。性淡泊，不喜紛華，樸面訥口，與人言藹然若惟恐傷之。然義有所執，今□□□不習詩書，而立身制行暗與古合。家計不豐，而心懷利濟，親族貧乏者，輒量力佽助。光緒丁丑，大祲，人相食，賴公鼎力周旋，向素封家慫恿施粟賑貸，資以舉火者數十家。於是，鄉人拜仁人之賜，韶麓李公之德，其好成人美，類如此。茲值禋祭，親族等景慕芳型，屬予作文敘之。哲嗣湘江，從予遊，最□□□公獨深，謹略舉梗概，勒諸貞珉。公之遺愛，偕澗水韶峰長留矣。

　　癸酉科拔貢甲戌科朝考二等乙亥恩科舉人候選教諭姻愚姪趙克嶷頓首拜撰並書丹。

　　親族人[1]同立。

　　光緒七年歲次辛巳中秋上浣穀旦。

（碑存澠池縣西陽鄉天壇村的廢井臺上。王興亞）

王公去思碑記

　　張泳撰並書

　　福山王公之治澠也，以光緒五年十月八日任事，明年是日卸篆。又五年，父老子弟思

---

[1] 碑上開列姓名，字多模糊不清。

弗能置，每泳旋里，輒就問曰：王公今何在，能還我否？聞其聽鼓汴垣則喜，冀或可再父母我。聞又補某縣，則為公喜。而私若有未償之隱，或進於泳曰：士君子歸田後，必思所以庇其桑梓。王公之嘉惠吾民也，近在人口而有孚衆心，何弗聲其事，大吏爲閭閻請續其命，殆非鄉人之所望於予者。余曰：是干例禁，且涉侵越，僕病未能。於時有淚下不欲去者，余曰：無已，請為書公政績勒之石，以報若等。

按，澠差車過三十輛，例民支。公蒞任三日，左公運機器過澠，需騾百餘頭，公曰：安有甫下車而即擾吾民者？支之。後有需車三十二兩，公又支之。夫官至今日，不以敲撲取民財，已難其選，況肯捐所入以肥民耶！又為裁免陋規，法肅胥吏，包差法行，獎剔中飽，按月以所賸錢，分潤各從事，曰：守錢虜，吾恥為也。為治整暇，案無留訟，尤賓禮士人。公暇常集生童，語以修身行己之要，並藉詢民間利害，為興除之。穀賤，防農昂其價以實官倉，流民漸復，勸墾荒以維正供。夫公蒞茲期年耳，其事實可紀已如此，惜吾鄉里無福，而公遽受代去。余適居秦中，未獲隨野老村嫗阻餞道旁，茲觸邑人請，益使我迫思神馳矣。公名伯方，字知仲，以優貢考擢來豫者也。

光緒九年。

（文見民國《重修澠池縣志》卷十三《藝文志》。李正輝）

重修仙巖靈官殿記

靈官之為靈，昭昭也。好事者為牌狀，神像其上，村氓有小寃，抑不得直，則肩牌振鐸，徇鄉曲道路間，往往能禍人以為驗。果神之甘任是役歟？抑妄人所假以洩忿敗俗，至黷神而莫之顧耶？雖然，夫婦之愚，有朝庭典章所不能禁，而或事於土木，而神之輒不敢以不蠲之念至其前，則無論祀典所載以肅明禋，即世所尸祝而祈靈者，亦未可概聽廢毀。謂夫先王神道，設教之遺意，即於是寄也。澠東千秋亭南，有仙巖蹴澗而立，元馬丹陽於此修煉而得道，土人像祀之。文人學士遊於斯者，常流連不忍去，蓋爽氣撲眉，水聲聒耳，隱然一蓬萊也。巖左右有靈官殿二，或言神於右者王姓，神於左者趙姓，余不足以知之。左殿傾坍，監生張慶雲募貲重修，厥勞不可沒也。

光緒十年六月，前翰林院庶吉士戶部主事張泳文其事而書之。

（文見民國《重修澠池縣志》卷十三《藝文志》。李正輝）

孟公景雲德澤碑

嘗聞恤貧周急，君子之心；樂善好施，仁人之志，茲於孟公可見焉。公諱景云，字從龍，昆仲六，公其季也。孝友無間，□遊不欺，大倫之克敦，久已見稱於人矣。而獨有待外戚一事，則尤為人之所難者。公有女二，長適永邑杜寺趙氏，次適谷水姚氏。趙固貧乏，婿又早逝。光緒三年，天造奇荒，女家嗷嗷待斃。公解衣以衣，推食以食，一門數口俱賴全活。大祲之後，女家田宅佃賣於人者，公復出資回贖，使完璧歸趙焉。此又保艾爾後澤及無窮者矣。《書》言"作善降祥"，《傳》曰"行善有福"。公之享壽七旬有四，迄今四子十孫，繩繩蟄蟄，萃於一堂者，豈非天之報施不爽耶！茲值禋祭，外孫等思慕德澤，樹碑道左，以序來請。予雖不能文，然喜公之輕財仗義，誼篤外戚，誠仁人君子之所為，不可湮沒弗彰也。因援筆志之。

澠邑增廣生員胡慎修頓首拜撰。

澠邑儒童胡清一頓首拜書。

外孫趙文學頓首百拜立。

光緒十二年臘月下浣穀旦。

（碑現樹於澠池縣西村鄉孟家溝村道旁。王興亞）

禁令碑[1]

署理河南□澠池縣□准補遂平縣正堂加一級記錄四次鄭為重慎禁令事。
／光緒三年，災民挖墓求財，骨骸暴露／
光緒十八年歲次壬辰小陽月下浣。

（碑存澠池縣陳村鄉後河村學校。王興亞）

後河村地震題記

光緒十九年十月初十日響雷。二十年二月二十五晚地動。

（題記存澠池縣陳村鄉後河村。王興亞）

南莊修舞樓碑

光緒二十八年，歲在壬寅春三月，亮受先君之遺命，積修橋之餘資，與全村合議修關帝廟舞樓一座。鎮竹里地當村中，州屬豫地，星分柳宮，舉目觀鳳山之舊跡，低首睹龍橋之新工，兔崗共向虎山，會同金蟾，左旋瑞源，右融柏嶺，冬青林翠，照耀瓦翠桃峰，春雨花掩映扉紅，北有元武也，□□光臨太乙，南有朱雀洞，雲開煙入蒼穹。四面環山，崇山峻嶺壓寨，前後八方曲水，僅可謂清流激湍，映滯西東，此所謂神靈而地秀，地秀而神愈靈矣。如舞臺之修，雖由募義之真心，實為報賽之無地。古人之廟，欲使後人入廟告虔，

---

[1] 此碑殘，／前後字多模糊不清。

感發人之善心，覩像存誠，懲創人之逆志。吾人修樓，亦欲借褒忠貶奸，賞善罰惡，使我竹里智者有所磨礪，愚者有所矜式，夫何必所焉。僅以斯樓之功云爾哉！

困勉齊王臣亮教序。

邑庠生彭士荃沐手書丹。

光緒三十年花月下浣穀旦。

（碑存澠池縣南莊村關帝廟內。王興亞）

重修龍王廟碑記[1]

【額題】皇清

從來善創者尤貴善繼，善始者尤貴善終，天下事大抵然也，況建祠立廟尤其大焉者乎。上下河溝村西偏，舊有大龍王神廟一間，不知創自何時，重修幾經。邇來年深日久，風雨侵蝕，上下毫無壯麗之觀，內外漸成剝落之象。當斯時也，不有人焉繼而補葺之，則湮沒將流胡底也。幸有張君振西、李君學舜、陳君書田等，目擊乎此，慨然有鼎新之思，是以首事咸倡諸眾，眾皆欣然，同心共濟。由是各捐貲財，庀材鳩工，後治石龕，前造拜廳，金裝神像，

塗畫丹青，人有崖心，神有靈應，源泉混混，突出廟中，擬之創造，不減寸功。是雖因名為因舊起廢，實再造而一新也。事竣，請予屬文。余懼陋不克稱，固辭不允，無奈冒昧書事約略，以資永垂不朽爾。

新邑庠生劉克信沐手撰文並書丹。

首事人[2]

石匠王福永。

光緒三十一年三月二十四日穀旦。

（碑存澠池縣仁村鄉楊河村與雪白村交界處。王興亞）

例授登仕郎馨齋崔公懿行碑

　　□□□□□□□能獲厚福裕後昆者，本立道生之義也，□或論語言致歎。我公諱萬程字馨齋，□德之可□矣。□□□□□□□□余□痛兄歿，設法□□定不致□□於□，書云，惟孝友於兄弟，公其然乎。按：

　　公幼時，萱堂先□□□□□□□□□□□□不以一毫貽高堂憂。及鶴顏，忽將殯葬，

---

[1] 此碑與澠池嘉慶十一年所建《創修龍王碑記》並立一起。

[2] 以下字漫漶。

皆稱善焉。初□匪犯澠，合家遠近。公墮賊營數日，不下□□□□□□□□，此孝□之報也。後為商，載麻渡河，守□□救死而復生。光緒丁丑，大祲，人相食，賑粟千里，依然無恙，終成陶朱業。□為人何□訖天禍哉。家嗣世綿，苦讀求售，例入成均；次世繼，酷愛農業。孫二，頭角亦皆崢嶸。於戲！余與公為忘年交，未登古稀，忽忽而歿。將三年，親友欲謀傳石，乞余敘。余更賓東也，奚辭。特迹生平，以見敦本者，終有厚報也已。

　　候選訓導歲貢生侍教弟李雲漢頓首撰文。

　　邑優廩生世愚侄李玉堂頓首書丹。

　　戚族[1]同立。

　　光緒三十三年歲次丁未季夏之下浣穀旦。

（碑存澠池縣池底鄉寨上村崔振堂宅院內。王興亞）

誥授中憲大夫晉封資政大夫候選道山東德州知州張公懿行碑

　　自來學問、事功，負才智者皆可勉而致。惟一殷仁孝至性，推而至於敦親睦族，猶難能可貴，益令人景仰而不能置也。竊於張公而有感焉。

　　公諱星源，字瀛舫，少極貧苦，諸難歷試，鄉曲俗士見小欲速，必溺惑蠅頭，遂餒沮於潦倒中矣。公益動心忍性而中不挫，西從征而供役於糧台，東涉海而佐戎於朝鮮，有定遠投筆萬季之雄。迨至攝邑篆、司州牧，勤課農桑，親剿萑蒲，恩威並著。所至賊匪破膽，士庶傾心，兼龔虞、渤海、朝歌之能。尤難者，以第窮才，初登仕籍，痛吟未定，輒捐廉恩宗族戚黨，各有分潤，□□范文正公義田贍族之風，益歎公之至性過人，功名事業雖未獲竟其志而已。赫赫若此，其所以醞醸蒸發者，蓋有由也。論者咸異其英磊之氣，經濟之□，通書史，能文章，以為吾澠之偉人。噫，是奚足哉！

　　□後□甥黃生潤泣告之曰："予有二天，沒齒不能忘也。"少失怙，蒙舅父厚恩，雖光緒丁丑大祲，人相熬食。爾時，舅猶寒□如涸轍不少吝，舅母並內助之，溫厚慈愛，撫育直如己出，蓋亦天性然也。今俱逝矣，感痛難忘，願少展蟻悃於片石，而匄為之□。竊念公志行事業已譯於阡表，無須□□而□□也。且愧諛陋無文，□堪道□盛德，辭不獲已。因為之述其略，亦寄以景仰之意云爾。

　　澠池縣廩生李□□撰書[2]

　　光緒三十四年。

（碑存澠池縣英豪鎮後營村張作屏大門前。王興亞）

---

[1]　此處開列四十人姓名，字多模糊不清。

[2]　下列立碑人姓名，字多漫漶。

澗南渠輪灌斷結碑[1]

/務處提調□任（缺）特授河南府正堂加十級紀錄二十次啟批准

/加四品銜賞戴花翎撫提部院營務處在

/特授澠池縣正堂加五級紀錄十次盧撰文。

/加同知銜補用直隸州調署池

/寧府確山縣正堂施閱定為給示勒石以垂久遠事。

照得農田水利/往往因此訟爭，利水反成禍水。無他，小民無知，昧乎時宜，以自賈其禍耳。澠邑北四五里之澗口、南村、班村，舊有公共水渠一道，防旱灌田歷有年□，

/結，屢斷屢翻。此次又因天旱爭訟，各挾一牢不可破之謬見，爭執不休。本縣不忍其終凶，欲為轉禍為福，不辭勞瘁，勘丈於炎署之中，廉得其情，酌中斷結，因時制宜，無論渠、灘、旱各地，以勘明註冊之七百二十餘畝為定數，統歸渠水，一律灌用，不分畛域，更定派水日期，以昭平允。除稟請府憲批示立案外，合行給示，勒諸貞珉。凡爾□民，務各自念非親即友，和睦宜敦，從此永釋嫌疑，安時樂業。庶幾雨暘時若，感召天和，爾等樂何如之，本縣亦為之幸甚。毋生異說，毋蹈愆尤，勉之□之望之。所有斷定事宜，參酌舊章，增改條刊於後：

一、地宜不分畛域也。澗、南、班三村公共一渠，向地五百餘畝，資用渠水。今另丈出灘旱各地，澗口五十餘畝，南村六十餘畝，班村三十餘畝，雖不在應用渠水之列，而竊截偷灌，防不勝防，失者向/起。現斷令：不分渠地灘地，統用渠水，以免偏枯而杜爭執。

一、輪水宜酌更日期也。澗口地畝與昔無殊

/較昔互有增減。南村昔有地三百餘畝，較班、澗多至一倍，前案所以有南材用水二天，班、澗各得一天之□□南村地與班村無於上下，自應因時□□增減。斷令嗣後以六天半為一輪，第一日晝夜澗口，第二日晝夜南村，三日晝夜班村，四日晝夜南村，五日晝夜班村，六日晝夜南村，七日白晝班村。屆滿，其夜間仍歸班村，作為第二輪起首，依次澗、南、班，周而復始。總之以一輪計，澗口一天，南村三天，班村兩天半，以十三天兩輪合算。澗口二天□□，班村五天，以昭平允。其接水時刻，仍照舊章，以雞鳴為斷，不得遲占紊亂。

一、買賣，水應隨地走也。前有賣地不賣水之說

/十九蒙前分府力破其謬。斷令：無論何村地買賣，水隨地走，准其一體隨村澆灌。契內亦須注明帶水字樣在案，無如三村均違不遵辦，以致爭水不休。茲斷令：嗣後務照定案辦理。違，許稟究。嗣後遇有雨澤愆期，注重渠水，有不恪此次□□依次輪用，輒行故違，恃強搶先用水，以及動輒械鬥傷人者，先行報案，嚴懲究辦，決不寬貸。

---

[1] 此碑殘，/前有缺字，標題係補加。

澗口、南村、班村同立。

宣統元年歲次己酉仲春下浣穀旦。

（碑存澠池縣劉少奇故居院內。王興亞）

同議渠碑記

博施濟眾，仁人事也。雖世道日下，民風日漓，而正氣常存，亦公論不沒於人心。本村家東舊有水田數區，渠道被河損壞，多年不能灌溉。今議復開新渠，渠道必由諸君地中。按地出租，理所宜然，亦眾地户心所願爾。而諸君慨然曰：苟利於人，實吾志也。區區渠道，所關幾何，願舍旃。眾蒙其惠、思其德，並於表其志以彰之。因勒諸貞珉，永垂不朽。

段維祺撰並書丹。

   金亭

   冬至

段公 榮興 共施同議渠地碑

   日靜

   日安

同議渠眾地户同立。

宣統己酉仲秋朔旦。

（碑存澠池縣洪陽鄉吳莊村大路旁。王興亞）

義馬市

創建二龍廟碑記

　　且夫人也者，托神而生焉者也。而神之至靈者莫如金白二龍王焉。蓋嘗於乾隆二十六年知之，斯年七月十五至十九日，大雨常沛，如洪水而滔天，澗水暴發，其損地亦何數。維時合村人跪祝神聖，雨止河落，而人得以寧焉。二龍之靈威何如哉！況歷年來，逢旱而祈雨甚靈，遇潦而河歸故漕，功德之浩蕩，誠不可不有以相報也。三十六年，張龍光偶起善念，恭約聖社，三十八年合社人等，各捐金助資思建聖廟。追四十六年堂兄奎光、宗弟耀祖、奉祖等募化佈施，且施地一區，建廟三楹焉，聊以表敬神之微意耳。於戲！風調雨順，千秋仗其威靈；夷風靜浪，萬方資其保護。茲值工成告竣，合勒琅珉，以誌不朽云。[1]

　　薰淋張鳳光敬書。

　　大清乾隆四十八年六月吉日立。

（碑存義馬市傅村西二龍廟內東廈房牆壁上。王興亞）

重修香山拜殿金妝神像序

　　自來所稱為義舉者，莫為之前，雖美弗彰。莫為之後，雖盛弗傳。而妥神靈以佑里鄉，尤義舉之大者也。治東三十里，義馬村澗南龍虎山口，舊有香山聖母廟一座。考之於碣，蓋陳公諱主政之所創修也。厥後，平公諱甫，與子少尹相繼重修焉。其孫允升更繼祖父之志，創增拜殿三楹。其後平公諱如準履行又重修焉。由成化以至道光庚戌，數百餘年，固前後踵美矣。惜歷年既久，風雨剝蝕，神像若塵，拜殿欲頹，見者莫不心惻。有公盛穹率眾善士斯年春，在溝口行窰，按日積金，思重修之。又恐工程浩大，或不敷用，約會村中善士，共勸厥事。由是拜殿輝煌，神像霞麗，以妥神靈，亦足以壯觀瞻。人既輸誠，神將賜福，其為義舉，直可與向之陳諸公匹美也。厥工告竣，故勒諸石，以志不朽云。

　　咸豐元年。

（碑存義馬市文物保護管理所。王興亞）

創修祠堂碑記

　　賞思萬物本于天，人生本于祖。祖廟之設，所以遵報本之意，展奉先之孝也。方氏自

---

[1] 以下功德主、化主姓名及捐資數目，字多模糊。

明卜居於此，舊無祖廟，迄今九世孫天貴，念無祖廟則無以奉先祖，六世祖諱啟儒，及七世祖諱倫元欲修祖廟，終未告成，爰輯家譜以貽後人。至大清同治年間，余邀同族人群集商議，捐資財，置房院，以為祖廟，則春秋之祭祀有所，昭穆之次序不紊，子子孫孫勿替引之。爰勒貞石，以為記。

大清同治十二年九月穀旦。

（碑存義馬市文物保護管理所。王興亞）

焦作市

焦作市（修武縣）

謁許文正公祠碑

滇南後學張漢

我懷文正公，爲道心元苦。
南朝無考亭，吾道將誰主。
我公起覃懷，毅然追前武。
神完骨且清，讀書絀應舉。
時流欲抗行，太行絕峆崪。
公學力行多，得道同參魯。
濟時道乃周，生民非小補。
善學聖之時，從容定出處。
書社果移封，聖人亦臣楚。
我來拜公堂，宮牆連右廡。
公族多子孫，遺風留鄉土。
鬱鬱太行山，仰公常萬古。
清雍正。

（碑存焦作市博物館石刻藝術苑內。王偉）

鄉賢逯公塋石碣

敕建重修鄉賢逯公塋
乾隆十七年三月穀旦。

（碑存焦作市山陽區恩村三街北。王興亞）

重修三官廟山門拜殿序

神之為靈，昭昭也。上天下地中人，惟神宰之。而三才永奠，人之食其福者無既焉。承恩鎮南門外約百步許，村落挺秀，名曰逯家庄。蓋予之始祖，大元賜進士第翰林院編修監察御史諱魯曾遊息之地，後之子孫遂家焉。立庄名義其取諸此乎。庄西頭舊有三官廟，累世重修。邇來風搖雨漂，山門將傾，拜殿幾頹。本庄善士逯雲慶等與衆謀曰："居此之地，外不固者，內不安。人誠有之，神亦然。今山門拜殿，毀壞至此，神必不安。仍其舊貫，加以修葺，誠急務也。"於是，各捐己貲，復持簿募化，而一時歡欣鼓舞，願出囊金，以勸事者，指不勝屈。不數月而山門告竣，拜殿落成，塗壁丹艧，煥然維新，以壯觀瞻，璀璨之致在目也；以肅拜跪，清穆之氣滌氛也。隆禋祀而妥神靈，神其安而享之乎。神安而降祥錫福，行見天位乎上，地位乎下，人位乎中，而時和年豐，少者遂其長養，老者得以壽終，莫不與天地同休焉。倚歟，何一舉而眾羨悉備哉？後有作善者，或重繕修以固基礎，或再增廊以大規模，俾前徽不泯，後續工昌焉，是又予之所望也已。

郡庠增廣生員逯位撰文。

邑庠廩膳生員逯貴臨書丹。

時大清乾隆十九年歲次甲戌九月二十九立石。

（碑存焦作市山陽區恩村鄉恩村二街三官廟。王興亞）

土門掌山神廟舞樓碑文

此地舊無舞樓，因山神會有積錢糧七十餘千，馮德建、許光平率領合村人等慨然興起創修舞樓三間，非徒壯一時之蔚觀，實欲補四方之風氣，及後錢糧莫繼，又按人工、地畝、牲口三會共捐錢三千，而工始成焉。告竣勒石，屬余作文，辭不得已而因略敘始末，使後之人一目了然。庶幾不沒人善。而修武補葺之意，有所感發，而相繼無窮。是亦所以共垂不朽也夫。

皇清嘉慶三年歲次戊午己未月。

（碑存焦作市安陽城鄉地門裳西村。王興亞）

玉帝廟興工碑文

【額題】皇清

恩村龍氣自鳳凰山蟠蜒而來，至村北稍平。無星峰以應之，其氣不秀；無鎖鑰以啟之，其氣不振。前人於接晉門外建玉帝廟，並擇羣神之有功於民者僉祠廟中，以為一方人物佑，意甚善也。夫紫微垣星五十六座，北極惟號中宮，宮內六星，實為勾陳。其中一星，曰天皇大帝，其神曰耀魄寶，御羣靈，秉萬幾，常隱而不見像。王者聰明睿知，而不用其明焉。是帝之所居，固以北為常也。吾鎮生齒日繁，人才蔚起，未必非此廟因天法地之力。顧其地基甚廣，功程之備，有待於後人耳。嘉慶二十四年己卯夏，重修拜殿四楹，增製柵欄，所以肅觀瞻也。嘉慶九年冬，重修十閻羅殿，所以嚴神教也。靈官殿重修於道光癸未夏，五瘟神殿重修於嘉慶戊寅秋，所以謹稽察而掃疫癘也。甲申春，重修舞樓，創建禪房，更築廟垣三百餘丈。督是工者，趙公選楊、柳公惺齊、趙公符千、趙公端倡。捐資者張公耀三，勸募者鄉中巾耆，樂輸者鄰近村落外，賣廟內槐柏六株，成錢九十五千，入公盡用。功起於道光四年春，告竣於本年十月朔。人而欲答天地生成之恩，入斯廟亦可勃然興矣。

廩膳生員康讜撰文。

鎮儒賈景山書丹。

邑庠生員張玉立篆額。

道光四年歲次甲申孟冬穀旦。

（碑存於焦作市山陽區恩村鄉恩村三街西北。王興亞）

創建拜殿碑記

天地生人之物半出山水間，然無人引而出之，則天地之功不彰，而其物亦虛出矣。且無神之佑，則人亦不能彰滅地之功，而其物仍虛生矣。行山為中州名嶽，其中足為利賴者惟煤為最。而是廟之蔭從未聞有行窯之說者。丙戌冬廷楊、□□、廣業等，因山勢以度利，糾眾集□，在廟北裏許，創打煤桶十數隻，吾鄉近頗利之。閱數月，積有微貲。因應七社會首之請，乃創建拜殿蘭楹，所以報神默佑之恩也。楊等開前古未曾有之利。□天地生人之物不虛生而天地之功不□，是人而始彰乎。至鳩工□材之貲□刊於右。廷楊以疾去世，其子振元及□□等囑余為文，遂援筆以為之志。

道光七年歲次丁亥季春既望之日誌。

（碑存焦作市自澗房鄉廟河小學。王興亞）

東王封重修三聖神廟碑

竊聞功業著於□□，義當廟食；英靈垂於奕祀，理宜供享。東王封村舊有三聖神廟，不知創自何時，年深日久，金光剝落，棟宇傾圮，未獲重修，心常戚之。幸近來家北煤窰湧出，夥中有儲煤項，四方商賈皆為捐助。於是，改補葺重修舞樓三間、廚房兩間。金妝神像，繪畫榱桷，築東壁，開西道，不數月而落成，煥然一新。鳩工告竣，勒石為記。

靳大桂地錢七拾捌千七百文，靳光遠地錢二十六千七百零五文，靳懷昌地錢十千零四百八十文，靳永勤地錢三千七百三十五文，同盛德窰三十千文，恒豐窰五十千文，順昶窰八幹文，宋玉成窰二千文，協盛窰八千文，王景六錢四千文，梁建才八千文。

許文沛書。

李夢陽撰。

石工許天明、韓天成立石。

會首靳大官、靳永瑞、靳光利、靳光和、靳大道、靳法武。

大清道光十三年捌月吉日。

（碑存焦作市博物館石刻藝術苑內。王興亞）

王褚火神廟感應碑

【額題】感應碑

王蘭廣

　　修武有火帝行宮二，而斯廟居其一。琳宮霞蔚，古柏雲連。自大河南北，距千百里，罔弗咸獻其力，以賽神于此。蓋巨刹亦勝區也。神之靈異，飆弛電發，其應若響。廣童時，即稔聞之，其語近誕，不具論。要其濟羣生，禦災患，實為斯民所托命。是以香火之盛，遠近莫逮焉。咸豐初載，粵匪洪秀全等猖亂，踰年，將帥操縱失機，賊遂由湖南破武昌，越九江，陷安徽，奪江寧、鎮江、揚州等城，所過糜爛，朝野震駭。三年春正月，信女姬、劉氏等進香于廟，因賊氛日迫，相與虔禱于神，以祈庇覆。俄而，賊果由揚州北竄，掠亳、睢等州，延及鄭、滎、鞏、汜間。五月下旬，賊竟逾河入溫，逼圍懷慶，河北諸縣，莫不騷然。廣適起復在籍，屬山左李吉人撫軍越境來援，調赴軍營差委。維時，賊營規于西，官軍營于東。賊屢次欲犯清化，而連月東風不息，賊以失勢，輒呼天而號。使于此時乘風縱火，攻其不備，先以重兵防守濟源，賊必悉數殲擒，不可謂非神助也。乃北軍自董總戎敗後，日惟整隊臨河，虛施鎗礮。南營勝閣學揮泪乞師，迄未一應。迨李中丞輿疾旋東，督師納移節衛郡，賊亦踰太行，走山右，而趨京畿矣。計賊竊發以來，取省垣如拾芥，殘民命若雞犬，幾無一抗其鋒者。獨懷郡區區一城，受圍五十餘日而未陷。修武密邇賊鋒，卒無一人罹害，非神威之默佑，曷克至此？是年，姬、劉氏等感神之靈，其醵金懸額立石，以酬神惠。氏夫姬君有祿，以事聞于余，且丐余記。余惟神降福以衛民，民竭力以事神，皆義之所宜著者。矧廣身在行間，而知神之捍患而濟民者，皆確然有徵也耶！用特記其本末並捐貲姓氏，以誌神庥于不替云。

　　咸豐五年。

（碑存焦作市解放區王褚鄉新店村火神廟內。王興亞）

致祭河北溫縣柳灘等處禦賊陣亡殉難諸紳民題名碑

王蘭廣

　　咸豐三年春，粵匪洪秀全、楊秀清等，由兩湖、安徽，竄奪江甯、鎮江、揚州等城。天子命將合圍，截賊為三，其另股凶徒偽左右軍師李姓、林姓等，潛竄鳳陽，延及豫省。五月二十一日，於鞏、汜間偷渡黃河，侵擾溫縣附近村莊。陳家溝武生陳仲甡等集衆抵禦，戮其酋二人，餘匪不計其數。所戮盜魁大頭羊者，尤兇悍。鄉民傳致其首于溫，懸諸城樓。

賊憤甚，兩日之間，八入陳溝，悉為陳仲牲等殺退。太常少卿李棠階、武舉任殿楊等，招集鄉勇二萬餘人，與賊戰于柳灘，前後殺賊二千餘名。鄉民不諳紀律，多歿於陣。賊匪乘之，遂陷溫城，焚趙堡、張羌等村，殺傷尤慘。紳民之陣亡者，亦二千餘人，而殉難者不與焉。六月初三日，逆賊直逼懷慶，修木城以困之，本部院自河南移撫山左，奉命防堵。固念懷城危急，守道遠滯汴梁，本省幾無一旅相應。輒請越境來援，皇上允所請，乃兼程而進。六月二十七日，移營去賊六里之原荏，始知懷慶之所以不下者，皆陣亡紳民之力也，而可歿其死事之忠，捍賊之烈與！昔安祿山叛唐，卒其凶黨，直趨潼關，賴顏平原弟兄，互為牽制。祿山慮襲其後，得緩其師，郭、李遂建奇勳。今逆匪濟河而北，固謂懷慶孤城，唾手可取也。乃以陳溝一村，八挫其風，李少卿諸鄉勇，復為撓扼，既以褫其魄而奪其氣矣。由是，懷郡守令藉以灌城隍，備守禦，火藥粟米諸物，粗有積儲，非皆諸紳民阻戰之功乎？而□況藉非行伍，志切同仇，惟知豺虎之當除，不惜肝腦之塗地。父子伯叔，半化沙蟲，老弱疲癃，悉成灰燼。巾幗甘心于督井，衣冠就義於街衢。忠義之氣，掀天揭地，驤首南望，痛惻良深。茲特遣前任宛平縣知縣王蘭廣、山東試用知縣王□等代為致祭，並查明死事殉難諸君姓名，勒之穹碑，永垂不朽。一俟剿滅餘賊，即當奏請建立祠宇，以慰忠魂。斯沙場致命者，含笑於泉壤；閨閫抗節者，炳曜於日星。諸紳民雖死之日，猶生之年矣。我國家深仁厚澤，浹髓淪肌，用能使婦人赴敵，國殤效命捐軀，遂志之誠，真足壯河山而光竹帛。本部院躬率貔貅，克自殲除小丑，與死事諸民復仇，想英魂毅魄定當揮戈仗劍，暗助戎行也。是為記。

咸豐三年。

（文見王蘭廣《靜涵書屋文集》。王興亞）

承恩鎮二堡殣行會記

【額題】皇清

路死一會，蓋本《詩》云"行有死人，尚或殣之"之意，亦猶行古之道也。其來既久，各處皆有。而於本村之二堡，則尤為要務。村為修邑孔道，東西行者必由。商賈之輻輳，人民之蕃庶，園田井坎之錯雜，亦甲於一鄉。以故乞丐餓殍之聚於此，倒於此，愚夫愚婦之輕生，夜行匆遽之惧墜，畏罪嫁禍之移尸者亦多，村之單弱者、殷實者往往因此傾家，一經成訟，動輒累旬，即官吏謙明，早為驗識結案，生者倖免拖累，而死者亦不勝暴露之苦矣。余深憫之，因率堂弟翼倬，邀請本堡長者柳希存等公同倡勸，按地捐資，初成于咸豐戊午年冬月，得錢若干，除置田外，餘資為和姓投井一事用完，當經公出清單，無庸稽查登記。嗣又勸捐二次，置田數十畝，以備不時之需。並撥出旱田三十畝，為本堡鄉保納賦，助俾免拖累，且使鄉總不得藉舉保長名，嚇詐小戶，一舉二得，衆皆樂為。第恐歲久，則捐戶之姓名易忘，餘資之生息莫紀，爰為序其顛末，泐諸石以彰倡者助者之善焉。是為記。

候選直隸州州判己酉科拔貢趙國英撰文。

鎮儒趙令堉書丹。

同治三年歲次甲子二月上澣吉旦立石。

（碑存焦作市山陽區恩村鄉恩村三街西北。王興亞）

劉以實墓碑

公之質魯，公之心誠，公之用功實純。童稚時，好讀書，家雖貧，亦手不釋卷，於弱冠入郡庠。乾隆五十三年，中式三十三名舉人。時公年三十五歲。嘉慶六年，大挑一等，引見，奉旨以知縣用，簽制浙江。因親老告近，改制湖北，署武昌、漢陽兩府通判。嘉慶甲子科，同考文武試官，歷署羅田、嘉魚、角城、利川、來鳳等縣事，後實授黃安縣。丁父憂，回籍。公在官之日，絕不使民間造孽之錢，各處卸事後，民情愛戴，駕舟趕送食物者絡繹不絕。其在嘉魚縣時，原被兩告有爭地基者，各許五百金，皆不納，當堂說明，訟案不斷，令尹兩造下堂和處。即此一事，以觀公之廉潔可知矣。及在利川卸事回府，適恩施縣民有持一骨在縣控告，江西客民修蓋會館，創伊墳墓，伊縣公不為研訊，遂將江西客民收禁。伊著人赴府衙門控告，譚太尊委公查看，著人役持鍬钁，四面搜尋，別無一骨，將原告當場掌責，飭伊誣告。回城後，先見伊縣主鈕公，兩下爭鬧不已。面稟本府譚太尊，將案全翻，大飭鈕公之非。公之不避權貴，又可見矣。公在各衙門，差役私押人犯，許伊親友喊稟，貼示曉諭，以使遠近咸知。在按察司袁大人衙門，優審嘉魚京控案，蒙委添提要證三十人，皆向公懇求，到省免管押，回省銷差，特為保出，不令發首縣管押，民皆感德。公之體恤民隱又至矣。丁憂後，起復，赴浙署富陽縣事，特授富平縣。公年老告職，于浙楚兩省，蒙皇恩三次加三級，晉封奉直大夫。公原名成章，因嘉慶十八年，猾匪中有與公同名，蒙皇上欽改名"以實"。是皇上彼時因賊匪突進宮闈，降旨斥責大小臣工，皆不能以實心行實政，故欽改此名。

公之配許、趙、汪三氏，皆以勤儉持家，大為公之內助。公長子恒泰，太學生；次子恒順，邑庠生。長孫蘭佩，邑庠生；次孫蘭生，太學生；三孫蘭茂。曾孫紹曾、嗣曾、統曾，俱業儒。玄孫育棠，業儒；育槐、育桂，俱幼。公之女，適溫邑前任湖南湘潭縣曲史鄭炳烺公之次子鄭繼之，現任湖北巡檢。女孫：長適清化鎮米恒光，候選巡檢；次適清化鎮路姓；三適東馮封村馮姓；四適李封村許姓。女曾孫三，女玄孫一，俱幼。余受業於公，特援筆將公之行述，略為之敘。

受業人道光丁酉科舉人武安縣教諭申勉旃頓首拜撰。

時大清同治四年三月初十日清明節立石。

（碑存焦作市中站區王封鄉西馮封村北劉氏塋地。王興亞）

皇清誥授中憲大夫欽加道銜賞戴花翎廣平府
同知香圃王君（蘭廣）墓誌銘[1]

  君姓王氏，諱蘭廣，字心耕，香圃號也。先世明石州通判，諱午，自山西洪洞遷河南修武之王褚村，遂世為修武人。曾祖諱泰初，太學生。祖諱鵬雲，誥贈中憲大夫。父會奎，誥贈中憲大夫。君偉幹豐儀，性行豁達。幼失怙，事母張太恭人，以孝聞。賴母教以成立，家貧甚。下帷攻苦，昕夕靡間，饔飧不繼，勵志益堅。丁酉膺拔萃科，戊戌朝考入選，以知縣籤分直隸，歷任安平、南樂、曲陽、饒陽、長垣、獲鹿、棗強、交河、宛平、清苑、天津、河間、大名知縣，歷署天津河防同知、安州知州，直隸冀、定、遵化等州知州，陞任廣平府同知。同治十三年八月十二日以疾卒於洺關廳署。君讀書能提其要，嘗取古循吏可法事，匯錄一冊，以為耆蔡。故生平於牧令治民之政，知明處當，卓著循聲。歷任所至，諸如聽訟緝盜，育人才，廣留養，編保甲，築埝工，以及東明查災之救陷溺，定州禦賊之赦脅從，口碑載道，難以枚舉。而其克勝艱鉅者，則以治津為最著。

  方其初，涖天津也，有大猾某，挾富作慝，交通上游，性狡而淫，以計詐良家女強汙之。案既發，逃匿山東，陰賄刑吏，欲提案到部，且挾賑務事，圖反噬。君屹立不搖，持之愈急，卒使按罪伏辜，津民稱快。好事者至編詞繪圖，哄傳遠邇，播為佳話。

  咸豐再涖天津，值英夷犯順，逆焰熏天，智勇懼困，人情駭擾。君一力摒當，置生死於度外，彈壓撫綏，機宜悉協，卒能化險為夷，即鬼酉莫不敬服。

  同治庚午，法夷鴟張，大激眾怒，釀成殺夷重案。直督奉命查辦，怵其凶威，欲以十命抵一命，株連甚眾。同事者寒噤，不敢發一語。時君奉委審辦，獨侃侃力爭，謂："議以十數人抵死，民已含冤。若廣為搜羅，如民氣何？如國體何？殺人媚人，非吾輩事也！"由是，卒如前議，保全甚夥。任廣平時，值君誕辰，紳民臚君治行，製錦介壽，稱其仁根於陞，生勇激於臨事，大才犖犖，足以抗大吏而覆窮黎，皆出於目擊其事者，輸誠表德之詞，非虛譽也。

  君生於嘉慶十一年三月二十日，得壽六十有九。配氏郭，誥封恭人，稱賢內助。箎室氏靳、氏郭、氏李、氏石，郭恭人、靳氏皆先君卒。子二：長訪疇，翰林院待詔；次敘疇，俱李氏出。敘疇出嗣胞弟蘭皋。女四：長適南昌府分府武陟吳世亨，次適溫縣附貢生段繼賢，次適河內舉人徐鱗，次適本邑范溶。君卒逾月，訪疇扶君柩歸里，以光緒元年十二月初三日葬君於村北先塋。銘曰：

  古云存心愛物，必有所濟。克宏斯願者，莫如親民之吏。君負大才，人沾實惠。除巨猾，民快意。撫海疆，戢鼎沸。戶安堵，夷敬畏。匡上官，持正議。維國體，申民氣。方之古人，召杜龔黃，何慚乎漢史之所記。幽宮奠，實行識，德澤綿綿，用以昌君之後裔。

---

[1] 誌文兩方。

例授修職郎丁酉拔貢候選復設教諭年愚弟王輅頓首拜撰。

辛酉科拔貢壬戌恩科舉人愚姪毛縝頓首拜書。

（誌存焦作市山陽區百間房鄉崗莊村。王興亞）

鐵淚碑[1]

【額題】萬善同歸

朱村東舊有祖師廟。祖師，北方玄帝也。村人竭誠奉祀，自無待言。去年夏，亢旱，苗漸槁，首事□寶等糾合村衆，謀爲桑林之舉，僉曰："玄神，水神也。求之，當立應。"於是，挾香帛酒肴，而□□座前。越二日，甘霖普降，枯萎改觀。秋獲而人慶年豐，胥神貺也。夫有功於民，民應報之。於是，村衆出資財，鳩工匠，就聖像而潤色之。今則煥然一新矣。爰勒貞珉，以昭來茲，俾知靈異，呼吸可通，後逢災變，不至無所籲告也。是爲記。

光緒十年歲次甲申三月下浣穀旦立石。

（碑存焦作市博物館石刻藝術苑內。王興亞）

鐵淚碑碑記

江蘇有《鐵淚圖》，圖中所繪，是河南省光緒三年四年凶荒民狀，其形最慘，目不忍睹，即鐵人見之亦傷心下淚，故名鐵淚。自乾隆至咸豐，河南省雖屢遭荒旱，不聞有如是之甚。三年，麥已薄收，夏無雨，秋無雨，冬無雨，至四年春仍無雨。兩年間，赤地千里，野無青草。小米零賣，五個仐一兩，高粱零糶，一百二十仐一升。如是價錢雖大，猶是正淨口糧。且有不是粟米而亦貴者：蒺藜賣到一百二十仐一斗，麻餅賣到六個仐一兩，榆皮面賣到三十仐一斤。食物愈貴，則凡莊基田地，器具物件，一概不值錢。即家產盡絕，賣妻鬻女，舍子棄孫，仍難逃生。故有吃荊子，吃楝子，且有吃死人肉者。因而饑極生變，更有甚於吃死人者，爲其人道幾絕，袛可隱傷，不忍明言，至是人人顛危。困極則瘟病大作，其不害病者十無二三，種種殘苦，何可勝也。故之坐困者死，謀生者亦死；逃荒者死，害病者亦死。死積滿家無人葬，屍橫偏村少人埋。三年冬已如此，四年春更甚。及至荒年以後，究其口户，有十去其大半，有十去其八九，且有一村百十餘家，所存不過一二人。此皆余親身閱歷，垂涕而道，略而記之，實爲可哀，實爲可懼。有心者宜年年備荒，勿致後悔。

獲嘉縣邑庠生劉熙書丹。

光緒十年歲次甲申三月下浣穀旦。

（碑原存焦作市朱村鄉北朱村，現存焦作市博物館石刻藝術苑內。王興亞）

---

[1] 碑身自中部橫斷爲兩截，斷裂處的碑文略有毀損。

江蘇諸善紳協賑碑記

舉人張乃賡

　　光緒三年，豫大荒，人相食，在河北者，修爲劇。我兩宮皇太后、皇上軫念災祲，發帑賑恤，並飭各豐省捐濟，恩至渥也。時蘇紳仰體皇衷，俯憫鄰災，繪刻河南奇荒鐵淚圖，廣行勸募，次第得銀四十四萬兩有奇，來豫助賑。河南北立賑局十餘所，明年四月來我修，設局於東郭大王廟，即按户授票，每口八百，幼小半之。極貧者酌增，次貧者量減，移日照票發錢，挨村輪給，恐其蹈籍也。於清苦孀婦及著實寒士，賙以數千，多至數十千不等，重吾道也。難童無依者，收局留養，愛如己子，選秀者延師使讀。過幼者雇乳媼哺之，約五日來驗。鬻子女者又繪刊《福幼》、《仳離》二圖，在籍另籌經費，代爲收贖。雖鬻極數百里，亦必遣介贖歸，完骨肉延嗣續也。有就食南省者，設傳局於柳園、黑崗兩渡，稟請憲諭遣，由此歸胥，授以銀，俾返復業，輯流亡也。賣田舍者，奉諭准贖。如有無力贖者，代償其值，憂其食居無資也。時大疫，按症施以藥石。死者施以棺或助資使葬，又前之餓殍暴於野者，收瘞之，全孝思除癘氣也。秋七月，沁決老龍灣，治南盡成澤國，先即被水村莊，計人授以餅餌，嗣授以銀。憂其乏水火也。迨九月，天作淫雨，沁復漲，並山水匯流，視七月有加焉，故賑如前法。且猶慮人無衣褐，寒難卒歲，爲典冬衣者，收其票贖還之。又歲終，親走荒村，遇凍餒莫支者，給以衣錢執照，使來局廩之。今年春，於被水極重村莊，深慮食無所出，仍填溝壑，故復賑之。是時，民被水旱疫癘死者約十有七，我朝二百餘年，災未聞甚於此焉。其餘不幸遭此鞠凶，而得免于轉死者，諸善紳力也。諸善紳於此，總所費金可五萬計，所歷歲可一周，而早作夜思，不憚勞瘁，事巨細必躬親，其所經營綏輯者，罔不委曲備 。然諸善紳猶謂天災視人心爲轉移，救災於已形之秋者，固應如此，而弭災於無形之際者，尤當有權衡也。爰逢朔望日，於城隍廟、待王鎮兩處親講鄉約，復首捐千金，勸吾邑建立同善堂，使行各種善事，以迓天庥。噫，異矣！夫陳圖以乞惠，開倉不待詔，或破家紓難，煮粥恤鄰，古今來倦倦之于災黎者，原不乏人。然或者曰：此有教養者之責也，此有桑梓之情也。而諸如諸善紳之不遠千里來于修，並無教養責桑梓情，能如是之救災且欲弭災者，蓋亦鮮矣。聞蘇之先有范文正者，當爲諸生時即以天下爲己任，今諸善紳所爲，即其志焉。他日策名天府，大展厥志，其造福於天下者，鉅矣！當不止拯患於吾豫吾修已也。抑吾豫吾修之食福於諸善紳者，亦豈有既哉？今將南歸，吾邑人士感其德而不忘，共謀勒石，俾傳不朽，囑余記之。余傾心久，不避簡陋，因備述其協賑顛末之在我修如此，並書姓名于左，用爲天下好善良者勸。

　　黃延鼇、熊祖詔、邵談、張慶釗、經元善、顧壽域、卞寶第、李培禎、殷啟彪、侯大中、李少亭、顧養喬、謝家福、王偉、瞿家鑫、衛家壽、溫善成、張韋成、李培松、熊其英、朱徵容、柳步雲、葉成忠、鄭官應、凌淦、嚴作霖、江振聲、徐子春、周昌熾、王松森、趙翰、談國樑、沉崇齡、葛繩孝、仲克昌、王宗壽、潘名表、陳振山、包培源、丁心誠、湯桂彰。

（碑存焦作市博物館石刻藝術苑内。王興亞）

重修玉帝廟諸工跋

【額題】皇清

嘗讀《書》云："作善降之百祥。"《左傳》云："神所憑依在德。"吾因之有感焉。此廟建自大明，廟貌尊嚴。厥後，社人時為之修繕，百年未聞傾圮之虞。吾鎮古名恩州驛，地當孔道，商農安居，合計人丁不下千户。信哉！農服先疇，士食舊德，共蒙上帝之佑，享昇平之福矣。不意同治六、七年，逆匪兩次盤踞十餘日，比户財物掠盡。傷斃男婦，被虜者，更數十人。而光緒二、三兩年，旱災，十數月不雨，米麥每斗價制錢壹千捌佰文，雜糧每斗壹千伍百文，粃糠每斗一百五十文，房地求售無主，華屋成坵墟，野田無青草。賣女鬻妻，折銀多僅一兩。析樑為柴，計錢不滿百枚。然此得值，猶可飽一日之饑也。尚有坐擁厚產，竟以餓殍填溝壑。古云"易子而食"，今則更甚於此，而不忍明言者。加以時疫流行，因病而死者十之二三，逃亡而死者十之二三，得生而歸者，孑然數人而已。廟之傾圮，即有心修繕，而力有未能。統計合鎮現存三百餘户，零丁孤苦，不可勝數，目擊心傷，真千古未有之災。今幸時和年豐，各安本業，感上蒼默佑之恩，共襄善舉，勉修此工，以贖前愆。予自愧菲才，何敢妄言。顧念奇荒甫過，元氣未復，後之人尚其薰陶善念，仰荷天佑，隨時修葺補繕，且籍以自警。當必常懷耕三餘一之誠，永存漸仁摩義之心，是予之厚望也夫。

增廣生員趙翼倬謹跋。

光緒十一年歲次乙酉仲冬中浣穀旦立石。

修工佈施化費總目：山西臨汾縣從九品陳其策捐施五里源布房一所，變價成錢玖拾叁千文，四鄉相鎮客商士民共捐錢捌百陸拾貳千陸百文，通共捐錢玖百伍拾伍千六百文。買米積磚瓦鐵石使錢伍百零壹千柒百文，買石灰、坯、繩、垛牆使錢柒拾叁千叁百伍拾文，採泥石匠工價使錢壹百玖拾陸千陸百文，油漆畫匠使錢伍拾肆千文，買傢俱使錢伍拾千零肆百伍拾文，雜項化費使錢柒拾玖千伍百文，通共用錢玖百伍拾伍千六百文。

管錢糧社首張淩奎。

總督工尚書趙公堂。

勸募趙點、趙翼倬。

監工逮集義、常志剛、賈鶴令、趙棟、張全福。

記帳詹子經、王元錫。

催計佈施賈盛喜、王樹松、李虎林、柳良福、原振家、賈海書、趙令圭、趙恒、趙書堂、柳逢仁、李復來。

　　採購物料王樹仁。

　　督小工程光輝、張兆其。

　　石匠毋守憲。

　　住持僧德一、徒行儒。

（碑存焦作市山陽區恩村鄉恩村三街西北。王興亞）

寺河村聖祖廟碑記

　　寺河村西北舊有玄元聖祖廟，開煤采炭，祈禱於此，未有不獲靈應者。即未有/[1]先聖農者報賽以祀田祖，大抵於始為此事者，而祀之以見食/者，豈採取煤炭自聖祖始歟。聖開採煤炭/吉祝瑞祝之庥，合申獻曝芹之報，有功則祀，比比然也，豈可/祖開天闢地取煤/聖祖煉海燒山，取煤以供燒/以為正論也。古語云玄元聖祖五千言，不言藥，不言仙/之說誣之哉。竊聞《南華經》云子貢諸賢，往往相與過從，是/聖祖，亦聖人之徒歟，又況浩天歟乘風可上，至聖有猶/化存神是聖祖，又聖而不可知之神者歟。夫豈無以其/人之德則妄而已矣。吾儕於光緒七年，在寺河村西開採煤炭/，既而為窰事，果屬稱意，人力也，而神功助焉矣。茲於大殿西/是擇吉酬神，演劇懸匾，計費一千餘金。工既告竣，謹記始/商賈祈禱靈應，有功則祀之意云爾。是為記。

　　光緒十三年。

（拓片藏焦作市博物館。王興亞）

憑心窰重修廟宇記碑

　　【額題】碑記

　　嘗聞神依人而效靈，人依神而獲福。捷如影響，千古爲昭。河內東北馮封村觀音堂，由來舊矣。光緒壬寅，村南行窰，靳君法蕙、畢君金陵欲在此開採。村眾僉曰："行窰不許妨礙居民廬舍與墳山、宇廟。於此行窰，恐有妨礙。"蓋行窰處所，往往有始而求神保護，繼而半途廢弛，終廬舍廟宇傾倒圮壞而不之顧。嗚呼！此窰廠陋俗也。而靳君、畢君與伊諸同事則不然。其素日做窰，凡礙廬舍廟宇，莫不公商斟酌，換舊重新，總以厭足人心而後已。是以其做窰到處，羣情帖服。有始則引領而望之，終則懸扁以頌之。非盛德服人，能如是乎？由是村眾悅服，許其開採。窰號憑心，而默然蒙神祐，窰頗贏餘。遂鳩工庀材，費金千餘兩。地基逼窄者廣擴之。廟宇傾壞者修整之。神像脫落者，金粧而輝煌之。語

---

[1]　該碑/後有缺字。

云："唯目得觀，唯耳得音。"觀音之像，其誰之像？斯語也，深沉爽朗與聖教渾融。誠聰明正直之神也！豈若末世瀆淫祀，而妄爲崇奉者哉！作善降祥，神人以和，誠盛也。余本不能文，兼以學荒落，謹記其顛末如此。

生員李卿雲撰並書。

光緒叄拾年歲次丙午暑月。

（碑存焦作市博物館石刻藝術苑內。王興亞）

合路公議永泯養羊事碑

【額題】流芳

合路公議永泯養羊事。

嘗讀《詩》曰："既有肥羜，以速諸父。曰殺羔羊，躋彼公堂。"羊之為用，豈其淺哉！安可無養羊之人乎？但風俗漸薄，人心不古。謀利者積羊成羣，不念遺害于人，只圖獲利於己。夏食秋禾，冬食麥苗，于南阡北□之間，麾以肱而不騫不崩；在墳塋墓塚之上，從其適而或裉或訛，下來下括之際，以禾稼為其道路。傷害農事，生者無以養；破壞坟塋，死者弗能安。為士者傷之，為農者苦之。然皆鎖眉切齒，敢怒而不敢言。縱有好事者責之以理，一言冒犯，養羊者必設法投報。以故無不撫腹而歎，任其休養生息耳。幸陸軍步隊彈壓此土，隊官靖臣□□□□，念農夫終歲勞瘁，實受牧羊之害，勸諭解散羊羣，以慰農事。養羊者亦翻然变計曰："扈不啄粟，鼠不食苗，禽獸且然，吾何獨不然！"痛改前非，遂行解散。因而合路人等公同商議，謹遵勸諭。嗣後，除神羊外，不許私養一羊。如有無恥者，敢蹈前轍，養羊成羣，合路公同稟官究治。所有化費，按糧均攤。第恐歲久年湮，據無可考。因勒諸貞珉，以垂不朽云。

生員王松林撰文。

貢生張先志書丹。

石工馮景山刻。

大清宣統二年歲次庚戌仲秋上澣。

十里合路同立。

（碑存焦作市山陽區恩村鄉恩村三街西北。王興亞）

沁陽市（怀慶府、河內縣）

禮部郎中楊公荊岫

【碑陰】

王鐸

乙酉十月，予友禮部楊公以不屈寇死，予聞之哀。良友亦殞，予之否也。未及弔墓，為作碑陰文。

楊公諱之璋，字荊岫，河內人，癸卯舉于鄉。庚戌進士。祖某，父某，某官。兄弟三人。伯即荊岫，為人敦義不欺，潔于守，博覽羣書，不苟言笑。初為三原尹，爬剔大弊，利不百不振興，旦夕焉為三原是憂，不毛舉疥癬之事，嚴以繩猾吏。三原人大悅。公一日不懌，語友曰：「吾事徒以疲吾神，吾思事親不暇仕也。」友彊止不能得，竟投牒解印綬去。歸家，築蕢園。時侍二親，躬奉甘膬，養志無違，里中以孝聞，家居二十年，無窘容，閾外事充耳不聞。塒花木，勻水灌池，起臺環以竹，釀酒，引二弟相與賦詩。無多田，時時賙貧乏。泛舟枋口，下沁河，意甚愜也。後數年，山西土寇破清化，趾脩武，中丞樊尚燝走城中，不發兵。令兵擁護前後寢門。公爭之，繕懷慶城，埮缺嚻，增雉焉。公不交睫解衽。令其弟捍東關，捨一渠師，寇退，完地以救民。各保首領，緩急足恃，公有善焉。當崔魏時，各郡祝釐建祠。公抗言于眾，必不從。中原士大夫在都下，重公之義，不濁其守也。彊起公再三，乃出。出為禮部者數月，意甚怏怏不自得。少宗伯顧公錫疇攝篆，公數請去，不允。明日，竟投牒與疏于儀制司案上，騎驢而去。歸時，予方避難居懷。數晤言沁水蕢園。是歲，人相食。公分己之米豆，存卹老弱，救疾病。未幾，高傑自澤潞窺河內。予避之武林。公為傑所得，不屈，不飲食，作詩遺僕，鬱鬱以死，年七十有四。有詩文若干卷。無子，以某子嗣。某年月日，葬于城東南五里祖塋，餘事在墓表，茲不載。王鐸曰：世亂俗頹，強虓相壓，以為雄攘，噬人以自肥也。兼以媒進譖之，復營陟黜之。復獵崇階，較荊岫公其汙鄙，可勝道乎！慕義若渴，圭璋特達利之，視如牛後溲矢。恐近于己，何其潔，詩文卓犖邁眾，何其逸，天下不慭遺，斯人云亾，殄瘁且在邦國也。中原文獻良友無多，何堪凋落，天乎？吾不得而問之矣。

順治二年十月。

（文見《擬山園文集》卷六十三《碑陰》。王興亞）

真固峰太平寺金粧正殿法像記

是殿也，創自唐，盛于宋，元季圮之，明初善焉，茲則清時之改作也。老僧含穀，苦修功德，汲引善類，普化遐邇之眾，移舊址而擴充之，三年始底成。其棟梁臺砌、簷宇榱題較前巋然而堅致，竹苞松茂，鳥革翬飛，差足疑矣。然殿所以奉佛及菩薩，從聲聞而宣緣覺也。殿既就而像弗新，僧之心寧慰適乎？聞河陽有李姓名得玉，居洪道村，以輿作謀生，初亦淪俗，繼則向善，所謂涉苦海而回頭。慨然□經，第苦力之不及，思鬻田以暢厥志，亦給孤祇陀之喜舍也。眾止其鬻，各出貲財，共襄勝舉。而中釋迦、左文殊、右普賢、傍之阿難迦葉，悉煥然而一新焉。迺知非是殿無以奉是像，非是像無以光是殿也。則夫□之改□李之完結，眾之胥助，其功其德，俱堪垂永禩而著不朽者，詎云可記哉。余嘗盤桓於此，且與僧有知交，故特為記之，俾登諸石刻。至於建殿諸善捐財捐力，若姓若名，後當另有記也。

玄峪樵儔張慎漫撰，侄水齋居士張諧敬書。

施銀善人諱列于後：洪道村李得玉五兩、護城張云鵠一兩、如汝村張守明一兩、洪道村李江一兩、趙蓋村吳真二兩五錢、柏香鎮楊思禮二兩、連家莊連三重二兩五錢、東鄉王清國一兩、孟縣蘇則古一兩、楊方文一兩、楊方表一兩、楊自曹五錢、李重喜五錢、李文英三錢、李秉良三錢、劉有餘一錢五分。

大清順治十四年重陽之穀。

住持永真，法號含穀旦。

石匠王以誠。

（碑存沁陽市窄澗谷太平寺。王景荃）

重修廣濟利豐河渠碑

薛所蘊

沁水自晉境折入濟源之枋口，昔人引以灌田，其來舊矣。顧渠口初未審形勢之便，易湮易淤，遂通塞不常，時有興廢。明萬曆庚子間，大司馬鳳翔袁公應泰令河內，相度水勢，鑿山為洞，置閘司啟閉，引水出洞口，滔滔汨汨，東南流歷濟、河、溫、武四縣界，又數分支流，以資遍溉，名曰"廣濟洞渠"。其役甚眾，其慮始甚周，其落成甚艱，而其永濟乃甚溥。其下又有利仁、豐稔渠，用濟廣濟之不及，而膏腴沃壤幾盡境內。越數十載，渠漸淤塞，謹存涓涓細流，而澤不下究。邑侯孫公目擊心傷，謀為疏濬之舉。初有慮鳩工之難者，侯曰："否。因民之所利而利。其強者，吾以公服之；其奸者，吾以明察之；其愚而弱者，吾以均恤之。苟有利於斯人，勞怨其奚辭。"工既肇，庶民子來，踴躍趨事，獪者無所施其巧，樸者無所愛其力。自廣濟正渠，以暨各支渠，並利仁、豐稔諸渠，咸濬深廣如舊式，未三月而告成。事浸，灌之利大饒而用不爭。余嘗稽晉安平獻王司馬孚為魏野王典農將，具表言枋口木門朽敗，易以方石，溉田滋廣。唐貞元二年，隴西公李元淳刺懷州，開渠七十餘里。史又稱溫造為河陽節度使，太和五年，浚古秦渠枋口堰，役工四萬，溉濟源、河內、溫、修武四縣田數千頃。可見枋口渠自秦有之，當時以木爲渠口，司馬獻王乃易之以石，猶易湮淤。至袁公鑿爲洞，功乃益大，利乃益溥爾。天下事往往振迅于創始，而後乃因循凌替，故繼起之功貴焉。今鑿山開洞，前有袁公，不有公之力任疏濬，則袁之澤漸至湮沒。故茲役也，公於河內永利濟，實有大功于袁公也。工始於順治十五年十月初二日，訖於本年十二月二十日，役夫三萬人。侯名灝，字湛一，己丑進士，順天之大興人。

　　孟人薛所蘊，受廛河內爲氓，實被公澤，因爲記而繫以詞曰：謁戾之山，沁水出焉。層折蕩激，歷險成川。流徑野王，噴射巉巖。古人胥宇鑿渠，通田枋口，自秦遺跡蜿蜒，木門易朽，時有淤塞。司馬爰興，壘石爲堅。有唐纘緒，溫李輝聯。夫何歲久，故址空傳，有美袁公，洞天肇闢，峭壁嶄巖，巨靈力擘，鯨吸雷動，魚龍以宅，蓊匠支分，爰及阡陌，日居月諸，漸憂竭澤。孫侯繼之，疏瀹有若。滔滔者流，青青者□。我□戾止，其心孔懌。貞珉載厥功於赫，昫昫原隰，纘禹之跡。

　　順治十五年。

（文見順治《河南通志》卷四十八《藝文志》。王興亞）

豐稔河碑記

　　明嘉靖二十五年，濟源縣沁水枋口，肇開豐稔河。余曾叔祖純，以七百八十金，易濟民李文紀等七十三戶地一頃三十五畝，豐稔於是，有口有身。其時濟之南程、程村、樊家庄三小甲夫三十名與焉。隆慶間，太守紀公誠復濬廣濟河，絕豐稔中流南下，河廢。萬曆十四年，邑令黃公中色疏導之，置程浩地一畝六分，程大地三畝，砌陰洞二。十八年又廢。二十五年，復行三小甲之役夫，漑地如故也。三十一年，邑令袁公應泰鑿廣濟河石洞，濟令史公記言鑿永利石洞，即今名玉帶河者。三小甲濟人也，夫役盡歸永利，豐稔之蹟絕矣。李士享、郭孟傅輩繼是告爭，經府斷罰責有差，給士享金十兩五錢，絕其覬覦，著爲令。本河之身其事者，則楊守祖、楊有德、張汝魁也。萬曆三十七年，河倅朱公希龍，督侯永安張汝魁改砌豐稔口，以李蘭、李相地五畝八分爲口，直十一兩六錢。河得行無阻，而利人淤已數年。四十三年，邑令胡公沾恩力鬭之。郡人大司農范公濟世佐其成，然利人口居豐稔之下，水勢鯨吸於豐稔者至，利人掉臂去，遂強豐稔合口力維均，豐稔苦之。利人又於分水之處低昂其术，豐稔以是不行者四年。四十六年，邑令邱公存性，移胡公沾恩之太公閘於程村之西，曰天平閘，又改架橋，架廣濟之上而南，四十五金有奇，置李臨溪等地三十畝零二分七釐，則改砌之，籍計永利開河，業已四十五年。前所云三小甲者，渺不相及，而豐稔之由廢而興，破家逾時，不啻越人視秦人之肥瘠已。崇禎十七年，李世能、李學孔等乘闖逆之變，突於利豐未判處私開大閘，盡奪兩河之利。國朝順治三年四月，河人楊方升、李思儒、楊國讓、郭思美等，河衿楊行生等，牒訟本道魏公肯構，行本府黃公昌，同二守朱公光、別駕敦公化節，推段公琳、邑令張公元祚、濟令晉公承寀，兩詣河干詢勘，既實牌示，拆毀河頭大閘一道，朱村大閘一道，小河一道，樊家莊大閘一道，小河一道，程村南大閘一道，利人河分水口以上小河一道，又小河一道，石陰洞一眼，王寨前石陰洞一眼，王寨後小河一道，又小河一道，河頭西石陰洞一眼。拆閘者四，塞河者六，毀石洞者三，業紀其事於碑。後又置葛汝江地十七畝、李思孝地七畝、李蘭妻地七畝為利豐河身。蓋豐稔與利人同口，口之下，未必盡為我有也。自汝江等之地售，則以地換水，萬萬不得再肆其啄矣。夫豐稔之廢興，在嘉靖前者不可問，余曾叔祖不難以七百餘金，用廣灌溉，已越百年，廢興雖亦時有，至利人強同久淤者，偈偈焉又售其奸，竟爾格格不能不有憾於其際云。若三小甲初未嘗不同力也，迨既隸永利，則風馬牛不相及矣。及其訟爭，又以數金絕之，即世能等貪心難饜，何至挾閶辭以偪處此。若曰利人曾借其地為身，是亦利人事也。王寨村北之洞，不足言報乎？明天啟二年，世能輩開興利河，因其勢而利導之，愈於扼其吭而奪之食也，至無說可恃，而為閘、為河、為洞者纍纍，不知何自解也。昔鄭國為韓罷秦，鑿涇水三百餘里，中作而覺欲殺之，國曰："渠成，亦秦之利也。"卒就渠。於是，關中為沃野，無凶年。然秦受其罷，而他享其利，可乎？喻政於馬，去其害馬者。則喻水於馬，亦去其害馬者已耳。先中丞以祖意所在，期于無忝。余媿不敏，懼析薪不克負荷，亦何敢膜置之也。又豐稔至濟之梨林不役而溉，業有年矣，謬為之說，曰："水興地市有利，夫六名之免帖在。萬曆四十六年，張汝魁曾見之，映以日影，則改為一六者，汝魁尚在可問。"問易水之地，則架橋旁趙永國之二畝五分也。順治三年八月，永國已受金錢四十千，非其有矣。抑何所借以為口實乎，正其借以鋤非種所不容己者。或曰移河身於東數里，遠其捍吞，是亦一道，深有望於後之人，故併記之。

　　清順治十五年。

　　楊挺生撰文立石。

（文見道光《河內縣志》卷十三《水利志》。王興亞）

廣濟河道憲除弊碑

　　懷郡水田有二。其一瀉丹水，灌郡治東北，亂流穿壁，竹木綺望，舊稱澤國。其一瀉沁水，灌郡治西偏。按《水經》魏野王典農中郎將司馬孚檢行沁水，表請治之是也。舊枋淤廢，瀉河無所利賴。有明萬曆二十九年，大司馬前河內令袁公應泰，督公直蕭守祖輩，越山鑿洞，分承沁流。沁流自北來，乘高注下，而洞適當其衝，曰廣濟渠。渠徑八丈，蜿蜒一百五十里，溉民田無算。洞既當其衝，易注亦易崩，於是，洞口懸絚置閘。沁水安瀾，則啟閘受水，勢若建瓴；雨漲砂礫俱下，則閉閘障水，雖攪之不濁。洞猶門也！閘實鍵鑰。司鍵鑰無入門戶，□資冠耳，閘亦猶是。爰立閘夫二名，日夕司啟閉惟謹，節本縣青夫工食二名以食之。復購公田二頃，歲租谷六十石，貯廣濟倉，向後修整閘洞之費於是乎出，倉以廣濟受名志，非廣濟不得濫支也。即今閘夫工食經制，雖裁取償於公租內猶寬然有餘，則袁大司馬良工心苦哉！然渠基額糧，厥初即疏請蠲除，其後凌夷，蠹書猶有混派者，閘夫工食亦漸資蠹書之中飽，且利户之名口立，諸如修理橋、堤、衙舍種種，全邑徭賦，胥於利户是索，而利户殆不堪命矣。蕭守祖男尚德嗣董河工，不忍乃父勞績，旦夕付諸逝水，業屢籲當事，釐剔弊政有差，復請鐫石，彰示來茲。直指李公可其議，檄珪卒全公及縣，速爲勒珉。灝承乏尹茲土，念斥滷可腴，古人所爲懷史、白也。《傳》曰："有其舉之，莫敢廢。"尚德細人，尚不忍乃父勞積，付之逝永。後之父母茲土者，忍坐見聞敝淤不一撥葺，蠹役種種魚肉，不一廓清也哉！

直指諱及秀，號公愚，玉田人。順治丁亥進士，巡歷兩河，無弊不滌。其軫念懷人，蓋與袁大司馬相後先云。

河内縣令孫灝撰文。

清順治十五年。

（文見順治《懷慶府志》卷十四《藝文志》。王興亞）

重修懷慶府文廟學宮記

蕭家芝

朝廷不欲以馬上治天下，凡澤宮造士之典，孔廟歲時釋菜之文，一如殷因夏禮，周因殷禮，海内亦厚幸矣。懷郡夙稱好性理、崇禮義之邦。比者人文飆發，登賢書者多逾十數輩，臨軒對策者，亦不下三四輩。懷多士，益厚幸，而孔廟榱桷禿缺，不足起敬。考之殘碣，蓋自前代嘉靖間太守孟公重新之，抵今無過而問焉者，何哉？

順治十有六祀，孝感彭公清典來守是邦，入廟興嘆曰："朝廷不廢文教，守者視若棄苴，謂師表何？"於是，捐俸餘為倡，其僚屬與土著之大夫士釀者次第，棟楹榱桷腐敗者易之，瓴甋必以完好，脂膠丹漆罔不良，始事於某年月日，斷手於某年月日。望之秩秩，即之翼翼，邦士大夫請紀厥續。余惟孔子之後，無孔子即學為孔子之徒者，蓋曠代而不一遇也。海内萬國，懷郡僅如彈丸，唐有韓文公愈、元有許文正衡、明有何文定瑭，文章道德，焜映後先，懷可不謂文獻之邦哉。然使愈不諫佛骨，衡失身於王文統，瑭諂事劉瑾，政使文擬，劇秦美新，止勘覆瓿，況區區名列賢書，南宮對策，何異蟪蛄之與朝菌乎！語有之，百川學海而至於海，邱陵學山而不至於山，願多士以孔子為海，以韓愈、許衡、何瑭為川，以無負朝廷不廢文教之典，以仰副良二千石聿新孔廟之盛心，海内之福直懷郡云乎哉。

順治十六年。

（文見乾隆《懷慶府志》卷三十《藝文志》。王興亞）

創立關老爺聖會碑記

讀古覽關聖賢老爺事蹟，生秉乾坤正氣，忠與日月同光，真無可比美者乎！赤□不挫，則始終爲漢，功業顯大，則義勇爲先，處□□椎風，俘□奇獸，非可一言而書也。雖稱王稱帝／[1] 每年正月十九日立一大會，有恐時誤，逐漸民遂置酒張筵，請合社佈施，趙光祖朝□□佳，拮据不寧，積銀七十九兩一分四錢，□唱戲費銀十九兩一分四錢，買供會地二十八畝，用銀五十六兩餘，每年四分行利。凡於會則[2]

康熙四年。

（碑存沁陽市許辛村關帝廟。王興亞）

清故少庵宋公（友高）墓誌銘

【蓋文】

清故顯考宋公諱友高號少庵之墓誌銘

【誌文】

賜進士第五河縣知縣眷晚生侯執勳頓首拜撰。

河內邑庠生員眷晚生牛世顯書丹。

懷慶郡庠廩膳生員□鏞篆額。

懷郡西二十里曰東鄉，卜葬其西南原列兆於祖塋第六□□□□□□□□□友高，號少庵，先世洪洞人。元時遷河內，居沁南覆背村。世有衣□□□□□□□少孤，榮母張尚幼，或欲奪其志。張携榮依外家爲活，矢節靡他。榮生□□□□□□撫子成立。厚孝友，勤儉，與物無競。家產以是漸豐。生二子：曰謙，曰泰。始啟其祖父□□□□歹而合葬焉。前代何文定公爲碣□墓，即今公□依之域也。泰生立身，身生維德，維□□□氏生友清。張蚤卒。繼娶常氏，生公及肖庵公友高。公幼慧，爲大父所鍾愛。既長，克勤□□□田廣宅，甲於閭里。□□□□至送死，□□盡力，久爲鄉人所稱願。友愛肖庵公，猶□□□□無嗣。公以仲子後肖庵。□□之夕，猶切切囑仲子事嗣父勿替。公性至剛介，家人一言觸忤，即怒如烈火。然怒方熾□肖庵公適當其前，□□解。至里人有不直者，面切責之，□教子弟。而雀角鼠牙之豐，□爲射戟。以故里人每憚其嚴而服其公。與人通財，雖錙銖不妄取。□至人有急難，輒傾篋振之。久而不能償者，毀其券。同鄉□賀姓者，兄弟搆爭七餘載，不能□□爲設食招飲，計所爭四千緡有奇。公曰：□何惜此區區長物，視人

---

[1] 下列捐資人一百多人姓名，字多模糊不清。

[2] 以下文缺。

同氣相殘，一至此耶。出八千緡爲行成。兄弟皆感，泣數行下。鄉人□□□□□談。居平澣衣糲食。而會鄉社燕賓客必極豐，猶嗛嗛也。與先大人蓋善橋二十餘□，□先大人所親重，遂結姻焉。

公生於故明萬曆二十六年六月十一日，卒於清康熙七年六月二十日，享年七十一歲。遠邇咸惜其大促。公娶柴氏，生三子：長曰祚熙，郡庠生，娶郡庠生馬君弘業女。其持身雅肖父風，而平易靄煦。鄉鄰月旦有冬日夏日之評。識者以爲皆公庭教之嚴所致也。次曰祚淵，即後肖庵公者，娶關氏。三祚弘，娶陳留教諭黃屋女。孫四人：長之弼，娶周君維新女。次之光，娶庠生張君文炳女。三之頤，即家弟執黃婿。四之徵，聘董君正心女。孫女二：長適庠生趙光祖長子用世，次適從姪繼武，俱祚熙出。曾孫三：棟、桂、桓，俱之弼出，尚幼，未聘。曾孫女二：一之弼出，一之光出，俱幼，未字。銘曰：

孝友家授，勤儉世基。勤儉匪難，難於無私。公之孝友，肫摰靡疵。公之勤儉，解忿濟危。物懷其德，神降之祉。俾昌厥後，蕙樹蘭滋。烝哉髦俊，念此景禧。

不孝男祚熙、祚弘同泣血勒石。

康熙七年六月。

（誌存沁陽市博物館。李秀萍）

汾州府推官竇公墓誌銘

陈廷敬

順治中，天子思以廉隅風厲天下，一時朝著翕然從欲，於是，始有君子小人之目，皆知較邪正而別黑白矣。顧外則督撫大吏，其人雖多賢者，而其不肖者亦盤互錯廁於其間，貪惏之風猶未衰止也。嗚呼！士君子讀書服官，未始不欲以功名自見，而或見詘於上官，進不得行其所志，退而泯焉以終老者，可勝道哉。況又有耆儒長德，奮立崛起，守合則留、不合則去之義，而不肯詭隨以就功名者也。公釋褐爲汾州推官，大吏疾其剛直，以事中公，罷官去。

始公之在汾州也，搜剔大奸，劈解重獄，侃侃自持，有不可犯之色，雖賁育不能過其勇。而誠信樂易，推赤心待吏民，所至厨傳蕭然，不知有官，汾州人稱曰"竇佛"。行部沁州，沁州守懷金十鎰，夜視寢，潛置牀下。公察知，夜深召守來，檢還守，守大憖謝。公亦不使人知，曰："畏人知我清也。"汾寖以大治，而上官愈益不悅。汾有富賈人，監司某陰以事欲致其賂，否則坐以法。公曰："此人無罪。"符牒往復至十六七，卒格不行。巡按御史某，性素剛，好嫚駡人，藩臬以下動遭詬斥，獨知重公最。後公屬官有升秩者，大吏謂其美遷也，挾其陰事諷以貸賄，公執不可，遂以此投劾去。脂車之日，摒擋篋笥無長物，典敝衣、裹糗糧以歸。汾州人念公貧，競獻錢帛，公悉慰而卻之。自汾晉至銅鞮山數百里，執香華夾道兩旁，呼號之聲殷地。公去後，汾人勒碑石道上，父老至今過其下，時時墮淚云。

當世廟時，主威不測，贓吏觸法縲絏繫闕下，天子親臨問，伏辜立置重典不少貸，亦稍稍知屏斂矣。壬人猶罔上行私，而使正人君子鬱抑困塞，不獲自盡其才如此。余是以覘公之軼事，流連感歎而不能已也。

公歸後，築一室於溪流篁竹之間，飲水食蔬，率諸子稚戲娛母太夫人側。先人敝廬薄田，盡以畀其弟，母太夫人益歡。蓋自公歸養親，垂二十餘年，回視一時與公為難者，或身為僇人，為世所指目，或聲塵絕滅而無聞焉，果孰為得失哉！

公為諸生時，與同郡兩蕭君某某、婁君某講學論文，結嶽社丹林之曲。至是，婁君已歿，兩蕭君亦宦遊不得志而歸。三人者，晨夕相過從，酒酣道故。公曰："世與我違，吾甯樂而忘憂焉。"嵩居天下之中，於五嶽為尊，士生其間多忠信魁奇之人，取義於嶽，殆謂是與！或曰今日服奇嗜古，異時當官，臨事嶽嶽懷方，勿隨時俗為波靡云爾。然則公所自命，蓋可知已。

公先世為沁水人，上世祖始遷於懷。歷十世生春榮。春榮生三經，公考也。公諱可權，字雲明。兒時遇羣兒戲，則竦肩袖手危坐旁觀。稍長，衣冠偉岸，擬而後言，翔而後趨，磊砢自異，蓋性生也。丙戌秋，再舉鄉試，薦賢書。己丑，登進士第。公樂道好修，務為經術實學，以天下之重自任。一仕輒不利，卒擯棄以老，則豈獨公之不幸也哉。公以康熙十七年閏三月初五日卒，年六十有九。娶尚孺人，繼賀孺人，又繼趙孺人。男子子三人：旭、晼、焜。女子子二人。將葬，晼來請銘，念受知於公，不敢辭，乃受狀而詮次公生平節概如此。銘曰：

世祖英明剛斷，知人善任使，尤加意節鉞大僚，而公詘於上官如此，此其非其命哉。然假令公不詘，或既詘復用，將盡瘁王事以終其身，欲優游講誦丹林嶽社間得乎！此亦可謂公之幸也。嗚呼！遇聖主而不見用，沈於下吏，詘於上官，攬公之軼事，可謂太息矣。

（文見錢儀吉《碑傳集》卷九十。馬懷雲）

重修開化寺文

康熙壬子春，予以假旋里，邊屆清明節舉族黃展千之禮。杜門讓子姪，含飴弄孫，暇時呼兒矣訓之曰：三千大千世界，凡白衣大士所居之地，其恭敬禮拜及錄感妙應者，不可勝記。合之總一大士，譬如四海之大，流沫點滴，五嶽之高，微塵秒忽，總一山海。若欲若別，大士之見隱微□，猶乎支裂海滴嶽塵，了不可得，須識此一大士盡，三千大千，無人不當禮拜，無地不可崇奉以殿閣，然起靈真心，託跡行名山，求男得男，求女得女，長壽得長壽，則變因所感而應也。世之愚夫婦，但知喃喃西方阿彌陀，而心猿鹿，不孝不弟，損人利己，墜落阿鼻孽障，離凡宇輝煌，金身莊嚴，毫無關涉。不知大士果許乎哉！太行之真谷古開化寺，有白衣大士殿，年深傾壞。寺僧含谷上人，根□穎，拔自宦裔，入佛門，念罔極未報，佛力廣大，發力勇猛，心歷二十年，晝夜無寧晷，使告厥成。無幾何時而山巔危石崩墜，競令念載苦功，一旦化為烏有，上人悔懺幾不能生。幸遠近聞而喑之者，或金錢，或布粟，或纓絡寶珠。又無幾何時，依然殿閣重新，聖像如故也。嗚呼！不遭此劫，何以顯大士之帶果行因，用權威攝，又何以見上人之戒精律嚴，誠至物動也乎。上人報親恩，預祝佛力之西念可以發攝歸一。大士一開化攝三千大千，不啻一滴攝四海，一塵攝五嶽矣。或有謂舍心田而別求福地者，此愚夫婦之見也。吾子共識之。贊曰：

大士法力本無邊，巧笑美目歡喜天。楊柳枝頭出祥煙，寶光當放須彌巔。現身說法眾生前，世人哪有煩惱纏。冰壺朗朗月照眾，頃令愚昧心豁然。

賜進士出身資政大夫工部左侍郎加二級前禮部右侍郎兼內國史院學士加一級內國史院學士加一級詹事府掌府事詹事兼內秘書院侍讀學士加一級內弘文院侍讀學士內國史院侍講學士內秘書院檢討加一級內國史院庶吉士丁亥科會試同考編輯六曹章奏誥賜撰文纂修聖訓副總裁侍經筵冊封榮親三充副使戊戌科會試知貢舉提調武會試總理錢法督修世祖章皇帝山陵、太和殿、乾清宮大工邑人楊運昌薰沐謹撰。

恩蔭後補通政使司經歷弟子楊奕繩薰沐謹書。

皆大清康熙十二年歲次癸丑六月己未吉日。

本寺住持照昆、門徒普化、普會、普緣立石。

澤州段都鎮石匠張振、李英、閔自轉、李翠輿、張選鐫石。

（碑存沁陽市窄澗谷太平寺。王景荃）

清故郡庠生子英弟（史燦）並元配張氏側室劉氏合葬墓誌銘

【蓋文】

史公夜室，立祖在中。元配張氏，合葬于左。留右一穴，備孔氏用。祔葬劉氏，又在張左。合石銘誌，悉厥生平。

【誌文】

痛哉！余雁序四人也，何竟去其三。今為子英弟誌，能不拭淚而□。胞長兄諱文，字生直，府庠生。於崇禎十三年感□疾而逝。余行二。子英胞三弟也，名燦，亦府庠生。過繼二伯父鄉賢公為後。癸丑年，忽以痰症亡。四弟名柱，字子安，太學生，繼母弟也，□□□後子英而亦亡。同長兄葬於東塋父冢兩傍。存余一人，日營營奔照各門。豈不大可痛哉。子英停柩八載，因祖塋□無吉地，遍卜乃得之。塋後見亥氣轉艮□甲山庚向，余不禁躍然曰：吾弟可以葬矣。同地師復加審酌，僉云善。遂擇十二月十二日巳時，用窆弟柩。情關手足，何忍不竭盡財力書數行以誌乎。然兄為弟誌，不宜諛，亦不宜隱。嗟嗟！弟性直也，弟心密也，思慮好動，坐臥好靜，持家勤且儉，事父母以孝聞，送終又能盡子職。大事畢，乃寄志清閑，不復攻舉子業。日飲酒，常及醉。喜整□器物，教□讀書。好友，篤聲氣，因多心交，亦學者朋來之樂事。□不意天奪其年，忽染恙，數刻而亡。余方有事北金村，未及面□。遺子女數人，存歿吉凶，皆集余身。豈不深可痛哉。內賴孔氏撫育訓教，子女稍成，□襄葬事。余得直敍□。因啟元配張氏合葬，並袝葬劉氏焉。張氏係庠生張公諱□行女。再配孔氏，爲兩河都督孔公諱□□女。子三：長廷謨，郡庠生。娶宦族楊公諱升元女，孔氏出。仲廷諧，太學生。先娶廩生劉公諱一蛟女，再娶進士瞿公諱四達弟庠生諱九達女。季廷詢，先娶庠生鄒公諱思緯女，再聘貢監生楊公諱坤生女。俱劉氏出。女二：長劉氏出，次孔氏出，俱未字。孫一，尚幼，廷謨出。孫女四。廷謨出三：一許聘二尹徐公諱端旭長君縣尉諱伯揆男□，二未字。廷諧出一，許聘□□李公諱若華長君貢監生諱鳴鳳男玉慧。例當備書，付銘于後。銘曰：

性直而平，心不以明。克敦孝悌，允諧友朋。嗜飲則古，達權守經。偉志弗究，賚於幽扃。遺子遺女，責諸仲兄。育之教之，俾□□□。□停八載，俟卜佳城。庚由丑□，窀穸始營。艮山拱峙，兌水周濚。爾魂來依，爾魄用寧。□天之庥，席地□靈。永綿嗣□，以夔不興。

順治甲午科春秋□吏部候選知縣□左扷淚誌記，其時在大清康熙十九年十二月十二日也。不孝男廷諧、廷謨、廷詢泣血勒石。

（誌存沁陽市博物館。李秀萍）

重濬濟水千倉渠碑

【額題】重濬濟水千倉渠碑

昔先王導川，所以爕宣陰陽之氣，而利民生也。百川莫大於四瀆。四瀆有濟。其□異者有二：蓋嶽之數五，陽也；瀆之數四，陰也。□□水則性沈下而多伏流，尤爲陰中之陰焉。且瀆之爲言獨也，不因衆流，獨能入海也。濟水之流甚微，乃亦自達於海。夫以質之□□與性之最陰，而卒以自達，此其所以異也。濟之流合今汶、濟之源，出於沇。《禹貢》所謂導沇水東流爲濟。釋之者曰：發于王屋山下者是也。先王祭川，先源後委，故昔人重焉。有千倉渠者，蓋引濟水之派，旋折而東南穿郡城而入，遶闤闠間以出，凡以使徵□明之沉者，陽者以疏其氣，而便民之挹注也。後以柏鄉鎮，欲專厥利，別濬上流，塞其下流，使郡中萬灶不得食此水之利者，百有十年矣。萌此有欲開復故道者，率爲中沮。余之初至也，紳士耆老咸言其不便，且曰：是流之塞也，郡之人咸多血病。余曰：然。夫人之□於天□也，上氣稟乎陽，血稟乎陰，陰陽交得及應中和。今覃郡處太行之南，山之陽也；居大河以北，水之陽也。二陽之間，故賴濟水□至□□調之。今此水不入郡城，是爲陽亢焉，病復矣疑乎？用是申請上臺於河令共襄其事，尚恐工費□□□主其奸，乃以河邑之糧額，與舊渠之里數，相權銖兩，尋尺多寡，勻派額徵若干，則限地若干，是以下夫之徭不戒，集而畚鍤之具不索。而□□□□之仲春，竣於是年之季夏。始之郡民取水郊外者，皆得負戶而汲焉。壤不苦燥，人不苦疾，胥於是乎在矣。是役之初興，或有以久廢□

跡，□復維艱，引水入郡，恐柏鄉鎮之不得專利爲憂者。昔箕子有言："鯀堙洪水，汨陳五行。"堙者，塞其流也。五行，即陰陽也。下流塞，而陰陽乖亂，其敢不盡心乎。昔者召信臣之□□香山之堤，鄭國之渠，苟有利于斯民，必不憚於創始。況古蹟是求故道，是後尚何吾計焉。且吾聞之，急病讓彝，長者之誼，以隣爲壑，君子所譏。范文正公捐其私宅以爲學舍，識者韙之。彼其地而有君□長者。其人也，必樂與□□共其利，否則太守固當以一郡之利爲利者也，安敢私一鄉哉？工既成，因勒於碑，以紀其事。

懷慶府知府加四級新陞兩淮鹽運使加敕管鹽法道閩中龔其裕撰文。

糧河通判張振採。

河內縣知縣新陞陝西鳳翔府隴州知州劉讚。

懷慶府儒學教授趙平展。

河內縣儒學教諭魏濬、訓導張佶、經歷陳兆□、照磨周士遜、縣丞成秀□、典史魏永祚。

清康熙二十一年九月重陽吉旦。

（碑存沁陽市博物館。王興亞）

重修府儒學碑記

龔其裕

宋人有言曰："學校者，人材之淵藪也。"又曰："學者，王政之本也。"自古迄今，上之所以成治，下之所以成德者，豈有外於學哉！雖然，古之立學也，名存而實存，今之為學也，名存而實亡。何以言之？古之所謂學，考其實，則嫺於進退俯仰之禮，以範其步趨，習於干羽絃歌之樂，以淑其志氣，講明於天人理欲之歸，以一其嚮往，砥礪於孝弟廉恥之行，以端其事業。用是修之於家者，可獻之於朝，成之於己者，可及之於物。刑措而不用，兵掩而不試，治隆於上，才盛於下，有由然矣。秦、漢以下，廢興無常，至明而大備。然其流也，士皆汨沒於舉業，奔走於名利，司教牧民者，歲時行禮，徒故事耳。才之不成，治之不美，亦有由然矣。

皇清受命，嘉與維新，振厲學宮，比隆三代，而覃懷郡學未葺，蕪塌蠹朽，將有傾壞之虞，裕顧之惕然，乃率先捐俸，謀之邑長、司鐸，爰集闔郡紳士，以遂其事。始於聖廟兩廡，及夫明倫堂、學舍，次第完治，咸改舊觀。乃行釋奠之禮，進諸生而言曰："國家令天下立學，非修學世守之難，無循乎學之名，務求夫學之實之為難，其本於心，則主敬存誠之道，所必盡也。體於身，則威儀容止之度，所必飭也。行於家，則事親事長之道，所必謹也。推之以致君，而忠藎塞諤之風可覘，推之以澤民，而仁育義正之績可述。長吏學官與鄉先生，以此倡之於上，衿士以此交勉於中，匹夫匹婦得以禽然從風於下，所謂人材與政事，同出一源，斯則聖天子慎重學官之實意，而太守修學之實心也歟。因次其語，以永之於石云。

康熙二十一年。

（文見乾隆《懷慶府志》卷三十《藝文志》。王興亞）

御製至聖先師孔子贊并序[1]

清聖祖

康熙二十五年十月初四日。

戶部尚書張玉書書丹。

（碑存沁陽市博物館。王興亞）

御製四子贊[2]

顏子贊

戶部尚書官至文華殿大學士張玉書撰文並書丹。

康熙二十八年三月十六日。

曾子贊

戶部尚書官至文華殿大學士張玉書撰文並書丹。

康熙二十八年三月十六日。

子思子贊

戶部尚書官至文華殿大學士張玉書撰文並書丹。

康熙二十八年三月十六日。

孟子贊

戶部尚書官至文華殿大學士張玉書撰文並書丹。

康熙二十八年三月十六日。

（碑存沁陽市博物館。王興亞）

---

[1] 見本書第一冊第 3 頁。

[2] 見本書第一冊第 3—4 頁。

改建何文定公祠記

喬騰鳳

懷之為郡，狹而介乎河山之間，廣袤僅百餘里，名儒鉅公，項背相望。其大者，於周，則有若卜公子夏。按《家語》：子夏，衛人。而鄭康成則曰：溫公卜商。《索隱》以為溫國。今河南溫縣，原屬衛，故是子夏者，非吾郡之人歟！於唐則有若韓公退之，元則有若許公仲平，明則有若何公粹夫。何公者，河內人，由進士仕至禮部右侍郎。以直節理學顯於世，即所謂柏齋先生者也。舊有祠，在闉南一里許。蓋嘉靖間，太守唐公寬即先生講肆之所建祠祝焉。范遺像其中。余少為諸生，日嘗出郭門，拜先生墓，因入祠仰瞻，見其隆顙準偉，姿幹鐵貌，玉膚羲羲，若千丈之松，徘徊不去者，移時，慨然有以想見先生之為人也。未幾，罹寇焚，蕩為草礫，典型泯闕，過者生感。參議吳公槃侯，以英年偉器來守是邦，即修葺韓公、許公祠。已，又聞何先生之風而悅之，謀捐俸更建。會移署朝歌，則躊躇顧挹。太守彭公悟山日以屬君，迺彭公廣教厲才，素有同志，聞命載欣。即卜地，得縣治東先生裔孫文學瀚之址，並先生舊居宅，亦猶唐公意也。為正堂三楹，而門而室，而城而甬，罔弗飭，廟貌巍煥，於是，三先生之祠，若連甍錯繡。然是役也，別駕周公、司李曹公、大令林公亦各捐資有差，董其事者，實為經歷張君鳴虞。當公之生，仕宦落拓，蔬水纔給，一布袍至六七年，固世俗之所譏為腐儒也。今歿且百五十餘載矣，而清德令聞巖巖彪炳者，久而愈新如此。此余又不禁反覆於先生之生平也。明之中葉，閹瑾肆虐，摧拉縉紳，如殺狐兔。先生獨抗節不屈，屢以直道難容，竟致仕歸，講學南邨，性與天道益湛而精。洎乎肅皇入繼永嘉當國，尤重先生之品行，舉翊聖治，期大用之。先生入朝，元正相見，輒數張十三愆，衆為愕然。由是，以少宗伯請老，優遊家食，又十五年而後終。嗚呼！寧介而躓，毋遂而溷，執獲持虎，跟趾焦原。先生之於誼高矣。龍德中正，鳳羽高騫，弋人雖慕，不得而干。先生之出處光矣。非夫聞道之君子烏能然耶！余聞諸故老，先是郡之為俗，其士好性理，敦敬讓，衣冠言動，莫不循循有規矩，蓋積漸有先生之風教云。邇歲以來，科第之盛，跨越中州，然皆溢於文詞，未能篤信道德，而頗慕聲華，反本之業衰焉。今名賢之祠，衰然廣塗，德音未遠，高山在望，譽髦來彥，誠能志先生之志，以勿忘先生之學，進則懷忠持節，正色立朝，否亦歌咏先王，聲出金石，以庶幾達為名臣，處為大儒，使眇爾一區，宗風不墜。是則吳公、彭公建祠之意也云爾。若夫過廟弗敬，土木偶祀之，頑不廉而懦不有立，當必兩公之所咄詫也。

康熙三十四年。

（文見乾隆《懷慶府志》卷三十《藝文志》。王興亞）

皇清待贈太安人劉母丁氏祔葬墓誌銘

賜進士出身日講官起居注左春坊左贊善兼翰林院檢討前右春坊右贊善兼翰林院檢討甲子科欽差雲南正主考翰林院編修充纂修大一統志官翰林院庶吉士眷姻弟王化鶴頓首拜撰

河內劉母丁太安人，以康熙丁丑秋厭棄人間。又二年，將祔葬于文學君子騰之墓。子竹孫發使走千八百里請銘京邸。余承乏史職，固宜述以彤管，又忝婚媾之後，謂庶幾能知太安人之梗概。用是澄戢志慮而爲之誌。按狀：

太安人，鴻臚寺序班丁公諱燧女也。少寡言笑，孝謹識大體。父母絕愛憐之，不肯妄字人。適文學君喪其元配邢邰郡主，父母爲擇耦，聞太安人有女德，遂委幣焉。崇禎辛巳歲大疫，文學君病困床褥間，家人惶遽甚，謀禱於神。太安人正色呵之曰："止！淫祀何爲？神弗福也。"乃長跽請于翁姑曰："鄉黨稱貸吾家者不下數千緡，窶人子窮窘，可念其券具在也，請付諸火，或者其有濟乎？"翁姑同辭對曰："新婦能之，我顧不能。"令司券者立焚之。焚未半而文學君淫淫汗下，病旋瘳。翁姑喜甚，酌酒私相賀曰："丁新婦竟可也。"當是時，翁姑垂白之年老矣。飲食衣服，家人罕當其意。太安人左右色養無方，食非手調不敢進，衣非手紉不敢爲父母着體。其他事事皆如翁姑意中所欲出。翁姑愈益喜。無何，翁姑相繼卽世。生孝死孝，兩俱無憾，太安人與有力焉。文學君性倜儻，與伯兄御六以雄姿爽氣名一時。性好客，客至呼酒劇飲，窮日落月以爲常。或讀書諸別墅講□之暇，作爲亭榭，蒔花竹，吟嘯自喜。不問門以內事。太安人持家政，具有條貫，井井繩繩也。與文學君相莊如嚴賓。□□劉氏家視冀缺，何曾足相先後矣。文學君育子稍遲，強仕以往，娶副室數人。太安人皆愛之，待衆子如己出。樛木之□，鳲鳩之均，二者咸有其風規焉。伯氏御六，與文學君同居至老，終身無間言。文學君之事兄，殆猶劉琎之于瓛，楊津之於播也。娣姒間相得歡甚。伯氏亡後，所遺兩女出閣時，裝遺甚盈，己所生女不能過。雖文學君篤昆弟之誼，亦太安人從應之力爲多。壬申、癸酉間，歲洊饑，耕子負租千石不能償。太安人顧謂竹孫曰：昔日之券，姑爲政。今日之租，我爲政。此啼饑號寒之家，何忍復向其門督責有無耶。竹孫遵其言，悉爲蠲除。於是，里閈間欣欣歌舞，或嗟嘆有泣下者。咸曰："吾儕今而後，□保其家室矣。"未幾，連舉數孫。人以爲積善之報云。狀又稱馭下最有恩，統僕婢輩，有役使終其身未遭笞笞撲者。諸子幼，或時加呵責，太安人必諄諄教戒曰："此亦人子也。"夫婦人之道，固不可以繁稱。如太安人事夫子以莊，處妯娌以和，馭下以寬，待閭里戚族以惠，雖古賢媛何以加焉。子竹孫昆弟，清遠雅正，可謂有太安人之遺化者乎。嗚乎，是皆可紀也。

文學公諱一蛟，字子騰，號乘六，郡庠增廣生員，明封中奉大夫，皇清待贈承務郎。其家世暨生平言行，備載前志銘中。太安人生於明天啟六年正月十一日申時，卒於皇清康熙三十六年九月十三日亥時，享壽七十有二。以子貴待膺六品之敕贈云。子三：長曰世篁，卽字竹孫者，候選州同知，娶庠生賈公諱光祖女，太安人出。曰世經，歲貢生，娶庠生鄒公諱思□女；曰世田，歲貢生，先卒，娶陽武縣儒學訓導蕭公諱原馥女，王太孺人出。女七：一適庠生徐公諱允捷男庠生行建，先卒；一適庠生許公諱勳君男拔貢生釗，太安人出。一適庠生史公諱燦男候選縣丞廷諧，先卒；一適庠生賈公諱爾明男大德；一適庠生王公諱溥男明，先卒，王太孺人出。一許聘庠生李公諱雕龍男愈振；一許聘庠生董公諱御龍男文□，黃氏出。孫男四。世篁出者二：曰保，聘廩膳生范公諱九錫女；曰供，幼，未聘。世田出者一：曰文華，聘庠生賈公諱輔選女。曰文煥，聘庠生范公諱元瑛女。孫女七。世篁出者六：一適國學生楊公諱奕綬男道溥。一許字余長兒歲貢生肅之男庠生學曾。一許字副榜貢鹿邑縣儒學訓導許公諱靖男慶岳。一未字。一許字候選州同知羅公諱宏略男垂遠。一許字國學生馬公諱若衡男萬椿。世田出者一，未字。將以康熙三十八年十二月初九日啟文學公之壙而祔葬焉。爲之銘曰：

翁姑爲政，券可焚也。起持家棟，昭令聞也。夫子雋上，實軼羣也。兩美合德，共此墳也。福蔭後嗣，氣氤氳也。有子競爽，秀而文也。既貴且賢，宜振振也。

不孝男世篁、世經，孫文煥、文華、保、供，泣血上石。

（誌存沁陽市博物館。李秀萍）

康熙御書點翰堂法帖碑[1]

康熙二十一年和康熙四十一年。

（碑存沁陽市博物館。王興亞）

---

[1] 《御書點翰堂法帖》是康熙帝賜給相國陳廷敬的書法手跡。陳敬廷告老還鄉，到鞏縣將其刻石八十二方，回運，因天雨停置，又逢農民起義集聚太行，遂在清化鎮（今博愛）落腳。乾隆九年，范照黎在安徽五河任縣令，於江寧考場中晤見揚州太守，山西陽城人張敦仁。張詢問當年石刻下落。范以實相告，并請張致函河南當道稽查。張致函後，石刻被移至覃懷書院，嵌於講堂壁間。20世紀30年代初，覃懷書院廢，刻石散失民間。新中國成立後，文化館開始對該金石墨寶進行徵集，于今共計徵得四十六方。每方均爲橫長方體，長34～38厘米、寬52～104厘米、厚7.5～13厘米，灰白石質，內容分三部分。第一部分爲行草書宋歐陽修的《晝錦堂記》和行書《千字文》，首塊前隸題"御書點翰堂法帖第一"，千字文後落款"康熙壬午冬"。第二部分爲唐詩名句，首塊前隸題"御書點翰堂法帖第二"，每詩多有落款，計有"仿董"、"臨董其昌書"、"臨子昂書"、"襄陽米芾書"等，並有"癸亥冬臨"字，落款印記爲方形璽印，末石有小楷題"賜經筵講官吏部尚書加三級臣陳廷敬"句。點翰堂法帖爲清康熙帝於康熙二十二年和康熙四十一年所書。康熙二十二年所臨名家筆法書寫的《晝錦堂記》佈局疏朗，揮灑自如。《千字文》章法嚴謹，端莊秀逸，堪稱書法藝術佳品。該法帖代表了康熙帝中年之後在書法藝術上的成就，是研究康熙帝書法藝術發展過程的重要實物資料，具有較高的歷史、科學、藝術價值。

重修懷仁書院碑記

夏宗堯

　　稽夫麗正、白鹿、東湖西澗之規制，凡所謂高其閒閣，廣其堂齋寢楃，何莫非與多士興行崇文，俾藏修遊息，明善復初，以不失天理人心之正耶。郡城中央，舊有懷仁書院，溯厥殷勤，教誨響髦。斯土者，司理安福王君也。其同心鼓舞，永觀厥成者，前守安溪詹公也。初，司理蒞任，政事之暇，輒與青衿士講學，信從甚衆，翕然宗之。司理因念聚學無所，或不免見異而遷，而不可以任重致遠，此爰始爰謀，改創之縣久矣，載諸郡邑乘。

　　余自康熙己丑，受事覃懷，即以作德育才為先務，特設義塾，用教合國之子弟。嗣聞書院舊基址僅存，而獨惜荒烟蔓草，泥塗瓦礫，界限莢如。越明年，乃謀重建而振興之。首建奎樓於巽方，次立大門、正庭。凡在越歲，而廊齋寢室，井亭翼然，繚以周垣，而中三門，亦同時告竣焉。是役也，灰石土木，與夫瓴甋工作，悉余捐俸，而無一累及里民。既落成，後先踵接，竊幸與前司理郡守壎箎相望矣。抑紳士中有守正如澹臺，經明行修如胡安定者，余更敦請以為多士模範，庶乎日有省，月有課，共期藝成德，修以光明俊偉之人品，具光明俊偉之學術，建光明俊偉之事業。上以黼黻皇猷，中則立身揚名，下則澤人利物，如朱紫陽就學三公，卒得伊洛之正傳。張敬夫言："信任防一己之偏，好惡公天下之理。"是皆有體有用，所可視為則傚，然舉之不可枚舉。要之書院之名，仍從其舊示，不敢創焉。而書院之制，不厭其新示，不敢襲也。至懷仁之名義，壓括洙泗之問答，包羅學士之身心，照宣於王宗伯前記者，最為詳盡。所願後之蒞斯土者，體此意而續葺之，勿使紳士有鞠茂之興嗟，勿致居民同供役於館驛，豈惟余有厚幸，實前司理與郡守講學玉成之美意，永藉以不朽而駸駸焉麗正、白鹿之規制也夫。

　　時康熙五十年歲在辛卯小春之吉。

（文見乾隆《懷慶府志》卷三十《藝文志》。王興亞）

清故文林郎崇仁縣知縣邱公（源崙）暨應贈孺人岳氏傅氏沈氏合葬墓誌銘

【誌文】

　　賜進士出身現任翰林院編修丁酉科欽差山東正主考加三級年家眷弟呂謙恒頓首撰文。
　　賜進士出身文林郎浙江溫州府瑞安縣知縣年家眷姻晚生薛儁聲頓首篆額。
　　戊午科舉人原授山東濟南府齊河縣知縣年家眷姻晚生李作錦頓首書丹。
　　河內楊君子健，余之甥也。每過從間，篝燈夜話，為余數河內故家，則屈指首丘氏。余固已心焉慕之矣。己亥冬，丘子德綿等為其大父赤水先生來請銘。而即以子健為介。余因自愧曩者備位纂修時，未獲蒐輯軼行，光國史，今敢不出其蕪陋，綜始末，而爲他日考家乘者備採擇哉。

　　按丘氏聚族而處，於郡東北偏之齊村，族中勝衣冠，稱丈夫者，蓋六七百人。雖州里長年，無能說其先世者。第相傳爲齊村丘而已。至赤水先生，始大其閭。曾大父諱伸，禮部散官。大父諱爲岡。父贈公諱民俊。生先生諱源崙，赤水其字也。先生生有異材，不屑屑效偶言矩步之習。然遇事風生，則每爲偶言矩步者弗能及。先生故儒者，而急人之難，恤人之窮，不憚傾身翼護，時類任俠之所爲。以故人心多向之。初就塾，師甫離經，輒日誦數千言，迥異鄰兒。比稍長，攻制舉業。他人手一藝，終日伊唔不成誦。先生已連過三數藝，無不心□了了矣。爲文無成法，第髣髴大意，搦管立就。纔垂髫，應童子試。邑令輒大嘉賞之，睨視先生曰：若倩人耶？立試案頭，文又大佳。邑令益大悅。未幾，學使校士覃懷，得先生券獨賞，復面試之，瞬息又立就。學使者亦大悅。於是，年方舞勺，輒補博士弟子員。揭榜後，有走報先生者，先生方探鷇以爲戲。其跅弛不脩小節類如此。由是遠近知名，莫不嘖嘖，呼先生爲丘氏小秀才云。閱八年，年二十一，登崇禎己卯賢書。人謂先生以終賈之年，負絕俗之望，自是奮翮南宮，宴曲江，坐虎觀中，不難指顧得之也。而先生以家貧故，急圖三釜之養，遽捧毛義之檄，出宰竹溪。竹溪舊隸竹山。明成化間，經畧原傑因劉千斤、李鬍子相繼爲亂，始奏割竹山置竹溪。事未竣而傑卒。故竹溪雖設官而未嘗城城也。崇禎己卯後，汝、獻諸盜之盤踞房、竹者，其遣孽餘氛，動則嘯聚焚劫，視長吏蔑如也。先生下車，僦居民寨中。雖日謀所以懷徠而安輯之，而不軌之徒猶出沒不常，或則仰寨環攻。先生以年少書生，韡袴握刀，冒矢石間，出奇計，挫賊鋒，爲老於行陣者弗能及。一日間道赴郡。未至郡，忽一人前控先生馬，大呼曰：此非吾竹溪父母耶？幸勿入郡，郡大亂矣。蓋其時有總兵王姓者反。鄖陽闔城官民，屠戮無噍類。先生得以此不遇害。既倉皇返竹溪，而竹溪亦大亂。先生度不可爲，不得已，懷印走。從先生者罔不愁慘無生氣。而先生顧從容畫地爲局，作牧兒戲。曰：公等休矣。死生有命，奈何效兒女子共沾巾哉。難稍平，謁撫臣，上所佩印。撫臣固知竹溪爲劇賊之藪，而又以無城可嬰，爲先生請，遂改崇仁令。先生之崇仁。□知崇之民悍而膂姦，又且新附，其盤錯更過竹邑也。乃故緩其催科，冀有以化其梗頑而歸於效順。□□□□以賦不如額，怒先生曰：令何拙也。劾先生。先生曰：嘻，何見之左也。力懇大吏假時日，不數月而逋賦足。大吏□□□□先生曰：令何□也。將復奏留先生，而崇仁已有新令代先生者。大吏以誤劾先生悔，乃更出檄，令先生□□□求別授。而先生則□□，賦淵明之辭矣。歸林後，即以治兩邑治其家，而家日以裕。里中有大徭役，重爲桑梓累者，□□□力言□□，事悉復之。里人無少長，無不德先生者。有董生憲直者，名下士也，以負租被□□。先生憐其才，假之金，使□□□□□□□□□先生傾西江有以甦之也。抵今垂四十年，逮其子，猶往來先生家不忍絕。昔楊君爲余道其□□□□□□□□□□□託其間。誰謂時命之遭，乃不足困人哉。

先生生於萬歷四十七年三月初八日未時，卒於□□□□□□□□□□□□於康熙五十八年十一月二十九日暨應贈孺人岳氏、傅氏、沈氏合葬於祖塋之次。初娶岳氏□□□□□□□□□□大興舉人傅公諱用賢女。再娶沈氏，庠生沈公茂溟鯤女。子三：長光夏，傅氏出。初娶西寧道□□□□□□□□□□女，再娶歲貢生劉公諱沛然孫女、庠生諱蘅女，再娶處士劉公諱應選女，再娶甲子科武舉□□□□□□□□□□沈氏出，娶庠生許公諱忠君孫女、庠生諱□秀女。女五，岳氏出。長適庠生劉公諱□□□□□□□□□□子孫庠生諱其愚男太學生元城。次適壬午舉人路公諱坦然男庠生遽齡。孫四：□□□□□□□□□□□□□□歲貢生諱繡□女。次德□，早卒。次德諸，娶戊午科舉人□授齊河縣知縣□□□□□□□□諱□女。孫女二，俱光夏出。長適乙卯科舉人□公諱□男人文。次字己丑進□□□□□□□□□□□□□熙德□□娶羅山縣儒學教諭趙公諱敏孫女、太學生諱體豐女。世烈、世□□□□□□□□□□□□□□女。世□聘□□同知孫公諱□慶孫女、庠生諱元恭女。世煦聘癸巳科舉□□□□□□□□□□德□出聘庚午科舉人□公諱□□女、太學生諱栢鳳女。曾孫女六，德綿出□□□□□□□□□□□□□□□□□□□科舉人上□縣教諭□公諱□祚□江□縣知縣諱允持□□□□□□□□□□□□□□□□□康熙乙酉科舉人諱明男生朝二子□縣知縣楊[1]

（誌存沁陽市博物館。李秀萍）

新修河渠碑記略

胡睿榕

孝敬村址接張村，烟火千家。緣西鄰太保，東距張濟，南逼巨沁，北臨大溇。地勢低窪，河水四注，爲淤澤者百有餘年。以故公私交困。張村寺之西，河形尚存，疏而濬之百餘步即可穿堤達沁，太保河之水患可袪也。孝敬村茶菴之南，河跡雖掩，而樹木夾道，若絕若續，宛似河形。若能疏濬如張村式，張濟河之水患可除也。夫水通則流暢，若壅而遏之，其不爲患者鮮矣。且二河之水，皆從九道堰分來，源源不絕，來多去少，害孰大焉。二尹薛君樂天熟悉河理，爰令宿工所而董率之。及隄而穴，闡制依然，板木已毁，方知千古有同符者也。河成，而從前瀦蓄一洩，夏麥大登。是秋霪潦，各郡災祲，吾邑晏然。是知兩閘之設，古人原爲兩河尾閭而大溇河者，又恐兩河宣洩不及，故更注之東，以達丹耳。至兩閘壅塞，三河之水併于一河，無怪乎洋溢四出，而汩沒日甚也。數十年來，顛連莫告者，非悖古人之良法而自即於窮厄乎！但民情難於慮始，可與樂成。當久經湮沒之後，而

---

[1] 下殘。

欲其勇往以從也，難矣。況雍正四年春，奉旨濬丹，曾絕大溇之尾，改流入沁。即於此地按畝挑疏，功竟無成。蚩蚩小民遂以爲前鑒不遠，阻撓之志橫據於胸中而不可奪，苟非持獨見而不搖，不能排衆口而立斷。

是役也，張村街後柳樹邊起至丹河邊止，重挑舊渠三百三十七丈。孝敬村茶菴北起至沁河邊止，重挑舊渠三百八十二丈五寸。未損民間尺寸之土，洩出蔣村窪地十七頃十八畝，西張村地二頃四十畝，東張村地二十一頃十七畝，西界溝地十頃八十九畝，孝敬村地二十三頃二十八畝七分，任村地十頃六十四畝，程村地十八頃三十二畝。水由上洩，遂不下沿，以若南李村、若張孺、若良士、若武格寨，歷年湮沒之地，又得免汙潴者三十二頃，共地一百三十五頃八十八畝。爰定其修守之法，以垂於後世，俾世樂其利云。

清雍正四年，河內縣令胡睿榕立石。

（文見乾隆《懷慶府志》卷七《河渠》。王興亞）

河北道重勘廣濟豐稔兩河檄文

爲培葦建閘侵霸水利事。

准布政司咨開。雍正七年十一月二十三日，准貴道咨。據署沁河通判朱俠呈稱，會同孟縣於九月初八日，詣濟邑之五龍口，察勘廣、豐兩河，由濟十餘里，始入河、孟、溫、武四邑，灌地之餘，仍歸黃、沁。《河內誌》載：兩渠之下，分二十四堰，以出力開河之民，別爲利戶。濟源之有利者分五堰，河、孟、溫、武之有利者分十九堰，每月兩輪，照號用水。必先武陟，次孟縣、溫縣，次河、濟，自下而上，俾狡惰者不得無功竊利，法之善也。迨日久弊生，加以人情喜逸而惡勞，武、溫、孟僅存分堰之名，並無分水之實。究其故，伊等懈於疏濬，浼河民代爲出夫，即代用其水。於是，經制壞而爭端起矣。致令濟民無利者得以藉口。五邑協力開河，水利盡歸河內，他邑既不得沾澤，壞我濟地，將糧換水，而獨不得用水乎？於是，爲橋、溝、洞培蘆葦，無利無號之私閘，實有妨於有利有號之公堰，由故明以迄於今，河民曉曉不休，而此案究竟未結也。

職等參考舊卷，博採輿情，查前明袁令二十四堰之分設，委爲百世不易之良規，欲息斯民之爭端，尚復前縣之舊制，合無仍照袁令詳定各堰名色，各邑秉公將有利之户造冊送府用印，發各縣存案。設立堰長，照號使水，自下而上。河民既不代用三邑之水，濟民何由垂無利之涎。又查廣濟河李化雲等水車五輛，利豐河李定宇水車一輛，惟葛自新係開山公直葛汝能之子孫，汝能有功於河，准其在永益灌地。因此，堰地高，河深，非車不得水利。自新委係利戶，應准其一車使水，其餘一概拆去。庶無利者，不得開私建之端。但置車必用磯心，河窄恐多淤塞，今准伊用水車，應將本車上下河身丈量寬深若干，自本車磯心牆外對面開寬，與上下河身相等，則水車從傍轉運，亦不致堵截河心，有妨下源矣。又查南程、程邨、樊莊、梨林、許邨、朱邨一帶莊邨，橋閘、蘆葦皆濟民無利户也。當開河之日，漠然視之，誠屬愚情，伊等雖云將糧換水，載在府碑。查碑文實未曾指名，各將某地換某地水也。況二十四堰之中，濟民原分五堰，是有利者已沐其上流矣。至河紳楊姓價買濟地開河，不惟勒之於石，而又筆之於書，至今銀數地主，班班可考。應將私置私建之處，拆去磯心，毀其閘底，芟其蘆葦，將見百年未結之案，一旦冰釋。第恐雨澤有愆期之日，寧有水流濟地，忍坐視數邨之枯槁而不與杯杓以潤之者乎？

職等細考經制，紊亂之由，皆係下游之民去上游甚遠，艱於跋涉，以致河身日淤，水流不暢，爭端日起，合無行令各邑督率有利之民，各在本管境內，照地出夫，及時疏濬，即免裹糧之煩，又省科派之擾。惟廣濟、豐稔兩河，咸在濟境。既禁其截水，復派其疏濬，無利出力，與無功使水者同，應將兩河之在濟境者，責令南程、程邨、樊莊、梨林、許邨、朱邨等處無利之戶，按地疏濬，准其各家畛頭，凡地高於水者，用桔橰車水灌地。水高於地者，用芭斗戽水灌地，人力用水，江浙皆然。凡上游無利者，只許用此法灌溉，不許私建閘堰。在濟民無利者，可免槁苗之憂，於下游亦無妨礙，上下相安，爭端自息。然需取具。無利戶情願疏河，認狀甘結，由該縣送本府，並水利廳衙門存案。如伊等疏濬潦草，或有壅阻情弊，許下游之民赴各縣稟閱查究，倘蒙准行，飭令各邑勒石遵守。其河渠，每歲疏濬二次，限以二月、十月，各縣率典史督夫疏濬，完日，報府查考。如一歲之中，疏濬如式者，將各縣記功；不如式者，記過。如是則賞罰嚴明，責有攸歸，而爭端可息，水利永興也。至濟民私建水車、橋閘，培植蘆葦，昨經職等查詢，伊等自知理屈，俯首無辭，相應免究等情。到道，繪圖貼說，申送移司詳院，蒙總督河東部院批，仰即轉飭該廳、縣照議速行，勒石永遵。仍取墨搨並濟民無利戶情願疏河認狀甘結，併送查圖、存查等因，到府，行縣勒石。

雍正七年。

（文見乾隆《懷慶府志》卷二十九《藝文志》。王興亞）

廣濟利豐兩河斷案碑

懷慶府河內縣知縣戴衛，蒙沁河通判朱，於雍正八年五月二十三日，抄送總督河東部院田批示：廣濟、利豐二河，會詳前來，細詢緣由，係陞任前河內縣知縣馬驌雲，於雍正七年五月十九日，據廣濟、利豐二河公直紳衿利戶侯琯、趙三福、徐萬富等稟稱，培葦建閘侵霸水利等事，通詳各憲，其詳內略節。以廣濟、利豐二河創自明季河內邑侯袁公、胡公協同鄉紳衿民，捐資穀，買地畝，開山鑿洞之由成也。誌書碣石，昭昭可驗。迨其後，濟民村居上流，貪得無厭，遂有私閘、私渠、水車、蘆葦種種之侵害矣。自國初以來，屢控屢違，幾無寧歲。

昨卑職據控，兩移關文於濟令湯，權始以水深難折支吾，繼以將糧換水朦混，不得已具申備由，伏乞閱奪施行。蒙總督部院田批，仰河南布政司會同河北道遴委賢員確勘妥議詳奪，仍候河東總河部院批示。繳。總河都院秘批，公陳情由，查訪水利等事詳利豐河私建車閘緣由，仰懷慶府遴委賢員，確勘妥議詳奪，仍候督部院批示。繳。布政司謝批。仰懷慶府遴能員秉公查勘，妥議詳奪，仍候總督河部院批示。繳。河北道朱批。仰侯總督河部院暨布政司批示，錄報。繳。懷慶府祁批。

水利關係民生，盜截侵奪，殊干法紀。況河內廣濟河渠，雖出濟境，久有編定水分，計月日時刻挨次輪灌，上下通流，定制昭然。至濟源縣亦自有永益。渠水何以候至，今日輒敢越規占阻，甚爲不解。但疏瀹淤塞，現奉督部院題定成例，則上流礙道之蘆葦，立宜芟除淨盡。私設水車，立宜拆去無留，固不待言矣。惟是彼處橋閘，創自何年，首事何人，從前因何任其混建，致滋釁端，該縣均未查明。既據通詳，仰候總督河部院司道批示行，仍候嚴檄，飭令濟源縣查奪。繳。沁河通判朱批，候各憲批示。繳。

其後，布政司會同河北道遴委沁河通判朱俠、孟縣知縣李麟源秉公查勘。查勘既明，乃會詳云。卑職遵即會同孟縣，於九月初八日，親詣濟邑之五龍口，查勘得廣濟、利豐河兩河，由濟邑地方，經行十餘里，始入河、孟、溫、武四邑，灌地之餘，仍歸黃、沁。河內誌書載爲兩河之下分二十四堰，以出力開河之民，別爲利戶。濟民之有利者，分五堰，河、孟、溫、武之有利者，分十九堰。每月兩輪，照號用水，必先武陟，次孟、溫，次河、濟，自下而上。俾狡惰者不得無功竊利，法至善也。迨日久弊生，加以人情喜逸而惡勞，如武、孟、溫僅有分堰之名，並無分水之實。究其故，伊等懈於疏瀹，浼河民代爲出夫，即代用其水，是經制坏，而爭端起矣。致今濟民之無利者，得以藉口曰："五邑協力開河，水利盡歸河內，他邑既不沾澤，坏我濟地，將糧換水，而獨不可用水乎？於是，爲橋閘，開溝洞，培蘆葦，無利無號之私閘，實有妨於有利有號之公堰。由故明以迄於今，河民曉曉不休，而此案究竟未結也。

職等仰體上憲，一視同仁之至意，會商確勘，參考舊卷，博採輿情。查袁令二十四堰之分設，委爲百世不易之良規。欲息斯民之爭端，當復前賢之舊制。合無仍照袁令詳定各堰名色，令各邑秉公查將有利之户，造冊送府用印，發各縣存案。設立堰長，照號使水，自下而上，河民既不代用三邑之水，濟民何由垂無利之涎。

又查廣濟河李化雲等水車五輛，利豐河李定宇水車一輛。惟葛自新，委係開山公直葛汝能之子孫。汝能有功於河，准其在永益堰灌地、因此堰地高河深，非車不得水利，自新委係利戶，應准其一車使水，其除一概拆去。庶無利者，不得開私建之端。但置車必用磯心，河窄恐多淤塞，今准伊用水車，應將水車上下河身丈量，寬深若干，自本河磯心墻外，對面開寬，與上下河身相等，則水車從旁轉運，亦不致堵截河心，有妨下源矣。

又查南程程村、樊駐、梨林、許村、朱村一帶庄村橋、閘、蘆葦皆濟民無利戶也，當開河之日，漠然視之．誠屬愚惰。伊等雖云將糧換水，載在府碑。查碑文實未曾指名，各將某地換某水也。況二十四堰之中，濟民原分五堰，是有利者，已沐其上流矣。至河紳楊姓價買濟地開河，不惟勒之于石，而又筆之於書，至今銀數地主，班班可考，應將私建私置之處，拆去礙心，毀其閘底，芟其蘆葦，將見百年未結之案，從此一旦冰釋，第恐雨澤有愆愆期之日，寧有水流濟地，忍坐視數村之枯槁而不與杯勺以潤之者乎？職等細考，經制紊亂之由，皆係下流之民，去上源甚遠，艱於跋涉，以致河身日淤，水流不暢，爭端日起。合無行令各邑，督率有利之民，各在本管境內照地出夫，及疏濬，既免裹糧之煩，又省科派之擾。惟廣濟、利豐兩河，咸在濟境，既禁其截水，復派其疏濬，無利出力，與無功使水者同轍也。應將兩河之在濟境者，青令南程程村、樊庄、黎林、許村、朱村等處無利之戶，按地疏濬，准其於各家畛頭，凡地高於水者，用桔槔車水灌地。水高於地者，用笆斗戽水灌地。人力運水，江浙皆然。凡上源無利者，止許用此法澆灌，不許私建閘堰。在濟民無利者，可免槁苗之憂，於下源亦無所妨礙，上下相安，爭端自息。然須取具。無利戶情願疏河，認狀甘結，由該縣送本府並水利廳衙門存案。如伊等疏濬潦草，或有壅阻等弊，許下源之民，赴各縣秉官查究。倘蒙准行，飭行各邑勒石遵守。其河渠，每歲疏濬兩次，限於春冬之二月、十月，各縣率典史督夫疏濬，完日，報水利廳會同驗收，牒府申報查考。如一歲之中，疏濬如式者，將該縣記功；不如式者，記過。如是則賞罰嚴明，責有攸歸，而事端可息，水利永興矣。至濟民私建水車、橋洞、培置蘆葦，昨經職等查詢，伊等自知理屈，俯首無辭，相應免究。合併聲明是否允行，卑職等不敢擅便，伏候批示以便遵行等情，到府，移咨本司，併圖會呈太子太保、兵部尚書兼都察院右副都御史、總督河南山東等處地方軍務、督理營田兼理河道加十一級紀錄三次田，蒙批，轉飭該廳縣照議遵行，勒石永遵。仍取墨榻並濟民無利戶，情願疏河認狀甘結，一併報查，繳圖存查。知縣戴仁遵即勒石，以垂不朽云。

清雍正八年立石。

（文見道光《河內縣志》卷十三《水利志》。王興亞）

創建關帝廟碑記

【額題】重建碑記

關聖帝君，忠義勳名，照耀今古，久而彌光。自國都以至鄉遂，莫不有廟。歲時祭奠，無敢或渝，雖采像□殊，制奠□興，太牢殊羞。要之各盡誠悃，初無二致。原不以豐嗇崇卑為隆替，□佐置失正，路程法像雖存，香煙照□，致失建祠崇奉本意。則鳩工庀材，遷移神座之勝舉，宜急急也。郡城縣廠舊有帝君神像一座，地極湫隘，屋僅半楹。因倉貯所寄，門扃常鍵。冤旅塵積，經年累月，無□香□□之供，□□等啟戶瞻仰，□懼靡寧。用是糾合同志捐募，朱提擇縣堂左廡間，整修棟宇，施以丹堊，宅像於內，袞衣繡裳，重繪五采，不踰月而事竣。瞻禮之下，廟貌巍巍，神威赫赫，非復卑隘塵封之舊矣！都人士女素仰帝君之威德者，皆得朝夕敬禮，逢時灌獻。後之善信又嗣而葺之，則奠哉何減，□太牢采椽，寧讓於□墻哉？鵬等喜□□之告成，敘其始末，勒諸貞珉，以見神座之設，有自來也。

　　時河内縣署内信士李德新、金福陞、蔣紹禧、李天池、孫化鳳、許成、吳弘、宋文學、孫光祖、王從振、王永福、蔡田芳、沈銓、張自諒、曾元、曾印、金國柱、王存廉、謝興祖、黃仁鐘、董倫。

　　會領陳帝典、陳九鵬、李玉田重建。

　　工房徐端。

　　總吏王復昌。

　　馬快徐有貴。

　　泥水匠張□京。

　　塑匠李顯吾。

　　木匠閆思聖。

　　石匠嚴興仁。

　　斗級張□、宗明□、常三祿、王應運、紀□、楊廷祥、張成才。

　　督工住持道人陳復玉仝立。

　　大清雍正九年歲次辛亥季春穀旦。

（碑存沁陽市博物館。王興亞）

混元三教九流圖 [1]

【碑陰】

混元三教九流圖贊

　　佛教見性，道教保命。儒教明倫，綱常是正。
　　農流務本，墨流備世。名流責實，法流輔制。
　　縱橫應對，小說諮詢。陰陽順天，醫流原人。
　　雜流兼通，述而不作。博者難精，精者未博。
　　日月三光，金玉五谷。心身皮膚，鼻口耳目。
　　為善殊塗，咸歸于治。曲士偏執，党同排異。
　　毋患多歧，各有所施。要在圓融，一以貫之。
　　三教一體，九流一源。百家一理，萬法一門。

（碑存沁陽市博物館。王興亞）

---

[1] 圖贊未書年月。碑陽模糊難辨，故置此。

重濬利豐河碑

范泰恒

河內多水渠，民受其利。其大者廣濟渠外，乃有利豐河。河故名豐稔，創於明嘉靖二十五年，久且廢。萬曆四十三年，吾邑胡公浩恩復闢之。先大司農實佐其成，分而爲二，曰利人、豐稔，建太公閘以闕之。後邸公存性移閘程村之西，易名天平。兩行如故，東流爲利人，尾繞郡東郭入於沁，長七十里。豐稔流東南，至樊庄，復分南北支，由韓吳村注豬龍河，長六十五里，爲南支；北支亦六十里，而長則至溫之雙流村，並達豬龍。而發源皆枋口。枋口雖濟地，河則河內前民以價易之者，惠分濟而疏濬之事，濟不得過而聞。嗣因減水，閘之在濟梁家庄者洩之過，或減正流。又上流攔截爲奸，民不沾利，不計年所矣。

乾隆五年夏，水泛沙湧，而河流遂絕。余閱前史，有曰："河內富實。"夫所爲富實者，豈獨地利，蓋人事實有賴焉。自司馬孚表治枋口千餘歲，乃得經署袁公，胡公繼袁公以興，而利豐之功侔廣濟，百餘年來，名存實亡，前徽不繼。按圖者猶曰"河內富實"，反不如瘠土者猶易邀仁人惠也。夫今河內之視古河內，彈丸耳，即河內之視爲地利者，又十不二三耳。而一渠之利且聽其淤塞，無有過而問之者，吏則逸矣，如吾民何？我侯胡公心惻焉。六年仲春，偕丞薛君樂天謀濬之。河源至五龍頭，長二百七十九丈，濶或丈餘或二丈餘，深八尺。五龍達天平閘，深六尺，而長兩千七十丈，濶二丈有奇，此利豐總滙也。利人，起天平閘至減水閘，長則一千三百丈，丈餘至二丈濶不等，深三丈。減水閘至鄭村館，其長八百丈，爲河內門戶。河身昂三尺，深倍之，計其濶一丈五六尺，下達河尾一丈四尺，濶深四尺，長五十有七里。而利人於是濬。豐稔自天平閘逮樊家庄小分水閘，六百三十丈而長，又南北支之門户也，昂更甚。深至七尺，計其濶不減一丈二三尺。其南支自小分水閘至史村，深五尺，濶一丈四五尺，長蓋一千四百丈，下至河尾長逾五十里，深四尺，一丈二三尺其濶也。北支與南支起同閘至官庄，長約一千二百丈，濶一丈三四尺，五尺深，則同迄河尾濶不過丈二尺，深三尺，其長四十有六里。蓋南北支之分流，豐稔者皆於是乎濬。而利豐河百年淤塞，豁然大通矣。又河吸沁流，舊設三洞以待之，中濶八尺，東西各四尺五寸濶。向開中、東二洞，西則閉，訛傳爲洞留，開且無益。當斯時，諸有事河干者白之公，公不可，則力起大石數十皆千勳，小石不可計，臭穢遠徹，不可近聞。迨去之而後，水勢充暢，視前三倍。抑又念減水閘之在濟者病正流，則於邑西古章村、馬坡村開閘各一，而以時洩其水。梁庄舊閘，非大水閉勿啓，旱魃巨浸，俱不爲災，河內富實，庶幾復其舊。小民有歌，聞之太守王公，太守聞之中丞雅公，中丞嘉迺丕績，而公且謙讓未遑也。夫美利不言良有司之事，而棄起廢之功不載，無以爲來者法，則都人士之過也。且一渠耳，胡公闢於前，即有今胡公濬其後。昔胡公闢之，而先大司農佐其成。今胡公濬之，而余又得觀其成，倘亦有數焉於其間耶，遂泚筆而記其事。

清乾隆五年。

(文見乾隆《懷慶府志》卷七《河渠》。王興亞)

新建崇寧宮碑記

劉維世

或以郡之建廟，不關乎政，而民之所係，不在乎神。余為之語曰："昔狄梁公毀淫祠七百餘，史記之，稱之曰賢，是蓋以非其神而神之者耳。"今崇寧宮之建，為民計也。因其神而神之者也。吾懷處大山巨川間，名勝地也。其脈源雖在行山，而實在阜山。阜山者，沁水所從出也。《水經注》云：沁水，又東邗水注之。出太行之阜山，則五行山之異名也。前河內令袁命巧匠，用巨斧，開山骨，鑿五石竅，呼為五龍口。使沁水分派出石竅南流，灌溉河、濟田日以千畝計。民昔未嘗不怨其勞，而今享其逸利溥哉。然未免傷於脈原，文風不振，甲第寥廖者，於今有年矣。在當日，袁令，名人也，豈不鑑此！其意必謂予民以貴而獨得之，不若予民以富而均享之之為快也。余意以為民既富矣，而不使之貴，則民惟富是謀，必鮮知禮義。鮮知禮義，則為頑民，而無文矣。於是，修城樓，植樹木，築橫隄於城之西北，以拒沁水直衝之勢，使之婉曲遶城東去，與丹水相滙，建龍王廟於隄上，以鎮之。雖陰陽之說似屬無據，而地靈人傑，兩年來，果甲第聯鑣，英才濟濟。是廟也，非關政歟！丹、沁二水之間，有柳數百株，蒼老可愛，其地遂以柳園名。春夏之交，嫩綠森森，小雨乍晴，纖塵不起，微風徐至，吹葉作浪，好鳥時鳴，野花爭放，偶來坐芳草，枕清流，對王屋、盤谷，聽牧童歌，農夫語，覘煙雲去來，回顧己身，不覺悠悠入荊董筆墨中矣。斯地可遊也，實為吾懷之左股。因捐俸建關帝宮，以為城東北之保障。時值旱，民饑，欲逃者得因此傭工，以為身家計，故民皆樂趨而忘其勞。於是，縉紳大夫喜而樂助，其牆垣，遂不日告成，蓋以帝有崇寧之號，因以名宮焉。

夫帝之神，在天下莫不知尊而廟祀之，吾不必贅為也。抑帝之神，豈喜吾廟祀之歟？即吾亦豈借廟祈禱澤歟？吾更不必贅為也。況吾忝居民上，而不思其所以和兆姓，安土地者，豈孳孳專以神事為哉？蓋以帝漢室臣耳，能文能武，死忠死義，以至封王封帝，為千古一人，必能為我障城池，保黎庶也。為官者，亦可以帝為式，學為好官。以忠為民者，亦可以帝為式，學為良民。以義為士者，愈可以帝為式，學為國王，而能為文式，為朝廷柱石。將見斯民富而好禮，為衣冠文物之邦矣。是非關乎政歟，然實因其神而神之者耳，謹擇日為文以祀。其辭曰：

神之至靈，萬物賴成。神惟至尊，兆億賴生。隨感而應，神若分身。天下仰止，若合一心。維世庸碌，素仰忠誠。藏之五內，願鑄金身。雖無聲臭，知者可憑。見相作福，愚者倍親。爰擇吉地，沁水之濱。三河襟帶，萬山後屏。參差老樹，映綠森森。版築不日，棟起連雲。願神居此，固我懷城。若時風雨，保我黎民。即今大旱，二麥不登。願神憐憫，降以甘霖。若夫維世，得一以平。不望神力，私錫祥正。躬率屬吏，齊戒恭迎。薦以毛血，侑以聲音。清酌三獻，神其來歆。

（文見乾隆《懷慶府志》卷三十《藝文志》。王興亞）

濬廣濟洞記

知府沈榮昌

康熙六十年，因告乾者多，用水者出夫工曰利戶，水不下灌，不願出夫，曰告乾。水利不均，河捕通判趙溥集各公直，均定時刻水冊次序，則永益、天福、大豐、大有、太平、廣有上下、永濟上中下、萬盈、頭二、長濟、興隆、興福用水時仍舊制，自下而上，從興福始，牒府存案，民用不爭。然原制，堰二十有四，計夫四百六十有二。是時，僅存堰十五，夫止三百二十八名六分二釐矣。越三十五年，為乾隆丁丑，水流益弱，河身愈高，十五堰中亦紛紛告乾，存夫三百二名。前府薩寧阿檄河內丞席苞復濬黃龍洞，土人呼為黃窩者。然履勘不得故跡，考察數月，始知壅塞自在本洞，非關黃龍之開塞也。蓋永利洞居廣濟洞下流，水緩沙壅，濟人欲殺廣濟入水之勢，以益永利，乃詭言祈禳，愚人耳目。倚洞起建石閣，則洞門掩蔽，築橋以蓋水道，則深淺不知，而私相壅石洞中，無怪洞水雖深，不能流注。席丞聞其弊于府，薩守親勘得寔。於是，先濬下流渠河，俾有容納，然後，推毀石閣，顯出洞門。席丞率夫役乘筏入洞，用轆轤出巨石數百枚，小石以萬計，水流如箭，渠水充盈，而告乾已久之宏福、廣隆、萬億、大濟、永通五堰，皆沾餘潤慶有秋。是則前守勤民祛弊，功在茲土，而席丞能承奉宣力，勿壞前人成制，可謂能勤其職矣。故志之以告後賢，知淤阻之由，時宜加意也。

清乾隆二十二年。

（文見乾隆《懷慶府志》卷七《河渠》。王興亞）

重修城垣記

沈榮昌

按《禹貢》："覃懷底績。"蔡注云："先時平地皆水，致功為難。"蓋自堯、舜時，此間水最難治，是以特紀禹績焉。中古以來，史書記載不一。至明成化十八年夏，大水為前此所未有。尚書何文定公碑誌之。我聖朝撫馭區宇，保乂多方，億兆痌瘝，有同懷抱。乾隆二十六年辛巳秋七月既望，連雨如注，眾山水奔騰齊下，丹、沁兩河併流，濟源瀧溟各小水，亦氾濫溢出，皆注於郡城下。四面巨浸，古陽隄不能禦，遂決北門而入，災及學校、衙署、倉庫，淹沒軍民廬舍，漂人畜以萬計。知府沈榮昌、總兵官田金玉、河內令李如龍，偕同城文武僚屬，鵠立危隄三晝夜，覓筏縋城而登，百計救拔，災黎稍定。水漸落，乃飛牒購泅人，達諸行省，入告。蒙上特遣重臣户部侍郎裘公曰修，拊循郡縣，賑卹蠲租，不惜帑金億萬，不數月，民皆寧宇。守令檢視城郭，共為水毀城牆二十八處，西北二門，樓櫓圈洞，摧敗無址。東南二門，亦僅存樓形。循例核報，蒙巡撫胡公寶瑔奏請，得俞旨，發帑金修治。興工於壬午年二月，竣於是年六月。以恤代賑，百姓子來，期速工堅，屹如山立。是役也，河內令專司其事，郡守為督察，絕弊端，恤勞役。既成，乃率將作與縉紳耆老，共拜稽首，頌聖恩，紀緣起，以祝億萬年鞏固。勒諸石。

乾隆二十七年。

（文見乾隆《懷慶府志》卷三十《藝文志》。王興亞）

重建古陽隄廻龍廟記

沈榮昌

懷慶府城北門外有古陽隄，上建廻龍廟，以禦沁水之衝。其創建，均無可考。然明成化間，沁水攖城，時郡守日照陳公修復古陽隄，教授李達有碑文。正德十二年，郡守郯城周公復修隄，有尚書何文定公文，皆云西起廻龍廟，則此隄此廟，明前舊有之矣。大清乾隆二十有七年辛巳[1]夏、秋，連雨如注，七月既望，眾山之水奔騰滙流，城北丹、沁兩河並漲，遂嚙古陽隄，圮其廟，決北門入城，為大患。其狀畧載《修城垣記》中。計自成化十八年壬寅至此二百七十有九年，豈地氣使然，非惟人力無能為，即鬼神亦不能違邪。仰賴聖天子恩膏普逮，民復其所，少司農豫章裘公曰修銜命拊循，履視隄堰，殘缺不可數，乃下詢知府沈榮昌，河內、武陟諸令共議，奏得恩綸，借帑金以贍民。自河內達武陟，沁河兩岸隄工一百五十餘里，皆為補葺，而古陽隄為之首。河內令李如龍專司經理、縣丞嵇鳳朝實始終之。先補正隄三百四十餘丈，恐沙土不堅，乃更於其外築斜隄二百三十餘丈，護以埽工；又於其西築挑水壩，廣袤約六十餘丈，圍埽六十餘丈，隄既固矣。乃即於其上重建廻龍廟，北向，門庭三楹，內院中為正殿三楹，敬奉皇朝勑封顯佑通濟昭靈效順金龍四大王之神。勑封靈佑襄濟黃大王之神，西為天師張真人，東為龍神。昔所供奉者如是。仰冀神庥，為吾民保障也。東偏三楹，廻以曲廊。又東齋室兩楹，為官僚巡工休宿之所。又東為堡房，庖湢牆宇咸匝。始事於壬午七月，閱五旬畢工。以鎮海寺僧賢然就近為住持，司啟閉。知府沈榮昌既題詩，恭紀聖恩，乃志緣起於石。其襄事之紳士、耆庶，及飯僧之舊日廟中租籽地畝、蓮塘，並志碑陰。

乾隆二十七年。

（文見乾隆《懷慶府志》卷三十《藝文志》。王興亞）

---

[1] 按：乾隆二十七年辛巳，有誤。乾隆二十六年爲辛巳年。

重修湯帝廟舞樓碑記

　　《書》有之歌詠者□依永。又曰：舞於羽□□□□知歌舞之事，由來尚矣。迨至後世，慮歌舞之場所，於是，有舞堂之建。吾懷水北關丁蘭巷成湯帝廟內，興建舞樓三間。創自前明萬歷二十六年。□□□□□風雨□□□□傾圮坍□亦□□□□□□慷慨樂施不倦，□□□□□斯□□爲己任，□捐家貲，鳩工重建湯帝廟舞樓□□□。其榱桷塗茨黝堊，咸於維新，其□□□□□□悴，雖年逾七旬，而精神強健□□且者，所謂吉人天相，信不誣歟。歲在□□□□□之月，戚工告竣。仰瞻棟宇，嵯峩雲□煥彩□□□□□奐，微馬公之力不及此，將見□神聽和乎。僕入廟告及者，無不賞心而悅目，而公之德亦□以不揚。余不揣固陋，列諸貞珉，爲有志善行者勸也，於是乎書。

　　□□□生員賈永福撰文。

　　大清嘉慶四年歲次己未季春穀旦。

（碑存沁陽市博物館。王興亞）

皇清例贈奮武郎岱友趙公（廷儀）德配段太孺人合葬墓誌銘

【蓋文】

皇清例贈奮武郎岱友趙公德配段太孺人合葬墓誌銘

【誌文】

皇清例贈奮武郎岱友趙公德配段太孺人合葬墓誌銘

例授修職佐郎候選儒學訓導愚姪吳維圻頓首拜撰並書丹篆蓋。

　　余友趙偉，狀其先人之嘉言懿行。一日，持以問銘於余。曰："吾父之歿，至於今已十九年。未克窆棺。吾兄弟輩慢葬之愆難逭也。今得善地於城西郊外，將並奉吾母段太孺人柩祔焉。葬有期矣，敢以誌銘之文瀆吾子。"余聞之懼然懼，既而潸然慟也。公與吾父爲知己交，日夕聚首。余幼侍坐側，聽其言論，仰其丰采，渥其誨諭。公雖沒世已遠，圻能識其一二。故不敢辭，亦不忍辭。按狀：

　　公諱廷儀，字岱友，姓趙氏。世爲河內人。曾大父諱加珍，字次吾。大父諱維翰，字屏之，國子監太學生，以子貴贈文林郎。父諱世臣，字子勛。爲山東魚臺縣令。殿最擢陞曹州府同知。所在有政聲。公性敏悟勁直，處事論是非，遇有未安，鑿鑿言之，無復顧忌。當其隨父於魚臺署也，年甫十三矣。讀書之暇，暗取案上文牒，手披不倦。有疑處，請質於魚臺公。故魚臺公之牘文無錯誤，繁君之力。既奉父旋里，即援例爲太學生。猶閉戶誦讀，學舉子文。每赴省試，屢薦不售。諸前輩見其文者，輒扼腕久之。後因食指浩繁，事務細碎，不欲以勞貽親，遂理家政焉。其事父母，凡被服、飲食、玩好之物，苟可以愜親心而力能致之者，悉聚以歸。厚其施以及於戚族，不敢惜其力之所能得；約其身以及其妻子，不敢慊其心之所欲為。初公伯姊適韓氏，於乾隆二十三年，夫婦相繼病歿。無子，遺女三人。姊之翁姑，淹柩在堂，家貧無人，不克舉葬事。公出貲伯金代為之塋。收其遺女，飲食訓誨，擇良配，厚其粧奩以嫁。是謂友愛篤於性，不敢惜其力之所能得也。居平訓子若孫，常以量入為出，能致和福為言。凡持己接物，不可作崖岸絕俗之行。公故富家，出則舊衣布履，望之若寒素然，可為世矜法。是謂簡靜治乎家，不敢慊其心之所欲為也。公晚年好讀書，延師課孫益嚴，不令出戶。暇即取素所蓄古名字畫，展玩移日。聚諸子於前，為之辨論真偽。故偉有其鑒古之識。尤精於醫，望治者得其方，病立愈。迄今飲公之藥而年臻耄耋健飯強步者，亦不少云。人或言公過於儉，余謂不然。彼世之不約其身以及其家，無他材能俾子若孫倣效所為，而以富豪誇耀於人可睹矣。然以公終始操行相較，亦何彼負之有哉。

公生於乾隆元年十一月十二日巳時，卒於嘉慶八年九月二十三日子時，享年六十有八。德配段孺人，濟邑世族也。為鄭州學政諱鴻文公孫女，貢生諱玉彩公女。淑惠有儀，治家堪式，故公無內顧之慮。孺人生於雍正九年正月十一日亥時，卒於嘉慶十九年八月初四日戌時，享年八十有四。子四人：長煜，太學生。配田氏，前任兵馬司諱生桂公孫女，珙縣知縣諱大本公女。繼配胡氏。次偉，太學生。配李氏，山東按察司諱珣公孫女，邑庠生諱友博公女。繼配張氏、王氏。次楷，郡庠生。配董氏，邑庠生諱澤深公女。次端，邑庠生，以軍功議敘部廳。配朱氏，清河巡檢諱燿公孫女，候選州同諱育梅公女。繼配宋氏、武氏。孫七：敏學，邑庠生，煜出。配劉氏，諱賓公女。繼配杜氏、許氏。敏第、敏昌，偉出。敏第，業儒。配薛氏，候選州判諱維田公女。繼配謝氏、王氏。敏昌，尚幼。敏樹，郡庠生，楷出。配婁氏，辛巳科舉人諱三槐公女。繼配高氏。敏行，邑庠生。配賈氏，貢生諱渠公女。敏政，業儒。配高氏，太學生諱天玉公女。敏功，業儒。聘馬氏，候選衛千總諱元斌公女。端出。曾孫二：松筠，業儒。聘徐氏，候選守御所千總諱上林公女。第出。松齡，尚幼。行出。今卜於道光二年十月十三日未時塋於郡城西郊之新阡。以段太孺人祔。銘曰：

惟公之德，操約行堅。銘茲墓石，鬱鬱新阡。面行環濟，夫人祔焉。既安且固，於萬斯年。

道光歲次壬午孟冬穀旦。

承重孫敏學，孤哀子偉、端，泣血勒石。

（誌存沁陽市博物館。李秀萍）

皇清例贈儒林郎候補州同梁公（王卿）墓誌銘[1]

【誌文】

皇清例贈儒林郎候補州同梁公墓誌銘

丁卯科舉人大挑知縣借補教職歷署長葛孟津訓導事眷弟張島頓首拜撰併書。

殿賓梁公以十二月十五日卜塋新阡。長孫紹伯踵門以墓誌請。余愧不文而固辭，不獲命。因誌其略。按狀：

公諱王卿，字殿賓，姓梁氏。世居河南河內縣之王曲鎮。兄弟三人，公其次也。生五歲，世父贈公蔚如先生卒。無子。世母侯太安人甫十九，矢志柏舟，撫公為嗣。慈愛周摯如己出。公亦不知為世母也。稍長，送鄉塾，為大成望。而家計淡薄，用度不充。遂棄儒習商賈。業於崇義岑村諸集鎮。往來販布，奔走跋涉，不憚晨夜。冀得微利，以為太安人奉資。稍裕，乃於本鎮開錢店，坐權子母，少舒勞瘁矣。自時厥後，日生日盛，儼成素封。而太安人倏棄世。公深慟其守節之苦，有待於己，而未食其報。凡一切附身附棺，必誠必信，盡志盡禮。既塋之後，他務未遑，急請旌表建坊，以為幽靈慰，併冀流芳百世，為後人庇也。至於手足之情，尤所克篤。雖出繼別房，而本生兄弟家故不豐，吉凶諸事，所以資助之者，無不至。歲時伏臘，會聚談讌，怡怡如也。蓋其孝友之誠，出於天性者然也。公既饒於財，而恥為守錢虜。以為人生斯世，既不能讀書就功業，使一世咸被其澤，而鄰里鄉黨親族友朋間，所謂睦婣任恤之誼，苟為力之所能，為何不可循分以自盡。故於諸猶子甥婿輩與親友諸年少，各審其才之高下，或即於本號辦事而優其分資焉，或另為出本而使自經營焉。其無能為者，即代為之籌，而不吝其資。迄今賴公而稱富有，待公而度日月者，殆指不勝屈。史稱陶朱公三致千金，再分散與貧交疎昆弟，方茲蔑矣。不寧惟是。本處舊有沁河善橋，每歲吃會釀金以濟，費勞十數村人，而一歲祇供一歲之用。公與本鎮諸首事設法處置，積金收息，歲用有餘，而人不擾。其生平處事周密，每垂永利者類如此。公初以捐助常平倉本補太學生。嘉慶末，豫河屢決，工用浩繁。公復捐數百金以助工。蒙恩加州同銜。昔范蠡去吳曰：吾已施於國，將復用於家。而富亦不訾。然則公既成於家，何不可施於國。使公得實授，佐一州，吾知其必能以孝友睦婣任恤化州人，而不貪於財，處事周密，一如其生平之素。而孰意其齎志以終也。公歿於嘉慶二十一年，距生八十有三歲，實雍正之十二年也。元配賀安人，繼配李安人。子三人：長肇修，先公卒。次肇平，太學生。次肇型，太學生。皆卒於道光二年冬月。女五人：長適宋蟾元，次適李全興，次適支興旺，次適萬景和，次適魏元平。俱賀安人出。孫七人：紹伯、紹恩，肇修子。紹太、紹均、紹元，肇平子。紹芝、紹蘭，肇型子。孫女十二人。余與公有葭莩親。嘉慶十九年，

---

[1] 此誌兩方。

公以八十開筵，余嘗登公之堂，祝公之壽，為文以誌其美。見公康強矍鑠，絕無衰憊態。方謂更一二十年，稱百歲觴，復紀之，以為盛朝人瑞。而今乃銘公之墓也。悲夫！銘曰：繄公之才，用胡弗彰。繄公之德，施胡弗將。忽焉隕墜，涕泗以傷。老成凋謝，天道難量。新阡肇建，鬱鬱蒼蒼。卜云其吉，維公之堂。與行同固，與沁共長。千秋萬歲，終焉允臧。

皇清道光二年歲次壬午冬十二月十有五日。

梁王信鑴字。

（誌存沁陽市博物館。李秀萍）

皇清例授奉直大夫候選布政司經歷貤贈昭武都尉郭公（奉欽）逸園墓誌銘

【蓋文】

皇清貤贈昭武都尉逸園郭公墓誌銘

【誌文】

皇清例授奉直大夫候選布政司經歷貤贈昭武都尉郭公逸園墓誌銘

誥授中憲大夫前分守山西河東平蒲解絳霍隰地方水利兵備道兼管山西陝西河南三省鹽法道署理山西布政使司山左邱縣劉大觀撰。

誥授資政大夫兵部侍郎兼都察院右副御史巡撫湖南提督軍務前署兩廣總督事太僕寺卿通政司參議山右興縣康紹鏞書丹並篆額。

水北郭氏，結姻於平原張牧村觀察。余與觀察至戚也。遂因張氏論戚誼於郭氏需次通守字時齋者，殷勤余尤甚於其諸兄。以其季父昭武公行實，率其姪世楹再拜乞墓銘。辭不獲已，乃按銘法，用述其生平大略焉。

公諱奉欽，號逸園。受姓之始為虢，蓋王季之穆。號叔有懿德，文王咨焉，建國命氏。後以郭易虢。行誼功勳，代有偉人，不悉述。居河內以孝子稱者有郭巨焉。公始祖春，於洪武初造，自洪洞遷河內。以丁蘭、郭巨同為孝子，遂居於水北丁蘭巷。數傳至公祖之樑，讀書入成均。樑子訓，少游太學，以煮字不能療饑，無以奉祭祀，竭供養，乃棄書習於貿遷。握算持籌，豐腴日用，是為公之繼父也。公本生父諱誠，候選布政司理問，踐履端方，為鄉閭推許。公事繼父，先意承志，恂恂稱子職。事本生父母，肫誠懇摯，亦復能得歡心。公兄弟三人，伯兄奉詔，仲兄奉恩，皆篤於友愛。公念其尊，甫不得已而棄書，非本志也。仰體先人意，取家藏舊書，刻苦研究，遂工舉子業。而數蹇，屢試不售。以明經需次布政司經歷。子維智，天姿疎朗，讀書有慧性，以體弱，先公兩年去世。公生於乾隆九年三月十五日辰時，卒於嘉慶九年六月初五日亥時，得壽六十有一。孫世楹，納貲農部，例授都司。以國有慶典，貤贈公昭武都尉。公在時，嘗語人曰：吾郭氏以孝著名，所居丁蘭巷為孝子故里。脫不講孝道，辱先人，並辱此土。念族黨無親疏遠近，皆出於一本一源，不敢忽視。其視猶子若己子，以養以教，本於慈惠。值歲歉，間閻窮戚曰：此父老子弟，吾先人之鄉鄰也。□鄉鄰，非先人意。日出粟數百斛，以生活之。嘉慶丁巳，懷慶修北城，發荒塚數十，累累見白骨。曰：此皆吾先人桑梓中人也。視暴骨不關心，吾何以對先人九泉之下。置槥器，斂骨瘞之。並諄諄屬從事：勿遺寸骸，勿男女錯雜，為死者憾。其他濟人利物，諸盛德事，不可覼縷。凡此皆錫類之仁，以先人之志而繼於其身者也。維時築室落成，茁紫芝一莖，長尺許，熒然燦爛，數月不萎。郡中士大夫多有歌咏其事者。嗚乎！有君子之風矣。公配郝氏，慈孝勤儉，有賢德，貤贈恭人。側室馬氏、王氏。子一，維智，候選州同。孫一，世楷，候選都司。曾孫守□□。以道光七年十一月十九日庚申，卜葬於郡城西北之祖塋，郝恭人祔焉。銘曰：

　　□義若不及，是為□也。勇以輔仁，下昌後之種也。太行之雲，時靉靆於其隴也。□穹柏翠，是為逸園參軍之冢也。

（誌存沁陽市博物館。李秀萍）

清故修職郎河內田君（聯元）墓誌銘[1]

【誌文】

　　諱宗稷者，以指揮千戶隨鄭藩遷懷慶。六傳至諱養浩，以長子康年，官直隸按察使司副使分巡通惠道得誥贈其官。配王氏，贈恭人。養浩次子鶴年，候選州同。以子生芝官虞衡司主事，得勑封承德郎；以次子生桂官福建惠安縣知縣，加級請封得奉直大夫。配楊氏，贈宜人。鶴年子生芝，勑授承德郎。配許氏，封安人。生芝子大觀，四川布政司理問，署夔州府通判，勑授儒林郎。配趙氏，封安人。生子三：長諱聯元，即所謂藝園先生也。次登元，邑庠生。次允元，太學生。皆先卒。藝園生於乾隆十三年戊辰閏七月初二日辰時，卒於嘉慶二十三年戊寅七月二十日戌時，得年七十有一。例授修職佐郎，候選儒學訓導。元配王孺人，雲南阿迷州知州贈華女。繼配范孺人，庠生明德女。繼配呂孺人，新安呂忠節公之後，候選吏目位高女。孺人性質賢良，識大體，謂諸孤曰：停喪非禮也。亡者以入土為安，宜速舉蕆事。於道光十年庚寅十二月二十五日，蕆於夔州府通判之塋次。藝園子三：長處厚，庠生，娶董氏，庠生澤久女。次錫厚，庠生，出繼允元。娶任氏，監生□選女。繼王氏，濟邑貢生珢女。次博厚，廩生，娶王氏，孟邑候選府經振□□□□□□□□女。女三：長字董鳳醴。次字孟邑王□林。次適齊璿。孫男七：維熊，娶鄒氏，商水教諭汝斅孫女。維祺，出嗣。娶張氏，貢生正已女。繼楊氏，監生悅鰲女。繼王□，監生振江女。維翰，娶羅氏，庠生仲常□。維峻、維沛、維新皆幼，俱處厚出。維羆，娶王氏，監生居敬女，錫厚出。孫女五：長適庠生吳煊，處厚出。次適庠生張兆奎，

---

[1] 誌題"清故修職郎河內田君墓誌銘"，在最後，為篆字。

次適張履謙，錫厚出。次博厚出。次處厚出。曾孫二：丕謨、丕烈。曾孫女一。皆幼。俱維熊出。銘曰：用醫濟人，仁術也。舉孝廉不赴，耻役役於浮名而離於老親之膝也。是以仁爲本，以孝爲質也。其阡隴巍然，維泉壤之吉也。

慈侍下孤哀子處厚、博厚，孫維沛、維翰、維熊、維祺、維峻、維新，曾孫丕謨、丕烈勒石。

道光十年十二月二十五日。

（誌存沁陽市博物館。李秀萍）

重修鄉賢醇儒高祖祠碑記 [1]

【額題】重修碑記

覃懷鄉賢醇儒□公祠，迺大明□□□□蒙□□河南／
衛創修，親題顛末，時萬曆二十八年□□十二／
惻然，□爲其□□□□□□□，今□公捐銀兩重修／
同事公囑紀事以勒之石，使過其墓者，□□指／
大清道光十二年四月下浣。

（碑存沁陽市博物館。王興亞）

劉氏世系序

嘗思木之有本，水之有源，人之有本源，亦猶是也。以是知本源之不可以不晰，宗派之不可不述也，明矣。稽我始祖原籍北京。嘉靖年間，隨鄭藩王至覃懷，遂托籍於邗邰鎮焉。於今第八世矣。恐年日深遠，難以考述，後世不無有憾，故因建修碑樓，特勒誌石以序。庶可使後世子孫於拜掃之際，毋忘本源，並以述遷居之由來，劉氏之流傳云。

始祖比部郎中。長，用中，邑庠生；次樺中。

長自源，郡庠生；次源清、源深，遷居廣東。

始祖太監。
[2]

建修碑樓執事人瑛。

尚忠、尚文、尚德、尚才、尚鄉、尚直。

兆昇、倫昇、瑞昇。

---

[1] 此碑殘毀，僅據上部存文錄出，／后有缺字。

[2] 以下爲世系略。

大清道光十三年三月二十日敬立。

（碑存沁陽市博物館。王興亞）

皇清誥贈昭武都尉候選州吏目榮昌郭君（奉恩）墓誌銘

【蓋文】

皇清誥贈昭武都尉候選州吏目榮昌郭君墓誌銘

【誌文】

皇清誥贈昭武都尉候選州吏目榮昌郭君墓誌銘

君諱奉恩，字榮昌，姓郭氏。生有至性，事父母以孝聞。父歿，益致孝於其母。憂悲愉樂不主於己，惟母意是承。晝擘畫家務，夜寢母側，飲食藥餌，抑搔扶持，必躬親，八年不懈。居喪哀毀盡禮。少倜儻，欲有為於當世。以事母不應試，援例捐州吏目。自奉儉約，布德於族戚。里黨間有婚嫁喪葬不給者，賙之無吝色。乾隆甲辰、乙巳歲大祲，為粥以食餓者。見路饉必募人瘞埋之。聞人危急，不啻在己，必拯之而後快。以君行事視富而自封者，相去何如耶？使天假之年，得所藉手，其所施必更溥，其沾溉必更廣。而僅以善行著於鄉邑，其命也夫。然為善者必有後，而積德深者其食報也長，則固如操左券也。君果以長子貴，贈昭武都尉。配張，繼吳，皆贈封如例。兩太恭人，均有婦德。吳太恭人孝事病姑，教所生二子成立，尤能全君未竟之志。君與張太恭人先塋於郡城西濟瀆廟後先塋之次。坐癸向丁。今君仲子將以道光十七年十月二十日奉吳太恭人合葬。寓書京師，屬為墓志銘。

謹按狀：君世居河內水北關丁蘭巷。曰永例，監生、贈承德郎者，君曾祖也。曰之梁，封奉直大夫者，君祖也。曰誠，候選布政司理問、贈中憲大夫者，君考也。子二：維禮，候選都司。先吳太恭人卒。娶喬氏，例監生國華第二女。維信，戊辰科副榜，候選通判。娶吳氏，余外祖萊州府同知諱純仁公第四女，余母之季妹也。女三，例監生任士偉、任秉廉，候選州判鄭遵先，其壻也。孫三：世模，中書科中書。世莊，候選衛千總。世增，業儒。孫女三：長適張敷，次適皇甫林模，三適李憲章。曾孫四，曾孫女七。銘曰：積善必昌，陰隲有常。況君之善，歷久彌彰。德澤在人，天降休祥。以詒後昆，視此銘章。

賜進士出身誥授通奉大夫日講起居注官詹事府詹事署宗人府府丞稽查右翼覺羅學前大理寺太常寺少卿翰林院侍講學士國史館提調文淵閣校理教習庶吉士姻載姪武陟毛樹棠頓首拜撰并書。

誥授朝議大夫候選知府外孫壻平原張敷頓首拜篆蓋。

（誌存沁陽市博物館。李秀萍）

創建三皇閣碑記

　　廟創於乾隆五十二年初，竣於嘉慶十三年。增修四聖殿、對庭、瀟灑閣，竣于道光五年。二十餘年公德，前碑所載詳矣。維時三皇閣地基已購，因公捐未充，尚未建造。雖陸續修理河幫周圍基址，置買木料、磚瓦，于道光十五年始議建閣。衆曰："工大事緊，必得有人專司。"曹宅庚言："藥生會止存愚一人，如何能辭其責？"遂於是年開工建立。顧經營非易，需費甚繁，公捐不敷，衆字號行店願出佈施濟工。繼又不敷，衆仍慨然樂輸，始終無懈，以甚速成。時維徐新合、馬萬興、齊合盛、劉復泰四字號輪流報事，各行店輪流協辦。曹宅庚始終與焉，以底于成。十二年，又請郭廣合、閻恒昌捐資入會，協力辦公外，有杜盛興捐資以增工費。嗣修八卦亭，口名醫牌位十二尊、上下神龕、四莊東禪院一所，落成于道光十四年。敬神、開光，前後一律，殿宇巍峩，庶足以妥神靈而表虔誠矣。事之圖始者，靡不樂觀其成。計此事前後五十餘年，統費五萬餘金，邑未向他處募化分文，而衆字號行店屢屢捐資，不自爲德，其踴躍急工，要無非神聖有所默佑也。今工程完備，我等世守藥業，飲水源，以迓神庥，春秋禮祀，瞻拜有地，庶幾克慰衆願，後之同道君子于是踵而增之，擴而充之，俾神聖香煙愈久而愈盛！我等尤有期於無窮焉。

　　郡城河內學增廣生員蕭占炳熏沐書丹。

　　郡城河內學廩膳生員董鳳浩熏沐篆額。

　　張天泰、馬泰中、鄧義順、馬口興、劉復泰、李廣盛、徐新合、郭廣合、胡萬昇、齊合盛、閻恒昌、汴天元。

　　藥生會曹位西宅庚氏。

　　住持僧梅福定兆從孫祥瑞立。

　　石工李清工。

　　大清道光十九年歲次乙亥秋八月穀旦。

　　謹將各號佈施生息與各行店所收衆字號公捐開列左：

　　徐新合捐銀三十兩，徐中立捐銀十兩，齊合盛捐銀三十兩，羅恒興捐銀三十兩，馬萬興捐銀三十兩，李廣盛捐銀八十兩，皇甫自盛捐銀二十兩，邱廣泰捐銀二十兩，李呂成捐銀三十兩，尤金正捐銀四十兩，劉萬昇捐銀二十兩，董會興捐銀五十兩，楊金興捐銀二十兩，楊鴻茂捐銀十兩，王君興捐銀十兩，王士方捐銀三兩，王恒隆捐銀二十兩，藥生會捐銀八十兩，復生會捐銀五十兩一錢，程萬順捐銀三十兩，李合泰捐銀二十兩，以上初置地基用。

　　徐新合佈施銀四十五兩，郭廣合佈施銀三百四十兩，宋和合捐銀二十兩，馬萬興佈施銀三十五兩，閻恒昌佈施銀二百六十兩，張天泰捐銀二十兩，齊合盛佈施銀三百四十一兩，劉復泰佈施銀二百七十二兩，張天泰公捐銀二千一百七十四兩八錢五分，廣成店公捐銀四百三十五兩四錢四分，馬泰堂公捐銀二千一百七十四兩八錢五分，天元店公捐銀四百一十八兩零一分，鄧義順公捐銀一千四百四十八兩三錢四分，秀盛店公捐銀四百零四兩一錢四分，李廣盛公捐銀六千零七十三兩八錢八分，四聚店公捐銀三百六十七兩三錢八分，尤金正公捐銀三千一百五十四兩四錢五分，合成店公捐銀三百五十八兩六錢九分，羅恒興公捐銀二千九百八十兩六錢三分，蘭茂店公捐銀一百八十四兩一錢，邱廣泰公捐銀二千四百三十七兩一錢，森茂店公捐銀一百五十一兩一錢六分，雷同義公捐銀九百二十三兩零一分，悅來店公捐銀七十六兩二錢六分，周正盛公捐銀五百九十五兩一錢七分，恒泰店公捐銀九十三兩六錢三分，杜盛興佈施銀一百一十兩，泰來店佈施銀五十五兩，曹位西佈施銀五十兩，天泰店佈施銀一百一十兩，胡萬壽佈施銀二十二兩，義順店佈施銀五十五兩，義泰店公捐銀五十三兩五錢九分，全興店公捐銀二十七兩九錢一分，仁和店公捐銀四十五兩八錢八分，長慶店公捐銀二十四兩九錢六分，天馨店公捐銀五十兩四錢六分，合興店公捐銀十二兩二錢九分，永興店公捐銀五十七兩八錢七分，王加魁公捐銀八兩九錢七分，復盛店公捐銀四十六兩零七分，毛大興公捐銀三十七兩八錢二分，祥泰店公捐銀八兩二錢八分，廣興店公捐銀二十八兩八錢七分，雷世貴公捐銀八兩零八分，天成店公捐銀三十七兩七錢五分，泰興店公捐銀七兩八錢八分，天順店公捐銀五十五兩三錢四分，張合興公捐銀二兩八錢九分，張天成正盛店罰銀八十七兩五錢，徐森罰銀一兩五錢。外合字號歷年以來共生息銀二千二百六十四兩八錢四分。以上興工用。

廣盛店佈施銀五十五兩，天成店佈施銀三十三兩。以上建閣諸工用。

合盛元公捐四十兩九錢二分，永和店公捐五兩一錢五分，楊沛庵公捐一兩二錢，韓耀公捐四錢四分，楊鴻茂公捐四錢，任實庵公捐二錢二分，寶興店公捐二錢二分。以上公捐。

（碑存沁陽市博物館。王興亞）

重修玄谷寺碑記

【碑額】流芳百世

懷郡西北四十里許，有仙神□焉。□右山腰有寺，居巔之下，嶺之上，因名為懸谷。凡遊人入□西北，覽其層巒峰罩，掩映靈秀之氣，莫不稱為勝境。但寺內殿宇雖多，而山神土地無跡憑依，遊者不無憾焉。近有大位村信女張王氏、裴村張李氏等人，頓發善念，各捐貲財，擇日創建殿宇並塑神像，不數旬而工已告竣。特將施財善人姓里居勒諸貞珉，以垂流芳。

公值牛光達、牛文茂、牛光奎。

住持僧甲魁。

商門李氏施錢一千六百文，李王氏施錢四百文。

大清道光二十年歲次庚子三月十五日全立。

（碑存沁陽市窄澗谷太平寺。王景荃）

皇清誥授朝議大夫晉授中議大夫賞戴花翎即補海疆知府前淡水同知丁卯科解元懷樸曹公（謹）墓誌銘[1]

【蓋文】

皇清誥授朝議大夫晉授中議大夫賞戴花翎即補海疆知府前淡水同知丁卯科解元懷樸曹公墓志銘

【誌文】

皇清誥授朝議大夫晉授中議大夫賞戴花翎即補海疆知府前淡水同知丁卯科解元懷樸曹公墓志銘

數十年來，天下稱循吏者，必曰河內懷樸曹公。公何以得此□人哉。按嘉慶丁卯，公以第一人舉於鄉，時方弱冠耳。才鋒穎拔，文奇麗。主試者特異之。公亦自負其才，謂甲科可立致。乃試禮部，屢躓，卒以大挑一等分發直隸。天若故困其身，老其才，俾以縣令見。公亦愈斂華就實，沈潛經史及宋諸子書，獲其大意，不株守章句，以故器識益偉岸。直隸畿輔，地號難治。公歷署平山、曲陽、饒陽、寧津等縣，皆能得民心。饒陽值水旱相繼，公請帑賑饑，日走鄉曲，察戶口多寡，被災輕重，分給之，不經吏胥手。時即飯店，市餅餌食之。無絲毫私，民大悅。總督蔣礪堂相國廉得之，數稱於眾。寧津則首嚴弭盜，行清莊聯莊法，獲其盜首，餘皆遠遁。總督益能之。道光五年，補威縣。修文廟、城隍廟，興教勸士，敦品勵行，遠近禽然。及調豐潤，以被議落職。旋復官，揀發福建署將樂，則又以失察邪教被議。引見，仍以知縣用赴福建。是時，公年逾強仕，學益邃，識益卓，治亦愈懋矣。十六年二月，署閩縣。閩附省垣，令多疲於供億。公獨專力民事，而給應徵求亦無缺。吏畏民懷，頌聲大起。大吏皆稱之。適旗軍與縣民械鬥，各千百人，勢洶洶如鼎沸。委員喻之不止。公奉檄往，則置坐榻於軍民之間，飭各縛獲數人，送縣署辦理。次日，復糾眾，將鬥。公挺身至旗軍門外，明白曉諭，示利害甚悉，遂各帖然。蓋信公者素也。時大旱，禱雨，迎觀音菩薩於鼓山，置會城。官吏奔走跪拜街衢間。公獨屹立。或問之，以不載祀典對。勸之拜，不從。以大吏誅之不顧。而大吏顧益奇公，以為可任艱鉅者。時，臺灣歲歉，多盜，制府以公廉能，補鳳山縣。縣為府南衝要，周圍五百餘里。公親巡行境內，問疾苦，詰盜賊，剔弊除蠹，順民之欲，而次第施之。以為弭盜莫如足食，足食莫如興水利。淡水溪在縣境東南。於是，度地鳩工，由九曲塘穿池以引溪流。築埤導圳，凡掘圳四萬三百六十丈有奇，可灌田三萬一千五百畝有奇，可收早稻十五萬六千六百餘石。設圳長經理之。凡啟閉蓄洩之法具備。郡守六安熊公親勘視，大喜，名之曰曹公圳。為文刊石紀其事。二十年，大府以公治績尤異，擢淡水同知。淡水東接生番，南鄰彰化，北抵噶

---

[1] 誌文兩方。

瑪蘭，西臨大洋。海寇時剽商賈，為民患。漳、泉二州人居其間，常相仇殺。又當嘆夷犯順，廈門失事之後。公至，即查保甲，練鄉勇，為御酋備。甫越月，夷舩趨犯雞籠口，公嚴諭漁船進口聽用，絕其向導，懸重賞，擒夷鬼。民知公刑賞素信，踴躍爭赴。夷船驚避，觸石舩壞。衆鼓舞奮呼，擒夷鬼百二十四人。九月，復至，鄉勇又拒却之。明年正月，又至淡水南口外。鄉勇設伏土地公港口，令漁船誘至，突出擊之。夷復驚擾，退舩膠淺水，俘漢奸五，白夷四十九人。事聞，官吏兵民悉賞賚有差。未幾，夷就撫，詭詞控訴。總督怡公往勘得實，知公剛直無他腸。謂曰："事將若何？"公曰："但論國家事若何。某官可不做，人要做。若罪應任者，甘心當之。但百姓出死力捉賊，不宜有所負。"怡公歎曰："好漢，好漢。"以是奪花翎，注銷所陞官階。後以捕海盜及淡水彈壓械鬥事，仍賞戴花翎，以海疆知府即補，而公則已蕭然里居矣。

當公在淡水時，彰化械鬥，淡境之漳、泉人亦懷疑慮，結隊厲鋒刃，為交鬥計。公急捕其訛言惑衆者置之法，身率鄉勇巡境上，即駐彰淡界之大甲鎮彈壓之。分別曉諭，於是，彰化人相約不犯淡境、淡之漳泉人亦各釋械去。如任閩縣時，淡北七百餘里得安堵。公之力也。其他薄征斂，減胥役等善政，不可殫書。積勞成疾，遂以病歸。公歸，事乃奏聞云。蓋公宦歷南北三十年，所至民親，既去民思。一時有識者多為文詩紀其事。循良之績，本於素定，誠非倖致也。公諱謹，懷樸其字，號定菴。卒於道光二十九年閏四月十八日，年六十有三。配王淑人。側室氏田、氏李。丈夫子二：長憶，本年五月初一日卒。次榕。女子五。世系詳行述，茲不贅。今將以咸豐二年六月二十四日葬公於南郭外祖塋之次。榕年十三，其從兄棠襄葬事，以狀來請銘。棠階於公為後進。公顧不棄而進之，共筆硯通有無，懇懇以道義相切劇，故知公甚悉，不在常情中。用掇其大者著之，而系以銘曰：

惟公之才，脫穎斯出。糾紛立開，惟公之識。觀火洞如，堅定不惑。有孚之心，威與惠合。奸宄銷沈，有本之政。教以養施，膏澤游泳。嗚呼！孰謂公死，軒豁之度。凜然如此，我儀其生。鏗訇之論，猶聞其聲。譜公行治，勒之貞珉。惟誠不貳，敢告後人。恪守家學，勿墜厥聞。

賜進士出身前太常寺少卿翰林院侍讀同里李棠階撰文。

賜進士出身前湖北襄陽縣知縣武陟毛鴻順書丹。

敕授文林郎丁卯科舉人前衛輝府濬縣教諭鄭州張調元篆蓋。

武陟閻錫玉刻石。

（誌存沁陽市博物館。李秀萍）

義和寨題刻

義和寨
咸豐歲次庚申冬月穀旦。

（碑存沁陽市馬谷田鎮堡窪村南。王興亞）

重修四聖殿碑記

　　廟內神像，惟四聖殿工程較大，而棟宇朽圮，亦惟四聖殿宇爲甚。有心者，早思重修，未能也。適咸豐十年六月十三日，大戲偶脫一台，即之四方另寫，□忿然大雨，以致現年社掌無所措手。於是，陳良璽、王繼孟倡議，言斯月系大雨時行，正期䤀悞，與其補戲，曷若移此錢興工，僉曰可。遂時補戲一台，折錢二十千，以爲興工集資，即將四聖殿瑕梁改換折椽，另更上棟下宇，煥然一新。衆咸謂此法最善。我殿大廟設□不至傾圮矣。社掌□□成規，日後戲若有誤，毋庸強辯多費，准照前折錢文，以備廟內殿宇。如錢不足工者，先爲佃出。待工竣，出清消單，減用公項。或鎮內捐辦，以補其佃。□□不□工□，許來年新社掌不接其事。今工共計費錢二十三千零，除折錢二十千外，□□年九家均攤之。石碑錢一系外備。所有現年執事人姓名，羅列於後。
　　　　[1]
　　咸豐十一年歲次重光噩人餘月吉日。

（碑存沁陽市博物館。王興亞）

增修懷慶試院號舍碑記

　　覃懷爲古名郡，黃河繞其南，太行、王屋在其北，□□□□□□德位之最著者，如晉之學臣□向子期、唐之韓昌黎、□□□□□□，此非光史冊，□□□□□志乘者，不可勝數。迄於今，人文蔚起，邦家之光也。顧郡屬八縣，應童試者多至千者數百人，少亦不下千人。試院坐號，常苦其少。按試院建於前明弘治間，國朝乾隆廿六年，被水衝塌，各屬公捐重修，歷年已久。前令周君仁壽以院基狹隘，坐號不敷，諸請即□飭□捐修。未幾，迺□陝州直隸州知州去，事遂寢。安瀾下車後，復請郡侯分派八縣，乃邀集紳富而助輪之。衆戶樂輸，各有成數。邇選舉紳耆董理其事，庀材鳩工，購長條石爲號，凡坐具以石柱承之，舊號一千五百十有二，今增爲一千九百處。□□重修東西，又場□四周新增文場，東西□□門，列坐寬舒，無逼處之患。儀門舊卑崇之，大堂後廳狹而縮則展之，徙書吏房於二堂東偏，徙府房於三堂左院，塞坑塘，立牆垣，根基二十六步，堂皇軒館，新葺完馨，計增修房舍凡一百十有六間，煥然一新焉。

　　是役也，經始於同治三年二月，閱九月□落成。承修者縣學教諭王君章也。監工者紳士黃鳳韶、陳天麟、劉犖園、韓源久、趙永芳也。□□時督率集戶志以告成功，則各縣官紳□有力焉。餘銀千有廿二兩，入沁陽書院以充經費。號舍既增，觀光者日益重。董子可

---

[1] 以下所列人名，字多模糊。

謂數者聞以書其村，則英俊□□者其在斯時乎！其在斯時乎！

同治三年歲次甲子夏五月。

前補用知府知河內縣事阜甯朱安瀾鏡甫謹撰並書。

（碑存沁陽市博物館。王興亞）

皇清誥封淑人徐母駱淑人安葬墓誌銘[1]

【誌文】

皇清誥封淑人徐母駱淑人安葬墓誌銘

余嘗知河內縣事，因四方警急時聞，得與諸紳士晉接。就中稱莫逆者，惟徐公秀峰。中懷灑落，性情和平，余深契焉。厥後雖天各一方，而書信往來不絕。丙寅歲，余復署懷慶府事，相見益歡，每清談累日。秀峰因述其繼配駱淑人之孝慈和順，遇事明決，處家寬厚。余稱贊不已，幸秀峰之得嘉耦也。余卸篆後，越二月，忽有訃書至。急啟視，乃知駱淑人已辭世。嗚呼！以淑人之賢德而竟未能永年耶。未幾，秀峰率其子瑞芬求撰墓誌於余。余久疏筆墨，何堪為淑人誌！乃辭之既固，而秀峰請之益堅。不獲已，因就秀峰平日之所言，而聊為述云：

淑人氏駱，祖居紹興諸暨縣，寄籍京師少府貞卿公之女也。生而淵令，夙寡言笑，斗華學繡，聞蠱弄機。稍長讀書，能明壼儀。及適秀峰公也，事姑最孝，先意承志，視膳問寢，坐必侍側，行必扶持。姑有使令，必先媼婢而往，甚得姑之歡心。其於孝思可云不匱。而且事諸□甚敬，待弟婦甚和，處弟姪等，莫不曲盡其道。族黨之中及奴婢之輩，皆頌德而感恩焉。至於待諸妾□，寬厚常昭，毫無妬忌。其事夫也，相敬如賓。□□以義，凡有貧乏者，每勸夫以周濟之。人所接替，必細詢其品行，以決可否。秀峰之家事往往得力于內助。兩女一子，王淑人所出也。淑人□□無異己出。飲食衣服皆親為調理，動靜起居，必嚴加訓戒。為養為教，兩無所憾。尤可異者，秀峰家本素封，而勤儉無殊寒素。事親從豐，自待甚薄。食不兼膳，衣不重縠。親率操作，無間晨宵。日用之間，必精心□□，期於盡善。以故家中事務，井井有條。太夫人憫其勤勞，令其自惜，而淑人亦不能暫止也。蓋其天性有如是者。本年十月間，其長女出□，適李公長源次孫。淑人細心善處。衣服求其美麗，器用極其精工。金□珠玉之飾□□且好，即間有不能猝辦者，必以己物與之。妝奩之具可謂厚矣。愛女之情亦云滿矣。夫以淑人之□德，自宜享大年壽期歸者，何□生□可望，而續命無絲，竟遭娩難而長逝。□可慨也。

夫淑人生於道光二十年十月二十三日戌時，卒於同治五年十月十二日辰時，得年二十七歲。即於是年十一月十七日，安葬於楊□村□□□祖塋之次。為之銘曰：

---

[1] 誌文兩方，第二方字多漫漶。

玉爲容，冰作骨。性温柔，情芬烈。婦德婦功稱雙絕。嗟麟子兮方生，□□□□永訣。

誥授中憲大夫欽差巡撫部院□□□□處前署懷慶府即補知府侍生師長怡撰文。

賜進士出身誥授中憲大夫吏部考功司掌印郎中戊午科山東鄉試副考官隨帶加三級世侍生葉廷杰書丹。

（誌存沁陽市博物館。李秀萍）

創建三清廟碑記

三清廟者，邑紳曾君凝一與鐵貨行諸首事，積虔鑄金，創建者也。觀卜於郡城東北隅火神廟，形勢高濶，前後復有池塘洄環，行山背聳，濟水旁流，誠可宅仙而有神明，但此地係數姓故宅。蓁莽瓦礫，坑坎尤多，繼長增高，經營非易，曾君奮然曰："天下事何常顧爲之何如耳？"於是，與同事倡義公捐，不惜貲財，構得數十楹之地，數閱月，規模粗具，各有攸序。因徵文於余。余也起家鐵貨行，雖謭陋，感不竭誠以記。今正殿已有三楹，牆垣聿新，庶妥真有殿，處亥有地，喜□事之將有成也，預勒諸石以誌。與各立□工告竣，有各字號捐項，再爲勒碑，共垂不朽焉。

河內縣學生員魏起元撰文。

河內縣學廩生曾貫一書丹。

督工首事曾凝一、大興成、增聚同、宗漢勳、祥發號、祥盛公、張義興、全□盛、樂義合、梁泰興、□興正、義興和、李文全。

河內縣道會司郭本立。

石匠李祿，男同木刻。

大清龍飛同治八年巧月穀旦敬立。

（碑存沁陽市博物館。王興亞）

三清廟地基碑

三清廟地基，有永契存焉。然契之永，不若勒諸石爲尤永也。是爲記。

立永賣契人安玉，近將自己房院壹所十一間，東至李，西至連，南至街心，北至坑心，四至分明，情願出賣於老君會建廟爲業。時值賣價大錢一百二十五串七百文。

立永賣契人連三錫，今將自己房院一所四間，地基一段，東至買主，西至梁，南至街心，北至買主，四至分明，情願出賣於老君會建廟爲業，同中牙言明，時值賣價大錢七十串文。

立永賣契人李魁元，今將自己房院一所共七間，東至周，西至買主，南至街心，北至買主，四至分明，情願賣於老君會建廟爲業，同中牙言明，時值賣價大錢七十八串文。三契地某俱坐落火獅街。恐口無憑，立永賣契存證。

第一契安玉。

南一正段，長十八步三尺二寸，北間五步一尺六寸，南闊同西長十一步三尺二寸。

北一大段，南闊十四步一尺四寸，北闊同西長二十一步零三寸。

北西中小段，十九步長，南闊二步四寸，北闊同。

東邊一段，十八步長，南闊二步一尺，北闊同。

第二契主連三錫。

中長十五步，南闊九步，北闊同。

第二契李魁元。

南闊五步，北闊同，中長十七步三尺。

同中人：申福祿、孫永富、牙馬繼貞、王有德、卞占元、牙王步蟾、連三錫、周殿鼇、許鳳仙、安計、仝發江、蔡有壽、曾永清、周殿昇、王廷祥、王得貴、周紹魁、孫祥、梁玉興、周紹文、劉松源、蔡宗文、李文全、鄒本立、李魁元、梁玉順、吳長林。

大清龍飛同治捌年巧月穀旦敬立。

（碑存沁陽市博物館。王興亞）

皇清誥授奉直大夫臺灣府分府冀南張公配安人楊王邵趙氏合葬墓碑

【額題】聖旨

王
邵

皇清誥授奉直大夫臺灣府分府冀南張公配安人楊氏合葬之墓

趙

張老夫子諱璽，字篆六，又字龍文，□冀南，行二。公賦性聰敏，幼好讀書，年十六，取首入泮。二十七□，乾隆壬申科舉人。初任□州教諭，由保舉任福建南靖知縣。時有土豪聚衆，肆行不規。公□□往察，伊等畏服，自毀巢穴，各安氓業。後陞臺灣府分府加同知銜。適當海寇林雙文作亂初息，叛逆雖泯，野性猶存。公循田野，勸農桑，集耆老，勤曉諭，期年，民心欣慰。送萬人衣傘，具紳民姓名。公之以德服人，難以一二事該之，其以德修己，可以一二事證之。余非奉揚溢美，作爲諛墓浮詞，惟表實錄，以示後進云爾。

門生邑庠生劉建議熏沐撰文。

後學邑庠生任生材熏沐參酌。

後學邑庠生任洺圖熏沐書序。

族元孫郡庠生春茂熏沐書額。

公男方震立（出繼三門）	麒孫兆禾奎鵬鳳麟	好謀曾孫積倉銖鎦鈞厚庫好問	泗元孫學源廷俊	泰勒石。
嶽				

同治十一年二月清明穀旦立。

（碑存沁陽市博物館。王興亞）

重修懷慶清真寺碑記

凡為穆民者，莫不望天堂。夫天堂未可虛望也，今世之幹辦即後世之升騰，故《聖訓經》云：進天堂有四證，修理、默思、至德、興居。一馬此豐，姑為勸勉云爾哉。懷郡桑家坡，諸親友移居來此者數十家，其人多信義，而世業日益隆。《易》曰："積善之家，必有餘慶。"其所由來者漸也。德輝白阿衡本籍亦桑坡人，設帳水灌台懷郡清真寺□八載，學冠一時，德能服衆。聞下成名去者難□□，而寺內又屢次建大功，如拜殿、水房屋後牆及望月樓、南講堂，或重建或更新，□各種事增畢矣。咸豐壬申，為朱鎮請去。癸酉春，諸鄉老又堅意請回馬阿衡，曰：予之此來，要為北講堂與二門尚未整修耳。惟時鄉老等歡呼予躍，爭捐資，則而北講堂三間，二門一間，並前牆若干丈，遂復重新而高大之。計費三百餘金。嗚呼，阿衡之德行至矣，諸公之誠信堅矣。功成，復屬序於予。予惟是舉也，謂是諸公勇於為善□，則阿衡之德，貴有以折服其心也，謂是阿衡之德感□，則諸公之順主遵聖矣，尤居□所共者而不□，今□始也，予何序哉？予惟於欽佩之餘，朝夕讚頌曰：德行如阿衡，以應受天堂無愧也。誠信如諸公，以應受天堂尤當也。至將來世業興隆，累千載而英賢輩起，拔萃超羣，在□真主自有以降鑒而重賞之，是又無庸予之妄為□□者。爰其勒諸石，以共表揚之。

候選縣正堂庚午科舉人丁應斗揖首拜撰。

陳州府沈丘縣儒學生員李進元沐手敬書。

首事楊振山、買錫敬、丁朝棟、白旺邦、買錫芳、買錫成、買全公、楊振興、買玉盛、丁朝先、買全祿、丁丙德、馬振彪、白玉安、李應章、丁九忠、白金香、趙三元。[1]

大清同治十三年歲次甲戌仲春月吉日。

（碑存沁陽市博物館。王興亞）

---

[1] 以下捐資人姓名與商號，字多模糊。

創修義倉記

【額題】萬善同歸

　　古者耕九餘三，以制用也。制用者何？備天時也。曷爲備天時，水旱偏灾，何時蔑有。苟非先時而爲之備，將饑饉洊臻，溝壑枕藉，有司者或蒿目束手，而無如何，然則積倉備荒之策，誠不可不講也。

　　□河内負山帶河，幅員遼闊，生齒蕃庶，民食不夥，歲即豐，猶仰給外境。設旱潦久，灾區廣，□且□□□□□。道光二十六七年，歲屢饑，及明年，大荒。至於父子夫婦相食，載在邑乘，可爲殷鑒，余責在斯牧，良用惕然。下車未久，即延集紳耆，設局籌捐經費，需儲備計□，邑之巨富之家，剴切勸諭，共輸銀十千有奇。登簿交紳董，以次收集。明年，擇地建倉，鳩工庀材，亟謀經始，未竟，而徐堡沁堤决，人心靡定，余拮据趨事，兼顧未遑。

　　又明年，大中丞錢公來撫豫，軫念民瘼，首議儲積，頒發條規，令計畝收穀。余以地畝等則不齊，請按糧均派，以昭公允。議可。迺定以糧一兩，輸穀二斗，共得□市斗穀合倉斗二萬四千六百四十六石四斗。時義倉亦工竣。邑舊有常平、廣濟二倉，年久廢圮，廠宇蕩盡。常平僻在北隅，惟廣濟地適中，衆屬耳。且廣濟者，乃前明袁公所置，以儲廣濟渠租地所入者也。今所建倉，即其遺址，計神祠三楹，廒房十四座，共五十六間，以歲稔時豐、家給人足、利用厚生盈餘十四字列號，經營既就，存儲綽然。余惟一邑之大户，口數十萬，儲弗廣則惠弗徧，且邑之富民，商倍於民，捐畝而不及商，何以均苦樂？復白大府，更爲商捐，察商民之有力者三百餘户，捐銀三萬九千有奇，以吾民之急公慕義，遽能積此鉅款，誠一時難得之舉，難得而易觀之，善制用者惜焉。余將以斯邑之財，善斯邑之用，悉心籌度，得善舉之有志未逮者數端，而與積穀之七，實相維繫，曰籌補城工也，曰書院膏火也，曰鄉會川資也，曰義倉經費也。積穀之義，厄歲備賑濟，厄兵備守禦，苟米粟多而城郭不完，一旦有警，可得而食，諸郡城殘破甚，余議重修久矣。至是撥五千金修堤，並集資於外縣商富，而工遂集。四民以士爲首，培士氣所以端風化。風化端而人心正，天時□，弭災之源，於是乎在。余蒞任後，雖增膏火，優獎賞，徧給鄉會膏秫，要皆捐俸所辦，慮難持久，因撥存鄉試款三千五百兩，會試款一千五百兩，書院款二千兩，皆存質庫，權子母，而川資膏火之需，以瞻夫善政之行，首重於創，苟不力持，其後則良法美意未有不漸即淪亡者。爰擇城鄉誠篤紳士、在倉經理兼置義倉書□□各一名，司記膳。並於門右市房設保庶義學，俾寒畯子弟就讀，下撥二千金生息，而倉之歲修，塾之膏火，吏之口食皆出焉。是數款者，惟城工已歸實用，其膏火□款，原項具在，始於大荒復□可□□，既籌撥諸款，尚存銀一萬九千餘金。邑紳等請以發當生息，爲久遠計。較之貯谷，既省修倉之費，又免紅朽之虞，且可藉其息，以補經費之不及。余韙其言，就所議論，請於大府。

　　是役也，先富捐，次畝捐，次商捐，始同治庚午，迄於甲戌，春秋五易。在事紳董隨所勸諭，奔走勤勞，無間寒暑，中間疑謗交集，變故迭更，卒能矯手側足，不懈始終，以底於成，非衆志堅定，上下相孚不及此，亦非大府之痌瘝在抱，庶績是凝，更不及此。其一切收支出入，毫不假手胥役，余亦但示指揮，任稽查而已。而諸君實力經理，不避嫌怨，不苟紋毫，其勞勩誠不可沒。即富户商民之慷慨樂輸，以成此盛舉，其好義亦甚足嘉。至余殫心竭慮，舌敝唇焦，爲酒食以召僚友紳商，率皆解囊自備，數年之久，所費亦不貲。蓋謀始之難，古今一轍，苟損上而有益於下，固余所樂肩勞怨，而聿觀厥成者耳。事甫竟，適值歲歉，鄉民乏食者，咸來乞糴，遂請於大府，開倉出借，羣情懽洽，始知備荒之用，其明效速驗有如此者。余念經營締造之艱，且有鑒於功效之需，其間不能以寸而益，冀後賢之維持於不敝也。爰序顛末，泐石以記，並書在事紳董及捐户姓名於碑陰，而以所捐銀穀並收支存放諸款目及倉廒間數，條分縷晰，備載於後，俾得並垂不朽云。

　　欽加同知銜、大計保薦卓異、在任候補同知、直隸州知河内縣事、彭澤歐陽霖謹撰並書。
　　光緒元年歲在乙亥仲春月吉日。

（碑存沁陽市博物館。王興亞）

重修玄谷寺碑

　　蓋聞太上立德，其次立功，有創之者聞於前，必有繼之者而傳於後。本寺舊有大雄殿三間，創自唐時，歷宋、元、明以來重修數次，風雨摧殘，神像剝落。今有河内縣大位村善士張門程氏等不憚勞苦，四方募化，勸捐資財，以成其美。今工告竣，故勒石以志，永垂不朽。謹將施財善人開列于後。
　　堂主張門程氏。
　　徒張門李氏、牛門張氏、趙門程氏、王門張氏、王門程氏、李門商氏。
　　清光緒十四年三月吉日立石。

（碑存沁陽市窄澗谷太平寺。王景荃）

重脩覃懷書院記

　　覃懷書院，本義臺寺故址，乾隆三十四年，康公基田守郡時所改建也。正殿三楹，祀文昌帝君，後爲啓聖祠，祀帝君三代。左一祠，祀禹王、周公，右則講堂及主講居宅在焉。東西列屋數十間，爲諸生肄業所。中庭坎地作方塘，曾植蓮養魚焉。爲二門者三，爲大門者一，繚以垣。門東南爲奎星閣，門東爲始事者康公祠。祠後爲船亭。亭迤北而西環荷池，大可數頃，盛夏花開，綠水紅蓮，擅闔郡勝境，規模可謂宏廠矣。迄今百有餘年，屋破垣頹，榭傾池荒，幾有鞠爲茂草之歎。肄業者亦寥寥無幾。光緒壬辰冬，余奉簡命，來守是郡，課士之餘，見而憫焉。夫爲治，莫要於教化。教化之興，必自整飭學校，培養人材。

始昔吳公守河南而賈誼出，文翁治蜀而司馬相如著。余不才，何敢以古人自比，而興教化，振學校，培人材，區區寸衷，竊有志焉。倘於士子肄業之所，聽其廢頹，而莫之恤，責將誰？況覃懷，南控大河，北枕太行，山川雄壯，代產名賢。如唐韓昌黎、元許魯齋，其尤著者也。苟鼓舞而振作之，安見今人不古若乎。爰籌經費二百餘金，命教授韓瞻斗、訓導郝勳名董其事，以生員劉廷梧、王庭蕙、鄭春融、黃在中、劉維煥五人者經紀之。鳩匠庀材，程功授事，以葺以築，以斲以圬，廢者舉之，缺者補之，荒圮□者剗除之。經始於四月朔，至五月既望蕆事，秩如煥如，規模一新。於是，闔郡士子翻然雲集，絃誦鼓歌於其中，文教將蒸蒸日上矣。抑余更有進焉者。方□士子所習帖括詩賦，皆爲科名計耳，叩以修己治人之道，或茫乎未有聞也。國家稽古右文，設科取士，其爲制也。雖旁及經、策、詩、賦，以《四子書》爲重，以程、朱傳註爲宗，蓋程、朱足發明《四子書》之蘊奧，所言必仁義道德與夫。格致誠正之要，修齊治平之略，不以雕繪爲工，弋取功名也。學者誠審是非之源，明義利□□，宗程、朱以端其志，本之四子之書以立其體，取之經以要其規，叅之史以大其用，涉獵乎諸子百家以博其旨趣，身體力行，優柔饜飫，司馬文章不足論□由，賈誼之經濟等而上之，且分昌黎之席，而入魯齋之室，區區科名云乎哉！古今名臣循吏，蓄道德裕干濟者，其處類皆爲莊士，爲純儒，使父老子弟有□□相勉爲善，可令風俗樸茂也。然則學校振興，人材輩出，教化盛行，咸於是役乎卜之，豈曰修殘補缺，徒壯觀瞻哉。用勗多士，共懋勉焉。

特授懷慶府正堂加十級紀錄二十次廣西省西林縣岑春煦撰文並立石。

卓異候陞知府銜在任候補直隸州調署河內縣事南陽縣正堂加十級紀錄十次楚北黃源書丹。

光緒十九年歲次癸巳孟冬之月穀旦。

（碑存沁陽市博物館。王興亞）

重修懷慶府城察院記

【額題】皇清

郡城東南偏舊有察院，爲學使者按臨之所，建於前明弘治年間，修於國朝乾隆年間，重修於同治三年。迄今風飄雨泊，而堂宇滲漏，牆垣膨□，既不足以重體制，具八屬應試者日增，號舍殊形湫隘。前太守友蓮卓公慨思興修而廓大之，諭前令袁君鎮□勘估工程，稟詳大府，請撥瞻韓書院存銀五千五百兩，會同委員紳士，庀材鳩工，次第修葺。未幾，袁君入開襄校。代理者朱君升吉親詣督率，將三堂改作二堂，二堂改作大堂。添盖東西文場各六間，大門內四面遊廊廿餘間，大堂後遊廊五間，西偏南屋四間，東偏廚房三間，二堂前東西廂房各五間。二堂後院外舊有隙地，聚水成潴，乃實土填高，修整屋五間。東配房三間，東西對屋各三間，西跨院十九間。垣墉塗茨，樸剄丹雘，規模宏敞，輪奐一新，煥然改觀矣！夫試院興廢，關文運盛□。我聖天子在上，箸莪雅化，與古爲新，從茲人文蔚起，科甲聯翩，既於是役卜之今。前太守卓、前令朱俱捐館舍，而經營締造，勞辛與力，曷可沒哉！

是役也，經始於光緒十四年三月，落成於十二月。承修委員則候補知縣陳君紹祖、候補未入流張君祖佑，監修則府學教授韓君瞻斗、候選訓導邑紳李君伯恭、工部主事卓太守猶子煦之數君者，皆實事求是，故克蕆厥工。歲壬辰，余來任斯郡，嘉諸君之相與有成也，爰泐諸石，以誌不朽云。

賞戴花翎知懷慶府事旭階甫岑春煦撰文。

賞戴花翎知府用大計卓異署理河內縣事星槎甫黃源書丹。

光緒十九年歲次癸巳穀旦日。

（碑存沁陽市博物館。王興亞）

楊香墓碑

流芳古孝楊香之墓

光緒三十三年立。

（碑存沁陽市楊香村。王興亞）

博愛縣（河內縣）

河內縣侯除谿明月山里甲記

資政大夫禮部左侍郎加二級兼弘文院學士致仕前詹事府詹事教習壬辰庶吉士太僕寺卿國子監祭酒河陽薛所蘊撰文。

刑部山東司郎中蕭家芝篆額。

湖廣常德府知府高明書丹。

明月山距郡城四十里，在清化之西北，金空相禪師創佛寺其上。天順戊寅，賜額曰"寶光"，稱覃懷形勝。少讀大梁李僉事濂遊記，心竊響往焉。顧汩汩塵網，近在家園，百里之內，未獲一遊為憾。今戊戌之秋，始一登眺，曲磴逶迤，盤折而上，層巒疊嶂，聳峙於後，左右回抱，宛若城闕，信有如李創建白衣大殿者，結構壯麗，藏宏敞於幽秀，余竊比之京師西山碧雲、香山之勝。而最後觀音閣，高逼霄漢，可舒遠眺，殆為過之矣。環山翠柏蒼蔚以萬計，蓋空相師以泥丸柏子，持彈射諸巖谷間，遂蓊鬱成林，障蔽天日，亦異事也。繼空相者，為蒼公，其後，又有繼安嗣續卓錫，其地皆有道高僧，故寺巋然為海內名剎。乃今遂至頹廢，衲子才三四輩，鶉衣鵠形，攢眉相向。問之，則云寺僧舊有百餘家爾，為里甲所累，逃亡略盡。梵唄之音寂然，余心傷焉。題詩有"愁聞釋子語，徭役及空王"之句，因載入遊記小記中。邑侯京師孫公見而興慨，曰："是寺也，吾當為蠲其雜役矣，未知里甲之尚為累也。"今僧持牒來，吾為釋此重負，僧方力等以牒投縣，侯為署其牒，以簿正責總書，以收納責帑吏，以登記責戶胥，里甲之累頓釋，如解糾縛。而與天遊僧輩，朽稚歡然踴躍，有中興之志，匍匐來請記於余。余曰："禮，諸侯得禮其境內山川，今之邑即古侯封也。寺踞野王之勝為名山，寺興而山因以著，寺廢而明月黯然無色矣。"光復名山，以標賜履之勝跡，昭其治也。若夫為闍梨護法，儒者所不取，而興起佛寺，侈為無量功德，彼教中初祖達摩亦為"人天小果，有漏之因"，侯之意當不在是。

侯，己丑進士，諱灝，字湛一。最歷兩考，今秩滿，將奉內召，虛銓衡以待之。利罔不興，弊罔不除，茲蓋其緒餘云。

誥封刑部郎中孫克肖，詔封戶部主事范濟美，戶部廣西司員外蕭家蕙，湖廣黃州府知府杜之璧，山西汾州府推官竇可權，山東泰安縣知縣李維楓，候選知縣王玉汝，舉人楊奇蘊[1]

同立石。

---

[1] 以下姓名，字多模糊。

順治十五年初冬之吉。

（碑存博愛縣月山寺。王興亞）

再游明月山有感

　　順治戊戌重陽前五日，同同年任孝廉太行游明月山寶光寺。寺為金空相禪師創建，明天順間，賜寶光，為吾郡第一名刹。今頓見頹廢，訊之。納子云："為徭役所累，衆僧逃散，寺因傾圮。"悵焉為感賦。

其一
慚負家山久，歸來及勝游。峰頭猶見月，樹杪已涼秋。
曲磴回廊繞，欹崖古洞幽。更憑層閣眺，千里暮煙收。

其二
名刹頓淒涼，俯仰增感傷。六時禪誦寂，一望石田荒。
古殿飄鴛瓦，秋蟲剝畫梁。愁聞釋子語，徭役及空王。

河陽薛所蘊題。
康熙三年孟春立石。

（碑存博愛縣月山寺。王興亞）

朝天壇山記 [1]

【額題】功行碑銘

　　懷之景八，天壇其一也。壇最高，故曰□層巒疊嶂□□□□□□□□□□□□□□萬仞之想，侵其地者，不知當作何觀也。同巷中，有自彼來者相從，數十年□□□□□□□□□□□□□□□也。濟水西北，其逕透迤蒼翠，漸次而登，曲曲皆有留連處。□□□□□□□□□□□□□□□□□□□廬衆，尤稱道弗棄，是以數十氏游之者，三載游而□□□□□□□□□□□□□□□□□□植種善果，三載皆然。衆可謂輕於財而重於義矣。然必有以感於其中也。

沐手敬書。
會首李昌祚、丁鉽、趙進德、劉世泰、郭安、宋文秀、田文□、馬□□。
催會李國俊、□□□、馬必世、岳尚仁、王湛、寧攀奇、高□氏、□寶。
康熙三年歲次辛亥四月朔日立石。

（碑存博愛縣清化鎮。王興亞）

---

[1] 該碑字多漫漶。

大王廟創建戲樓碑記

湖廣黃州府知府郡人杜之璧選［撰］。

郡庠廩生姚鈺書。

野王河內古邗散人陳如皋書丹。

【額題】剏修戲樓碑記

天下之事之成也，莫不有時焉，此其故微，獨人不得而主之，雖神亦不得而私之。本鎮東南去百里而遙，而建有金龍四大王祀者，蓋為諸商酬願之所也。清化鎮為三晉咽喉，乃財貨聚積之鄉，凡商之自南而北者，莫不居停於此而賽願焉。明嘉靖辛酉歲，晉商劉尚科苦祀神無所，募化本鎮信士孫秉德地基一段，捐己貲，募商財，經始建廟，此廟制之所由來也。凡得正殿三間，拜殿三間，東西庑六，山門三間。然廟制逼街，前無餘地焉。至萬曆十一年，晉商辛尚仁踵尚科之意而新之。復建三官殿於其後。然廟制既逼街，故心能拓乎其後而不能拓乎其前，而舞樓猶然闕也。夫創始誌從其約，建起來者求其備，此人情必至之理也。況商之操奇贏而權子母，賴安瀾之力以生息。食神之德，既無盡則所以俸神之心亦無盡。於是，咸願建舞樓以佑神。然廟制既逼街，獨街南有王氏房三楹，諸商將不惜捐金以求得之。而無奈王氏堅不從也。王氏雖不從，而商之求之終未已。是以歷明至今八十有餘年間，接踵而求者固不乏人，而王氏之堅不從南如故也。迨康熙己巳晉商宋雲程等來司會計於此，復踵前人之意而求之，且合本廟會首冷含春等而共求之，而王氏乃允焉。雲程於是復捐己貲，募商財，凡用價六十餘兩有奇，而王氏之地始得為廟。有經始於康熙四年臘月，落成於五年九月，樓成而丹楹畫拱，金碧輝煌，意盛矣。佑神有地，而諸商之願畢矣。獨是前人之求八十年而不得者，今乃一旦之力而得之，人之力與神之靈与抒，所謂時之未至不得先，時之既至不得後。與通乎時之，況則凡期望之私興覬覦之念，俱無所關矣。工完，而貞誌石，凡以誌首事者之勤勞，與捐財之姓氏並剏始者之歲月云爾。

景盛號韓旭、侯世爵、荀麒鳳、吳鎮国、賈待奇、司道隆、劉伯、宋雲程、楊鳳起、郭士俊、羅禮、劉一□、劉春芳、□仁長、黃楒、韓義鎮、丘玉馨、王恭、王勳、周継礼、賈之□、員天錫、張欲欽、張九緒、張欲錫、武世昌、張□，以上共出艮三十両零六分。

□恩盛出艮二十両。信義號、郭衛旬、陶象復，出艮八両。廣盛號、蔡耿光、張鳳翀，出艮八両。新盛號、孫雲勝、柴作舟，出艮四両。

禹盛號、張大猷出艮八両、高□覽出艮一両、萬成店出艮三両、日盛店出艮一両三个。信盛店出艮三両、逯宅出个三千、高恩容出艮五両、趙□君出艮四両、高永成出艮四両、姚春厚出艮三両、□承發、梁之明出艮一両、路世臣出艮一両、李昌太出艮一両、路明達出艮一両、高敦復出艮二両、賈永桂出艮一両、許天皆出艮五錢。梁鳳珍、牛晃、高瑾、趙自芳、喬秀成共出艮□□。高店出艮一両、□鐸出艮一両、□培祥出艮三个、趙

□□出艮一両、趙□□出艮二十両零碎七个、又个一九千零六文。梁□周出艮一両、李之興、王永泰、蔡繼文出艮三両、孫其勳出艮一両、靳成功出个七柏。程之傑出个一千。長興號出艮一両、隆盛號出艮三錢。楊奇德、孫天□、王秉策出艮三个。張世盛、秦國盛、出艮二个。周繼祖出艮二个。耿長喜、任汝全出艮二个。王澤□出艮三个。史文山、張自恒、董加士、刘加才、龐龍昆、裴自成、董加德、杜自成、董加亮、刘加昆、董□□、刘加德、康國太、□彥裡、□九□，以上十六人共出艮二十両、趙文三艮一両、張應壽艮一両、李永康艮三个、李若璉艮二个、楊旭林艮三个、蘆修之艮二个、王世德艮二个、王永□、王永魁艮三个、郭登貴艮二个、趙時喜艮三个、李□慶艮二个、張九元艮二个、楊興福艮二个、張秉玉艮二个、□□□艮一个。韓□晉艮三个、許鳳瑋艮一个、□緒□艮一个、葛方盛艮二个、王福元艮一个、董加壁艮一个、□福艮三个、□□□艮二个、張□憲艮一个、□□□艮六个、□□□艮一个、□□□艮一个、□□□个三伯、□□□艮一个、□□□个一伯、□□□个三伯。路炎顯个三伯、吳鳳鳴艮一个，丘鳳艮二个、李士□艮二个、□□前艮二个、□有德艮一个、宋自成艮一个、宋伯□艮一个、宋明遠艮二个、高貴賢艮二个、張象魁艮二个、□崇明艮一个、高鳴鳳艮一个、□德揭艮一个。[1]

　　馮生□出艮七个、楊貴乾出艮六个、楊守惠等十四人出艮三个、郭福元等十四人出艮一个、宋自成等三人出艮五分、成功出个七百、程之□出个一千、李世安出个四百、裴積福出个三百、洛□顯等三人出个五百。[2]

　　會首趙思登、冷含春、張抉星、孫傳心、孫毓秃、李崇實。

　　木匠馬成德，石匠李佩君。

　　本廟住持王常法，徒王守仁同立。

　　康熙七年歲次戊申景月之吉。

（碑存博愛縣清化鎮大王廟後殿。王興亞）

重修三官廟

　　神廟地基瓈君玉名下辦納糧差並書。

　　清化三地方南後巷，古有三官老爺廟，于康熙十年，本巷住人樊鳳翔等虔行□會遞年，恭遇聖誕之期，獻戲三臺，至康熙十二年完滿。翔曰："會事已畢，其廟宇年深日久，風雨損壞，神不堪棲。有志重建，力不嘉。"翔等公議，期敬治豆觴，叩于米調鼐等大發虔心，即刻慨允，聖事舉行，同住持侯□德募化重修寶殿，金粧聖像，各出己資。姓名列後，勒石永垂，以誌不朽。

---

[1] 以下有二排，字漫漶。

[2] 以下有二十餘人姓名和錢數，由於剝蝕嚴重，無法識別。

張學韶銀叁兩，條磚柒百個。連關元銀錢兩錢壹仟文。□□□銀叁兩伍錢。王明銀壹兩伍錢，何洛銀壹兩叁錢，趙應召銀壹兩，郭席珍銀捌錢，申所開銀陸錢，侯萬邦銀伍錢肆分，董加德銀伍錢，逯之漢銀伍錢，李世旺銀伍錢，路光明銀伍錢，李公□銀伍錢，李三奇銀伍錢，路之奇銀伍錢，樊鑄銀叁錢，劉澤遠銀叁錢，王士英銀叁錢，何士奇銀叁錢，侯應祥銀叁錢，米調鼎銀叁錢，劉士英銀叁錢，靳永福銀叁錢，侯萬□銀叁錢，侯□□銀叁錢，曲衛國銀叁錢，常思□銀叁錢，王之奇銀叁錢，□□□銀叁錢，李化龍銀叁錢，郭從芳銀叁錢，申光前銀叁錢，張國弼銀叁錢，李之興銀叁錢，王運太銀二錢六分，高崇徹銀二錢伍分，韓持元銀二錢，段咨元銀二錢。李金忠銀二錢，胡進貢銀二錢，系山西平陽府人。王有祿銀一錢二分，劉之玉錢一千一百文，孟之祥錢一千文，司國民錢一千文，王加棟錢一千文，連九節錢一千文，石玉錢一千文，崔怡錢一千文，趙望錢一千文，王安國錢七百文，裴天亮錢七百文，張有福錢六百文，宋明道錢六百文，逯世英錢伍百文，趙運□錢伍百文，樊□錢伍百文，韓遇春錢伍百文，高雷錢伍百文，路明道錢伍百文，朱□英錢伍百文，□廷珍錢□□，□□□錢□□□，劉保□錢四百七十文，乔通遠錢叁百文，蕭方印錢叁百文，焦林錢叁百文，張化新錢叁百文，張俊錢叁百文，謝懋鼎柱石一個，謝廷柱谷豆八斗，逯勳石灰二百二十斤，梁彩鳳鉄釘叁斤，牛夢明鉄釘叁斤，郭有才鉄釘叁斤，陳念祖錢一百五十文，孫明君玉母，東門梁氏錢二千文，璩門王氏錢一千文，趙門楊氏錢一千文，趙門鄭氏錢八百文，胡門薛氏錢伍百文，何門侯氏麥叁斗，李春茂銀壹錢。

會首米調鼎銀伍錢，路光顯銀伍錢，郭寶秋銀伍錢，邰志德銀伍錢，璩右玉銀伍錢，妻王氏錢伍百文。

石匠王加宰，男王鏡鑑刊。

泥水匠李國興，徒韓之遠。

鐵貨行路光顯等輸銀肆兩。

峕大清康熙十二年歲次癸丑七月庚申十五日壬午重建，於康熙十三年十一月初一日刊石。仝住持道人侯陽德、男來秀、徒弟申東義，仝立萬禩之夕。

（碑存博愛縣清化鎮。王興亞）

西陽邑復刱塑司神碑記

覃懷郡庠生西陽邑人刱

按《周禮·冬官》方相氏奉神之典，有功於民者祭之，不則淫祀於立熙也。泰山尊神，位冠五嶽，權宰萬靈，宜封禪迎著，號曰"仁聖大帝"。其不同於淫祀也，審矣。廟落正中人社現列薦苾芬，此舊典也。刱不可考。重修者累誌，歷明季末，兵火流離，神舍傾圮，神像剝落，東鄙糾八社共議新之。我西陽邑門分西南隅共七楹，捐資重建，逾年而事就，雖神舍落成，而議塑，塑□未訖，而三樂身殞，其妻王氏繼夫之志，以收厥終，迄十七年冬，小春告竣，功成銘碣泰嶽□□子也。天子擬□馮冕於上，公侯百僚匡勸佐理於下，不可缺也。一若工虞水火之命，官雨暘寒之大機也。夫善惡之報，不啻天堂地獄之設。天堂無有，有則君子登。地獄無有，有則小人入。誠凜乎以奠社稷，庇生靈，示有功於民也大矣。淫祀云乎哉？至於神之尊卑，位之列次，非余所知也。

  總會首程三□、□王氏。

  會首程士英、程□俊、齊國□、程光□。

  皇清康熙十七年歲次戊午陽月朔四日穀旦立石。

（碑存博愛縣博物館。王興亞）